2018 アジア動向年報

Yearbook of Asian Affairs

IDE-JETRO アジア経済研究所

監　　修　荒井悦代　初鹿野直美

編集委員　川中　豪(委員長)
　　　　　荒井悦代　初鹿野直美
　　　　　近藤則夫　長田紀之
　　　　　竹内孝之　濱田美紀
　　　　　川村晃一　松本はる香
　　　　　金子奈央　南波聖太郎
　　　　　谷口友季子

編集制作　井村　進　松原浩司
　　　　　則竹理人　高橋　学
　　　　　宮坂綾子　石田静香
　　　　　井出敦子　柏原めぐみ

は し が き

　IMFの世界経済見通しによれば，2017年の先進国・地域の経済成長率は2.3％，日本は1.8％にとどまったのに対し，アジア新興国・地域ならびに途上国・地域では前年の6.4％を上回る6.5％の成長率を記録しました。CLMV諸国や南アジアをはじめとするアジア諸国の経済はインフラ投資と旺盛な国内需要，外需に支えられ，なお順調に成長しているといえます。世界的な原油安から物価が安定したことも経済活動を下支えしました。また，デジタル技術を用いたイノベーションの促進によって生産性の向上や経済構造改革をめざそうとする動きも多く見られました。

　各国では大きな政権交代もなく，堅調な経済成長を実現したアジア諸国でしたが，アジア諸国を取り巻く環境は不安定です。2017年は北朝鮮が核実験・ミサイル発射実験を繰り返したことに対応して，日本・アメリカは国際社会に制裁の強化を求めたのに対し，中国・ロシアは比較的穏健な対応を求めるなど朝鮮半島情勢は緊張が高まりました。また，中国は前年に引き続き「一帯一路」の名の下，東南アジア，南アジア，中央アジア等で，きわめて精力的に経済協力プロジェクトを推進し，その成果が見える反面，各地で懸念も表明されています。

　『アジア動向年報』は，こうしたアジアの動向を各国・地域研究者が現地の一次資料に基づいて分析し，的確な情報と判断を日本の政府と国民に提供することを目的として，1970年以降毎年発刊しております。2018年版ではアジアの23の国・地域を網羅し，2017年の動向を政治，経済，対外関係にわたって分析しております。また，各国地域編に加え「主要トピックス」編ではアジアとアメリカの関係，ロシアのアジア政策といったテーマを取り上げ，アジア情勢の総合的な把握に努めました。

　昨年度版よりウェブ上での公開を行っております。本年報が，世界経済と国際政治において大きな役割を果たしているアジア地域の現状を理解し，将来を展望するうえで一助となることを大いに期待します。

2018年5月

アジア経済研究所所長
深 尾 京 司

アジア動向年報　2018――目次

はしがき
2017年のアジア諸国・地域の主要経済指標……………………………………………… vi
2017年のアジア……………………………………………荒井悦代… 3
　堅調な成長を背景に構造改革に取り組む

主要トピックス

アメリカとアジア………………………………………………昇　亜美子… 9
　アメリカ第一主義外交とインド太平洋戦略の行方
　　重要日誌　21

ロシアのアジア政策……………………………………………日臺健雄… 25
　北朝鮮核問題で中国と協調
　　重要日誌　39

各国・地域の動向

大韓民国…………………………………………奥田　聡・渡邉雄一… 45
　文在寅政権の発足と半導体頼みの景気回復　46
　　重要日誌　65　　参考資料　69　　主要統計　71

朝鮮民主主義人民共和国………………………………………文　浩一… 73
　国家核武力の完成宣言　74
　　重要日誌　90　　参考資料　94　　主要統計　97

モンゴル…………………………………………………………湊　邦生… 99
　バトトルガ新大統領就任とその波紋　100
　　重要日誌　113　　参考資料　117　　主要統計　118

中　国……………………………………………………江藤名保子・森路未央…121
　「社会主義現代化強国」を目指す第2期習近平政権　122
　　　重要日誌　146　　　参考資料　150　　　主要統計　153

香港特別行政区…………………………………………………倉　田　　徹…155
　返還20周年，新長官の就任と新たな政治課題　156
　　　重要日誌　168　　　参考資料　171　　　主要統計　173

台　湾……………………………………………………………竹　内　孝　之…175
　年金改革の進展と頼清徳内閣の発足　176
　　　重要日誌　193　　　参考資料　197　　　主要統計　200

ASEAN …………………………………………………………湯　川　　拓…203
　50周年を迎えたASEAN　204
　　　参考資料　214

ベトナム…………………………………………………石塚二葉・荒神衣美…217
　火がついた反汚職闘争，好調な経済　218
　　　重要日誌　236　　　参考資料　240　　　主要統計　243

カンボジア………………………………………………………初鹿野　直　美…245
　最大野党のカンボジア救国党解党　246
　　　重要日誌　257　　　参考資料　260　　　主要統計　262

ラオス……………………………………………………………南　波　聖太郎…265
　開発の弊害解消に向けた試みと深化する対中関係　266
　　　重要日誌　275　　　参考資料　278　　　主要統計　280

タイ………………………………………………………船津鶴代・今泉慎也…283
　2017年憲法下の政党政治の抑制と国家構造改革　284
　　　重要日誌　300　　　参考資料　304　　　主要統計　307

フィリピン……………………………………………………鈴木 有理佳…309
　　戒厳令下でイスラーム過激派掃討めざす　310
　　　　重要日誌　328　　参考資料　332　　主要統計　335

マレーシア……………………………………………………金子 奈央…337
　　総選挙に向けた準備の本格化　338
　　　　重要日誌　355　　参考資料　359　　主要統計　362

シンガポール…………………………………………………久末 亮一…365
　　次世代指導者・指導体制への移行に向けた準備のなかで　366
　　　　重要日誌　383　　参考資料　385　　主要統計　386

インドネシア………………………………川村晃一・濱田美紀…389
　　深まるイスラーム保守派と世俗派の溝　390
　　　　重要日誌　408　　参考資料　412　　主要統計　415

ティモール・レステ(東ティモール)……………………井上 浩子…417
　　FRETIL IN ＝民主党政権の発足と野党連合との攻防　418
　　　　重要日誌　426　　参考資料　428　　主要統計　431

ミャンマー……………………………………………………長田 紀之…433
　　過去最大の難民危機　434
　　　　重要日誌　448　　参考資料　452　　主要統計　454

バングラデシュ………………………………………………日下部 尚徳…457
　　公正な選挙に向けた見えない道筋とロヒンギャ問題の深刻化　458
　　　　重要日誌　473　　参考資料　477　　主要統計　479

インド………………………………………近藤則夫・小川道大…481
　　問題を内包しつつも安定した政権運営を続けるモディ政権　482
　　　　重要日誌　506　　参考資料　510　　主要統計　513

ネパール…………………………………………………………佐野　麻由子…515
　　左派連合の代表議会選挙勝利により政権安定化が図れるか　516
　　　重要日誌　531　　　参考資料　535　　　主要統計　537

スリランカ………………………………………………………荒井　悦代…539
　　政治的空転に忍びよる危機　540
　　　重要日誌　554　　　参考資料　558　　　主要統計　561

パキスタン………………………………………………井上あえか・牧野百恵…563
　　司法判断による首相の交代ふたたび　564
　　　重要日誌　580　　　参考資料　584　　　主要統計　587

アフガニスタン…………………………………………………登利谷　正人…589
　　ターリバーンによる攻勢拡大と「南アジア新戦略」の発表　590
　　　重要日誌　604　　　参考資料　608　　　主要統計　610

使用した主要紙誌および通信・放送………………………………………………611

本書に収載されている論文の内容や意見は，執筆者個人に属し，独立行政法人日本貿易振興機構あるいはアジア経済研究所の公式見解を示すものではありません。

2017年のアジア諸国・

	暦年	名目 GDP[1] (100万ドル)	1人当たり 名目 GDP[1] (ドル)	実質 GDP 成長率[2] (％)	対実質 GDP 構成比[3]		消費者物価 上昇率[4] (％)
					農林漁業 (％)	製造業 (％)	
日 本 会計年度4～3月	2015	4,380,756	34,468	1.2	0.9	20.1	0.8
	2016	4,939,684	38,916	1.0	0.8	20.6	-0.1
	2017	4,828,064	38,104	1.0	-	-	0.5
韓 国 会計年度1～12月	2015	1,382,358	27,097	2.8	2.0	28.5	0.7
	2016	1,414,723	27,607	2.9	1.9	28.4	1.0
	2017	1,530,189	29,743	3.1	1.8	28.7	1.9
モンゴル 会計年度1～12月	2015	11,741	3,840	2.4	13.1	5.7	6.6
	2016	11,133	3,568	1.0	13.6	5.6	1.1
	2017	11,138	3,505	5.1	13.3	6.6	4.2
中 国 会計年度1～12月	2015	10,420,511	7,581	6.9	9.0	40.5	1.4
	2016	11,203,357	8,102	6.7	8.6	39.8	2.0
	2017	12,014,610	8,643	6.9	7.9	40.5	1.6
台 湾 会計年度1～12月	2015	525,562	22,400	0.8	1.5	30.8	-0.3
	2016	530,532	22,561	1.4	1.3	31.2	1.4
	2017	573,216	24,337	2.8	1.3	31.7	0.6
ベトナム 会計年度1～12月	2015	191,454	2,088	6.7	16.1	15.4	0.6
	2016	201,309	2,172	6.2	15.3	16.2	2.7
	2017	220,408	2,354	6.8	14.8	17.4	2.6
カンボジア 会計年度1～12月	2015	18,150	1,168	7.2	28.6	17.3	1.2
	2016	20,157	1,278	7.0	26.7	17.2	3.0
	2017	22,252	1,390	7.0	-	-	2.9
ラオス 会計年度1～12月	2015	14,363	2,212	7.5	17.6	8.2	1.3
	2016	15,916	2,417	6.9	17.2	7.8	1.6
	2017	16,984	2,542	6.8	-	-	1.5
タ イ 会計年度1～12月	2015	401,372	6,106	3.0	6.5	28.3	-0.9
	2016	411,713	6,245	3.3	6.1	28.0	0.2
	2017	455,218	6,878	3.9	6.3	27.7	0.7
フィリピン 会計年度1～12月	2015	292,792	2,882	6.1	9.5	23.2	1.4
	2016	304,921	2,955	6.9	8.7	23.2	1.8
	2017	313,443	2,988	6.7	8.5	23.6	3.2

地域の主要経済指標

失業率[5] (%)	財政収支[6] 対名目GDP比 (%)	貿易収支[7] (100万ドル)	経常収支[8] 対名目GDP比 (%)	対外債務残高[9] 対名目GDP比 (%)	債務返済比率[10] (DSR) (%)	外貨準備[11] (年度末) (100万ドル)	年平均[12] 名目為替レート (対ドル)
3.4	-6.0	-23,053	3.1	66.9	–	1,233,214	121.09
3.1	-4.9	36,142	3.8	74.3	–	1,216,903	108.77
2.8	-2.2	25,684	4.0	74.1	–	1,264,283	112.13
3.6	0.0	90,258	7.7	28.7	–	367,962	1,131.49
3.7	1.0	89,233	7.0	27.2	–	371,102	1,160.50
3.7	1.4	95,216	5.1	27.4	–	389,267	1,130.84
7.5	-5.0	872	-8.1	185.9	33.8	1,323	1,970.31
10.0	-15.4	1,559	-6.3	–	95.6	1,296	2,145.53
8.8	-6.4	1,865	-10.4	214.8	–	3,008	2,439.78
4.1	-3.5	594,504	3.2	–	–	3,330,362	6.49
4.0	-3.8	509,963	–	–	–	3,010,517	6.64
3.9	-2.9	422,540	–	–	–	3,139,949	6.75
3.8	-0.1	73,095	14.2	30.2	1.6	426,031	31.90
3.9	-0.3	70,615	13.7	32.5	2.1	434,204	32.32
3.8	-0.8	81,035	14.7	31.7	1.9	451,500	30.44
3.4	-4.6	-3,554	-0.1	–	–	27,879	21,698
3.2	-4.2	2,680	3.1	–	–	36,167	21,935
3.2	–	2,674	4.1	–	–	48,693	22,370
–	-1.6	-3,466	-9.3	30.8	1.3	6,883	4,060
–	-1.7	-3,415	-8.8	31.9	1.4	8,393	4,053
–	-3.6	-3,487	-8.8	32.8	1.6	11,262	4,045
–	-4.5	-3,623	-18.0	102.7	5.6	915	8,132
–	-4.6	-2,257	-12.0	104.5	7.0	884	8,079
–	-4.8	-2,454	-13.0	113.7	7.9	1,051	8,246
0.9	-2.5	26,798	8.0	32.0	6.3	156,514	34.25
1.0	-2.7	36,539	11.7	32.5	5.9	171,853	35.30
1.2	-2.7	31,866	10.6	35.3	5.8	202,562	33.94
6.3	-0.9	-12,240	2.5	26.5	5.6	80,667	45.50
5.4	-2.4	-26,702	-0.4	24.5	7.0	80,692	47.49
5.7	-2.2	-29,785	-0.8	23.3	6.2	81,570	50.40

	暦年	名目 GDP[1)] （100万ドル）	1人当たり 名目 GDP[1)] （ドル）	実質 GDP 成長率[2)] （%）	対実質 GDP 構成比[3)]		消費者物価 上昇率[4)] （%）
					農林漁業 （%）	製造業 （%）	
マレーシア 会計年度1〜12月	2015	296,093	9,551	5.0	8.9	22.9	2.1
	2016	296,414	9,272	4.2	8.1	23.0	2.1
	2017	314,500	9,659	5.9	8.2	23.0	3.7
シンガポール 会計年度4〜3月	2015	304,098	54,941	2.2	0.0	17.5	-0.5
	2016	309,764	55,243	2.4	0.0	17.7	-0.5
	2017	323,954	57,722	3.6	0.0	18.8	0.6
インドネシア 会計年度1〜12月	2015	856,494	3,373	4.9	13.5	21.0	3.4
	2016	930,915	3,605	5.0	13.5	20.5	3.0
	2017	1,014,228	3,877	5.1	13.1	20.2	3.6
ミャンマー 会計年度4〜3月	2015	59,485	1,147	7.0	-	-	11.4
	2016	64,366	1,232	6.1	-	-	4.4
	2017	66,966	1,272	7.2	-	-	1.5
バングラデシュ 会計年度7〜6月	2015	195,134	1,236	6.6	16.0	20.2	6.4
	2016	221,423	1,385	7.1	15.4	21.0	5.9
	2017	252,905	1,563	7.3	14.7	21.7	5.4
インド 会計年度4〜3月	2015	2,073,110	1,616	7.6	15.3	17.5	4.5
	2016	2,250,990	1,733	7.1	15.0	17.5	5.0
	2017	2,287,730	1,940	6.5	13.3	16.3	3.7
スリランカ 会計年度1〜12月	2015	80,579	3,843	5.0	7.7	15.7	3.8
	2016	81,788	3,857	4.5	7.1	15.5	4.0
	2017	87,148	4,064	3.1	6.9	15.7	7.7
パキスタン 会計年度7〜6月	2015	270,935	1,413	4.1	20.7	13.6	4.5
	2016	279,189	1,429	4.5	19.9	13.4	2.9
	2017	304,319	1,465	5.3	19.5	13.4	4.2

（出所）各国当局資料，IMF, *International Financial Statistics, World Economic Outlook Database*, ADB, *Key Indicators for Asia and the Pacific*, その他より作成。

（注）2017年はすべて速報値または暫定値。基本的に日本，韓国，モンゴル，中国，台湾，ベトナム，カンボジア，タイ，フィリピン，マレーシア，インドネシア，スリランカ，ラオスは暦年。シンガポール，ミャンマー，インド，バングラデシュ，パキスタンは会計年度。

1) 名目額は，現地通貨額を年平均対米ドル為替相場で除したもの。インドは市場価格表示で，2015年度は第2次改定値，2016年度は第1次改定値，2017年度は予測値。ミャンマーはIMFの数値。

2) インドは市場価格表示で，2015年度は第2次改定値，2016年度は第1次改定値，2017年度は予測値。ミャンマーはIMFの数値。スリランカの基準年は2010年度。

3) 中国は対名目 GDP 構成比で，農林漁業は第一次産業，製造業は鉱業プラス工業を指す。インドは基本価格表示で，2015年度は第2次改定値，2016年度は第1次改定値，2017年度は予測値。ベトナムは基本価格表示。

4) インドの2017年度は4〜12月の平均指数を用いて算出。ミャンマーは政府発表値で，2017年度は4〜5月の平均値。スリランカの基準年は2013年度。

2017年のアジア諸国・地域の主要経済指標

失業率[5] (％)	財政収支[6] 対名目GDP比 (％)	貿易収支[7] (100万ドル)	経常収支[8] 対名目GDP比 (％)	対外債務残高[9] 対名目GDP比 (％)	債務返済比率[10] (DSR) (％)	外貨準備[11] (年度末) (100万ドル)	年平均[12] 名目為替レート (対ドル)
3.2	-3.2	27,934	3.0	72.3	15.7	95,290	3.91
3.5	-3.1	24,430	2.4	74.5	16.0	94,525	4.15
3.4	-2.9	27,464	3.0	65.3	13.9	102,446	4.30
1.9	4.4	89,819	18.6	0.0	0.0	247,747	1.3748
2.1	4.0	85,481	19.0	0.0	0.0	246,575	1.3815
2.2	3.4	84,715	18.8	0.0	0.0	279,900	1.3807
6.2	-2.8	14,049	-2.0	36.1	63.0	105,931	13,458
5.6	-2.5	15,318	-1.8	34.3	61.6	116,362	13,328
5.5	-2.6	18,892	-1.7	34.7	52.4	130,196	13,398
4.0	-4.4	-5,441	-5.2	−	−	−	1,225.58
4.0	-4.1	-5,260	-5.9	−	−	−	1,268.17
4.0	-4.4	-2,973	-6.6	−	−	−	1,357.50
−	-3.9	-6,965	1.5	12.3	3.6	25,025	77.68
4.2	-3.6	-6,274	1.7	11.7	3.1	30,168	78.26
4.2	-5.0	-9,472	-0.6	11.4	3.5	33,485	79.12
−	-3.9	-118,717	-1.1	23.7	7.6	350,381	64.15
−	-3.5	-108,504	-0.7	−	8.8	360,297	67.24
−	-3.2	-114,857	-1.8	−	8.3	404,922	64.49
4.7	-7.6	-8,389	-2.3	32.4	34.7	7,303	135.90
4.4	-5.4	-8,872	-2.1	34.0	23.3	5,164	145.58
4.2	-5.2	-9,619	-2.6	35.5	26.7	6,952	152.49
5.9	-5.3	-20,237	-1.0	24.1	15.6	18,699	101.29
−	-4.6	-22,689	-1.7	26.6	16.1	23,098	104.24
−	-5.8	-30,859	-4.1	27.3	22.1	21,402	104.70

5) 中国とベトナムは都市部のみの数値。スリランカは全国の数値。
6) 台湾は中央政府債発行に伴う収入と償却を含まない。2017年度のインドは予算ベース。インドのGDPは市場価格表示。ミャンマーはIMFの数値。
7) インドの2016年度は予測値、2017年度は4～9月の予測値。ミャンマーは政府発表値で、2017年度は4～12月までの数値。バングラデシュは国際収支における貿易収支の数値。
8) インドの2017年度は4～9月の値。インドのGDPは市場価格表示。ミャンマーはIMFの数値。
9) 日本は対外債務総額を表す。バングラデシュはIMF勘定を除く。
10) 債務返済比率(debt service ratio)は、年間の対外債務返済額(元本償還および金利支払い)／総輸出額の比率。台湾は中央銀行公表数値(返済額不明)。バングラデシュはIMF勘定を除く。
11) 日本、インドは2017年12月末時点の値。
12) ミャンマーは政府発表値で、2017年度は4～2月までの平均値。
＊ 各国統計編とは異なるデータを用いる場合があり、ここにあげた数値とは相違していることがある。

2017年のアジア

2017年のアジア

堅調な成長を背景に構造改革に取り組む

荒井　悦代
あら　い　えつ　よ

国内政治

　香港（2月），ティモール・レステ（3月），韓国（5月），インド（7月），シンガポール（8月）ではそれぞれ行政長官や大統領の選出が行われ，順当な候補者が引き継いだ。大統領選挙はモンゴル（6月）でも行われ，決選投票が行われ野党候補が当選した。国政レベルの選挙が行われたのはネパールとティモール・レステで，ネパールでは新憲法下で初となる地方選挙と代表議会（下院）選挙で左派連合が勝利した。ティモール・レステでは選挙後の組閣に失敗し2018年に再選挙となった。パキスタンでは，シャリーフ首相が議員資格なしとの最高裁判決を受けて辞任し交代した。

　2016年に続き複数の国で汚職対策がとられた。与党内部の引き締めや野党の弱体化をねらった政治構造改革の一環と思われる。中国では法治の促進，環境問題の改善，退役軍人の管理と並んで汚職問題が重要な課題と位置づけられ，摘発が継続した。習近平政権の第2期でもこの傾向は続く見込みだ。ベトナムではグエン・フー・チョン党書記長が強力な反汚職キャンペーンを実施し，党・国家幹部らも対象となった。ラオスでも全党規模の反汚職キャンペーンが実施され，汚職に関する情報の公開も進んだ。軍政が続くタイでも汚職対策と国家構造改革に取り組む政権の姿勢を前面に打ち出し，長引く暫定政権の存在理由を国民に訴えた。マレーシアでも2017年は汚職対策庁による与野党関係者の汚職摘発が目立った。総選挙が間近に迫るタイミングで，野党指導者の過去について責任を追及する動きがみられた。

　反汚職対策とともに言論の自由に対する抑圧もみられた。中国ではインターネットを中心とする言論統制・人権活動家などオピニオンリーダーへの締め付けが強化された。香港，タイでも集会禁止令違反による住民や知識人の逮捕が続いた。シンガポールでも制約が強化されたと批判が起きている。ミャンマーでSNSなどでのウェブ上での発言が，法律に違反したとして告訴・逮捕に至る事

件が頻発した。カンボジアでは政府によるメディアやNGOの閉鎖が相次いだ。

北朝鮮をめぐる対応

度重なるミサイル発射・大陸間弾道ミサイル（ICBM）の実験を行った北朝鮮に対して日本やアメリカは国際社会に制裁など強硬な姿勢を求め，中国・ロシアは比較的穏健な対応を求めた。韓国は対北融和を掲げた結果，日米中との関係は不安定な朝鮮半島情勢の影響を強く受けることとなった。ASEAN関係諸国はすべて北朝鮮と国交があり，北朝鮮からの出稼ぎ労働者の外貨獲得先になっているダミー会社もあるなど北朝鮮への制裁の「抜け穴」になっているという指摘もなされており，ASEANは独自のバランスをとった対応を迫られた。モンゴルは2017年も朝鮮半島問題で仲介者としての役割をアピールした。ただし核実験・ミサイル発射問題に対しては，国際社会とともに非難する立場をとった。このほか，タイ，ベトナム，マレーシア，インドなども日米に協力する姿勢をみせた。マレーシアではとくに金正恩朝鮮労働党委員長の異母兄にあたる金正男がクアラルンプールの空港で殺害された事件後，北朝鮮側の事件に対する強硬な対応により両国関係は緊張状態となった。

経済

カンボジア，ミャンマー，バングラデシュで7％以上のGDP成長率を実現した。それに次ぐ6％台の経済成長率を達成したのは，中国，ベトナム，ラオス，フィリピン，インド，ネパールである。パキスタンの成長率は5.3％であったが，ネパールとともにこの10年で最高の伸びを記録した。高成長率は，中国およびフィリピンのほかはCLMV諸国と南アジアに集中している。

2017年の経済成長をけん引したのは外需およびインフラ建設であった。インドネシアで高速道路，道路，橋，ダム，空港などの建設が進んだ。パキスタンでは「一帯一路」構想に関連する中国・パキスタン経済回廊構想（CPEC）の下で発電所や道路の建設が行われた。アフガニスタンでも道路，水道，電力の開発が進んだ。台湾，タイ，フィリピンなどの比較的開発が進んだ国・地域でも政府主導の経済インフラ開発が長期目標に組み込まれた。アジア諸国ではまだまだ基礎的なインフラ開発による経済成長の余地がありそうだ。

多くの国で前年を上回るか，下回ったとしても5～6％の経済成長を達成したなかで前年に比してもっとも経済が停滞した国はスリランカで，天候不順による

農業の不振，政治状況の混乱，予算不足によるインフラ建設の中断などが原因として挙げられる。

経済・産業構造改革など

　シンガポールでは2014年から「スマート国家構想」を打ち出し，高付加価値創造型産業を推進していた。同様の動きはアジア各国に広がり，近年は中国でシェアリング・エコノミーの成長，フィンテックを活用した電子決裁システム，新エネルギー車の開発が著しく進んだ。インドネシアなどでも配車アプリの定着やフィンテックの広がりなど活発な動きがみられる。ベトナムでは第4次産業革命（製造・流通工程を人口知能［AI］やインターネット技術の導入によりデジタル化しようという動き）が始まりそうだ。タイの「タイランド4.0」計画では経済社会のデジタル化に即した新産業を育成することを目指している。またインドでは農村の電化やインターネットで全国農村市場の情報を共有する計画が進められている。

　このほかフィリピン，インドでは税制改革が行われ，韓国では民生重視の政策の下，雇用の拡大とセットで最低賃金が議論された。堅調な成長率を維持しているカンボジア，タイ，マレーシア，ミャンマーなどでも最低賃金の引き上げが議論された。

人の移動に起因する問題

　欧米で移民は選挙の争点となったが，アジアでも人の移動は各国で取り上げられた。11月のASEAN首脳会議で「移民労働者の権利の保護と促進についてのASEANコンセンサス」が採択された。これは加盟国に，東南アジア地域における移民労働者に対して，社会的保護，法律へのアクセス，公正で人間らしい扱い，ヘルスケアを保証し強化するように求めるものである。特徴としては，労働者本人だけではなく家族の保護や不法移民労働者への保護も射程に収めていることが挙げられる。ただ，これらを実施するのは簡単ではない。2017年には受け入れ国で問題に対応すべく制度変更がなされた。たとえばタイでは移民労働者の就労許可手続きの厳格化，移民労働者の保護強化を目的に，外国人就労管理緊急勅令を制定した。マレーシアでは外国人労働者の人頭税の雇用者負担への変更，雇用保険制度法案の可決などがあった。しかし，結果的に労働者不足や雇用者負担増の懸念を招き，国内経済に少なからぬ混乱が生じた。この問題で先行するシンガ

ポールは，外国人労働者を制限しつつ国内労働者の技能・生産性向上に取り組んできたが，短期的には分野によっては雇用枠を柔軟化をせざるをえない状況にある。

これに影響を受けるのが送り出し国であるフィリピン，インドネシア，カンボジア，ラオス，ミャンマー，ネパールなどである。ラオスではタイから帰国する労働者の再就労先の確保も課題となっている。ネパールでは海外出稼ぎ労働者への社会保障政策が打ち出された。

アジアよりも中東へ多くの労働者を送り出しているバングラデシュ，パキスタン，スリランカなど南アジア諸国では，中東情勢の不安定さにより送金額は減少している。ただし，ネパールに関しては，出稼ぎ労働者数の増加により送金額は前年よりも増加した。

ロヒンギャ難民問題は，2017年に深刻化した。受け入れ国のバングラデシュには60万～70万人という大量の難民が短期間に押し寄せた。ASEANのなかでは意見が割れたが，イスラーム教徒がマジョリティであるマレーシアとインドネシアはロヒンギャ難民のおかれた非人道的状況についてミャンマー政府を批判した。

このほかアジア地域におけるイスラーム過激派のテロに対する懸念も共有され，共同パトロールが行われることとなった。

2018年に向けて

2017年に行われた選挙は順当な結果に落ち着いた国が多かった。2018年にはマレーシア，アフガニスタン，カンボジア，パキスタン，インド，バングラデシュなど各国で国政レベルの選挙が予定されており，それに向けた与野党の攻防が激しさを増しそうである。近年，選挙監視団などの派遣もあり選挙自体が暴力化する傾向は薄まりつつあるが，ポピュリスト的経済・福祉政策，選挙対策としての人種差別や過激な宗教思想を振りかざす動きなどに注目する必要がある。

（地域研究センター研究グループ長）

主要トピックス

アメリカとアジア
アメリカ第一主義外交とインド太平洋戦略の行方

昇　亜美子
（のぼり　あみこ）

概　況

　ドナルド・トランプ新大統領は1月20日の就任演説で、「われわれは世界の国々との友好親善を求めるが、それはすべての国が自己利益を第一に考える権利をもつという理解のうえでのことだ」と述べ、「アメリカ第一主義」の立場を鮮明に打ち出した。アメリカ人の雇用と治安を守るという国内的な関心を最優先させるトランプ大統領は、1月23日には早速、アメリカが環太平洋パートナーシップ（TPP）協定から「永久に離脱する」と明記された大統領令に署名した。リベラル国際秩序を構築するための指導力発揮への関心はきわめて薄く、6月には地球温暖化対策の国際枠組み「パリ協定」からの離脱を宣言。アメリカが有利な立場に立てる二国間交渉を好み、難民や気候変動を含むグローバルな課題に、国連やG7、G20といった多国間枠組みで取り組むことには一貫して消極的な姿勢を示した。

　対アジア政策においては、核・ミサイル開発をさらに加速させる北朝鮮への対処と、トランプ大統領が最大の関心を寄せる貿易赤字解消が最優先課題となった。これらの問題への対処において、トランプ大統領が志向する孤立主義的で保護主義的な路線は主として経済政策や国際開発、人権問題の領域で目立ち、安全保障政策においては、マティス国防長官、ティラーソン国務長官、マクマスター国家安全保障担当大統領補佐官らが重視する国際主義に基づいた現実的な外交が展開された。11月にはトランプ大統領が12日間にわたり、ハワイとアジア5カ国を歴訪し、この地域への政権としての関心の高さが確認された。ただし、アメリカの経済的利益を優先させる姿勢は米韓自由貿易協定（FTA）再交渉やTPPからの離脱表明に表れ、トランプ政権では経済と安全保障上の利益が交渉材料となりうる危うさを示している。また、この訪問中にトランプ大統領が強調した「自由で開かれたインド太平洋」というビジョンに、中国への対抗姿勢と東南アジア諸国連合（ASEAN）への関心の薄さが反映されているとの見方もあり、域内諸国の反応

は複雑であった。

トランプ政権成立以降，ホワイトハウスでは大統領補佐官を含む高官の更迭や離職が相次いだ。国務省でも，東アジア・太平洋担当の次官補を含む幹部ポストがほとんど空席のままであることに加え，トランプ政権の外交路線やティラーソン国務長官のマネジメントに疑問を持つ経験豊かな職業外交官の自発的な離職が続いた。ロシア疑惑もあって一般国民のみならず与党共和党からの支持も不安定であったトランプ政権の初年度の外交は，同盟国を含む国際社会に不安を与えたまま終わった。

アメリカ第一主義の経済政策

新政権が掲げたアメリカ第一主義外交路線が対アジア政策において顕著に表れたのは，経済政策であった。貿易不均衡問題の解決というトランプ大統領のアジェンダが最優先され，同盟国やパートナー国に対しても，「公正で互恵的な二国間関係」を強く求める姿勢が示された。トランプ大統領は，アジア歴訪中の11月10日に行ったベトナム・ダナンにおけるアジア太平洋経済協力会議（APEC）の関連会合での演説で，初めて包括的なアジア戦略を表明した。トランプ大統領は，インド太平洋諸国との絆と友情を強化し，繁栄と安全を促進するための新たなパートナーシップを提案したいと述べ，アメリカの同地域へのコミットメントの継続を明言した。だが演説が経済政策に及ぶと，アメリカ第一主義路線が鮮明にされた。トランプ大統領は「自らを縛る（多国間の）合意の枠組みには入らない」と述べ，TPP離脱の姿勢を改めて示し，「相互信頼と互恵に基づく二国間の貿易を推進する」と表明した。さらに，「経済の安全保障は，国家の安全保障でもある」と発言し，アメリカの経済的利益を最優先させる姿勢を明らかにした。また，国家主権の重要性を強調し，アメリカがリベラル国際秩序のリーダーとして，他国の人権や民主化を促進する姿勢は見せなかった。これは，前年9月にラオスを訪問したオバマ前大統領が行った政策演説で，言論や集会の自由，公正な選挙，自由な情報へのアクセス，司法の独立といった民主主義的価値の重要性が強調されたのとは対照的であった。

12月18日，トランプ政権は「国家安全保障戦略」（NSS）を発表した。国家安全保障会議（NSC）が主導して作成したこの文書は，全体としては伝統的な現実主義に基づきながらも，とくに経済政策や人権・民主化に関する項目で，アメリカ第一主義の性格が見られた。NSSは，貿易不均衡問題の解決を強調し，公正で互

恵的な貿易をめざす国々との二国間の貿易・投資協定を追求すると述べる。また，世界におけるアメリカの影響力拡大については，「アメリカの価値観を他人に押し付けることはしない」として，オバマ政権が重視してきたミャンマーなどの新興民主主義国への支援などには言及していない。さらに「アメリカの開発援助はアメリカの国益を支援するものでなければならない」とアメリカの利益を前面に出した。

安全保障上のコミットメントの継続

アジアにおける安全保障政策については，政権発足直後から，トランプ大統領自身や国務長官，国防長官ら高官が，同盟国への条約的義務を継続すると強調してきた。11月のダナン演説でトランプ大統領は，北朝鮮の核・ミサイル開発に一致団結して闘う姿勢を明らかにし，さらに，「法の支配や人権，航行の自由を尊重する原則も守らなければならない」と述べて，南シナ海での軍事拠点化を進める中国をけん制した。このアジア歴訪中にトランプ大統領が何度も言及した「自由で開かれたインド太平洋」というビジョンは，かねてから安倍政権が唱えていた戦略にトランプ政権が同調したものである。オバマ政権の高官も「インド太平洋」という言葉を用いており，インドとの安全保障関係も強化されてきた。だがトランプ政権では，中国の影響力に対抗する観点からのインドとの関係強化がより強調されている。

NSSが示した基本的な安全保障認識は，アメリカは，中国・ロシアという修正主義勢力，イラン・北朝鮮という「ならず者国家」，そして聖戦に関与しているイスラーム教徒や国際犯罪組織などの非国家主体との競争にさらされているという厳しいものである。これに対処するために，アメリカは軍の近代化を進め，「力による平和」を実現することを目標に据える。そして，「われわれは同盟国やパートナー国との強固な関係がもたらすかけがえのない利益を認識している」と述べ，同盟国重視の姿勢を示した。これらの点は，従来のアメリカ外交路線となんら変わるところはない。

またNSSは，インド太平洋地域において，世界秩序をめぐり自由，抑圧的という異なるビジョンを持つ勢力間で地政学的競争が起きているとの見方を示した。抑圧的なビジョンを持つ国として意識されたのは中国にほかならない。その中国についてNSSは，経済的・軍事的影響力を用いて周辺国を従わせようとしていると厳しく批判し，南シナ海における軍事拠点の構築は，自由で円滑な貿易を危

機に陥れ，他国の主権を脅かし，地域を不安定化させていると警告した。他方，インドが主導的なグローバルパワー，そしてアメリカにとってより強い戦略的防衛パートナーとなってきたことを歓迎し，日米豪印の4者協力を促進させたいと述べている。中国をけん制する色彩の濃い日米豪印の4者協議は，11月12日に東アジア首脳会議（EAS）開催に合わせてマニラで，外務省局長級会合が開かれたものの，非同盟を標榜するインドはこの枠組みの制度化には慎重な姿勢を崩しておらず，中国が最大の貿易相手国であるオーストラリアは明示的な対中封じ込めを望んでいない。この4者協議が短期的に実質的な安全保障協議の枠組みとして制度化される見通しは明るくないだろう。

北朝鮮問題──ICBMの衝撃

　トランプ政権成立後，北朝鮮は，2月の安倍首相訪米中のミサイル発射を皮切りに，3月から9月までは毎月ミサイルを発射，9月3日には6回目の核実験を実施した。7月4日には初の大陸間弾道ミサイル（ICBM）の実験に成功し，さらに11月29日には，北朝鮮の主張によれば首都ワシントンを含むアメリカ全域に届く新型のICBMを発射した。この間，6月には，北朝鮮で逮捕抑留されていたアメリカ人青年オットー・ワームビア氏が，アメリカに帰国後間もなく死亡し，全米中にこれまでになく北朝鮮に対する反感と警戒感が広がった。

　こうした北朝鮮問題についてトランプ政権は，オバマ政権の「戦略的忍耐」政策を見直し，4月には，同盟国および中国・ロシアと協力して経済制裁を強化しつつ軍事的措置も排除しない「最大限の圧力と関与」で核放棄を迫る方針を固めた。これは，非核化に向けた対話への扉は開きつつも，軍事的選択肢を排除しないというものである。トランプ大統領は8月には，北朝鮮がアメリカをこれ以上脅かせば「世界がこれまで目にしたことのないような炎と怒りに直面することになる」と，軍事的手段に訴える可能性をちらつかせながら同国をけん制した。トランプ大統領のアジア歴訪中の11月には，ニミッツ，ロナルド・レーガン，セオドア・ルーズベルトの3つの空母打撃群が軍事演習のために西太平洋に集結し，トランプ政権に軍事行動を取る意思があることが示された。

　このように一定の軍事的圧力をかけつつも，トランプ政権が北朝鮮問題の解決において最大の関心を寄せたのは中国の協力である。4月6日から7日にかけて行われた初の米中首脳会談で，トランプ大統領は習近平国家主席に「中国が協力しなければアメリカは単独行動も辞さない」と対北圧力強化を迫った。だが，11

月の米中首脳会談後に習国家主席が，対話と協議を通じた朝鮮半島問題の解決を最優先する立場を改めて強調したことから明らかなように，軍事行動も含めた「すべての選択肢」を掲げて北朝鮮に核放棄を迫るアメリカと，対話を重視する中国の温度差は明白であった。中国は，アメリカが求める対北朝鮮石油輸出全面停止には依然として慎重であったが，11月29日のICBM発射を受けた12月の国連安全保障理事会による制裁決議においては，北朝鮮への石油精製品の年間輸出量の上限を約9割削減するとともに，北朝鮮がさらなる挑発行為に出た際の「石油の供給制限」が明記された。

　トランプ政権はいくつかの独自制裁も新たに決定した。6月29日には，北朝鮮によるマネーロンダリングに関与したとして，中国の銀行1行と運輸会社1社，個人2人を制裁対象に追加し，8月22日には北朝鮮の核兵器開発の支援などをしたとして，中国やロシアなどの16の企業・個人に対する独自の金融制裁を発表した。さらに11月21日には，北朝鮮への追加制裁として中国企業や実業家を含む14団体・個人，船舶20隻を新たに独自制裁の対象に指定した。これらの独自制裁は，中国に北朝鮮問題での協力を促す意図もあった。

　対北朝鮮問題への対応を複雑にさせているのが，政権内に存在するアプローチの差異だ。一貫して対話に積極的だったのはティラーソン国務長官である。マティス国防長官はより「圧力」を重視するものの，アメリカによる軍事的措置については，北朝鮮側の反撃によって同盟国の日本や韓国に大規模な被害が及ぶとして，慎重な姿勢を崩していない。これに対し，マクマスター大統領補佐官は，11月のICBM発射以降，北朝鮮には抑止戦略が効かないとして，「北朝鮮との戦争の可能性は日々高まっている」と発言するなど，軍事的措置に傾いていることをうかがわせた。トランプ大統領自身の態度は，北朝鮮の金正恩朝鮮労働党委員長との会談に前向きな発言をしたかと思えば，軍事行動への積極的な姿勢を示すなど，一貫性を欠いたものであった。こうしたトランプ政権の対北朝鮮政策は，ある意味では意図しない「あいまい戦略」として北朝鮮や中国に一定の圧力をかける効果を持ったが，日韓などの同盟諸国のなかには，頭越しの軍事行動の可能性を含む不安が広がった。

米中関係──北朝鮮問題と貿易赤字問題が焦点に

　トランプ氏は大統領選勝利後の2016年12月2日に台湾の蔡英文総統と異例の電話会談を行い，その後，台湾を中国の一部とする「一つの中国」政策について，

為替操作や南シナ海での軍事施設建設などで中国が態度を改めない場合，アメリカが変更する可能性を排除しないと示唆した。しかしながら政権発足後には，2月9日にトランプ大統領が習近平国家主席と電話会談し「一つの中国」政策を尊重する意思を確認した。アメリカと台湾の閣僚や政府高官の相互訪問の活発化を目的とする台湾旅行法が1月に下院に，5月に上院に提出されたものの，台湾政策において根本的な見直しはなされなかった。

　4月の米中首脳会談でトランプ大統領は習近平国家主席との間に良好な個人的関係を築くことに成功し，その後も「毛沢東氏以来，もっとも権力を持つ指導者だ」など，従来のアメリカ大統領と比較してきわめて積極的な表現で習国家主席を称賛した。だが，トランプ政権が最優先する北朝鮮問題と貿易赤字問題が対中政策を左右し，一貫した対中戦略は構築されるに至らなかった。

　政権成立前からトランプ大統領が批判してきた中国による南シナ海の軍事拠点化については，北朝鮮問題における中国の協力の状況をみきわめつつ，慎重に対処された。トランプ政権は，5月24日に「航行の自由」作戦を再開し，マティス国防長官は6月初頭のアジア安全保障会議（シャングリラ・ダイアローグ）における演説で，中国の海洋進出を批判したが，比較的抑制的な態度を維持してきた。トランプ大統領の最大の関心事の中国の対米貿易赤字や知的所有権侵害を含む二国間経済問題に関しては，トランプ大統領は，「中国は貿易でアメリカにひどい損害を与えているが，私は中国に対して寛容な態度を取ってきた。私にとって貿易よりも重要な唯一の事柄は戦争だからだ」「もしも中国が北朝鮮問題で私の力となれば，貿易問題を少し違うようにみてもよい」と述べるなど，北朝鮮問題と「取引」しているとの認識を隠していない。

　トランプ政権は，不公正貿易の取り締まり強化を掲げて，対抗策をとるための調査を次々に実施した。政権初の調査として，商務省が3月28日に中国製アルミホイルの反ダンピング調査に着手した。トランプ大統領は4月20日には鉄鋼輸入が安全保障に与える影響を調べるよう商務省に指示，同月27日，中国などからのアルミニウム輸入がアメリカの安全保障に与える影響を調査するよう指示する大統領令に署名した。具体的な成果をもたらさなかった7月19日の初の米中包括経済対話の後，トランプ大統領は，記者団に中国産など輸入鉄鋼製品に高関税を課すかどうかを問われ，「そうなる可能性はある」と語った。トランプ大統領は続いて8月14日には，通商法301条の適用を視野に中国の知的財産権の侵害を調べるよう指示した。11月28日には商務省が中国からのアルミ材輸入で不正行為がな

いか自主調査を開始した。

日本，韓国との同盟関係——緊密化する日米同盟と軋む米韓同盟

　大統領選挙中は日韓両国との同盟関係の見直しまで示唆していたトランプ大統領であったが，政権発足後は2月から4月にかけて，マティス国防長官，ティラーソン国務長官，ペンス副大統領ら高官が相次いで両国を訪問して同盟関係の重要性を再確認することに務めた。

　トランプ大統領は安倍首相とは，政権発足以前の2016年12月にニューヨークで会談し，個人的な信頼関係を築くことに成功し，その後も日米関係はきわめて良好に推移した。2月10日に行われた初の日米首脳会談では，アメリカの核による日本防衛に対するコミットメント，尖閣諸島が日米安保条約第5条の適用対象であることなどを明記した共同声明が出され，安全保障面では従来と変わらない安定的な同盟関係を維持することが確認された。この時の首脳会談でペンス副大統領と麻生副総理の間で，二国間の経済対話の枠組みが作られた。

　日米同盟にとってとりわけ大きな課題が，安倍首相の訪米中に挑発的にミサイル実験を実施した北朝鮮の核・ミサイル問題であった。この問題への対処をめぐっては，朴槿恵氏の弾劾訴追により韓国大統領が不在のなか，アメリカのアジアにおける同盟国の指導者として，安倍首相の役割がさらに大きく印象づけられたといえるだろう。北朝鮮問題の緊張悪化を背景として，5月1日には海上自衛隊護衛艦による初の米艦防護が実施されるなど，日米の軍事協力も強化された。トランプ大統領は北朝鮮への対処において，日本人拉致問題にも大きな理解を示した。さらには，トランプ政権のアジア戦略が定まらないなか，安倍政権の外交政策が「自由で開かれたインド太平洋戦略」策定に影響を及ぼしたことは，日米のアジア戦略の方向性が一致していることを示す。

　トランプ大統領は個人的に大きな関心をよせる日米貿易問題について，11月の日米首脳会談の冒頭で，「貿易赤字を減らし，公平な貿易を行いたい」と強い意思を示した。一方で安倍首相は共同記者会見で「二国間の貿易だけでなく，アジア太平洋地域に広がる貿易投資における高い基準づくりを主導していく」と多国間での枠組みづくりに意欲を示し，両者の認識の溝は埋まらなかった。さらに大統領は，具体的な防衛装備品名まで言及して日本への「売り込み」を行った。安倍首相は国会で，アメリカ製の防衛装備品の購入はアメリカの経済や雇用に貢献する，という見解を示し，トランプ政権が重視する対日貿易赤字問題への配慮を

見せた。しかし日本国内には、大量のアメリカ製の装備品購入が防衛費を圧迫する恐れがあると懸念する声もある。

貿易不均衡問題での溝は大きいままであるが、トランプ大統領就任後の安倍首相との会談は5回に上り、電話会談は17回に及んだ。安倍首相はトランプ政権の北朝鮮問題などへの姿勢を一貫して支持し、「日米は100％共にある」と繰り返しており、トランプ大統領も安倍首相に大きな信頼を寄せている。

他方、東アジア情勢の緊張を反映して訓練が激化していることに加えて人員不足や装備の老朽化、整備不足などもあり、米軍による日本国内あるいは周辺での事故やトラブルが相次ぎ、国民の間に不安が広がった。とくに沖縄県内では、10月に東村の民家から程近い場所にCH-53ヘリが緊急着陸して炎上する重大事故を起こし、さらに12月には宜野湾の小学校に同型ヘリから部品が落下して児童が怪我をするなど、米軍関連の事故やトラブルは20件以上に上った。

緊密化した日米同盟とは対照的に、米韓同盟関係は揺らぎを見せた。5月に誕生した革新系の文在寅政権が対北朝鮮融和政策を志向し、前政権が合意した終末高高度防衛（THAAD）ミサイル配備や日米韓防衛協力に消極的な態度をとったこと、トランプ大統領が米韓FTAの見直しを表明し、また北朝鮮への先制的な軍事攻撃の選択肢を排除しない姿勢をとっていることなどがその背景にある。韓国世論には、北朝鮮がアメリカを射程距離に治めるICBMの開発に成功すれば、アメリカが提供する韓国への核の傘の信頼性が揺らぐという不安も広がった。北朝鮮が米韓同盟の離間をねらうさなかに、トランプ大統領は米韓FTA見直しを表明したり、韓国の対北朝鮮姿勢を非難するなど、同盟関係強化には逆効果の対応も目立った。

11月に25年ぶりの国賓として韓国に招かれたトランプ大統領は、7日の首脳会談では北朝鮮問題について、平和的な解決を目指して協力すると述べて、軍事的措置に消極的な文大統領と足並みをそろえてみせた。だが、文在寅政権は対米同盟を維持すると同時に中国との関係も改善するバランス外交を追求しており、米韓関係における不安定要素にもなった。トランプ大統領訪韓の直前の10月30日には康京和外相が国会で、韓国は（1）アメリカのミサイル防衛システムに加入しない、（2）日米韓の安全保障の協力は3カ国軍事同盟に発展しない、（3）THAADを追加配備しない、と表明し、これに中国政府も留意することで、THAAD配備をめぐり悪化していた中韓関係を改善させていた。

こうした米韓関係の軋みは、対北圧力を強める日米と韓国の対応の違いによく

主要トピックス

表れている。韓国政府は9月21日，国際機関を通して北朝鮮に800万ドル相当の人道支援を実施することを決定した（時期については未定）。さらに文在寅大統領は12月19日，平昌冬季オリンピックの期間中，米韓合同軍事演習を開かないよう，アメリカ側に延期を打診していることを明らかにした。一方，日米両政府関係者は「圧力が必要」「対話のための対話は意味がない」といった発言を前面に出し，韓国政府の姿勢との温度差が目立った。

東南アジア諸国との関係——戦略の欠如

　オバマ前政権がアジア重視政策の中心に ASEAN を位置づけたのとは対照的に，TPPからのアメリカの離脱とイスラム圏からのアメリカ入国制限を標榜したトランプ政権の成立は，東南アジア諸国に不安をもたらした。トランプ大統領は3月31日にアメリカの貿易赤字を減らすことを目的に，貿易相手国の高関税や非関税障壁の影響を調査する大統領令に署名し，その後調査対象国に東南アジアではタイ，インドネシア，マレーシア，ベトナムが名指しされた。トランプ大統領は，ベトナム，マレーシア，タイ，シンガポール首脳をそれぞれワシントンに招いて，指導者間の関係を築くことに一定の成功はしたものの，これらの会合で強調されたのは，北朝鮮問題での協力要請と，貿易不均衡の是正であった。さらにトランプ政権は5月に出された予算教書でアジア開発銀行（ADB）への拠出金やアジア地域への開発援助を大幅に削減し，アメリカ第一主義の方針を一層明確にした。11月にトランプ大統領がベトナムとフィリピンを訪問し，APECや東アジア首脳会議関連の会合に参加したことは，新政権の東南アジア地域への一定の関心を示したが，大統領の発言は北朝鮮問題と貿易不均衡問題にとどまらない包括的な地域戦略がいまだ定まっていないことを印象づけた。

　これとは対照的に，中国は広域経済圏構想「一帯一路」やアジアインフラ投資銀行（AIIB）などを通じて同地域に巨額のインフラ投資を行うとともに，軍事協力も加速して影響力の拡大を図っており，トランプ政権発足以来，東南アジア諸国と米中両国との関係のバランスに変化が見られる。シンガポールの東南アジア研究所による地域問題専門家を対象とした調査では，54.3％がトランプ政権のアメリカはオバマ政権と比較して同盟国またはパートナーとして頼みにならないとの認識を示し，現在東南アジアでもっとも影響力を持つのは中国とした回答者は73.6％に上った（アメリカと答えた回答者の割合はわずか3.5％）。中国が押し進める南シナ海の軍事拠点化については，海洋諸国を中心に東南アジアでは大きな懸

念を持たれてきたが，2017年のASEAN議長国のフィリピンのドゥテルテ大統領が中国への融和姿勢を強めたことで，ASEAN全体としては，11月の首脳会議の議長声明で過去にあった南シナ海問題での「懸念」という言葉が消えるといった影響が出た。トランプ大統領はベトナム訪問中に，南シナ海問題でアメリカが仲裁する意欲があると発言するなどしたが，東南アジア諸国の指導者側には十分でないと映っている。

　東南アジア諸国に対するトランプ大統領や閣僚レベルでの，人権問題への関心の薄さも特徴的だ。トランプ大統領は4月末に，軍事クーデタ後の民政移行が遅れるタイのプラユット首相や麻薬戦争で人権弾圧を続けるフィリピンのドゥテルテ大統領と電話会談をし，ホワイトハウスに招待した。国営投資会社からの資金の不正流用疑惑のためにアメリカ司法省の捜査対象となっているマレーシアのナジブ首相も9月にホワイトハウスを訪問したが，トランプ大統領はその不正疑惑について会談で言及しなかった。オバマ大統領が人権や民主主義的観点から問題がある指導者を，意図的にホワイトハウスに招待しなかったのとは対照的な姿勢である。

　ミャンマーのロヒンギャ問題に対しても，トランプ政権の対応は遅かった。トランプ大統領のアジア歴訪中，ロヒンギャ問題に言及したのは，非公開の東アジア首脳会議出席者たちとの食事会合の場だけであった。その直後ティラーソン国務長官がミャンマーを訪れ，帰国後の11月22日にようやく，ロヒンギャに対する迫害が「民族浄化に等しい」と非難する声明を出した。グテーレス国連事務総長が，この問題を民族浄化と認めてから2カ月以上が経過していた。その後12月に財務省は，ロヒンギャに対する迫害を指揮したとして，ミャンマー陸軍幹部を制裁対象に指定した。また，2018年の総選挙を前に，野党やメディアへの弾圧を強め一党独裁を進めるカンボジアのフン・セン首相に対しては，在カンボジア・アメリカ大使館が早い段階から非難し，12月6日に国務省は，民主主義弾圧に関与したカンボジア人へのビザ発給制限を発表した。だがトランプ大統領は，東南アジア訪問の際にこの問題に言及せず，フン・セン首相は在カンボジア・アメリカ大使館を批判する一方で，トランプ大統領を称賛した。

　安全保障関係については，5月以降に悪化したフィリピンのマラウィでのIS（「イスラーム国」）関連組織とフィリピン軍の戦闘で，アメリカ特殊部隊がフィリピン軍を支援するとともに，アメリカ政府は軍への物資提供を行った。7月にはアメリカは，対テロ対策支援の一環として，情報・監視・偵察用のセスナ208B

輸送機2機をフィリピン空軍に正式譲渡した。オバマ政権が促進した，東南アジア諸国の海洋安全保障能力強化支援は，トランプ政権下でも継続された。ベトナムの沿岸警備隊との協力についても，米海軍の退役したハミルトン級カッター「モーゲンソー」を5月末に譲渡するなどの進展があった。

南アジア――インド重視と対パキスタン政策の見直し

トランプ政権はインド重視の姿勢を強め，モディ政権との関係強化を進めている。モディ首相は6月に訪米してトランプ大統領と会談し，また11月にもマニラで会談した。6月26日の会談の際は，トランプ大統領は「両国関係はかつてないほど強固だ」と述べ，米印関係の親密さをアピールした。このインド重視政策のねらいは第一に，中国の影響力拡大への警戒である。6月の共同声明では，前年の首脳会談同様，両国が「地域全体の航行，飛行，通商の自由」を支持し，すべての国が国際法に基づき，領土や海洋をめぐる紛争を平和的に解決することを求める，との文言が入った。また，とくにインドが警戒する「一帯一路」の一部事業「中国・パキスタン経済回廊」を意識し，地域経済の接続性向上を支持する一方，主権や領土保全，法の秩序を尊重すべきだと明記された。もっとも共同声明の中では直接的に中国への言及は避けた。

第二に，南アジア問題でのインドの主導的役割への期待の高さである。NSSでは，インドが南アジア，中央アジアへの経済・軍事援助を増大させることへの期待が明確に述べられた。トランプ大統領は8月21日に包括的なアフガニスタン戦略を発表し，そのなかで，米軍増派の決定とともに，インドにより大きな役割を望む姿勢を明らかにした。一方で，パキスタンに対しては，領土内のテロリストの聖域が放置されていると強く非難した。翌22日にはティラーソン国務長官も，パキスタンがテロ組織への姿勢を改めない場合には，アメリカからの援助や軍事支援の停止に加えて，「北大西洋条約機構(NATO)非加盟国の主要同盟国」待遇を取り消すとまで言及した。

2018年の課題

2017年を通して，アメリカ第一主義と国際協調主義の間で微妙なバランスを保ってきたトランプ外交は，中間選挙を秋に迎える2018年に入り，一気に前者への傾斜を強めている。

まず通商問題について保護主義的な政策を矢継ぎ早に打ち出した。トランプ政

権は1月に,太陽光パネルと洗濯機の輸入増に対抗するため緊急輸入制限の発動を発表,3月にはアメリカの生産者を守ることが安全保障上の利益になるとし,鉄鋼に25%,アルミに10%の関税を課すことを正式決定した。さらに同月に,中国による知的財産の侵害があるとして進めてきた「通商法301条」の調査に基づき,関税などの制裁措置についての大統領令に署名した。これらの措置は主としてアメリカの対中貿易赤字削減を念頭に置いたものであるが,トランプ大統領は,アメリカは「中国や日本,韓国との間で莫大な金を失っている」とも述べ,同盟国に対しても厳しい態度をみせている。鉄鋼・アルミへの高関税の対象には,これまでトランプ政権と緊密な関係を築いてきた日本も含まれている。対象となる中国や日本に対しても,また,適用除外とされた欧州連合(EU)加盟国と韓国などに対しても,トランプ政権はこの関税措置などを,二国間自由貿易協定交渉を一段と強く迫るための取引材料として用いると考えられる。今後,トランプ政権と,中国のみならず同盟国の間で貿易摩擦が悪化するおそれがある。

　北朝鮮問題をめぐっては,3月8日にトランプ大統領が,南北対話の結果を受けて,北朝鮮の非核化について話し合うために,金正恩朝鮮労働党委員長との首脳会談を5月末までに開く意向を明らかにするという大きな展開があった。この決断は,政権内で十分な検討を経ずにトランプ大統領によってなされたものであり,アメリカとして北朝鮮の核開発の完全な放棄を達成するための具体的な道筋が描けているわけではない。日本では,これまで同盟重視が顕著であった対北朝鮮政策においても,アメリカ第一主義路線がとられるようになったことに,不安が広がっている。

　こうした具体的な経済・安全保障政策の展開に加え,トランプ政権の外交・安保チームに大きな変化があった。国際協調と自由貿易を重視し,トランプ大統領とたびたび対立してきたティラーソン国務長官が解任され,さらに,現実主義路線を維持してきたマクマスター大統領補佐官が事実上更迭された。新しい国務長官に指名されたポンペオCIA長官,大統領補佐官に指名されたボルトン元国連大使はいずれも対中・対北朝鮮問題で強硬路線を取っており,経済政策のみならず,対アジア政策全般において,アメリカ第一主義の志向が顕著になる可能性もあるだろう。

(国際政治研究者)

重要日誌　アメリカとアジア　2017年

1月5日▶第6回日米韓次官協議。

11日▶オバマ政権，北朝鮮の金正恩朝鮮労働党委員長の妹・金与正氏らを制裁の対象とする方針を発表。

16日▶カンボジア政府，例年実施しているアメリカとの共同軍事演習の中止を発表。

20日▶トランプ大統領就任，就任演説でアメリカ第一主義を鮮明にする。

▶米韓海軍および日本の海上自衛隊，イージス艦を投入し，北朝鮮の弾道ミサイルを海上で探知，追跡する訓練実施（〜22日）。

23日▶トランプ大統領，アメリカが環太平洋パートナーシップ（TPP）から「永久に離脱する」との大統領令に署名。

▶トランプ大統領，日本の対米自動車貿易を批判。

24日▶トランプ大統領，インドのモディ首相と電話会談，年内訪米を要請。

28日▶トランプ大統領，安倍首相，オーストラリアのターンブル首相などと電話会談。

2月2日▶マティス国防長官訪韓，大統領代行の黄教安首相，尹炳世外相，韓民求国防相らと会談（〜3日）。

3日▶マティス国防長官訪日。安倍首相，稲田防衛相と会談（〜4日）。

8日▶トランプ大統領，中国の習近平国家主席に書簡を送付。

9日▶トランプ大統領，習首席と電話会談し，「一つの中国」政策の尊重に同意。

▶安倍首相，麻生副首相，岸田外相訪米（〜13日）。

10日▶日米首脳会談（〜11日）。

14日▶米軍・タイ軍共催の多国間共同訓練「コブラ・ゴールド」を開催（〜24日）。

16日▶ボンにおけるG20外相会合の際に日米韓外相会談。

17日▶ティラーソン国務長官，中国の王毅外相と会談。

27日▶トランプ大統領，訪米した中国の楊潔篪国務委員と会談。

▶北朝鮮の核問題に関する日米韓6者会合首席代表会合。

28日▶トランプ大統領，施政方針演説で，中国の世界貿易機関（WTO）加盟以来，6万の工場がなくなったと発言。

▶ティラーソン国務長官，楊潔篪国務委員と会談。

3月1日▶米韓両軍，韓国と周辺海域で朝鮮半島有事に備えた合同野外機動訓練「フォールイーグル」を開始（〜4月30日）。

7日▶米太平洋軍，「終末高高度防衛ミサイル」（THAAD）の韓国への配備を始めたと発表。

13日▶米韓共同軍事訓練「キー・リゾルブ」実施（〜24日）。

14日▶日米韓，北朝鮮の弾道ミサイルを探知し追跡する訓練実施（〜15日）。

15日▶ティラーソン国務長官訪日，安倍首相および岸田外相と会談（〜17日）。

17日▶ティラーソン国務長官訪韓，「戦略的忍耐の政策は終わった」と発言（〜18日）。

18日▶ティラーソン国務長官訪中，王毅外相および習近平国家主席と会談（〜19日）。

28日▶商務省，中国製アルミホイルの反ダンピング調査に着手。

31日▶財務省，中国やロシアなどで金融取引に携わる北朝鮮籍の11人を独自制裁の対象に加えたと発表。

4月3日▶米韓海軍と海上自衛隊，韓国の南部・済州島沖で，北朝鮮による潜水艦の展開を想定した初の合同訓練（〜5日）。

6日▶習近平国家主席訪米，米中首脳会談。トランプ政権で初（〜7日）。

8日▶米海軍，空母カール・ビンソン打撃

群を朝鮮半島近海に派遣すると表明。

9日▶ティラーソン国務長官，アメリカは北朝鮮の体制転換に関心がないと発言。

10日▶日米外相会談。

12日▶トランプ大統領，中国を為替操作国には認定しないと発言。

16日▶ペンス副大統領，韓国，日本，インドネシア，オーストラリア，ハワイ訪問（〜24日）。

18日▶第1回日米経済対話。

20日▶ムニューシン財務長官，麻生財務相と会談。

▶トランプ大統領，鉄鋼輸入が安全保障に与える影響の調査を商務省に指示。

23日▶フィリピン海で，原子力空母カール・ビンソンを中心とする第1空母打撃群と海上自衛隊による共同訓練（〜29日）。

▶日米韓6者会合首席代表会合。

26日▶トランプ政権，北朝鮮について，日韓と協力しつつ，経済制裁の強化や外交手段を通じて圧力をかけ，核・ミサイル計画の放棄に追い込むとの新戦略を表明。

27日▶トランプ大統領，「北朝鮮との非常に大規模な紛争に行き着く可能性は当然ある」と発言。

▶トランプ大統領，中国などからのアルミニウム輸入がアメリカの安全保障に与える影響を調査するよう指示する大統領令に署名。

28日▶日米韓外相会合。

29日▶トランプ大統領，シンガポールのリー首相，フィリピンのドゥテルテ大統領と電話会談，ホワイトハウスへ招待。

30日▶トランプ大統領，タイのプラユット首相と電話会談，ホワイトハウスへ招待。

5月1日▶海上自衛隊護衛艦「いずも」による米海軍補給艦の防護実施。「米艦防護」の任務として初。

▶米太平洋空軍，グアムからB1戦略爆撃機を韓国上空に派遣し韓国軍との共同訓練を実施。

3日▶ティラーソン国務長官，北朝鮮が核・ミサイル開発を放棄すれば「4つのノー」を保証すると表明。①体制転換を求めない，②金正恩政権崩壊を求めない，③朝鮮半島再統一を急がない，④北緯38度線を越えて米軍が北朝鮮側に侵攻しない，というもの。

4日▶ティラーソン国務長官，ASEANとの外相会合をワシントンで開催。

8日▶米比合同軍事演習「バリカタン」（〜19日）。

20日▶ライトハイザー通商代表，ベトナム訪問。APEC貿易担当相会合に出席（〜21日）。

24日▶南シナ海の南沙（スプラトリー）諸島付近でトランプ政権として初の「航行の自由」作戦実施。

25日▶沿岸警備隊，退役したハミルトン級カッター「モーゲンソー」をベトナム沿岸警備隊へ譲渡。

31日▶トランプ大統領，ベトナムのフック首相とホワイトハウスで会談。

6月3日▶マティス国防長官，シンガポールで開催のアジア安全保障会議で演説。

▶日米豪3カ国防衛相会談。

21日▶米中両国による初の外交・安全保障対話。

26日▶トランプ大統領，インドのモディ首相とホワイトハウスで会談。

29日▶トランプ政権，北朝鮮によるマネーロンダリングに関与したとして，中国の銀行1行と運輸会社1社，個人2人を制裁対象に。

30日▶トランプ大統領，訪米中の文在寅・韓国大統領と会談。北朝鮮の挑発行動に厳しい対応をとることで合意。

7月1日▶米比海軍，フィリピン南部沖のスールー海で合同哨戒活動。

2日▶米海軍艦船，南シナ海の西沙（パラセル）諸島付近で「航行の自由」作戦実施。

6日▶日米韓首脳会談，共同声明。

8日▶トランプ大統領，G20首脳会議の機会に習近平国家主席と会談。

▶日米首脳会談。

▶米空軍のＢ１戦略爆撃機２機が，グアムから韓国上空に飛来し，韓国空軍のF15戦闘機２機と合同爆撃訓練。

10日▶米印海軍と海上自衛隊，共同訓練「マラバール」をベンガル湾で実施（〜17日）。

11日▶日米韓６者会合首席代表会合。

19日▶米中包括経済対話の初会合。

23日▶東シナ海上空で，米海軍のＰ３哨戒機に中国軍の殲10戦闘機２機が異常接近。

27日▶アメリカ政府，フィリピンに偵察機を無償供与。

28日▶トランプ大統領，北朝鮮の大陸間弾道ミサイル（ICBM）発射を受け「アメリカは国土の安全を守り，（アジア太平洋）地域の同盟国を守るためにあらゆる必要な措置を講じる」とする声明発表。

30日▶米空軍のＢ１戦略爆撃機と航空自衛隊のＦ２戦闘機，九州西方から朝鮮半島沖にかけた空域で共同訓練。

8月6日▶ティラーソン国務長官，ASEAN関連外相会議出席のため，フィリピン訪問（〜７日）。

7日▶ティラーソン国務長官，ドゥテルテ大統領と会談，南部ミンダナオ島の過激派組織に対する掃討作戦での協力強化で一致。

▶日米豪外相による「日米豪閣僚級戦略対話」。

▶日米外相会談。

▶日米韓外相会談。

8日▶トランプ大統領，北朝鮮がアメリカをこれ以上脅かせば「世界がこれまで目にしたことのないような炎と怒りに直面することになる」と警告。

▶ティラーソン国務長官，タイ訪問。

▶ティラーソン国務長官，マレーシア訪問（〜９日）。

10日▶米海軍のミサイル駆逐艦，南シナ海の南沙諸島周辺で「航行の自由」作戦。

14日▶トランプ大統領，中国による知的財産権の侵害などを対象に，米通商法301条に基づく調査実施の検討を通商代表部（USTR）に指示。

17日▶日米外務・防衛担当閣僚による安全保障協議委員会（２プラス２）を開催。

21日▶トランプ大統領，対アフガニスタン新戦略を発表。

▶朝鮮半島有事に備えた米韓合同軍事演習開始（〜31日）。

22日▶財務省，北朝鮮の核兵器開発の支援などをしたとして，中国やロシアなどの16の企業・個人を制裁対象に追加。

9月3日▶北朝鮮，６回目の核実験。

12日▶トランプ大統領，訪米したマレーシアのナジブ首相と会談。

19日▶トランプ大統領，国連総会一般討論演説。

21日▶トランプ大統領，北朝鮮に追加制裁を科す大統領令に署名。

▶日米韓首脳会談。

▶米韓首脳会談。

▶日米首脳会談。

10月2日▶トランプ大統領，訪米したタイのプラユット首相とホワイトハウスで会談。

10日▶米海軍のイージス駆逐艦，西沙諸島付近で「航行の自由」作戦。

▶米軍のＢ１戦略爆撃機，朝鮮半島上空

に展開して韓国空軍および航空自衛隊の戦闘機と共同訓練を実施。

18日▶ティラーソン国務長官，ワシントンでの講演で，インド太平洋地域の平和と安定と繁栄を守ることの重要性を強調。

▶日米韓次官協議。

▶日米韓6者会合首席代表者会合。

23日▶ティラーソン国務長官，アフガニスタン，パキスタン，インド訪問（〜25日）。

▶トランプ大統領，訪米中のリー・シンガポール首相と会談。

26日▶ダンフォード統合参謀本部長，訪韓。

27日▶マティス国防長官，訪韓。

28日▶米韓定例安保協議。

11月5日▶トランプ大統領，訪日（〜7日）。

7日▶トランプ大統領，訪韓（〜8日）。

8日▶トランプ大統領，訪中（〜10日）。

10日▶トランプ大統領，ベトナム訪問（〜12日）。APEC・CEOサミットで演説。

11日▶日本海で米空母打撃群が軍事演習（〜14日）。

12日▶トランプ大統領，フィリピン訪問（〜14日）。

▶マニラで日米豪印の外務省局長級会合。

13日▶トランプ大統領，フィリピンのドゥテルテ大統領と会談。

▶日米豪首脳会談。

20日▶トランプ政権，北朝鮮をテロ支援国家に再指定。

21日▶トランプ政権，北朝鮮への追加制裁。

22日▶ティラーソン国務長官，ミャンマーでのロヒンギャに対する迫害問題について「民族浄化に等しい」と非難。

28日▶(アメリカ東部時間)トランプ大統領，北朝鮮による新たなミサイル発射について「われわれが対処する事態だ」と発言。

▶ティラーソン国務長官，公海上での臨検措置を視野に「北朝鮮に出入りする海上輸送の阻止を含む海洋安全保障の強化」を提唱。

▶商務省，中国からのアルミ材輸入で不正行為がないか自主調査を開始。

12月2日▶マクマスター大統領補佐官，北朝鮮との戦争の可能性は日々高まっていると発言。

4日▶米韓合同軍事訓練（〜8日）。

6日▶国務省，カンボジアでの野党弾圧などに関与した個人へのビザ発給制限を発表。

12日▶ティラーソン国務長官，北朝鮮と前提条件なしで対話開始の用意があると発言。

13日▶ホワイトハウス，北朝鮮との対話の時期は来ていないと，国務長官の発言を修正。

15日▶マティス国防長官，北朝鮮のICBMは，まだアメリカにとっての脅威にはなっていないと発言。

▶ティラーソン国務長官，北朝鮮はいかなる対話の開始よりも前にミサイル・核実験を停止しなければならないと発言を修正。

18日▶政権として初めて包括的な安全保障政策を示す「国家安全保障戦略」を発表。

19日▶東アジア・太平洋担当国務次官補にスーザン・ソーントン同次官補代行を指名。

▶文在寅大統領，アメリカ政府に平昌五輪終了まで米韓合同軍事演習の延期を申し入れたと発言。

21日▶米財務省，ロヒンギャに対する迫害を指揮したとして，ミャンマー陸軍幹部を制裁対象に指定。

22日▶国連安全保障理事会，北朝鮮への追加制裁決議案を全会一致で採択。

ロシアのアジア政策
北朝鮮核問題で中国と協調

日臺　健雄
（ひだい　たけお）

概　況

　内政面では，プーチン大統領の支持率は70～80％台と高止まりしており，2018年3月の大統領選挙で再選された。一方，メドベージェフ首相はインターネット上の動画で不正蓄財疑惑が告発され，退任を求める世論が強まり，政治的基盤に揺らぎが生じた。なお地方の首長が2人，汚職で逮捕されている。この2人を含め，2017年を通じて20人近い知事・首長が解任されて若手が登用されるなど，地方高官の積極的な交代がみられた。若年層による反政府集会は大都市部を中心に活発に行われ，政権は拘束などの弾圧を加えた。2018年3月の大統領選挙を前にプーチン政権は「安定」の重要性を強調する一方，「変革」につながる動きを警戒し，ロシア革命100周年に際してプーチン大統領は公式行事を行わなかった。

　経済面では，2017年の実質GDP成長率は前年比1.5％増となり，2014年以来3年ぶりのプラス成長となった。プラス成長をけん引した主な要因として，原油価格が緩やかに上昇したことで石油・天然ガス関連企業の業績が好転したことなどが指摘される。一方，中銀の政策が功を奏して消費者物価上昇率は前年比2.5％となり，2016年の同5.4％を下回ってソ連解体以来もっとも低い水準を記録し，政策金利の引き下げが6回にわたって行われた。

　日本との関係では，プーチン大統領の訪日があった2016年に引き続き，2017年も日ロ間の要人の往来は活発であった。中国との関係では，北朝鮮の核問題をめぐり対話路線で一致し両国で行程表を作成したほか，政治，経済，軍事の各面で関係強化がみられる。北朝鮮との関係では，国会議員団が複数回にわたり訪朝し，ウラジオストクに万景峰号の寄港を一時認めるなど，国連による経済制裁の下でも一定の関係を保っている。その他アジア諸国との関係では，東南アジア諸国にロシア太平洋艦隊の艦船が複数回にわたり航海を行い，アメリカの同盟国フィリピンとは兵器の供与を含めた関係強化がみられるなど，トランプ政権が自国最優先主義をとるなかで，アジアでの影響力強化をねらう動きをみせている。

内政の動向

　1月22日に開催された与党「統一ロシア」党大会では，党首にメドベージェフ首相が再選された。しかし，3月2日には同首相の不正蓄財疑惑に関する動画を野党指導者ナヴァリヌィ氏がインターネット上で公開し，反響を呼んだ。同月26日にはモスクワ市の中心部で若年層を中心に無許可の反政府集会が開催され，約8000人が集結して600人以上が拘束された。政権から相対的に独立している世論調査機関レヴァダ・センターが4月に実施した世論調査では，同首相の退任に絶対賛成18％，どちらかといえば賛成27％と，合計でほぼ半数が同首相の退任を求める結果が出るなど，同首相の政治的基盤に揺らぎが生じた。レヴァダ・センターが8月に実施した「あなたをもっとも不安にさせている問題は何か」（複数回答可）という調査への回答では，物価上昇61％（前年同月比11ポイント減），貧窮化45％（同2ポイント減），失業増加33％（同4ポイント減），汚職33％（2ポイント増），経済危機・工業農業生産減28％（同3ポイント減）が上位を占めた。景気の回復傾向を背景に経済面での不安要素は前年同月比で低下しているものの，汚職については上昇している。なお4月3日には汚職対策強化法が施行されたが，その実効性には疑問が持たれている。また，2016年11月に収賄容疑で逮捕されたウリュカエフ前経済発展相に対し，2017年12月15日，1審で禁錮8年，罰金1億3000万ルーブルの実刑判決が下った。

　地方政治をみると，2016年に引き続いて，汚職などを理由に地方の高官が相次いで交代させられている。2月にはペルミ地方，ブリヤート共和国，ノヴゴロド州，リャザン州，カレリア共和国の知事（首長）が更迭され，4月にはウドムルト共和国首長およびマリ＝エル共和国首長が収賄容疑で逮捕，解任された。これらの相次ぐ更迭の背景には，住民の支持を得ていない地方高官を交代させることで9月10日の統一地方選挙や2018年3月の大統領選挙に向けて与党やプーチン政権への支持率を上昇させるという意図のほか，後任に若手を登用することで世代交代を図りプーチンの後継体制の構築に向けて布石を打つという面も指摘できる。

　9月10日に実施された統一地方選挙では統一ロシアが圧勝したが，その後も地方高官の更迭は続いた。9月下旬にはサマーラ州，ニジュニノヴゴロド州，ネネツ自治管区，クラスノヤルスク地方の知事（首長）が更迭され，10月にはダゲスタン共和国，沿海地方，オリョール州，ノヴォシビルスク州，オムスク州，イヴァノヴォ州，プスコフ州の知事（首長）が更迭された。なおプーチン大統領は9月から10月にかけて解任された知事・首長のうち「統一ロシア」の要職についた1人

主要トピックス

を除く10人と11月2日に会見し，後任の若い世代の指導者に対して経験をふまえた助言をするよう求めた。ここでは，更迭の背景に世代交代の意図があることを大統領が示すとともに，更迭された高官の反発を和らげる意図も指摘できる。

　11月7日のロシア革命100周年に際し，プーチン大統領は公式の行事を設定しなかっただけでなく，正面からの評価も避けた。その背景には，「革命」を肯定すればプーチン体制の「変革」につながりかねず，他方，否定すればソ連時代に郷愁を抱く層の反発を招いて大統領選挙に不利になりかねないという点を指摘できる。前者に関連して，プーチン大統領は若年層との対話集会などの折に「安定」を強調する発言を繰り返している。安定を強調する背景には，既述の3月のモスクワでの集会だけでなく6月のモスクワでの無許可集会でも若年層を中心に約4000人が集結し150人以上が拘束され，さらにモスクワ以外でもウラル，シベリア，極東など地方都市でも集会が開催されるなど，若年層を中心にプーチン体制の閉塞感への反発が強まっている事態を政権が警戒していることを指摘できる。

　12月6日，プーチン大統領がニジュニノヴゴロドの自動車工場で労働者を前に2018年3月の大統領選挙への出馬を表明した。14日には恒例の大型記者会見において，統一ロシアの推薦ではなく無所属で出馬する旨を明らかにした。同選挙では若年層の支持を得ているナヴァリヌィ氏の立候補が認められなかったため，有力な対抗馬は存在しない。プーチン大統領は高い支持率を維持しているため当選は確実だが，相対的得票率だけでなく投票率（棄権率）の動向が注目される。なお，恒例では年末に行われる教書演説を2018年3月1日へ大幅に延期するなど，同年3月18日投票の大統領選挙に向けて異例の体制が組まれた。

経済の概況

　2017年の実質GDP成長率は速報値で前年比1.5％増となり，2014年以来3年ぶりのプラス成長となった（2014年同0.7％→2015年同マイナス2.5％→2016年同マイナス0.2％。なお2015年の値はマイナス2.8％から上方修正された）。2017年のプラス成長をけん引した主な要因として，原油価格が緩やかに上昇したことで石油・天然ガス関連企業の業績が好転したことや，ルーブルの為替レートが安定的に推移したことで資本財の輸入が容易になったことが指摘されている。ロシア経済の成長を大きく規定する要因は原油，天然ガスの価格水準である。国際原油価格のうちロシアの取引基準価格に用いられるウラル原油と近い動きをみせる北海Brentの価格動向をみると，2014年の大幅な下落（1バレル当たり年初107.94ドル

→年末55.27ドル）後，2016年に一時的に同30ドル台を割込む展開をみせたが，OPECとロシアなど非OPECの主要産油国との協調減産も功を奏し，2017年に入るとほぼ一貫して緩やかな上昇傾向がみられる（1月2日：同55.05ドル→12月29日：同66.78ドル）。原油価格の上昇傾向を受け，通貨ルーブルの為替レートは対米ドルで56ルーブルから60ルーブルの間で安定的に推移した。

　為替レートの安定的な推移により輸入インフレが低減されたことやナビウリナ中央銀行総裁によるインフレ・ターゲット政策が功を奏したこともあって，消費者物価上昇率は前年比2.5％となり，2016年の同5.4％を下回ってソ連解体以来もっとも低い水準を記録した。この物価動向を受けて政策金利の引き下げが6回にわたって行われ，年初の10.00％から年末の7.75％まで2.25ポイント低下した（3月24日：9.75％，4月28日：9.25％，6月16日：9.00％，9月15日：8.50％，10月27日：8.25％，12月15日：7.75％）。しかし，相次ぐ利下げにもかかわらず，年末時点で7.75％と消費者物価上昇率を5.25ポイントも上回る水準に設定されており，引き締め色が濃い。中央銀行は10月27日の政策決定会合後の声明で，金融政策を引き締め色の濃いものから中立的なものへ移行させていく旨を述べており，2018年の政策金利は消費者物価上昇率とのギャップが小幅になる方向で展開するものと見込まれる。

　2014年のウクライナ情勢を契機に西側によって課されている経済制裁は，部分的に強化されつつ継続している。2017年8月にはアメリカで対ロシア制裁強化法が成立し，ロシアの政府系金融機関への融資制限やパイプライン建設への投資制限などが強化されるだけでなく，対ロシア制裁を解除ないし緩和する場合は，ウクライナ情勢をめぐるいわゆる「ミンスク2」合意のロシア側の履行に関するアメリカ議会の審査が義務付けられた。

　12月5日，2018〜2020年の3カ年予算が成立した。2014年の原油価格急落を受けた財政赤字基調は20年度まで継続する見込みである（財政赤字の規模は，2018年：GDP比1.3％，2019年：同0.8％，2020年：同0.8％）。しかし，財政赤字を補填してきた予備基金がほぼ枯渇するに至り，予備基金は国民福祉基金に統合され（2018年1月），国民福祉基金で財政赤字を補填することになった。

極東開発をめぐる動き

　1月11日，ガルシュカ極東発展相は下院において，2016年の極東からの人口流出が前年比で約半分，2014年比で3分の1に減少した旨，指摘した。2月1日に

は，極東の土地を無償で供与する制度の対象をロシア全土の住民に拡大した。新型特区(先行社会経済発展区域)は，沿海地方や色丹島で新規に指定されただけでなく，極東以外の地域にも指定の対象が拡大された。極東以外で指定された地域はいずれも不況に苦しむ単一企業依存都市(モノゴロド)である。

　8月1日，ウラジオストク自由港において，電子査証の最短4日での発行が開始された。対象国に日本も含まれる。また自由港制度の対象がウラジオストク以外の4カ所に拡大された。8月3日から4日にかけてプーチン大統領が極東を訪問し，同月22日にはメドベージェフ首相がサハリンを訪問するなど，政権首脳による極東への高い関心は維持されている。9月6日から7日にかけてウラジオストクで東方経済フォーラムが開催され，プーチン大統領，安倍晋三・首相，韓国の文在寅・大統領，モンゴルのバトトルガ大統領が出席するなど，同フォーラムは北東アジア地域におけるロシアのプレゼンスを高める役割を果たしている。

対日関係

　プーチン大統領が訪日した2016年に引き続き，2017年も日ロ間の要人の往来は活発であった。しかし陸上配備型ミサイル防衛システム「イージス・アショア」の日本への配備に対し，ロシアはアメリカがルーマニアとポーランドに配備したミサイル防衛システムと併せてロシア包囲網に向けた動きだと強く批判している。

　要人の往来を具体的にみていくと，1月11日，世耕弘成・経済産業大臣が来訪し，シュワロフ第一副首相，マトビエンコ上院議長，マントゥロフ産業通商相らと会談し，ノヴァク・エネルギー相とともに第2回日ロ・エネルギー・イニシアティブ協議会を開催した。1月16日から18日にかけて岸信夫・外務副大臣が来訪し，マントゥロフ産業通商相らと会談した。2月17日，ドイツのボンで開催されたG20外相会議の際に日ロ外相会談が行われ，3月に日ロ「2プラス2」を再開することで一致した。3月20日，東京で第2回日ロ「2プラス2」会合が開催され，日本側は岸田文雄・外相と稲田朋美・防衛相，ロシア側はラヴロフ外相とショイグ国防相が出席した。前回の開催は2013年11月であったが，その後，ロシアによるクリミア編入などで実施が延期されていた。同月30日には東京で第13回日ロ戦略対話が開かれ，杉山晋輔・外務事務次官とチトフ第一外務次官との間で4月下旬の安倍首相訪ロなどが協議された。4月10日，鈴木宗男・新党大地代表がロシアを訪問し，11日にモルグロフ外務次官と会談して日ロ首脳会談の開催を確認した。同月27日，モスクワで日ロ首脳会談が開催され，サハリン・北海道間

の天然ガス・パイプライン建設案や北方領土への航空機による墓参などが協議された。

　7月7日，ドイツのハンブルクで開催されたG20の際，プーチン大統領と安倍首相との会談が行われ，北朝鮮情勢や北方領土での共同経済活動などが協議された。同月9日には，ロシア中部エカテリンブルクで開催された「イノプロム2017」に際し，プーチン大統領と森喜朗・元首相の会談が行われた。8月7日，マニラで開催されたASEAN関連外相会議の際，ラヴロフ外相と河野太郎・外相との間で日ロ外相会談が行われ，北朝鮮問題などが協議された。同月17日，モスクワにて共同経済活動に関する外務次官級協議が秋葉剛男・外務審議官とモルグロフ外務次官との間で行われ，クルーズ船での観光や水産加工などの分野が検討された。翌18日には秋葉審議官とリャプコフ外務次官（核拡散防止など担当）との間で外務次官級戦略対話が行われ，北朝鮮問題などが協議された。同月24日，外務省のザハロヴァ報道官が日本のイージス・アショア導入に関し，アメリカの世界的なミサイル防衛網に組み込まれるものだとして懸念を表明した。

　9月5日，パトルシェフ安全保障会議書記が日本を訪問し，谷内正太郎・国家安全保障局長や安倍首相と会談し，7日の日ロ首脳会談に向けて安全保障分野を中心に協議を行った。当日7日，ウラジオストクで開催された東方経済フォーラムの際，日ロ首脳会談が行われ，北方領土での共同経済活動や北朝鮮情勢が協議された。同月18日にはニューヨークで開催された国連総会の際に日ロ外相会談が行われている。9月21日にはサフォノフ連邦観光庁長官が日本を訪問し，田村明比古・観光庁長官と観光分野での協力促進を協議した。なお6月から9月にかけてサハリンと北海道の稚内を結ぶフェリーが34往復運行され，サハリンでのサイクリングを楽しむ日本人など計1374人が利用している。10月1日，ドボルコヴィチ副首相が日本を訪問し，安倍首相との間で経済分野を中心に両国関係について会談した。同月24日，ショイグ国防相がフィリピンでの第4回拡大ASEAN国防相会合の際に小野寺五典・防衛相と北朝鮮情勢をめぐり会談した。11月10日，ベトナムのダナンで開催されたAPEC首脳会議の際に日ロ首脳会談が行われ，共同経済活動や平和条約締結問題などが協議された。同月24日にはモスクワで日ロ外相会談が開催され，日本側はイージス・アショア導入について北朝鮮のミサイルに備えるものでロシアへの脅威にはならないと説明した。12月28日，外務省のザハロヴァ報道官は，日本がイージス・アショア導入を決定したことに対し，中距離核戦力（INF）全廃条約への違反だと非難した。このように，2017年に日ロ間

主要トピックス

の首脳会談は3回行われるなど、要人の往来は2016年に引き続き活発に行われたが、イージス・アショアの問題が両国間の懸案事項として浮上している。

　安全保障面での往来をみると、1月20日、ロシアのミサイル駆逐艦アドミラル・トリブツと補給艦が舞鶴港に入港し、同月23日、若狭湾にて第16回日ロ合同海上救助演習を実施した。10月14日から18日にかけては、海上自衛隊の護衛艦はるさめと練習艦かしまがウラジオストクに入港し、16日に艦隊代表団とウラジオストク副市長が会談を行っている。同月18日には、極東のアニワ湾において、連邦保安庁国境警備局と日本の海上保安庁との間で犯罪阻止や海上での人命救助に関する共同演習が行われた。11月24日、日ロ合同の海上捜索・救難演習がロシア極東のピョートル大帝湾で行われ、日本側は護衛艦はまぎりが参加した。11月27日、サリュコフ地上軍総司令官が日本を訪問し、山崎幸二・陸上幕僚長と会談している。12月11日から13日にかけてゲラシモフ参謀総長が日本を訪問し、小野寺防衛相、河野克俊・統合幕僚長と会談し、北朝鮮情勢やシリア情勢を協議した。

　北方領土をめぐる動きでは、2月22日、「クリル」に師団を配置する旨、ショイグ国防相が発言するなど、北方領土の軍事化が進みつつある。3月16日、東京で北方領土の共同経済活動に関する外務次官級協議が開催され、現地での調査などが協議された。6月1日、プーチン大統領は、北方領土が日本に返還されると米軍基地やミサイル防衛施設が設置される可能性があり、そのような事態は受け入れがたい旨を発言した。同月27日から7月1日にかけて、北方領土での共同経済活動に関する官民合同の調査団が第1回の現地調査を実施した。8月23日、メドベージェフ首相が新型特区(先行社会経済発展区域)の色丹島への設置を決定した。同特区では水産加工場の建設が予定されている。9月23日、航空機による北方領土への墓参が初めて実施された。10月27日、北方領土での共同経済活動に関する官民合同の調査団による第2回の現地調査が実施された。このように、共同経済活動に向けた動きが進展する一方、新型特区の設置や師団の配置などロシアの実効支配を強める動きも進んでいる。

中国との関係

　ロシアは中国との間で、北朝鮮核開発問題において対話による解決を求める共通の路線をとり、韓国での終末高高度防衛(THAAD)システムへの配備にともに反対するなど、外交・安全保障面での協調がみられる。

　3月21日から24日にかけてコロコリツェフ内相が中国を訪問し、郭声琨・国務

委員兼公安部長との間で反テロなどの協力強化などを協議した。3月29日，中国の汪洋・副首相がロシア北部のアルハンゲリスクを訪問し，ロゴジン副首相との間で北極圏や原子力などでの協力をめぐり会談が行われた。4月29日，ロシア外務省は，アメリカと韓国が朝鮮半島での軍事演習を中止するとともに北朝鮮がミサイル発射と核実験を中止するという中国の提案を支持する旨，表明した。5月14日，プーチン大統領は中国を訪問し，「一帯一路」国際フォーラムに参加して習近平・国家主席，李克強・首相と会談した。同日，北朝鮮が弾道ミサイルを発射したが，翌15日，プーチン大統領はこれを批判する発言を行っている。

　7月3日，習近平国家主席が来訪した。プーチン大統領との間での首脳会談では，北朝鮮の核開発問題やシリア問題などを協議し，北朝鮮の核開発の停止と米韓の軍事演習の停止の双方の同時実施を求める点で合意した。同月26日，パトルシェフ安全保障会議書記が28日にかけて中国を訪問し，楊潔篪・国務委員らと会談して朝鮮半島情勢などを協議した。8月21日，モルグロフ外務次官と中国の孔鉉佑・外務次官補との間で北東アジアの安全保障に関するロ中対話が実施され，朝鮮半島情勢などが協議された。9月3日から5日にかけてプーチン大統領は中国を訪問し，アモイで開催されたBRICS首脳会議に参加するとともに，習近平国家主席ら各国首脳と会談した。9月8日，ハバロフスクにおいてロシア極東・中国東北部の協力・発展に関する政府間委員会の第1回会合が開催され，ロシア側はトルトネフ副首相兼極東連邦管区大統領全権代表，中国側は汪洋副首相が出席した。10月31日から11月1日にかけてメドベージェフ首相が中国を訪問し，李克強首相と第22回ロ中首相定例会談を行った。会談では，天然ガス・パイプライン「シベリアの力」西ルートでのガス供給をめぐる交渉，ロシア国営ロスコスモス社と中国国家宇宙局との協力などを協議した。11月10日，ベトナムのダナンで開催されたAPEC首脳会議の際，プーチン大統領と習近平国家主席との会談がなされ，ロ中間の戦略的連携が確認された。12月24日に行われたプーチン大統領による記者会見では，中国による北極海航路への関心の強さを指摘したうえで，中国が北極海航路の利点を享受できるよう助力する旨の発言があった。また，ヤマルLNG（液化天然ガス）プロジェクトやガス・パイプライン，高速鉄道，宇宙，航空の各分野での同国との協力関係を評価し，長期的に戦略的パートナーシップが維持されることへの確信を表明する発言もあった。

　軍事面での動きをみると，6月7日，ショイグ国防相は中国の常万全・国防相と会談し，THAADシステムの韓国配備を受けたロ中防空演習の実施などを協議

した。同日，2017〜2020年のロ中間での軍事分野における協力発展に関する行程表に両国の国防相が調印している。ロシアと中国の海上合同演習「海上連携2017」の第1段階がバルト海において7月21日から28日にかけて実施され，遭難船の捜索訓練などが行われた。ロシアと中国の合同演習がバルト海で実施されたことで，近隣のバルト三国，ポーランド，スカンジナビア半島諸国の警戒が強まった。同演習の第2段階は9月18日から26日にかけてウラジオストク，日本海，オホーツク海南部で実施された。中国海軍は最新型軍艦052D型ミサイル駆逐艦を演習に投入し，合同潜水艦救難訓練が行われた。

経済面では，西側による経済制裁を背景に，資金調達が困難になっているロシア企業が中国で人民元建ての社債を発行し，また中国の金融機関がロシアで人民元での決済サービスの提供を開始するといった動きがみられる。具体的には，3月16日，アルミニウム大手のルサール社が上海証券取引所で10億元のパンダ債を発行した。3月22日には，中国工商銀行がモスクワで人民元での決済サービスを開始した。

北朝鮮・韓国との関係

ロシアは北朝鮮の核問題をめぐり，国連による経済制裁に同調はするものの，万景峰号によるウラジオストクと羅津間の定期航路の運航を認め，また議員団が複数回にわたって北朝鮮を訪問するなど，一定の関係を維持している。これは，中国が北朝鮮に対して厳しい措置をとっていることと対照的といえる。

3月6日の北朝鮮によるミサイル発射を受けて，ペスコフ大統領報道官は重大な懸念を示すとともに，関係諸国に自制を求めた。3月11日から16日にかけてロシアのエネルギー安全センターの代表団が平壌を訪問し，外務省や国際問題研究院の関係者と会談を行った。3月22日，ロシアと北朝鮮との間の第7回移民問題作業部会が平壌で開催され，労働移民をめぐる諸問題が協議された。3月27日にはタイサエフ下院議員(露朝親善議員団長)ら独立国家共同体(CIS)諸国政党連合の代表団が北朝鮮を訪問し，タイサエフ議員に北朝鮮政府から親善勲章2級が授与された。5月18日，北朝鮮の万景峰号がウラジオストクに入港し，羅津との間で週1往復の定期便の運航が開始された。その後，8月下旬には，ウラジオストク港当局から港湾使用料の未払いを理由に入港が拒否されて休航となったが，9月30日にウラジオストクから羅津に向けて貨物を積載して運航が再開された。9月5日，中国のアモイで開催されたBRICS首脳会議後の記者会見においてプー

チン大統領は，北朝鮮の核開発問題に関し，イラクのフセイン政権の末路を引き合いに出した上で，「北朝鮮は，雑草を食べてでも，自身が安全だと実感しない限りこの計画を放棄しないだろう」と指摘した。9月7日，プーチン大統領は東方経済フォーラムの全体会議において北朝鮮を地域協力に引き込むことの重要性を説き，朝鮮半島を縦断する鉄道とシベリア鉄道との連携やロシアから朝鮮半島を縦断するパイプラインを具体例として挙げた。同日，ガルシュカ極東発展相は北朝鮮の金英在・対外経済相と会談し，核問題での自制を求めた。10月2日，モロゾフ下院議員率いる自由民主党の代表団が平壌を訪問し，5日に李秀勇・朝鮮労働党副委員長および金永南・朝鮮労働党政治局常務委員と会談した。モロゾフ議員によれば，北朝鮮側はアメリカ西海岸に到達する長距離ミサイルの発射を準備している旨，主張していたという。同月14日，サンクトペテルブルクで列国議会同盟総会が開催され，北朝鮮の安東春・最高人民会議副議長も参加した。

万景峰号の運航を認めるなど北朝鮮に対するロシアによる経済制裁の実効性には疑問が生じているが，10月14日，プーチン大統領は北朝鮮との経済協力を制限する大統領令に署名した。これは2016年11月末の国連安保理制裁決議を受けた内容となっている。10月18日，北朝鮮の崔善姫・外務省北米局長がモスクワに来訪し，核不拡散に関する国際会議に出席した。11月27日から28日にかけて，ヴァルダイ会議（ロシア政府高官と国内外の知識人との討論クラブ）の地域会合が韓国のソウルで開催され，北朝鮮の核問題に関するロシアと中国の共同行程表の内容についてモルグロフ外務次官が紹介した。行程表は，北朝鮮の核・ミサイル実験とアメリカ・韓国の大規模軍事演習の同時凍結→アメリカと北朝鮮の直接協議→多国間協議の3段階で構成される。11月27日から12月1日にかけて，タイサエフ下院議員を団長とする下院議員団が北朝鮮を訪問し，金永南・最高人民会議常任委員長らと会談した。同議員団が訪問中の29日に北朝鮮が弾道ミサイルを発射したことを受けて，同議員団が「人間の盾」になるのではないかとの観測も立った。12月12日，カルガノフ国防管理センター副所長を団長とする国防省の代表団が平壌を訪問し，合同軍事委員会第1回会合に参加している。

韓国との関係をみると，1月13日，太平洋艦隊のミサイル駆逐艦アドミラル・トリブツおよび補給艦が韓国の釜山港に入港し，韓国海軍関係者との会見などが行われた。9月6日から7日にかけてウラジオストクで東方経済フォーラムが開催され，韓国の文在寅大統領も参加し，プーチン大統領との会談が行われた。

主要トピックス

モンゴルとの関係

5月31日，モンゴルを訪問したコロコリツェフ内相が同国のビャンバツォグト法務内務相との間で，内務関連の協力に関する覚書に調印した。8月31日，モンゴルでロシア・モンゴル合同軍事演習「セレンガ2017」が実施された（同演習は2008年から実施）。9月7日，東方経済フォーラムに際してプーチン大統領はモンゴルのバトトルガ大統領と会談し，また両大統領は日本の安倍首相とともに嘉納治五郎記念ウラジオストク日露ジュニア柔道大会を観戦した。

ベトナムとの関係

2月20日から22日にかけて，マトビエンコ上院議長ら上院議員代表団がベトナムを訪問してチャン・ダイ・クアン国家主席，グエン・スアン・フック首相らと会談し，同国とユーラシア経済同盟との間の自由貿易協定が2016年10月に発効したことを受けた経済関係強化などを協議した。2月28日には，ベトナムがロシアから購入したキロ級潜水艦2隻の出航式が行われた。3月14日，トルトネフ副首相兼極東連邦管区大統領全権代表がベトナムを訪問し，15日にチ・ディン・ズン副首相と極東へのベトナム企業の進出などについて会談した。6月29日，ロシアに来訪したチャン・ダイ・クアン国家主席とプーチン大統領との首脳会談が行われている。7月25日にはパトルシェフ安全保障会議書記がハノイを訪問し，チャン・ダイ・クアン国家主席，トー・ラム公安相と会談して安全保障問題を協議した。12月27日，ロシアとベトナムとの間で商用および軍用トラックなどの現地生産および技術移転の内容を含む政府間協定が署名された。

インドとの関係

ロシアはインドとの関係も引き続き緊密に保っている。3月16日，トルトネフ副首相兼極東連邦管区大統領全権代表がインドを訪問し，ウラジオストク自由港でダイヤモンド加工施設を操業予定のKGKグループ会長らと会見した。同月17日，ニューデリーで口印軍事産業会議が開催され，ロシア側からはマントゥロフ産業通商相が参加した。なお両国はヘリコプターKa226の現地生産に向けて合弁企業を設立する見込みである。6月1日，ペテルブルク国際経済フォーラムに参加したモディ首相は，プーチン大統領と会談を行い，アフガニスタン情勢などを協議した。6月9日に開催された上海協力機構（SCO）首脳評議会において，インドとパキスタンの正式な加盟が認められたが，これによりインドはBRICSに加

えて SCO の枠組みでもロシアと協調する見通しである。6月23日、インドのジャイトリー国防相がモスクワに来訪し、ショイグ国防相とともに両国の軍事技術協力政府間委員会第17回会合に参加し、軍事協力発展の行程表に調印した。9月3日から5日にかけて中国のアモイで開催された BRICS 首脳会議の際、プーチン大統領とモディ首相との首脳会談が行われた。10月19日から29日にかけて、沿海地方においてロシアとインドの陸海空軍による合同軍事演習「インドラ2017」が実施された。2016年までは陸軍、海軍、空軍による演習は別個に行われていたが、2017年に陸海空軍合同で行われるようになった。11月15日、タラセンコ沿海地方知事代行は、同地の北朝鮮の労働者が経済制裁によりロシアを退去することを受けてインドの労働者を採用する計画がある旨、発言している。

パキスタン・アフガニスタンとの関係

アフガニスタン国境に近いパキスタン北西部にある武装勢力ターリバーンの訓練キャンプをロシア軍関係者が訪問したとの報道に対し、4月8日、外務省は否定する声明を発表した。4月14日、第5回アフガニスタン和平協議がモスクワで開催され、中国、パキスタン、アフガニスタン、インド、イラン、中央アジア5カ国の代表が参加したが、アメリカは招待を断っている。6月9日、SCO 首脳評議会でパキスタンの正式加盟が決定された。8月22日、アメリカのティラーソン国務長官は、ロシアがターリバーンに武器の支援を行っている旨を指摘したが、同月24日、外務省のザハロヴァ報道官はターリバーンへの支援を否定した。9月22日から10月4日にかけてロシア南部カラチャイ・チェルケス共和国にてパキスタンとの合同軍事演習「友好2017」が実施され、約200人の山岳狙撃兵が対テロ演習に参加した。同演習は2016年9月に初めて実施され、今回が2回目となる。10月23日、ロシア外務省はアフガニスタンのガニー大統領によるロシアのターリバーン支援を批判する発言に反論する声明を発表した。同月31日、パトルシェフ安全保障会議書記がアフガニスタンを訪問し、ガニー大統領と会談して両国の安全保障面の協力などを協議した。12月14日の記者会見でプーチン大統領は、アフガニスタン情勢に関して麻薬流入の遮断などをめぐりアメリカとの協力の用意がある旨を表明した。同月24日、ヴォロジン下院議長がパキスタンを訪問し、中国、アフガニスタン、イラン、トルコの代表とともに対テロ国際会議に出席した。

主要トピックス

フィリピンとの関係

　2017年を通じて，ロシア太平洋艦隊の艦船によるアジア太平洋諸国への航行が積極的になされた。注目されるのは，アメリカの同盟国であるフィリピンを3度にわたり太平洋艦隊の艦船が訪問したことである。1月3日，太平洋艦隊のミサイル駆逐艦アドミラル・トリブツと補給艦がマニラに入港し，6日には同国のドゥテルテ大統領が同艦を視察している。2月16日，パトルシェフ安全保障会議書記がフィリピンを訪問し，同国のドゥテルテ大統領やロレンサーナ国防相らと会談した。一連の会談において安全保障面での関係強化に向けた取り組みが協議され，ドゥテルテ大統領の警護部隊のロシアでの訓練が提案された。4月20日，太平洋艦隊のミサイル巡洋艦ワリャークと補給艦がマニラに入港し，21日にドゥテルテ大統領が同艦を視察した。同月26日には第6回モスクワ国際安全保障会議にロレンサーナ国防相が参加し，ロシアのショイグ国防相との会談も行われた。

　5月22日，ドゥテルテ大統領がロシアに来訪，23日にプーチン大統領と会談し，ドゥテルテ大統領は軍事技術の支援を要請した。9月28日，フィリピン軍の代表団が極東のアムール州の軍事演習場を訪問し，射撃訓練などを視察した。10月12日，太平洋艦隊のミサイル駆逐艦アドミラル・ヴィノグラドフ，アドミラル・パンテレーエフと補給艦1隻がブルネイに寄港して同国海軍と合同演習を実施した後，同月20日にマニラへ入港して26日まで滞在した。その間，24日にはショイグ国防相が第4回拡大ASEAN国防相会合に合わせてフィリピンを訪問し（ロシア国防相のフィリピン訪問は史上初），ロレンサーナ国防相と軍事技術協力協定に調印した後，25日にはドゥテルテ大統領とともに対テロ戦闘支援のための武器・弾薬（AK-74M自動小銃や多目的車両など）の引き渡し式典に出席した。

その他アジア諸国との関係

　2017年にロシア太平洋艦隊の東南アジア方面の航海が複数回行われた。太平洋艦隊のミサイル巡洋艦ワリャークと補給艦は，4月20日のマニラ寄港（前述）後，4月27日にベトナムのカムラン湾，5月5日にタイのサッタヒープ港，同月22日にインドネシアのジャカルタにそれぞれ入港した。ジャカルタではインドネシア海軍との操艦の合同演習が行われた。ミサイル駆逐艦アドミラル・パンテレーエフと補給艦1隻は，11月7日，カンボジアのシアヌークビル港に入港し，13日にタイのパタヤ，17日に同国チュクサメット港へ寄港した。27日にはインドネシアのタンジュンプリオク港，12月7日にはミャンマーのティラワ港に入港し，同月

21日にはシンガポールのチャンギ海軍基地に寄港している。

　ミャンマーとの関係では，ロヒンギャ問題をめぐりロシア国内のイスラム教徒がミャンマー政府を批判する動きをみせており，たとえば9月4日にはチェチェン共和国のカディロフ首長が同地のグロズヌィで開催された数千人規模の集会に参加した。軍事面では，ミャンマーのミンアウンフライン国軍総司令官がロシアを訪問し，6月20日にショイグ国防相と会談している。タイとの関係では，3月15日から18日にかけてロシアのサリュコフ陸軍総司令官がタイを訪問している。ラオスとの関係では，3月12日から14日にかけてサリュコフ陸軍総司令官がラオスを訪問し，軍将校のロシアでの訓練の問題などを協議した。9月26日に同国のシスリット首相がモスクワに来訪し，メドベージェフ首相との会談で査証廃止問題などを協議した。インドネシアとの関係では，12月5日にロシアの戦略爆撃機Ts95MSが2機，同国ビアク空港に着陸し，7日に太平洋南部で哨戒飛行を実施している。スリランカとの関係では，同国のシリセーナ大統領がモスクワに来訪し，3月23日にプーチン大統領，メドベージェフ首相と会談した。

2018年の課題

　内政面では，2018年3月18日の大統領選挙でプーチン候補がどの程度の得票率，投票率で勝利するかという点（選挙の結果，相対的得票率76.7％，投票率67.5％，絶対的得票率51.8％で当選）に加え，4期目のプーチン政権において首相に誰が任命されるかという点がプーチン後の動向を予測するうえでも注目される。

　経済面では，政府の経済見通しでは原油価格の安定傾向を受けて2020年にかけてプラス成長を見込んでいるが，物価の下落傾向を受けて政策金利がどの程度まで引き下げられるかが，設備投資や個人消費の動向の面からも着目点となろう。

　外交面では，日本との関係において北方領土での共同経済活動など経済面での関係強化は引き続き図られると見込まれるが，安全保障面ではイージス・アショアの配備という対立要素もある。中国との関係では，引き続き北朝鮮の核開発問題などでの両国の協調が見込まれるが，中国の「一帯一路」政策での中央アジアへの進出や北極海航路への進出といった分野での関係の行方に着目する必要があろう。北朝鮮との関係では，北朝鮮が中国との首脳会談後に韓国，アメリカとの首脳会談を予定するなかで，ロシアとの首脳会談の行方が重要事項となる。また，ロシアとフィリピンなどアジア諸国との関係強化がどこまで進むのか，アメリカが自国最優先主義をとり，国際環境が変化するなかで注目される。　　（和光大学准教授）

重要日誌　ロシアのアジア政策　2017年

1月3日▶ロシア太平洋艦隊の駆逐艦アドミラル・トリブツと補給艦，マニラに入港。13日釜山港，20日舞鶴港に入港。23日，若狭湾にて第16回日ロ合同海上救助演習を実施。

11日▶世耕弘成・経済産業相，モスクワでシュワロフ第一副首相と会談。

▶ガルシュカ極東発展相，下院で極東からの人口流出の減少傾向を指摘。

12日▶世耕・経済産業相，ノヴァク・エネルギー相と第2回日ロエネルギー・イニシアティブ協議会を開催。

22日▶統一ロシア党大会で党首にメドベージェフ首相を再選。

2月1日▶極東での土地無償提供の対象が全国民に拡大。

6日▶ペルミ地方知事，更迭。

7日▶ブリヤート共和国首長，更迭。

13日▶ノヴゴロド州知事，更迭。

14日▶リャザン州知事，更迭。

15日▶カレリア共和国首長，更迭。

16日▶パトルシェフ安全保障会議書記，フィリピン訪問。ドゥテルテ大統領と会見。

17日▶ドイツのボンで開催されたG20外相会議の際，日ロ外相会談を実施。

20日▶マトビエンコ上院議長ら上院議員代表団，ベトナムを訪問。

22日▶ショイグ国防相，「クリル」に新たな師団を配置する旨，表明。

3月2日▶メドベージェフ首相の不正蓄財疑惑を告発する動画がインターネット上で公開。

11日▶ロシアのエネルギー安全センター代表団，平壌を訪問（～16日）。

12日▶サリュコフ陸軍総司令官，ラオス訪問。15日タイ訪問。

14日▶トルトネフ副首相，ベトナム訪問。16日，インド訪問。

16日▶東京で北方領土の共同経済活動に関する外務次官級協議開催。

▶アルミニウム大手ルサール社，上海証券取引所で10億元のパンダ債を発行。

17日▶ロ印軍事産業会議，ニューデリーで開催。マントゥロフ産業通商相が参加。

20日▶東京で第2回日ロ「2プラス2」会合開催（前回は2013年11月）。

21日▶コロコリツェフ内相，中国訪問（～24日）。郭声琨・国務委員兼公安部長と協議。

22日▶中国工商銀行，モスクワで人民元での決済サービスを開始。

23日▶スリランカのシリセーナ大統領来訪。プーチン大統領，メドベージェフ首相と会談。

▶ロシア・北朝鮮間の移民問題作業部会第7回会合，平壌で開催。

24日▶中銀，政策金利を10.00％から9.75％に引き下げ。

26日▶モスクワ市中心部で若年層を中心に8000人規模の無許可の反政府集会開催。

27日▶タイサエフ下院議員率いる独立国家共同体諸国政党連合代表団，北朝鮮を訪問。

29日▶中国の汪洋副首相，ロシア北部アルハンゲリスク来訪。

30日▶東京で第13回日ロ戦略対話を開催。

4月3日▶汚職対策強化法，施行。

4日▶ソロヴィヨフ・ウドムルト共和国首長，収賄容疑で逮捕。同日解任。

6日▶マルケロフ・マリ＝エル共和国首長，解任。13日に収賄容疑で逮捕。

11日▶鈴木宗男・新党大地代表，モルグロフ外務次官と会談。日ロ首脳会談の開催を確認。

14日▶アフガニスタン和平協議の第5回会合，モスクワで開催。

20日▶ロシア太平洋艦隊の巡洋艦ワリヤークと補給艦，マニラに入港。27日ベトナムのカムラン湾，5月5日タイのサッタヒープ港，22日インドネシアのジャカルタに入港。

26日▶フィリピンのロレンサーナ国防相，第6回モスクワ安全保障会議に参加。

27日▶モスクワで日ロ首脳会談開催。日ロ天然ガス・パイプライン建設案などを協議。

28日▶中銀，政策金利を9.75%から9.25%に引き下げ。

29日▶外務省，朝鮮半島情勢をめぐる中国の提案への支持を表明。

5月14日▶プーチン大統領，中国訪問。「一帯一路」国際フォーラムに参加。習近平・国家主席と会談し朝鮮半島問題などを協議。

15日▶プーチン大統領，北京にて14日の北朝鮮による弾道ミサイル発射を批判。

18日▶北朝鮮の万景峰号，ウラジオストクに入港し，週1往復の定期便の運航開始。

22日▶フィリピンのドゥテルテ大統領，来訪。23日にプーチン大統領と会談。

31日▶コロコリツェフ内相，モンゴルを訪問。内務関連の協力に関する覚書に調印。

6月1日▶ペテルブルク国際経済フォーラムの際，プーチン大統領は「クリル」の日本への引き渡し後に米軍基地が設置される可能性を指摘し，基地の設置は受入れ難い旨，発言。同フォーラムに参加したインドのモディ首相と会談，アフガニスタン情勢などを協議。

7日▶ショイグ国防相，中国の常万全・国防相と会談，終末高高度防衛（THAAD）システムの韓国配備を受けたロ中防空演習などを協議。

9日▶プーチン大統領，カザフスタンのアスタナを訪問，上海協力機構（SCO）首脳評議会に参加。同会合でインドとパキスタンがSCOに正式加盟。

16日▶中銀，政策金利を9.25%から9.00%に引き下げ。

20日▶ミャンマーのミンアウンフライン国軍総司令官来訪，ショイグ国防相と会談。

23日▶インドのジャイトリー国防相，モスクワ来訪。ショイグ国防相とロ印軍事技術協力政府間委員会第17回会合に参加。

27日▶北方領土での共同経済活動に関する官民合同の調査団が現地調査（〜7月1日）。

29日▶ベトナムのチャン・ダイ・クアン国家主席，来訪。プーチン大統領と会談。

7月3日▶中国の習近平国家主席が来訪，プーチン大統領と会談。北朝鮮の核開発と米韓合同軍事演習の同時停止を呼び掛け。

7日▶プーチン大統領，ドイツで開催されたG20に参加。アメリカのトランプ大統領と初会談。同日，安倍晋三・首相と日ロ首脳会談。

9日▶プーチン大統領，エカテリンブルクにて森喜朗・元首相と会談。

21日▶ロ中の海軍合同演習「海上連携2017」第1段階，バルト海で実施（〜28日）。

25日▶パトルシェフ安全保障会議書記，ベトナムを訪問。トー・ラム公安相らと会談。

26日▶パトルシェフ安全保障会議書記，中国を訪問（〜28日）。

8月1日▶ウラジオストク自由港で電子査証制度が開始。

7日▶ラヴロフ外相，フィリピンのマニラで開催されたASEAN関連外相会合に参加。河野太郎・外相との間で日ロ外相会談。

17日▶モスクワで北方領土での共同経済活動に関する外務次官級協議が開催。

18日▶日ロ外務次官級戦略対話，開催。北朝鮮問題などを協議。

21日▶モルグロフ外務次官，中国の孔鉉佑・外務次官補と朝鮮半島情勢などを協議。

23日▶メドベージェフ首相，色丹島への新型特区（先行社会経済発展区域）設置を決定。
24日▶外務省のザハロヴァ報道官，日本のイージス・アショア（陸上配備型ミサイル防衛システム）導入計画を批判。アメリカのティラーソン国務長官がロシアによるターリバーンへの武器支援を指摘したことに対し，支援を否定。
31日▶モンゴルでロシア・モンゴル合同軍事演習「セレンガ2017」実施。
9月3日▶プーチン大統領，中国のアモイで開催されたBRICS首脳会議に出席（～5日）。
4日▶チェチェン共和国のカディロフ首長，ロヒンギャ弾圧への抗議集会に参加。
5日▶パトルシェフ安全保障会議書記が日本を訪問，谷内正太郎・国家安全保障局長，安倍首相と会談。
6日▶ウラジオストクで東方経済フォーラム開催（～7日）。プーチン大統領，安倍首相，韓国の文在寅大統領，モンゴルのバトトルガ大統領が出席。
7日▶東方経済フォーラムに際し，日ロ首脳会談。北朝鮮情勢などを協議。
▶ガルシュカ極東発展相，北朝鮮の金英在・対外経済相と会談。
8日▶トルトネフ副首相と中国の汪洋副首相，ハバロフスクで開催された極東開発などをめぐる政府間委員会の第1回会合に参加。
10日▶統一地方選挙で統一ロシアが大勝。
15日▶中銀，政策金利を9.00％から8.50％に引き下げ。
18日▶ロ中の海軍合同演習「海上連携2017」第2段階，ウラジオストク，日本海，オホーツク海南部で実施（～26日）。
▶アメリカのニューヨークで開催された国連総会の際に日ロ外相会談。
21日▶サフォノフ連邦観光庁長官，日本を訪問。田村明比古・観光庁長官と観光分野の協力促進を協議。
22日▶ロシア南部カラチャイ・チェルケス共和国にてパキスタンとの合同軍事演習「友好2017」を実施（～10月4日）。
23日▶航空機での北方領土の墓参，初実施。
25日▶サマーラ州知事，更迭。
26日▶ニジュニノヴゴロド州知事，更迭。
▶ラオスのシスリット首相，来訪。メドベージェフ首相と会談。
28日▶ネネツ自治管区首長，更迭。
▶フィリピン軍の代表団，極東のアムール州の軍事演習場を訪問。
29日▶クラスノヤルスク地方知事，更迭。
10月1日▶ドボルコヴィチ副首相，日本を訪問。京都で安倍首相と会談。
2日▶モロゾフ下院議員を団長とする自由民主党代表団が北朝鮮を訪問。5日李秀勇・朝鮮労働党副委員長らと会談。
3日▶ダゲスタン共和国首長，更迭。
4日▶沿海地方知事，更迭。
5日▶オリョール州知事，更迭。
6日▶ノヴォシビルスク州知事，更迭。
9日▶オムスク州知事，更迭。
10日▶イヴァノヴォ州知事，更迭。
12日▶プスコフ州知事，更迭。
▶ロシアの駆逐艦2隻と補給艦，ブルネイに入港。同国海軍と合同演習を実施。20日フィリピンのマニラに寄港（～26日）。
14日▶サンクトペテルブルクで列国議会同盟総会開催。北朝鮮の安東春・最高人民会議副議長も参加。
▶プーチン大統領，北朝鮮との経済協力を制限する大統領令に署名。
▶海上自衛隊の護衛艦はるさめと練習艦かしま，ウラジオストクに入港（～18日）。
18日▶極東のアニワ湾にて連邦保安庁国境

警備局と日本の海上保安庁が共同演習実施。

▶北朝鮮の崔善姫・外務省北米局長，モスクワ来訪。核不拡散に関する国際会議に出席。

19日▶ロ印の陸海空軍，合同軍事演習「インドラ2017」を沿海地方で実施（〜29日）。

23日▶アフガニスタンのガニー大統領によるロシアのターリバーン支援批判に対し，反論する声明を外務省が発表。

24日▶フィリピンでの第4回拡大ASEAN国防相会合にショイグ国防相が参加。小野寺五典・防衛相と会談。

26日▶北方領土での共同経済活動に関する官民合同調査団，2回目の現地調査を実施。

27日▶中銀，政策金利を8.50％から8.25％に引き下げ。

31日▶メドベージェフ首相，中国を訪問。李克強首相と第22回ロ中定例首相会談。宇宙分野での協力などを協議。

▶パトルシェフ安全保障会議書記，アフガニスタンを訪問，ガニー大統領と会見。

11月2日▶プーチン大統領，9〜10月にかけて更迭された知事・首長10人と会見。

7日▶ロシア革命100周年。プーチン大統領が参加する公式行事は行われず。

▶ロシアのミサイル駆逐艦アドミラル・パンテレーエフと補給艦，カンボジアのシアヌークビル港に入港。13日タイのパタヤ港，27日インドネシアのタンジュンプリオク港，12月7日ミャンマーのティラワ港，21日シンガポールのチャンギ港に入港。

10日▶プーチン大統領，ベトナムのダナンで開催のAPEC首脳会議に出席。同日，安倍首相と日ロ首脳会談。

12日▶メドベージェフ首相，フィリピンを訪問し，ASEAN関連首脳会議と東アジア首脳会議に出席（〜14日）。フィリピンのドゥテルテ大統領，韓国の文在寅大統領らと会談。

24日▶モスクワで日ロ外相会談。ロシア側はイージス・アショア導入に深い懸念を表明。

▶極東のピョートル大帝湾にて日ロ合同の海上捜索・救難演習。

27日▶タイサエフ下院議員を団長とする下院議員団，北朝鮮を訪問（〜12月1日）。金永南・最高人民会議常任委員長らと会談。訪問中の29日に北朝鮮は弾道ミサイルを発射。

▶サリュコフ地上軍総司令官，日本を訪問し，山崎幸二・陸上幕僚長と会談。

▶ヴァルダイ会議の地域会合，ソウルで開催。モルグロフ外務次官がロ中の共同行程表の内容に言及。

12月5日▶2018〜2020年の3カ年予算が成立。

6日▶プーチン大統領，ニジュニノヴゴロドの自動車工場で労働者を前に2018年3月の大統領選挙への出馬を表明。

7日▶ロシアの戦略爆撃機Tu95，インドネシアのビアク飛行場から南太平洋を哨戒飛行。

11日▶ゲラシモフ参謀総長，日本を訪問（〜13日）。小野寺防衛相，河野克俊・統合幕僚長と会談，北朝鮮情勢やシリア情勢を協議。

12日▶カルガノフ国防管理センター副所長ら国防省代表団，平壌を訪問。

14日▶プーチン大統領，恒例の大型記者会見。無所属で大統領選挙に出馬する旨を表明。

15日▶中銀，政策金利を8.25％から7.75％に引き下げ。

▶収賄罪で起訴されたウリュカエフ前経済発展相，1審で実刑判決。

▶ヴォロジン下院議長，パキスタン訪問。対テロ国際会議に出席。

28日▶外務省のザハロヴァ報道官，日本のイージス・アショア導入の決定に対し，中距離核戦力（INF）全廃条約への違反だと非難。

各国・地域の動向

2017年の大韓民国

大韓民国	
面　積	10万0339km² (2016年)
人　口	5144.6万人 (2017年推定人口)
首　都	ソウル
言　語	韓国語(朝鮮語)
宗　教	キリスト教(プロテスタント，カトリック)，仏教，儒教
政　体	共和制
元　首	文在寅大統領
通　貨	ウォン(1米ドル＝1130.5ウォン，2017年終値平均)
会計年度	1月～12月

2017年の韓国

文在寅政権の発足と半導体頼みの景気回復

奥田　聡・渡邉　雄一

概　況

　国内政治は，朴槿恵(パク・クネ)大統領の弾劾訴追による罷免，文在寅(ムン・ジェイン)大統領の当選，新政権による政策展開と，めまぐるしい動きを見せた。保守勢力の退潮と進歩勢力の台頭は著しく，5月の大統領選では進歩勢力の民主党公認の文在寅候補が大差で当選した。新政権の主要ポストの多くは進歩勢力の面々によって占められた。文政権は公共雇用の拡大や最低賃金の引き上げなど民生重視の政策を打ち出す一方，過去の保守政権のもとでの不正の摘発(積弊清算)に乗り出している。年末になっても政権支持率，与党民主党への支持率ともに高水準を保った。

　経済では，市況が好調な半導体の輸出や設備投資の回復を受けて，3年ぶりに景気回復が実現した。実体経済の復調や株高の更新を受けて，6年ぶりとなる政策金利の引き上げが実施されたものの，他方でウォンの増価が進行し，家計債務残高は膨らみ続けている。2017年は韓国の終末高高度防衛ミサイル(THAAD)配備に反発する中国側の経済報復の影響によって，現代自動車やロッテグループなど業績悪化を余儀なくされた企業が一部で出た。

　外交・南北関係においては，文政権が対北融和を掲げたほか，日米中との関係は北朝鮮の核・ミサイル開発と関連した不安定な朝鮮半島情勢の影響を強く受けた。対米関係では北朝鮮への制裁強化とTHAADによる防衛力強化を唱えるアメリカのトランプ政権に対する面従腹背的姿勢が見られた。対日関係では，文政権のもとで首脳間の往来が復活した。慰安婦合意については韓国側での異議が伝えられたが，現状変更はされなかった。対中関係では，韓国のTHAAD配備を強く嫌う中国による事実上の制裁が表面化した。秋以降は関係改善に向けた動きが相次いだ。

国内政治

朴槿恵に対する追及と「退場」

　韓国政界は権力不在のまま2017年を迎えた。崔順実(チェ・スンシル)ゲートなどの一連の疑惑を理由として2016年12月9日に国会が朴槿恵大統領に対する弾劾訴追案を可決したことにより朴大統領の権限は停止されており，新年の恒例となっている青瓦台での新年記者会見でもその姿はなかった。

　弾劾訴追に関する審理は憲法裁判所で行われた。9人の裁判官のうち6人の賛成で大統領は罷免となり，国会での訴追案可決の180日後（2017年6月6日）までに判断が下されることとなっていた。朴大統領は訴追事実を全面的に否定し，審理にも出廷しなかった。憲法裁判所の訴訟指揮は弾劾訴追の早期終結を目指したものであり，2月27日の最終弁論で結審した。弾劾訴追と並行して，朴大統領の一連の不正事案を捜査する特別検察官も捜査を進めていた。2月には特別検察官が青瓦台の家宅捜索や朴槿恵に対する事情聴取の実施を目論んだが，国家機密の存在や朴大統領本人の拒否を理由に実現しなかった。特別検察官による捜査活動の期限となっていた2月28日を前に，特別検察官チームは30日間の期限延長を求めたが，黄教安(ファン・ギョアン)・大統領権限代行首相は崔順実被告などの当事者が既に起訴されていて目的は達成されたとしてこれに応じなかった。朴大統領の不正疑惑に関する捜査は検察に引き継がれた。

　3月10日，憲法裁判所は8対0の評決（欠員1）で弾劾訴追の事実を認め，朴大統領を罷免した。大統領の不訴追特権を失った朴槿恵に対し，検察はさっそく追及の手を伸ばした。崔順実が実質的に支配した2つの財団に大企業などが合計774億ウォンを拠出した過程での職権乱用，強要，第三者収賄（自分の地位を悪用して第三者の利益を図る）など13の容疑で検察は3月21日に朴前大統領を呼び出して長時間にわたる事情聴取を行った。3月30日にはソウル中央地裁での令状審査に朴槿恵本人が現れてそれまでと同様に容疑事実を否認したが，翌31日未明に逮捕状が発付され収監された。罷免・収監により政治家としての朴槿恵は完全に過去の人となった。

助走なしの大統領選：保守の致命傷と文在寅に吹いた追い風

　弾劾訴追や検察の捜査などの進展により，罷免や自発的辞任などの形で朴大統

領が本来の任期(2018年2月)よりも前に大統領の座から退く可能性が高まり，次期大統領選挙に向けた動きが年明けから本格化した。民間人の国政介入など重大な不祥事を起こした保守勢力への有権者の拒否感は強く，その反動で進歩勢力の代表候補で盧武鉉政権の重職にあった文在寅・共に民主党(以後「民主党」とする)前代表の優位は揺るがぬものとなっていった。朴槿恵の罷免確定に伴い，後任の大統領選は本来のスケジュールより7カ月早い5月9日に実施されることとなった。各会派とも十分な準備のないまま選挙戦に突入した。

保守勢力は朴政権の不名誉な途中退場により大きなダメージを受け，支持者が多く離脱した。当初，保守与党のセヌリ党は知名度の高い潘基文・前国連事務総長を大統領候補に据えようとしていたが，ネット上の激しい批判・中傷に耐えかねた潘は2月1日に不出馬を表明した。その後，保守系候補と目された黄教安・大統領権限代行首相も朴槿恵の罷免後の3月15日に不出馬を表明した。結局，自由韓国党(セヌリ党から2月13日に改称)は有力候補と目されていなかった洪準杓・慶尚南道知事を擁立することとなったが，苦戦を強いられた。

勢いに乗る進歩勢力第1党である民主党の候補選定においては文在寅前代表が先頭を走り，安熙正・忠清南道知事，李在明・城南市長が追う展開となった。2月中旬には安と李への支持率(リアルメーター調べ)の合計が3割に達し，文に肉薄したこともあった。だが，4月3日の最終予備選では反米・親北，積弊清算などの伝統的な進歩派の主張を掲げて着実に支持を伸ばした文在寅が民主党の大統領候補に選ばれた。

中道勢力では特異な動きを見せたのが国民の党の前代表で，2012年大統領選にも出馬した安哲秀であった。保守，文在寅のどちらにも共感しない有権者がこぞって安を支持した。安は民主党の最終予備選終了後に支持を大きく伸ばし，選挙戦は文・安対決の様相を呈した。しかし，中道票を意識した文が主張を軟化させたことや，4月23日のテレビ討論会での不安定な受け答えに失望感が広がったことなどから安への支持が低下した。

開票の結果，民主党の文

表1　第19代大統領選挙結果

候補名	政党	得票数	得票率(%)
文在寅(当選)	共に民主党	13,423,800	41.08
洪準杓	自由韓国党	7,852,849	24.03
安哲秀	国民の党	6,998,342	21.41
劉承旼	正しい政党	2,208,771	6.76
沈相奵	正義党	2,017,458	6.17
その他8人		170,955	0.52
有効票計		32,672,175	100.00

(出所)　韓国中央選挙管理委員会。

大統領選に勝利しソウル・光化門広場で支持者に語りかける文在寅候補（5月9日，ロイター/アフロ）

在寅候補は得票率41％と，2位以下に大差をつけて第19代大統領に当選した。次点は自由韓国党の洪準杓(ホン・ジュンピョ)候補であった。テレビ討論での文・安対決のあと，中道・保守票が自由韓国党の洪準杓候補へ結集する動きを見せたが及ばなかった。国民の党の安哲秀候補は3位に終わった（表1）。

内外の課題山積の中での政権発足と人事の難航

選挙戦を制した文大統領は感性と対話を重視した独自のスタイルでコミュニケーション不足や権威主義を批判された朴前大統領との違いを強調し，崔順実ゲートで頂点に達した民衆の政治に対する怒りを巧みにコントロールするなど，そのリーダーシップは保守層の一部からも評価された。5月29日発表の世論調査では政権支持率は84.1％（リアルメーター調べ）に達した。その後も政権支持率は年末に至るまで70％内外の高水準で推移した。

しかし，就任した文大統領の直面する内外情勢は厳しく，前任者からの引継ぎがない中での多難な政権出帆となった。

文政権が最初に着手すべき課題が主要ポストの指名であったが，市民運動や学生運動などの「運動圏」出身者や盧武鉉政権での要職経験者など，進歩系の身内を多く配した人事となった。首相には盧武鉉政権の報道官の経歴がある李洛淵(イ・ナギョン)・

全羅南道知事を，大統領秘書室長には学生運動出身の任 鍾 晳(イム・ジョンソク)・元国会議員を任命した。また，統一・外交・安保特別補佐官に盧武鉉元大統領の側近で，同政権の大統領諮問機関「東アジア時代委員会」委員長だった文 正 仁(ムン・ジョンイン)・延世大名誉特任教授を任命した。

　政権交代後の主要人事の遅延は今回も見られ，全ポストの任命完了までに6カ月以上かかった。就任候補者の過去の言動へのネット上での批判や国会の人事聴聞での紛糾により辞退に追い込まれる「落馬」の事例は今回も頻発した。6月16日，法務部長官に指名されていた安 京 煥(アン・ギョンファン)・ソウル大名誉教授は過去の婚姻届偽造などが問題とされ，指名を辞退し，この後も長官級以上の候補者脱落が相次いだ。一方，今回の人事では国会の人事聴聞報告書不採択にもかかわらず文大統領が任命を強行した例が目立った。康 京 和(カン・ギョンファ)・外交部長官，宋永武(ソン・ヨンム)・国防部長官，金尚祚(キム・サンジョ)・公正取引委員会委員長の例などが挙げられる。文大統領は就任前の2016年12月に兵役逃れや偽装転入などの5大不正の関連者は高位公職から排除するとの原則(5大不正排除原則)を公言した経緯があり，人事検証の過程でこの原則に抵触する事例が多発しているとの批判が少なからず出た。

　国会での人事聴聞が紛糾した原因の一つが政権与党の民主党が国会で占める議席が少ないことである。大統領選が終了した時点での民主党の議席数は120で，総議席300の4割に過ぎない。このため，人事同意・聴聞だけではなく，予算案などの懸案についても国会での保守野党の抵抗に直面することになった。

文政権の政策方向：強い進歩色と積極財政

　文政権は盧武鉉政権以来10年ぶりの進歩政権であることを特徴づける政策を選挙戦の段階から打ち出していた。

　国防・南北関係においては金大中，盧武鉉政権の「太陽政策」を引き継いで南北対話を重視し，いわゆる「非核化出口論」の立場に立った。開城工業団地の操業や金剛山観光事業の再開に言及している。戦術核の配備には反対する一方，THAAD配備は不可避であるとし，韓米軍事協力の枠組みを受け入れた。

　内政面では，「積弊清算」を掲げた。「セウォル号」沈没事故や4大河川整備，原発，国定教科書導入など保守の李・朴政権が打ち出した政策を検証・白紙化し，検察に集中した権限の警察への移管と相互牽制，防衛産業不正と関連した軍の改革も掲げた。

　経済分野では，雇用面をはじめとする国民生活改善策が特徴的である。公共部

門での81万人の雇用増や最低賃金の時給1万ウォンへの引き上げのほか，公共賃貸住宅17万戸の供給などを打ち出した。これら施策は法人・富裕層への増税で賄うこととしたほか，財閥による金融会社支配の制限（金産分離），原発縮小など進歩勢力の特徴的政策が打ち出されている。

　福祉政策では児童手当，基礎年金など手当拡充や健康保険の保障拡大，ワークライフバランス，育児休暇などの子育て支援などのほか，認知症国家責任制などのユニークな高齢者医療対策などが盛り込まれている。

　文大統領は急ピッチで選挙公約の実行を推進した。7月6日には北朝鮮との対話を通じた核問題の解決と平和共存を目指す「ベルリン構想」を文大統領が発表した。また就任後の歴訪を通じて日米中ロの4大関係国から朝鮮半島問題における韓国の役割について基本的な理解を得られた。THAADは大統領選前の4月26日に電撃配備されたが，進歩勢力の間では拒否反応が強かった。文大統領の就任後，配備の経緯調査が指示されたり，配備に関する国会承認，環境アセスメントなどの「引き延ばし策」が取り沙汰されたりなどの動きはあったが，6月末の文大統領の訪米や7月以降の北朝鮮による相次ぐミサイル発射や9月の核実験などもあってTHAAD配備は既成事実化していった。朝鮮半島における緊張の高まりから，核武装を求める声が強まった。9月に世論調査会社のギャラップが発表した調査では，核兵器保有を求める回答が60％を占めた。

　経済・福祉分野では上掲の施策の多くが7月19日発表の100大国政課題あるいは7月25日発表の新政権経済政策方向に盛り込まれた。人中心の持続成長経済を目指し，経済成長は「所得主導」と「革新成長」を軸に，経済体質は「雇用中心」と「公正経済」を軸に据えた。これらの施策を実行に移す第一弾として，野党の抵抗を受けながらも7月22日に公共雇用拡大などを盛り込んだ11兆ウォン規模の補正予算案が可決された。6月19日と8月2日には完成前のアパートを用いた投機を抑制する不動産対策が発表された。8月29日に発表された2018年度予算案は福祉，国防，地方自治，雇用，4次産業などに重点を置いた。予算規模は前年比7.1％増で，名目GDP成長率見通しの4.5％を上回った。道路，鉄道などの社会資本予算は大幅に削減されており，人中心の積極財政を目指している（詳しくは「経済」の項を参照）。

国民統合と財源確保に課題

　秋以降は積弊清算の動きが加速した。監査・再検証の対象となったものとして

は，朴政権時代の歴史教科書の国定化，文化人ブラックリスト，日韓慰安婦合意，そして李政権時代の4大河川事業などが挙げられる。検察の捜査対象となった事案としては，李政権時代の国家情報院および軍によるネット工作事件や国家情報院の特殊活動費にまつわる裏金上納事件などが挙げられる。ネット上での世論工作事件では，11月11日に金寛鎮(キム・グァンジン)・元国防部長官が逮捕された。裏金上納事件では，11月17日に元国家情報院長の李丙琪(イ・ビョンギ)と南在俊(ナム・ジェジュン)の2人が逮捕された。本件に関しては，上納を受けた側の李元大統領の収賄容疑での逮捕まで取り沙汰された。

　積弊清算についてはその民意動向が各種世論調査を通じて発表されているが，それらの結果を見るかぎりさらなる推進を求める声が大きい。ただ，文政権が進める積弊清算の対象が事実上過去の保守政権の関係者に限定されているため，保守支持者と進歩支持者の間の溝を拡げ，国民統合を阻む側面があるのは否めない。

　進歩勢力が幅を利かせるなかで，保守支持者が自身の政治信条を隠して「シャイ保守」となる傾向が指摘されており，世論調査の現場でも文政権登場以後は保守支持者が調査を断ったり本来の考えを隠して応答したりする傾向が強まったともいわれている。

　文政権のもとで進む急速に進む各種改革に対し，一部ではその行き過ぎを改める動きも出ている。原発政策においては，6月19日には韓国第1号の原発である古里1号機の運用が停止され，同月27日には新古里原発5，6号機の工事が一時中止された。しかし，公論化委員会は国民からの意見聴取の結果を勘案して10月20日に新古里原発5，6号機の工事再開を勧告した。また，公務員等への接待・贈答などを制限する接待規制法(「金英蘭(キム・ヨンナン)法」)の定める上限額が12月11日の国民権益委員会の議決により一部引き上げられた。同法の厳しい制限により飲食業者や農林畜産業者が苦境に陥ったと指摘されていた。

　積弊清算の捜査においても行き過ぎを戒める動きがみられる。軍のネット工作事件と関連して逮捕された金寛鎮・元国防部長官は11月22日のソウル中央地裁での勾留適否審査で異例の釈放となった。同事件では李政権時代の大統領対外戦略秘書官であった金泰孝(キム・テヒョ)に対する逮捕状請求が12月13日に棄却されている。国家情報院のネット工作事件では捜査対象者が自殺する事態となっており，12月5日には積弊清算関連の捜査で多忙を極める検察のトップである文武一(ムン・ムイル)・検事総長が捜査の年内終結に言及して与党の反発を買うということも起きている。

　文政権が示す経済・福祉政策の大盤振舞いへの国民の好感度は高いが，5年間で178兆ウォンと見積もられる政権公約の実行費用の財源調達の詰めが甘いとの

指摘が一部の専門家からなされていた。8月に政府が発表した健康保険の保障性強化対策についての世論調査で、「共感する」は76.6％に上ったのに対し、「財源調達が困難」との回答も50.3％に達した。こうした財源問題を一般国民も意外に冷静に認識していることを示す結果と言えよう。　　　　　　　　　　（奥田）

経　済

マクロ経済の概況

　2017年の韓国経済は、好調な半導体輸出や半導体などを中心とする製造設備投資の回復を受けて、3年ぶりに景気回復が実現した。2018年年初に韓国銀行が発表した国内総生産（GDP）の速報値によれば、2017年の実質GDP成長率は3.1％で3年ぶりに伸び率が3％台に回復した（表2）。韓国銀行が新たに推計した潜在GDP成長率は2.8〜2.9％とされるため、GDPギャップはプラスに転じたことになる。

　支出項目別には、GDPの約半分を占める民間消費が家電・通信機器や自動車などの新製品の販売増加もあって、通年で前年比2.6％増の堅調な成長を示した。また、需要拡大を受けて企業の半導体や薄型パネル向け投資が増加したことで設

表2　支出項目別および経済活動別国内総生産成長率

（2010年価格、前期比、％）

	2015	2016	2017				
			年間	第1四半期	第2四半期	第3四半期	第4四半期
国内総生産（GDP）	2.8	2.8	3.1	1.1	0.6	1.5	-0.2
民間消費	2.2	2.5	2.6	0.4	1.0	0.8	1.0
政府消費	3.0	4.3	3.7	0.5	1.1	2.3	0.5
設備投資	4.7	-2.3	14.6	4.4	5.2	0.7	-0.6
建設投資	6.6	10.7	7.5	6.8	0.3	1.5	-3.8
知識財産生産物投資	1.8	2.3	3.1	0.3	1.2	1.1	1.3
在庫増減	0.7	0.0	0.4	0.3	0.2	-0.4	0.6
財貨輸出	-0.1	2.1	2.0	2.1	-2.9	6.1	-5.4
財貨輸入	2.1	4.5	7.2	4.8	-1.0	4.7	-4.1
農林漁業	-0.4	-2.9	0.4	5.9	-1.1	-3.7	2.2
製造業	1.8	2.3	4.2	2.1	-0.3	2.9	-2.0
電気ガス水道業	5.1	3.6	1.9	-1.4	3.8	2.1	0.6
建設業	5.7	10.5	7.2	5.3	-1.3	1.5	-1.5
サービス業	2.8	2.3	2.1	0.2	0.8	1.1	0.4
国内総所得（GDI）	6.6	4.2	3.4	2.6	0.0	1.7	-1.3

（注）　数値はすべて暫定値。四半期別数値は季節調整後の値。在庫増減はGDPに対する成長寄与度を表す。
（出所）　韓国銀行「2017年第4四半期および年間国内総生産（速報）」2018年1月25日。

備投資は前年比14.6％増と急伸したほか，建設投資もマンションを中心とする住宅建設が高水準に推移したことで同7.5％増と力強さを維持した。輸出は自動車関連が減少に転じる局面が続いたものの，好調な半導体や石油化学などが成長をけん引して通年では前年比2.0％増を達成したが，同時に輸入も機械類などが増えて同7.2％増となった。その他，年後半に補正予算の効果が現れた政府消費やR&D・ソフトウェア投資などの知識財産生産物投資も，それぞれ前年比3.7％増と同3.1％増で底堅く推移した。

　経済活動別には，活況を呈する半導体産業などに支えられて製造業が前年比4.2％増と大きく伸びたほか，建設業も建設投資の好調ぶりを受けて同7.2％増と堅調な伸びを示した。一方，サービス業はTHAAD配備をめぐって中国人観光客が激減したことで卸・小売や飲食・宿泊業などが振るわず，通年では前年比2.1％増と伸び率は前年より鈍化した。国内総所得（GDI）の成長率は，半導体価格の上昇などによって交易条件が改善されたことで，GDP成長率を小幅に上回る3.4％を記録した。なお，1人当たり名目GDPおよび1人当たり国民総所得（GNI）はともに，前年水準を超えて2万9000ドル台に突入する見通しである。

雇用と分配・公正重視の文政権の経済政策

　5月に発足した文政権は，7月に「国政運営5カ年計画」および「経済政策方向」を相次いで発表し，経済改革に向けて着手しはじめた。その内容は，進歩系政権の性格を色濃く反映して雇用対策や所得分配，弱者保護が前面に出たものとなっており，主に4つの柱で構成される。1つ目は，家計の実質可処分所得を増大させ，所得主導型成長を実現する。その主要な具体策として，2020年までに最低賃金で時給1万ウォンの達成を目標とし，2017年には次年度の最低賃金水準が7530ウォン（前年比16.4％増）に決定された。しかし，生産性の上昇を上回るような最低賃金の急激な引き上げは，中小零細企業にとっては大きな負担となり，雇用の減少や最低賃金の不遵守につながる懸念がある。政府は最低賃金の引き上げに伴う企業経営負担の軽減のため，3兆ウォン規模の雇用安定資金などによる支援策も併せて打ち出している。

　2つ目は，イルチャリ（働き口）中心の経済の創造を目指し，雇用の量的拡充と質的向上を図るというものである。たとえば，2022年までに公務員を中心に公共部門での81万人の雇用創出を目標としているほか，若年層を含めて新規採用の拡充や非正規職から正規職への転換，賃金の引き上げを行った企業に対して税制・

金融支援を実施する。文政権は雇用創出や庶民の生活安定支援などに重点配分する11兆ウォン規模の補正予算案を6月に発表し，翌7月に成立させている。その他，非正規職に対する差別撤廃や法定労働時間を週52時間に縮減することなども掲げており，一部の大企業では実際に労働時間の短縮を実施しはじめた。

3つ目は，企業間の不公正な取引慣行の根絶やコーポレート・ガバナンスの改善による過度な経済力集中の緩和などを通じて，公正な競争環境の整備や中小零細企業の保護強化を図り，大企業と中小企業の同伴成長を促進する。具体的には，下請け・加盟店・代理店等への不公正行為の根絶に向けた制度改善や法執行の強化を行ったり，財閥のオーナー一族による既存循環出資の段階的縮小やグループ内金融会社を通じた支配力強化の防止などが推進される。そのために公正取引委員会の専属告発権の改善や監視力強化が図られ，人事でも青瓦台政策室長や同委員会委員長に財閥改革論者が起用された。また，中小零細企業の保護支援には，大企業の協力や利益分配を促す税制パッケージが導入される見通しである。

4つ目は，雇用創出力の高い中小・ベンチャー企業を新たな成長動力として育成し，IoTやAIといった第4次産業革命に対応した生産性の高い革新的成長を達成する。文政権はまず政府組織改編で「中小ベンチャー企業部」を新設して中小企業政策の一元化を図ったり，大統領直属の「第4次産業革命委員会」を設置するなどの改革に着手した。また，10兆ウォン規模の起業支援ファンドの設立や税制面での創業支援の拡充を柱とした具体策も11月に発表している。

こうした文政権による政府主導の雇用創出や分配政策の実行には莫大な財源が必要とされよう。政府は財源確保策として，高所得者層や大企業への所得・法人課税の強化を骨子とする税制改正案を8月に急遽発表し，2018年度から適用されるに至った。

金融政策の転換，膨張する家計負債

雇用情勢は前年に引き続き，やや改善された。統計庁の発表によれば，2017年の全体の就業者数は2672万5000人で，サービス部門や建設業で大きく伸びて前年比31万6000人増加した。全体の失業率は3.7％で前年と同水準であったものの，労働力率は63.2％と前年比0.3ポイント増加した。

韓国では近年デフレを懸念する声が上がっていたが，2017年の消費者物価および生産者物価の上昇率はそれぞれ1.9％と3.5％を記録した。消費者物価上昇率は韓国銀行が目標値とする2.0％に迫るまで回復し，生産者物価上昇率も前年のマ

イナス1.8％を大きく上回った。復調した輸出や堅調な設備投資にけん引されて実体経済に緩やかな回復基調がみられるなか，韓国銀行は11月に2011年以来の実に6年5カ月ぶりとなる政策金利の引き上げ（1.25％から1.50％）に踏み切った。今回の金融政策の転換の背景には，アメリカの追加利上げ観測が強まっていたこともあろうが，国内の家計負債の増大ペースに一向に歯止めがかからないことが判断材料の1つになったことは間違いない。

　韓国銀行によれば，足元の家計負債総額は1450兆9000億ウォン（12月末現在）まで膨れ上がり，近年は家計可処分所得の増加率を上回る勢いで増大している。その主な原因は，近年の低金利基調や不動産融資規制の緩和による副作用で，銀行やノンバンクなどからの家計向け融資が急増していることにある。家計債務の大半は不動産融資であるが，自営業者を中心に事業資金や生活資金などの借り入れも膨らみ続けている。

　前年より住宅取引規制に舵を切りはじめた政府は，2017年にも相次いで住宅市場の安定化対策を発表し（6月と8月），投機過熱地域の指定や再建築・再開発規制，分譲権転売時や複数住宅保有者に対する譲渡所得課税の強化などを打ち出しているが，同時に住宅担保貸出件数の制限強化，住宅担保貸出比率（LTV）や総負債償還比率（DTI）といった住宅ローン審査基準の強化を含めた融資規制案も実施するとしている。また，10月には家計負債総合対策を発表し，より高リスクな自営業者など脆弱債務者に対するオーダーメイド型の支援強化，貸出審査・与信管理指標として新たな算定方式に基づく新DTIや総負債元利金償還比率（DSR）の導入など，政府は膨張する家計負債のリスク管理に本格的に乗り出しはじめた。

国際収支状況

　2015，2016年と2年連続で前年割れを記録する厳しい状況が続いていた輸出入総額は3年ぶりに増加に転じた。関税庁の発表によれば，2017年の通関基準の輸出額は5737億ドル（前年比15.8％増），輸入額は4784億ドル（同17.8％増）となり，貿易総額は3年ぶりに1兆ドルを上回って貿易黒字は953億ドルの過去最高額を更新した。輸出の内訳を品目別にみると，単一品目としては初めて年間1000億ドルを超えた半導体が前年比60.2％増を記録して，輸出全体の好転にも大きく貢献した。また，船舶（前年比23.6％増）や鉄鋼製品（同17.4％増），石油製品（同31.9％増）などの主力品目も増加に転じたが，乗用車は同3.6％増にとどまり，自動車部品（同8.5％減）や家電製品（同15.8％減），無線通信機器（同22.7％減）などは減少が

続いた。

　地域別には，最大の輸出先である中国向けが前年比14.2％増と回復し，FTAの発効以降初めて増加に転じた。同じくFTA締結相手であるアメリカや欧州連合（EU）向けも，それぞれ前年比3.2％増と同15.9％増で3年ぶりに好転した。また，サムスン電子などによる現地生産の拡大が著しいベトナム（前年比46.3％増）は，いまや中国とアメリカに次ぐ第3の輸出先となった。さらに，文政権が通商戦略上「NEXT CHINA」として重要視するASEANやインド向けについても，それぞれ前年比27.8％増と同29.8％増で過去最高額を記録した。一方，対日輸出はウォン高・円安傾向にもかかわらず前年比10.2％増となったが，対日輸入も増大したために貿易赤字は約283億ドルと赤字幅が拡大した。

　輸入では，家電製品などの伸びを受けて消費財が前年比9.2％増加し，IT関連機器や製造装置などの資本財も同16.2％増加した。原材料輸入も原油価格の上昇などを受けて前年比22.0％増大した結果，資源国である中東との貿易赤字は大幅に拡大した。また，韓国銀行によれば貿易収支とともに経常収支の一部を構成するサービス収支で，中国人を中心に外国人観光客の減少が響いて旅行収支の赤字が続いたことで赤字幅（344億7000万ドル）が拡大した。その結果，経常収支は784億6000万ドルの経常黒字にとどまり，2年連続で黒字幅は縮小した。

　企画財政部の発表によれば，2017年の海外直接投資額（申告ベース）は494億3000万ドル（前年比0.4％減）となり，前年実績をわずかに下回ったものの引き続き高水準を維持している。業種別には製造業や金融・保険業などで海外投資は大きく増大したが，地域別ではアメリカや中国などの主要国向けで減少をみた。また，産業通商資源部の発表によれば，外国人直接投資（申告ベース）も2017年には229億4000万ドル（前年比7.7％増）と4年連続で史上最大規模を記録した。おもにアメリカやASEAN，日本からの投資増大によるところが大きく，業種別では製造業での増加が目立った。

証券市場，為替相場の動向

　韓国銀行によれば，証券投資は海外投資資金の流入を受けて通年で578億5000万ドルの入超となった。それに反映されるように，証券市場では半導体などのITや化学，エネルギー，医薬品株などを中心に年初より外国人投資家の買い越しが続いた。年初の年最低値2026.16から始まった韓国総合株価指数（KOSPI）は，大統領選直前の5月あたまに6年ぶりに過去最高値を更新して以降も順調に上昇

し，11月には史上最高値となる2557.97を記録した。途中，北朝鮮による相次ぐミサイル発射が株価の下押し材料となったり，THAAD配備に反発する中国側の経済報復によって化粧品や小売，旅行関連銘柄が大きく下落する場面がみられたものの，増配により株主還元を高めたサムスン電子が高値をけん引し，新政権への期待感や輸出主導の景気回復も下支えして，年末には2467.49で取引を終えた。

外国為替市場では，年初より外国人投資家によるウォン需要の増加が買いを主導し，またアメリカ・トランプ政権の保護貿易主義に対する憂慮も重なってウォン高・ドル安の展開が進んだ。年央以降も好調な輸出を背景に緩やかな景気回復が確実視されるなかでウォンの増価が進み，年末には年最高値となる1ドル＝1070.5ウォンを記録して前年末比12.8％のウォン高水準となった（年平均では前年比2.6％のウォン高・ドル安）。一方，対円相場でも対ドルレートと歩調を合わせるようにウォンは漸進的な上昇基調で推移し，年末には年最高値となる100円＝949.2ウォンをつけて前年末比9.1％のウォン高水準となった（年平均では前年比6.0％のウォン高・円安）。

主要企業業績

韓国最大企業で外国人選好度も高いサムスン電子は，2月に李在鎔副会長(イ・ジェヨン)が贈賄や横領などの容疑で逮捕され，また持ち株会社制への移行も断念するという経営体制の立て直しが迫られる環境下であったものの，スマートフォンやデータセンター向けの需要増と価格上昇を受けて半導体事業が大きく伸び，四半期ベースでの最高益更新が続いていた。その結果，2017年連結決算では売上高239兆5800億ウォン（前年比18.7％増），営業利益53兆6500億ウォン（同83.5％増）といずれも過去最高を記録した。ただし，サムスン電子では半導体への依存度が一段と深まっているため，今後は市場の拡大する有機ELパネルを軸にディスプレーや家電部門を新たな収益源に育てられるかが課題となろう。また，半導体大手のSKハイニックスも，過去最高額を更新する増収増益を達成している。

鉄鋼最大手のポスコは，中国企業の生産調整による市況の回復やインドネシアをはじめとする海外部門での営業増益などを受けて，2017年連結決算で売上高60兆6551億ウォン（前年比14.3％増），営業利益4兆6218億ウォン（同62.5％増）と2年連続の増益を果たした。また，白物家電事業が堅調な電機大手のLG電子，有機ELパネルの出荷が伸びたLGディスプレー，石油化学製品の需要増が追い風となったLG化学などLGグループの主力企業も軒並み増収増益を確保した。

しかし，2017年にはTHAAD配備に反発する中国側の経済報復の影響を受けて，ロッテグループをはじめ業績悪化を余儀なくされた企業が一部で出た。韓国を代表する大企業である現代自動車もその1つであった。現代自動車は中国やアメリカ市場での販売低迷に加え，相次ぐストライキに伴う国内工場の生産稼働率の低下やウォン高傾向による逆風も重なり，2017年連結決算は売上高96兆3761億ウォン（前年比2.9%増），営業利益4兆5747億ウォン（同11.9%減）で5年連続の増収減益となった。未払い賃金訴訟をめぐる引当金の計上が響いた同グループの起亜自動車もまた，減収減益に陥る不振にあえいでいる。 （渡邉）

対外関係

南北関係

2017年の南北関係のスタートは前年と同様にとげとげしいものであった。北朝鮮の金正恩（キム・ジョンウン）・朝鮮労働党委員長は北朝鮮に厳しい姿勢で臨んできた朴大統領を新年辞で「反統一売国勢力」と切り捨て，韓国の黄教安・大統領権限代行首相は安全保障関係官庁の年頭業務報告に先立って北朝鮮への制裁・圧力の可視化を強調した。その後の大統領選でも北朝鮮は「保守一味」などの呼称で保守系候補を批判した。

5月に対北融和を掲げた文大統領が就任し，南北関係の動向に注目が集まった。南北関係に対する文政権の基本目標は北朝鮮に対する国際的な制裁には同調しつつも対話・交流を通じて朝鮮半島における軍事衝突を回避することにあった。日米などが北朝鮮の核放棄を対話の前提条件とするのに対し，文政権は北朝鮮による核凍結の後の対話・交流を通じて核放棄につなげるといういわゆる「出口論」の立場を取った。北朝鮮は4月から5月にかけてミサイル発射実験を加速させ，文大統領就任後の5月には新型の火星12および北極星2号を発射して韓国側に揺さぶりをかけた。5月14日の火星12発射を受け，文大統領は国家安全保障会議常任委員会を招集して北朝鮮のミサイル発射を非難したが，対北融和の路線自体は変更しなかった。

北朝鮮が新型大陸間弾道ミサイル（ICBM）の火星14を発射した直後の7月6日には文大統領がG20の席上，離散家族再会や軍事境界線での敵対行為中止，平昌五輪への北朝鮮選手団の参加などを呼び掛ける「ベルリン構想」を発表，17日には韓国側が南北軍事当局会談と離散家族再会に関する赤十字会談の開催を提案し

た。しかし北朝鮮はこれらを無視したうえ，8月17日に文大統領が就任100日の記者会見で核弾頭を搭載したICBMの実用化を「レッドライン」(越えてはならない一線)と指摘したことを強く非難した。

　9月3日の北朝鮮による6度目の核実験を契機に国際社会が北朝鮮への制裁圧力を高めようとしていたなか，文大統領が9月21日に国連での演説で制裁と対話の並行を強調した。同日には統一部が800万ドル相当の人道援助を北朝鮮に供与することを決めている。核・ミサイルの開発を着々と進める北朝鮮への国際的な圧力の高まりとは対照的に北朝鮮への融和姿勢を崩さない文政権の対応はアメリカをはじめとする国々に違和感を与えた。11月29日に北朝鮮がアメリカ東海岸を射程に収める新型ICBMの火星15を発射した際も韓国はミサイル発射自体は非難したが，南北対話重視の姿勢を転換することはなかった。

　対米関係

　1月に誕生したアメリカのトランプ政権は着々と進む北朝鮮のミサイル・核開発を自国の安全保障への重大な脅威とみなし，あらゆる機会をとらえて北朝鮮への外交・軍事両面での圧力強化への同調を韓国側に求めた。2月2日にマティス米国防長官が初の外遊で訪韓し，「北朝鮮の核問題はトランプ政権の最優先課題」と述べるとともに，THAADを年内に在韓米軍に配備・運用する方針を再確認した。3～4月にはアメリカの要人が相次いで北朝鮮に対する軍事行動の可能性に言及したが，同時に韓米の安全保障担当者の往来も密となった。大統領選直前の4月26日にはTHAAD発射台2基とレーダーが慶尚北道星州に配備された。

　5月に就任した文大統領はそれまでの対米自主外交の考え方を修正し，安全保障上の観点からの韓米関係重視という過去の諸政権からの路線を継承した。初訪米を控え，文大統領は首脳会談の成功と韓米関係の円滑化を重視してTHAADの追加配備を急いだ。6月30日の韓米首脳会談では，韓米の同盟関係を確認するとともに南北対話再開への支持を取り付けた。北朝鮮の相次ぐミサイル発射に加えて9月3日に北朝鮮が6度目の核実験を強行したこともあって，THAAD発射台4基の追加配備が9月7日に完了した。韓国軍への権限移譲についても進展があった。10月28日に開かれた韓米定例安保協議(SCM)では，戦時作戦統制権の早期移管に向けて2019年秋までに計画を立てることで合意した。11月7日のトランプ大統領の来訪に際しては，韓国軍の弾道ミサイルの弾頭重量制限を撤廃することで合意した。

しかし，文政権の出自が自主防衛，自主外交を標榜してきた進歩勢力であるだけに，その対米姿勢には面従腹背的な色彩が拭えなかった。THAAD配備をめぐっては政権与党となったばかりの民主党の内部から異論が相次ぎ，国会承認や環境アセスメントなどの手続きを主張する声や撤去を求める声が上がった。7月17日の北朝鮮に対する軍事会談開催提案や9月21日の北朝鮮向け人道支援の供与決定などの韓国側の対北融和策に対しては，対北朝鮮包囲網の抜け穴となりかねないと考えるアメリカが不快感を表わしている。また，韓米軍事協力への干渉ともとられかねない韓中間の「三不合意」（10月31日，後述）に対しても11月4日にアメリカのマクマスター大統領補佐官は「韓国が主権を放棄するとは思わない」と述べ，暗に批判している。同月29日には北朝鮮によるICBM火星15の発射を受け，文大統領は北朝鮮の行動を非難する一方で「アメリカの先制攻撃」に対する懸念を表明した。12月19日には韓米合同軍事演習の開始時期を平昌五輪終了後に延期するようアメリカに提案したことを文大統領が明らかにしている。

　経済面ではアメリカは韓国に対してさまざまな要求を突き付けた。トランプ大統領は4月末に10億ドルに上るTHAADの費用支払いを求める発言をしたほか，6月の首脳会談では韓米FTAの見直しを迫り，11月の首脳会談ではアメリカ製兵器の販売と米軍駐留経費分担に強い関心を示した。7月12日，アメリカは韓米FTAの見直しを正式に要求し，10月4日に改定交渉を開始することで合意した。同FTA発効前の2011年には116億ドルだった対米貿易黒字がFTA発効後の2015年には258億ドルにまで増え，2017年にも179億ドルに達していることをトランプ政権は問題視している。個別品目での摩擦も増えている。鉄鋼が中心だった規制対象が化学製品，洗濯機，太陽電池などにも広がりを見せた。11月23日にはアメリカの国際貿易委員会が，韓国製が9割のシェアを占める洗濯機に対するセーフガード（最高税率50％）を勧告した。10月17日に米財務省が発表した主要貿易相手国の為替政策報告書で，韓国は為替操作国の認定を免れたが，4年連続で為替観察対象国となった。トランプ政権のアメリカ第一主義を忖度した企業の動きも出ている。6月末にサムスン電子がサウスカロライナ州に洗濯機などの家電工場建設を発表した。11月のトランプ大統領来訪の際には，韓国企業が向こう4年間にアメリカで173億ドルの投資と575億ドルの調達を行うことを表明している。

対日関係

2016年末に釜山の日本領事館前に少女像が設置されたことに対抗して、日本政府は1月9日に長嶺駐韓大使と森本釜山総領事を一時帰国させるとともに、日韓通貨スワップ協定の再開に向けた交渉を中止し、日韓ハイレベル経済協議も延期した。これにより、2015年末の日韓慰安婦合意を契機に好転しはじめていた日韓関係は再び悪化に転じた。長嶺大使らの不在は85日に及んだ。

大統領選では主要候補はいずれも日韓慰安婦合意の再交渉を主張した。選挙戦を通じて持ち前の対日批判を次第にトーンダウンさせてきた文大統領の対日姿勢が注目された。就任後の文大統領の対日関係に関する言動を総合すると、自国の安全保障のうえで日米韓の緊密な協力関係を重視する立場から、対日関係に一定の配慮をしていることがうかがえる。

当選早々の5月11日、文大統領は安倍首相との初の電話会談を行った。その中で文大統領は、韓国民の多くが慰安婦合意を受け入れていないと述べる一方で、合意の破棄や再交渉には言及せず、「歴史問題が両国関係の未来志向の発展の足を引っ張ってはならない」と強調した。つまり、対日関係において歴史問題と現在の懸案を分離して論ずるツートラック・アプローチを採用することを明らかにしたのであった。

その後、G20開催中の7月7日に開かれた日米韓3カ国首脳会談では北朝鮮に対する圧力強化で一致した。また、同日に持たれた日韓首脳会談においてはシャトル外交の復活で合意し、日韓要人の往来が朴槿恵政権以前の形を取り戻すことになった。8月には日韓軍事情報包括保護協定(GSOMIA)が1年延長された。

とはいえ、日韓関係を取り巻く環境は厳しく、両者の間の見解差は依然として大きい。日韓慰安婦合意に基づく慰安婦問題の解決は遠のいた感があるが、安倍首相をはじめ日本側はあらゆる機会に韓国側による合意の着実な履行を求めている。北朝鮮の核問題についてはアメリカのトランプ政権と同様に北朝鮮への継続的な圧力を主張する安倍首相と対話を強調する文大統領との間の温度差が浮き彫りとなった。また、日韓相互間の好感度は低いままであり、とくに日本側では政権交代に伴って慰安婦合意を再検証対象とした韓国への好感度(内閣府調べ)が低落し、3割を切る状態になっている。

12月27日には文政権発足後に外交部内に設置された再検証タスクフォースが日韓慰安婦合意に関する検証結果を出した。これによれば、合意は被害者の立場を十分酌まずに朴政権が政治主導で拙速に決着させたもので、非公開の裏合意の存

在も確認されたという。日韓慰安婦合意が再検証で厳しく批判されたことにより合意そのものの行方も不透明となり，日韓関係の行方もまた予断を許さないものとなった。

対中関係

　韓国に配備されたTHAADは中国の内陸部まで探査範囲を広げることができ，中国の弾道ミサイルをも無効化しかねないことから中国はTHAADの韓国配備が自国の戦略的安全保障を害するとして強く反対してきた。2017年にも中国要人が執拗なまでに韓国のTHAAD配備の中止を求める圧力をかけ続けた。

　THAAD装備が韓国に搬入された直後の３月８日には王毅外相が「韓国は瀬戸際で方針を転換し，THAAD配備を中止せよ」と述べたほか，習近平主席が５月11日に文大統領に対してかけた当選祝賀の電話や同月19日に文大統領の特使として訪中した李海瓚（イ・ヘチャン）議員との会見でTHAAD問題の解決を韓国に求めている。７月６日の初の韓中首脳会談に際して習主席はTHAAD配備の撤回を再度要求した。

　韓国のTHAAD配備への報復とみられる措置も相次いだ。中国側の措置の対象が韓国の消費財やサービスに集中したことが特徴的である。大きなダメージを受けたのがTHAAD基地の敷地を提供したロッテグループであった。中国全土に展開していた100以上の店舗の撤退・売却を余儀なくされたロッテマートの事例がその代表的なものである。被害総額は12月までに生じた金銭的損失だけで２兆ウォン（『韓国経済新聞』12月14日付）とされる。その他のサービス業への影響としては，３月15日以降の中国人団体観光の渡韓禁止で中国人訪韓客が半減したほか，免税店の売り上げ減，韓流コンテンツの締め出し（「限韓令」）などがあった。このほか，現代自動車が売り上げ不振で中国の４工場の操業停止に追い込まれ，化粧品，菓子の売り上げが落ちるなどの影響が出た。

　事態がこう着するなか，韓国は自国の安全保障体系にまで踏み込んだ譲歩により韓中関係を一気に修復しようとする賭けに出た。10月31日，韓中両国は共同合意文「韓中関係改善に関する両国間協議の結果」を発表した。だが，その公表文面よりも前日の康京和・外務部長官の国会答弁のほうが真の合意内容に近く，韓国は中国に対し次の３点を約束したとされる。すなわち，アメリカのミサイル防衛（MD）への不参加，THAADを追加配備しないこと，および日米韓協力を軍事同盟化しないことである（「３不合意」）。また，韓国に問題解決に向けた行動が求められる一方で，中国は「韓国の懸念に留意」するにとどまっている。

韓国の思惑に反して中国要人によるTHAAD反対の意見表明はその後も続いたが，12月14日の首脳会談で習主席がTHAAD配備への反対を表明した後は対韓制裁措置の多くが事実上解除され，韓国のTHAAD配備に対する中国側からの異論は影を潜めた。だが，今回の韓中関係修復をめぐる韓国の出方に対しては，中国優位の不平等な合意を強いられた，あるいは韓国の安全保障主権に第三国が容喙する前例を作ったとの批判も少なくない。

(奥田)

2018年の課題

　国内政治の面では，高い支持率を背景にして文政権がこれまで取り組んできた雇用拡大，福祉充実，積弊清算などをさらに推進するものとみられる。とくに，積弊清算については文政権の支持基盤である進歩勢力が重視しており，「本丸格」となる李明博(イ・ミョンバク)・元大統領への調査の是非や，進行中の捜査や公判の結果が注目される。また，6月の統一地方選の際には文大統領が公約していた大統領任期を4年重任制に変更することを骨子とした改憲のための国民投票が予定されている。保守・進歩間の対立や所得格差など国民統合の面での目配りも課題となる。

　政府や韓国銀行は2018年の経済成長率の見通しを3.0%としているが，追加利上げが予想され，ウォン高も進むなかで輸出や内需の伸びを維持できるかが課題となる。近年は成長の源泉が半導体頼みの「一本足打法」に拍車がかかっているため，構造的な危うさは残る。また，相次ぐ住宅取引規制や家計負債対策によって，建設投資が落ち込む可能性もある。そして，文政権の重要政策である最低賃金水準の引き上げが急ピッチに進めば，企業側の負担増は甚大なものとなり，逆に採用抑制や雇用の減少につながりかねない。政府主導の雇用創出や分配政策に必要な財源確保に向けても緒についたばかりである。

　外交・南北関係では，南北首脳会談が予定されるなど，南北融和のムードが急速に高まっており，これが北朝鮮の核放棄など朝鮮半島の平和定着につながるのかがまず注目される。また，これに伴う日米中との関係変化に注視する必要がある。アメリカの韓国への関与，とくに戦時作戦統制権の韓国移管とあいまって在韓米軍の在り方がどのように変わるかが注目される。対日関係では過去の政権のような対日批判的姿勢への旋回が起こりうるのか，対中関係では中国の対韓干渉がエスカレートするかを注視する必要がありそうだ。

(奥田：亜細亜大学教授)
(渡邉：地域研究センター)

重要日誌　韓　国　2017年

1月2日▶環境部，韓国日産やBMW社などの認証取り消しと課徴金支払いを確定。

5日▶外交部，邱国洪・駐韓中国大使を呼び，終末高高度防衛ミサイル（THAAD）配備をめぐる中国側の報復措置に対して抗議。

9日▶外務省，釜山総領事館前の少女像設置と関連し，長嶺大使と森本・釜山総領事を帰国させる。

18日▶クムホタイヤ，中国のタイヤ大手青島双星に株式約4割を譲渡することを発表。

▶サムスン電子，「ギャラクシーノート7」の発火事故原因を電池の問題と特定。

23日▶SK，半導体ウエハーを製造するLGシルトロンの買収を発表。

24日▶保守系の「正しい政党」が発足。

25日▶政府，マレーシアと締結中の通貨交換（スワップ）協定の延長契約（3年間）を締結。

2月1日▶潘基文（パン・ギムン）・前国連事務総長，大統領選への不出馬を表明。

2日▶マティス米国防長官，初の外遊で韓国を訪問。

6日▶サムスン電子，経済団体「全国経済人連合会」からの脱退を発表。

7日▶SKハイニックス，分社化を計画する東芝の半導体子会社への出資提案を発表。

8日▶韓国銀行，オーストラリアと締結している通貨スワップ協定の契約延長（3年間で100億豪ドル規模）を発表。

13日▶セヌリ党，自由韓国党に改称。

15日▶文在寅（ムン・ジェイン）・共に民主党前代表，日韓ツートラック外交に言及。

17日▶サムスン電子の李在鎔（イ・ジェヨン）副会長，贈賄や横領，偽証等の容疑で逮捕。

▶ソウル中央地裁，法定管理を申請した韓進海運の破産を宣告。

21日▶現代自動車グループ11社，全国経済人連合会からの脱退を発表。

23日▶政府，「内需活性化方案」を発表。

27日▶黄教安（ファン・ギョアン）・大統領権限代行首相，朴槿恵（パク・クネ）大統領に対する特別検察官の捜査期限の延長要請を却下。

28日▶ロッテグループと国防部，THAADの配備先となる星州のゴルフ場に関する土地交換契約を締結。

▶サムスン電子，未来戦略室の廃止などの経営対応策を発表。

3月1日▶LG電子，アメリカ・テネシー州に洗濯機の新工場建設を発表。

2日▶中国税関，ロッテ製品に対して通関不許可。

▶サムスン電子，自社製品の品質管理強化を目的に「グローバル品質革新室」の新設を発表。

6日▶韓国銀行，インドネシアと締結中の通貨スワップ協定の延長契約（3年間）を締結。

10日▶憲法裁判所，8対0の評決で朴槿恵大統領の罷免を決定。

15日▶中国，韓国への団体旅行を原則として禁止。

▶黄教安・大統領権限代行首相，大統領選への不出馬を表明。

▶韓国ガス公社，日本の燃料・火力発電事業者JERA，中国海洋石油と液化天然ガス（LNG）事業での連携に関する覚書を締結。

17日▶政府，THAADの配備をめぐる中国の経済的な報復措置に関して世界貿易機関（WTO）に問題提起。

21日▶ソウル中央地検，朴前大統領を呼んで事情聴取。

22日▶企画財政部，「青年雇用対策の点検および補完方案」を発表。

23日▶政府と債権銀行団，大宇造船海洋の

2017年　重要日誌

経営再建に関して債務の株式化を含む6兆7000億ｳｫﾝ規模の金融支援策を策定。

31日▶朴前大統領，収賄などの容疑で逮捕。

4月3日▶韓国最高層のロッテワールドタワー，開業。

4日▶長嶺大使と森本・釜山総領事，帰任。

5日▶現代重工業，今後5年間で3兆5000億ｳｫﾝの研究開発費の投入を発表。

9日▶海洋水産部，2014年に沈没した旅客船「セウォル号」を陸揚げ。

23日▶KBS，中央選管主催の第1回大統領選テレビ討論会を放映。

26日▶在韓米軍，慶尚北道星州にTHAADを配備。

27日▶サムスン電子，持ち株会社制への移行を断念すると発表。

5月9日▶第19代大統領選挙実施。進歩系の「共に民主党」の文在寅候補が当選。

10日▶文大統領，任鍾晢（イム・ジョンソク）・元国会議員を大統領秘書室長に任命。

▶文大統領，トランプ米大統領と電話会談。

11日▶文大統領，安倍首相および習近平・中国主席とそれぞれ電話会談。

▶金融監督院，金融機関からの信用供与額が多い主債務系列に36グループを選定。

21日▶文大統領，文正仁（ムン・ジョンイン）・延世大学名誉特任教授を大統領統一・外交・安保特別補佐官に任命。

30日▶行政自治部，住民登録番号の変更制度を導入。

31日▶文大統領，李洛淵（イ・ナギョン）・前全羅南道知事を首相に任命。

▶新世界グループの鄭溶鎭（チョン・ヨンジン）副会長，スーパー最大手Eマートの中国市場からの完全撤退を表明。

6月1日▶サムスン電子，2次下請け企業の資金繰りを支援する「物品代金支援ファンド」を設立。

5日▶政府，11兆2000億ｳｫﾝ規模の補正予算案を発表（7日，国会提出。7月22日，可決）。

16日▶文正仁・大統領府特別補佐官，「韓米合同軍事演習と戦略兵器配備が朝鮮半島の緊張と北朝鮮の挑発行動の原因」と発言。

18日▶文大統領，康京和（カン・ギョンファ）・国連事務総長特別補佐官を外交部長官に任命。

19日▶企画財政部など，「住宅市場の安定的管理のための選別的・オーダーメード型対応方案」を発表。

▶古里原発1号機，運転終了し廃炉に。

26日▶公正取引委員会，車両用ベアリングの価格決定をめぐる談合で日独の自動車部品メーカーに合計20億ｳｫﾝ強の課徴金納付命令。

28日▶文大統領，訪米（～7月2日）。30日，韓米首脳会談。対北朝鮮政策での連携，戦時作戦統制権の早期移管などで合意。

▶サムスン電子，現代自動車，SKなど韓国大手企業52社，今後5年間で計128億ﾄﾞﾙのアメリカ投資を発表。

7月3日▶文大統領，産業通商資源部，保健福祉部，放送通信委員会，金融委員会の長官候補者を発表。

4日▶サムスン電子，半導体事業で国内2工場へ約20兆ｳｫﾝの追加投資を発表。

6日▶文大統領，ベルリンで開催されたG20に出席。

▶文大統領，習近平・中国主席と会談。対話に向けた対北圧力で合意。

▶文大統領，南北平和共存に向けての「ベルリン構想」を発表。

7日▶日米韓首脳会談，開催。

▶文大統領，安倍首相と会談。日韓首脳間のシャトル交流で合意。

12日▶アメリカ，韓米FTAに関する「特別共同委員会」の開催を韓国に要求。

韓　国

15日▶最低賃金委員会，2018年の最低賃金水準を前年比16.4％増の7530ｳｫﾝで議決。

16日▶企画財政部など，小規模商工業者・零細中小企業の支援対策を発表。

17日▶政府，南北軍事当局会談と離散家族再会に関する赤十字会談の開催を北朝鮮に提案。

19日▶国政企画諮問委員会，「国政運営5カ年計画」(100大国政課題)を発表。

20日▶改正政府組織法が成立。通商交渉本部，中小ベンチャー企業部などを新設。

25日▶政府，文政権の「新政権経済政策方向」を発表。「所得主導」「革新成長」「雇用中心」「公正経済」を軸とする。

▶LGディスプレー，中国・広州に有機ELパネルの合弁工場の建設を発表。

8月2日▶政府，「2017年税法改正案」および「住宅市場安定化方案」を発表。

▶大宇造船海洋，インドネシア国防省へのディーゼル潜水艦の引き渡しを発表。

8日▶現代モービス，燃料電池車(FCV)基幹部品の一貫生産体制を整備したと発表。

9日▶政府，国民健康保険の保障強化対策を発表。

10日▶現代自動車労組，6年連続となるストライキを部分的に実施。

11日▶朴基榮・科学技術革新本部長，任命後4日で辞任。

17日▶文大統領，北朝鮮の核開発と関連して，「ICBMを完成させ，核弾頭を搭載して兵器化することがレッドライン」と指摘。

23日▶LG電子，アメリカ・ミシガン州に電気自動車(EV)用のバッテリーパック工場の建設を発表。

25日▶ソウル中央地裁，李在鎔被告に対して懲役5年の実刑判決。

28日▶サムスン電子，中国・西安のNAND型フラッシュメモリー工場の増設に今後3年間で70億ﾄﾞﾙの投資計画を発表。

29日▶政府，2018年度予算案を提出。増加率は7.1％で，名目経済成長見込み4.5％を上回る。

30日▶ソウル高裁，「国家情報院書き込み事件」差し戻し審で，元世勲・元国家情報院院長に懲役4年の実刑判決。

9月6日▶文大統領，安倍首相と会談。北朝鮮への強い圧力で一致。

7日▶THAAD発射台4基の追加配備が完了。

11日▶国会，金二洙・憲法裁判所所長代行の所長任命に関する同意案を否決。

13日▶国会，中小ベンチャー企業部長官候補の朴成鎮・浦項工科大教授について，不適格とする人事聴聞報告書を採択。

21日▶文大統領，国連総会で基調演説。北朝鮮に対する制裁と対話の並行戦略を表明。この後，日韓米，韓米首脳会談を実施。

▶政府，800万ﾄﾞﾙの対北朝鮮人道支援を決定。

22日▶ポスコ，アメリカ・インディアナ州に自動車部品などに使う鉄鋼線材加工センターの新設を発表。

25日▶政府，「一般解雇指針」と「就業規則指針」の撤回を決定。

27日▶LG電子，約6000億ｳｫﾝを投入して2023年に韓国南部に白物家電「スマート工場」を新設すると発表。

▶SKハイニックス，「東芝メモリ」買収への参画(3950億円の拠出)を取締役会で決議。

▶流通・小売大手，合同で「コリアセールフェスタ」を開催(～10月31日)。

29日▶金融委員会，新規仮想通貨公開(ICO)の全面禁止を発表。

10月4日▶政府，韓米FTAの再交渉に事実

上合意。

12日▶ロッテグループ，持ち株会社制に移行。

13日▶ソウル中央地裁，朴槿恵被告の勾留を最大6カ月延長。

▶金東兗(キム・ドンヨン)・経済副首相と李柱烈(イ・ジュヨル)・韓国銀行総裁，中国との通貨スワップ協定の契約延長（3年間で64兆ｳｫﾝ規模）を発表。

18日▶政府，「雇用政策5年ロードマップ」および「社会的経済活性化方案」を発表。

20日▶公論化委員会，新古里原発5，6号機の工事再開を政府に勧告。

24日▶政府，「家計負債総合対策」を発表。

28日▶韓米定例安保協議（SCM）開催。戦時作戦統制権の早期移管に向けて2019年秋までに計画を立案することで合意。

31日▶韓中両国，共同合意文「韓中関係改善に関する両国間協議の結果」を発表。

11月2日▶政府，創業支援策として「革新創業生態系造成方案」を発表。

7日▶トランプ・米大統領が来訪。

11日▶ソウル中央地裁，軍サイバー司令部のネット工作事件と関連，金寬鎭(キム・グァンジン)・元国防部長官を逮捕（22日，釈放）。

13日▶北朝鮮兵士1人が板門店の軍事境界線を越えて亡命。

16日▶現代自動車とSKテレコムなど3社，人工知能（AI）関連のスタートアップ企業向け投資ファンドの設立を発表。

17日▶元国家情報院長の李丙琪(イ・ビョンギ)，南在俊(ナム・ジェジュン)容疑者，裏金上納の疑いで逮捕される。

21日▶文大統領，洪鍾学(ホン・ジョンハク)・元国会議員を中小ベンチャー企業相に任命。

28日▶中国国家観光局，韓国への団体観光を一部解禁。

29日▶政府，北朝鮮によるICBM発射に対し「強力に糾弾する」と声明。

30日▶韓国銀行，基準金利を1.25％から1.50％に引き上げ。

12月3日▶グラハム・米上院議員，「在韓米軍の家族を撤収させるべき」と主張。

5日▶文武一・検事総長，積弊清算事案の年内捜査終結に言及。

6日▶国会，2018年度予算案を可決。

7日▶「強制徴用者像」，済州島に建立。

8日▶ソウル中央地検，軍サイバー司令部のネット工作事件と関連，金泰孝(キム・テヒョ)・元青瓦台対外戦略秘書官の逮捕状を請求（13日，棄却）。

11日▶国民権益委員会，接待規制法（金英蘭法）の改正発議を決定。

▶ソウル中央地検，国家情報院の裏金上納疑惑と関連，崔炅煥(チェ・ギョンファン)・元経済副総理の逮捕状を請求。

12日▶LGグループ，先端技術開発や生産設備への19兆ｳｫﾝの投資計画と1万人規模の新規雇用計画を発表。

13日▶政府，未成年による仮想通貨取引口座の開設禁止を発表。

14日▶文大統領，訪中。北京で習近平・中国主席と会談。朝鮮半島平和に関する4原則に合意。

19日▶文大統領，「平昌五輪期間中の合同演習延期をアメリカに提案する」と語る。

▶産業通商資源部，「再生可能エネルギー3020履行計画」を発表。

21日▶北朝鮮兵士1人が京畿道の軍事境界線を越えて亡命。

22日▶ソウル中央地裁，ロッテグループ創業者の辛格浩(シン・ギョクホ)被告に懲役4年の実刑判決，会長の辛東彬(シン・ドンビン)被告に懲役1年8カ月，執行猶予2年の有罪判決。

27日▶外交部タスクフォース，日韓慰安婦合意に関する検証結果を発表。

参考資料　韓　国　2017年

① 国家機構図（2017年12月末現在）

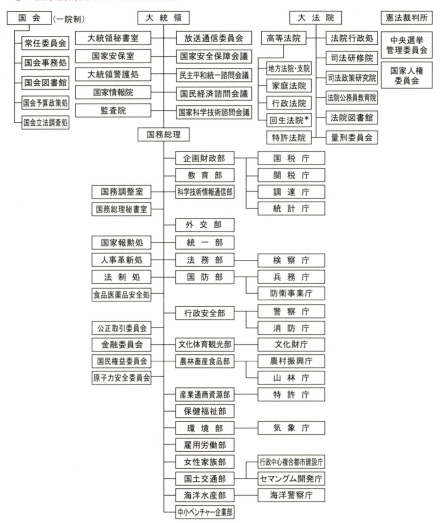

（注）　＊個人破産や企業倒産，民事再生などを専門的に扱う司法機関。
（出所）　大統領府ウェブサイト（http://www.president.go.kr）などから筆者作成。

2017年　参考資料

②　国家要人名簿(2017年12月31日現在)

大統領 　　　　　　　　　　　　　文在寅

大統領直属機関
大統領秘書室長	任鍾晳
国家安保室長	鄭義溶
大統領警護処長	朱英訓
国家情報院長	徐薫
監査院長	劉進熙*
放送通信委員会委員長	李孝成
民主平和統一諮問会議首席副議長	金徳龍
国民経済諮問会議副議長	李栄善
国家科学技術諮問会議副議長	廉罕雄

内閣
国務総理	李洛淵
経済副総理兼企画財政部長官	金東兗
社会副総理兼教育部長官	金相坤
科学技術情報通信部長官	兪英民
外交部長官	康京和
統一部長官	趙明均
法務部長官	朴相基
国防部長官	宋永武
行政安全部長官	金富謙
文化体育観光部長官	都鍾煥
農林畜産食品部長官	金瑛録
産業通商資源部長官	白雲揆
保健福祉部長官	朴凌厚
環境部長官	金恩京
雇用労働部長官	金栄珠
女性家族部長官	鄭鉉柏
国土交通部長官	金賢美
海洋水産部長官	金栄春
中小ベンチャー企業部長官	洪鍾学

国務総理直属機関
国務調整室長	洪楠基
国務総理秘書室長	裵在禎
国家報勲処長	皮宇鎭
人事革新処長	金判錫
法制処長	金外淑
食品医薬品安全処長	柳永珍
公正取引委員会委員長	金尚祚
金融委員会委員長	崔鍾球
国民権益委員会委員長	朴恩正
原子力安全委員会委員長	姜政敏

国会
国会議長	丁世均

大法院
大法院長	金命洙

憲法裁判所
憲法裁判所長	李鎮盛

中央選挙管理委員会
中央選挙管理委員会委員長	権純一

国家人権委員会
国家人権委員会委員長	李聖昊

軍
合同参謀議長	鄭景斗
陸軍参謀総長	金勇佑
海軍参謀総長	厳賢聖
空軍参謀総長	李旺根
韓米連合司令部副司令官	金炳周

(注)　*職務代行。

主要統計 　韓　　国　2017年

1　基礎統計

	2011	2012	2013	2014	2015	2016	2017
人　　口（年央推計：1,000人）	49,937	50,200	50,429	50,747	51,015	51,246	51,446
経済活動人口（1,000人）	25,389	25,781	26,108	26,836	27,153	27,418	27,748
消費者物価指数上昇率（％）	4.0	2.2	1.3	1.3	0.7	1.0	1.9
失　　業　　率（％）[1]	3.4	3.2	3.1	3.5	3.6	3.7	3.7
為替レート（１ドル当たりウォン）[2]	1,108.0	1,126.8	1,095.0	1,053.1	1,131.5	1,160.4	1,130.5

（注）　1）求職期間4週基準の数値。　2）終値の平均値。
（出所）　韓国統計庁 国家統計ポータル（http://kosis.kr）。

2　支出項目別国内総生産（実質：2010年固定価格）

（単位：10億ウォン）

	2011	2012	2013	2014	2015	2016	2017
最　終　消　費　支　出	842,339	861,259	880,130	898,109	919,531	946,247	973,129
民　　　　　　　間	655,181	667,781	680,350	692,236	707,493	725,003	743,546
政　　　　　　　府	187,158	193,474	199,783	205,869	212,022	221,179	229,471
総　固　定　資　本　形　成	389,124	387,240	400,026	413,488	434,381	457,056	496,447
建　　設　　投　　資	193,752	186,108	196,330	198,457	211,536	234,204	251,798
設　　備　　投　　資	127,285	127,444	126,441	133,993	140,262	137,038	157,019
知識財産生産物投資	68,087	73,954	77,186	81,339	82,778	84,654	87,313
民　　　　　　　間	326,431	325,954	337,635	354,535	372,938	390,729	426,921
政　　　　　　　府	62,694	61,302	62,426	59,142	61,662	66,488	69,797
在　　庫　　増　　減	30,158	28,883	6,112	6,408	13,781	-7,643	-1,104
財・サービスの輸出	719,943	756,558	788,788	804,797	803,746	820,983	837,733
財・サービスの輸入	668,932	685,009	696,725	706,938	721,740	753,996	808,393
統　計　上　の　不　一　致	-741	-142	-173	1,019	2,481	5,157	5,149
国　　内　　総　　生　　産	1,311,893	1,341,967	1,380,833	1,426,972	1,466,788	1,508,265	1,554,789
Ｇ　Ｄ　Ｐ　成　長　率（％）	3.7	2.3	2.9	3.3	2.8	2.8	3.1

（出所）　表１に同じ。

3　産業別国内総生産（実質：2010年固定価格）

（単位：10億ウォン）

	2011	2012	2013	2014	2015	2016	2017
農　業・林　業・漁　業	27,745	27,507	28,358	29,378	29,251	28,414	28,542
鉱　　　　　　　　業	2,176	2,171	2,347	2,344	2,315	2,352	2,286
製　　　造　　　業	374,782	383,683	397,426	411,495	418,743	428,334	446,361
電　気・ガ　ス・水　道　業	25,687	26,710	26,629	27,328	28,722	29,754	30,324
建　　　設　　　業	55,432	54,431	56,044	56,471	59,691	65,977	70,705
卸売・小売・飲食宿泊業	137,058	141,698	145,620	149,151	152,013	156,069	157,142
運　輸・保　管　業	46,158	46,878	47,556	48,647	49,486	50,536	51,862
金　融・保　険　業	72,741	75,547	78,584	83,021	88,569	90,585	93,731
不　動　産・賃　貸　業	93,384	93,183	94,000	97,113	98,774	99,296	100,316
公　共　行　政・国　防	80,639	82,941	85,025	87,053	88,495	90,554	92,812
教　育　サ　ー　ビ　ス　業	63,807	64,387	64,773	64,865	65,158	65,535	65,799
保健・社会福祉サービス	45,483	48,693	51,247	54,740	58,653	63,204	68,186
情　報　通　信　業	47,932	50,199	52,773	55,165	56,532	58,151	59,708
事　業　サ　ー　ビ　ス	80,914	83,353	87,245	91,424	95,714	97,695	99,500
国　内　総　生　産（GDP）	1,311,893	1,341,967	1,380,833	1,426,972	1,466,788	1,508,265	1,554,789

（出所）　表１に同じ。

4 国(地域)別貿易(名目価格)

(単位：100万ドル)

	2014 輸出	2014 輸入	2014 収支	2015 輸出	2015 輸入	2015 収支	2016 輸出	2016 輸入	2016 収支	2017 輸出	2017 輸入	2017 収支
中　　　国	145,288	90,082	55,206	137,124	90,250	46,874	124,433	86,980	37,453	142,120	97,860	44,260
Ｅ　　　Ｕ	51,658	62,394	-10,736	48,079	57,199	-9,120	46,610	51,902	-5,292	54,038	57,279	-3,241
日　　　本	32,184	53,768	-21,584	25,577	45,854	-20,277	24,355	47,467	-23,112	26,816	55,125	-28,309
アメリカ	70,285	45,283	25,002	69,832	44,024	25,808	66,462	43,216	23,246	68,610	50,749	17,861
ＡＳＥＡＮ	84,577	53,418	31,160	74,824	45,031	29,794	74,518	44,319	30,199	95,248	53,822	41,427
サウジアラビア	8,288	36,695	-28,407	9,482	19,561	-10,079	5,644	15,742	-10,098	5,147	19,590	-14,443
台　　　湾	15,077	15,690	-613	12,004	16,654	-4,650	12,220	16,403	-4,183	14,898	18,073	-3,175
香　　　港	27,256	1,750	25,506	30,418	1,493	28,925	32,782	1,615	31,167	39,112	1,879	37,233
シンガポール	23,750	11,303	12,447	15,011	7,942	7,069	12,459	6,806	5,653	11,652	8,905	2,747
ベトナム	22,352	7,990	14,362	27,771	9,805	17,966	32,630	12,495	20,135	47,754	16,177	31,577
インド	12,782	5,275	7,507	12,030	4,241	7,789	11,596	4,189	7,407	15,056	4,948	10,108
オーストラリア	10,283	20,413	-10,130	10,831	16,438	-5,607	7,501	15,176	-7,675	19,862	19,160	702
ドイツ	7,571	21,299	-13,728	6,220	20,957	-14,737	6,443	18,917	-12,474	8,484	19,749	-11,265
対　世　界	572,665	525,515	47,150	526,757	436,499	90,258	495,426	406,193	89,233	573,694	478,478	95,216

(注)　受理日基準の数値。
(出所)　韓国貿易協会ウェブサイト(http://www.kita.net)。

5 国際収支(名目価格)

(単位：100万ドル)

	2011	2012	2013	2014	2015	2016	2017
経　常　収　支	18,656	50,835	81,148	84,373	105,940	99,243	78,460
商　品　収　支	29,090	49,406	82,781	88,885	122,269	118,895	119,889
サービス収支	-12,279	-5,214	-6,499	-3,679	-14,917	-17,737	-34,472
本源所得収支	6,561	12,117	9,056	4,151	3,572	3,852	122
移転所得収支	-4,716	-5,474	-4,189	-4,985	-4,985	-5,767	-7,078
金融勘定[1]	24,316	51,582	80,105	89,334	106,299	102,567	87,100
直　接　投　資	19,932	21,136	15,593	18,766	19,656	17,857	14,623
証　券　投　資	-13,143	-6,748	9,345	30,609	49,530	66,970	57,847
派生金融商品	1,031	-2,628	-4,410	-3,827	1,791	-3,440	-8,253
その他投資	2,543	26,637	43,281	25,901	23,269	13,565	18,523
準備資産増減	13,953	13,185	16,296	17,886	12,053	7,615	4,360
資　本　収　支	-112	-42	-27	-9	-60	-46	-31
誤　差　・　脱　漏	5,772	789	-1,017	4,970	420	3,370	8,672

(注)　1)各勘定の数値は純資産ベースでの増減を表す。
(出所)　表1に同じ。

6 国家財政(名目価格)

(単位：兆ウォン)

	2011	2012	2013	2014	2015	2016
総　収　入	292.3	311.5	314.4	320.9	339.2	371.3
総支出・純融資	273.7	293.0	300.2	312.4	339.4	354.4
経　常　支　出	235.5	252.6	268.0	280.5	296.2	310.0
資　本　支　出	34.3	34.3	34.0	31.0	34.3	32.6
純　融　資	3.9	6.1	-1.8	0.9	8.8	11.7
統合財政収支	18.6	18.5	14.2	8.5	-0.2	16.9
管理財政収支	-13.5	-17.4	-21.1	-29.5	-38.0	-22.7

(出所)　韓国企画財政部ウェブサイト(http://www.mosf.go.kr)。

2017年の朝鮮民主主義人民共和国

朝鮮民主主義人民共和国		元　首	金永南最高人民会議常任委員会委員長
面　積	12万3138km²	通　貨	ウォン（1米ドル＝105.42ウォン，2017年12月，
人　口	2503万人(2015年)		朝鮮貿易銀行）
首　都	ピョンヤン（平壌）	会計年度	1月～12月
言　語	朝鮮語		
政　体	社会主義共和制		

2017年の朝鮮民主主義人民共和国

国家核武力の完成宣言

文 浩一
（むん　ほ　いる）

概　況

　2017年の朝鮮民主主義人民共和国（以下，「朝鮮」。ただし，南北関係においては「北側」とする一方，韓国については「南側」とする）では，大陸間弾道ミサイル（ICBM）試射とICBM搭載用の水爆実験が成功し，「国家核武力が完成した」と総括された。

　南北関係については，対話がまったく進展しなかった朴槿恵大統領に代わって文在寅政権が発足し，文大統領は何度か対話を呼び掛けたが北側は応じなかった。

　経済については，核・ミサイル開発に対する国際的な制裁が強まるなか，「革命的対応戦略」と称される政策が登場し，制裁に対処できる経済システムの構築を進めようとしている。

　対外関係については，朝中関係が冷却化する一方で，朝ロ関係の親善が強調された。また，金正男殺害事件をめぐってマレーシアとの外交関係が悪化した。

国内政治

大陸間弾道ミサイルの試射発射と完成宣言

　朝鮮においては，金正恩が党と軍と国家の最高の地位にある。現在の彼の肩書は，党では朝鮮労働党（以下，党）の中央委員会委員長であり，国家では国務委員長であり，軍においては朝鮮人民軍最高司令官である。党と国家と軍の最高指導者として，金正恩は，2013年以来毎年行っている「新年の辞」を2017年にも行った。

　2017年「新年の辞」では，「大陸間弾道ミサイル（ICBM）の試射が最終段階に至った」と指摘した。この言葉どおり，2月から5月にかけて9回にわたるミサイルの発射実験が行われ，「われわれが最近行った戦略兵器の試験は，主体朝鮮

がICBMを試験発射する時期が決して遠くないことをはっきり証明した」(『労働新聞』論説，2017年6月10日)と，上半期の段階ですでに表明していた。

　そして，7月4日に初のICBM発射実験が行われた。同日の朝鮮中央放送は「特別重大放送」を行い，「金正恩の戦略的決断」によって「国防科学院の科学者と技術者は，新たに研究開発したICBM『火星14』型の試験発射を成功裏に行った」と伝えたうえで，「ICBM『火星14』型は7月4日午前9時に朝鮮の西北部地帯から発射され，予定された飛行軌道に沿って39分間飛行し，朝鮮東海の公海上に設定された目標水域を正確に打撃した」と報じた。また「試験発射は，……周辺国家の安全にいかなる否定的影響も与えなかった」と安全性を誇示するとともに，アメリカの独立記念日に行ったことの意義については「アメリカにとっては大いに不快であろう」と揶揄した。この試射実験の成功に際しては，関係者を激励し称賛するための公演会(7月9日)と宴会(7月10日)と党および国家表彰の授与式と記念撮影(7月13日)が行われ，大々的に祝賀行事が繰り広げられた(「火星14」型については，7月28日に2回目の発射実験が行われたが，記念セレモニーとしては宴会のみが報道された)。

　ICBM試射成功の次には，ICBM搭載用の核弾頭としての水爆実験が行われた。9月3日に党政治局常務委員会が開催され，ここには金正恩のほかに金永南，黄炳瑞，朴鳳柱，崔龍海の常務委員が全員参加した。同委員会では「ICBM搭載用水爆実験の実施に関する決定書」が採択され，金正恩は実験の断行に関する命令書に署名し，核実験が行われた。核実験としては通算6回目である。

　核兵器研究所は同日の声明で「今回の水爆実験は，ICBMの先頭部に装着できる水爆製作において，新たに研究導入した威力調整技術と内部構造設計方案の正確性と信頼性を検討して確証するために行われた」と指摘し，「試験の測定結果，総爆発威力と分裂対融合威力をはじめとする……あらゆる物理的指標が設計値に十分に到達し，今回の試験が前例なく大きな威力で行われたが，地表面の噴出や放射性物質の流出現象がまったくなく，周囲の生態環境にいかなる否定的影響も与えなかったことが確証された」と結論づけた。そして，「ICBM搭載用水爆実験の完成と成功は，……国家核武力完成の完結段階の目標を達成するうえで意義あるきっかけとなる」と結論づけた。

　金正恩は9月10日に，今回の水爆実験に貢献した科学者と技術者を称える公演会と宴会と記念撮影に参加した。また，核実験の成功を祝う軍民慶祝大会が全道と主要都市・郡で開催された(9月7～11日)。

水爆実験を機にアメリカとの緊張が高まった。トランプ大統領は第72回国連総会での演説（9月19日）で，朝鮮の核・ミサイル開発問題が「思いもよらぬ人命の損失を招き，全世界を脅威にさらす」とし，「自国や同盟国を防衛することを余儀なくされた場合，われわれには北朝鮮を完全に破壊する以外の選択肢はない」と述べた。そのうえで金正恩を「ロケットマン」と揶揄し，「ロケットマンは，自身とその政権にとって自殺行為となる任務に就いている」と非難した。

トランプ大統領の国連演説に対して9月21日，金正恩は党中央庁舎で「国務委員会委員長声明」を発表した。朝鮮で国家の最高職責の名で声明が発表されるのは，これが初めてである。声明では，「トランプが世界の面前で私と国家の存在自体を否定して侮辱し，わが国をなくすという，歴代でもっとも暴悪な宣戦布告をしてきた以上，われわれも見合った史上最高の超強硬対応措置の断行を慎重に考慮するであろう」と警告した。国連総会に参加していた李容浩外相は「これは宣戦布告だ」（9月25日）と発言し，「超強硬対応措置」の内容が「太平洋上での水爆実験」であることを示唆したが，ホワイトハウスの報道官は同日の会見で「宣戦布告などしていない」と反論するなど朝米間の「言葉の応酬」が続いた。

太平洋上での水爆実験は行われなかったが，11月29日には「火星15」型と称される新たなICBMの試射が行われた。同日正午の「重大放送」を通じて発表された政府声明では，「今回の発射は，党と政府の委任に基づき金正恩委員長の指導の下11月29日午前2時48分（平壌時間）に平壌郊外で行われ，予定の軌道に沿って53分間飛行して朝鮮東海の公海上に設定された目標水域に正確に着弾し，頂点高度は4475キロメートルまで上昇し，水平距離で950キロメートルを飛行した」と指摘した。そして，この「火星15型の兵器体系は，米国本土全域を打撃することのできる超大型重量級核弾頭の装着が可能なICBMであり，7月に試験発射を行った火星14型よりも戦術・技術的諸元と技術的特性がはるかに優れた兵器体系であり，われわれが目標としているロケット兵器体系開発の完結段階に到達したもっとも威力あるICBMである」と位置づけた。政府声明はまた，金正恩が「本日ついに，国家核武力完成という歴史的大業，ロケット強国偉業が実現された」と「誇り高く宣布」したとも伝えた。朝鮮が公式メディアを通じて国家核武力の完成を主張したのは，今回が初めてである。

12月11日と12日の両日には，金正恩の参加の下，第8回軍需工業大会が開かれた。大会では，報告を行った党政治局の太鍾守委員が「今日の大成功を，さらに大きな勝利のための跳躍台として引き続き拍車をかけ，国家核武力を質・量的に

さらに強化しなければならない」とし,「完成」後も核とミサイルの実験を続けていくことを示唆している。

党の人事

党第7期第2回全体会議が10月7日に開催された。全体会議では,第一議題として「現在の情勢に対処した当面のいくつかの課題について」,第二議題として「組織」(人事)が上程された(第一議題については「経済」で記述する)。

第二議題の人事では,党中央委員会政治局員および政治局員候補,党中央軍事委員会委員,党中央委員および委員候補の召喚と補選,党中央委員会副委員長の解任と選挙,党中央委員会の一部の部署の部長および労働新聞社責任主筆の任命などが行われた。

今回の人事では,金正恩の妹である金与正が党政治局候補委員に選出された。金与正は2014年3月に最高人民会議代議員に選出され,同年11月に党中央委員会副部長であることが確認されている。2016年5月の第7回党大会直後の党中央委員会第7期第1回全員会議では,党中央委員に選出されていた。また,党副委員長である崔龍海が党中央軍事委員となり,これにより崔龍海は,党中央委員会政治局と党中央委員会と党中央軍事委員会のすべてで,金正恩以外では唯一,要職に就くことになった。

以下は,今回の人事の内容である。

政治局員には,朴光浩(前職は不明),朴泰成(前党平安南道委委員長,政治局員候補からの昇格),太鍾守(元党咸鏡南道委員会責任書記),安正洙(党中央委員会部長),李容浩(国務委員会委員,外相,政治局員候補からの昇格)の5人が補選された。

政治局員候補には,崔輝(党咸鏡北道副委員長),朴泰徳(前党黄海北道委員会委員長),金与正(党中央委員会副部長),鄭京沢(不明)の4人が補選された。

党中央副委員長には,政治局員に補選された朴光浩,朴泰成,太鍾守,安正洙と,政治局員候補に補選された朴泰徳,崔輝の計6人が新たに選出された。

党中央軍事委員会委員には,崔龍海(党政治局常務委員・副委員長,国務委員会副委員長),李炳鉄(党政治局員候補・軍需工業部第一副部長,陸軍大将),鄭京沢,張吉成(陸軍上将)の4人が補選された。

党中央委員会部長には,崔龍海,朴光浩,太鍾守,金勇秀(党中央委員会部長),梁元浩(党中央委員会党歴史研究所副所長),李英植(前内閣政治局長,元党慈江

道委員会責任書記），申竜満(不明)の7人が任命された。

　党中央委員会委員には，16人が補選された。このうち，委員候補から委員に昇格したのは，金兵浩(党中央委員会副部長)，金明植(海軍司令官，海軍上将)，金正植(党中央委員会副部長)，崔斗容(人民軍第526大連合部隊部隊長・陸軍中将)の4人であり，残りの12人には，李周午(副首相)，金光浩(副首相)，高仁浩(副首相兼農業相)，金匡赫(航空・半航空軍司令官，航空軍上将)，洪英七(党中央委員会副部長)，許鉄勇(不明)らが含まれている。

　党中央委員候補には，兪鎮(党中央委員会副部長)，張竜植(功勲国家合唱団団長)，玄松月(牡丹峰楽団団長)，馬遠春(国務委員会設計局長)，宋春燮(水産相)，張俊尚(保健相)，金英在(対外経済相)，金昌光(党中央委員会副部長，朝鮮中央通信社社長)，金昌燁(朝鮮農業勤労者同盟中央委員会委員長)，張春実(朝鮮社会主義女性同盟中央委員会委員長)らの28人が補選された。

　労働新聞社責任主筆には，金兵浩(朝鮮中央通信社社長)が任命された。党中央委員会検閲委員会委員長には，趙延俊(党中央組織指導部第一副部長)が任命された。

　一方，政治局員，政治局員候補，中央軍事委員，中央委員，中央委員候補らの召還および党中央委員会副委員長らの解任人事の具体的内容は報道されなかった。

政府の人事

　最高人民会議第13期第5回会議(4月11日)では最高人民会議外交委員会の選出が行われ，委員長に李秀勇党中央委員会副委員長(党政治局員・部長，国務委員会委員)，委員に李竜男副首相，李善権祖国平和統一委員会委員長，金貞淑対外文化連絡委員会委員長，金桂寛第一外務次官，金同善朝鮮職業総同盟中央委員会副委員長，鄭英源・金日成金正日主義青年同盟中央委員会書記の6人が選出された。

　また，今回の最高人民会議では，化学工業相に張吉竜(前国家科学院咸興分院院長)が任命された。これまで化学工業相は，副首相の李務栄が兼務していた。

　このほかに会議では，金完洙(前祖国統一民主主義戦線中央委員会書記局局長)と李明吉(前朝鮮農業勤労者同盟中央委員会委員長)の両代議員が最高人民会議常任委員会委員から解任され，朝鮮社会主義女性同盟中央委員会委員長の張春実と祖国統一民主主義中央委員会書記局兼議長の朴昭哲が常任委員に選出された。

　また，張炳奎が中央検察所所長および最高人民会議法制委員会委員から解任され，中央検察所所長の後任は金銘吉(前職は不明)が任命された。

全般的12年制義務教育の実施

2017年度から，全般的12年制義務教育(以下，12年制義務教育)が全面的に施行されることになった。

12年制義務教育は，旧来の11年制義務教育(就学前教育1年，小学校4年，中学校6年，年齢5～16歳)において4年制であった小学校を1年伸ばすとともに，6年制であった中学校を3年制の初級中学校と3年制の高等中学校に分けたものである。これにより義務教育の構成は，就学前教育の1年，小学校5年，初級中学校3年，高等中学校3年(年齢5～17歳)となった。2017年に限っては，現在の小学校4年生のうち，1月から6月生まれが12年制義務教育の対象となり，5年生に上がる。7月以降生まれはそのまま中学に上がる。2018年以降は生年月日に関係なく全小学生が12年制義務教育の対象となる。

最高人民会議第13期第5回会議では，12年制義務教育の執行状況の総括が議題として取り上げられた。同議題に対する金昇斗教育委員会委員長の報告によると，12年制義務教育は2012年9月の最高人民会議における法制定を受け，2013年度から2014年度に，まず6年制の中学校が初等中学校(3年)と高等中学校(3年)に分けられた。そして，2017年から小学校教育が4年制から5年制に変更された。さらに，校種別のカリキュラムと授業要領が2013年度までに作成され，教科書と参考書も新たに出版された。師範大学と教員大学が地域別総合大学の所属になるなどして，教員も増やされた。財政省では，毎年教育事業費を平均7.1％増加させ，全国で1500余りの学校が建設または増築されたという。

南北関係

金正恩は，2017年の「新年の辞」で，「われわれは，民族の根本利益を重視して北南関係の改善を望む者なら，誰とでも喜んで手を取り合って進むであろう」としながらも，「南朝鮮当局は，われわれの愛国・民族愛的呼び掛けと誠意ある提議から顔を背け，反共和国制裁・圧迫と北侵戦争騒動にしがみつき，北南関係を最悪の局面に追い込んだ」と指摘し，「北南関係を改善し，北と南の間の先鋭化した軍事的衝突と戦争の危険を解消するための，積極的な対策を講じるべきである」と非難した。結局，2017年には南北間の対話は行われなかった。

3月1日から米韓合同軍事演習「フォール・イーグル」が始まると，「戦争演習騒動を繰り広げ，侵略野望を捨てないかぎり，核武力を中枢とする自衛の国防力と先制攻撃能力を引き続き強化していくというわれわれの立場にはわずかの変

わりもない」(アジア太平洋平和委員会スポークスマンの談話，3月1日)と非難した。また，朴槿恵大統領の弾劾の動きに対しては，「南朝鮮の各階層は朴槿恵を遅延なく青瓦台から追放し，人民が主人となった新たな世界をもたらすための戦いに総決起すべき」と主張した(祖国平和統一委員会政策局スポークスマン談話，3月3日)。南側の憲法裁判所で朴槿恵大統領の罷免が決定されると，朝鮮中央通信社は詳報(3月21日)を通じて，「事大売国と同族対決……を事としてきた罪悪がもたらした当然の結末だ」と指摘した。

5月の文在寅新政権の発足に際しては，その事実のみを伝えるだけで(朝鮮中央放送，5月11日など)，特別な論評はしなかった。

南側は，5月26日に民間人道支援団体の北側との接触を承認したが，北側は民間団体の訪北を拒否した。北側赤十字中央委員会報道官(6月6日)は，2016年4月に中国から南側に集団亡命したレストラン従業員12人の送還を要求し，「わが女性公民の無条件の送還が行われないうちは，北南間では離散家族・親戚対面をはじめいかなる人道協力事業もありえない」と表明した。

民族和解協議会は，6月23日付で9項目からなる公開質問状を発表し，米韓合同軍事演習の中止，誹謗・中傷の無条件の中止，軍事的衝突の危険を解消する実践的措置の実施，「北朝鮮の核問題」抜きの南北対話，「制裁・圧力と対話の並行」方針の撤回，亡命したレストラン従業員らの送還などについて南側の意志を問い，「当方の問いに明確な回答をすべきである」と要求した。

一方，文在寅大統領は7月6日にドイツ・ベルリンで朝鮮半島の平和構想について演説し，10.4宣言(2007年10月の「南北共同宣言」)発表10周年と秋夕(旧暦のお盆)に当たる10月4日の南北離散家族再会行事の開催，平昌冬季五輪への北側の参加，朝鮮戦争休戦協定締結64周年の7月27日に合わせた軍事境界線一帯での敵対行為の相互停止，南北対話の再開の4項目を提案し，条件が整えば「金正恩委員長と会う用意がある」と述べ，南北対話への意欲を示した。

文在寅大統領のベルリン演説に対して，『労働新聞』(7月15日)は論評で，「先任者とは異なる一連の立場が盛り込まれていることはそれなりに幸いなことである」としながらも，「朝鮮半島の平和と北南関係改善の助けになるどころか，障害ばかりをさらに積み重ねる寝言のような詭弁」が列挙されていると非難した。

7月17日に南側は，北側に対して軍事境界線付近での敵対行為の相互停止に向けた軍事当局者会談と離散家族再会行事の実現に向けた赤十字会談の開催を提案したものの，北側は期限までに回答せず，両会談は見送られた。離散家族の再会

に関しては、北側の強制拉致被害者救出非常対策委員会報道官が8月10日付の談話で、亡命したレストラン従業員が送還されるまでは「離散家族・親戚対面をはじめ、いかなる人道協力事業もありえない」と、従来の主張を繰り返した。

文政権は、7月19日に「国政運営5カ年計画」を発表し、対北政策では「2020年の核放棄合意」を目標に包括的な非核化交渉案を年内に策定するとの方針を掲げた。これに対して、民族和解協議会報道官は談話（7月29日）で、「李明博・朴槿恵保守政権が『北の核放棄』や『吸収統一』をわめきたてて持ち出していた『非核・開放3000』『韓半島信頼プロセス』と本質上何の違いもない」と指摘した。そして、「2020年という期限まで定めて『北の核廃棄合意』を云々するのは事実上、北南関係を解決する考えがないことを公言したのも同然である」と非難した。

北側のICBM試射と第6回核実験に対抗して、南側は9月4日に終末高高度防衛ミサイル（THAAD）発射台4基の追加配備を決定し、トランプ大統領との電話会談で「国防力を強化するため韓国軍のミサイル弾頭重量の制限撤廃」で合意した。これに対して、北側の民族和解協議会報道官は談話（9月8日）で、「当てにならない対決狂乱によって収拾不可能になりつつある北南関係の現事態の責任は全面的に南側にある」と反発した。

南側は、9月21日に、国連を通じて北側に合計800万ドル（WFPの栄養強化事業450万ドルとユニセフのワクチン医療品支援事業350万ドル）相当の人道支援を実施すると決定したが、北側は内外ともに報道していない。

経済

経済制裁

9月3日に行われた第6回核実験に対して、国連安全保障理事会は、制裁決議第2375号（9月12日）を採択した。この決議では、初めて石油の供給に上限（200万バレル相当）が設けられた。また、繊維製品の輸入禁止と国連加盟国への北朝鮮籍の海外労働者に対する労働許可の発給禁止などが盛り込まれた。12月22日には、ICBM試射を受けて制裁決議第2397号が採択され、前回の制裁で200万バレル相当に設定されていた石油供給量の上限が50万バレルまで引き下げられた。2016年9月に行われた第5回核実験に対して発動された国連安保理制裁決議第2321号（2016年11月30日）では、2015年の輸出の38％を超える石炭を北朝鮮が輸出できないように定めており、これまで無制限に北朝鮮から石炭を輸入していた中国もこ

の決議に賛成した。

朝鮮の貿易額に占める繊維製品と石炭・石油関連製品の割合は、表1のとおりである。2016年現在、繊維輸出と石炭関連の輸出は輸出全体の7割ほどを占めている。石炭輸出については、最大の取引相手は中国であるが、中国は3月以降無煙炭の輸入を行っていない。石油に関しては、朝鮮の年間消費量は450万バレル相当と推定されているので、9割が減ることになる。

表1　貿易額に占める繊維製品と石炭・石油関連製品の割合(%)

	繊維関連(HS コード50～67)		鉱物性燃料・鉱物油(HS コード27)	
	輸出	輸入	輸出	輸入
2011	17.1	13.9	42.3	22.9
2012	16.9	15.0	43.2	20.7
2013	19.8	17.4	44.4	19.0
2014	25.1	18.4	37.2	16.8
2015	31.1	18.9	40.2	14.1
2016	26.9	21.6	42.3	11.8

(出所)　KOTRA『北朝鮮対外貿易動向 2016』。

経済制裁の影響について、朝鮮側は、表面上は影響はないとしているが、実際には警戒している。たとえば、6回目の核実験に対する国連制裁決議第2375号に対して、朝鮮外務省スポークスマン(9月18日)は、「半世紀以上にわたる制裁のなかでも名実ともに核強国の地位を堂々と築き、経済強国建設で飛躍的な発展を成し遂げているわれわれが制裁ごときで揺らぐと考えるのは、愚か極まりない妄想である」としながらも、同日の『労働新聞』(9月18日)は社説「自力更生の大進軍で社会主義強国建設の勝利の活路を切り開こう」を掲載し、「制裁圧殺攻勢は、その規模と内容、強度と持続性において類例のないもっとも破廉恥かつ野蛮的であり、危険極まりない民族抹殺策動である。醸成された事態は、……社会主義原動力である自力更生の威力をさらに高く発揮することを要求している」と訴えている。

10月7日には、党第7期第2回全体会議が開催され、金正恩は「現在の情勢に対処した当面のいくつかの課題について」を報告した(報告内容は非公開)。報道

によると，金正恩は「アメリカの核の恐喝と威嚇を終息させ，自立的民族経済の威力をさらに強化し，社会主義経済強国建設の活路を切り開くためのわが党の原則的立場と革命的対応戦略」を明らかにしたとされている。そのうえで，「革命的対応戦略を実現するための人民経済の部門別諸課題を具体的に明示」すると同時に，「内閣とすべての経済指導機関が革命的対応戦略を徹底的に貫徹するための作戦と指揮を巧みに行うこと」を指示した。

　これにしたがって，11月7日には内閣全体会議拡大会議が開催され，党中央委員会第7期第2回全体会議の決定を貫徹するための対策が討議された。会議では，「人民経済の全部門で動力と食糧，原料と資材の自給自足を人民経済主体化の重要課題として堅持し，科学技術に基づいて最短期間に実現せねばならないとし，このための委員会と省と当該機関に提起される課題を提示した」とされている。

電力問題

　「革命的対応戦略」の中身と，それを実行する内閣の作戦・課題の詳細については不明であるが，電力問題については火力発電にシフトしはじめた模様である。

　4月の最高人民会議第13期第5回会議では，朴奉珠総理が「国家経済発展5カ年戦略遂行のための内閣の2016年の事業状況と2017年の課題」を報告した。ここで朴総理は，2017年の目標について，「国の緊張した電力問題を解決して……人民経済全般を活性化させて人民生活向上において決定的転換をもたらすこと」を「中心課題」に掲げた。電力問題については，前年の朝鮮労働党第7回大会で「5カ年戦略（2016～2020年）遂行の先決条件である」と指摘されている。

　朴総理は，その具体策として，「発電所の技術改善を促して，不備のある生産工程と構造物を整備して補強し，各種先進技術を積極的に導入して，党が提示した電力生産目標を何としてでも遂行するように努める」とし，「瑞川発電所（咸鏡南道）や漁郎川5号発電所（咸鏡北道）をはじめとする水力発電所の建設を推し進め，すでに建設した中小型水力発電所を現状復旧させて正常運営し，地域的特性に即して中小型水力発電所と自然エネルギー発電所を大々的に建設して，緊張した電力問題を解決するようにする」と指摘した。

　朴総理の演説に見るかぎり，4月の段階では火力発電は重視されていない。しかし，9月に行われた党第7期第2回全員会議では，経済制裁に対応した「革命的対応戦略」が提示され，火力発電に重点をおくことが示された模様である。

　社会科学院・経済研究所の金哲所長は，『朝鮮新報』（ウェブ版，2018年1月5

日)のインタビューで,「火力発電所では,新しい発電能力を造成している。従来は,火力発電所でボイラーの着火に重油を用いていた。わが国の重油消費の多くを占めていたのはこの着火であったが,北倉火力発電所で稼働することになるボイラーは重油をまったく使わない。国家科学院の熱工学研究所で開発した,酸素着火技術が導入される。敵対国の制裁策動に突破口を開く科学技術である。今後,他の火力発電所にも導入することになる」と指摘している。

　2017年末の時点で,経済制裁により中国への石炭輸出はストップしている。この状況の下,石炭部門の在庫と生産能力を電力部門に投入しようとするのが,革命的対応戦略の内容のひとつのようである。革命的対応戦略の具体策を討議した内閣全体会議(『民主朝鮮』11月7日報道)では,「石炭工業省では,石炭生産を決定的に立て直し,電力問題を解決することを,敵の圧殺策動に風穴を開けるためのカギであることを認識し,埋蔵量が多く採掘条件の有利な炭鉱に投資を集中」するとしている。石炭採掘企業から石炭を買い上げる予算を捻出するために,電気料金を引き上げたことも訪朝者によって伝えられている。

　ちなみに,2018年の「新年の辞」では,前年には言及されていなかった「火力による電力生産を決定的に増やすこと」が課題として提示されている。

農業

　最高人民会議第13期第5回会議では,「党の農業革命方針の要求どおり,科学的な営農方法と優良品種を積極的に導入して,営農物資を適期に保障することをはじめ,農業生産を増やすことに力を集中したことによって,穀物生産で最高生産年度水準を突破する誇りに満ちた成果を収めた」と報告された。社会科学院を通じて伝えられた2015年1月から12月の穀物生産高は589万1000トンであり,この年(2015年)に「最高生産年度を突破した」とする報告はなかったので,少なくとも589万トン以上であるということになる。国連食糧農業機関(FAO)の推計(2016/17年度［11〜10月］)の"Prolonged dry weather threatens the 2017 main season food crop production",7月20日,以下,FAO報告)では,2016年11月から2017年10月までの国内需要量は560万8000トンとされているので,公式発表どおりなら国内生産だけで食糧は賄うことができる計算になる。また,2017年の新年の辞では,金正恩政権になってからの2013,2015,2016年にはあった,食糧問題に関する言及はなかった。2016年に行われた「200日戦闘」を総括した党中央委員会報道文(2016年12月18日)では,「例年にない穀物生産成果が収められ,類まれな果物

の大豊作、『異彩魚景』が広がった」とされており、穀物に限らず食糧問題全般は好転しているようである。

一方、FAO報告では、2016/17年度の穀物生産高は596万トンで、過去5年の平均を上回ると推計した。6月までに裏作として収穫される小麦・大麦およびジャガイモを除いた表作の穀物の生産高は544万トンであり、干ばつにより低下した2015年より14％回復すると推計された。前年比で増加を記録した主な要因は、コメの生産高が254万トンと約30％回復したことにある。コメと同様に、ほかの作物も増加した。大豆の生産高は、28％増の28万2000トンとされ、表作のジャガイモは、前年比60％余り増加して27万4000トンと推計されている。トウモロコシの生産高は、4％減の220万トンであり、これは咸鏡北道での洪水被害を主因として、作付面積と収穫量が減少したことに由来する。

なお、FAO報告では、2017年4～6月の干ばつによって2017/18年度の穀物生産が大幅に減少する恐れを指摘している。報告では、4～6月の降水量は、穀物生産高が200万トン水準に落ち込んだ2001年の同時期よりも少なかったと指摘した。このことから、2017年の穀物生産高は前年よりも落ち込む可能性がある。

対外関係

中国・ロシアとの関係

中国商務省は、国連制裁決議を受け、2月19日から朝鮮からの石炭輸入を停止するなど、朝鮮との貿易取引を規制している。これにより、朝中貿易は3月以降減少傾向にある。朝鮮の貿易総額の9割以上を中国が占めているので、ただちに朝鮮の貿易取引の激減に直結する。

朝鮮は、当初は名指しを避けて、「国連制裁決議を口実に非人道的な措置を講じている」（『朝鮮中央通信』2月23日）と、間接的に中国を非難していたが、『労働新聞』（5月4日）では、「反共和国敵対勢力と結託してわれわれを犯罪者に仕立て上げて残酷な制裁芝居にしがみつくことは、朝中関係の根本を否定し、親善と崇高な伝統を抹殺しようとする許しがたい妄動である」と指摘し、「朝中関係のレッドラインを超えたのは当方ではなく、中国が乱暴に踏みにじり、ためらいなく超えている」と、名指しで非難した。

ただし、中国との外交関係は事務的なレベルでは継続している。

2月28日から3月4日にかけて、李吉成外務次官率いる外務省代表団が訪中し、

中国側の王毅外相，劉振民外務次官，孔絃祐外務次官補と個別に会見と会談を行った。3月3日の朝鮮中央放送は，「双方は，朝中親善関係を強化し発展させることに関する諸問題について，突っ込んだ討議を行った」と伝えた。

また，11月17日から20日までは，習近平総書記の特使として中国共産党中央対外連絡部の宋濤部長が訪朝した。宋氏は，10月18〜24日に開催された中国共産党第19回大会に関する報告のために訪朝したもので，滞在中，党副委員長の崔龍海と李秀勇に会った。朝鮮中央通信は，11月17日の会見について宋氏が「中朝両党・両国間の伝統的な親善関係を引き続き発展させる中国の党の立場について強調した」と伝え，同18日の会談については「双方は朝鮮半島と地域情勢と両国関係をはじめ共通の関心事となる諸問題について意見を交換した」と簡単に報じた。

ただ，朝中関係が従来に比して冷えている側面は否めない。党大会の報告のための特使派遣は，ベトナムとラオス（10月31日〜11月3日）に続く順番であった。朝鮮労働党中央委員会は，10月18日付で中国共産党大会宛に祝電を送ったが，中国共産党大会では祝電を「ベトナム，ラオス，キューバ，朝鮮」の順で紹介した。前回の党大会では朝鮮からの祝電は最初に紹介されていた。また，前回の党大会の際には李建中国共産党中央委員会政治局員が訪朝し，その時は金正恩総書記と会見を行い，胡錦濤総書記からの「口頭親書」を伝達していたが，今回は宋濤部長と金正恩との会談もなかった。

その一方で朝鮮は，ロシアとの友好関係を強調している。朝ロ共同宣言17周年を迎えた7月19日に，『労働新聞』は，「朝ロ共同宣言は21世紀の朝ロ親善協力関係の発展を積極的に推し進める歴史的な文献である」とし，「朝ロの親善関係を大事に扱って発展させていくことは，二国間はもちろん東北アジア地域，ひいては世界の平和と安定を保障するうえで有益である」と指摘した。また，金正恩は，ロシアの建国記念日である6月12日にプーチン大統領宛に祝電を送っている。朝中間では，2016年に続き，2017年も9月9日の建国記念日および10月1日の中国建国68周年に際し，両国間で祝電が送られたとの報道はなかった。

マレーシアとの関係

2月13日，マレーシアのクアラルンプールで，金正恩の異母兄である金正男が殺害された。この事件は，マレーシアとの外交関係にまで発展した。

事件をめぐっては，まず実行犯とされるベトナム国籍とインドネシア国籍の女性2人が，2月15日と16日にマレーシア警察に逮捕された。その後，女性の関係

者として朝鮮国籍の男性も逮捕されたが，3月3日に証拠不十分で釈放された。このほかにマレーシア警察は，朝鮮国籍の男4人を容疑者として特定したと発表したが，この4人はすでに帰国していたとみられている。マレーシア警察はさらに，重要参考人として同国駐在の朝鮮大使館の二等書記官の取り調べを要求するとともに，高麗航空の職員の逮捕状を取ったが，この2人は大使館にかくまわれ，関係者への捜査は膠着状態となった。

　朝鮮法律家委員会スポークスマンは，2月22日に談話を発表して，「わが公民がマレーシアの地で死亡したのだから，これに対するもっとも大きな責任はマレーシア政府にある」と主張し，「マレーシア側はわれわれの正当な要求と国際法を無視し，われわれといかなる合意も立ち合いもないまま遺体の解剖を強行した」のであり，これは「わが共和国の自主権に対する露骨な侵害であり，人権に対する乱暴な蹂躙である」と批判した。談話はまた，「マレーシア側の不当な行為は，南朝鮮当局による反共和国謀略騒動と時を同じくして繰り広げられている」とし，「南朝鮮当局が，今回の事件を久しい以前から予見しており，そのシナリオまであらかじめ仕立て上げていた」と韓国を非難した。なお，事件で殺害された人物を，朝鮮中央通信（3月1日）では「外交旅券所持者であるわが共和国の公民キム・チョル」と表現している。

　3月4日にマレーシア政府は，康哲駐マレーシア大使を「ペルソナ・ノン・グラータ」とする外交文書を朝鮮大使館に送付し，これを受け康大使は6日にマレーシアを出国した。これに対して，朝鮮外務省は3月6日にマレーシア大使をペルソナ・ノン・グラータに指定し国外追放とした。3月7日には，外務省儀礼局が，マレーシアで発生した事件が公正に解決されてマレーシアにいる朝鮮外交官と公民の安全が確保されるまで，朝鮮領域内にいるマレーシア国民を出国禁止にすると朝鮮のマレーシア大使館に通報した。これを受けてマレーシアの国家安全保障会議は，同日に同国に在住する朝鮮籍大使館職員の出国禁止を発表した。

　その後は，水面下での交渉があった模様で，朝鮮とマレーシアの両国代表団は3月30日に共同声明を発表し，問題の解決に向けた会談を行ったとしたうえで，①マレーシアが遺体を朝鮮にいる死亡者の家族に送還すること，②双方が両国民の出国禁止措置を解除することで合意した。

日本との関係
　日本政府は，朝鮮の核・ミサイル発射実験に対して独自制裁も行っている。11

月7日の閣議了解では、「新たに9団体・26個人に対して、外為法に基づく資産凍結等の措置を講じる」とし、12月15日の閣議了解では「新たに19団体に対する、外為法に基づく資産凍結等の措置を講じる」とした。

また、北朝鮮に日用品を不正に輸出したとして、12月14日に京都府警などは、在日本朝鮮人総連合ほか傘下の朝鮮商工会館などを外為法違反容疑で捜査した。12月15日には、京都、神奈川、新潟、島根、山口の5府県合同捜査本部が、食品を不正に輸出した疑いで環境設備関連会社を捜査し、関係者を逮捕した。これに対して、『労働新聞』(12月21日)は論評で、「われわれは、総連と在日朝鮮人に対するいかなる些細な迫害や弾圧も、わが共和国の尊厳と自主権に対する重大な侵害と認め、それに断固対応していく」と警告した。

一方、拉致被害者を含む日本人行方不明者の調査を約束したストックホルム合意(2014年5月)は、「日本側の対応によって破棄された」と主張しながらも、宋日昊・朝日国交正常化担当大使が、「日本から要望があれば残留日本人の問題に取り組む用意がある」と、日本の記者団に伝えた(『産経新聞』4月18日)。そして、『朝鮮新報』(6月28日)は、ストックホルム合意で設置された特別調査委員会が残留日本人8人の生存を確認したものの、その後7人が死亡し、生存者は1人だけになったと報道した。これに対して菅官房長官は、「政府としては残留日本人にかかる問題は、人道的観点から取り組むべき問題と認識しており、ストックホルム合意に基づき、日本人に関するすべての問題を解決すべく、引き続き最大限の努力をしていきたい」(6月29日の会見)と語り、改めてストックホルム合意の履行を求めたが、現段階で朝鮮側は履行に応じる意向はないようである。

2017年の政治家の往来は、参議院議員の猪木寛至氏(元プロレスラー、アントニオ猪木)による9月7～11日の訪朝、李秀勇党副部長兼朝日友好親善協会顧問との会見のみである。

一方、海上保安庁は、「北朝鮮籍」とみられる船の漂流・漂着が83件に上り、海保がデータの集計を始めた2013年以降で最多になったと発表した(12月13日)。このうち、11月15日には、海上保安庁の巡視船が、大和堆の排他的経済水域外側で転覆した小型木造船を発見して、船底上にいた北朝鮮人3人を救助し、海上でほかの北朝鮮漁船に引き渡した。また、11月23日には、秋田県由利本荘市の海岸に北朝鮮の小型木造船が漂着し、8人が上陸して保護された。乗組員らは、いったん長崎県の大村入国管理センターへ移送されたのち、12月26日、関西国際空港から中国へ向け出国した。

2018年の課題

　金正恩は，2018年の「新年の辞」で，「米国本土全域が朝鮮の核ミサイルの射程圏内」にあり，「核のボタンが私の事務室の机の上に置かれている」として，アメリカに向けて「国家核武力の完成」を誇示した。同時に，国家核武力が「強力で頼もしい戦争抑止力」であるとし，先制攻撃をしない意思も強調している。しかしながら，「核弾頭とICBMを量産して実践配備に拍車をかける」と言明しているので，2018年以降も，核とミサイルの実験は続く可能性はある。

　その一方で，緊張緩和に向けて動き出している。2018年「新年の辞」では，「われわれは，民族的大事を盛大に執り行い民族の尊厳と気概を内外にとどろかせるためにも，凍結状態にある北南関係を改善し，意義深い今年を民族史に特記すべき画期的な年として輝かせなければならない」とし，南北関係の改善を呼び掛けた。そして，韓国で開催される平昌冬季五輪については，「われわれは，代表団の派遣を含めて必要な措置を講じる用意があり，そのために北南当局が緊急に会うこともできる」と具体的な提案を示した。

　すでに南北双方は，朝鮮半島の緊張緩和のために南北対話が必要であることについては認識を共にしており，そのための会談も開かれている。しかし，北側は，南北関係はあくまでも民族内部の問題としているのに対し，南側は，南北関係を核・ミサイル問題を含む朝米問題にまで結び付けたいと考えている。したがって，たとえ南北対話が始まったとしても，南北双方がこの認識の相違をいかに解消していくのかが今後の焦点となる。南北対話の行方と，それに関連するアメリカの出方によっては，北側は今後，核・ミサイル実験を行わないこともありうる。

　経済については，引き続き制裁に対応できる経済運営体制の構築を推進していくものといえる。2018年の「新年の辞」では，「自立経済発展の近道は，科学技術を優先」させることであると強調し，技術開発に基づく原料と資材と設備の国産化を促している。今年初めて報道された現地指導も，国家科学院に対してであった（2018年1月12日）。

　制裁により経済が困窮しているのなら，目先の利益に集中しがちになるので，先行投資としての科学投資の余裕はなくなる。また，海外からの制裁に対する国内の対応は一般に「経済統制」であるが，朝鮮経済は引き続き，社会主義企業責任管理制を促して，生産単位の自律性を強化する方向に進もうとしている。このことは，制裁に対する朝鮮経済の強さの一端を示しているのかもしれない。

（大阪大学）

重要日誌 朝鮮民主主義人民共和国　2017年

1月1日▶金正恩，新年の辞を発表。

▶『労働新聞』によれば，金正恩が朝鮮人民軍第4回水産部門熱誠者会議参加者と記念撮影。

5日▶『労働新聞』によれば，金正恩が平壌鞄工場を現地指導。

8日▶『労働新聞』によれば，金正恩が金正淑平壌製糸工場を現地指導。

12日▶『労働新聞』によれば，金正恩が柳京キムチ工場を現地指導。

15日▶『労働新聞』によれば，金正恩が金山浦塩辛加工工場と金山浦水産事業所（黄海南道殷栗郡）を現地指導。

19日▶『労働新聞』によれば，金正恩が朝鮮人民軍第233軍部隊直属区分隊を視察。

22日▶金正恩，康基燮民用航空総局長の死去を受け，故人の霊前を弔問。

26日▶『労働新聞』によれば，金正恩が黎明通り建設現場を現地指導。

28日▶『労働新聞』によれば，金正恩が戦車・装甲歩兵連隊の冬季渡河攻撃戦術演習を指導。

2月2日▶『労働新聞』によれば，金正恩が平壌初等学院を現地指導。

7日▶『労働新聞』によれば，金正恩が江東精密機械工場（平壌市）を現地指導。

8日▶マレーシアとの間で政府間文化・芸術・遺産分野における協力に関する了解覚書。

12日▶金正恩，地対地中長距離戦略弾道弾「北極星2型」の試験発射を現地で指導。

13日▶キューバとの間で2017年経済および科学技術協力発展のための会議議定書と2017年商品交流に関する議定書。

▶金正男氏がマレーシアのクアラルンプール国際空港で殺害される。

15日▶故金正日総書記の生誕75周年慶祝中央報告大会。金正恩が出席。

16日▶金正恩，光明星節にあたり，錦繡山太陽宮殿を訪問。

21日▶金正恩，三泉ナマズ加工工場（黄海南道）を現地指導。

22日▶『労働新聞』によれば，金正恩が功勲国家合唱団創立70周年記念公演を観覧。

25日▶北朝鮮外務省軍縮・平和研究所代表団が訪中（～3月1日）。

28日▶北朝鮮外務省代表団（団長は李吉成次官）が訪中（～3月4日）。

3月1日▶『労働新聞』によれば，金正恩が朝鮮人民軍第966大連合部隊指揮部を視察。

2日▶金正恩，万景台革命学院を訪問。

7日▶『労働新聞』によれば，金正恩が朝鮮人民軍戦略軍火星砲兵部隊の弾道ロケット発射訓練を指導。

▶外務省儀礼局，朝鮮領域内にいるマレーシア国民の出国禁止を在朝マレーシア大使館に通報。

11日▶『労働新聞』によれば，金正恩が白頭山建築研究院（平壌市）を現地指導。

17日▶ロシアとの間で，一方の国家の領土内での他方の国家の公民の臨時労働活動に関する協定の履行に関する問題を解決するための共同実務グループ第7回会議議定書。

24日▶コンゴとの間で政府間保健分野における協力に関する議定書。

28日▶『労働新聞』によれば，金正恩委員長が朝鮮革命博物館（平壌市）を現地指導。

30日▶マレーシアとの間で共同声明。金正男氏の遺体の本国への送還，両国国民の出国禁止措置解除などで合意。

4月1日▶『労働新聞』によれば，金正恩が朝鮮人民軍戦車兵競技大会2017を指導。

8日▶『労働新聞』によれば，金正恩が平

壌キノコ工場を現地指導。

11日▶最高人民会議第13期第5回会議。金正恩が参加。

13日▶『労働新聞』によれば，金正恩が朝鮮人民軍特殊作戦部隊降下・対象物打撃競技大会2017を指導。

▶金正恩，黎明通りの完工式に参加。

14日▶金日成主席生誕105周年慶祝中央報告大会および閲兵式。金正恩が参加。

15日▶金正恩，太陽節に際して錦繍山太陽宮殿を訪問。

16日▶朝鮮労働党とモルドバ社会主義党との間の協力に関する協定。

▶金正恩，金日成主席生誕105周年慶祝閲兵式参加者らのための功勲国家合唱団祝賀公演を観覧。

17日▶朝鮮労働党とメキシコ労働党との間の交流と協力に関する合意書。

23日▶『労働新聞』によれば，金正恩が朝鮮人民軍航空・反航空軍4月22日泰川ブタ工場（平安北道）を現地指導。

24日▶朝鮮人民軍創建85周年慶祝中央報告大会。

26日▶『労働新聞』によれば，金正恩が朝鮮人民軍創建85周年慶祝朝鮮人民軍軍種合同打撃大会を参観。

5月3日▶朝鮮中央通信，平壌科学技術大学教授の米国人・金相徳氏を「敵対的犯罪行為を犯した」として4月22日に平壌国際空港で拘束したと発表。

5日▶『労働新聞』によれば，金正恩が長在島防御隊と茂島英雄防御隊（黄海南道）を視察。

7日▶朝鮮中央通信，平壌科学技術大学運営関係者の米国人・金学松氏を「反共和国敵対行為」の疑いで6日に抑留したと発表。

▶朝鮮体育省とシリア総同盟の体育分野に

おける交流と協力に関する合意書。

10日▶『労働新聞』によれば，金正恩が楽浪栄誉軍人樹脂日用品工場（平壌市）を現地指導。

13日▶『労働新聞』によれば，金正恩が人民武力省機具・工具・仕上げ建材品および科学技術成果展示会場の参観。

▶『労働新聞』によれば，金正恩が朝鮮人民軍建設部門熱誠者との記念撮影。

22日▶『労働新聞』によれば，金正恩が地対地中長距離戦略弾道弾「北極星2」型の試験発射の参観。

28日▶『労働新聞』によれば，金正恩が新型反航空迎撃誘導武器体系の試射を視察。

30日▶『労働新聞』によれば，金正恩が精密操縦誘導体系を導入した弾道ロケットの試射を指導。

6月2日▶国連安保理，繰り返されるミサイル試射にたいして国連制裁決議第2356号を採択。

3日▶『労働新聞』によれば，金正恩が江西薬水工場（南浦市）を現地指導。

5日▶『労働新聞』によれば，金正恩が朝鮮人民軍航空・反航空軍（空軍）飛行指揮員の戦闘飛行競技大会2017を指導。

▶ロシアと外務省間の2017〜2018年交流計画書。

6日▶『労働新聞』によれば，金正恩が朝鮮少年団第8回大会参加者と記念撮影。

9日▶『労働新聞』によれば，金正恩が国家科学院の開発した新型地上対海上巡行ロケット試射を視察。

12日▶ジョセフ・ユン米国務省朝鮮担当特別代表が訪朝（〜13日）。13日に労働教化刑を科されていた米国人学生オットー・ワームビアーが釈放され，ユン氏と共に平壌を出発。

20日▶『労働新聞』によれば，金正恩が歯科衛生用品工場を現地指導。

2017年　重要日誌

7月3日▶金正恩，大陸間弾道ミサイル（ICBM）「火星14」型の試射命令を下達。

4日▶金正恩，ICBM「火星14」型の試射を現地で指導。

8日▶金正恩，金日成主席逝去23年に際して錦繡山太陽宮殿を訪問。

9日▶金正恩，「火星14」型の試射成功記念音楽舞踊総合公演を観覧。

10日▶金正恩，「火星14」型試射成功を祝賀して党中央委員会と党中央軍事委員会が催した宴会に参加。

13日▶『労働新聞』によれば，金正恩が「火星14」型の試射成功に貢献したメンバーと記念撮影。

▶『労働新聞』によれば，金正恩が「火星14」型試射成功に貢献したメンバーへの党・国家表彰授与式に出席。

27日▶金正恩，「祖国解放戦争勝利」64周年に際して祖国解放戦争参戦烈士墓を訪問。

▶金正恩，ICBM「火星14」型の第2回試射命令を下達。

28日▶金正恩，ICBM「火星14」型の試射を現地で指導。

30日▶金正恩，「火星14」型の第2回試射の成功を慶祝して党中央委員会と党中央軍事委員会が催した宴会に出席。

8月5日▶国連安保理，ICBM「火星14」型の試射を受けて，石炭の全面禁輸を盛り込んだ「対北朝鮮制裁決議」を全会一致で採択。

▶ASEAN地域フォーラム（ARF）閣僚会議に参加する政府代表団（団長は李容浩外相）が平壌を出発（～10日）。

14日▶金正恩，朝鮮人民軍戦略軍司令部を視察。

23日▶『労働新聞』によれば，金正恩が国防科学院化学材料研究所を現地指導。

26日▶『労働新聞』によれば，金正恩が「島嶼占領のための朝鮮人民軍特殊作戦部隊対象物打撃競技」を指導。

30日▶『労働新聞』によれば，金正恩が朝鮮人民軍戦略軍中長距離戦略弾道ロケット試射を現地で指導。

9月2日▶『労働新聞』によれば，金正恩が朝鮮人民軍第4回青年同盟初級団体書記熱誠者大会参加者と記念撮影。

3日▶党中央政治局常務委員会，開催。金正恩がICBM搭載用水爆実験を断行する命令書に署名。

7日▶猪木寛至参議院議員が来訪（～11日）。朝日友好親善協会の李秀勇顧問と会見。

10日▶『労働新聞』によれば，金正恩が水爆実験の成功に貢献した核科学者と技術者を称える祝賀公演を観覧。

▶『労働新聞』によれば，金正恩が水爆実験成功に貢献したメンバーと記念撮影。

11日▶国連安保理，北朝鮮への原油輸出制限など盛り込んだ制裁決議第2375号を採択。

12日▶『労働新聞』によれば，金正恩が島の分校や最前線地帯，山奥の学校に自ら赴任を願い出た教員らと接見し記念撮影。

▶国連安保理，第6回核実験に対して制裁決議第2375号を採択。

16日▶『労働新聞』によれば，金正恩が中長距離戦略弾道ミサイル「火星12」型の試射を現地で指導。

19日▶第72回国連総会に出席する代表団（団長は李容浩外相）が平壌を出発（～28日）。23日に国連総会で演説。

21日▶金正恩，トランプ米大統領の国連演説に対し国務委員会委員長声明を発表。

30日▶『労働新聞』によれば，金正恩が朝鮮人民軍第810軍部隊傘下1116号農場を現地指導。

10月7日▶朝鮮労働党中央委員会第7期第2

回全体会議，開催。金正恩が参加。

8日▶金正日の党総書記就任20周年中央慶祝大会。

9日▶ロシア・タス通信代表団が来訪（〜12日）。

13日▶『労働新聞』によれば，金正恩が創立70周年を迎えた万景台革命学院を祝賀訪問。

19日▶『労働新聞』によれば，金正恩が柳園履物工場（平壌市）を現地指導。

29日▶『労働新聞』によれば，金正恩が平壌化粧品工場を現地指導。

11月4日▶『労働新聞』によれば，金正恩が3月16日工場を現地指導。

7日▶『民主朝鮮』によれば，内閣全体会議拡大会議が開催。

▶金日成・金正日主義青年同盟中央委第9期第5回総会拡大会議，開催。

▶日本政府，共和国の9団体と9団体の関係者26人を資産凍結の対象に追加指定。

15日▶『労働新聞』によれば，金正恩が金星トラクター工場（南浦市）を現地指導。

17日▶中国の宋濤対外連絡部部長が来訪（〜20日）。

21日▶『労働新聞』によれば，金正恩が勝利自動車連合企業所（平安南道）を現地指導。

24日▶政府代表団（団長は李容浩外相），キューバを訪問し，カストロ国家評議会議長と会見。

28日▶『労働新聞』によれば，金正恩が順川ナマズ加工工場（平安南道）を現地指導。

▶金正恩，ICBM「火星15」型の試射命令を下達。29日に同ICBMの試射を現地で指導。

12月3日▶『労働新聞』によれば，金正恩が鴨緑江タイヤ工場（慈江道）を現地指導。

5日▶サッカー東アジア選手権に出場する男女代表チームが訪日（〜15日）。

▶フェルトマン国連事務次長一行が来訪（〜9日）。7日に李容浩外相と会見。

▶ロシアとの間で自由剥刑の判決を受けた者の身柄引き渡しに関する条約。

6日▶『労働新聞』によれば，金正恩が三池淵ジャガイモ粉末生産工場（両江道）を現地指導。

9日▶『労働新聞』によれば，金正恩が白頭山に登頂。

▶『労働新聞』によれば，金正恩が両江道三池淵郡の各単位を現地指導。

11日▶第8回軍需工業大会（〜12日）。金正恩が出席し，「歴史的な結論」を発言。

12日▶金正恩，ICBM「火星15」型試射の成功に貢献したメンバーへの国家表彰授与式に出席。

▶金正恩，第8回軍需工業大会参加者らと記念撮影。

17日▶金正恩，金正日総書記逝去6年に際して錦繡山太陽宮殿を訪問。

21日▶最高人民会議常任委，政令で平壌市江南郡に「江南経済開発区」の設置を決定。

22日▶国連安保理，ICBM試射実験を受けて制裁決議（第2397号）を採択。

23日▶朝鮮労働党第5回細胞委員長大会（〜24日）。金正恩が参加し，開会の辞と演説と閉会の辞。

24日▶金正恩，党第5回細胞委員長大会参加者らと記念撮影。

28日▶党・国家・経済・武力機関の幹部廉関委員会議。国家経済発展5カ年戦略の2017年事業状況を総括。

29日▶金正恩，党第5回細胞委員長大会参加者のための功勲国家合唱団・牡丹峰楽団祝賀公演を観覧。

参考資料 朝鮮民主主義人民共和国　2017年

① 国家機構図（2017年12月末現在）

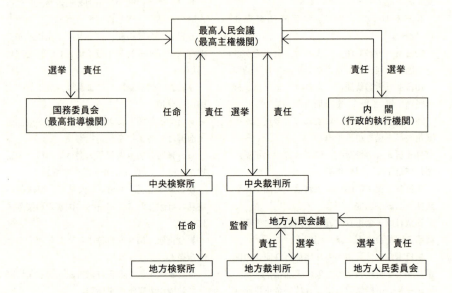

② 朝鮮労働党中央機構図

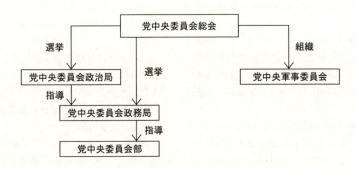

③ 党および国家機関の指導メンバー

1．最高機関の指導メンバー(2017年末現在)
　国務委員会
委員長　　　　　　　　　　　　　　金正恩
副委員長　　　　　黄炳瑞，朴鳳柱，崔龍海
委員　　　　　　　金己男，朴英植，李洙墉，
　　　　　　　　　李万健，金永鉄，金元洪，
　　　　　　　　　　　　　崔富日，李容浩

　最高人民会議常任委員会
委員長　　　　　　　　　　　　　　金永南
副委員長　　　　　　　　　楊亨燮，金永大
書記長　　　　　　　　　　　　　　洪善玉
　内閣
総理　　　　　　　　　　　　　　　朴鳳柱
副総理兼国家計画委員長　　　　　　盧斗哲
副総理　　　　　　　李茂英(4月11日就任)
副総理兼農業相　　　　　　　　　　高仁浩
副総理　　　　　　　　　　　　　　金徳勲
副総理　　　　　　　　　　　　　　任哲雄
副総理　　　　　　　　　　　　　　李龍南
副総理　　　　　　　董貞浩(5月13日就任)
外務相　　　　　　　　　　　　　　李容浩
電力工業相　　　　　　　　　　　　金万洙
石炭工業相　　　　　　　　　　　　文明学
化学工業相　　　　　張吉龍(5月13日就任)
金属工業相　　　　　　　　　　　　金勇光
鉄道相　　　　　　　　　　　　　　張　赫
陸海運相　　　　　　　　　　　　　姜宗寛
採取工業相　　　　　　　　　　　　李学哲
国家資源開発相　　　　　　　　　　李春三
原油工業相　　　　　　　　　　　　裵　学
林業相　　　　　　　　　　　　　　韓龍国
機械工業相　　　　　　　　　　　　李宗国
原子力工業相　　　　　　　　　　　李済善
電子工業相　　　　　　　　　　　　金在成
逓信相　　　　　　　　　　　　　　金光哲
建設建材工業相　　　　朴勲(6月10日判明*)
国家建設監督相　　　　　　　　　　権成浩
食料日用工業相　　　　　　　　　　趙永哲
水産相　　　　　　　　　　　　　　姜英哲
財政相　　　　　　　　　　　　　　奇光浩
労働相　　　　　　　　　　　　　　鄭英洙
対外経済相　　　　　　　　　　　　金英在
軽工業相　　　　　　　　　　　　　崔一龍
国家科学技術委員長　　　　　　　　李忠吉
国家科学院院長　　　　　　　　　　張　哲
国土環境保護相　　　　　　　　　　金京俊
都市経営相　　　　　　　　　　　　姜英洙
収買糧政相　　　　　　　　　　　　文応朝
商業相　　　　　　　　　　　　　　金京南
教育委員長兼普通教育相　　　　　　李承斗
高等教育相兼金日成総合大学総長　　太亨哲
保健相　　　　　　　　　　　　　　姜河国
文化相　　　　　　　　　　　　　　朴春男
体育相　　　　　　　　　　　　　　金日国
中央銀行総裁　　　　　　　　　　　金天均
中央統計局長　　　　　　　　　　　崔承浩
国家品質監督委員長　　　　　　　　李哲進
国家価格委員長　　　　　　　　　　崔　江
内閣事務長　　　　　　　　　　　　全賢哲
首都建設委員長　　　　　　　　　　趙錫浩
体育指導委員長　　　　崔輝(12月19日判明*)

2．地方機関の指導メンバー(2017年末現在)
　平壌市
党委員長　　　　　　　　　　　　　金守吉
人民委員長　　　　　　　　　　　　車熙林
農村経理委員長　　　　　　　　　　李万成
　南浦市
党委員長　　　　　　　　　　　　　姜養模
人民委員長　　　　　　　　　　　　李吉春
農村経理委員長　　　　　　　　　　趙京国

羅先市		人民委員長	韓相俊
党委員長	林景萬	農村経理委員長	朴斗必
人民委員長	趙正浩		

3．朝鮮労働党中央機関の指導メンバー
　　　　　　　　　　　　（2017年10月9日選出）

平安南道			
党委員長	朴泰成	党委員長	金正恩
人民委員長	姜亨範	党政治局常務委員	
農村経理委員長	張賢哲	金正恩，金永南，黄炳瑞，朴鳳柱，	
平安北道		崔龍海	
党委員長	金能五	党中央委員会副委員長	
人民委員長	崔鍾建	崔龍海，李洙墉，金平海，呉洙容，	
農村経理委員長	桂明哲	金永鉄，朴光浩，朴泰成，太鍾守，	
黄海南道		安正洙	
党委員長	朴永浩	党中央軍事委員会委員長	金正恩
人民委員長	崔正龍		
農村経理委員長	金進国		
黄海北道		4．人民軍の指導メンバー（2017年末現在）	
党委員長	朴泰徳	最高司令官	金正恩
人民委員長	任　勲	総政治局長	黄炳瑞
農村経理委員長	趙準学	総参謀長	李明洙
慈江道		人民武力相	朴英植
党委員長	金在龍	保衛司令官	趙京哲
人民委員長	李亨根	第1副総参謀長兼作戦総局長	李永吉
農村経理委員長	宋鍾学	副総参謀長兼火力指揮局長	朴正天
咸鏡南道		人民武力省第1副相兼後方総局長	徐洪贊
党委員長	金成日	海軍司令官　　　　金明植（4月13日判明＊）	
人民委員長	金鳳英	航空・反航空軍司令官	金光赫
農村経理委員長	金成鳳	戦略軍司令官	金洛兼
咸鏡北道		砲兵局長	尹英植
党委員長	全承勲	第91首都防御軍団長	金明南
人民委員長	李相官	第4軍団長	李成国
農村経理委員長	申哲雄	第7軍団長	李泰燮
両江道		第11軍団長	金英福
党委員長	李相元		
人民委員長	李星国	（注）＊は就任そのものの日付が発表されていないため，その職にすでにあることが判明した報道の日付を記載。	
農村経理委員長	安文学		
江原道			
党責任秘書	朴正南		

主要統計 朝鮮民主主義人民共和国　2017年

1　国家予算収入総額(2009〜2017年)

	金額(100万ウォン)	前年比(％)	計画達成率(％)
2009年実績	-	107.0	101.7
2010年計画	-	106.3	-
2010年実績	-	107.7	101.3
2011年計画	-	107.5	-
2011年実績	-	108.7[1]	101.1
2012年計画	-	108.7	-
2012年実績	-	110.1	101.3
2013年計画	-	104.1	-
2013年実績	-	106.0	101.8
2014年計画	-	104.3	-
2014年実績	-	106.0	101.6
2015年計画	-	103.7	-
2015年実績	2,000,597	105.0	101.3
2016年計画	-	104.1	-
2016年実績	-	106.3	102.1
2017年計画	-	103.1	-

(注)　1)は『アジア動向年報 2017』での中川雅彦による計算値。中川は，2009年実績以降は物価調整の状況が不明であるため金額を計算していない。
(出所)　各年度国家予算報告による。2015年の実績金額は，筆者訪朝時(2016年11月)社会科学院からの聞き取り。

2　国家予算支出総額および収支(2009〜2017年)

	金額(100万ウォン)	前年比(％)	計画達成率(％)	収支(100万ウォン)
2009年実績	-	106.8[1]	99.8	09年計画総額の1.9％[1]
2010年計画	-	108.3	-	0
2010年実績	-	108.2	99.9	10年計画総額の1.4％[1]
2011年計画	-	108.9	-	0
2011年実績	-	108.7[1]	99.8	11年計画総額の1.3％[1]
2012年計画	-	110.1	-	0
2012年実績	-	109.7	99.6	12年計画総額の1.7％[1]
2013年計画	-	105.9	-	0
2013年実績	-	105.6	99.7	13年計画総額の2.1％[1]
2014年計画	-	106.5	-	0
2014年実績	-	106.4	99.9	14年計画総額の1.7％[1]
2015年計画	-	105.5	-	0
2015年実績	2,000,434	105.3	99.9	15年計画総額の1.4％[1]
2016年計画	-	105.6	-	0
2016年実績	-	105.5	99.9	16年計画総額の2.2％[1]
2017年計画	-	105.4	-	0

(注)　1)は『アジア動向年報 2017』での中川雅彦による計算値。中川は，2009年実績以降は物価調整の状況が不明であるため金額を計算していない。
(出所)　各年度国家予算報告による。2015年の実績金額は，筆者訪朝時(2016年11月)社会科学院からの聞き取り。

2017年　主要統計

3　国防費(2009～2017年)

	支出総額に占める割合(%)	増加率(%)[1]
2009年実績	15.8	6.8
2010年計画	15.8	8.3
2010年実績	15.8	8.2
2011年計画	15.8	8.9
2011年実績	15.8	8.7
2012年計画	15.8	10.1
2012年実績	15.9	10.4
2013年計画	16.0	6.6
2013年実績	16.0	5.6
2014年計画	15.9	5.8
2014年実績	15.9	5.7
2015年計画	15.9	5.5
2015年実績	15.9	5.3
2016年計画	15.8	4.9
2016年実績	15.8	5.5
2017年計画	15.8	5.4

(注)　1)は『アジア動向年報 2017』での中川雅彦による計算値。中川は，2009年実績以降は物価調整の状況が不明であるため金額を計算していない。
(出所)　各年度国家予算報告による。

4　公表されたGDP(2007年以降)

	2007	2011	2013	2014
ＧＤＰ(100万ドル)	-	22,070	24,998	26,132
工　　　業(%)	-	-	41.36	-
農　　　業(%)	-	-	12.65	-
建　　　設(%)	-	-	13.51	-
そ　の　他(%)	-	-	32.48	-
1人当たりＧＤＰ(ドル)	638	904	1,013	1,013

(注)　数値は，「名目」と思われる。
(出所)　2013年の数値は，『朝鮮民主主義人民共和国投資案内』(朝鮮対外経済投資協力委員会，2014年)より。それ以外は『週刊東洋経済』第6490号(2013年10月12日)および社会科学院の李基成教授が2016年8月に在日朝鮮人研究者に伝えたもの。

5　公表人口統計

(単位：1,000人)

	総人口	男(a)	女(b)	性比(a/b)
2000	22,963	-	-	-
2008	24,052	11,722	12,330	0.95
2014	24,200	-	-	-
2015	25,030	-	-	-

(出所)　2008年はセンサス(DPRK 2008 Population Census National Report, Central Bureau of Statistics of DPRK, 2009)から。2000年は北朝鮮の国連提出資料(Core Document Forming Part of the Reports of State Parities. United Nations Human Rights Instruments. May.15, 2002)。2014年は DPRK Socio-Economic, Demographic and Health Survey 2014(中央統計局，2015年12月)。2015年は，李基成・金哲『朝鮮民主主義人民共和国の経済概括』(出版物輸出入商社，2017年)。

2017年の モンゴル

モンゴル国
面　積　156万5000km²
人　口　318万人（2017年末）
首　都　ウランバートル
言　語　モンゴル語

宗　教　主にチベット仏教
政　体　共和制
元　首　ハルトマーギーン・バトトルガ大統領
通　貨　トグリグ（1米ドル＝2427.1トグリグ，2017年末）
会計年度　1月～12月

―・―　国　境　①オルホン県
――　県　境　②ダルハン＝オール県
▬▬　鉄　道　③ゴビスンベル県
◉　　首　都　④ウランバートル市
○　　県　都　⑤タワントルゴイ炭鉱
⛏　　採鉱地　⑥オヨー・トルゴイ銅鉱

2017年のモンゴル

バトトルガ新大統領就任とその波紋

湊　邦生
<small>みなと　くにお</small>

概　況

　2017年のモンゴルで最大の出来事は大統領選挙であった。選挙には与党人民党から党首のエンフボルド国会議長・元首相，野党のうち民主党からバトトルガ元工業・農牧業相，人民革命党からガンバータル前国会議員がそれぞれ立候補したが，2回の投票の末当選したのはバトトルガ候補で，敗北したエンフボルド国会議長は党首を辞任した。選挙結果への批判はエルデネバト首相にも及び，人民党所属の国会議員の一部が国会に解任案を提出，結果としてエルデネバト首相は国会の信任を得ることに失敗，内閣崩壊に追い込まれた。後任には解任案に賛成したフレルスフ副首相が就任し，新首相は11月の人民党大会で党首にも就任した。他方，ホルツ元諜報庁長官の駐韓大使任命では人民党・民主党とも内部で賛否が分かれ，人民革命党ではエンフバヤル元大統領とバーサンフー国会議員が党首の座を主張して争うなど，主要政党内部での対立が露呈した。

　経済面では，前年までの苦境を脱した1年となった。IMFによる拡大信用供与措置（EFF）の適用と先進国・国際機関からの融資供与により，デフォルトの危機が遠のいたのに加え，中国向けの石炭を中心とする輸出の急回復も経済回復に貢献した。とはいえ，EFFへの国民世論の見方については注意を要する。

　対外関係では大統領交代の影響が顕著に見られた。エルベグドルジ前大統領は多国間会合を重視した全方位外交を展開してきたが，バトトルガ大統領による外遊は就任直後の2回のみで，エルベグドルジ前大統領が毎年出席していた国連総会も欠席した。加えて新大使派遣の遅れも表面化しており，バトトルガ大統領の下で外交活動は縮小した感がある。

国内政治

大統領選挙に向けた各党の動き

　2017年はエルベグドルジ大統領の2期目の任期が満了となる年であった。憲法の規定により，候補者擁立ができるのは国会に議席を有する人民党，民主党，人民革命党であった。ただし大統領の3期目の立候補が認められていないため，エルベグドルジ大統領の出身母体である民主党も新候補を擁立する必要があった。

　これら3党のうち，与党人民党ではエンフボルド国会議長とニャムドルジ国会副議長が立候補の意思を示した。このうちエンフボルド国会議長は党首として2016年国会総選挙で党を大勝に導いたものの，その後も首相に就任しなかったことから，以前より大統領選挙への立候補が確実視されていた。人民党では5月3日に幹部会を開催，ここでエンフボルド国会議長が候補者指名を獲得した。人民党は2016年の国会総選挙後に行われた統一地方選挙でも勝利しており，エンフボルド国会議長の当選を有力視する見方はあった。他方，世論調査を見ると同氏の個人としての人気は決して高くなく，この点が不安要素であった。

　一方，前年の総選挙で大敗した民主党は，同じく5月3日に党内での候補者指名選挙を実施した。選挙には6人が立候補し，なかでもアマルジャルガル元首相が有力と見られていたが，最終的にはバトトルガ元工業・農牧業相が選挙戦を制した。ただ，選挙への立候補を表明していたバト＝ウール元首都知事が選挙戦への不参加を表明するとともにボイコットを呼び掛けたほか，2月には党内有力者のバトバヤル元経済開発相とガラムガイバータル前国会民主党議員団代表が反腐敗庁に拘束され，アルタンホヤグ元首相も一時取り調べを受けるなどの不祥事が相次いでおり，民主党をめぐる環境は決して好ましくはなかった。

　そして，人民革命党からは今回も党首のエンフバヤル元大統領が立候補を試みた。エンフバヤル元大統領は2012年に受けた有罪判決によって被選挙権が停止されていたが（『アジア動向年報 2013』参照），同氏や支持者は判決を承服しておらず，判決以降の国政選挙のたびに立候補を申請しては，選挙中央委員会に却下されることを繰り返していた。人民革命党は5月5日の幹部会でエンフバヤル党首を候補者とすることを決定，エンフボルド国会議長，バトトルガ元工業・農牧業相と並んで立候補を申請した。しかし，選挙中央委員会が立候補を認めるはずもなく，今回も申請は却下された。

101

これを受けて、人民革命党はガンバータル前国会議員を新たな候補者として擁立することを決めた。ガンバータル前国会議員は以前労働国民党に入党したものの、党首就任をめぐり内部対立を招いた末に事実上追放され、2016年の総選挙では落選していた（『アジア動向年報 2017』参照）。ただし国民の間では依然として知名度が高く、かつエンフバヤル党首の立候補決定時には支持を表明していたことから、候補者に招かれることとなった。選挙中央委員会はガンバータル前国会議員の立候補を認め、5月17日に選挙を告示した。ただし、ガンバータル前国会議員の擁立に先立ち、人民革命党所属のバーサンフー国会議員が一時反対、立候補が決定すれば離党する意向を表明していた。バーサンフー国会議員は後に離党の意向を撤回、大統領選挙の結果次第で責任追及の可能性があると発言をトーンダウンさせたが、これが後に明るみに出る党内対立の伏線となった。

大統領選挙初回投票で当選者出ず、2回目投票の実施決定と「白い選択」運動登場
　6月26日に大統領選挙初回投票が実施された。投票終了直後から開票作業が行われた結果、得票率で首位に立ったのはバトトルガ元工業・農牧業相であった。ただし、当選に必要な過半数の票を得るには至らず、モンゴルの大統領選挙史上初めて得票率上位2人による2回目投票が行われることが決まった。
　一方、バトトルガ元工業・農牧業相に次ぐ第2位の候補者は接戦の末、エンフボルド国会議長に決まった。ただエンフボルド国会議長は3位のガンバータル候補に肉薄され、一時は得票数で上回られる場面もあったことで、決選投票に向けて不安を残すこととなった。また、ガンバータル前国会議員は第三勢力の候補としては過去最大の票を得たものの、エンフボルド国会議長にわずかに及ばなかった。落選の背景には、選挙法で禁止されていた外国人からの献金受け取りが選挙期間中に報じられたことも挙げられる。ガンバータル前国会議員は開票結果の不正を主張したものの受け入れられず、2回目投票はバトトルガ前工業・農牧業相とエンフボルド国会議長との間で行われることとなった。
　2回目投票決定から投票当日までの間は選挙運動が禁止されており、両候補の動きはほとんど目立たなかった。むしろ注目を集めたのは、インターネットを中心に拡大した「白い選択」運動であった。これは両候補者どちらも不服とする有権者を中心に、2回目投票で白票を投じようと呼びかける運動である。モンゴルでは白票は有効票扱いとなっており、また2回目投票では2候補がどちらも有効票の過半数を得られない場合、憲法の規定で再選挙が実施されることになってい

第2回投票で勝利した民主党バトトルガ候補(ロイター/アフロ)

る。つまり，白票を多く投じることによってバトトルガ元工業・農牧業相とエンフボルド国会議長双方の得票率を下げることが可能である。そこで，白票を集めることで過半数の票を得る候補が出るのを阻止するのが，この運動の狙いである。

「白い選択」運動にはガンバータル前国会議員も加わったうえ，インターネット上で宣伝動画が公開されたほか，運動支持者用のTシャツも流通するなどの広がりを見せた。ガンバータル前国会議員は再選挙の場合立候補が可能となるメリットがあった。選挙中央委員会は「白い選択」運動が禁止された選挙活動にあたるとの批判声明を出したものの，運動を止めることはできず，選挙への影響がどの程度になるかが国内の関心事となっていった。

2回目投票でバトトルガ元工業・農牧業相辛勝，「白い選択」運動は目標達成できず
7月7日に大統領選挙2回目投票が実施された。開票の結果，バトトルガ元工業・農牧業相が有効票の50.61％の票を集めたことから，辛くも再選挙を経ずに当選が決まった。注目された白票の総数は約9万9500票（有効票の8.23％）となり，初回投票の約1万8700票（有効票の1.37％）から大幅に増加した。しかし，それでもバトトルガ元工業・農牧業相の過半数得票を阻むには至らなかった。

エンフボルド，バトトルガ両候補に不満を示す有権者は，決して少なくはなかった。大統領選挙の投票率は初回投票で68.27％であったのが，決選投票では60.67％まで低下しており，決選投票で棄権した投票者の一定数が白票投票に転じていれば，当選者なしとなる可能性があった。しかし，両候補に不満な有権者は，

白票を投じるよりも棄権を選ぶ傾向が高く,「白い選択」運動は十分な広がりを欠く結果となった。

大統領選挙敗北で人民党に亀裂, エルデネバト政権崩壊

今回の選挙結果はバトトルガ元工業・農牧業相の勝利というよりも, 人民党の敗北という面が強い。エンフボルド国会議長の初回投票での得票は41万2000票で, 前年の国会総選挙で人民党候補が得た63万6000票の65％程度まで激減した。2回目投票での得票も49万7000票にとどまり, 初回投票でのガンバータル候補への票を取り込めなかった。前回・前々回の選挙に続き, 人民党の候補が民主党の候補に破れたことで, 大統領と内閣・国会とのねじれが続くことになった。

エンフボルド候補落選の背景には, 前述の個人人気のなさに加え, 2016年後半の通貨トグリグ急落からIMFへの支援要請に至ったために, 与党に批判が向かったことが挙げられる。さらに, エンフボルド国会議長には売官行為によって600億トグリグを調達しようとした疑惑が以前よりかけられており, これも災いしたと考えられる。疑惑自体は前年に生じたものであるが, 疑惑を暴露する動画をインターネット上で公開したドルジゾドブ氏が民主党オヨーンゲレル前国会議員の家に滞在中に逮捕される事件が選挙期間中に起き, 野党からの批判を浴びていた。

エンフボルド国会議長の落選後, 人民党内には党執行部の責任を問う声が広がった。エンフボルド国会議長が党首辞任の意向を表明すると, 責任論はエルデネバト首相にも及んだ。8月23日, 人民党幹部会構成員のアヨールサイハン国会議員ら人民党国会議員30人が, 大統領選挙の結果により政府に対する民意が示されたとして, エルデネバト首相の解任案を上程した。その後解任案への賛同者は増加し, 内閣からもフレルスフ副首相が解任案賛成と自らの辞任の意向を表明した。他方, ニャムドルジ国会副議長やビャンバツォグト法務・内務相などは解任に反対, 人民党国会議員団は事実上二分された。このようななかで臨時国会が召集され, 首相解任案の審議が行われた。解任案は国会内の国家機構常任委員会で否決されたため, 本会議には首相解任の必要なしとする信任案が上程された。ところが, 信任案は人民党所属議員の一部と民主党所属議員によって反対多数で否決された。この結果, エルデネバト内閣全員の解任が決まった。

フレルスフ前副首相, 新首相と人民党党首に就任

エルデネバト首相解任後, 国会は10月の本会議でフレルスフ前副首相を指名し

た。フレルスフ首相は指名後ただちに組閣を開始し，エルデネバト内閣に続く人民党単独内閣を組織した。新閣僚のうち，フレルバータル蔵相に対してはバトトルガ大統領が拒否権を発動したものの，国会が拒否権を覆し，新閣僚全員が国会承認を得て着任した。

フレルスフ首相による政権には，エルデネバト前首相解任への賛成派・反対派の双方から人選がなされた。また党内実力者のエンフトゥブシン氏を副首相に，ニャムドルジ氏を法務・内務相に任命するなど，いわば人民党内のバランスを重視したものとなった。他方，モンゴルでは国会議員による閣僚就任を「重ね着」と呼んで批判する傾向が強いなかで，新内閣はフレルスフ首相自身を除く全員が国会議員で構成されることとなった。

フレルスフ首相が就任したことで，残る焦点は人民党の新たな党首となった。新党首を選ぶ人民党大会は11月に開催され，フレルスフ首相とハヤンヒャルワー人民党国会議員団長との間で選挙が行われた。結果としてフレルスフ首相が新党首に選出され，人民党はフレルスフ首相の下で党内の融和を図ることとなった。

ホルツ元諜報庁長官の駐韓大使任命をめぐって2大政党内対立表面化

ところが，この間進められていたホルツ諜報庁長官の駐韓大使任命が一部議員の反発を招き，人民党内に加え，民主党内でも賛否が対立する事態となった。

11月1日に行われた閣議で，任期が終了するガンボルド駐韓大使を召還するとともに，その後任に諜報庁長官を務めていたホルツ氏を任命することが決まった。これに対し民主党バトザンダン国会議員が任命に反対を表明，国会での審議を要求した。同議員は反対の理由として，ホルツ氏が国家安全保障会議事務局長在任当時，民主化運動の元指導者ゾリグ氏殺害事件の捜査を理由にフランスでモンゴル国民を略取して本国まで連行したことで，後にイギリス政府によって逮捕された経歴があったこと（『アジア動向年報 2011』および『同 2012』参照），さらに諜報庁長官在任時の部下虐待疑惑等を挙げた。

この結果，本件は国会安全保障・外交政策常任委員会に持ち込まれて審議が行われることとなった。ところが，11月15日に行われた審議で，ホルツ氏は反対派を攻撃する発言を相次いで行った。まず，ボルド元防衛相に対しては在任中に北朝鮮に対して武器売却を行ったと主張し，ニャムドルジ法務・内務相についてはゾリグ氏殺害事件の捜査を妨害していると訴えた。そのうえバトザンダン国会議員に対しては殺害をほのめかし，同議員が身辺警護を願い出る事態となった。

このような事態にもかかわらず，安全保障・外交政策常任委員会はホルツ氏の任命を承認した。これに対し，ホルツ氏任命の閣議決定を行ったはずの内閣からも，ニャムドルジ法務・内務相に加えてソミヤーバザル鉱業・重工業相が任命延期を主張した。民主党ではバトザンダン国会議員やボルド前防衛相が反対派の急先鋒となった一方，サンジミャタブ国会副議長がホルツ氏の擁護に回り，人民党・民主党双方で内部の不一致が明るみとなった。

　委員会承認後もホルツ氏任命を不服とする議員は，国会本会議での承認を阻止すべく，任命に関する公聴会を行うため作業部会を結成した。公聴会は12月15日に開催されたが，国会や政府等の承認を得ない非公式なものとなり，ホルツ氏自身は欠席，任命賛成者がほとんど現れないなかでの開催となった。そのうえ，ホルツ氏任命を審議する国会本会議が公聴会と並行して行われることとなり，非公開審議の結果，任命は承認された。ただし，バトトルガ大統領は国会での審議過程で判明した問題が解決しないかぎり，大使派遣を認めないと表明しており，本稿執筆時点でも駐韓大使人事は宙に浮いた状態である。

人民革命党，全国規模大会を分裂開催

　二大政党以外では人民革命党の党内対立が先鋭化した。11月にビャンバスレン人民革命党首都委員会書記らが党大会を独自で開催する計画を発表した。彼らは記者会見で党首エンフバヤル元大統領らが党を私物化していると批判し，10月に改善要求を党執行部に示したものの猛反発に遭った末，党追放を言い渡されたことから，これを不服として党大会を開催すると説明した。

　この動きに同調したのが党所属唯一の国会議員バーサンフー氏である。先述のとおり，同議員は大統領選挙でガンバータル前国会議員を候補に立てたことを一時批判，ここから党執行部との関係が悪化していた。エンフバヤル党首，後に副党首に就任したガンバータル前国会議員は，バーサンフー国会議員を人民党・民主党の走狗と批判した一方，ビャンバスレン書記は同議員を擁護していた。

　人民革命党執行部側は党大会開催を承認せず，反党行為に対する責任を問うとの警告を発したが，バーサンフー国会議員らは12月9日に党大会を強行した。大会はエンフバヤル党首とガンバータル副党首らが欠席し，ほかにも人民革命党籍を主張しながら会場に入れない人々が続出したなかで行われ，エンフバヤル党首の解任とバーサンフー国会議員の新党首就任が決定された。

　これに対し，エンフバヤル元大統領らはバーサンフー国会議員らによる大会の

翌日に,「第1回 万戸・千戸・百戸・十戸長全国会議」と称する全国大会を開催した。この大会の党規約上の位置づけは不明であり,会議での決定事項も明らかではないが,党内での影響力を示すことには成功したと言える。

その後,エンフバヤル派はバーサンフー国会議員の党籍剥奪を試みており,バーサンフー国会議員は自らの党首の地位を引き続き主張している。両派は譲歩する姿勢を一切示しておらず,人民革命党は分裂含みの状況である。

経　　済

経済成長率下げ止まり,好調な輸出背景に経済回復

2012年以来前年比で低下を続けてきたGDP成長率は,2017年にようやく下げ止まった。2017年の実質GDP対前年同期比成長率は5.1％となり,2016年の成長率1.3％を上回った（*Socio-economic Situation of Mongolia*, 2017年12月号。以下,2017年の統計数値はすべて予測値に基づく）。部門別に見ると,シェア最大の鉱業部門の成長率が-6.9％と縮小したが,鉱業に次ぐシェアを有する農牧業の成長率が2.3％と,前年を下回ったものの成長を維持したほか,他の主要部門である商業および運輸・倉庫の成長率が9.7％,16.7％とそれぞれ前年を上回り,鉱業部門全体の落ち込みを補填した。主要部門でもっとも成長率が高かったのは製造業であり,前年のマイナスから一転して22.8％を記録した。

ただし,留意が必要なのが物価水準である。2017年の消費者物価上昇率は6.4％となり,2015年の1.9％,2016年の1.1％から高まった。経済の復調傾向が鮮明になるなか,物価水準の上昇幅が拡大する懸念もあり,今後の推移が注目される。

IMF主導の拡大信用供与措置開始

モンゴル政府は2017年に外貨建債券の償還を控えていたが,2016年後半からの通貨トグリグ急落と格付け低下に直面し,デフォルトの危険すら噂されていた。そのため,モンゴル政府はIMFからの支援を受け入れるべく,前年から交渉を行っており,両者間の合意によって,2月19日に拡大信用供与措置(EFF)に基づく融資が開始された。EFFは3年間のプログラムとして実施され,この間にIMFからは4億4000万ドルを融資,あわせて世界銀行,アジア開発銀行,日本,韓国から合計30億ドルの融資が供与されることとなった。加えて,中国人民銀行はモンゴルとの為替スワップ制度を少なくとも3年延長することを承認した。

これにより，モンゴルの債務不安は後退し，外貨建債券の償還も遅れることなく進んだ。プログラムでは財政健全化が目標となり，そのために歳入確保と歳出削減に向けた取り組みを行うことが定められたが，後述する輸出拡大に支えられ，今のところ緊縮財政による経済冷え込みは回避できている。

ただし，財政健全化政策は段階的に行われるものであり，今後経済への影響が出る事態はありうる。とくに2018年には個人所得税・たばこ税・酒税の増税に加え，社会保険料の値上げが予定されている。他方，9月以降，教員・医師団体から賃上げ要求が相次ぎ，フレルスフ首相がIMFとの合意を理由に要求を拒否すると，一部がストを決行する事態となった。また，年金支給開始年齢の引き上げも予定されており，これが与党への攻撃材料となっている。経済回復が進まず，財政健全化の国民生活への影響が広がれば，EFFへの反対論が高まりかねない。

鉱産物輸出復調も，中国依存逆戻りの懸念

経済回復の主な要因の一つが輸出拡大であった。モンゴル国税関総庁によれば，2017年の輸出総額は62億66万ドルであり，前年比で26.6％増加した。とくに最大のシェアを占める鉱産物は，2017年の輸出額が49億3376万2300ドルと，前年比41.6％の増加を示した。

とくに顕著であったのが中国向け石炭の輸出拡大である。2017年の石炭輸出額

表1　2015〜2017年の輸出入総額および主要品目の増減

	2015	2016	2017[1]	増加率[2]
輸　　出				
総計	4,669.3	4,916.3	6,200.7	32.8
鉱産物	3,678.2	3,484.1	4,933.8	34.1
貴石，半貴石，貴金属，宝石	421.4	761.5	596.9	41.7
繊維，繊維製品	302.7	300.2	335.5	10.8
卑金属・卑金属製品	72.3	86.2	101.0	39.7
植物性生産品	37.8	55.1	67.7	78.8
動物，動物性生産品	26.4	29.2	67.4	155.5
輸　　入				
総計	3,797.5	3,358.1	4,335.5	14.2
鉱産物	936.4	724.3	985.9	5.3
機械類・電気機器等[3]	785.5	680.4	920.9	17.2
車両，航空機，船舶および輸送機器関連品	368.1	435.6	622.7	69.2
食料品	329.4	329.2	378.7	15.0
卑金属・卑金属製品	372.0	210.9	333.9	-10.2
化学品・化学工業製品	270.3	272.1	315.0	16.5

（注）　金額の単位は100万ドル。1）2017年の数値は予測値。2）増加率は2017年の2015年比増加率，％。
　　　3）機械類，電気機器，録音機，音声再生機，テレビ（部分品・付属品を含む）。
（出所）　*Socio-economic Situation of Mongolia*, 2017年12月号。

は22億5675万3400ドル，うち中国向けは21億9554万800ドルであり，それぞれ前年から132.2%，130.3%もの増加となった。輸出のもう一つの柱である銅鉱石では，輸出額が16億1311万7300ドル（すべて中国向け）と，前年比0.3%増にとどまっており，石炭の中国向け輸出が経済回復の原動力となった。

一方で，2017年には輸入も拡大したが，輸入総額は43億3546万470ドル，増加幅は29.1%であり，輸出拡大を下回った。モンゴルでは貿易収支が経済成長局面で大幅な赤字となり，経済難の時期に赤字縮小から黒字に転ずる傾向があり，それだけに経済成長率回復が貿易収支悪化を伴わなかった点は特筆される。ただし，サービス収支の赤字が響き，この年の経常収支は赤字であった（表１）。

ただし，このような貿易拡大が中国への依存度の再上昇をもたらしている点には注意が必要である。2017年の中国向け輸出シェアは輸出総額の85.6%，中国からの輸入のシェアは輸入総額の32.9%に達している。

また，インフラの未整備も貿易上の課題となっている。とくにタワントルゴイ炭鉱からの中国向けの石炭はほとんどトラックによる運搬に頼っているが，11月には通関作業が追い付かなくなり，大規模な渋滞が発生，車列は一時100キロメートルを超えるに至った。政府は石炭輸送の一時停止によって事態に対処し，その後渋滞は解消されたものの，根本的な解決として大規模輸送手段が整備されないかぎり，同様の事態が再発する可能性は高い。

対 外 関 係

「バトトルガ外交」の出発と減速

モンゴル国憲法では大統領が外交の最高責任者とされている。それだけに，大統領の交代は外交路線の節目となるものである。エルベグドルジ前大統領が在任中に多国間会合を重視した全方位外交を展開してきたのに対し，バトトルガ大統領の外交路線がどのようなものかが注目された。そのなかで，元朝青龍ダグワドルジ氏をモンゴル・日本相互協力担当特使に任命したことは話題を呼んだ。

バトトルガ大統領の初外遊はハンガリー訪問であった。これはブダペストでの柔道世界選手権2017に合わせて行われたもので，会期中にバトトルガ大統領はプーチン・ロシア大統領，オルバン・ハンガリー首相との会談を行った。その直後にはウラジオストクでの第３回東方経済フォーラムに出席，現地でプーチン大統領，安倍首相，文在寅韓国大統領と個別に会談したほか，４者での拡大会議に

出席し，モンゴルからの石炭輸出に際してロシア・ボストーチヌィ港を利用する可能性や，朝鮮半島問題について意見を交換した。プーチン大統領と安倍首相とは嘉納治五郎杯国際柔道大会も観戦した。バトトルガ大統領が柔道経験者であることから，ブダペスト訪問も合わせて今後「柔道外交」を展開するかと思われた。

ただ，上記を除けばバトトルガ大統領の外遊はなかった。エルベグドルジ前大統領が毎年出席していた国連総会に加え，11月末から12月1日にかけて開催された上海協力機構首脳級会合にも出席しなかった。その後もバトトルガ大統領は外遊よりも地方視察を優先する傾向を示しており，エルベグドルジ前大統領と比較すると，外交面での動きは大幅に縮小した感がある。

他方で懸念材料となっているのが，前述のホルツ駐韓大使を含む新大使派遣の遅れである。エルベグドルジ前大統領が在任中の5月に開かれた国会で，アメリカ，ドイツ，カナダ，フランス，スイス，日本への新大使人事が承認を得ていたが，バトトルガ大統領が人事の見直しを要求したことから，本稿執筆時点で，ドイツ大使を除いて派遣に至っていない。バトトルガ大統領は早急な問題解決を希望しているものの，アメリカ，カナダ，日本大使についてはいまだ任命を承服しておらず，新大使派遣に向けての障害はまだ残っている。

両隣国との経済交流拡大に向けた動き

2017年の対外関係では，モンゴル・ロシア・中国を結ぶ経済回廊建設計画をはじめ，ロシア・中国との間で経済交流を拡大しようとする動きが目立った。

年初時点では，モンゴル・中国間の関係は好ましいものではなかった。中国は2016年11月にダライ・ラマ14世がモンゴルを訪問したことに反発，モンゴルへの態度を硬化させていた（『アジア動向年報 2017』参照）。ただ，モンゴル政府が訪問について遺憾の意を示すなどの姿勢を示したこともあり，1月に行われたムンフ＝オルギル外相と王毅外相との電話会談で，王毅外相がモンゴル側の対応を評価したため，両国関係は平常化した。

2月にはムンフ＝オルギル外相がロシアと中国を相次いで訪問した。ロシアではラブロフ外相と会談したほか，グルジェフ経済開発省副大臣とも会談し，経済回廊建設に向けた作業の活発化など，中国を含めた3カ国間での協力拡大について協議した。中国では王毅外相と会談し，モンゴルからの輸出拡大などで合意した。5月にはエルデネバト首相が訪中し，習近平国家主席や李克強首相らと会談，モンゴル政府が5月に閣議決定していたインフラ開発計画「開発の道」プログラ

ムと一帯一路構想を連携させることで合意した。

　7月にはバトトルガ大統領がガンスフ元道路・運輸相をモンゴル・ロシア・中国3カ国協力・経済回廊担当特使に任命した。バトトルガ大統領は以前より対中依存に懸念を示しており，大統領就任によってモンゴルの対中政策が変化することも考えられていた。ただ，特使任命によって，中国との経済関係を重視する姿勢が示された。8月にはムンフ＝オルギル外相が再度ロシアを訪問し，ドンスコイ天然資源・環境相との間で経済回廊建設に関する協議を行った。同月にはモルグロフ・ロシア外務次官が来訪し，エルデネバト首相との会談で，モンゴルからロシアへの食肉輸出などについて意見を交換した。

　さらに，12月にはバト＝エルデネ道路・運輸開発相がロシアを訪問し，モスクワでの「ロシア運輸週間2017」に出席したほか，会期中にソコロフ・ロシア運輸相と会談，モンゴル・ロシア間の鉄道の新規建設と，現有路線の設備更新で意見が一致した。また同月にツォグトバータル外相が訪中し，共同声明でモンゴル・中国間自由貿易協定の締結に向けた作業を前進させることを発表した。

硬軟混ざった朝鮮半島問題への対応

　モンゴルは2017年も朝鮮半島問題で仲介者としての役割をアピールした。ただし北朝鮮による核実験・ミサイル発射問題に対しては，国際社会とともに非難する立場をとり，硬軟双方の態度を示すこととなった。

　2月にはバトツェツェグ外務副大臣が北朝鮮を訪問，李洙墉最高人民会議外交委員会委員長，李容浩外相，李吉聖外務次官と会談するとともに，北東アジアの安全保障に関する国際会議「ウランバートル対話イニシアチブ」に対し，北朝鮮からの公式代表団を招待した。同会議は6月15日から16日にかけて開催され，北朝鮮からはリ・ヨンピル外務省アメリカ研究所副所長らの代表団が出席した。これに先立って，同月12日には，ツォグトゲレル駐北朝鮮大使が李吉聖外務次官らを大使館に招待して夕食会を開催し，両国関係と地域問題について「熱い会話」を交わしたと報じられた。

　ただし，北朝鮮による核実験・ミサイル発射に対しては，モンゴルは国際社会と歩調を合わせている。4月には外務省が北朝鮮による核実験に反対する声明を発表したほか，12月には国連安全保障理事会の要請に基づき，労働・社会保障サービス総局が2018年1月1日より北朝鮮国民に労働許可を与えないことを発表した。当時モンゴルでは約1200人の北朝鮮労働者が働いていたが，彼らに対する

労働許可も延長されず，全員が帰国することとなった。

モンゴルにとって，南北朝鮮双方との関係を有していることは，外交上の優位性を提供するものである。9月に行われたバトトルガ大統領と安倍首相との会談では，安倍首相から北朝鮮問題で緊密な協調を要請されたほか，同月に来訪した林幹雄首相特使も，エンフボルド国会議長との会談の席で，北朝鮮問題等でモンゴル側に協力を要請している。他方，11月にはツォグトバータル外相が国会本会議で北朝鮮との国交継続の必要性を主張，国交樹立70周年に向けて代表団を相互派遣する考えを表明しており，2018年の両国関係の進展が注目される。他方，北朝鮮に対する制裁措置が追加されていくなかで，国際社会との協調と北朝鮮との関係維持とのバランスをどうとるかが，モンゴルにとっての課題となる。

2018年の課題

2018年は大統領選挙の翌年で国政選挙の予定がない。モンゴルではこのような年に政党内対立が露呈してきた。2014年には民主党の内紛でアルタンホヤグ政権が崩壊，2010年には(旧)人民革命党が人民党への改称をめぐり分裂，2006年にはエルベグドルジ内閣崩壊と後継内閣への対応をめぐる民主党分裂などの例がある。翻って，バトトルガ大統領は就任以来国会の決定に対し，相次いで拒否権を発動しており，民主党も対決姿勢を強めている。人民党内の対立が再燃すれば，再び政治混乱につながろう。フレルスフ政権，ならびに人民党内の結束維持の可否が，2018年の国内政治の行方を握る。また，大使任命・派遣問題をめぐる対立や，人民革命党の内紛も注視する必要がある。

経済面では危機的状況こそ去ったが，外国投資の呼び戻し，大規模開発プロジェクトの推進など，経済成長路線への復帰に向けた材料は乏しい。短期的にはIMFをはじめとする国際支援と中国向け石炭輸出が頼みとなるが，前者に伴う改革政策には国民の反発が予想され，後者ではインフラ未整備がボトルネックとなる。どちらも即効策は見当たらず，フレルスフ政権は難しい舵取りを強いられる。

対外関係では，2018年も両隣国との経済関係拡大や，経済回廊構想推進などの実利外交が主に進められると考えられる。ただし，それ以外の外交活動については進展が見込みがたい。バトトルガ大統領は1月の世界経済フォーラムに出席せず，地方視察を優先しており，今後も内政優先の姿勢は続くであろう。前述の大使派遣の遅れも否定的材料であり，対日外交への影響はとりわけ懸念される。2018年は日本側の外交担当者の手腕が問われる年となろう。　　（高知大学准教授）

重要日誌　モンゴル　2017年

1月5日▶モンゴル銀行，中国工商銀行に対し駐在員事務所設立の許可交付を決定。

11日▶エルデネト＝フブスグル県オボート鉱山間に敷設予定の鉄道ルートを閣議決定。

16日▶ガンフー・エネルギー相，アブダビでの国際再生可能エネルギー機関第7回総会に出席。

17日▶エルベグドルジ大統領，ダボスでの世界経済フォーラム出席（～20日）。

18日▶モンゴル初の太陽光発電所，ダルハン＝オール県で稼働開始。

29日▶民主党党首選挙実施，翌日開票の結果エルデネ新党首選出。

2月10日▶国会，エルデネト社株式49％の国有化に関する決定案を可決。

▶エルデネ民主党党首，民主党国会議員団長辞任。後任にエルデネバト国会議員就任。

▶秋期国会閉会。

12日▶民主党第7回党大会開催。

13日▶ムンフ＝オルギル外相，ロシア訪問（～14日）。ラブロフ外相と会談。

16日▶マラト G-Time モンゴル支社長ら8人，ねずみ講容疑で拘束。

19日▶IMF，モンゴル政府に対し拡大信用供与措置（EFF）で4億4000万㌦を融資。

▶民主党，マグナイ元公正競争取引庁長官を幹事長に任命。

▶ムンフ＝オルギル外相，訪中（～21日）。王毅外相らと会談。

21日▶反腐敗庁，バトバヤル元経済開発相，ガラムガイバータル前国会民主議員団代表を職権濫用容疑で拘束。

▶第2回モンゴル・日本戦略対話，ウランバートルで開催。

22日▶モンゴル銀行，中国人民銀行間トグリグ・人民元スワップ協定延長。

23日▶反腐敗庁，アルタンホヤグ元首相をウランバートル市内の公園建設に関する汚職容疑で取り調べ。

28日▶ムンフ＝オルギル外相，ジュネーブでの第34回国連人権理事会ハイレベルセグメント出席。

3月7日▶スフバータル地区刑事初級裁判所，バトバヤル前国会議員とガラムガイバータル前国会民主党議員団代表の釈放を決定。

▶ダシドルジ鉱業・重工業相，オタワでのモンゴル・カナダ政府間円卓会議に出席。

9日▶第1回モンゴル・アルゼンチン外務省間会合，ウランバートルで開催。

23日▶ドルノゴビ県オロン・オボーから天津までの鉄道による石炭輸出開始。

27日▶エンフボルド国会議長，ムンフ＝オルギル外相，訪日（～30日）。安倍首相らと会談。

▶ユーラシア経済委員会コレシコフ大臣，来訪（～4月1日）。フレルスフ副首相と会談。

28日▶モンゴルの人のための党，最高裁に登録。

▶ビャンバツォグト法務・内務相，アラブ首長国連邦訪問。ビン・ザーイド・アール・ナヒヤーン副首相兼内務相と会談。

30日▶第17回モンゴル・EU 協力合同委員会，ウランバートルで開催（～31日）。

4月1日▶エンフボルド国会議長，ダッカでの第136回列国議会同盟会議に出席（～4日）。会期中に丁世均韓国国会議長らと会談。

2日▶民主党内地方組織選挙実施。

▶ムンフ＝オルギル外相，ベトナム訪問（～4日）。フック首相らと会談。

5日▶春期国会開会。

11日▶トゥブ県タワントルゴイ軍演習場で演習中に手りゅう弾が誤爆，兵士2人死亡，

8人負傷。

14日▶国会，2017年度補正予算案を可決。

17日▶バトボルド首都知事，訪日（～21日）。小池都知事らと会談。

24日▶第9回モンゴル・韓国外務省間領事級協議会，ウランバートルで開催。

▶バト＝エルデネ国防相，ロシア訪問（～28日）。モスクワでの第6回国際安全保障会議に出席。

5月2日▶ムンフ＝オルギル外相，EU訪問。ユンケル欧州委員会委員長らと会談。

6日▶民主党，第8回党大会開催。

8日▶ティン・ベトナム国家副主席，来訪。エルベグドルジ大統領らと会談。

▶ビャンバツォグト法務・内務相，訪中（～12日）。孟建柱中国共産党中央政治局委員・中国共産党中央政法委員会書記らと会談。

▶スマー米ミレニアム挑戦基金（MCA）ヨーロッパ・アジア太平洋・ラテンアメリカ担当副総裁補，来訪（～9日）。ムンフ＝オルギル外相らと会談。

12日▶エルデネバト首相，訪中（～15日）。習近平国家主席らと会談，一帯一路国際フォーラムに出席。

▶バトツェツェグ外務副大臣，北朝鮮訪問（～19日）。李洙墉最高人民会議外交委員会委員長らと会談。

18日▶ムンフ＝オルギル外相，バンコクでの第73回国際連合アジア太平洋経済社会委員会総会に出席。

22日▶第15回モンゴル・ロシア外務省間公使級会議，ウランバートルで開催。

31日▶国会，バトソーリ教育・文化・科学・スポーツ相の解任案を可決。ムンフバト内閣官房長官が兼任。

▶コロコリツェフ・ロシア内相，来訪。フレルスフ副首相らと会談。

6月1日▶エルデネバト首相，サンクトペテルブルク国際経済フォーラム2017に出席（～3日）会期中にモディ・インド首相らと会談。

5日▶ムンフ＝オルギル外相，東京での「アジアの未来」フォーラム出席（～6日）。会期中に安倍首相と会談。

6日▶大統領選挙期間開始。

7日▶最高裁，ナイダラー氏の労働国民党党首の就任を承認。

8日▶首都行政初級裁判所，モンゴリアン・カッパー・コーポレーションによるエルデネト社100％国有化停止の訴えを認める。

▶エルベグドルジ大統領，カザフスタン首都アスタナでの上海協力機構首脳級会合出席。会期中にプーチン・ロシア大統領と会談。

9日▶国会，チョローンバータル国会議員の教育・文化・科学・スポーツ相任命案を可決。

12日▶ムンフ＝オルギル外相，訪米（～13日）。ティラーソン米国務長官らと会談。

13日▶モンゴル・中国・ロシア第13回商工会議所統一会議，ウランバートルで開催（～15日）。

15日▶第4回北東アジア安全保障問題ウランバートル対話イニシアチブ開催（～16日）。

20日▶ベリーズと国交樹立。

26日▶大統領選挙，初回投票実施。

30日▶最高裁，大衆党の政党登録承認。

7月4日▶第8回モンゴル・日本官民合同協議会，対外関係省で開催（～5日）。

6日▶春期国会閉会。

7日▶大統領選挙2回目投票実施。

10日▶バトトルガ新大統領就任，宣誓式挙行。林幹雄特別大使率いる日本・モンゴル友好国会議員団らが出席。

18日▶大島衆議院議長，来訪（～19日）。バトトルガ大統領らと会談。

23日▶国際軍事演習「ハーン・クエスト」開催（〜8月5日）。

27日▶第7回モンゴル・中国中央銀行間円卓会議，ウランバートルで開催（〜28日）。

8月7日▶第54回アジア太平洋航空局長会議，ウランバートルで開催（〜11日）。

8日▶第16回モンゴル・ベトナム通商・経済・科学技術協力政府間委員会，ウランバートルで開催（〜10日）。

10日▶第3回モンゴル・中国外務省間戦略対話，ウランバートルで開催。

21日▶ムンフ＝オルギル外相，ロシア訪問。ドンスコイ天然資源・環境相と会談。

23日▶ムンフ＝オルギル外相，イスラエル訪問（〜26日）。ネタニヤフ首相兼外相と会談。

29日▶バトトルガ大統領，ハンガリー訪問（〜9月2日）。オルバン首相らと会談。

30日▶第2回モンゴル・日本・アメリカ3カ国外務省間会議，ウランバートルで開催。

▶第4回モンゴル・日本対外関係・安全保障・防衛担当機構間会議，ウランバートルで開催。

9月4日▶バトトルガ大統領，ロシア訪問（〜7日）。プーチン大統領らと会談，ウラジオストクでの第3回東方経済フォーラムに出席。

▶「インベスト・モンゴリア2017」，ウランバートルで開催（〜5日）。

6日▶臨時国会開会。

▶ドルジ・ブータン外相，来訪。ムンフ＝オルギル外相らと会談。

7日▶国会，エルデネバト首相信任案を反対多数で否決。

▶「コール・モンゴリア2017」，ウランバートルで開催（〜9日）。

11日▶第2回モンゴル・北海道ビジネスフォーラム，ウランバートルで開催。

15日▶ICT-Expo2017，ウランバートルで開催（〜17日）。

19日▶ムンフ＝オルギル外相代行，ニューヨークでの第72回国連総会に出席（〜24日）。

21日▶義務教育学校・幼稚園教師，賃上げなどを要求するストライキ決行。

22日▶首都議会，サンドイ議長の辞任申し出を承認。

10月2日▶秋期国会開会。

▶「モンゴル・ロシア協力2017」経済フォーラム，ウランバートルで開催（〜5日）。

4日▶国会，新首相にフレルスフ前副首相を指名。

5日▶第2回モンゴル・欧州自由貿易連合（EFTA）協力合同委員会，ウランバートルで開催。

9日▶首都議会，アマルサイハン新議長を選出。

19日▶国会，フレルスフ首相の新閣僚任命案を承認。

23日▶人民党国会議員団，法務・内務相就任に伴い辞職したニャムドルジ前国会副議長の後任にエンフ＝アムガラン国家議員を指名。

26日▶国会本会議，2017年補正予算案を可決。

30日▶最高裁，ツォグトゲレル民族民主党党首の就任を承認。

11月1日▶モンゴル・EU包括的パートナーシップに関する枠組合意発効。

6日▶張軍中国司法相，来訪（〜8日）。フレルスフ首相らと会談。

8日▶モンゴル労働組合連合代表にアムガランバータル氏が再任。

9日▶国会，フレルバータル蔵相任命に対するバトトルガ大統領の拒否権を覆す。

14日▶国会，2018年度予算案および関連法案可決。

20日▶第28回人民党大会開催（〜23日）。新党首にフレルスフ首相を選出。

24日▶ラチャンタブン・ラオス教育・スポーツ相，来訪。ツォグゾルマー教育・文化・科学・スポーツ相と会談。

28日▶ペレグリーニ・スロバキア副首相，来訪(～30日)。フレルスフ首相らと会談。

30日▶反腐敗庁，ゾルジャルガル元モンゴル銀行総裁を逮捕。

▶エンフトゥブシン副首相，ソチ(ロシア)での上海協力機構首脳級会合に出席(～12月1日)。

12月 2日▶バト＝エルデネ道路・運輸開発相，モスクワでの「ロシア運輸週間2017」出席(～8日)。ソコロフ・ロシア運輸相と会談。

3日▶ツォグトバータル外相，訪中(～5日)。王毅外相と会談。

4日▶最高裁，エルデネバト祖国党党首の就任を承認。

▶ツェレンバト環境・観光相，ナイロビでの第3回国連環境総会出席(～6日)。会期中にソルヘイム国連環境計画事務局長らと会談。

5日▶ホブド県住民議会，ガルザンドンドグ知事を解任。

6日▶ガルバドラフ新モンゴル学園理事長，旭日小綬章受章。

▶スマーMCAヨーロッパ・アジア太平洋・ラテンアメリカ担当副総裁補，来訪。フレルスフ首相と会談。

▶労働・社会保障サービス総局，2018年1月1日より北朝鮮国民に労働許可を与えないことを発表。

7日▶政府，バータルツォグト鉱物資源・原油庁長官を解任。後任にヘルレン元国有資産管理庁長官を任命。

▶ツォグトバータル外相，ウィーンでの第24回欧州安全保障協力機構(OSCE)外相級会合出席(～8日)。会期中にグレミンガーOSCE事務局長らと会談。

▶エンフボルド防衛相，ソウルでのモンゴル・韓国協力フォーラム出席。会期中に宋韓国国防相と会談。

▶第11回モンゴル・EU定例会合，ブリュッセルで開催。

8日▶反腐敗庁，ガンボルド・モンロスツヴェトメト社社長ら12人を収賄容疑で逮捕。

▶ツォグトバータル外相，ウィーン国連代表部訪問。李勇国連工業開発機関事務局長と会談。

9日▶バーサンフー国会議員，人民革命党党大会を開催。エンフバヤル党首ら参加せず。

10日▶エンフバヤル人民革命党党首ら，「人民革命党 第1回万戸・千戸・百戸・十戸長全国会議」開催。

▶ツォグトバータル外相，ブエノスアイレスでのWTO閣僚級会議に出席(～13日)。会期中にフォリー・アルゼンチン外相らと会談。

11日▶ウランバートル＝ウランウデ・イルクーツク間急行列車運行開始。

13日▶政府，ウランバートル鉄道最高執行役員にツェンゲル元税関庁長官を任命。

14日▶ソミヤーバザル鉱業・重工業相，タワントルゴイ炭鉱からの石炭輸送を一時停止。

▶バトゾリグ食料・農牧業・軽工業相，ロシア訪問(～15日)。グロムィコ農業副大臣と会談。

15日▶国会，ホルツ氏駐韓大使任命に関する公聴会開催。

18日▶最高裁，フレルスフ人民党党首の就任を承認。

20日▶チンゾリグ労働・社会保障相，訪日(～22日)。加藤厚労相らと会談。

21日▶タワントルゴイ炭鉱からの石炭輸送再開。

22日▶モンゴル銀行，政策金利を12%から11%に引き下げ。

参考資料　モンゴル　2017年

① 国家機構図（2017年12月末現在）

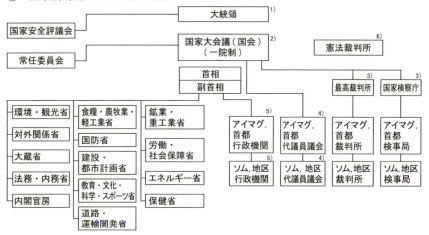

（注）1）国家元首。政党の推薦を受け国民の直接選挙で選出，任期4年。大統領資格は45歳以上，選挙前5年以上継続して国内に居住したモンゴル国籍の者。2）国家最高機関。定員76人。任期4年。議員資格25歳以上。首相以下の閣僚を選出。定例年2回，1回75日以上。3）最高裁長官，検事総長は国家大会議議決を経て大統領が任命。4）任期4年。5）アイマグ（県），首都の知事は地方議会の提案で首相が任命。ソム（郡），地区などの首長は上部アイマグ，首都知事が任命，任期4年。6）憲法裁判所判事は，大統領と最高裁判所が推薦し，国会が任命。

② 政府・国会要人名簿（2017年12月末現在）

大統領　　　　　Kh. Battulga	教育・文化・科学・スポーツ相
	Ts. Tsogzolmaa（人民党）
［閣僚］	道路・運輸開発相　J. Bat-Erdene（人民党）
首相　　　　　U. Khürelsukh（人民党）	鉱業・重工業相　D. Sumiyaabazar（人民党）
副首相　　　　Ö. Enkhtüvshin（人民党）	労働・社会保障相　S. Chinzorig（人民党）
環境・観光相　　N. Tserenbat（人民党）	エネルギー相　　Ts. Davaasüren（人民党）
対外関係相　　　D. Tsogtbaatar（人民党）	保健相　　　　　D. Sarantseteg（人民党）
大蔵相　　　　　Ch. Khürelbaatar（人民党）	モンゴル国相・官房長官
法務・内務相　　Ts. Nyamdorj（人民党）	G. Zandanshatar（人民党）
食糧・農牧業・軽工業相	
B. Batzorig（人民党）	［国家大会議］
国防相　　　　　N. Enkhbold（人民党）	議長　　　　　M. Enkhbold（人民党）
建設・都市計画相　Kh. Badyelkhan（人民党）	副議長　　　　Ts. Enkh-Amgalan（人民党）
	副議長　　　　Ya. Sanjmyatav（民主党）

主要統計 モンゴル 2017年

1 基礎統計

	2012	2013	2014	2015	2016	2017[1]
人 口(年末, 1,000人)	2,867.7	2,930.3	2,995.9	3,061.6	3,119.9	3,179.8
消費者物価上昇率(%)[2]	14.0	12.5	11.0	1.9	1.1	6.4
失業者数(年末, 1,000人)	35.8	42.8	37.0	32.8	34.4	25.5
為替レート(1ドル=トグリグ)[3]	1,392.1	1,659.3	1,888.4	1,995.5	2,489.5	2,427.1

(注) 1)暫定値。 2)各年12月時点の対前年同月比。 3)モンゴル銀行12月31日公表値。
(出所) *Monthly Statistical Bulletin*, 2013年12月号, 2015年12月号, 2016年12月号, *Socio-economic Situation of Mongolia*, 2017年12月号, モンゴル銀行ウェブサイト(http://www.mongolbank.mn/)。

2 支出別国内総生産(名目価格) (単位：100万トグリグ)

	2012	2013	2014	2015	2016	2017[1]
民間消費支出	8,848,005.0	10,594,056.5	12,587,626.9	13,555,719.0	12,725,247.5	13,785,778.9
政府消費支出	2,257,411.1	2,580,301.9	2,893,297.9	3,132,117.7	3,452,502.2	3,447,935.2
総資本形成	9,328,596.1	10,215,213.6	7,818,432.5	6,249,805.0	7,053,085.1	10,135,010.3
固定資本	7,529,193.8	7,528,506.6	6,351,104.8	4,627,793.0	4,803,481.1	6,660,855.7
在庫増減	1,799,402.3	2,686,707.0	1,467,327.6	1,622,012.0	2,249,603.9	3,474,154.6
財・サービス輸出	7,271,503.4	7,456,908.5	11,613,413.3	10,567,131.2	12,128,721.8	16,668,531.9
財・サービス輸入	11,017,096.0	11,777,155.8	12,685,716.3	10,334,660.5	11,179,558.5	16,008,981.5
国内総生産(GDP)	16,688,419.6	19,174,242.6	22,227,054.3	23,170,112.4	24,179,998.1	28,028,274.9
海外純要素所得	-1,288,844.4	-1,082,916.6	-1,806,980.0	-1,898,953.9	-2,053,156.3	-
国民総所得(GNI)	15,399,575.2	18,091,326.0	20,420,074.3	21,271,158.5	22,316,313.0	-

(注) 1)9月までの暫定値。
(出所) Mongolian Statistical Information Database (http://www.1212.mn), *Socio-economic Situation of Mongolia*, 2018年1月号。

3 産業別国内総生産(実質：2010年価格) (単位：100万トグリグ)

	2012	2013	2014	2015	2016	2017[1]
農林水産業	1,381,285	1,646,184	1,871,397	2,071,966	2,200,717	2,252,190
鉱業・採石	2,452,170	2,905,822	3,469,333	3,957,728	3,965,583	3,692,753
製造業	779,722	859,681	895,656	907,541	907,864	1,114,636
電気・ガス・水道	244,773	258,080	271,675	280,095	284,420	296,257
建設業	568,837	614,244	588,025	580,016	549,885	545,666
商業	1,965,557	2,139,600	2,191,309	2,038,748	1,968,537	2,160,299
運輸・倉庫	843,168	830,986	953,873	996,650	1,116,802	1,302,981
情報・通信	314,312	361,096	378,221	370,333	362,491	391,000
金融	509,021	666,031	883,264	1,011,837	1,035,154	1,118,044
不動産	718,013	742,115	769,506	802,870	812,869	865,087
政府サービス	408,031	423,600	434,276	447,416	447,163	452,528
その他サービス	924,133	876,892	905,598	909,074	910,916	929,140
生産物に課税される税	1,744,385	1,938,751	1,781,712	1,377,381	1,394,363	1,653,502
国内総生産(GDP)	12,853,407	14,350,689	15,482,273	15,847,217	16,047,783	16,873,817
GDP成長率(%)	12.3	11.6	7.9	2.4	1.3	5.1

(注) 1)暫定値。
(出所) 表2に同じ。

モンゴル

4 家畜頭数
(単位：1,000頭)

	2012	2013	2014	2015	2016	2017[1)
総数	40,920.9	45,144.3	51,982.6	55,979.8	61,549.2	66,219.0
馬	2,330.4	2,619.4	2,995.8	3,295.3	3,635.5	3,939.8
牛	2,584.6	2,909.5	3,413.9	3,780.4	4,080.9	4,388.5
ラクダ	305.8	321.5	349.3	368.0	401.3	434.1
羊	18,141.4	20,066.4	23,214.8	24,943.1	27,856.6	30,109.9
ヤギ	17,558.7	19,227.6	22,008.9	23,592.9	25,574.9	27,346.7
子家畜育成数	13,379.0	15,221.0	17,246.0	19,179.5	19,721.7	22,642.0
出生に対する育成率(％)	96.5	96.3	97.8	95.8	95.9	96.2

(注) 1) 暫定値。
(出所) *Monthly Statistical Bulletin*, 2013年12月号, 2015年12月号, *Socio-economic Situation of Mongolia*, 2017年12月号。

5 国際収支
(単位：100万ドル)

	2012	2013	2014	2015	2016	2017[1)
経常収支	-5,380.7	-4,731.8	-1,934.3	-948.5	-699.7	-984.4
貿易・サービス収支	-4,455.7	-3,917.9	-1,111.5	-152.9	-0.5	266.8
貿易収支	-3,029.8	-2,608.1	177.7	562.6	1,337.8	1,474.2
輸出(FOB)	3,800.4	3,789.4	5,470.8	4,446.4	4,804.0	5,834.4
輸入(FOB)	-6,830.3	-6,397.5	-5,293.1	-3,883.8	-3,466.2	-4,360.2
サービス収支	-1,425.9	-1,309.8	-1,289.2	-715.5	-1,338.3	-1,207.4
貸方	651.5	688.8	607.0	688.8	800.9	1,005.2
借方	-2,077.5	-1,998.6	-1,896.2	-1,404.3	-2,139.2	-2,212.6
第一次所得収支	-1,166.7	-962.8	-972.5	-969.7	-911.2	-1,430.1
貸方	60.5	52.1	57.1	58.8	68.3	76.0
借方	-1,227.3	-1,014.9	-1,029.6	-1,028.5	-979.5	-1,506.1
第二次所得収支	241.8	148.9	149.7	174.1	212.1	178.9
資本勘定	142.3	140.7	135.6	115.7	155.7	153.9
金融勘定	-6,689.3	-2,807.9	-1,503.8	-788.0	-811.9	-2,439.0
直接投資(純)	-4,207.8	-2,018.7	-230.7	-82.9	4,170.9	-1,325.7
証券投資(純)	-2,300.4	160.6	-270.0	-248.5	-487.1	-471.4
金融デリバティブ(純)	0.0	0.0	-1.1	-1.4	38.1	17.3
その他投資(純)	-181.1	-949.8	-1,002.0	-455.3	-4,533.8	-659.2
誤差脱漏	188.2	-84.1	-176.1	-223.3	-221.2	-72.0
準備資産増減	1,639.1	-1,867.3	-471.1	-268.1	-18.2	1,459.9

(注) 1) 暫定値。
(出所) モンゴル銀行ウェブサイト (http://www.mongolbank.mn/)。

6 主要国別貿易構成比（2017年）[1]

(%)

輸出	中国	イギリス	ロシア	イタリア	台湾	シンガポール	日本	香港	ドイツ	韓国	その他
	85.6	10.7	1.1	0.7	0.4	0.4	0.2	0.2	0.2	0.2	0.3

輸入	中国	ロシア	日本	アメリカ	韓国	ドイツ	ポーランド	イギリス	マレーシア	イタリア	その他
	32.9	28.1	8.4	4.8	4.6	3.0	1.1	1.1	0.9	0.9	14.3

（注） 1）暫定値。
（出所） Socio-economic Situation of Mongolia, 2017年12月号。

7 主要輸出品

(単位：万ドル)

	2012	2013	2014	2015	2016	2017[1]
石　　　　　炭	188,039.6	111,615.3	84,860.3	55,502.7	97,175.6	225,675.3
銅　　精　　鉱	83,857.9	94,895.1	257,470.6	228,013.5	160,775.4	161,311.7
金	12,229.4	30,982.7	40,524.4	42,056.8	75,840.9	59,535.4
鉄　　鉱　　石	53,250.9	65,433.3	44,637.8	22,719.1	24,989.1	31,335.5
亜　鉛　精　鉱	13,083.0	11,908.5	11,316.7	10,165.9	14,541.3	18,080.9
モリブデン精鉱	3,817.4	2,947.9	3,513.7	2,947.4	2,644.7	3,735.9
梳毛カシミヤ	4,783.0	5,608.1	6,193.2	4,071.1	3,318.9	3,852.2
羊　　　　　毛	466.5	266.1	957.8	1,394.6	1,635.7	2,064.3
牛・馬皮革	533.9	536.5	798.2	828.5	939.0	1,016.8
ヤ　ギ　皮　革	655.0	988.4	1,373.8	1,025.7	389.7	623.0
羊　　皮　　革	1,607.4	1,531.7	1,088.1	1,227.4	164.4	315.0

（注） 1）暫定値。
（出所） 表4に同じ。

8 主要輸入品

(単位：万ドル)

	2012	2013	2014	2015	2016	2017[1]
ディーゼル燃料	81,879.0	88,114.6	65,616.3	37,667.9	25,484.2	42,791.6
ガ　ソ　リ　ン	47,411.0	43,964.8	42,541.6	27,397.1	19,293.4	24,374.8
乗　　用　　車	43,005.9	37,303.2	28,920.7	20,999.9	21,973.8	26,038.3
ト　ラ　ッ　ク	40,820.4	30,695.4	10,783.4	4,991.7	4,648.4	19,128.9
公共輸送用機器	2,309.7	1,972.7	1,363.2	1,231.1	1,489.4	1,243.8
砂　　　　　糖	2,356.3	2,445.9	2,445.9	1,841.3	2,554.0	2,516.5
コ　　　　　メ	1,720.9	945.3	1,488.7	1,584.6	1,603.0	2,063.7
小　　麦　　粉	1,662.0	1,009.5	670.5	601.3	820.4	-
鶏および家禽類肉・内臓	1,255.0	1,587.1	1,553.7	1,083.2	1,263.1	1,482.4
茶	194.5	231.9	159.6	171.9	145.8	131.9

（注） 1）暫定値。
（出所） 表4に同じ。

2017年の中国

中華人民共和国		政 体	社会主義共和制
面 積	960万 km²	元 首	習近平国家主席
人 口	13億9008万人(2017年末)	通 貨	元(1米ドル=6.5342元,2017年末現在,中国人民銀行公布の中間レート。対円は2017年末で1元=17.28円)
首 都	北京		
言 語	漢語,チベット語,モンゴル語,ウイグル語など		
宗 教	道教,仏教,イスラーム教,キリスト教	会計年度	1月〜12月

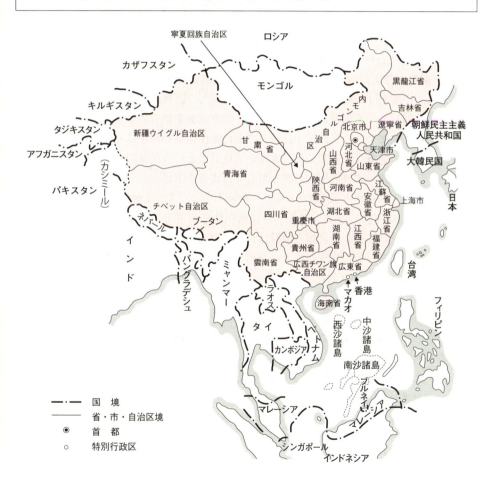

2017年の中国

「社会主義現代化強国」を目指す第2期習近平政権

江藤 名保子・森 路未央

概　況

　国内政治においては、10月の中国共産党第19回全国代表大会（以下、第19回党大会）開催を控え、内外での汚職摘発と言論統制が強化された。第19回党大会の報告は、中国が「新時代」に入ったことを強調し、21世紀半ばまでに「社会主義現代化強国」となる国家目標を掲げた。また党大会を経て名実ともに習近平の権威が一段と高まり、歴代政権が目指してきた集団指導体制が揺らぎはじめた。一方、党中央の強権化は政策における高い実施効果という積極的な面と表裏一体であり、汚職問題、環境問題への取り組みでは成果を上げた。

　国内経済はGDP成長率が6.9％と、政府目標の6.5％前後を上回り、前年の6.7％から0.2ポイント上昇、7年ぶりに前年比成長率を上回った。輸出と内需の伸びが成長をけん引した。個人消費は自動車販売台数の増加率が鈍化したものの、ハイエンド消費財等の需要が拡大し好調だった。安定成長のリスクと懸念される過剰生産能力や過剰債務問題を受け、固定資産投資額は前年比0.9ポイント低下の7.2％増にとどまった。不動産市場は不動産価格抑制策の実施対象地域で住宅販売価格の上昇率低下等の効果がみられたが、対象外地域では価格高騰に歯止めがかからなかった。イノベーション推進策の下で、中国発の世界をリードするビジネス展開として、フィンテック、シェアリングエコノミー、電気自動車が拡大した。またユニコーン企業（企業の時価総額が10億ドル以上の非上場のベンチャー企業）は中国だけでなくインドをはじめとした新興国でも発展し、ここに中国企業が出資等で関わるケースが増えてきた。アメリカの対中貿易赤字の拡大への対応策として、米中間でアメリカからのLNG等の輸入、自動車や金融分野の対中投資規制の緩和等に合意した。

　対外関係においては、引き続き「一帯一路」構想に基づく対外インフラ投資・開発を通じて国際的な影響力を高め、自国に有利な国際環境を構築しようとして

いる。「大国」としての中国の行動に対し、国際社会では期待と反発の双方がみられた。人民解放軍の改革はその海外展開と連動しており、南シナ海や東シナ海での領有権の主張等、軍事力を背景にした対外政策が拡大した。年度後半には徐々にアメリカの対中認識が悪化し、経済問題や台湾問題などの懸案が浮上した。

国内政治

共産党第19回全国代表大会の開催

中国共産党の5年に一度の党大会が10月18～24日に開催され、第19期中央委員会委員204人や同候補委員172人、中央紀律検査委員会委員133人らが選出された。習近平党総書記（国家主席、中央軍事委員会主席）の名を冠した政治思想を党規約に盛り込む「中国共産党規約（改正案）」を全会一致で承認した。これにより「習近平による新時代の中国の特色ある社会主義思想」が、マルクス・レーニン主義、毛沢東思想、鄧小平理論、「3つの代表」思想、科学的発展観などと同列の行動指針として党規約に加筆されることが決定した。習近平の権威をこれまで以上に高める決定であった。

開幕式で政治活動報告を行った習近平総書記は、現在は「小康社会（筆者注：ややゆとりのある社会）の全面的建設の勝ちを制する段階であり、中国の特色ある社会主義が新時代に入るカギとなる時期」にあると位置づけ、会議の重要性を強調した。そして「我が国の社会の主要矛盾はすでに、人民の日増しに増大する素晴らしい生活への需要と、不均衡で不十分な発展との間の矛盾に変化した」と述べた。これは「物質的・文化的需要」と「遅れた社会的生産力」の間の矛盾を「主要矛盾」とした鄧小平の主張からの転換を意味する。すなわち中国の「新時代」とは、経済発展を主たる国家目標とした「改革開放」から脱却し、社会的厚生の改善を目指す時期と考えられる。

では、共産党中央はどのような国家像を描いているのか。そのヒントとなるのが、「社会主義現代化強国の全面的な建設」を目標として示されたロードマップである。かつて2002年の第16回党大会で「全面的小康社会の建設」が2020年までの目標に設定され、2012年の第18回党大会では「2つの100年」（①共産党創立100周年の2021年頃に小康社会建設を全面的に達成しGDPと1人当たり国民所得を2010年比で倍増する、②中華人民共和国建国100周年の2049年頃に「富強・民主・文明・調和のとれた社会主義現代化国家を建設する」）が国家の「奮闘目標」

として打ち出された。今大会では2020～2021年頃までに「全面的小康社会」を達成し、2035年までに「社会主義現代化の基本的な実現」を成し、さらに今世紀半ばまでに「社会主義現代化強国」を建設することが「新時代の中国の特色ある社会主義発展戦略」だと解説された。国際社会において「総合国力と国際影響力においてリードする国家」となり、国内では「全人民の共同富裕を実現」を目指すことも明示された。総じて野心的な目標設定であり、大国としての自信が深まっていることが読み取れる。

対外的には、「大国外交」を掲げ、国際関係を刷新する「新型国際関係」と「人類運命共同体」の構築の2点を目標に掲げた。「人類運命共同体」とは国連創設70周年にあたる2015年頃から、習近平政権が国際社会に対して用いているスローガンである。習近平は1月17日の世界経済フォーラム2017年度年次総会（ダボス会議）の開幕式や、翌18日に国連ジュネーブ本部で開かれた会議で講演した際にも、この概念を強調した。習近平政権は国連を中心に国際社会での浸透を図っており、この概念が関連文書や会議で用いられることを歓迎している。たとえば2月10日の国連社会開発委員会第55回会議が採決した「アフリカ開発のための新パートナーシップ（NEPAD）の社会的側面」について『人民日報』は、「人類運命共同体の構築」の理念が初めて国連の決議に書き込まれた、と報じた。

なお、党大会報告には、全面的な法に基づく国家統治中央指導グループ、国有自然資源資産管理・自然生態監督管理機関、退役軍人管理保障機関、国家・省・市・県監察委員会の、4種の機関を新設することが明記された。共産党政権にとって法治の促進、環境問題の改善、退役軍人の管理、汚職問題が引き続き重要な課題であることの証左といえる。

第19期中央委員会第1回全体会議の開催

党大会閉幕の翌10月25日に第19期中央委員会第1回全体会議（以下、一中全会）が開かれた。中国の最高指導部にあたる党中央政治局常務委員（7人）や政治局委員（25人）が選出され、2022年の次大会までの5年間の指導体制が明らかとなった。

政治局常務委員には、留任した習近平総書記、李克強国務院総理兼党組書記のほか、栗戦書党中央弁公庁主任、汪洋国務院副総理、王滬寧党中央政策研究室主任、趙楽際党中央組織部長、韓正上海市党委員会書記の5人が政治局委員から昇格した。権力の中枢である政治局常務委員に習近平総書記の後継者が加わるかが

最大の焦点であったが，次世代の指導者候補とみなされていた陳敏爾重慶市党委員会書記，胡春華広東省党委員会書記のいずれも中央委員にとどまった。また党中央紀律検査委員会書記として汚職撲滅を推進した王岐山(69歳)が，党の慣例である「68歳以上で定年」に該当するものの続投するのではという憶測が流れていたが，同じく該当者である4人の常務委員(張徳江，兪正声，劉雲山，張高麗)と共に中央委員を退任した。王の後任の紀律検査委書記には趙楽際が，また中央書記処の筆頭書記に王滬寧が就任した。

　さらに政治局常務委員会の指名で，中央軍事委員会のメンバーが決定した。習近平を筆頭として，副主席には許其亮上将(元空軍司令員)，張又侠上将(前装備発展部長)の2人が，李作成上将(聯合参謀部参謀長，前陸軍司令員)，魏鳳和上将(前ロケット軍司令員)，苗華上将(政治工作部主任)，張昇民中将(中央軍事委員会紀律検査委員会書記，11月2日に上将昇進)の4人が委員に就いた。第16回党大会(2002年)以降，中央軍事委員会は11人から構成されていたが，陸・海・空・ロケット各軍の司令員や戦略支援部隊のトップが選出されず，7人体制に移行した。また中央軍事委員会としては初めて，汚職摘発を担当する紀律検査委員会から張昇民がメンバーに加わった。これに関連して，今次の党規約改正案では中央軍事委員会の主席責任制と，党や政治に関わる施策での責任を持つことが明記された。中央軍事委員会への集権化と少人数化を図ると同時に主席である習近平へ権限を集中することで，より効率的なトップダウン型の意思決定を行う体制を目指したと考えられる。

汚職取り締まりの継続

　2017年にもっとも注目を集めたのが，7月に次世代のトップリーダー候補と目された孫政才重慶市党委員会書記(政治局委員)が突如解任され，「重大な規律違反」を理由に失脚したことであった。10月11～14日に開催された七中全会で孫政才は，天津市の事実上のトップだった前党委員会代理書記および前市長の黄興国ら12人と共に党籍剥奪処分になった。12月11日に国営新華社通信は，最高人民検察院が収賄罪での立件を決定したと報じた。後継の重慶市トップには陳敏爾が就任している。その他，中央軍事委員会の元メンバーであった人民解放軍の房峰輝前統合参謀部参謀長や張陽前政治工作部主任も重大な規律違反で調査を受けており，11月には張陽の自殺が報じられた。

　党大会において習近平は「トラもハエもたたき，反腐敗闘争の圧倒的な状況を

形成した」として，その成果を強調した。これに先立ち，過去5年間の汚職摘発の成果が公表された。6月末までの時点で，中国全土で立件・審査した次官級以上の「中管幹部」（党中央組織部が直接管理する高級幹部）は280人余り，局長級では8600人余りに上り，第18期中央委員・候補委員40人，中央紀律検査委員会委員の8人が処分された。さらに国際逃亡者を追跡・逮捕するため2015年に開始した「天網行動」によって，8月末までに90余りの国と地域から国外逃亡者3339人を連れ戻し，不法取得資産93億6000万元を回収した。2017年単年では，孫政才や王三運前甘粛省党委員会書記などの18人の高官が紀律検査委員会に検挙された。

　習近平政権は第2期に向けて，汚職摘発のさらなる強化を目指している。2017年1月初旬の報道で，2018年3月に国家公務員を全体的に取り締まる「国家監察委員会」を新設する計画が発表され，1月11～13日に開催された中央紀律検査委員会の全体会議では国家監察体制の推進が決定された。同23日には北京市，山西省，浙江省の3カ所で試験的に国家監察委員会を設立した。これらの監察委員会の主任にはいずれも同地域の紀律検査委員会書記が就任しており，両組織の実態はかなり重複すると考えられる。さらに10月には全国的に監察体制を構築するため，上述の3カ所以外に28省（自治区，直轄市を含む）で省，市，県の3レベルで監察委員会を設置することを発表した。

　なお，4月にアメリカ亡命中の実業家である郭文貴が，国際刑事警察機構（ICPO）を通じて国際指名手配された。郭文貴はソーシャル・ネットワーキング・サービス（SNS）などを通じて，王岐山や公安・司法部門のトップだった孟建柱ら幹部の汚職スキャンダルを告発している。郭は9月にアメリカに亡命申請をしたが，中国政府はアメリカ政府に対して身柄の引き渡しを求めている。

人民解放軍建軍90周年と「海洋強国」の建設

　7月30日午前には，内蒙古自治区の朱日和訓練基地で中国人民解放軍建軍90周年の大規模な軍事パレードが行われた。習近平が軍用車に乗り込み，迷彩服姿で閲兵式に登場した。中国メディアは軍事パレードに登場した装備の「4割以上が初登場」と報じ，次世代ステルス戦闘機「殲20」などの最新鋭機を含む軍備拡充に注目が集まった。8月1日には北京の人民大会堂で記念式典が開かれた。閲兵式を参観した習近平は，「強大な人民軍の建設が必要だ。われわれは世界一流の軍隊になる」と述べ，「戦えば必ず勝つ精鋭部隊」を組織すると公言した。

「海洋強国」を目指す人民解放軍の活動は国内外で拡大している。公表された2017年度国防費は1兆443億9700万元（約17兆7547億円）と，日本の防衛予算（4兆8996億円）のおよそ3.6倍となり，潤沢な資金が急速な軍事力増強および技術進歩の源泉となっている。また海軍陸戦隊（海兵隊に相当）が南海艦隊の下に位置づけられていたのを，組織改編して北海，東海，南海各艦隊と同格へと格上げした。これに伴い——国防部は「計画に沿って着実に推進している」として詳細は明らかにしていないが——海軍陸戦隊は現在の2万人規模から2018年中に10万人規模に拡大すると報じられた。8月1日には中国初の海外基地がアフリカ・ジブチに開設されたが，増強された海軍陸戦隊の一部はジブチやパキスタンのグワーダル港に駐留される計画である。

こうした軍備拡充と並行して国内では，党中央が「軍民融合」（軍事技術の民生利用と民間技術の軍事利用によるイノベーションの促進を目指す方針）を推進した。1月22日に中央政治局は中央軍民融合発展委員会の設置を決定し，習近平がその主任に就いた。続いて2月，中央軍事委員会装備発展部は①制度・仕組みの刷新，②参入ハードルの引き下げ，③情報インタラクションの完備，④競争環境の育成，⑤監督管理の強化という5つの領域において，12の措置と45の任務を定めて兵器装備品整備の軍民融合の拡充を図ることを表明した。12月には国務院弁口庁も「国防科学技術工業軍民融合深化発展推進に関する意見」（ガイドライン）を公布し，軍需工業企業の株式制改造に民間資本を積極的に誘致すること，技術革新の拠点と設備・施設や技術基礎資源の軍民共有を図ること，宇宙，サイバー空間，海洋などの分野でサポートすることなどを指示した。今後，官民協力による軍事産業の発展がさらに進むと考えられる。

中国空軍は2015年から，台湾とフィリピンの間のバシー海峡と，日本の沖縄県・宮古島と沖縄本島（あるいは久米島）との間の宮古海峡をルートにして西太平洋に向かう「遠海遠洋訓練」を展開しており，とくに台湾の周囲を回る飛行経路について活動が急増した。12月には中国空軍スポークスマンが，偵察機が「繞島巡航」（島周回パトロール）をした，と表現するほど常態化し，中国でも国営メディアが報じた。

環境問題への対策強化

2020年頃の「小康社会」完成目標に向け，質の高い成長へと構造改革が進められている。環境問題においては，大気，水質，土壌の汚染規制が強化された。

2015年1月に「環境保護法」が改正されてからは，より厳しい排出許可基準の下，違反行為に対する生産制限や営業停止等が実施された。とくに2017年は『大気汚染防止行動計画』の第1段階最終年であることから，数値目標の達成に向けて行政の取り組みが加速した。

大気汚染対策の重点地域となっている京津冀(けいしんき)（北京市，天津市，河北省）周辺地域に対しては，8月に「京津冀および周辺地区2017～2018年秋冬季大気汚染総合対策攻略行動プログラム」（およびその下位政策6件）が発表され，数値目標（PM2.5の平均濃度を前年同期比15％以上低下など）達成が目指された。これを受けて北部の一部地域では暖房の使用時期となる10月1日から「禁煤令」（石炭禁止令）が実施され，石炭燃焼による大気汚染を防止するため企業や個人の燃焼用石炭の販売，輸送が禁止された。あわせて暖房器具についても，石炭を燃料とするものから電気や天然ガスの使用に転換しようとしたが，多数の地域で改造工事が遅延し，天然ガスの不足も相まって，学校や一般住宅でも暖房が使えないという事態が発生した。

9月13日には環境保護部等6部門が「第13次5カ年規画期の揮発性有機化合物（VOC）汚染防止のための行動方案」を発表した。2020年までにVOC汚染防止管理システムを構築し，重点地域(16省・市)，重点産業(石油化学，化学工業，包装・印刷等)でVOCの排出削減を図り，排出量を10％以上引き下げるとした。また2015年9月に習近平が米中首脳会談で表明していたとおり，これまで国内8地域で試行していた排出量取引を11月19日に全国に拡大した。

こうした規制強化の結果，PM2.5防治工作パネルのモニタリングデータによる主要都市のPM2.5月間平均濃度は，北京市が2013年12月の73$\mu g/m^3$（マイクログラムパー立方メートル）から2017年11月の45$\mu g/m^3$，上海市が同125$\mu g/m^3$から42$\mu g/m^3$，広州市が82$\mu g/m^3$から39$\mu g/m^3$と改善がみられた。

一方，2016年7月から2017年8月にかけて4度にわたる全国的な環境保護査察活動が行われた。同査察の担い手である「中央環境保護督察組」は党中央委員会と国務院により批准されており，党中央の権限の下で高い実績を上げた。『環球時報』によれば，9月までに処罰を受けた企業は1万8000社，罰金額は8億7000万人民元(約146億円)に上った。

インターネットを中心とする言論統制の強化

習近平政権の下で国内の言論統制は強化の一途をたどっている。6月1日には

「インターネット安全法」が施行され，インターネット上の個人情報保護やネット詐欺などへの罰則が規定された。同法は「インターネットの安全の保障，インターネット空間における国家の安全と社会の公益の維持，公民，法人，その他の組織の合法的な権益の保護」を目的とし，その対象には外国企業や個人を含む。インターネット関連商品やインターネットサービスに中国基準を適用すること，中国内で収集したデータを国外に提供する際には中国当局の審査を受けることなど，インターネットに関する経済活動を管理監督する内容となっている。

　これと並行して，ネット世論に対する管理も強化された。1月22日に工業情報化部が「インターネット接続サービス市場の浄化および規範化に関する通知」を通達し，同日から2018年3月末まで「インターネット接続サービス市場の規範整備」のため，違法経営行為の集中取り締まりを行うとした。これを受け，通信事業者は仮想プライベートネットワーク（VPN）提供において，電信主管部の承認を得る必要があるという制限を受けることとなった。この規制強化により，7月末にアメリカのアップル社がすべてのVPNアプリを販売停止にした。こうした動きはVPNを通じて個人が「Great Firewall」と呼ばれるインターネットフィルタを迂回することを困難にしている。なお，インターネット違法・不適切情報通報センターの統計によれば，対話アプリやSNS上の通報件数は7月に従来のおよそ2倍（600万件台）に急増し，党大会の開催された10月には過去最大の667万件（前年同月比8割増）に上った。

　また，人権活動家などオピニオンリーダーへの締め付けも強化されている。5月には北京大学法学部の賀衛芳教授が，SNS上の発信を当局が妨害していることに抗議するためとして，各種の発信停止を宣言した。また7月には，ノーベル平和賞受賞者で作家の劉暁波が肝臓がんにより死去したことに対し，国外での治療を当局が許可しなかったのではないかと国際社会から批判の声が上がった。3月から拘束されていた台湾のNGO職員，李明哲は11月に国家政権転覆罪で懲役5年の実刑判決を受けた。党大会の前後にはとくに管理が厳しくなり，該当期間中は当局が人権活動家らを北京から連れ出したとも報じられた。また2017年1月1日に「境外非政府組織管理法」（海外NGO管理法）が施行され，海外NGOは公安当局に活動報告を出すことが義務づけられた。

（江藤）

経　済

外需の回復が成長をけん引

　2017年の国内総生産（GDP）は82兆7122億元、実質成長率は6.9％を達成した。政府目標の6.5％前後を上回り、前年の6.7％から0.2ポイント上昇、7年ぶりに前年比成長率を上回った。国家統計局は「穏中向好」（筆者注：安定の中、向上あり）で進む傾向が続いていると評価した。なお、各地方政府発表のGDP合計値が国家統計局発表の全国値と一致しない問題に関して、国家統計局は2017年10月、2019年から地方統計局が国家統計局の基礎データを基にGDPを算出する方法に変更すると発表した。

　比較的高い成長率を達成できた要因として、外需の回復が挙げられる。貿易は輸出入とも3年ぶりに前年の実績を上回った。2017年の輸出額は7.9％増の2兆2635億ドルとなり2016年の同7.7％減から一転し増加した。品目別では自動車27.2％増、コンピューター16.6％増、スマートフォン11.3％増など高付加価値製品の伸びが高かった。アメリカ向けが11.3％増となり、対米貿易黒字が2年ぶりに増加した。GDPの項目別寄与率で輸出は9.1％と前年のマイナスからプラスに転じ、成長率の押し上げに貢献した。また、輸入額は15.9％増と前年の5.5％減から急伸した。電気機器、工作機械の増加は製造業の景気回復を示し、高品質な化学品の増加は環境規制強化など構造改革の影響と考えられる。

　固定資産投資（農家を含まない）は63兆1684億元で7.2％増、増加率は前年比0.9ポイント低下した。セクター別では、国有企業が10.1％増とけん引したが、民間企業が6.0％増と低迷した。これは債務解消に向けた民間企業の設備投資抑制が背景にある。業種別では、石炭採掘業12.3％減、鉄鋼業7.1％減となり、環境規制対象産業の投資抑制が挙げられる。また10月にはマネーサプライ（M2）が前年同月比8.8％増となり1996年の統計開始以降、最低の伸びとなったことは企業債務削減策等の影響と考えられる。政府はGDP比で過度に水準が高いM2を原因にした住宅価格高騰をコントロールした。住宅市場は国家統計局発表の70大中都市の新築商品住宅指数を2017年月次ベースでみると、7月までは50都市以上が前月比ベースで上昇したが、下半期は同下落した月が続いた。

　内需は堅調だった。社会消費品小売総額は10.2％増の36兆6262億元（名目値）だった。11月11日「独身の日」のネット通販商戦におけるEC大手企業20社の売

上総額は43.5％増の2540億元，うち最大手アリババ1社で1683億元に達した。自動車販売台数は小型車購入税優遇税率の引き上げ，乗用ガソリン車やディーゼル車に対するナンバー規制を要因に，3.0％増の2887万9000台で，前年の13.7％増から大幅に低下した。他方，新エネルギー車の販売台数は53.3％増の77万7000台，うち電気自動車（EV）が82.1％の46万8000台と台数こそ少ないが急伸が続いている。

消費者物価指数（CPI）の上昇率は1.6％，前年の2.0％から0.4ポイント縮小した。なかでも豚肉や野菜は0.4％の低下となり，2003年以来14年ぶりの下落となった。

人民元の対米ドルレートは，2015年中盤以降の元安ドル高趨勢から，2017年に入り，人民元相場の安定に向けて当局が対外直接投資の規制強化などによって過度な元安を抑制する政策を主導し，元高ドル安趨勢で推移した。「一帯一路」政策やアジアインフラ投資銀行（AIIB）の推進にあたり人民元の国際的地位向上に向けて，2016年に人民元がSDR（IMFからの特別引き出し権）の構成通貨に加わった。第19回党大会で中国人民銀行の周小川総裁は「為替レートはさらに柔軟になる」と発言，発言前には人民銀行が人民元の双方向への柔軟性を高めながら相場を安定的に維持する方針を示した。

成長リスクの回避と構造再編の同時進行

2016年12月の中央経済工作会議では，2017年の経済運営方針について，「穏中求進」（安定を維持しつつ前進を求める）をベースに，積極的な財政政策，穏健的な金融政策，為替政策，金融リスクの防止を進めるとした。またサプライサイド構造改革を深化させる1年と位置づけたほか，実体経済の振興，新型の都市化と地域経済をバランス良く発展させるとした。

2017年10月18～24日，第19回党大会が開催された。初日には習近平総書記が第18期中央委員会報告を行い，第1期政権の経済分野の成果と第2期以降の計画を表明した。第1期の成果として，まずGDP総額が54兆元から80兆元に増加し，世界の経済成長に対する中国の貢献率が30％超に高まった点を評価した。次いで，サプライサイド構造改革，経済構造再編，デジタルエコノミー等の新興産業，基礎インフラ建設の推進を積極的に実施したことを述べた。また「創新駆動発展戦略」（イノベーションを推進力とする経済発展戦略）の推進により，イノベーション型の国家建設の成果として，ロケットや中国商用飛機（Comac）社製のC919飛行機など重大な科学技術を続々と世に出した成功例を紹介した。民生分野に関し

ては，貧困人口6000万人余りが貧困から脱却したことや，都市部新規就業者数が年間平均1300万人以上に増加した実績を評価した。

　第2期の経済方針に関しては引き続き2020年までに小康社会を全面的に建設・完成する目標を掲げた。目標達成に向けて，科学教育立国，人材強国，イノベーション推進，農村振興，地域協調発展，持続可能型発展戦略を実施する。2020年から2035年までの第1段階では小康社会の全面的建設と完成を基礎に社会主義現代化の基本的実現を目標に掲げた。2035年から21世紀中葉までの第2段階では，社会主義現代化の基本的実現を基礎に「社会主義現代化強国」を実現する時代とした。

サプライサイド構造改革の取り組み

　2015年11月に政府が取り組みはじめた「サプライサイド構造改革」は2017年も最重要課題に設定された。具体的には3月の全人代「政府活動報告」，10月の第19回党大会等の重要会議において，「三去一降一補」(「去産能」過剰生産能力の解消，「去庫存」不動産在庫の解消，「去杠杆」金融リスクとなる債務の解消，「降成本」経営コストの削減，「補短板」弱点の補強)を強化するほか，農業のサプライサイド構造改革，実体経済の振興，不動産市場の安定成長を掲げた。

　積年の課題である過剰生産能力の解消に関して，国家発展改革委員会は2017年の削減目標として鉄鋼5000万トン前後，石炭1億5000万トン以上を設定した。国家発展改革委員会によると，鉄鋼は天津市や河北省等12の省政府が国有企業と協力し粗鋼生産圧縮計画を策定した結果，9月に目標達成と発表した。また石炭に関して，石炭工業協会によると，7月に目標の85％を達成，遼寧省等では第3四半期に目標達成と発表した。しかし目標達成や景気回復による価格上昇が生産能力を再生させる構造が依然存在している。これに対し，石炭は価格統制を強めているものの，価格高騰に伴う懸念を如何にコントロールするかが課題となっている。2016年末に世界第2位の鉄鋼メーカーとして誕生した宝武鋼鉄集団(宝鋼集団と武漢鋼鉄集団の合併)は2017年9月に年間粗鋼生産量を4000万トン増産し，1億トンとする方針を発表した。政府は過剰生産能力の解消を推進しているものの，増産する巨大メーカーが誕生した。他方，中小・民間企業は設備の老朽化，環境規制に伴う淘汰に直面し，市場が寡占化の方向に向かっている。

国務院金融安定発展委員会の設立

　金融面での目下の課題は，金融リスクの防止，金融の実体経済への貢献，金融改革の深化等である。金融リスクの発生と拡大の回避に向け，2017年7月14〜15日，第5回全国金融工作会議で，国務院金融安定発展委員会の設立が決定し，11月8日に発足した。同委員会設立の目的は金融監督当局（人民銀行，銀行業・証券・保険の各監督管理委員会）間の協調体制の強化である。また各金融監督管理委員会を監督する権限をもち，リスク管理能力の強化を図る。当面は，慎重な金融政策を続けつつも金融改革を深化させ，金融監督当局間での連携を深め，金融リスクの管理能力を高め，リスクを防止していく。具体的には，国有企業の債務のレバレッジ取引解消の推進，ゾンビ企業（経営が破綻しているが，銀行などの支援により倒産しない企業）の処理，地方政府の無責任な資金調達行為の管理・監督等が挙げられる。

　金融リスクの防止は，第19回党大会でも取り上げられた重大リスク防止のなかで最重要課題と位置づけられた。金融監督管理の枠組みとして，金融政策とマクロ・プルーデンスが設定された。金融部門のイノベーションの進展に伴う新たなリスクとその解消策として，2017年は小口融資を実施するネット金融に対する調査や管理の強化，仮想通貨での資金調達の禁止および仮想通貨取引所の停止を実施した。

企業債務問題は削減からコントロールに

　2008年に中国政府は4兆元の景気刺激策を行うなど投資に過度に依存した経済成長パターンが続けられ，債務が急増した。国際決済銀行の債務統計によると，中国のGDPに占める債務残高の比率は2008年末141％から2016年末257％に急増した。この急増は主に地方政府と国有企業のインフラ投資や生産設備増強によるものである。解消策として，マネーサプライの適切なコントロールは当然のこと，中央政府の対地方政府債務の調査・監督の強化，債務の借り換え，デット・エクイティ・スワップ（債務の株式化）の推奨，地方ベースAMC（資産管理会社）の設立等が挙げられる。しかし債権者である銀行の自己資本と貸倒準備金および中央政府の財政余力が比較的厚いこと，企業や個人の資金運用意欲等をふまえると，解消に向けた勢いがみられないのが実情である。むしろ，地域経済の発展に向けたインフラ投資，産業高度化政策に伴う製造業の高度化設備の導入，イノベーション推進に伴う高い資金需要により，債務のさらなる拡大を懸念する見方もあ

る。こうした課題に対して，2017年8月の国務院常務会議で李総理は国有企業の債務の解消，改革の質と効率を高めることを目的に，国有企業の本業以外の投資抑制，債務株式化の推進，過剰生産能力の解消等を指示した。また9月には国有資産監督管理委員会の肖亜慶主任が大手国有企業98社の定款に共産党が経営判断に深く関わることを認める規定を導入したと発表した。

企業債務問題に関しては，2016年の中央経済工作会議での「削減」から，2017年12月の中央政治局会議では「コントロール」する方針に変更された。この背景には，2017年にデット・エクイティ・スワップ等での債務削減が進み，第19回党大会後にデレバレッジ（債務依存の引き下げ）を強めたことが挙げられる。これを受け，2018年に政府はレバレッジの拡大を避けるために，資金供給の蛇口をコントロールすると発表した。こうした近年の債務削減の取り組みは非効率な企業や分野に対する融資制限を行うことで，景気の下押し圧力を回避できていた。しかし今後，構造改革の推進にあたり，資金供給をどのように制限するかが企業債務，金融リスクにとって重要になる。経済成長に与えるマイナスの影響を最小限にする策を講じることで，不良債権を拡大させず，景気を安定化させる運営が要される。

不動産抑制策の効果は限定的

不動産市場の混乱は，価格急落による地方財政の悪化，銀行の不良債権の増加，不動産開発投資意欲の低下，資産価値の減少が挙げられる。住宅購入意欲は引き続き強い状況にあり，2016年は規制緩和の結果，不動産バブルが生じた。2016年12月の中央経済工作会議で「住宅は住むもので投機の対象ではない」と述べ，住宅価格高騰下における「バブル発生の抑制，価格乱高下の防止」を示した。この方針の下，2017年は住宅ローンの頭金比率の引き上げ，金利の引き上げ，ローン審査の厳格化等の不動産抑制策を実施した。2018年以降は，賃貸住宅等の住宅供給チャネルの多様化が行われる見込みである。

引き締めは2016年後半以降開始した。不動産価格の抑制策について，中国政府が2014年に常住人口数に基づいて区分した都市別にみると，一級都市（北京，上海，広州，深圳，天津）の不動産平均価格指数は横ばいで推移した好結果がもたらされた。他方，二級都市（重慶市，東部・中部地域の省都などを含む30都市）や三級都市（西部地域の省都，東部・中部地域のその他の都市を含む38都市）の価格は上昇基調にあった。2017年になり二級・三級都市で購入抑制策を開始した。具

体的には，3月に厦門，9月に重慶，西安，南昌，南寧，長沙，貴陽，石家荘，無錫の9都市で購入後一定期間内の販売禁止，1軒目購入後の一定期間内での2軒目購入の禁止等であった。こうした抑制策が2017年下半期の中国全体の新築商品住宅指数の下落につながったといえるが，各地域別にみると，規制対象外の都市では価格上昇幅がいまだ大きい状況にある。

また住宅賃貸促進策の発表を受け，2017年下半期以降，賃貸市場拡大への取り組みが加速している。取り組みは，住宅購入価格が高騰する都市だけでない。都市部の少子高齢化に伴い計画された農村からの流入人口の都市定住化政策（「新市民」）を受け，農村と都市間の流動人口数は2016年に2億4500万人，2020年代前半には3億人を突破すると予測されている。賃貸住宅の供給を広げる対策として，2017年7月に国土資源部等が農村集団所有の非農業用地での賃貸住宅建設を13都市で試行する方案を発表し，都市近郊農村の住宅開発を推進することで都市の外延的拡大が見込まれる。賃貸市場の活性化に向けた課題として，賃貸権利（所有権）の明確化，賃借人の利益保障の確保が挙げられる。

世界をリードする中国発ビジネス

2012年に開始した「創新駆動発展戦略」（イノベーションを推進力とする経済発展戦略）は，2015年3月の全人代「政府活動報告」で李総理が「大衆による創業，万人によるイノベーション」を中国経済の持続的な発展をけん引する「ダブルエンジン」と位置づけた。2016年5月発表の「国家創新駆動発展戦略綱要」は，2020年にイノベーション型国家への仲間入りを果たし，2030年にイノベーション型国家の前列に並び，2050年に世界的な科学技術イノベーション強国を目指す，という3段階の発展目標を設定した。

このようなイノベーション推進策の下，近年では世界をリードするまでに成長した産業やビジネスが出現してきた。たとえば，ユニコーン企業の台頭，ライドシェア等のシェアリングエコノミー，フィンテックを活用し急速に普及した電子決済システム，環境保護対策を受けた新エネルギー車の開発・製造・販売が挙げられる。

まず，ユニコーン企業の台頭は，経営者が自由闊達にビジネスを展開することで成長を遂げた企業であり，これまで欧米を中心に展開してきたが，近年は中国で急増している。アメリカの投資調査機関CB Insightの調査によると，時価総額トップ10に中国からライドシェアの「滴滴出行」，スマートフォンメーカーの

「小米」，O2OやEコマースプラットフォームの「美団大衆点評」，上海の金融企業「陸金所」の4社がランクインした。また，インドやASEANのユニコーン企業に中国企業が関わるケースも増えている。インドでは，スマホ決済Paytmを運営する「One97コミュニケーション」にアリババが出資，ライドシェア大手の「オーラ」に「滴滴出行」が出資している。

次に，シェアリングエコノミーに関しては，自転車，自動車，スマートフォンの充電器，傘等のレンタルビジネスが誕生した。シェアサイクルは2015年以降に普及したビジネスで，約3年間で10社以上が参入したが，すでに大都市では供給過剰に陥り，2017年は「小鳴サイクル」や「悟空サイクル」等のシェアサイクル供給サービス企業が営業を停止した。サービス企業の営業停止により，消費者がシェアサイクルサービス企業に納めたデポジットが返還されないという新たな問題が生じている。これに対し，2017年8月に交通運輸部・国家発展改革委員会など10部門が共同で「シェアサイクルの発展奨励と規範化に関する指導意見」を発表した。シェアサイクルが都市交通の「ラスト1マイル」問題の解決，交通渋滞の緩和，環境に配慮した移動システムの構築に貢献し，シェアリング経済の推進に大きく寄与していると評価したうえで，駐輪問題，デポジットの管理，情報セキュリティー確保等の問題への対応方針を示した。なお，国家情報センターによると，シェアリングエコノミーは今後数年間で年間平均40％前後の成長，GDPに占める比率が2020年に10％，2025年に20％を占める規模に達すると予測している。

イノベーション推進による発展に関する政策として，2017年は6月21日に国家発展改革委員会がサービス業のイノベーションを加速し，中国が「サービス業強国」となるための「サービス業イノベーション発展大綱（2017〜2025年）」を発表した。同大綱では2025年までにGDPに占めるサービス業の付加価値比率を60％まで高める目標を設定した。他方，製造業については11月27日に国家発展改革委員会が「製造業核心の競争力増強3カ年行動計画（2018〜2020年）」を発表した。同計画は「中国製造2025」に基づいた短期行動計画であり，9分野（軌道交通，船舶・海洋設備，人工知能搭載ロボット，スマートカー，農業設備，医療機器・医薬品，新素材，製造業の人工知能化，重大技術設備）のグレードアップ，コア技術の開発・産業化，中国ブランド育成，中国初世界基準の創出等を掲げた計画である。政府は産業投資ファンドの活用の推進，ベンチャーキャピタル利用の後押し，高い技術力を有する外国企業の買収等の支援を重点的に実施するとした。

新エネ車の生産の義務化

2017年の自動車販売台数は前年比3.0％増の2887万9000台であった。成長率は前年の13.7％増よりも大幅に低下したが，世界最大の自動車市場に変わりはない。車種別ではSUV販売台数が1025万台（13.3％増）とけん引したが，セダンは1185万台（2.5％減）だった。また，新エネルギー車（EV，PHEV，水素）の販売台数は前年比53.3％増の77万7000台，うちEV（電気自動車）が同82.1％の46万8000台だった。EV車はガソリン高騰の懸念，エコ意識の向上だけでなく，中国では現在購入税10％が免税措置とされていることや，大都市でのナンバー登録規制の対象外であることが好調な販売を維持している。中国自動車工業協会は，自動車販売台数の伸び率が年初見通しの5.0％増に届かなかった理由として，排気量1600cc以下の乗用車に対する車両購入税の優遇税率調整で小型車の販売が減速したこと，新エネルギー車の補助金引き下げ等の政策見直しが上期の販売に影響したと指摘した。

2017年4月，中国政府は「自動車産業中長期発展計画」を発表し，2020年と2025年までの目標として，生産台数は2020年3000万台前後（うち新エネ車200万台），2025年3500万台前後（うち新エネ車700万台）を掲げた。6月には外資完成車メーカーの参入規制緩和策として，新エネ車生産であれば国内の完成車合弁企業3社目の設立が可能となった。すでにドイツのフォルクスワーゲンは3社目合弁を江淮汽車（JAC）と，アメリカのフォードは衆泰汽車との間で合弁契約を締結した。

2017年は新エネ車生産台数目標達成に向けた具体的方策が示された。新エネ車市場の拡大に関しては，9月に工業情報化部などが新たな燃費規制となる「NEV（新エネ車："New Energy Vehicle" NEV = PHEV + EV + FCV）規制」に対する「乗用車企業平均燃費・新エネ車クレジット並行管理弁法」を公布した。同弁法は乗用車メーカーに新エネ車生産を課すもので，2019年に開始する。乗用車メーカーの生産・輸入台数に占める新エネ車比率の目標を2019年10％，2020年12％と設定し，その目標比率が未達成の場合，他社の余剰クレジットを購入し補填，罰則としてICE車の生産停止や減産措置等となる。こうした新エネ車生産の義務化により日系を含む完成車メーカーは開発を急ピッチで進めている。

「一帯一路」沿線諸国とのプロジェクトが拡大

5月14～15日,中国政府は北京市で「一帯一路」国際協力ハイレベルフォーラムを開催し,習主席が「手を携えて『一帯一路』構築を推進する」と題する基調演説を行った。演説では「一帯一路」関係国との貿易総額が3兆ドル超,中国の投資額が累計500億ドル超に達し,今後3年間で「一帯一路」建設に参加する途上国と国際組織に対し600億元を援助する等の計画を発表した。

2017年の中国と「一帯一路」沿線59カ国との貿易額は17.8％増の7兆4000億元,うち輸出額が12.1％増の4兆3000億元,輸入額が26.8％増の3兆1000億元だった。非金融類直接投資額は1.2％減の143億6000万ドル,M&A件数は62件だった。大型プロジェクトとして「中国－タイ鉄道」第1期着工,「中国－ラオス鉄道」初のトンネル開通,「東アフリカ鉄道網」起点のケニア長距離鉄道の開通,「中国－ベラルーシ工業団地」「スエズ経済貿易協力区」の設立等が挙げられる。なお,M&Aの最大規模のプロジェクトは中石油集団と華信投資が28億ドルでアラブ首長国連邦（UAE）のアブダビ石油の株式12％を取得した案件だった。

2016年1月に開業したAIIBの参加国・地域数は創設時57カ国・地域だったが,2017年には84カ国・地域に拡大した。AIIBは2016年に計9件のインフラ関連プロジェクトに融資,2017年の融資プロジェクトは北京ガス集団のガス導管敷設等基礎インフラ向け融資を拡大し,開業後2年間の累計件数が24件,融資総額が42億ドルに達した。

「一帯一路」沿線諸国との協力関係の強化は,中国が抱える国内経済の課題を解決するテコとなりうる。インフラ関連プロジェクトは鉄鋼等部材の輸出増加により過剰生産問題の解決の糸口になる。また,沿線諸国との経済関係の強化に向けた鉄道や海路等の輸送網の構築により,中西部地域と海外市場とのコネクティビティが形成され産業が発展することで,地域間経済格差の縮小に貢献する潜在力を備えている。

（森）

対外関係

経済力と安全保障を一体化させた対外戦略

中国政府は経済進出と軍事・外交を一体化させた戦略を展開している。中国にとって目下の最大のねらいは,前述の「一帯一路」構想を国際社会に定着させることである。5月14～15日に北京市で国威をかけて開催した「一帯一路」国際協

力ハイレベルフォーラムには，アメリカや北朝鮮を含む130カ国・地域が参加した。インドが招待を受けながらも参加しなかったことが注目された。

　南シナ海の領有権問題においては経済力を背景に，域内の関係国による解決を主張し，域外国の関与を排除する構えである。5月18日に中国とASEANが開いた高級事務レベル会合では，紛争解消に向けた「行動規範」（COC）の枠組み草案の合意に達した。だが8月6日の外相会議で承認された枠組みは，「航行の自由」確保を目的に挙げながら，法的拘束力を持たない内容となっていた。これに対し，翌7日に閣僚級戦略対話を開催した日米豪の三カ国は，「威圧的な一方的行動に対して強い反対を表明」し，引き続き協議されるCOC本案には法的拘束力を持たせるよう求めた。8月29日にはブルネイで，ASEAN諸国と日米中3カ国の国防相が参加するASEAN拡大国防相会議が開催され，COCの早期策定で合意，11月13日の中国・ASEAN首脳会議では本案策定に着手することで合意した。この間，中国側は実施していないと述べていた，ベトナムなどと領有権を争う西沙（英語名・パラセル）諸島での開発を進めていたことが確認された。

　他方，中国の経済力に屈したのがスリランカである。南部のハンバントタ港の開発は中国の貸し付けにより進められたが，その債務が返済不能になった。そのためスリランカ国営企業と中国国有企業は7月29日に，スリランカ側が中国側に港の管理会社の株式の70％（運営権を含意）を99年間譲渡することで合意した。スリランカ政府は港を軍事目的で利用させないとしているが，2014年には同国のコロンボ港に中国軍の潜水艦が寄港したこともあり，実態は不透明である。

　中国の対外的な経済活動が海洋進出拡大に直結している現実に対し，危機意識を強めたアメリカ，日本に加えてインドが協調し，法による国際秩序に基づいた対中けん制を模索した。2016年8月にケニアで開催されたアフリカ開発会議（TICAD）の基調演説で安倍首相が発表した「自由で開かれたインド太平洋戦略」について，11月10日にベトナムでのアジア太平洋経済協力（APEC）首脳会議で演説したトランプ大統領はこれを共有したと述べ，11月15日には日印首脳会談で安倍首相とモディ印首相が，この構想の実現に向け連携することで一致した。「自由で開かれたインド太平洋」は，「一帯一路」のうちの「21世紀海上シルクロード」（いわゆる「海のシルクロード」）と対象地域は重なっているものの，自由，民主主義，法の支配といった普遍的価値を前提とする点で対照的である。さらに普遍的価値観を共有する国々への支援，そのための海上保安能力の強化や法制度整備等での協力を打ち出したことは，「海のシルクロード」への対抗と受け止めら

れた。

　11月には、権威主義国家であるロシアや中国が、国際社会で自国の主張を押し通すために用いる強引な政治的圧力を「シャープ・パワー」と位置づける論考が「全米民主主義基金」(NED)より発表された。「シャープ・パワー」に関する論考は増えており、中国による国際世論に対する抑圧への警戒感が高まっている。

米トランプ政権との関係構築

　オバマ政権は協調・対話を軸とする対中政策を展開したが、南シナ海での大規模な埋め立てやサイバーセキュリティに関する議論が平行線をたどった。これと対照的に1月に発足したトランプ政権は、対話と圧力を併用している。良好な関係が演出されたのは、4月にアメリカで、11月には中国で開かれた米中首脳会談であった。これらの会議では北朝鮮問題(後述)と経済の貿易不均衡が主たるテーマであった。一方、12月18日にトランプ政権として初めて発表した「国家安全保障戦略」(NSS)では、中国を「競合勢力」(competitor)と位置づけ対抗姿勢を明確にした。

　4月の首脳会談を控えた3月30日、アメリカ通商代表部(USTR)は「2017年版外国貿易障壁報告書」(NTE)のなかで、最大の貿易赤字相手国である中国の貿易障壁は、知的財産権保護、産業政策、サービス障壁、デジタル貿易、農業、透明性、法制度にあると明記した。とりわけ、CPUや半導体分野は、知的財産の国内所有、大規模研究開発、生産拠点設立等の技術移転の有無を基準に、許認可や投資インセンティブ付与を判断する差別的な対応、および中国企業に海外の技術が渡るようにハイテク分野で外資系企業買収のために補助金が供与されていること等の問題を指摘した。

　トランプ大統領との初めての首脳会談は、習近平国家主席が4月6～7日に訪問したアメリカ・フロリダ州で行われた。米中戦略経済対話に代わる新たな二国間の対話の枠組みとしての米中包括協議の設置、アメリカの対中貿易赤字縮小に向けた「100日計画」(アメリカ産牛肉の輸入解禁と保険・証券会社に対する外資出資規制の緩和等)の策定、中国の北朝鮮への圧力強化に対して「100日猶予」を考慮することで合意した。

　一方、6月27日にアメリカ国務省は「2017年人身売買報告書」発表、中国を最低ランクとして評価した。また南シナ海問題において、トランプ政権は2017年中には4回の「航行の自由」作戦を実施、6月4日にシンガポールで開催されたア

ジア安全保障会議(シャングリラ・ダイアローグ)では,マティス国防長官が中国の軍事拠点化に懸念を表明した。さらに8月14日,トランプ大統領は中国に対し,アメリカの「通商法第301条」(スーパー301条)に基づき,知的財産権の侵害,アメリカ企業の中国申述条件として技術移転を迫られる状況についての調査を指示した。これに対して中国商務部報道官は翌日,アメリカが両国の経済貿易関係を侵害する行動をとるならば絶対に看過せず,中国の合法的な権益を固く守るため,あらゆる適切な措置を講じると強い懸念を示した。

　2回目の米中首脳会談は11月8～10日,トランプ大統領が就任後初めて中国を訪問する形で実現した。9日の会談ではトランプ大統領からアメリカの対中貿易赤字の解消が求められた。これに対し,習国家主席はアメリカのLNG,農産物,映画の輸入を増加することで合意した。また貿易赤字の解消に向け,中国によるボーイング社製航空機の購入(約370億ドル相当),中国石油化工集団とアメリカ企業が共同でアラスカ州の天然ガス田を共同開発するなど,米中企業総額約2500億ドル(約28兆円)に及ぶ巨額の商談を成立させた。さらに投資規制の更なる緩和方針として,2018年6月までに自由貿易試験区内に完成車工場を設立する場合は現行の合弁出資規制を撤廃する試行措置を開始すること,自動車の輸入関税の段階的引き下げ,および銀行,証券,生保の外資出資制限の段階的撤廃を発表した。

　台湾問題をめぐっても,米中間の協調と対立がみられた。2月9日の米中首脳電話会談でトランプ大統領は,「『一つの中国』政策を尊重する」と述べ,中国側を安堵させた一方,6月29日には台湾への約14億2000万ドルの武器売却を議会に通知した。習近平政権は台湾で独立志向の民進党による蔡英文政権が成立して以来,台湾に対する外交圧力を強化してきた。6月12日には中米パナマと中国の国交樹立(パナマと中華民国は国交断絶),さらにUAE,バーレーン,エクアドル,ヨルダン,ナイジェリアの5カ国に対して台湾の在外公館の名称を「中華民国」から「台北」に改める変更を台湾側に求めるよう要請するなど,国際社会における台湾の「生存空間」を狭める措置を取っている。これに対しトランプ政権は,2018年1月9日に連邦議会の下院は「台湾旅行法案」(Taiwan Travel Act, H.R.535)および「台湾のWHA(世界保健機関WHOの年次総会)参与支持法案」(H.R.3320)を全会一致で可決するなど,台湾を支持する姿勢を見せた。

朝鮮半島情勢に起因する摩擦

　東アジア地域における最大の懸念要因は北朝鮮によるミサイル発射実験と核開

発であった。11月15日に発射実験を行った新型の大陸間弾道ミサイル（ICBM）「火星15」について、北朝鮮の国営放送である朝鮮中央テレビは、アメリカ全土に到達可能でかつ超大型重量級の核弾頭装着が可能だと説明した。

　朝鮮半島問題に対して平和的方法による解決を主張した習近平政権に対し、トランプ政権は、4月6～7日の米中首脳会談では具体的行動までの100日の猶予期間を設けるなど、圧力強化を求めてきた。こうした動きに対し8月11日に中国外務省の耿爽報道官は定例記者会見で「最近、朝鮮半島の核問題について、いわゆる『中国責任論』を大げさに強調している人がいる」と述べ、緊張を高めているのは中国ではないと反発した。一方、中国商務省は8月14日に、翌15日から北朝鮮に対する石炭、鉄鉱石、鉛、海産物の禁輸を実施すると発表した。8月5日に国連安全保障理事会が決定した新たな制裁案に同調することで、北朝鮮に圧力をかけると同時に、国際社会に対して中国が制裁に取り組んでいることをアピールするねらいがあったと考えられる。

　北朝鮮に対するミサイル防衛策のため、米韓両政府が合意していた在韓米軍の終末高高度防衛（THAAD）ミサイルの暫定配備が9月7日に完了した。THAAD配備に反発して中国政府は、韓国への旅行を制限するなどの報復措置をとり、両国の経済関係は停滞していた。10月30日に康京和（カン・ギョンファ）外交部長官が国会国政監査で明らかにし、翌31日に両国外務省が発表した「韓中関係改善に関連した両国の協議の結果」では、韓国は①アメリカとのMD（ミサイル防衛）構築、②THAADの追加配備、③韓米日軍事協力への参加、に応じないとの立場を明らかにした。中国側はこれを履行すべきだと迫っており、日米は対北朝鮮問題で関係各国の協調が乱れることを懸念している。

　なお、中国は北朝鮮への対応についてロシアと足並みをそろえている。7月4日にモスクワでプーチン大統領と習近平国家主席の首脳会談が行われた際にも、北朝鮮の核・ミサイル開発と米韓軍事演習を共に中止するよう求める考えで一致した。同様に9月3日に福建省アモイ市で、また11月10日にベトナム・ダナンで開かれた首脳会談においても、対話による解決を目指す方針で連携を取る方針を確認した。中国はロシアが主導する旧ソ連5カ国の経済ブロック「ユーラシア経済同盟」と「一帯一路」構想の連携を目指すことでも同意するなど、ロシアとの戦略的パートナーシップを深める方針である。

日中関係

　2017年に日中関係は，本格的な改善に向かった。その契機は，日本側が中国の「一帯一路」構想への協力を表明したことであった。5月の「一帯一路」国際協力ハイレベルフォーラムに日本政府は，自民党の二階俊博幹事長，松村祥史経済産業副大臣らからなる代表団を派遣，フォーラムの翌16日に二階幹事長は習国家主席と会談して安倍首相からの親書を手交した。6月5日には，安倍首相が第23回国際交流会議「アジアの未来」で「一帯一路」に条件が整えば協力する，と発言した。象徴的だったのは11月11日，APEC首脳会議が開かれたベトナム・ダナンでの安倍・習会談である。5回目となる安倍首相との首脳会談で初めて，笑顔を見せた習近平国家主席の写真が中国国内で報じられた。12月4～5日に開かれた第3回日中企業家および元政府高官対話では，安倍首相が「『自由で開かれたインド太平洋戦略』の下，中国とも大いに協力できる」と「一帯一路」への協力を強調した。これに対し，中国側は歓迎しつつも警戒感を示した。12月9日に王毅外交部長は「国際形成と中国外交シンポジウム」（中国国際問題研究院，中国国際問題研究基金会主催）で演説し，日本側の「対華関係改善の措置を重視」し，「『一帯一路』建設への参与を歓迎する」と述べつつも，日本側に改善に向けた「行動」を希望すると述べた。また王外相は中国外交を総括したなかで，日本をインドや韓国と同列の「周辺国」と位置づけた。

　日中間の尖閣諸島・東シナ海をめぐる緊張は継続している。海上保安庁によれば，中国公船は尖閣諸島周辺の接続水域内をほぼ毎日航行し，1カ月間に3回程度の頻度で領海侵入をするようになった。偶発的衝突を避けるための中国軍と自衛隊の間の緊急連絡体制である「海空連絡メカニズム」構築は，2008年から交渉が進められているがいまだ運用には至ってない。12月5～6日の第8回日中高級事務レベル海洋協議では同メカニズムについて「前向きな進展を得た」ため，「来年前半に合意めざす」とされた。

　台湾問題について，日中間で微妙な駆け引きが続いている。習近平国家主席は2014年以来の日中首脳会談で初めて7月，11月の2回の会談で「台湾問題」を提起した。11月11日の会談では「日中関係の政治的基礎となる重大な問題」として歴史問題と台湾問題は「四つの政治文書」に則るよう日本側に求めた。安倍政権下での日台関係は比較的良好に推移している。1月には日本の対台湾交流窓口の名称が「交流協会」から「日本台湾交流協会」に変更され，台湾側でも5月に窓口機関である「亜東関係協会」を「台湾日本関係協会」に変更した。また，3月

25日には赤間二郎総務副大臣が公務で台湾を訪問した。1972年の日台断交後は日本の政府高官の公式の派遣は控えられてきたため，初めての副大臣級の派遣として耳目を集め，中国外交部はこれを厳しく批判していた。

日中間の経済協力においては，9月26日に日本政府が中国向けの政府開発援助（ODA）として1979年から続けてきた円借款の貸し付けが完了した。新規の貸し付けは2007年度で終了していた。対中ODAとしては技術協力と草の根資金協力（住民に直接裨益する小規模な事業への資金供与）が継続している。

中印関係

国境対立の過熱を最大の要因として，インドと中国の緊張関係が高まった。ブータンが実効支配するドークラーム高地で，6月に中国が道路建設を始めたことがきっかけであった。ブータンが中国に抗議したことを受け，インド陸軍が部隊を派遣，人民解放軍とおよそ2カ月にわたって対峙した。8月28日にインド外務省は双方が現地から迅速に撤退する合意を発表し，29日には中国外交部がインド側の完全撤退を確認したと発表した。だが中国側の部隊は付近での工事等を継続しているうえ，中国国防省の呉謙報道官は11月30日の記者会見で「中国の領土」という原則に基づいて部隊の配置を決定すると発言，ドークラーム地区での駐留を否定しなかった。一方インドでは，中国との国境付近にある北東部アルナーチャル・プラデーシュ州のタワングに鉄道網を延伸する計画があり，この地域を「南チベット」として領有権を主張する中国側が反発した。なお4月4～11日には同州をダライ・ラマ14世が訪問し，中国側はこれを批判していた。

対立は経済面でも表面化している。インド政府は5月の「一帯一路」の国際フォーラムに代表団を派遣しなかった。さらに同フォーラム開催前日の5月13日にインド外務省は，参加を拒否した理由として中国の返済不可能な負債などの問題点や「中パ経済回廊」での領有権問題を指摘し，中国に「意味のある対話」を求める声明を発表した。これに先立ち2016年末のアフリカ開発銀行の年次総会では，インドのモディ首相が日印首脳会談で合意された「アジア・アフリカ成長回廊」（AAGC）を発表した。日印両国が共同出資して東アジアからアフリカにかけた地域で発電所，高速道路，港湾などの産業インフラを整備する構想で，対象国にとっては中国からの融資に対する代替手段となりえる。インドや日本は一国では中国の経済的な競争相手となりえないが，中国への経済的な一極集中を避けるため，協調してバランシングを図っている。

（江藤，森）

2018年の課題

　国内政治における着目点は，集団指導体制を基本とする従来の政権運営の在り方をどのように制度改変していくかである。3月の全国人民代表大会で「中華人民共和国憲法」を改正し，国家主席の任期を撤廃したことで，習近平政権が長期化する可能性が高まった。集権的体制の下でより効率的な国家運営が目指され，2020年の全面的な「小康社会」達成に向けて，汚職，環境問題，貧困問題への対策で成果を上げるであろうが，同時に，自由な言論空間はますます狭められると予想される。

　国内経済に関して言えば，2018年は習政権第2期の1年目，改革開放政策施行から40年目を迎える節目，第13次五カ年計画（2016～2020年）の折り返し年として，極めて重要な1年と位置づけられる。マクロ経済政策は，安定を保ちつつも，総需要の適度な拡大から質の高い発展を重視する方針に基づいた改革を行う。2017年12月の中央経済工作会議においては2020年までの3年間の課題として，金融リスクの防止，貧困からの脱却，環境汚染防止が挙げられた。2018年は積極的財政政策を継続しつつも地方政府の債務管理を強化し，穏健な金融政策の下でのマネーサプライの的確なコントロールを行う方針が示された。質の高い発展の推進に向けた重点業務として，サプライサイド構造改革の深化，国有企業など各市場主体の活力の引き出し，農村振興戦略の実施，地域強調発展戦略の実施，全面的開放の新局面構築の推進，保証を高めた民生レベルの改善，住宅制度改革，生態文明建設推進の加速を掲げた。

　対外関係においては，中国が「社会主義現代化強国」を目指すなかで，どのような国際ルールを設定していくかが課題となる。日中関係では8月に平和友好条約締結40周年を迎えるなど，関係改善の基調が続くと考えられる。日本で開催される予定の日中韓首脳会談をふまえ，日中間で首脳の相互訪問を実現できるかがカギである。また北朝鮮をめぐって韓国，アメリカとどのように協調していくかも注視される。

（江藤：地域研究センター）
（森：大東文化大学）

重要日誌　中　国　2017年

1月1日▶中国外貨取引センターは人民元指数の通貨バスケットに，新たに11カ国の通貨を追加。

▶「境外非政府組織管理法」（海外NGO管理法）施行。

5日▶国務院「第13次五カ年計画におけるエネルギー節減・排出削減の総合業務計画」発表。環境汚染物の排出削減を強化。

11日▶中国共産党第19期中央紀律検査委員会第2回全体会議（～13日）。国家監察体制の推進を決定。

12日▶国務院「対外開放の拡大，外資の積極利用の若干措置に関する通知」公布・施行。

17日▶習近平国家主席，世界経済フォーラム2017年度年次総会（ダボス会議，～20日）開幕式で基調講演。

18日▶習国家主席，国連ジュネーブ本部で「共に人類の運命共同体を築こう」と題する基調講演。

20日▶国家統計局，2016年統計公報を発表。GDP成長率は6.7％の74兆4127億元。

▶トランプ米大統領の就任。

22日▶中央政治局会議で中央軍民融合発展委員会の設置を決定。

▶工業情報化部が「インターネット接続サービス市場の浄化および規範化に関する通知」を通達。

23日▶北京市，山西省，浙江省の3カ所で試験的に国家監察委員会を設立。

2月5日▶農業の供給側の構造性改革の推進と農業・農村の発展の新エンジン育成の加速に関する2017年「中央1号文件」を公布。

6日▶中央全面深化改革領導小組第32回会議。

9日▶米中首脳電話会談でトランプ大統領は，「『一つの中国』政策を尊重する」と発言。

10日▶国連社会開発委員会第55回会議。

23日▶習国家主席，河北省安新県を訪問。計画中の「雄安新区」を視察。

28日▶中央財経領導小組第15回会議。

3月2日▶第19期中央軍民融合発展委員会第1回全体会議。習近平総書記が講話を発表。

5日▶第12期全人代第5回会議（～15日）。李克強総理，政府活動報告を発表。2017年のGDP成長率目標6.5％前後。

23日▶ボアオ・アジア・フォーラム年次総会（～26日），張高麗副総理が基調講演。

▶アジアインフラ投資銀行（AIIB），香港など13カ国・地域の加盟申請を新たに承認。

24日▶中央全面深化改革領導小組第33回会議。

25日▶日本の赤間二郎総務副大臣，公務で台湾を訪問。

▶中国・豪経済貿易合作フォーラム。

31日▶国務院は遼寧省，浙江省，河南省，湖北省，重慶市，四川省，陝西省に自由貿易試験区の設置を決定。

4月1日▶首都北京のサブセンターとして河北省保定市管轄の雄県，容城県，安新県およびその周辺に跨る地域を「雄安新区」として建設すると発表。

6日▶習国家主席が訪米（～7日）。

▶トランプ政権になって初めての米中首脳会談，アメリカのフロリダ州で開催。

18日▶郭文貴が国際指名手配に。

19日▶習総書記，広西チワン族自治区訪問。古代海上シルクロード早期の始発港の1つである北海の港湾等を視察。

25日▶工業情報化部等が「自動車産業中長期発展計画」発表。

5月13日▶インド外務省，「一帯一路」国際協力ハイレベルフォーラムに参加しない理由

中 国

として対中批判の声明を発表。

14日▶「一帯一路」国際協力ハイレベルフォーラム，北京市で開催(～15日)。

16日▶自民党の二階俊博幹事長が習国家主席と会談。安倍首相の親書を手交。

18日▶中国とASEANの南シナ海問題をめぐる高級事務レベル会合，貴州省貴陽市で開催。「行動規範」(COC)の枠組みに合意。

6月1日▶「インターネット安全法」施行。

9日▶上海協力機構(SCO)加盟国元首理事会第17回会議，カザフスタンで開催。習国家主席が出席。

12日▶パナマと中国の国交樹立。

16日▶第2回AIIB年次総会，韓国済州で開催(～18日)。

▶AIIB理事会。アルゼンチン，マダガスカル，トンガの加盟意向を認可。

18日▶福建省第9回海峡フォーラム(～23日)。

21日▶習総書記，山西省を視察，貧困脱却座談会等を開催(～23日)。

▶国家発展改革委員会「サービス業イノベーション発展大綱(2017～2025年)」発表。

26日▶中央全面深化改革領導小組第36回会議。

27日▶日中第18回商務部・経済産業省副閣僚級定期協議。

▶アメリカ国務省が「2017年人身売買報告書」発表，中国を最低ランクと評価。

29日▶トランプ政権，台湾への約14億2000万ドルの武器売却を議会に通知。

▶第7回日中高級事務レベル海洋協議，福岡市で開催(～30日)。

30日▶国務院扶貧開発領導小組第18回全体会議。

7月1日▶香港の返還20周年記念大会・香港特別行政区第5期政府就任式。

4日▶中ロ首脳会談，モスクワで開催。

7日▶G20第12回サミット，BRICS首脳非公式会合，ドイツで開催。

13日▶中国の民権活動家で作家の劉暁波が死去。

14日▶第5回全国金融工作会議。銀行の不良債権処理と株式会社改革を決定(～15日)。

▶孫政才重慶市党委員会書記が北京で身柄拘束，翌15日に正式に解任。

16日▶米中「100日計画」最終日。

17日▶中央財経領導小組第16回会議。

19日▶第1回米中全面経済対話，ワシントンで開催。

▶国内8地域で試行していた排出量取引を全国に拡大。

27日▶国務院「固体廃棄物の輸入を全面禁止する実施計画」公布。

28日▶中央軍事委員会常務会議。

29日▶スリランカ・ハンバントタ港の99年間の運営権を中国の国有企業「招商局港口」が獲得。

▶アメリカのアップル社が中国国内でのすべてのVPNアプリを販売停止。

30日▶内蒙古自治区の朱日和訓練基地で中国人民解放軍建軍90周年軍事パレード。

31日▶中国人民解放軍建軍90周年記念招待会。

8月1日▶北京で中国人民解放軍建軍90周年記念式典開催。

▶人民解放軍初の海外基地をジブチに開設。

2日▶交通運輸部など「シェア自転車の発展奨励と規範化に関する指導意見」発表。

6日▶中国・ASEAN外相会議，フィリピン・マニラで開催。

7日▶日米豪閣僚級戦略対話。

11日▶中国外務省報道官が北朝鮮問題での「中国責任論」に反発。

14日▶トランプ大統領，アメリカの「通商法第301条」に基づく中国に対する調査を指示。

▶中国商務省は15日からの北朝鮮に対する石炭，鉄鉱石，鉛，海産物の禁輸実施を発表。

24日▶中国商務省報道官がアメリカの「通商法第301条」に基づく知的財産権侵害調査に対し，中国と中国企業の合法的な利益を断じて守ると発言。

28日▶インド外務省は中印両軍がドークラーム高地から即時撤退と発表。翌29日に中国側はインド軍の撤退を確認。

29日▶中央全面深化改革領導小組第38回会議。

▶ASEAN拡大国防相会議，ブルネイで開催。

9月1日▶中国人民銀行は金融機関に対して，インターバンク市場の1年超の譲渡性預金証書（NCD）の発行の禁止を開始。

3日▶第9回BRICS首脳会議，福建省アモイ市で開催（～5日）。

▶中ロ首脳会談，福建省アモイ市で開催。

7日▶改訂「宗教事務条例」公布。

▶在韓米軍の終末高高度防衛（THAAD）ミサイルの暫定配備が完了。

8日▶中国人民銀行「外貨リスク準備金調整政策に関する通達」発表。

▶日中国交正常化45周年記念式典開催。河野洋平日本国際貿易促進協会会長と兪正声中国人民政治協商会議主席が北京で会見。

12日▶主要国際経済組織責任者第2回『1+6』円卓対話会。

▶国務院扶貧開発領導小組第20回全体会議。

13日▶環境保護部等6部門が「第13次5カ年規画期の揮発性有機化合物（VOC）汚染防止のための行動方案」を発表。

18日▶党中央政治局会議。

22日▶重慶市，西安市など8都市で不動産取引の抑制策を強化（～23日）。

23日▶第19期中央軍民融合発展委員会第2回全体会議。習総書記が講話を発表。

26日▶日本の対中円借款の貸し付け完了。

27日▶工業信息化部等「乗用車企業平均燃費・新エネ車クレジット並行管理弁法」発表。

10月1日▶北部の一部地域で「禁煤令」（石炭禁止令）を実施。

4日▶第1回米中執法・サイバー安全対話（～6日）。

11日▶中国共産党第18期中央委員会第7回総会開会（～14日）。

18日▶中国共産党第19回全国代表大会開会（～24日）。

25日▶中国共産党第19期中央委員会第1回全体会議。中央政治局常務委員会委員，同委員等の党主要人事を発表。

27日▶第15回日中安全対話。

▶党中央政治局会議。

29日▶第19期中央紀律検査委員会常務委員会第1回会議。

30日▶国家統計局が2019年からGDP算出方法の変更を発表。

▶韓国の康京和外交部長官が国会国政監査で「韓中関係改善に関連した両国の協議の結果」に言及，翌31日に両国外務省が発表。

31日▶新たな中央政治局常務委員全員が上海市と浙江省を視察。

11月2日▶中央軍事委員会の上将昇進式。張昇民中将が上将に昇進。

3日▶工業情報化部，環境保護部が「2＋26都市一部工業産業2017－2018年秋冬季ピークシフト生産に関する通達」を公表。

8日▶国務院金融安定発展委員会設立。

▶トランプ大統領，来訪（～10日）。

9日▶北京にて米中首脳会談。

10日▶中国政府が金融業務に関する外資参入規制を緩和。

▶アジア太平洋経済協力（APEC）閣僚会議／首脳会議，ベトナム・ダナンで開催。

▶中ロ首脳会談，ベトナム・ダナンで開催。

11日▶安倍首相がダナンにて習国家主席と会談。

▶「独身の日」，ネット通販アリババ1社で1683億元の売り上げ。

13日▶安倍首相がマニラにて李総理と会談。

▶中国・ASEAN首脳会議，フィリピン・マニラで開催。

15日▶日印首脳会談。

▶北朝鮮が新型の大陸間弾道ミサイル（ICBM）「火星15」の発射実験。

20日▶第19期中央全面深化改革領導小組第1回会議。

▶工業情報化部・国家発展改革委員会等16部門が「民間投資作用を発揮し，製造強国戦略の実施を推進することに関する指導意見」を発表。

21日▶日本経済界代表訪中団が北京にて李総理と会見。

23日▶張陽前中央軍事委員会政治工作部主任が自殺。

27日▶第7回中国・中東欧国家経貿フォーラム，ハンガリーで開催。李総理が出席。

▶国家発展改革委員会「製造業核心の競争力増強3カ年行動計画（2018～2020年）」発表。

28日▶台湾のNGO職員である李明哲に国家政権転覆罪で懲役5年の実刑判決。

12月1日▶SCO政府首脳理事会第16回会議，ロシア・ソチで開催。李総理が出席。

4日▶第3回日中企業家および元政府高官対話，東京で開催（～5日）。

▶国務院弁口庁が「国防科学技術工業軍民融合深化発展推進に関する意見」を公布。

5日▶第8回日中高級事務レベル海洋協議（～6日）。

8日▶党中央政治局会議。企業債務問題を「削減」から「コントロール」の方針に変更。

9日▶王毅外交部長，「国際形成と中国外交シンポジウム」で演説。日本を「周辺国」に位置づけ。

11日▶AIIBが対中国向け融資を初めて認可。北京市内の農村部での天然ガス管ネットワークプロジェクト等。

▶新華社通信，最高人民検察院が孫政才の立件を決定と報道。

12日▶AIIBが欧州投資銀行との連合融資によるインド都市地下鉄建設を認可，AIIBとしては初の地下鉄建設融資。

▶中国空軍の申進科報道官が，定例常態化した遠洋訓練について「繞島巡航」（島周回パトロール）と表現。

13日▶南京大虐殺犠牲者国家追悼式，習国家主席らが出席。

18日▶トランプ大統領が「国家安全保障戦略」を発表。

▶中央経済工作会議（～20日）。

19日▶8地域で試行してきた排出量取引の全国実施を開始。

25日▶全国商務工作会議にて「一帯一路」地域との経済貿易協力の強化，第1回中国国際輸入博覧会の開催など決定。

26日▶財政部等4部門が2018年1月1日から新エネルギー車の購入税免税の3年延長を発表。

28日▶中央農村工作会議（～29日）。

31日▶小型車購入税減税措置終了。

参考資料　中　国　2017年

① 国家機構図（2017年12月末現在）

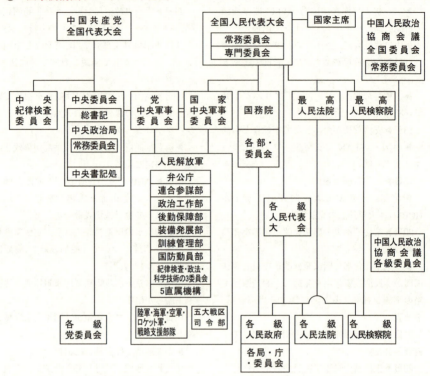

② 中国共産党・国家指導者名簿
（2017年末現在）

1．中国共産党
(1) 第19期中央委員会
総書記　　　　　　　　　　　習近平
中央政治局常務委員会委員
　　　　習近平　李克強　栗戦書
　　　　汪　洋　王滬寧　趙楽際
　　　　韓　正
中央政治局委員
　　　　丁薛祥　習近平　王　晨

王滬寧　劉　鶴　許其亮
孫春蘭　李　希　李　強
李克強　李鴻忠　楊潔篪
楊暁渡　汪　洋　張又侠
陳　希　陳全国　陳敏爾
胡春華　栗戦書　郭声琨
黄坤明　韓　正　蔡　奇
中央書記処書記
王滬寧　丁薛祥　楊暁渡
陳　希　郭声琨　黄坤明
尤　権

(2)中央紀律検査委員会			訓練管理部長	黎火輝
書記		趙楽際	国防動員部長	盛　斌
副書記	楊暁渡　張昇民	劉金国		
	楊暁超　李書磊	徐令義	4．国務院	
	肖　培　陳小江		総理	李克強
(3)中央軍事委員会			副総理	張高麗　劉延東　汪　洋
主席		習近平		馬　凱
副主席	許其亮	張又侠	国務委員	常万全　楊潔篪　郭声琨
委員	魏鳳和　李作成	苗　華		王　勇
	張昇民		外交部長	王　毅
(4)中央直属機関			国防部長	常万全
中央弁公庁主任		丁薛祥	国家発展改革委員会主任	何立峰
中央組織部長		陳　希	教育部長	陳宝生
中央宣伝部長		黄坤明	科学技術部長	万　鋼
中央統一戦線工作部長		尤　権	工業情報化部長	苗　圩
中央対外連絡部長		宋　涛	国家民族事務委員会主任	巴特爾
			公安部長	趙克志
2．国家最高機関			国家安全部長	陳文清
国家主席		習近平	監察部長	楊暁渡
全国人民代表大会常務委員会委員長		張徳江	民政部長	黄樹賢
中国人民政治協商会議主席		兪正声	司法部長	張　軍
国務院総理		李克強	財政部長	肖　捷
国家中央軍事委員会主席		習近平	人力資源社会保障部長	尹蔚民
最高人民法院院長		周　強	国土資源部長	姜大明
最高人民検察院検察長		曹建明	環境保護部長	李干傑
			住宅都市農村建設部長	王蒙徽
3．人民解放軍			交通運輸部長	李小鵬
連合参謀部参謀長		李作成	水利部長	陳　雷
陸軍司令員		韓衛国	農業部長	韓長賦
海軍司令員		沈金龍	商務部長	鐘　山
空軍司令員		丁来杭	文化部長	雒樹剛
ロケット軍司令員		周亜寧	国家衛生和計画出産委員会主任	李　斌
戦略支援部隊司令員		高　津	中国人民銀行長	周小川
弁公庁主任		秦生祥	審計(会計検査)署審計長	胡沢君
政治工作部主任		苗　華		
後勤保障部長		宋普選		
装備発展部長		李尚福		

③ 各省，自治区，直轄市首脳名簿(2017年末現在)

省 自治区 直轄市	党委員会 書記	省長 主席 市長	人代常務 委員会 主任	省 自治区 直轄市	党委員会 書記	省長 主席 市長	人代常務 委員会 主任
北　京	蔡　奇	陳吉寧	李　偉	湖　北	蔣超良	王曉東	蔣超良
天　津	李鴻忠	張国清	段春華	湖　南	杜家毫	許達哲	杜家毫
河　北	王東峰	許　勤	王東峰	広　東	李　希	馬興瑞	王玉妹
山　西	駱恵寧	楼陽生	駱恵寧	広　西	彭清華	陳　武	彭清華
内モンゴル	李紀恒	布小林	李紀恒	海　南	劉賜貴	沈暁明	劉賜貴
遼　寧	陳求発	唐一軍	陳求発	重　慶	陳敏爾	唐良智	張　軒
吉　林	巴音朝魯	景俊海	巴音朝魯	四　川	王東明	尹　力	王東明
黒龍江	張慶偉	陸　昊	張慶偉	貴　州	孫志剛	諶貽琴	孫志剛
上　海	李　強	殷一璀	應　勇	雲　南	陳　豪	阮成発	陳　豪
江　蘇	娄勤倹	呉政隆	娄勤倹	チベット	呉英傑	チェ・ダルハ	ロサン・ギェンツェン
浙　江	車　俊	袁家軍	車　俊	陝　西	胡和平	劉国中	胡和平
安　徽	李錦斌	李国英	李錦斌	甘　粛	林　鐸	唐仁健	林　鐸
福　建	于偉国	唐登傑	于偉国	青　海	王国生	王建軍	王国生
江　西	鹿心社	劉　奇	鹿心社	寧　夏	石泰峰	咸　輝	石泰峰
山　東	劉家義	龔　正	劉家義	新　疆	陳全国	ショホラト・ザキル	シェウケト・イミン
河　南	謝伏瞻	陳潤爾	謝伏瞻				

主要統計 中　　国　2017年

1　基礎統計

	2011	2012	2013	2014	2015	2016	2017[1]
人　　　　口(万人)	134,735	135,404	136,072	136,782	137,462	138,271	139,008
就　業　人　口(万人)	76,420	76,704	76,977	77,253	77,451	77,603	77,640
消費者物価上昇率(%)	5.4	2.6	2.6	2.0	1.4	2.0	1.6
都　市　部　失　業　率[2](%)	4.1	4.1	4.1	4.1	4.1	4.0	5.0
為替レート(1ドル＝元，平均)	6.459	6.313	6.193	6.143	6.494	6.642	6.755

(注)　1)2017年のデータはすべて速報値。2)都市部失業率は，各地の就業サービス機関に失業登録を行った人数に基づく数値である。
(出所)　『中国統計年鑑 2017』，国家統計局ウェブサイト(http://www.stats.gov.cn/tjsj/zxfb/201801/t20180118_1574917.html)。

2　国内総支出(名目価格)
(単位：億元)

	2011	2012	2013	2014	2015	2016	2017
最　　終　　消　　費	241,022	271,113	300,338	328,313	362,267	400,176	－
民　　間　　消　　費	176,532	198,537	219,763	242,540	265,980	292,661	
政　　府　　消　　費	64,490	72,576	80,575	85,773	96,286	107,514	
総　資　本　形　成　額	233,327	255,240	282,073	302,717	312,836	329,727	
財・サービス純輸出額	11,688	14,636	14,552	16,152	24,007	16,412	
国　内　総　支　出　額	480,861	534,745	589,737	640,697	696,594	－	

(出所)　『中国統計年鑑 2017』。

3　産業別国内総生産(名目価格)
(単位：億元)

	2011	2012	2013	2014	2015	2016	2017[1]
第　1　次　産　業	46,163	50,902	55,329	58,344	60,871	63,671	65,468
第　2　次　産　業	227,039	244,643	261,956	277,572	280,560	296,236	334,623
第　3　次　産　業	216,099	244,822	277,959	308,059	344,075	384,221	427,032
国　内　総　生　産(GDP)	489,301	540,367	595,244	643,974	685,506	744,127	827,122
国　民　総　所　得(GNI)	484,753	539,117	590,422	644,791	686,450	741,140	－
食料生産量(万トン)	57,121	58,958	60,194	60,703	62,144	61,624	61,791
1人当たりGDP(元)	36,403	40,007	43,852	47,203	50,251	53,980	58,333

(注)　1)2017年のデータはすべて速報値。
(出所)　表1に同じ。

4　産業別国内総生産成長率(実質価格)
(%)

	2011	2012	2013	2014	2015	2016	2017[1]
第　1　次　産　業	4.2	4.5	3.8	4.1	3.9	3.3	3.9
第　2　次　産　業	10.7	8.4	8.0	7.4	6.1	6.1	6.1
第　3　次　産　業	9.5	8.0	8.3	7.8	8.3	7.8	8.0
国　内　総　生　産(GDP)	9.5	7.9	7.8	7.3	6.9	6.7	6.9
国　民　総　所　得(GNI)	9.0	8.6	7.1	8.3	6.3	－	－
1人当たりGDP	9.0	7.3	7.2	6.8	6.4	－	－

(注)　1)2017年のデータはすべて速報値。
(出所)　表1に同じ。

5 国・地域別貿易

(単位：億ドル)

	2015		2016		2017	
	輸出	輸入	輸出	輸入	輸出	輸入
ＥＵ	3,559.7	2,088.8	3,389.6	2,079.3	3,720.4	2,448.7
ドイツ	691.8	876.2	652.5	860.4	711.4	969.5
アメリカ	4,096.5	1,487.4	3,852.0	1,344.1	4,297.5	1,539.4
日本	1,356.8	1,429.9	1,292.4	1,455.6	1,373.2	1,656.5
香港	3,315.7	127.7	2,883.7	168.8	2,793.5	73.2
ＡＳＥＡＮ	2,777.0	1,944.6	2,555.7	1,962.2	2,791.2	2,357.0
韓国	1,013.8	1,745.2	935.4	1,588.9	1,027.5	1,775.1
台湾	449.0	1,436.6	403.7	1,392.3	439.9	1,553.9
その他	6,197.3	6,560.7	5,661.9	5,883.6	6,192.0	7,006.1
合計	22,765.7	16,820.7	20,974.4	15,874.6	22,635.2	18,409.8

(出所) 海関(税関)総署『各年12月輸出入商品主要国別(地域)総額表』より。

6 国際収支

(単位：億ドル)

	2015	2016	2017
経常収支	3,306.0	1,963.8	-
貿易収支	5,670.0	4,940.8	-
輸出	21,428.0	19,895.2	-
輸入	15,758.0	14,954.4	-
貿易外収支	-1,824.0	-2,441.6	-
所得収支	-454.0	-440.1	-
移転収支	-87.0	-95.2	-
資本・金融収支	-1,424.0	263.3	-
資本収支	3.0	-3.4	-
金融収支	-1,427.0	266.7	-
直接投資	621.0	466.5	-
流入	2,499.0	1,705.5	-
流出	1,878.0	2,172.0	-
証券投資	-665.0	-621.8	-
資産	-732.0	-1,033.9	-
負債	67.0	412.1	-
その他投資[1]	-4,791.0	-3,035.0	-
資産	-1,276.0	-3,336.0	-
負債	-3,515.0	3,009.0	-
誤差脱漏	-1,882.0	-2,227.0	-
準備資産	3,429.0	4,436.6	-

(注) 1) その他投資には，金融デリバティブを含まない。
(出所) 『中国統計年鑑』(各年版)。

7 国家財政

(単位：億元)

	2011	2012	2013	2014	2015	2016	2017
財政収入	103,874	117,254	129,210	140,370	152,269	159,605	172,567
財政支出	109,248	125,953	140,212	151,786	175,878	187,755	203,330
財政収支	-5,373	-8,699	-11,002	-11,416	-23,609	-28,150	-30,763
中央債務残高	72,045	77,566	86,747	95,655	106,600	120,067	188,174
国内債務	71,411	76,748	85,836	94,676	105,467	118,811	-
国外債務	634	818	911	979	1,132	1,256	-

(出所) 『中国統計年鑑 2017』，中国財政部ウェブサイト (http://yss.mof.gov.cn/zhuantilanmu/dfzgl/sjtj/201801/t20180117_2797514.html) (http://gks.mof.gov.cn/zhengfuxinxi/tongjishuju/201801/t20180125_2800116.html)。

2017年の香港特別行政区

香港特別行政区
面　積　1104km²
人　口　739万人（2017年中暫定値）
言　語　公用語は中国語，英語。一般に広東語
宗　教　仏教，道教，キリスト教など

首　長　林鄭月娥行政長官
通　貨　香港ドル（1米ドル＝7.794香港ドル，2017年末）
会計年度　4月〜3月

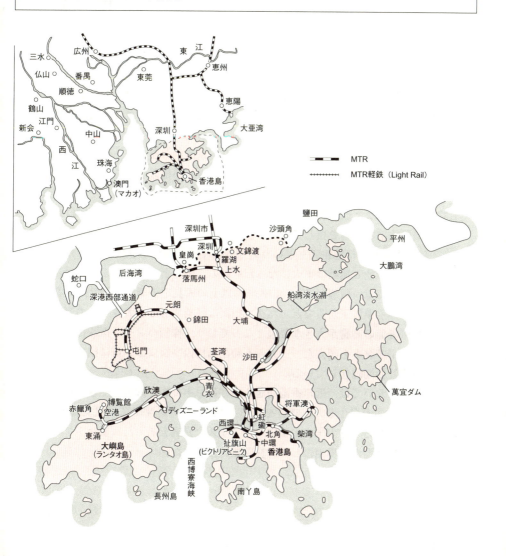

2017年の香港特別行政区

返還20周年，新長官の就任と新たな政治課題

倉田　徹
くらた　とおる

概　況

　2017年は香港返還20年にあたり，政治的に大きな節目となった。2016年12月に梁振英行政長官が再選不出馬を表明し，3月26日の選挙では，中央政府が強く支持する林鄭月娥前政務長官が新行政長官に当選した。各種の民意調査で林鄭月娥を上回る支持率を誇った曽俊華前財政長官は落選し，行政長官の人選が北京の意向に強く左右されることが改めて浮き彫りとなった。

　2014年の「雨傘運動」などの近年の活発な抗議活動のなかから台頭してきた新たな政治指導者に対し，政府と裁判所によって厳しい措置がとられた。2016年の2議員に続き，新たに4議員が，就任時の宣誓を正しく行わなかったとして議員資格を剥奪された。「雨傘運動」指導者として世界的に知られた黄之鋒らには，8月に高等法院で一審を覆して実刑とする判決が下った。多数の活動家が収監され，「政治犯」や「権威主義」という言葉も広く論じられる状況となった。行政長官の交代後，独立運動は下火になったものの，依然としてくすぶっている。

　経済においては，政府はGDP年率3.5％以上の成長を予測しており，失業率も1998年以来の水準に下がるなど，マクロ指標は好調である。大陸からの資金流入に伴う資産価値の高騰が大きな要因となっており，株価ハンセン指数は一時10年ぶりに3万ポイントを超えた。一方，不動産価格の高騰にはさらに拍車がかかり，相変わらず社会問題化している。

　対外関係においては，近年香港問題をめぐる対中批判を抑制してきたイギリスとの関係で問題が発生した。返還をめぐる中英合意が「すでに歴史文書となり，拘束力がない」とする中国の主張に，イギリスが異議を唱えた。また，イギリスの与党幹部を香港が入境拒否し，外交問題に発展した。

域内政治

行政長官選挙，林鄭月娥前政務長官が当選

3月26日，任期満了に伴う行政長官選挙が行われた。現職の梁振英行政長官は，すでに再選を目指さないと表明しており，選挙は新人同士の争いとなった。

とくに有力候補と見られたのは，政府ナンバー2の林鄭月娥政務長官と，ナンバー3の曽俊華財政長官であった。林鄭月娥は梁振英の路線の継承者と見られた一方，曽俊華は梁振英と距離があり，財界に支持者が多数いると同時に，比較的民主派に近いリベラル色を出した。出馬には高官職を辞する必要があり，1月16日，同時に両名の辞職が受理された。

中央政府は2007年，今回2017年の行政長官選挙は普通選挙で行って良いと決定していたが，2014年，普通選挙の候補者を指名委員会で事前に厳しく審査し，民主派は事実上立候補ができない制度を導入することを決定した。これに民主派が激しく反発し，道路を占拠する「雨傘運動」が発生，後に民主派の反対により行政長官普通選挙化の案は廃案となった。このため，今回も前回2012年同様に，親政府派の財界人が多数を占める1200人の委員による選挙となった。

当選の可能性のない民主派は従来の戦術を変更し，民主派単独候補の擁立を避け，他の親政府派候補者のうち，より民主派に近い者を支持する方針をとった。このため，林鄭月娥と曽俊華の間で票が割れた場合，民主派の票が鍵となり，結果を左右できる可能性があると考えられた。しかし，そのような事態は起きなかった。前回選挙では財界票が梁振英と対立候補の唐英年元政務長官の間で割れ，梁振英は辛勝であったが，今回中央政府は早い時期から親政府派の内部分裂回避に動いた。2月初頭，張徳江全人代委員長が香港北隣の深圳を訪ね，そこに香港の親政府派政財界人多数を呼び出して次々に会談した。その際，張徳江は，中央政府が支持する唯一の候補者は林鄭月娥である旨を明確に話したと報じられた。共産党に近い香港紙は，林鄭月娥を称賛する一方，曽俊華の在任中の実績に疑義を呈する記事を連日掲載し，早くから林鄭月娥が有力との雰囲気が醸成された。

立候補には，まず選挙委員150人以上から指名を受けることが必要である。林鄭月娥は親政府派選挙委員579人からの指名を受け，立候補手続きを行った。民主派の325人の選挙委員は，曽俊華と，曽俊華よりもさらにリベラルの立場であった胡国興元高等法院裁判官に指名を与え，両名を本選に進ませた。しかし，

行政長官選挙での曽俊華候補の広告(2017年3月17日,香港・利東駅にて筆者撮影)

民主派が期待した,財界人から曽俊華への指名は40人分しか集まらなかった。この3候補以外に,親政府派の立法会議員である葉劉淑儀が出馬を積極的に目指したが,林鄭月娥に親政府派委員の指名を奪われ,150人を集められず,出馬できなかった。また,民主派では,独自候補を擁立しない方針に反発し,梁国雄立法会議員が出馬を目指したが,同じく指名不足に終わった。

こうした経緯から,林鄭月娥の勝利はほぼ確実と見られていたが,多くの世論調査では,曽俊華の支持率が林鄭月娥を上回った。曽俊華はネットや街頭での宣伝活動を積極的に行い,投票日直前の3月24日の集会には警察発表で3500人を集め,「曽俊華現象」とも称される市民の人気を博した。強硬な親北京派の梁振英の在任中,「雨傘運動」や2016年の旺角地区街頭での騒乱など,激しい「政治化」により社会の対立が深刻化した状況に対し,市民がその路線の継承よりも,変化を強く求めたことが反映されている。

しかし,中央政府の明確な林鄭月娥支持の流れのなかで,市民の支持の力は限定的であった。3月26日,林鄭月娥は前回の梁振英の得票689票を上回る,777票

表1　行政長官選挙

氏名	林鄭月娥	曽俊華	胡国興	葉劉淑儀	梁国雄
肩書き	前政務長官	前財政長官	元高等法院裁判官	立法会議員，新民党主席	立法会議員，社民連
政治的立場	親政府派	親政府派	親政府派（理念は民主派に近い）	親政府派（強硬親中派）	急進民主派
獲得指名数（3/1までに150以上で出馬可）	○（580，全員親政府派）	○（165，うち民主派が125）	○（180，ほとんどが民主派）	×（3/1 出馬断念）	×（2/25 出馬断念）
投票結果(3/26)	777（当選）	365（落選）	21（落選）	－	－

（出所）　筆者作成。

で当選を果たした。曽俊華は民主派から多くの票を得たが，財界の支持が伸びず365票に終わった。指名の段階では民主派からも支持を集めた胡国興は，本選では民主派が一斉に曽俊華支持に回ったため，21票にとどまった（選挙の結果は表1のとおり）。

習近平国家主席，返還20周年式典のため香港訪問

返還20周年関連行事と，林鄭月娥新行政長官ほか高官の就任宣誓式への出席のため，習近平国家主席が6月29日から7月1日まで香港を訪問した。国家副主席時代の2008年以来9年ぶりで，国家主席就任後初めての訪問であった。

香港到着直後の香港の行政・立法・司法の長との会見において，習近平は梁振英行政長官が，在任中一連の重大な政治・司法の問題を穏当に処理し，香港独立勢力に有効な打撃を与え，社会の大局の安定を維持したと称賛した。梁振英は3月13日には全国政協副主席に選ばれており，国家指導者に名を連ねた。強硬姿勢で激しい抗議活動などを招き，香港では低い支持率が続いた梁振英を，中央政府は高く評価しているという溝が浮き彫りとなった。習近平は，香港故宮文化博物館建設の協力協議署名式への参加，解放軍香港基地の視察，青少年の警察支援組織の訪問，香港珠海マカオ大橋建設現場の見学と，中国大陸と香港の関係強化を象徴する場所や，治安部門や若者に関連する組織を訪問し，「雨傘運動」で表面化した，若者の「中国離れ」や過激化への問題意識をのぞかせた。

7月1日の高官就任式典の後，習近平は30分にわたる講話を行った。習近平は，

断固として，変わることなく，動揺することなく，全面的・正確に「一国二制度」の香港での実践が変形しないことを確保すると述べた。この発言は，一方で香港内部や諸外国における「一国二制度」の形骸化が進んでいるとの議論に反論すると同時に，他方で近年北京が問題視している香港独立の主張などの，「一国」をないがしろにする行為を許さないことを宣言したものである。

続いて習近平は，「一国二制度」の実践が新たな状況・問題に直面していると指摘し，国家の主権・安全・発展の利益を守る制度の不備，国家の歴史・民族文化に関する教育の弱さ，政治問題についての社会の共通認識の欠如といった具体的な問題を次々と指摘した。2003年に「国家安全条例」の立法，2012年に「愛国教育」の導入，そして2015年に行政長官の普通選挙案が，いずれも大規模なデモの末に失敗に終わったことを，中央政府が強く問題視していることを示した。習近平は「一国が根本である」と述べ，「二制度」よりも「一国」が優先されることを明確にしたうえで，「国家の主権と安全に危害を加えたり，中央の権力と香港基本法の権威に挑戦したり，香港を利用して大陸に対して浸透・破壊活動を行ったりするあらゆる行為は，いずれも限度を超えるもので，絶対に許すことはできない」と述べ，香港独立の動きに対する強い警告を発した。

また，香港経済についても，従来の香港経済の優位性が弱まっている一方，新しい経済成長の源がいまだになく，住宅等の市民生活の問題が際立っていると言及した。習近平は「皆が必ずチャンスを大事にし，主要な精力を建設と発展に集中せねばならない」「政治化の渦に陥り，人為的に対立・対抗を作り出せば，経済と社会の発展を著しく阻害する」と述べた。大陸の経済成長の一方，相対的に成長力が落ちている香港経済について，習近平は香港が危機感を持ち，政治問題に拘泥せず経済を重視するよう求めた。

なお，返還20周年イベントの一環として，中国軍の空母「遼寧号」が7月7日から11日まで初めて香港に寄港し，市民2000人に開放された。甲板でのパーティーには親政府派立法会議員のみが招待された。大陸紙『環球時報』は社説で，これを香港の一部世論が武力による示威行動と見なしたことを，植民地の残滓であると批判した。

立法会議員の就任宣誓問題，新たに4議員が議員資格無効に
2016年の立法会議員選挙で当選した民主派・自決派・本土派の一部議員が，就任宣誓の際，民主化要求の言葉を付け加えたり，発音や読む速度をわざとおかし

くしたりするなどして，規定通りに文言を読まなかったことを理由に，議員資格は無効として政府に訴えられていた。7月14日，高等法院は，羅冠聡・姚松炎・劉小麗・梁国雄の4人に対し，立法会議員資格無効の判決を下した。すでに2016年11月に資格無効の判決が下っていた梁頌恒・游蕙禎の2人については，8月25日，終審法院が上訴を棄却し，判決が確定した。こうして，政府が宣誓無効を訴えた6議員全員について，政府勝訴，資格無効の判決が下った。世論には宣誓を真面目に行わなかった議員への批判の声も強いが，民主的に選ばれた議員の資格を，行政府が司法に訴えて無効化する方法に，司法界からは政府の職権濫用の批判もある。

これによって立法会内での勢力分布が変化し，普通選挙枠で選出された議員についても，返還後初めて親政府派が過半数となった。これによって親政府派の議員提案の可決が可能となったため，12月15日，議事規則の改定が行われ，民主派が近年激化させてきた審議の引き延ばしを困難にする措置がとられた。これも，民主主義の後退との批判と，審議の効率化が進むとの評価に世論は分かれた。

「雨傘運動」等の街頭抗議活動関係者に次々と厳しい判決

3月17日，2016年2月の旺角地区街頭での騒乱に関与して暴動罪に問われた者に対する初めての判決が下り，香港大学生など3人の被告に禁錮3年の刑が言い渡された。

8月15日には，2014年6月に新界の開発計画に反対して立法会に突入し，違法集会罪に問われた民主派政党員など13人の被告に対し，高等法院はそれぞれ80～150時間の社会奉仕を命じた一審の判決を覆し，12人に13カ月，1人に8カ月の禁錮刑を言い渡した。続く17日には，高等法院は「雨傘運動」のきっかけとなった2014年9月26日の政府前広場への突入事件を起こした学生指導者3人について，同様に一審での社会奉仕令や執行猶予付きの判決を覆して，当時「学民思潮」召集人を務めていた黄之鋒に6カ月，「学連」秘書長であった周永康に7カ月，「学連」常務委員であった羅冠聡に8カ月の禁錮刑を言い渡した。

相次いで出されたこの2つの判決はいずれも，楊振権高等法院上訴法廷副法廷長によって出された。一審においては，裁判官は2つの事件の被告の違法性を認めつつも，若者が社会運動の結果として起こした違法行為に対し，その動機を評価して比較的軽い判決としたが，楊振権は一審判決が「犯罪の抑止」を考慮しなかったことは誤っていたと指摘して刑を加えた。しかし，同じ事件に対して，新

しい証拠が特にないなかで，大幅に厳しい判決が出たことで，社会ではさまざまな議論がなされた。法律界からは，通常民主派に近い立場の法廷弁護士の団体である大律師公会と，親政府派の事務弁護士の団体である香港律師会が，これらの判決は法理に基づいたものであり，政治的な要素の影響は見られないと，異例の共同声明を行って判決を擁護した。他方，アメリカの『ウォールストリート・ジャーナル』は社説において，中国は香港の民主活動家を投獄することを香港の裁判官に強要したと非難した。8月20日，民主派はこれらの活動家を支援する「政治的迫害抗議デモ」を開催し，警察発表で2万2000人の参加者を集めた。

他方，2月17日には，「雨傘運動」期間中に活動家の曽健超を物陰に連行して集団暴行を加えた7人の警察官全員に対し，傷害罪で禁錮2年の判決が下った。これには警察官の間で不満が生じ，2月22日には警察官が異例の抗議集会を開催し，主催者側発表で3万8000人が参加する，警察官の集会として史上最大規模のものとなった。近年多発する，過激化した集会の取り締まりに苦慮する警察官への配慮を求める声も市民の間にはある。

各大学内に香港独立を主張する掲示物が出現

2016年に若者を中心に盛り上がった香港独立の主張はいくぶん鎮静化した。香港中文大学が行った世論調査で，15～24歳の者のうち，香港独立を支持すると述べた者は，2016年7月の39.2％から，2017年5～6月には14.8％まで低下した。活動家に対する厳しい判決が続いたことなどから，運動が下火になっていることが一因と分析された。林鄭月娥行政長官は，香港独立はごくわずかな者による非現実的な主張にすぎず，香港独立の思潮は存在しないと述べた。

しかし，新学年初日の9月4日，香港中文大学のキャンパス内各所に，「香港独立」の4文字を大書した横断幕や，関連するポスターが掲示された。この動きは他の大学にも伝播し，香港独立をめぐる論争が再燃した。大陸出身の留学生がこれらの掲示物を破るなどすると，大陸メディアはこれを正義の行いと称賛した。親政府派立法会議員は教育局に対して，独立を主張する掲示物を大学が取り締まるよう求める連署状を提出し，15日には10大学の学長が共同で，香港独立を支持しないとする声明文を発表した。19日，林鄭月娥行政長官も，掲示物撤去を支持すると表明した。これらについては，言論や学術の自由に対する圧力として批判する声もあがったが，結局，21日に中文大学学生会が自主的に掲示物を撤去し，事態は沈静化した。

経　済

2017年の香港経済概況

　2017年の香港経済は実質成長率3.5％以上が予想され，近年では好調な一年となった。なかでも株価は，ハンセン指数は2016年末の2万2000.56ポイントからほぼ右肩上がりに上昇を続け，11月には10年ぶりに3万ポイントを突破し，その後も上昇を続けた。けん引役となったのは，テンセントに代表される大陸のIT企業関連株と，大陸の不動産業者の関連株である。年末には失業率も約20年ぶりに3％を切った。

　11月には小売りの成長率が前年同月比で7.5％と，4年ぶり（旧正月の影響を受ける月を除く）の高い伸び率を示した。宝飾品・時計・化粧品などが好調で，百貨店の売り上げも大きく伸びている。これは明らかに中国大陸からの観光客の影響と考えられる。大陸から香港への訪問客数は，2014年のピーク以来，規制強化もあって2年連続で減少したが，2017年は再び増加に転じ，前年比3.9％増の，延べ4445万人となった。観光客の流入は景気へのメリットが大きい一方，近年さまざまな社会問題の原因ともなっており，とくに店舗の賃料が再び大きく上昇することを懸念する声もある。

不動産価格の高騰，大陸の不動産業者の積極進出

　社会問題化している不動産価格の暴騰には2017年も歯止めがかからなかった。ここ数年の印紙税増税などの措置の継続に加え，政府は住宅ローン規制の強化などの不動産価格抑制策を導入したが，不動産価格は年間を通じて上昇を続け，民間住宅価格指数は，年末には1999年の3.5倍近くにまで高騰した。

　とくに上半期には，中国資本が香港政府の土地競売で，破格の高額での落札を繰り返して話題となった。中国大陸の不動産市場と比較してリスクが少ないとされる香港に資金が流入したと分析されている。

　林鄭月娥は施政方針演説で，中所得層を主たる対象に，買い手を香港市民に限定した比較的安価な分譲用の公共住宅を建設することを提案した。一方，林鄭月娥は，今後政府がより低所得層向けの賃貸型公共住宅から，こうした分譲型住宅の建設に重点を移すとの発言を行い，住宅購入が困難な低所得者を軽視しているとの批判も受けた。

11月には IMF の調査団が報告を発表し，香港の不動産価格の高騰が悪化していることの危険性を指摘し，政府所有地の住宅地転用を急ぎ，供給を増やすべきであると提言している。

中国の経済圏構想への参加：「一帯一路」と「粤港澳大湾区」

李克強総理は3月5日，全人代で発表した政府工作報告において，広州・深圳などの広東省珠江デルタ地域9都市と，香港・マカオの両特別行政区を一つの経済圏として統合してゆく「粤港澳大湾区都市群発展計画」の研究・制定に言及した。これは2009年以降広東省で提唱されてきた構想であるが，今回国家レベルで承認されたことになる。「大湾区」の経済規模は，人口6000万人，GDP 6兆元と，欧州の中規模国家を上回る。モデルはニューヨーク・ロサンゼルス・東京などの湾岸大都市群である。

この地域では，各種インフラが都市ごとに競って開発され，乱立気味になっており，「悪性の競争」が発生してきたとされる。とくに港湾においては，香港はかつてコンテナ取扱量世界一を誇ったが，近年は深圳に大きく水をあけられている。かつての地域経済協力においては，香港との競争を回避することを大陸の都市が求められることが多かったが，「大湾区」構想では，香港も港湾業など，大陸と比べて優位性のない産業を放棄するよう求められる。梁振英行政長官は，香港は金融と専門的サービス業で「大湾区」に貢献すると述べている。

1月18日に梁振英は任期中最後の施政方針演説で，香港は「一帯一路」関係国を対象とした専門的サービス業や，研修などの業務を提供できると述べた。また，関係国に対するビザの緩和や奨学金の提供なども提案した。3月23日には，香港はカナダなど12カ国とともに，アジアインフラ投資銀行（AIIB）への加盟が承認された。香港政府の計画では，最初の5年で総額12億香港ドルを AIIB に投資するとしている。

林鄭月娥行政長官は就任後，梁振英が設けた「一帯一路弁公室」を商務・経済発展局に組み込み，「大湾区」については政制・内地事務局が担当するとした。国際協力と区域経済融合の深化のそれぞれについて，国家計画への参加の方向性が打ち出された。

香港・ASEAN 間 FTA・投資協定の締結

11月12日，香港と ASEAN は，両者間で FTA と投資協定を締結したと発表し

た。2019年発効を目指す。中国と ASEAN の間ではすでに FTA が発効しており，香港政府は当初その枠組みへの参加を希望したが，ASEAN は香港との間では別個の FTA を結ぶよう求め，両者間で2014年から交渉が続けられていた。

　締結国は香港との間の関税を引き下げ，このうちシンガポールは香港からの輸入関税をゼロにする。また，ASEAN 各国は香港のサービス業の進出規制を緩和する。邱騰華商務・経済発展局長は，現在香港から ASEAN 域内への輸出品にかかる年間総額5億7000万香港ドルの関税が徐々に引き下げられると効果を強調した。

　投資協定締結により，「一帯一路」戦略によって対外進出を強めている大陸の企業が，香港を経由して東南アジアに投資することも容易になると考えられる。

対 外 関 係

シンガポール軍装甲車差し押さえ問題の決着

　2016年11月，台湾での訓練後にシンガポールに戻る途中のシンガポール軍装甲車9台が，香港で税関当局に差し押さえられる問題が発生したが，1月24日，香港税関はこの装甲車について，捜査を終えたとしてシンガポールに返還し，同日装甲車はシンガポールに向けて香港を出発した。

　シンガポールのウン・エンヘン国防相は1月9日，リー・シェンロン首相が梁振英行政長官に対し，装甲車が国家の所有物であり，国際法上免責特権で守られていることを主張し，返還を求める書簡を送ったと国会で明らかにしていた。一方，中国外交部は，「一つの中国」原則を守ることが中国と外交関係を発展させる絶対条件と述べるなど，台湾での訓練に対する不満を暗示していた。

台湾立法委員が「台湾国会関注香港民主連線」を結成

　台湾の時代力量と民進党に所属する18人の立法委員が6月12日，「台湾国会関注香港民主連線」を結成すると発表した。発起人は時代力量の黄国昌立法委員であり，アメリカ議会中国委員会を模して公聴会を開催することなどを提案した。民進党の立法委員からは，香港マカオ関係条例の修正によって政治的庇護を香港人に与えることも提案された。台湾で行われた結成の会見には，羅冠聡・朱凱迪・陳志全の3人の急進民主派・自決派立法会議員や，黄之鋒香港衆志秘書長・周永康元学連秘書長など，「雨傘運動」関係者多数が出席して支持を表明した。

中央政府はこれに反発し，馬暁光国務院台湾弁公室報道官は6月14日の会見で，台湾独立と香港独立の勢力が連繫して香港内政に干渉することに反対すると述べた。6月15日には，立法会主席を除く，香港の全親政府派立法会議員39人全員が共同声明を発表し，「台湾独立と香港独立が結託して『一国二制度』を脅かし，国家の統一を破壊する」と非難した。これに対し，周永康と黄之鋒は，民主化運動の国際的連携は非常に重要であり，中国・台湾・香港で協力すべきと主張した。

台湾の民進党や時代力量の関係者に対する入境拒否は近年すでに頻発していたが，12月16日，学生団体「学連」は，主催する香港政治のシンポジウムに出席を予定していた台湾の学者，呉叡人・呉介民の両名が香港入境ビザの発給を拒否されたと発表した。両名は政府関係者ではなく，政党にも属さないが，呉叡人は梁振英前行政長官から激しく批判された香港独立派の書籍『香港民族論』に寄稿し，呉介民は積極的に学生運動に参加していた。

中英共同声明の有効性をめぐる論争

返還20周年を前に，ジョンソン英外相は6月29日，イギリスは香港がさらに民主的になることを望む，香港返還を決めた1984年の「中英共同声明」での香港に対する約束は返還前と同様にしっかりと守ってゆく，高度の自治・法の支配・司法の独立・自由は香港の成功の重点であるなどとする声明を発表した。

これに対し，中国外務省の陸慷報道官は30日，香港問題は中国の内政である，中英共同声明は中国の主権行使の回復等についての規定であり，20年を経て共同声明はすでに歴史となっており，何ら現実的な意味を有さない，中央政府の香港に対する管理に対して中英共同声明は一切拘束力を持たない，イギリスは返還後の香港に対して主権・統治権・監督権を持たないと認識すべきであると反論した。イギリス外務省は即座に反論し，共同声明は国連に登録された法的拘束力ある条約であり，締約国の一つとしてイギリスはその執行を監督すると述べた。

10月11日には，イギリス保守党人権委員会のロジャース副委員長が香港への入国を拒否された。ロジャースは元香港紙記者で，香港訪問時に獄中の黄之鋒ら若い政治活動家に面会する可能性が疑われたとも報じられた。ロジャースは，中国の駐イギリス大使館が香港政府入境処に指示して入国拒否させたと非難した。イギリス政府は駐ロンドンの中国大使を呼び出して抗議した。イギリスのメイ首相は19日，すでにイギリス外務省がさまざまなルートでこの問題を中国政府・香港政府に提起しており，「一国二制度」が引き続き実行されることを希望すると議

会で発言した。

2018年の課題

　2017年7月1日の返還20周年式典で，習近平国家主席は愛国教育の強化や国家の安全の保護を求めた。これらの問題に林鄭月娥は任期中に回答することを求められる。

　林鄭月娥は新長官就任後，当面は「雰囲気作り」と称し，民主化問題や愛国教育，国家安全条例の制定などの政治問題の処理を回避してきた。しかし，これはいわば問題の先送りでもある。愛国教育と国家安全立法は過去に巨大な抗議活動を引き起こした問題であり，本格的にこれらの習近平の「宿題」の処理を開始すれば，政治論争の白熱化は避けがたい。

　このほかにも，中国大陸と香港を結ぶ高速鉄道の建設問題や，国歌法の香港域内立法など，中港関係に関わる具体的な多くの問題の処理が迫られている。就任直後の「蜜月期」と言われる高い支持率を長く続けることは難しく，世論の目も徐々に厳しくなると考えられるなか，これらの難題の処理を誤ると，沈静に向かっているように見える「香港独立」問題を再燃させる可能性もある。

　2018年に予定されている政治日程でもっとも重要なものは，立法会の補欠選挙である。議員資格剥奪によって大きな打撃を受けた，急進的な政治勢力に属する若者たちや民主派は失地回復を目指しており，失った6議席をどれだけ回復できるかが注目される。

　経済面では，相変わらず不動産の暴騰が深刻な社会問題であるが，IMFの報告書でもバブル懸念が指摘されており，逆に暴落が発生した場合には深刻な経済問題を引き起こすため，難しい対応を迫られる。また，隣接する深圳などの成長が著しいなか，「粤港澳大湾区」構想によって，ハイテクなどの分野の成長を導けるかも課題である。

　対外的には，2017年にはAIIBへの加盟やASEANとのFTA・投資協定が実現した。香港は「一帯一路」戦略の一つの拠点として位置づけられており，経済面での国際センターとしての地位向上が期待される。

（立教大学法学部教授）

重要日誌　香港特別行政区　2017年

1月1日▶民主派は「元旦大デモ」を開催、4立法会議員の議員剥奪反対を訴える。主催者側発表9150人、警察発表4800人が参加、2010年以降の民主派元旦大デモでは最低。

9日▶地下鉄香港駅の通路での故宮の展示物前で、民主派が天安門事件に関する抗議活動を実施。

16日▶国務院は林鄭月娥政務長官と曽俊華財政長官の辞職を同時に受理。林鄭月娥は行政長官選挙への出馬を表明。

▶国務院は政務長官に張建宗労工・福利局長、財政長官に陳茂波発展局長を任命。

18日▶梁振英行政長官が施政方針演説。

19日▶曽俊華前財政長官が行政長官選挙に出馬表明。

24日▶台湾での訓練からの帰還途中に香港税関で差し押さえられていたシンガポール軍装甲車の帰還が認められる。

30日▶中国大陸の資本家・肖建華が住居としていた香港島のホテルから失踪と報道。

2月7日▶張徳江全人代委員長が行政長官選挙について、林鄭月娥前政務長官が中央政府が支持する唯一の候補者と発言と報道。

16日▶米ヘリテージ財団の世界の経済の自由度ランキングで香港が23年連続世界一。

17日▶2014年の「雨傘運動」当時、民主派の曽健超に集団暴行した7人の警察官全員に禁錮2年の判決。

21日▶HSBCホールディングスが決算発表、税引前利益71.12億㌦、前年比62％減。

22日▶「雨傘運動」当時、暴行した警官7人への実刑判決に抗議し、現職・退職警官が抗議集会を開催。主催者側発表3.8万人参加。

▶陳茂波財政長官は財政予算案を発表、2016/17年度の財政黒字は928億香港㌦、返還以来2番目の多さに。

24日▶イギリス政府は2016年下半期香港報告書を発表。立法会議員の宣誓問題、報道の自由の問題に国際社会が関心と指摘。

25日▶曽俊華前財政長官は行政長官選挙に出馬手続きを行う。

27日▶胡国興元高等法院裁判官は行政長官選挙に出馬手続きを行う。

28日▶林鄭月娥前政務長官は579人の指名を獲得して行政長官選挙に出馬手続き。

3月5日▶李克強総理は全人代で政府工作報告を発表、「香港独立に活路はない、台湾独立を食い止める」と言及。総理が政府の公式報告に香港独立や台湾独立を入れたのは初めて。

▶李克強総理は政府工作報告で広東省・香港・マカオの経済協力強化を目指す「粤港澳大湾区」構想に言及。

13日▶梁振英行政長官が全国政協副主席に選出される。

17日▶2016年旧正月の旺角騒乱に関与し暴動罪に問われた3人に禁錮3年の判決。

23日▶香港はカナダなど12カ国とともにAIIBへの加盟を認められる。

26日▶行政長官選挙、林鄭月娥前政務長官が777票を獲得して当選。曽俊華前財政長官は365票、胡国興元高等法院裁判官は21票。

27日▶2014年の「セントラル占拠行動」発起人ほか9人が公衆妨害罪・公衆妨害扇動罪などで起訴される。

4月10日▶本土派政治団体・熱血公民所属の鄭松泰立法会議員が国旗侮辱罪・特別行政区旗侮辱罪での起訴を通告される。

14日▶民主派を含む18人の立法会議員による視察団が広東省を訪問。

5月1日▶インドネシアのジョコ大統領が香港を訪問。

3日▶アメリカ議会が香港返還20周年の公聴会を開催。

19日▶金融管理局，不動産価格の高騰抑制を目的とした不動産ローンの貸出条件を厳しくする新しい政策を発表。

22日▶キャセイ航空が香港本社の600人規模のリストラを発表。CEOの朱国樑を解雇。

27日▶北京で香港基本法施行20周年記念シンポジウムが開催。張徳江全人代委員長が，香港の法律の審査権，選挙制度改革の決定権，中央政府の行政長官に対する指令発出権などを，今後詳細に規定すると述べる。

6月4日▶天安門事件追悼集会が開催，主催者側発表で11万人，警察発表で1.8万人参加。過去9年で最少。

8日▶梁振英行政長官の汚職疑惑に関する弾劾動議が否決される。

12日▶台湾の政党・時代力量と民進党の18人の立法委員が「台湾国会関注香港民主連線」を結成。

15日▶39人の親政府派立法会議員が「台湾国会関注香港民主連線」を非難する共同声明を発表。

21日▶国務院は，7月1日に就任する長官・局長など21人の主要高官の任命を発表。

28日▶習近平国家主席の来訪に合わせて香港衆志・社民連のメンバーが返還記念の金紫荊広場を占領，排除される。公衆妨害罪で26人逮捕。

29日▶習近平国家主席が香港を訪問。

30日▶中国外務省，中英共同声明は歴史的文書であり，もう法的効力を持たないと声明。

7月1日▶習近平国家主席が林鄭月娥行政長官ほか香港政府高官の就任宣誓を受け，講話を発表。国家の安全に危害を与えることは絶対に許さないと発言，愛国教育強化を要求。

▶民主派は返還記念日デモを開催，主催者の民間人権陣線は6万人以上参加，警察は最高で1.45万人参加と発表。

5日▶林鄭月娥行政長官，就任後初めて立法会に出席。

7日▶人民解放軍の空母「遼寧号」が初の香港訪問（～11日），市民の見学に開放（8～9日）。

14日▶高等法院は羅冠聡・姚松炎・劉小麗・梁国雄の4立法会議員が2016年10月の就任時に正しく宣誓しなかったとして議員資格無効とする判決。

15日▶民主派は劉暁波追悼デモを開催，警察発表で最高2500人参加。

23日▶新界郷議局主席を35年間務めた元行政会議メンバー・劉皇発が死去。

8月10日▶元行政会議メンバー・香港商品交易所主席の張震遠が詐欺罪で逮捕される。

15日▶高等法院は2014年6月に新界東北部の開発プロジェクトに反対して立法会に突入した民主派政党など13人の被告に対して禁錮8～13カ月の判決。

16日▶キャセイ航空は上半期決算で20.5億香港ドルの赤字。

17日▶高等法院は2014年9月26日に「雨傘運動」のきっかけとなる政府前広場への突入事件を起こした学民思潮の黄之鋒に6カ月，「学連」元秘書長の周永康に7カ月，学連常務委員の羅冠聡に8カ月の禁錮刑を言い渡す。

20日▶民主派は15・17日に禁錮刑を言い渡された活動家を支援する「政治的迫害抗議デモ」を開催。警察発表2.2万人参加。

21日▶空港高速道路の新料金所の運用開始で大渋滞が発生。

22日▶元中央政府駐香港連絡弁公室副主任の李剛が規律違反で国務院僑務弁公室副主任の職を解かれ退職へ。

24日▶マーク・フィールド英外務省閣外大臣が香港で林鄭月娥行政長官と会談。

25日▶終審法院は2016年10月の就任時に正しく宣誓しなかったとして議員資格無効とされた青年新政の梁頌恒・游蕙禎の両議員の上訴の申請を棄却、判決が確定。

30日▶アパレルメーカー・上海灘の創業者である鄧永鏘が死去。

9月5日▶中文大学当局は同大学学生会に対し、学内に掲示された香港独立を主張する横断幕の撤去を求める。

11日▶39人の親政府派立法会議員が楊潤雄教育局長に対し、多くの大学に出現した「香港独立」の横断幕の取り締まりを要求。

14日▶イギリス政府は2017年上期の香港報告書を公表、前文で「一国二制度がますます大きな圧力に晒されている」と指摘。

17日▶何君堯立法会議員は2014年の「セントラル占拠行動」を提唱した香港大学の戴耀廷副教授の解雇を求める集会を開催、来賓が「香港独立を主張する者は殺せ」と叫ぶ。

22日▶国務院は国務院香港マカオ弁公室主任に中央政府駐香港連絡弁公室主任の張暁明が、中央政府駐香港連絡弁公室主任に中央政府駐マカオ連絡弁公室主任の王志民が就任する人事を発表。

▶スタンダード＆プアーズが21日に中国を格下げしたのに続き、香港の格付けもAA$^+$に引き下げ。

10月1日▶民主派政党などは「権威主義反対デモ」を開催、主催者側発表4万人、警察発表4300人参加。

11日▶林鄭月娥行政長官は就任後初の施政方針演説を発表。住宅政策、IT振興、法人税減税、教育政策など、100億香港ドル以上の新たなプロジェクトを提案。

▶イギリス保守党人権委員会のロジャース副委員長が香港に入境拒否される。

16日▶イギリス、アメリカなどの弁護士らが政府前広場への突入事件の被告3人への実刑判決に疑義を唱える公開書簡を発表。

18日▶第19期共産党大会が開幕。習近平国家主席は報告において「憲法と基本法が賦与した中央政府の香港・マカオに対する全面的管治権をしっかりと把握する」と発言。

11月4日▶全人代常務委員会は国歌法を香港基本法付属文書3の香港に適用する全国法リストに加えることを可決。

10日▶ベトナム・ダナンで APEC 開催。出席した習近平国家主席は慣例となっていた香港行政長官との単独会談を行わず。

12日▶香港・ASEAN 間の FTA と投資協定が締結される。

18日▶何志平元民政事務局長がウガンダ政府高官への贈賄の容疑で、ニューヨークで逮捕される。

22日▶ハンセン指数が10年ぶりに3万ドルを突破。

28日▶シンガポール警察は黄之鋒香港衆志秘書長を非公開会議に Skype で出席させようとした社会運動家を起訴。

12月6日▶ハンセン指数が618ドルの大幅下落。2016年11月のアメリカ大統領選挙以来最大の下げ幅。

15日▶立法会で議事規則改定案が可決される。立法会主席の権限を拡大し、民主派立法会議員の審議引き延ばしの手段を減らす。

16日▶学生団体「学連」は、主催する香港政治のシンポジウムに出席を予定していた台湾の学者、呉叡人・呉介民の両名が香港入境ビザの発給を拒否されたと発表。

19日▶全人代香港地区代表の選挙が行われ、36人を選出。

27日▶全人代常務委員会は広州香港間高速鉄道の西九龍駅で大陸への出入境手続きを行う「一地両検」の方法案を批准。

参考資料 香港特別行政区　2017年

① 香港特別行政区政府機構図(2017年12月末現在)

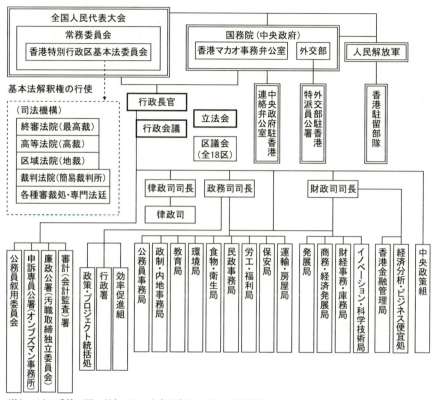

(注)　1) 二重線で囲んだものは，中央政府およびその出先機関。
　　　2) 3司長および13局長は，行政会議の官職議員である。
　　　3) 3司長13局長のほか，廉政専員(廉政公署署長官)，審計署署長，警務処処長(警察長官)，入境事務処処長，海関(税関)関長は，行政長官が指名し，国務院が任命する。
(出所)　「香港特別行政区政府機構図」(http://www.gov.hk/tc/about/govdirectory/govchart/)。
　　　香港特別行政区司法機構(http://www.judiciary.hk/tc/organization/courtchart.htm)。

2017年　参考資料

② 香港政府高官名簿(2017年12月末現在)

行政長官(行政会議主席)　　　　　林鄭月娥*

[行政会議官職議員]
政務司司長(政務長官)　　　　　　張建宗
財政司司長(財政長官)　　　　　　陳茂波
律政司司長(司法長官)　　　　　　袁国強
運輸・房屋局局長　　　　　　　　陳帆
労工・福利局局長　　　　　　　　羅致光
財経事務・庫務局局長　　　　　　劉怡翔
商務・経済発展局局長　　　　　　邱騰華
政制・内地事務局局長　　　　　　聶徳権
保安局局長　　　　　　　　　　　李家超
教育局局長　　　　　　　　　　　楊潤雄
食物・衛生局局長　　　　　　　　陳肇始*
環境局局長　　　　　　　　　　　黃錦星
発展局局長　　　　　　　　　　　黃偉綸
公務員事務局局長　　　　　　　　羅智光
民政事務局局長　　　　　　　　　劉江華
イノベーション・科学技術局局長　楊偉雄

[行政会議非官職議員]
陳智思，史美倫*，李国章，周松崗，羅范椒芬*，林健鋒，葉国謙，張宇人，廖長江，任志剛，葉劉淑儀*，湯家驊，黃国健，林正財，劉業強，張国鈞

[その他の政府高官]
警務処処長　　　　　　　　　　　盧偉聡
廉政専員(汚職取締専門員)　　　　白韞六
審計(会計監査)署長　　　　　　　孫徳基
海関(税関)関長　　　　　　　　　鄧以海
入境事務処処長　　　　　　　　　曾国衛

③ 司法機構・立法会
終審法院首席法官　　　　　　　　馬道立
第6期立法会議員(定数70議席，2016年10月1日〜，任期4年)

[直接選挙枠35議席] 陳克勤，梁美芬*，黃国健，葉劉淑儀*，謝偉俊，毛孟静*，田北辰，胡志偉，陳志全，陳恒鑌，梁志祥，麥美娟*，郭家麒，郭偉強，張超雄，黃碧雲*，葛珮帆*，蔣麗芸，楊岳橋，尹兆堅，朱凱廸，何君堯，林卓廷，柯創盛，容海恩*，陳淑莊*，張国鈞，許智峯，鄭松泰，譚文豪，梁頌恒[1)]，游蕙禎*[1)]，梁国雄[1)]，羅冠聡[1)]，劉小麗*[1)]

[職能別選挙枠35議席] 梁君彥(立法会主席)，涂謹申，梁耀忠，石礼謙，張宇人，李国麟，林健鋒，黃定光，李慧琼*，陳健波，何俊賢，易志明，姚思榮，馬逢国，莫乃光，梁継昌，郭栄鏗，張華峰，葉建源，廖長江，潘兆平，盧偉国，鍾国斌，呉永嘉，何啓明，周浩鼎，邵家輝，邵家臻，陳沛然，陳振英，陸頌雄，劉国勲，劉業強，鄺俊宇，姚松炎[1)]

(注)　1)　梁頌恒・游蕙禎・梁国雄・羅冠聡・劉小麗・姚松炎の6議員は，当選後裁判で議員資格取り消しとされた。

④ その他
行政長官弁公室主任　　　　　　　陳国基
行政長官弁公室常任秘書長　　　　丁葉燕薇*
香港特別行政区政府駐北京弁事處主任
　　　　　　　　　　　　　　　　傅小慧*

第12期全国人民代表大会香港地区代表(36人)
(2013年2月27日採決)
馬逢国，馬豪輝，王庭聡，王敏剛，盧瑞安，葉国謙，田北辰，史美倫*，劉佩瓊*，劉柔芬*，劉健儀*，李少光，李引泉，楊耀忠，呉秋北，呉亮星，張明敏，張鉄夫，陳勇，陳振彬，陳智思，范徐麗泰*，林順潮，羅范椒芬*，鄭耀棠，胡曉明，姚祖輝，黃友嘉，黃玉山，雷添良，蔡素玉*，蔡毅，廖長江，譚恵珠*，顔宝鈴*，霍震寰
(注)　*女性。

主要統計 香港特別行政区　2017年

1　基礎統計

	2011	2012	2013	2014	2015	2016	2017
人口(1,000人)	7,071.6	7,154.6	7,178.9	7,229.5	7,291.3	7,336.6	7,389.5
労働人口(1,000人)	3,703.1	3,782.2	3,855.1	3,871.1	3,903.2	3,920.1	3,946.6
失業率(%)	3.4	3.3	3.4	3.3	3.3	3.4	3.1
消費者物価上昇率(%)	5.3	4.1	4.3	4.4	3.0	2.4	1.5
為替レート(1ドル=香港ドル)	7.784	7.756	7.756	7.754	7.752	7.762	7.794

(注)　人口は年央，失業率は季節末調整値，為替レートは年平均値。
(出所)　香港特別行政区政府統計處『香港統計月刊』各年1月，4月版。

2　支出別区内総生産（実質価格：2015年基準）　　(単位：100万香港ドル)

	2014	2015	2016	2017
民間消費支出	1,502,768	1,593,091	1,623,952	1,711,758
政府消費支出	214,216	231,263	238,922	246,933
固定資本形成総額	530,916	537,205	536,803	559,109
在庫増減	7,473	-20,580	443	9,004
財輸出	3,986,769	3,889,225	3,949,834	4,183,831
サービス輸出	829,085	808,948	781,290	808,698
財輸入	4,237,700	4,066,527	4,095,319	4,379,124
サービス輸入	573,522	574,345	586,387	597,021
区内総生産(GDP)	2,260,005	2,398,280	2,449,538	2,543,188

(注)　2016，2017年は暫定値。
(出所)　表1に同じ。

3　産業別区内総生産（実質価格：2015年基準）　　(単位：100万香港ドル)

	2014	2015	2016	2017
農業・漁業・採鉱・採石	1,496	1,630	1,598	1,587
製造業	27,885	26,716	26,598	26,703
電気・ガス・水道・廃棄物管理	35,636	34,653	34,371	34,551
建設業	96,205	107,902	113,376	117,741
貿易・卸売り小売業	531,541	527,822	530,875	550,251
ホテル・飲食業	78,725	78,134	78,534	80,351
運輸・倉庫・郵便・宅配	137,658	150,073	154,543	162,153
情報通信	77,761	80,813	84,159	87,147
金融・保険	367,989	409,933	427,254	449,863
不動産・ビジネスサービス	239,434	252,714	259,704	266,032
公共行政，社会・個人サービス	379,588	407,420	419,156	432,393
不動産所有権	231,919	247,648	249,003	251,060
製品にかかる税	83,236	95,433	86,858	97,294

(注)　2016，2017年は暫定値。
(出所)　表1に同じ。

2017年 主要統計

4 国・地域別貿易

(単位:100万香港ドル)

	2015		2016		2017	
	輸入	輸出	輸入	輸出	輸入	輸出
中 国 内 地	1,984,049	1,936,515	1,916,831	1,943,469	2,030,145	2,105,829
ア メ リ カ	210,933	342,193	206,645	324,040	213,737	330,198
日 本	260,295	122,772	246,698	116,746	253,394	128,474
台 湾	274,385	65,029	292,072	74,516	329,678	89,371
シ ン ガ ポ ー ル	245,867	58,451	261,694	61,285	288,107	61,023
韓 国	172,085	54,380	196,228	54,040	252,056	56,672
全国・地域総額	4,046,420	3,605,279	4,008,384	3,588,247	4,357,004	3,875,898

(出所) 香港特別行政区政府統計處『香港統計月刊』2018年4月版および『香港對外商品貿易』2016年12月版。

5 国際収支

(単位:100万香港ドル)

	2014	2015	2016	2017
経 常 収 支	31,453	79,553	98,664	111,771
財	-250,931	-177,302	-129,693	-187,010
サ ー ビ ス	255,563	234,603	186,733	208,052
一 次 収 入	46,607	44,376	62,593	110,734
二 次 収 入	-19,786	-22,124	-20,969	-20,005
資本・金融収支	-73,785	-128,642	-101,104	-155,044
資 本 収 支	-748	-216	-374	-646
金 融 収 支	-73,037	-128,426	-100,730	-154,397
直 接 投 資	-85,718	794,800	447,758	167,473
有 価 証 券 投 資	-64,384	-970,938	-469,591	305,014
金融デリバティヴ	118,359	99,178	36,327	39,464
その他の投資	97,795	230,531	-106,368	-416,022
準 備 資 産	-139,089	-281,996	-8,856	-250,509
国 際 収 支	139,089	281,996	8,856	250,509

(注) 2016, 2017年は暫定値。
(出所) 表1に同じ。

6 政府財政

(単位:100万香港ドル)

	2014/15	2015/16	2016/17	2017年4〜6月	2017年7〜9月	2017年10〜12月
収 入	397,761	384,021	436,026	61,241	58,544	182,919
直 接 税	204,950	205,883	206,907	13,562	3,787	112,664
間 接 税	149,076	138,715	141,029	38,731	35,943	44,301
その他の収入	41,735	39,423	88,090	8,948	18,814	25,954
諸基金からの移転	2,000	0	0	0	0	0
支 出	321,691	354,391	381,117	92,338	90,497	95,913
実 質 支 出	319,162	351,211	357,253	89,988	90,497	95,913
諸基金への移転	2,529	3,180	23,864	2,350	0	0

(注) 財政年度は4月1日〜3月31日。
(出所) 表1に同じ。

2017年の 台湾

面 積	3万6194km²	政 体	共和制	
人 口	2357万人(2017年末)	元 首	蔡英文総統	
首 都	台北	通 貨	元(1米ドル=30.4元, 2017年平均)	
言 語	標準中国語, 台湾語(閩南語), 客家語など	会計年度	1月～12月(2000年以降)	
宗 教	仏教, 道教			

下線 省, 直轄市
―― 省市境
---- 県市境
◉ 首都
● 省, 直轄市政府所在地
○ 県市政府所在地
(台南市は市政中心, 高雄市は行政中心がそれぞれ2カ所)

> 2017年の台湾

年金改革の進展と頼清徳内閣の発足

竹内 孝之
(たけうち たかゆき)

概 況

　蔡英文政権は5月で発足1年を迎えた。国民党の不正資産に対する追及を本格化させ，軍人年金を除く年金制度改革や移行期正義に関する立法を実現させた。しかし，1月の週休二日制の導入をめぐる不手際や8月の大規模停電のため，政権への不満は高まった。TVBSの世論調査によると，政権への満足度は20％台後半で推移し，11月の最高値でも31％にとどまった一方，不満足度は最高63％（6月）に達した。9月には行政院長を財政学者出身の林全から，台南市長として人気の高い頼清徳に交代させたが，世論の支持は必ずしも回復していない。

　経済は好調な外需に支えられ，経済成長率は3％を超え，失業率も低水準を維持した。ただし，約20年間在職した彭淮南中央銀行総裁の退任表明や，大規模停電で露呈した電力網の脆弱さなどの不安材料も見られた。また，今後の公共投資に関する「前瞻(先進的)基礎建設計画」には鉄道建設への過剰投資の懸念もある。

　対外関係では，台湾と日本双方による窓口組織の名称変更が特筆される。アメリカのトランプ大統領は当初「一つの中国」政策の見直しに言及したが，米中首脳による電話や会談では同政策の継続に言及したため，台湾ではその姿勢に不安の声も出た。その後，中国は台湾の世界保健機関への参加を妨害し，パナマに台湾と断交および中国と国交樹立させ，中国軍機による台湾周辺での飛行や挑発を繰り返した。このため，アメリカは中国を警戒し，台湾を重視する姿勢を強めた。台湾もアメリカへの期待を高め，最新鋭のF-35B戦闘機の売却を打診した。

国 内 政 治

林全内閣の改造

　2月3日，徐国勇行政院発言人(報道官)が内閣改造人事を発表した(表1)。こ

表1　2017年2月に交代した閣僚

	前任		後任
労働部長	郭芳煜[1]	→	林美珠(政務委員兼蒙蔵委員会委員長)
衛生福利部長	林奏延	→	陳時中(歯科医,国策顧問)
科技部長	楊弘敦	→	陳良基(台湾大学電気工程［電子工学］系教授,教育部政務次長)
農業委員会主任委員	曹啓鴻	→	林聡賢(宜蘭県長)
公平交易委員会主任委員[2]	呉秀明	→	黄美瑛(台湾大学経済系教授)
蒙蔵委員会委員長[3]	林美珠	→	許璋瑤政務委員が兼任

(注)　1) 退任後,考試院公務人員保障暨培訓委員會主任委員に就任。
　　　 2) 2月1日付けで交代。
　　　 3) 蒙蔵委員会は9月に文化部に事実上吸収され,同委員長は任命されなかった。

れには政権の支持率を挽回させるねらいもあった。退任の要因について,郭芳煜労働部長は週休二日制導入をめぐる混乱,楊弘敦科技部長は実績不足や2016年12月に台湾積体電路製造(TSMC)の投資計画を同社の発表前に漏らした失態を問われた。医官出身の林奏延衛生福利部長は年金問題で呂宝静政務次長や林万億政務委員,あるいは対日食品輸入規制の緩和で政権与党と対立したと報道された。曹啓鴻農業委員会主任委員は女性秘書3人を自身の官舎に下宿させ,その1人に職務を代行させていたと報じられたが,徐国勇報道官は「秘書も家賃を負担しており,法的な問題はない」と擁護した。なお,曹啓鴻の後任,林聡賢宜蘭県長(民進党員)は衛生福利部長就任も取り沙汰された。しかし,林奏延・前部長に同情する医療関係者の反発を恐れ,職業政治家ではなく,歯科医師出身の陳時中・元衛生署副署長が衛生福利部長に起用された。

考試院および監察院の人事と考試院の組織改革をめぐる論争

　台湾では日本の人事院や会計監査院に似た「考試院」と「監察院」が三権と並ぶ地位を持ち,政権交代後も両院には前政権の任命した委員が残った。そのうち大学教授出身の高永光考試院副院長(外省人)が2016年12月に,浦忠成考試委員(原住民族)が2017年2月に辞任したため,蔡英文総統は2016年12月に民進党員の李逸洋公務人員保障・培訓委員会主任委員を副院長に,2017年2月に陳慈陽台北大学法律学系教授を考試委員に指名し,2月24日に立法院で承認された。

ただし，与党民進党は本来，両院の廃止(憲法改正が必要)・縮小を主張している。柯建銘立法院党団総招集人(立法委員団長)は「考試委員も既得権益者なので，公務員年金改革(後述)に抵抗している」と非難し，「考試院の規模縮小を検討する」と述べた。段宜康立法委員も「考試委員17人分の給与は5700万元(約2億円)もある。日本の人事院人事官と同様，3人に減らすべき」と主張した。一方，李逸洋副院長は立法院の審査において，「考試委員の削減は同院が管轄する多種多様な国家試験の検討に支障をきたす」と性急な改革を牽制した。
　蔡英文総統は3月1日に監察委員11人を指名した。しかし，年内は重要法案が多いこともあり，立法院における同人事案の承認手続きが見送られた。

年金制度等の改革

　台湾では，国民皆保険の歴史が浅く，基金の積立が少ない。そのうえ，公務員退職者は所得代替率が9割近い年金，年18％の優遇預金金利を享受している。そのため，国家財政や年金基金の破綻すら懸念された。しかし，馬英九・前政権は支持基盤である公務員の反発を恐れ，改革を検討するにとどまっていた。
　政権交代後の2016年6月，総統府は国家年金改革委員会(以下，年改会)を設置した。その招集人(座長)には陳健仁副総統，副招集人兼執行長(実務上の責任者)には林萬億政務委員，委員には関係官庁や労働組合，公務員の利益団体，市民団体の代表が就いた。ただし，総統には法案提出権がなく，年改会の役割も基本方針の提言にとどまった。2017年1月には行政院年金改革弁公室が年改会の議論をふまえ，公務員退職者向け優遇金利の廃止，年金支給水準の引き下げ(年金・退職金の支給額の基準を退職前15年間の平均，所得代替率を60％)，保険料率と支給開始年齢の引き上げなどの具体案(年改会版)を発表した。
　実際の法案作成は民間労働者向けを労働部，国公立教員向けを教育部，軍人向けを国防部と国軍退除役官兵輔導委員会(以下，退輔会)，そのほかの公務員向けを考試院に属する銓叙部が担った。労働部や教育部，銓叙部は年改会版を踏襲した。しかし，前政権の勢力が多数を占める考試院は銓叙部案を変更し，支給基準を退職前10年間の平均，所得代替率を70％とした「公務人員退休撫卹法」(公務員退職金・年金法)法案を決定した。陳健仁副総統は「考試院案は恒久的な解決策でない」と批判したが，立法院では与党民進党の主導で支給基準を退職前5～15年間の平均，所得代替率を60％へ再修正のうえ，6月27日に可決された。
　29日には「公立学校教職員退休資遣撫卹條例」(公立学校教職員退職金・年金

法)も可決された。さらに国民党等の役職員歴を加算することで過大支給された公務員の退職金や年金の返還を求める「公職人員年資併社団専職人員年資計発退離給與処理條例」(議員立法)も4月25日に成立した。

一方,国防部や退輔会は「国防は命がけであり,軍人は他の公務員と異なる」と主張して抵抗し,11月に基本方針のみを発表した。その内容は支給基準を退職前3年間の平均とし,所得代替率を最低50％に20年超の服役年数分×2.5％(大将は2％)を加算するとした(上限100％)。たとえば,大佐で昇格が止まり,48歳で退役すると,所得代替率は70％になる(20歳で入隊と仮定)。蔡英文政権がこれを許容した背景には,徴兵制廃止に向けて兵役期間を短縮したが,それを補う志願兵が不足しており,軍人の待遇に配慮する必要があった。それでも退役軍人は改革案に反発し,その一方で与党内では妥協への批判が起きたため,年内は軍人年金の改革が決着しなかった。

さらに公務員・軍人年金のほか,週休二日制をめぐる混乱もあり,民間労働者に負担増と給付減を求める「労工保険(民間労働者向け保険)条例修正案」は4月に行政院院会(閣議)決定,立法院へ送付されたが,実質的な審議は見送られた。

国民党主席選挙と同党をめぐる動き

5月20日,国民党主席選挙が行われ,呉敦義・前副総統(本省人)が約14万4000票(得票率52.24％)で圧勝した。現職の洪秀柱主席(外省人)は約5万3000票(19.20％),郝龍斌・前台北市長(外省人)は約4万4000票(16.03％)であった。

従来,投票権を持つ国民党員の半数は外省人といわれ,彼らが2016年の同党主席補欠選挙で洪秀柱を当選させた。しかし,今回は投票権を持つ党員が2016年の約33万7000人から14万人増え,約47万6000人となった。また,投票数も前回の約14万から倍増し,27万6000となった。増加分の大半は呉敦義陣営の政治家らが動員したと見られ,その中には殺人を犯した暴力団員も混ざっていた。洪秀柱陣営は「これでは中国国民党が台湾国民党になってしまう」と外省人の危機感を煽りつつ,入党申請書の精査を求めた。その結果,虚偽申請として却下されたのは少数であった。

呉敦義・新主席は選挙戦中より対中国政策の基本方針として馬英九政権時代以前の「一つの中国,各々が表現」を主張し,8月20日の就任後は統一派色が強い洪秀柱主席による政策綱領を改めた。これが中国の不興を買ったとの見方もある。5月の当選時には習近平から中国共産党総書記の名義で祝電が届いたが,呉敦義

に敬称でない通常の二人称を用いていた。また，就任時は祝電がなかった。さらに，中国側の日程調整が難しかったこともあるが，2017年は恒例の国共フォーラムや両党党首会談の実施が見送られた。

このほか，国民党の馬英九・前総統は3月14日，2013年9月に職権乱用により王金平立法院長に対する電話盗聴記録を検察から入手した容疑で，台北地方検察院に起訴されたが，10月11日の一審で無罪判決が下り，検察は控訴した。馬英九は別途，民進党の柯建銘立法委員(王金平との通話を盗聴された被害者として)にも刑事訴追されていた(2016年12月)が，一審(3月28日)，二審(10月11日)とも無罪となった。これらの判決は，総統は検察指揮権を持たず，行政と立法の対立を調停したにすぎないと主張した。しかし，陳水扁・元総統の第二次金融改革をめぐる便宜供与疑惑では，2審判決(2010年)や3審確定判決(2012年)が行政院長任命権を通じた「実質的な影響力」を認め，有罪とした。そのため，今回の馬英九への無罪判決にはこれらの判例と矛盾するとの批判も出た。

国民党の不正資産問題では，かつて国民党の青年部と目された「中国青年救国団」(以下，救国団)が最高法院から本部の入る「志清大楼(ビル)」の使用権を国に返還するよう命じられ(2月)，退去を余儀なくされた(9月)。同様に国民党の女性部と目された「中華民国婦女聯合会」(婦聯会)は不当党産処理委員会から，国民党独裁時代の強制的な募金が収入源であったと指摘され，資金を国庫に納めるよう求められた。これらの団体内部では政府に従おうとする「ハト派」と徹底抗戦を主張する「タカ派」の対立が激化した。救国団では12月にハト派の白秀雄理事長が辞任した。一方，婦聯会では12月22日に内政部の命令でタカ派の辜厳倬主任委員が解任された。25日の補選で当選した雷倩・新主任委員は29日，資産の9割を国に寄付すれば，免責されるとする行政契約の内容につき，内政部や不正党資産処理委員会と基本合意した。しかし，婦聯会ではタカ派が多数派を占めるため，先行きは不透明である。

12月10日に立法院は，政党法案を可決し，成立させた。民主化後も政党の設立は社団法人などを扱う人民団体法に依拠してきたが，今後は政党法に依拠することになる。また，過去の国民党のような政党による営利事業への投資や，政府，学校などへの党組織の設置などは禁止される。

総統府人事

2016年10月以来，総統府秘書長は異例の不在が続いていた。蔡英文総統は頼清

徳台南市長に就任を打診したが，頼清徳は将来の総統候補と目され，権限が乏しく，職階も行政院長より低い総統府秘書長に興味を示さなかった。そのため，呉釗燮国家安全会議（国安会）秘書長が総統府秘書長に任命され，5月24日に就任した。呉釗燮は国際政治学者であり，国安会秘書長の方が適任に思えるが，蔡英文総統の信任が厚いことから異動したと思われる。後任の国安会秘書長には同日，元参謀総長の厳徳発国安会諮問委員が就任した。厳徳発は陸軍出身だが，空軍出身の馮世寛国防部長との良好な関係が起用された要因の1つとされる。なお，2018年2月に呉釗燮は外交部長，厳徳発は国防部長に異動した。国安会秘書長には李大維外交部長が異動したが，総統府秘書長は再び空席となった。

林全内閣から頼清徳内閣への交代

9月4日，林全行政院長の辞任が発表され，7日に内閣は総辞職した。林全院長は6月に辞意を伝えたが，蔡英文総統は税制改革をやり遂げるよう求めていた。林全院長はこの税制改革案の閣議決定をもって「任務完了」とした。

9月8日，頼清徳台南市長を行政院長，施俊吉台湾証券交易所（取引所）董事長（会長）を同副院長とする新内閣が発足した。閣僚の異動は最小限にとどまった（表2）。蔡英文総統は対中国穏健路線への与党内の不満や世論の支持低迷に悩まされたため，前任より8歳若く，ポスト蔡英文の最有力候補で，台湾独立をとなえる頼清徳を起用したとみられる。ただし，頼清徳は「親中愛台」（親中国かつ

表2 内閣交代にともなう閣僚人事

役職	前任		後任（前職）
行政院秘書長	陳美伶	→	卓栄泰（民進党副秘書長，元同職）
政務委員兼 国家発展委員会主任委員	陳添枝	→	陳美伶（行政院秘書長）
政務委員	（欠員）[1]	→	羅秉成（法律扶助基金会董事長，弁護士）
経済部長	（欠員）[2]	→	沈栄津（経済部政務次長，同部長代理）
金融管理監督委員会 主任委員	李瑞倉	→	顧立雄（不当党産処理委員会主任委員）

（注） 1）2月に林美珠が労働部長に異動した。羅秉成の管掌は法政。
　　　2）李世光・前部長が8月の停電で引責辞任し，沈栄津が職務を代行していた。
　　　3）蒙蔵委員会は9月に文化部に事実上吸収され，同委員長は任命されなかった。

年金改革の進展と頼清徳内閣の発足

行政院長交代を発表した蔡英文総統(中央)と頼清徳・新院長(右)および林全・前院長(9月5日,時事)

台湾の愛国者)を自称する発言(6月)や慰安婦問題での日本への謝罪要求(9月29日)など真意の不明な発言も見られた。また週休二日制の見直しは「収入増など労働者への恩恵もある」と主張したが,労働組合の反発や廖蕙芳労働部政務次長(労組出身)の辞任を招いた(11月)。

中国のテレビ局による音楽催事をめぐる台湾大学での衝突事件
9月24日,国立台湾大学の陸上競技場で中国の浙江電視台(テレビ局)による音楽イベントが開催されたが,大学名の「国立」を「台北市」に置換したポスターや,授業や学生の利用を妨げたこと,設営された舞台が台北市建築管理処の検査に合格せず,また競技場の設備を損傷したなどの問題が起きていた。これに反発した学生や台湾の主体性を重視する「本土派」の市民団体が当日,抗議活動を行ったところ,張安楽が率いる「中華統一促進党」(実態は外省人暴力団「竹聯幇」)が乱入し,学生1人を棍棒で殴り,頭部出血や骨折を負わせた。大学には警官隊が常駐しているが,隊長が外出中のため出動が遅れ,到着まで40分かかった。
張安楽は1996年に指名手配されて中国へ逃亡し,2013年の帰国後は「中華統一促進党」を名乗り,2014年のひまわり学生運動など本土派の活動を妨害してきた。

中国公安部から資金援助を受けたとの疑惑もある。2017年には香港の黄之鋒(学生活動家)や羅冠聡立法会議員の一行を桃園空港で襲撃し(1月7日)，10月1日(中国の国慶節)に五星旗(中国国旗)を掲げてデモ行進した。4月16日にはその構成員が台南市で八田與一(日本統治時代のダム設計者)像を損壊していた。

経　　済

経済の概況

　経済成長率は年率で2.8％となった。年前半は第1四半期が2.64％，第2四半期が2.28％と若干下がったものの，年後半は第2四半期が3.18％，第4四半期が3.28％と3％を超えた。2016年に引き続き，景気は拡大を継続したといえる。このため，失業率も1月の3.84％からおおむね緩やかな改善を続け，12月には3.70％まで低下し，年平均では3.76％の低水準となった。

　その一方で，消費者物価指数(CPI)は年平均0.6％と緩やかな伸びにとどまった。CPIを項目別にみると，食品(マイナス0.37％)や衣類(マイナス0.24％)など多くで下降した一方，燃料(9.36％)と光熱費(9.92％)が石油価格の上昇の影響を受けたほか，「タバコおよび檳榔」(8.09％)がタバコ税率増のために高い伸び率を示した。なお，卸売物価指数は年平均で0.90％と，CPIよりやや高い伸びを示した。

　中央銀行は物価上昇圧力の弱さのほか，景気拡大をけん引してきた外需つまり世界経済の先行きにも若干の懸念を示した。中央銀行の理監事会議は年内に4回開催されたが，いずれも利上げを見送り，金利を1.375％のまま据え置いた。これで2016年の第3回より6回連続で金利が据え置かれたことになる。

彭淮南中央銀行総裁の退任表明

　中央銀行の彭淮南総裁は約20年にわたり在任してきたが，9月29日の理監事会議において，2018年2月25日の任期満了をもって退任すると表明した。後任候補としては林全・前行政院長や胡勝正中華経済研究院院長(中央研究院院士)の名前が挙がった。林全は財政学者で，蔡英文総統の信任も厚いが，本人は就任の可能性を否定した。胡勝正は民進党の陳水扁政権期に中央銀行理事や経済閣僚を歴任し，2016年12月から再び中央銀行理事を務めているが，体調不良を理由に総裁就任を固辞した。そのため，中央銀行の生え抜きである楊金龍副総裁の総裁就任が順当とみられた。しかし，胡勝正は「近い将来の景気後退に備えるため，彭淮南

総裁に続投を要請するべき」と述べ，蔡英文総統も「中央銀行総裁の姓が彭でないのは，しっくりこない」と発言するなど，年内は決まらなかった。

「前瞻基礎(先進的なインフラ)建設計画」
　蔡英文総統は2月5日，選挙公約で掲げた大型インフラ投資を「前瞻基礎建設計画」と命名し，従来型インフラ建設のほか，再生可能エネルギーや情報通信産業，水環境の保全を推進すると述べた。6日には政府与党幹部による「執政決策協調会議」で実施を指示した。3月23日には同計画の多年度予算案(8年間で総額8900億元)を含む「前瞻基礎建設特別條例」草案が行政院で閣議決定された。立法院は7月6日にこれを可決したが，予算は4年分4200億元のみ承認した。
　当初の理念と異なり，同計画予算の大半は従来型のインフラ建設が占め，とくに鉄道分野が半分を占めた。水環境の保全にも，ダムなどの治水や灌漑施設が多く含まれた。この背景には各地方政府がその地域振興効果や工事発注による経済効果を期待し，誘致に奔走したという事情があった。
　鉄道分野では，従来遅れていた国営の台湾鉄路(台鉄)が運営する在来線の設備更新や電化，複線化などの近代化，あるいは各地の都市交通(捷運，MRT)建設を急ぎたいとの事情もある。しかし，都市中心部の在来線地下化は完了済みの台北の例を見ると，その莫大な費用に見合う経済効果がないとの声もある。また，地方の観光路線の建設も蔡英文総統の一声で決定され，採算性の検討が不十分との批判も出た。2012年選挙で蔡英文総統の公約作成に関わった経済学者の陳博志総統府資政(上級顧問)も，自動運転技術の進歩で鉄道の重要性が低下する恐れを指摘し，計画の実施を緩めるべきだと主張した。

共有経済に関わる事業者と規制当局の摩擦
　Uber社は2014年に「情報産業」の名目で台湾子会社(以下，ウーバー)を設立し，配車サービスを開始した。しかし，交通部公路(道路)総局は無許可の旅客運送，つまり白タクの斡旋とみなして取り締まると同時に，合法な形態への転換を求めた。ウーバーは訴訟で対抗したが，敗訴が相次いだ。李世光経済部長は訴訟の決着まで処分を保留すると発言したが，経済部投資審議委員会は2016年8月，虚偽申請を理由に同社に対する投資許可を取り消した。11月には財政部国税局が同社に法人税の過少申告を指摘し，約1億3500万元の追徴税を課した。そして，2016年12月の「公路法」(道路交通法)改正により，白タク事業への罰則強化(と

くに罰金上限の15万元から2500万元への変更）と通報制度の導入が行われた。2017年1月6日の同法施行後，タクシー業者の通報が相次ぎ，ウーバーは合計11億元の罰金を科され，2月10日に営業を一時中止した。同社はレンタカー会社と提携した運転代行者の斡旋へ事業転換し，4月に営業を再開した。

　白タクのほか，民泊も問題視された。宿泊予約大手のAirbnbは台湾国内に拠点を作らず，シンガポールなどからネットや電話で営業してきたが，台湾の民泊の大半は同社に登録する一方で，火災や家主による盗撮など，民泊に関連した事件が増えた。そこで，交通部など関係当局は消防などの安全基準やトラブル対応など消費者保護上の不備を問題視した。2016年12月には「発展観光条例」（観光促進法）が改正され，無許可の旅行・宿泊業務や仲介に1件3万元，累計の上限が30万元の罰金が設けられた。2017年7月には「発展観光條例裁罰標準」（交通部の政令）が施行され，民泊の物件所有者も広告掲載だけで処罰対象になった。

旧世代の移動体通信サービス中止をめぐる動き
　第2世代に当たるGSM方式に割り当てられた電波帯域の使用期限切れに伴い，携帯電話通信事業者大手である中華電信，台湾大哥大，遠伝電信の3社が同方式の通信サービスを終了した。中止する3社は優遇措置を講じ，第3，4世代のSIMカードへの変更と端末の買い替えを促した。その結果，3社のGSM方式の契約件数は2016年末の40万件から，サービス中止時には7万6000件に急減した。未解約の番号は2017年末まで保存され，例外的にGSM方式のサービスを継続する亜太電信への契約移行が可能とされた。第2世代のサービス中止は日本（独自方式）やシンガポール（2017年3月末）でしか事例がない。台湾の場合は1社がサービスを継続する不完全な形だが，大きな混乱なしにこれを実施した。

　台湾では次世代通信規格の導入と関連産業の育成を目論む政府の方針もあり，第3世代方式のサービスも2018年末で原則中止される予定である。しかし，台湾での第4世代のLTE方式のサービスは2014年半ばに始まったばかりで，第3世代の契約者は2017年末で600万件（大手3社と台湾之星の合計）と，2016年末時点のGSM方式の10倍以上もある。また，LTE方式の実用化はデータ通信が先行したため，LTE回線上の音声通話規格VoLTEに対応せず，音声通話を第3世代方式で行う端末も多い。そのため，第3世代は名目上のサービス「終了」後も，実際は音声通話向けに継続される。

大潭発電所の緊急停止による大規模停電

　8月15日の午後4時51分，台湾の総発電量の約1割を占める台湾電力大潭発電所(桃園市)ですべてのガスタービン発電機が緊急停止した。原因は台湾中油の設備更新中に作業ミスで天然ガスの供給が遮断されたことであった。同日は猛暑で，元々3％の電力供給予備力しかなかったため，事故は全国規模の停電を引き起こした。鉄道は影響を免れたが，各地で交通信号が機能停止して渋滞が起き，エレベーターでの閉じ込め，工場の操業中止などが発生した。また，発電機の再起動に時間を要したため，午後6時から9時40分まで輪番停電が行われた。

　台湾電力と台湾中油はいずれも経済部が管轄する国営企業であるため，同日晩に李世光経済部長が引責辞任した。蔡英文総統も15日夜のツイッターへの投稿や16日の記者会見で陳謝した。一方，台湾中油は作業を請け負った巨路国際と責任の所在を争ったが，与野党双方から批判を受け，18日に陳金徳董事長(会長)も引責辞任した。

　台湾では7月29日にも台風で鉄塔が倒壊し，和平発電所(台湾セメント系新電力)からの送電線が切れて，電力需給が逼迫し，公的機関の空調運転を中止して乗り切ったばかりであった。識者からは大停電の原因を偶発事故に帰せず，冗長性に欠く送発電体制の改善を求める声が出た。また，野党国民党は脱原発政策の見直しや封印中の第4原発の稼働を求めた。林全行政院長は8月16日の記者会見で電力供給や送電網の検討を行う意向を示したが，再生可能エネルギーで原発を代替する方針は堅持した。経済部は10月25日，民間住宅での太陽光発電に設備費用の4割を補助する方針を発表した。

宏達国際電子によるスマートフォン事業の一部売却

　宏達国際電子(以下，HTC)は9月21日，Google社が発売するスマートフォン開発部門を11億ドルで同社に売却すると発表した。HTCはかつてAndroid OS搭載スマートフォンの世界シェア2位であったが，近年は販売が低迷し，上位10位から脱落したうえ，経営状態も悪化していた。Googleは今回の買収で，自社に必要な技術者2000人をHTCから移籍させた。また，詳細は不明であるが，Googleは関連するHTCの知的財産の使用権を確保したという。なお，HTCは自社ブランドのスマートフォン開発，製造部門を残しており，今後も事業を継続する。

遠東国際商業銀行に対するサイバー攻撃

　遠東国際商業銀行は10月3日から4日にかけてサイバー攻撃を受け，6000万ドルがスリランカやカンボジア，アメリカなどへ不正に送金された。同行は5日午前中に事態に気づいて通報し，台湾の警察は国際刑事機構をとおして各国当局に協力を要請した。その結果，流出した資金の大半が回収され，被害の実額は50万ドルにとどまった。また，スリランカでは犯人グループが摘発された。
　攻撃にはマルウェアを添付した電子メールを同行内のアドレスに一斉送信する手口が使われたと見られる。しかし，マルウェアは痕跡を残さないタイプと思われ，その発見には至ってない。これは2016年のバングラデシュ中央銀行の被害と類似しており，北朝鮮軍のサイバー部隊の関与が疑われた。

対外関係

アメリカとの関係

　アメリカのトランプ大統領は就任前，蔡英文総統との電話会談に対する中国の批判に反発して，「『一つの中国』にこだわらない」と発言した。就任後も1月13日付 Wall Street Journal 紙掲載のインタビュー記事で，「一つの中国」を経済問題と並ぶ中国との交渉課題と位置づけた。しかし，トランプ大統領は中国の習近平国家主席との電話会談（2月9日）で一転し，「『一つの中国』政策を堅持する」と発言した。このため，台湾ではトランプ政権に対する不安の声も出た。
　ただし，実際のところ，トランプ政権は末期のオバマ政権同様，中国を警戒し，台湾との関係を重視した。ティラーソン国務長官は就任直前の議会公聴会（1月13日）で，アメリカの「一つの中国」政策は台湾に対する差別の禁止や武器供与の継続をうたう台湾関係法やレーガン政権による「6つの保証」に依拠すると述べた。また，ティラーソン国務長官はトランプ・習近平電話会談の前日も同様の見解を再表明し，台湾側にも事前に説明した。このため，台湾の総統府は「米台関係に想定外はない」と強調した。3月のティラーソン国務長官の訪中前にはソーントン国務次官補が同じ内容を繰り返した。4月の米中首脳会談では台湾への言及がなかったが，台湾の李澄然外交部次長の立法院答弁（同12日）によれば，「事前協議で中国の王毅外相が台湾問題を提起したが，アメリカは台湾関係法の立場を繰り返し，短時間で議論を終えた」という。
　パナマが台湾と断交し，中国と国交樹立した後には，ノーアート国務省報道官

(6月14日)やソーントン国務次官補(同20日)が「一方的な現状変更に反対する」と中国を批判した。アメリカは従来パナマに強い影響力を持ち，同国と台湾の関係の維持にも一役買っていた。しかし，アメリカは今回の断交を阻止できず，中国の影響力増大に危機感を抱いたと思われる。

　また，ティラーソン国務長官は6月14日，台湾に対する中国の脅威を訴えたシャボット下院議員に対して「過去50年間の『一つの中国』政策を評価するが，今後50年間も有効なのか検討を要する」と答弁した。台湾では政策転換への期待と懸念の両方が出たが，薛美瑜外交部北美(北米)司長は同長官が「台湾への約束は守る」と述べた点を「非常にポジティブ」と評価するにとどまった。

　このほか，6月2日にはマティス国防長官が就任後初めて「台湾に必要な防衛装備を供与する」方針を確認した。同29日には各種ミサイルや魚雷，レーダー関連技術など総額約14億ドルの武器供与が国務省から議会に通告された。さらに，蔡英文総統は4月にF-35戦闘機の導入に言及した。台湾では中国の先制攻撃で滑走路が破壊される事態を想定し，空軍向けのF-35Aでなく，垂直着陸短・距離離陸が可能なF-35Bを欲している。台湾は8月のモントレー会談(米台両軍高官会議)でF-35Bの売却を求めたが，アメリカは応じる姿勢を見せなかった。

日本との関係

　日台関係は良好に推移した。とくに双方の窓口機関の名称変更は，実務関係へ移行して以来の一大事と言える(後述)。また，3月24日には赤間二郎総務副大臣が地方の特産品や観光に関する催事の開会式に出席するため来訪した。断交後に来訪した現役公職者としては，最高位となった。

　台湾からは8月1日に鄭麗君文化部長が訪日し，鉄道博物館(埼玉県大宮市)を訪れ，JR東日本の583系寝台特急電車の譲渡記念式に出席した。同電車は11月に台湾に到着し，日本時代から2012年まで稼働した台北機廠(鉄道整備場)跡地の「鉄道博物館園区」に設置された。台湾側は同園区の運営にも，産業遺産の展示経験を持つJR東日本やトヨタ自動車の協力を求めている。

　9月18日には，2001年の狂牛病発生を受けた日本産牛肉の輸入禁止の解除が発表され，10月に輸入が再開された。しかし，福島第一原発事故による放射能汚染を名目に継続中である5県産食品に対する輸入規制は解除されなかった。

　海洋問題については，3月1日に日台漁業協定に基づく日台漁業委員会の第6回会合が行われたが，尖閣諸島沖の日本の排他的経済水域(EEZ)操業方法につい

て大きな変更は合意されないまま，現状維持とされた。また，4月9日には日台海洋協力対話の一環として漁業協力ワーキンググループが開催され，台湾側は沖ノ鳥島沖の日本EEZにおける台湾漁船の操業許可を求めたが，日本側は認めなかった。12月19日から20日には，日台海洋協力対話の第2回会合が開催され，20日には海難捜索救助分野の協力に関する覚書が締結された。

11月21日から22日には恒例の日台貿易経済会議の第42回が開催された。22日には税関相互支援のための取り決めと文化交流協力に関する覚書が締結された。

日台双方の窓口機関の名称変更

日台双方の窓口機関は日本側の「交流協会」，台湾側の「亜東関係協会」とも，その役割を反映しない曖昧な名称であった。これはアメリカ在台湾協会（アメリカの対台湾窓口機関）などと比べると特異であった。日本側は国交断絶時に「日台交流協会」を名乗ろうとしたが，当時は国民党独裁下の台湾側が「日台」に反対し，「日華」とするよう主張したため，断念した。しかし，交流協会は2016年12月28日，「日本台湾交流協会」への名称変更（2017年1月1日に実施）を発表した。1月3日にはその台北事務所で新しい銘板の除幕式が行われ，沼田代表や邱義仁亜東関係協会会長らが出席した。

台湾の与党民進党や許世楷・元駐日代表ら本土派はこれを「断交以来の快挙」と評価し，亜東関係協会の名称変更も求め，謝長廷駐日代表は「駐外機構の名称にも見直すべき点が多い」と指摘した。外交部は当初「慎重に検討する」と述べたが，李大維外交部長は3月6日の立法院答弁で同協会を「台湾日本関係協会」へ名称変更する方針を明かし，3月20日には徐国勇行政院発言人（報道官）も「林全行政院長が裁可した」と述べた。台湾側の名称変更は5月17日に実施され，同日の記念式には日本側の沼田代表も出席した。ただし，台北駐日経済文化代表処の名称変更は見送られた。

民進党内では北米事務協調委員会（台湾の対米窓口機関）や台北駐米経済文化代表処の名称変更を求める声も出たが，李大維外交部長は5月17日に立法会で「トランプ政権の陣容が固まらないとアメリカ側と交渉できない」と答弁した。

中国との関係

中国は蔡英文・トランプ電話会談（2016年12月）に反発した。しかし，2月9日にはトランプ・習近平電話会談を行い，トランプ大統領から「一つの中国」政策

の継続に関する発言を引き出し，関係改善の動きを見せた。また，2016年11月にはシンガポール軍の装甲車が台湾での演習後に寄港した香港で押収され，中国政府は同軍と台湾の関係を批判したが，装甲車は2017年1月に返還された。

　このように中国はアメリカやシンガポールへの反発を収めたが，台湾への圧力は強化し続けた。世界保健機関（WHO）事務局はWHO総会（5月）への台湾の招聘を取り止めたため，蔡英文総統は「WHOの理念に反する」と反発した。中国国務院台湾事務弁公室は「民進党が『92年コンセンサス』（「一つの中国」原則をめぐる国民党と中国の合意）を拒否したからだ」と述べ，WHOの措置が中国の指示によることを示唆した。また，中国は6月にパナマに台湾との国交を断絶させ，複数の第三国と台湾の実務関係にも介入した（後述）。

　さらに，中国は軍事的な圧力も強めた。1月11日に空母「遼寧」，7月20日には轟6（H-6）爆撃機の編隊が台湾を周回した。また，H-6爆撃機は7月24日と25日にも台湾の防空識別圏に迫った。11月，12月にもH-6のほか，Su-30戦闘機やIl-78空中給油機，運8電子偵察機がたびたび迫り，とくに12月7日にはH-6爆撃機が「直ちに離脱しなければ，その結果の責任を背負ってもらう」と台湾のF-16戦闘機を脅した。台湾側はこれを台湾世論の動揺をねらった心理戦と考え，黄重諺総統府報道官は同日に「国防部は中国軍の行動を把握している。国民は安心して欲しい」と述べた。21日には馮世寬国防部長が「今後は心理戦に付き合うのを止め，中国軍の動向を逐一公表することをやめる」と述べたが，28日には「国民の知る権利に配慮し，特別な事例は公表する」と修正した。

中国による李明哲の拘束

　3月19日，台湾の人権NGO職員，李明哲がマカオからの入境後，中国当局に拘束された。李明哲は外省人だが，民進党内で中国に融和的な許信良・元党主席を通じて同党に参加し，近年は中国の民主化・人権活動家と交流していた。

　海峡交流基金会（台湾側窓口機関）は直後に李明哲の消息を照会したが，海峡関係協会（中国側窓口機関，以下，海協会）は事実確認できず，29日に国務院台湾事務弁公室（以下，国台弁）が「国家安全の理由で拘束した」と認めるにとどまった。その一方で李淨瑜（李明哲の妻）には，李俊敏（国民党の頼士葆立法委員のスタッフ）が「両岸人民服務協会」（海協会と関係を持つ，台湾の統一派団体）執行長を名乗って接触し，「海外NGOの活動を規制する法律の施行で功を焦った国家安全部門が李明哲を誤認逮捕した」と語った。

李淨瑜は李明哲と面会するため，4月10日に中国への渡航を試みたが，中国が彼女の渡航証を無効としたため，果たせなかった。蔡英文総統は11日にこうした事態への「重大な関心」を表明し，張小月大陸委員会主任委員も中国側を批判するとともに，真相説明と李明哲の早期釈放を求めた。中国側は9月11日に湖南省岳陽市中級人民法院で公判を開き，李明哲に「国家政権転覆罪」を認める陳述をさせた。公判を傍聴した李淨瑜は事件を政治的迫害と述べ，台湾の大陸委員会も再度中国側を批判した。11月28日に国家政権転覆罪で懲役5年の判決が下されると，台湾側は改めて中国を批判し，李明哲の釈放を求めた。

パナマとの断交
　6月13日(現地時間では12日)，パナマのバレラ大統領が中国との外交関係樹立を発表した。同日，すでに北京入りしていたサイン・マロ副大統領兼外相と中国の王毅外相が会見し，共同声明に署名した。この中でパナマは「台湾を中国の一部」とし，「台湾と如何なる公式な関係も持たない」と表明した。ただし，パナマは台湾に商務弁事処を設置する意向を示し，経済関係の維持を呼び掛けた。
　同13日，台湾の李大維外交部長は緊急記者会見を行い，パナマとの外交関係を終了すると発表し，同国と中国を非難した。呉釗燮総統府秘書長も会見を行い，両国を批判するとともに，断交直前にアメリカがパナマに再考を求めたが，奏功しなかったと明かした。また，蔡英文総統は13日の日中，危機対応に追われたが，同日夜にツイッターで「中国の恐喝には屈しない」と憤りを吐露し，14日の記者会見でも改めて中国を非難した。
　パナマは台湾と外交関係を持つ国が多い中米において経済規模が最も大きく，また清朝との関係樹立(1910年)から数えて107年間と最も長く「中華民国」と国交を継続した国であった。しかし，近年は中国が多額の投資を行い，パナマへの影響力を強めていた。今回の断交は大きな痛手として受け止められ，野党の国民党は「92年コンセンサス」を認めない蔡英文総統の責任だと批判し，与党内でも呂秀連・元副総統が「亡国の危機」と述べた。

台湾と第三国の実務関係に対する中国の圧力
　台湾はナイジェリアに大使館に相当する「中華民国商務代表団」(以下，代表団)を設置してきた。しかし，1月11日，中国の王毅外相はナイジェリアを訪問，同国のオンエアマ外相と会談し，「一つの中国原則に関する共同声明」に署名し

た。また，王毅外相は台湾の「代表団」が「身分不相応な活動をした」と非難し，その名称変更と首都からの移転，人員削減を要求した。ナイジェリアは3月31日，1週間以内に「代表団」を移転し，趙家宝代表が出国しなければ，「安全を保障しない」と脅した。台湾は移転の猶予を求めつつ，4月6日に「代表団」の業務を取り止め，趙家宝代表を帰国させた。しかし，ナイジェリアは6月30日に「代表団」を武装した警官で包囲し，残る職員を追い出した。このため台湾は7月4日に「代表団」の移転決定を余儀なくされ，12月5日に移転を完了した。台湾も6月14日にナイジェリアの駐在機関「駐華商務弁事処」に台北市外への転出を求めたが，ナイジェリア側は予算不足もあり，年内の移転を見送った。

このほか，6月14日に「中華民国駐アラブ首長国連邦ドバイ商務弁事処」が「駐ドバイ台北商務弁事処」，同27日に「中華民国駐エクアドル商務処」が「台北駐エクアドル商務処」，7月12日に「台湾駐バーレーン商務代表団」が「駐バーレーン台北貿易弁事処」への名称変更を余儀なくされた。いずれも中国の圧力を受けたとみられる受入国が要求してきたものであった。

2018年の課題

内政面では労働基準法再修正による週休二日制の緩和（1月）が蔡英文政権への不満を高止まりさせる要因になりうる。12月に予定されている統一地方選挙は，事実上の中間選挙と位置付けられる。もし同選挙で民進党が敗北すれば，蔡英文総統は民進党主席の辞任を迫られ，党を通じた政権と立法院の調整が難しくなる。

経済については，主計処が外需主導での成長が継続するものの，2017年と比較して若干減速し，2018年の経済成長率を2.42％と予測している。2月には彭淮南中央銀行総裁が退任し，楊金龍副総裁が新総裁に就いた。

対外関係では花蓮地震（2月）後に日台首脳がメッセージ交換を行った。アメリカでは要人の台湾渡航を促す台湾旅行法が成立し，親台派のボルトン元国連大使が大統領補佐官に就任する見通しである。中国はこうした日本やアメリカの台湾を重視する姿勢に反発しており，台湾への圧力をさらに高めるとみられる。

（地域研究センター）

重要日誌　台　湾　2017年

1月1日▶日本側の窓口機関である交流協会，日本台湾交流協会に名称変更。3日，除幕式開催。

7日▶蔡英文総統，中米訪問（～15日）。途中，アメリカのヒューストン寄航（7日），ホンジュラスでエルナンデス同大統領，ニカラグアでオルテガ同大統領と会談（9日），グアテマラでモラレス同大統領と会談（11日），同国国会で演説（12日），エルサルバドルでセレン大統領と会談（13日）。

▶詹賢国民党副主席，辞任。

9日▶翁啓惠・前中央研究院院長，台湾浩鼎生技をめぐる汚職容疑で士林地検に起訴される。

11日▶立法院，電力自由化などを盛り込んだ電業法改正案を可決。

▶中国軍の空母「遼寧」，台湾海峡を通過（～12日）。

19日▶陳建仁副総統，国家年金改革委員会がまとめた年金改革案を発表。

24日▶シンガポール外務省，台湾での演習からの帰路，香港で押収された同国軍装甲車の返還に香港の梁振英行政長官が同意と発表。装甲車は28日に同国到着。

2月2日▶交通部，Uber 台湾子会社（以下，Uber）の事業を白タクと認定し，罰金処分を科す。Uber，同10日以降の営業停止を発表。

3日▶徐国勇行政院報道官，内閣改造を発表。

5日▶国防部中山科学研究院，漢翔航空工業と高等練習機の開発・製造に関する覚書を締結。蔡英文総統も出席。

9日▶アメリカのトランプ大統領，中国の習近平国家主席と電話会談，「一つの中国」政策を堅持すると発言。

10日▶最高法院，中国青年救国団（以下，救国団）に対し，「志清大楼（ビル）」（同本部が入居）使用権の国への返還を命じる判決。救国団は9月8日に同ビル退去。

24日▶立法院，李逸洋考試院副院長，陳慈陽考試委員の人事案を承認。3月1日に就任。

3月1日▶総統府，監察委員11人の人事案を発表。年内は立法院の審議行われず。候補者のうち，劉文雄（親民党所属）が死去，11月に楊芳玲（元台北市政府法務局長）が追加される。

▶日台漁業委員会第6回会合，開催（～3日）。

2日▶桃園機場捷運（空港鉄道），正式開業（試験営業は2月2日開始）。

8日▶李元簇・元副総統，死去。31日に追悼式。

9日▶徐国勇行政院報道官，彭勝竹国家安全局長，金韓松（マレーシアで暗殺された金正男の長男）を支援した「匿名希望の政府」を台湾とする報道の真偽について「回答できない」と発言。何栄村移民署長，「金韓松は台湾に入国していないが，トランジットについては不明」と発言。

▶法務部調査局，外交部に対するスパイ未遂で中国人元留学生の周泓旭を逮捕。

13日▶アメリカ国務省，トランプ政権の「一つの中国」政策は米中間の3つの共同宣言と台湾関係法に基づくと発言。

14日▶馬英九・前総統，2013年9月の検察盗聴記録の閲覧につき，秘密漏洩教唆容疑で台北地検に起訴される。

19日▶元民進党職員でNGOメンバーの李明哲，マカオから中国本土へ渡航後，行方不明に。中国側が29日に拘束を認める。

21日▶国防部中山科学研究院と台湾国際造船，潜水艦設計に関する契約締結式典。蔡英文総統も出席。

23日▶行政院,今後8年間で8900億元規模の「前瞻基礎建設計画」(先進的インフラ建設計画)を閣議決定。
24日▶赤間総務副大臣,来訪(～25日)。
28日▶監察院,司法院大法官会議に対して不当党産条例の合憲性を問うことを決定。
▶台北地方法院,柯建銘立法委員が提訴した馬英九・前総統の秘密漏洩容疑に関する刑事訴訟につき,無罪判決を出す。
31日▶台北地方法院,ひまわり学生運動関係者の公務執行妨害容疑を市民的不服従と認め,無罪とする判決。
4月9日▶日台海洋協力対話の漁業協力ワーキンググループを東京で開催。
13日▶Uber,レンタカー業者と提携し,営業再開。
16日▶烏山頭ダム(台南市)の八田與一の銅像,頭部切断される。統一派の李承龍前台北市議,18日に犯行を認める。
21日▶衛生福利部食品薬物管理署,食用の鶏卵から基準を超えるダイオキシンが検出されたと発表。
23日▶ジェームズ・モリアーティ・アメリカ在台湾協会(AIT)理事長,来訪(～29日)。
25日▶立法院,公職人員年資併社団専職人員年資計発退離給與処理條例(公務員年金資格に合算された社団職員歴の扱いに関する条例)を可決。
29日▶日本政府,許世楷・元台北駐日経済文化代表処代表と黄茂雄工商協進会栄誉理事長に旭日重光章,黄天麟台日文化経済協会会長に旭日中綬章を授与。
5月8日▶八田與一追悼記念式に頼清徳市長らが出席。2月に破壊された銅像の修復は前日までに完了。
9日▶世界保健機関(WHO),年次総会への参加を締め切る。台湾には招待状が届かず。

17日▶対日窓口機関である亜東関係協会,台湾日本関係協会に名称変更。記念式典実施。
▶外交部,相互承認関係にあるフィジーが駐中華民国代表処を廃止したと認める。
20日▶国民党主席選挙で,呉敦義・前副総統が当選。
24日▶司法院大法官会議(憲法法廷),民法が同性婚を認めないことを違憲とする判断を下す。
▶呉釗燮総統府秘書長および厳徳発国家安全会議秘書長,就任。
6月12日▶パナマ,台湾との断交を発表。
▶台湾議会関注香港民主連線(香港の民主化に関心を持つ立法委員のグループ),発足。民進党,時代力量の立法委員が参加。
14日▶アメリカのティラーソン国務長官,米中間で「一つの中国」の含意は異なり,アメリカの政策は台湾関係法に準拠すると発言。
21日▶アメリカ国務省,中台関係の一方的な現状変更に反対すると表明。
27日▶立法院,公務人員退休資遣撫卹(退職金・年金)法を可決。
29日▶立法院,公立学校教職員退休資遣撫卹條例(退職金・年金法)を可決。
▶邱垂正大陸委員会副主任委員兼報道官,中国の劉暁波氏の病状悪化を受け,台湾に受け入れる用意があると表明。
▶アメリカ国務省,台湾に約14億ドル分の武器を売却すると議会に通告。
7月1日▶柯文哲台北市長,上海市を訪問。双城論壇(都市フォーラム)に出席。
4日▶監察院,翁啓惠・前中央研究院院長を弾劾。8日,中央研究院院士ら61人,本決定を不当とする声明発表(当初は70人が声明に署名したとされたが,10日に訂正)。
6日▶立法院,大型インフラ投資計画を盛り込んだ「前瞻基礎建設特別條例」を可決。

台湾

12日▶パラグアイのカルテス大統領が来訪。蔡英文総統と会見，経済協力協定に調印。

▶蔡英文総統，劉暁波氏の釈放を中国政府に要求。

13日▶中国軍のH-6爆撃機，台湾を一周。さらに，20，24，25日にも台湾周辺を飛行。20日には8機が飛行。

14日▶蔡英文総統，劉暁波氏の死去を受け，追悼の意を表明。

29日▶台風の影響で和平火力発電所の送電線が切断，電力需給が逼迫。

30日▶本土派団体が合同で，台北市内で劉暁波氏の追悼会を開催。

8月1日▶鄭麗君文化部長，訪日（～3日）。

6日▶アメリカのディック・チェイニー元副大統領，来訪（～9日）。蔡英文総統と面会（7日），アジア太平洋安全対話フォーラムに出席（8日）。

8日▶アメリカのティラーソン国務長官，レーガン政権による「6つの保証」は対中，対台湾政策の基礎と発言。

10日▶アメリカ・台湾間の安全保障対話「モントレー会談」開催。台湾側はF-35B戦闘機の売却を要請か。

15日▶大潭発電所，台湾中油のミスによる燃料供給の中止で緊急停止。全国規模の停電が発生。

▶李世光経済部長，大規模停電につき引責辞任。沈栄津政務次官が職務を代行。

19日▶2017年夏季ユニバーシアード，台北市で開催（～30日）。蔡英文総統，開会を宣言。中国は開会式を欠席。

20日▶呉敦義国民党主席，就任。

25日▶台北地裁，馬英九・前総統の機密漏洩教唆容疑につき，無罪判決（検察による起訴）。

30日▶アメリカ国際貿易委員会，台湾製の鉄筋に対するアンチダンピング課税を決定。

▶エド・ロイス下院外交委員長らアメリカ議員団，来訪（～9月2日）。蔡英文総統，ロイス委員長に「特種大綬景星勲章」授与（9月1日）。

31日▶立法院，前瞻基礎建設予算案を可決。

9月7日▶林全内閣総辞職（林行政院長の辞意表明は4日），後任は台南市長の頼清徳。

15日▶蒙蔵委員会，事実上廃止され，文化部へ編入。文化部蒙蔵文化中心が発足。

18日▶衛生福利部食品薬物管理署，30カ月未満の日本産牛肉の輸入を解禁すると発表。

21日▶宏達国際電子（HTC），Google向けスマホ開発部門を同社に売却。

24日▶蔡英文総統，民進党全国党員代表大会で憲法改正を提起。投票年齢を18歳に引き下げ，人権，一票の格差是正など。

▶台湾大学陸上競技場で中国テレビ局がコンサート開催。同大の学生による抗議に，張安楽率いる統一派団体が乱入し，流血事件に。

28日▶蔡英文総統，来訪したバチカンのピーター・タークソン人間開発省長官と会談。

29日▶頼清徳行政院長，慰安婦問題で日本に謝罪を求める意向を示す。

▶彭淮南中央銀行総裁，2018年2月の任期満了をもって退任すると表明。

10月3日▶遠東国際商業銀行，サイバー攻撃で6000万ドルの被害を受ける。後日，被害額の大半を回収。

5日▶盧麗安復旦大学教授，中国共産党同代表に当選。戦後生まれの台湾出身者で初。台湾政府，彼女の戸籍を抹消。

6日▶傅崐萁花蓮県長，脱税および偽証罪で起訴される。

10日▶蔡英文総統，国慶節記念式典で演説，中国に関係改善を呼び掛け。

11日▶台湾高等法院，柯建銘が起こした馬

英九の秘密漏洩容疑に関する刑事訴訟につき，一審同様，無罪判決を出す。

25日▶経済部，住宅での太陽光発電設備に最大4割の補助金を出す方針を発表。

28日▶蔡英文総統，マーシャル諸島，ツバル，ソロモン諸島訪問(～11月4日)。往路でハワイ，帰路でグアムに立ち寄り。

31日▶李述徳・元財政部長，遠雄建設の趙藤雄董事長ら，台北ドーム建設をめぐる不正容疑で台北地検に起訴される。

11月7日▶立法院，陳英鈐主任委員，陳朝建副主任委員ら中央選挙委員会人事案を承認。

▶空軍のミラージュ2000戦闘機，基隆北東の海上で訓練中，消息不明になる。

14日▶国防部，軍人年金制度の改革案を発表。

15日▶JR東日本が譲渡した583系寝台特急電車，鉄道博物館予定地である台湾鉄路台北機廠(整備工場)跡に到着。

19日▶廖蕙芳労働部政務次長，辞意表明。蘇麗瓊・元台北市秘書長が後任に(26日)。

20日▶中国軍のIl-78空中給油機とSu-30戦闘機3機等，台湾の防空識別圏に接近。

21日▶日本台湾交流協会と台湾日本関係協会，第42回日台貿易経済会議を開催(～22日)。

22日▶日本台湾交流協会と台湾日本関係協会，税関相互支援のための取決めと文化交流協力に関する覚書を締結。

▶蔡英文総統，経営破綻が確実視される慶富造船が請負った新型掃海艦の建造について談話発表。軍艦の国産化を継続すると表明。

28日▶中国湖南省岳陽市中級人民法院，李明哲に国家政権転覆罪で懲役5年の有罪判決。総統府や大陸委員会，言論活動への転覆罪適用を非難，李明哲の即時釈放を要求。

12月5日▶立法院，移行期正義促進条例を可決。

7日▶中国軍H-6爆撃機，台湾の防空識別圏に接近，台湾のF-16戦闘機を無線通信で威嚇。

10日▶ジェームズ・モリアーティAIT理事長，来訪(～16日)。蔡英文総統と会談。

▶立法院，政党法を可決，成立。

12日▶立法院，公民投票(レファレンダム)法を改正。レファレンダムの実施，通過の基準を引き下げ。

13日▶総統府，新南向弁公室を解散し，南向政策の立案は国家安全会議，執行は行政院経貿談判弁公室へ移管すると発表。

16日▶黄国昌立法委員の罷免の是非を問う住民投票，実施されるも不成立。

▶法務部，スペインによる台湾人詐欺容疑者の中国へ引き渡しを非難。同国全国管区裁判所が許可したのを受け。

17日▶中国軍のY8電子偵察機，台湾周辺の上空を一周。馮世寛国防部長，危機対応のため国軍連合作戦指揮中心に詰める。

19日▶日台海洋協力対話第2回会合(～20日)。海難捜索救助分野の協力に関する覚書を締結(20日)。

21日▶馮世寛国防部長，台湾周辺での中国軍機の動向について随時公表を見直すと発言。

29日▶中華民国婦女聯合会(婦聯会)と内政部および不当党産処理委員会，婦聯会が資産の9割にあたる343億元を国庫へ寄付し，組織改組を行うことを条件に，その実質存続を容認するとの行政契約の内容に合意，覚書を締結。

| 参考資料 | 台　湾　2017年 |

① 国家機構図(2017年12月末現在)

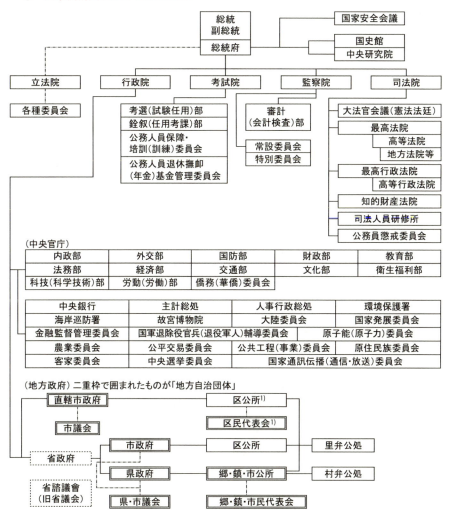

```
──────── 行政体系線（指揮命令系統）    ────────── 政府組織関係線（比較的独立した組織関係）
[    ] 形骸化した組織
```

(注)　1)「山地原住民区」のみ例外として，「地方自治団体」とされ，また「区民代表会」が設置される。

(出所)　行政院(http://www.ey.gov.tw/)，監察院(http://www.cy.gov.tw/)および司法院(http://www.judicial.gov.tw/)ウェブサイトを参照。

② 国家機関要人名簿（2017年12月末現在）

総統	蔡英文*
副総統	陳建仁
総統府秘書長	呉釗燮
同副秘書長	劉建忻，姚人多
発言人（報道官）	黄重諺
国家安全会議秘書長	厳徳発
同副秘書長	陳俊麟，陳文政，蔡明彦
国家安全局長	彭勝竹
中央研究院院長	廖俊智
国史館館長	呉密察
立法院	
院長：蘇嘉全　　副院長：蔡其昌	
（同正副院長含め，立法委員定数113人）	
司法院	
院長：許宗力　　副院長：蔡烱燉	
（同正副院長含め，大法官定数15人）	
監察院	
院長：張博雅*　　副院長：孫大川	
（同正副院長含め，監察委員定数29人）	
考試院	
院長：伍錦霖　　副院長：李逸洋	
（同正副院長のほか，考試委員定数20人）	
行政院（内閣）	
院長：賴清徳　　副院長：施俊吉	
<u>政務委員</u>	林萬億，張景森，呉政忠，陳美伶*，鄧振中，唐鳳，羅秉成，呉沢成，徐国勇
秘書長	卓英泰
副秘書長	何佩珊*，宋餘俠
発言人（報道官）	徐国勇（兼任）
<u>内政部長</u>	葉俊栄
<u>外交部長</u>	李大維
<u>国防部長</u>	馮世寬
<u>財政部長</u>	許虞哲
<u>教育部長</u>	潘文忠
<u>法務部長</u>	邱太三
<u>経済部長</u>	沈栄津
<u>交通部長</u>	賀陳旦
<u>衛生福利部長</u>	陳時中
<u>文化部長</u>	鄭麗君*
<u>労働部長</u>	林美珠*
<u>科技部長</u>	陳良基
<u>僑務委員会委員長</u>	呉新興
<u>国家発展委員会主任委員</u>	陳美伶*（兼任）
<u>金融監督管理委員会主任委員</u>	顧立雄
<u>国軍退除役官兵輔導委員会主任委員</u>	李翔宙
<u>原住民族委員会主任委員</u>	夷將・拔路兒（イチャン・バルー）
<u>客家委員会主任委員</u>	李永得
<u>海岸巡防署長</u>	李仲威
<u>大陸委員会主任委員</u>	張小月*
<u>原子能委員会主任委員</u>	謝曉星
<u>農業委員会主任委員</u>	林聡賢
<u>公共工程委員会主任委員</u>	呉沢成（兼任）
<u>主計総処主計長</u>	朱澤民
<u>人事行政総処人事長</u>	施能傑
<u>中央銀行総裁</u>	彭淮南
<u>国立故宮博物院長</u>	林正儀
<u>環境保護署長</u>	李應元
<u>中央選挙委員会主任委員</u>	陳英鈐
<u>公平交易委員会主任委員</u>	黄美瑛
<u>国家通訊伝播委員会主任委員</u>	詹婷怡*
台湾省政府主席	呉沢成（兼任）
福建省政府主席	張景森（兼任）

（注）1)*は女性。2)下線は行政院会議での議決権を持つ。3)点下線ほか，6直轄市の市長が閣議に列席可能。

台　湾

③　主要政党要職名簿(2017年12月末現在)

中国国民党　　　　　　　　　　　　　民主進歩党
主席　　　　　　　　　　呉敦義　　　主席　　　　　　　　　　蔡英文＊
副主席　　　　　　曽永権，郝龍斌　　秘書長　　　　　　　　　洪耀福
秘書長　　　　　　　　　曽永権　　　(注)　＊は女性。

④　台湾と外交関係のある国(2017年12月末現在)

国名	国交樹立	備考
オセアニア(6カ国，相互承認関係2カ国)		
ツバル	1979. 9.19	
ソロモン諸島	1983. 3.24	領事級関係
マーシャル諸島共和国	1998.11.20	
パラオ共和国	1999.12.29	
キリバス共和国	2003.11. 7	
ナウル共和国	2005. 5.14 復交	2002. 7.23 断交
パプアニューギニア	1995. 9.24	相互承認関係
フィジー共和国	1996.10. 4	相互承認関係
ヨーロッパ(1カ国)		
バチカン市国	1942. 7	1972年最後の大使が離任
アフリカ(2カ国)		
スワジランド共和国	1968. 9. 6	
ブルキナファソ(旧オートボルタ)	1994. 2 .2	
ラテンアメリカ(11カ国)		
グアテマラ共和国	1954	公使館設置
	1960	大使級関係
ハイチ共和国	1957	公使館設置
	1965	大使級関係
エルサルバドル	1957	公使館設置
	1961. 6	大使級関係
パラグアイ共和国	1957. 7. 8	
ホンジュラス共和国	1957	公使館設置
	1965. 5.20	大使級関係
セントビンセント・グレナディン諸島	1981. 8.15	
ドミニカ共和国	1983. 5.10	
セントクリストファー・ネビス	1983.10. 9	
ベリーズ	1989.10.13	
ニカラグア共和国	1990.11. 6 復交	1985.12. 7 断交
セントルシア	2007. 5. 1 復交	1984. 5. 8 国交
		1997. 8.29 断交

(注)　1) パプアニューギニア，フィジー共和国とは相互承認関係にある。
　　　2) 1)を除き，台湾と正式に国交を締結している国は20カ国。
　　　3) 2017年6月にパナマと断交した。

主要統計 台　湾　2017年

1　基礎統計

	2011	2012	2013	2014	2015	2016	2017
人　　　　口(1,000人)	23,225	23,316	23,374	23,434	23,492	23,539	23,571
労 働 力 人 口(同上)	11,200	11,341	11,445	11,535	11,638	11,727	11,795
消費者物価上昇率(%)	1.42	1.93	0.79	1.20	-0.31	1.40	0.62
失　業　率(%)	4.39	4.24	4.18	3.96	3.78	3.92	3.76
為替レート(1ドル＝元)	29.469	29.614	29.770	30.368	31.898	32.318	30.439

（出所）　内政部統計処ウェブサイト（http://www.moi.gov.tw/stat），行政院主計総処ウェブサイト（http://www.dgbas.gov.tw/），中央銀行ウェブサイト（http://www.cbc.gov.tw/）。

2　支出別国内総生産および国民総所得（名目価格）

（単位：10億元）

	2011	2012	2013	2014	2015	2016	2017
民 間 消 費 支 出	7,799	8,035	8,248	8,588	8,755	9,031	9,246
政 府 消 費 支 出	2,168	2,254	2,243	2,342	2,346	2,465	2,456
総 固 定 資 本 形 成	3,347	3,282	3,379	3,493	3,493	3,584	3,580
在 庫 増 減	36	22	-19	27	19	-15	-46
財・サービス輸出	10,420	10,345	10,580	11,254	10,777	10,771	11,372
財・サービス輸入	9,457	9,252	9,200	9,594	8,619	8,686	9,165
国 内 総 生 産(GDP)	14,312	14,687	15,231	16,112	16,770	17,152	17,444
海 外 純 要 素 所 得	388	454	424	463	503	606	430
国 民 総 所 得(GNI)	14,701	15,141	15,655	16,582	17,301	17,682	17,874

（注）　2015年，2016年は修正値。2017年は暫定値。
（出所）　行政院主計総処ウェブサイト（http://www.dgbas.gov.tw/）。

3　産業別国内総生産（実質：2011年価格）

（単位：10億元）

	2011	2012	2013	2014	2015	2016	2017
全　　産　　業	13,885	14,163	14,438	15,092	15,162	15,400	15,842
農 林 水 産 業	246	238	241	245	224	202	214
鉱 業 ・ 採 石 業	17	17	16	16	15	13	14
製　造　業	4,102	4,255	4,327	4,681	4,668	4,811	5,020
電 気 ・ ガ ス	126	128	132	135	127	133	133
水道・環境サービス	97	103	105	110	110	114	118
建　設　業	383	378	381	384	381	374	374
小 売 ・ 卸 売 業	2,444	2,470	2,510	2,616	2,625	2,644	2,743
運 輸 ・ 倉 庫 業	398	406	436	440	438	453	475
ホテル・飲食業	329	337	351	358	365	371	374
情 報 通 信 業	462	476	492	508	535	555	565
金 融 ・ 保 険 業	915	925	962	1,035	1,075	1,099	1,149
不 動 産 業	1,212	1,234	1,270	1,296	1,322	1,333	1,349
公共サービス・国防	1,054	1,062	1,055	1,052	1,053	1,054	1,061
教　　　　育	667	674	679	686	687	682	674
その他サービス業	1,433	1,460	1,479	1,532	1,550	1,573	1,592
(+)輸 入 税	163	160	167	177	179	182	191
(+)付 加 価 値 税	264	256	275	290	286	303	308
統 計 誤 差	0	29	49	-28	28	-10	-13
国 内 総 生 産(GDP)	14,312	14,608	14,929	15,530	15,655	15,876	16,329
実質ＧＤＰ成長率(%)	10.63	3.80	2.06	4.02	0.81	1.41	2.84

（注）　表2に同じ。
（出所）　表2に同じ。

台湾

4 国・地域別財貿易

(単位：100万ドル)

	2014		2015		2016		2017	
	輸出	輸入	輸出	輸入	輸出	輸入	輸出	輸入
中　　　　国	82,120	48,040	71,210	44,184	73,879	43,991	88,981	50,043
香　　　　港	19,904	41,693	19,275	38,701	19,551	40,622	20,782	41,943
ア メ リ カ	12,685	14,790	12,563	13,027	12,788	14,650	14,733	16,894
日　　　　本	34,867	27,423	34,249	26,410	33,523	28,597	36,942	30,237
韓　　　　国	42,533	1,685	38,044	1,435	38,398	1,331	41,232	1,512
シンガポール	6,094	4,304	5,662	3,936	5,491	3,818	6,382	4,359
ド イ ツ	8,612	8,785	7,134	6,516	7,815	6,281	10,369	7,182
マ レ ー シ ア	4,928	3,207	4,113	2,868	4,469	4,145	4,978	3,476
ベ ト ナ ム	9,529	2,071	7,445	1,835	8,660	2,204	9,593	2,378
フィリピン	9,980	2,561	9,472	2,514	9,548	2,747	10,503	3,121
タ　　　　イ	20,536	8,377	17,256	7,111	16,152	7,518	17,625	8,716
オーストラリア	6,142	9,387	5,933	8,614	5,929	8,573	6,453	9,200
オ ラ ン ダ	3,558	7,325	3,203	5,711	3,087	6,089	3,102	8,219
そ の 他	52,209	94,377	44,829	65,758	41,033	60,000	45,573	71,986
合　　　　計	313,696	274,026	280,388	228,620	280,321	230,568	317,249	259,266

(注)　2014年から2016年は修正値。2017年は暫定値。
(出所)　財政部ウェブサイト(http://www.mof.gov.tw/)。

5 国際収支

(単位：100万ドル)

	2011	2012	2013	2014	2015	2016	2017
経　常　収　支	37,878	43,168	49,872	60,438	74,883	72,786	84,086
財 貿 易 収 支	39,642	49,571	54,557	60,190	73,095	70,615	81,035
輸　　出(FOB)	325,762	388,344	382,096	378,961	336,880	309,941	349,808
輸　　入(FOB)	286,120	338,773	327,539	318,771	263,785	239,326	268,773
サービス収支	-11,252	-18,381	-15,202	-11,416	-10,683	-10,339	-8,380
受　　　　取	30,643	34,546	36,461	41,491	40,986	41,360	45,071
支　　　　払	41,895	52,927	51,663	52,907	51,669	51,699	53,451
所 得 収 支	13,179	14,593	13,520	14,457	15,854	15,645	15,506
受　　　　取	24,833	25,022	24,609	29,211	28,886	29,469	35,021
支　　　　払	11,654	10,429	11,089	14,754	13,032	13,824	19,515
経 常 移 転 収 支	-3,691	-2,615	-3,003	-2,793	-3,383	-3,135	-4,075
資　本　勘　定	-36	-24	67	-8	-5	-9	-12
金　融　勘　定	32,027	31,501	41,089	50,461	65,965	55,773	68,640
直 接 投 資(純)	14,723	9,930	10,687	9,883	12,318	8,653	8,102
証 券 投 資(純)	35,691	42,496	29,129	44,041	57,198	78,820	79,039
金融デリバティブ(純)	-1,038	-391	-838	-546	1,184	-2,228	-3,696
その他投資(純)	-17,349	-20,534	2,111	-2,917	-4,735	-29,472	-14,805
誤　差　脱　漏	424	3,841	2,468	3,046	6,098	-6,341	-2,967
準 備 資 産 増 減	6,239	15,484	11,318	13,015	15,011	10,663	12,467

(注)　2011年から2016年は修正値。2017年は暫定値。
(出所)　中央銀行ウェブサイト(http://www.cbc.gov.tw/)。

6　中央政府財政(決算ベース)

(単位：100万元)

	2013	2014	2015	2016	2017	2018
歳　　　　　　　入	1,730,370	1,726,323	1,885,341	1,895,641	1,841,099	1,919,175
税　　　　収	1,218,050	1,343,377	1,465,119	1,533,842	1,469,310	1,577,495
営業利益および事業収入	251,061	241,033	237,657	231,987	224,055	224,607
手数料および反則金収入	197,323	83,726	120,255	85,164	98,979	80,749
財　産　収　入	52,239	43,734	49,347	26,634	37,340	25,979
そ　の　他	11,698	14,452	12,962	18,013	11,415	10,345
歳　　　　　　　出	1,856,311	1,853,972	1,896,255	1,940,603	1,973,996	1,966,862
一　般　政　務　費	172,705	174,191	177,153	179,700	180,128	188,371
国　　防　　費	289,003	291,362	305,378	309,297	307,872	315,921
教育科学文化費	355,922	364,762	379,708	382,721	408,867	395,391
経　済　発　展　費	258,318	269,031	258,629	266,730	259,639	235,204
社　会　福　祉　費	439,098	411,942	439,699	460,369	476,533	490,681
社区発展・環境保護費	15,882	16,148	15,911	17,457	17,157	18,346
年金・遺族手当費	132,810	134,615	138,395	146,829	139,839	140,438
債　　務　　費	117,436	115,117	111,722	113,204	112,156	115,112
一般補助およびその他支出	75,136	76,805	69,660	64,296	71,805	67,398

(注)　2017年と2018年は予算。歳入および歳出には中央政府債発行に伴う収入と償却費が含まれないため、歳入と歳出は一致しない。債務費は中央政府債の利子支払いである。
(出所)　表2に同じ。

7　産業別対中投資

(単位：件, 1,000ドル)

	2013		2014		2015		2016		2017	
	件数	金額	件数	金額	件数	金額	件数	金額	件数	金額
全　産　業	554	9,190,090	497	10,276,570	427	10,965,485	323	9,670,732	580	9,248,862.1
農　林　水　産　業	1	2,225	0	2,693	0	2,200	2	8,000	4	16,815
鉱　業・採　石　業	2	31,752	0	35,823	0	21,539	1	9,210	0	22,703
製　　造　　業	275	5,120,523	243	6,579,158	210	6,485,575	149	7,112,219	225	6,435,556
建　　設　　業	4	35,520	0	43,181	0	11,848	5	67,904	17	9,634
卸　売・小　売　業	151	1,035,940	113	1,095,575	116	679,942	84	535,112	183	1,059,867
運　輸・倉　庫　業	6	24,904	3	18,807	5	42,278	1	71,974	6	37,801
ホテル・飲食業	9	78,132	9	37,776	5	14,474	4	24,424	10	22,498
情　報　通　信　業	21	222,877	26	113,267	12	116,468	9	49,335	23	64,061
金　融・保　険　業	20	1,900,966	33	1,658,954	24	2,785,892	20	1,362,907	15	1,073,515
その他サービス業	65	737,250	70	691,335	55	805,270	48	429,646	97	506,413

(注)　承認ベース。
(出所)　経済部投資審議委員会ウェブサイト(http://www.moeaic.gov.tw/)。

2017年の ASEAN

東南アジア諸国連合

加盟国	ブルネイ，カンボジア，インドネシア，ラオス，マレーシア，ミャンマー，フィリピン，シンガポール，タイ，ベトナム	事務総長	レ・ルオン・ミン(2013〜2017年)
		議長国	フィリピン(2017年)
		公式言語	英語
事務局	ジャカルタ	会計年度	1月〜12月

2017年のASEAN

50周年を迎えたASEAN

湯川 拓
ゆかわ たく

概況

ASEANは2017年に50周年を迎え，8月にはASEAN関連会合が開かれたマニラでASEAN10カ国や域外国の外相が参加する記念式典が開催された。

全体としては，とくに政治安全保障分野において大国間の対立のなかで難しい舵取りを強いられた1年であった。ここ数年来の最重要課題である南シナ海問題は，中国による切り崩しもありASEAN加盟国内でも強硬な姿勢を取る国が減ったことや，内容としては法的拘束力を欠いた骨抜きのものであるとはいえ行動規範の枠組み合意に至ったこともあり，問題自体がやや後景に退きつつある。他方で重要性を増したのが北朝鮮への対応である。ここでもASEANは強硬な姿勢を求める日米と比較的穏健な対応を求める中ロの間の板挟みになり，ASEAN独自のバランスを取った対応を迫られることとなった。

経済分野においては，「ASEAN経済共同体2025」の達成が大きな目標となっており，行動計画の策定が終了しその履行へと移りつつある段階である。他方，域外経済協力においては停滞する東アジア地域包括的経済連携(RCEP)の交渉プロセスに対し，2017年のASEANは早期妥結への積極的な姿勢を見せたものの，交渉参加国間の溝は深く，交渉妥結はまたも延期されることとなった。

政治安全保障協力

南シナ海問題

豊富な天然資源に恵まれた南シナ海においては，島々の領有権や海域の管轄権をめぐり，中国，台湾，フィリピン，ベトナム，マレーシア，ブルネイの6つの国・地域が対立している。ASEAN内ではフィリピンとベトナムが，人工島埋め立てと軍事拠点化を進める中国に対して強硬な姿勢を取り，親中派のカンボジア

やラオスと度々衝突してきた。しかしフィリピンは2016年の大統領交代を機に融和姿勢への転換を見せており，その傾向が2017年には一層明確となった。

　南シナ海問題で中国とASEANの間で争点になっているのが，2002年に中国との間で合意に至った法的拘束力を伴わない「南シナ海における関係諸国行動宣言」(DOC)を格上げして，紛争処理のメカニズムを規定する法的拘束力のある「行動規範」(COC)を策定することである。中国はこれに一貫して消極的であるものの，2016年9月の首脳会議で両者は2017年半ばに枠組み合意を策定することを表明し，その実現が2017年の焦点となった。

　4月29日のASEAN首脳会議では議長声明案をめぐりASEAN加盟国内での議論が紛糾した。ベトナムやインドネシアは「状況をさらに複雑化する埋め立てや軍事拠点化の行為は避ける」という文言や2016年の仲裁裁判所による「中国の主張に法的根拠がない」という判決への言及を盛り込むことを求めたのに対し，カンボジア，ラオス，ブルネイそして2017年の議長国であるフィリピンはいずれも反対した。また，事前の声明案では最近の開発に対し「一部首脳による深刻な懸念を共有する」となっていた文言が結果としては「一部首脳の深刻な懸念に留意する」に変更されるなど，表現が抑制され中国の意向を汲んだものとなった。フィリピンが中国への配慮を重視した背景として，この首脳会議に際しては事前に中国から議長国フィリピンに表現の抑制や判決を取り上げないように要請があった。実際，会合後の5月3日にはドゥテルテ大統領は中国の習近平国家主席と電話会談を行い，習は「フィリピンがASEAN議長国として発揮した重要な役割を称賛する」と述べている。

　8月5日のASEAN外相会議ではまたも共同声明をめぐり議論が紛糾した。ベトナムは法的拘束力への言及など踏み込んだ文言を主張したもののフィリピンやカンボジアの反対から却下され，表現としても「一部外相により表明された最近の開発に関する懸念に留意する」という中国に配慮した穏当なものになった。ただ，ベトナムは草案にはなかった「非軍事化」や「埋め立て」といった言葉をフィリピンの反対を押し切る形で盛り込ませることに成功した。しかし，このことは予定されていたベトナム・中国の外相会談が中国側からキャンセルされるという結果をもたらすことにもなった。また，この共同声明は発表が当初の5日から6日の夜にずれ込んだが，その間に開かれたASEAN・中国外相会議で文言について中国側の了承を取ったと見られており，手続きとして異例と言える。

　例年，このASEAN外相会議に合わせて域外国との種々の会合も開催される。

前述のASEAN・中国外相会議ではCOC枠組み草案に合意したという発表がなされた。内容は非公表だが、あくまで実効性の低い原則レベルのものに留まり、法的拘束力も各国の義務も盛り込まれていなかったようである。他方、アメリカや日本との外相会議では、両国は枠組み合意の進展自体は歓迎しつつも、それが実効的な内容であることが望ましいと述べた。最後に、8月7日に開かれた関係国が一堂に会するASEAN地域フォーラム（ARF）の議長声明では「一部の外相から示された懸念に留意」という抑制的な表現に留められた。
　11月13日のASEAN首脳会議の共同声明では2014年5月の首脳会議以来表明され続けてきた「懸念」の表現が落ちるという重要な変化があり、代わりに「ASEANと中国の関係改善に留意」といった現状肯定的な評価が見られた。背景として、これまでもっとも強硬であったベトナムが目立った批判を控えたことがある。前日にベトナムは中国と首脳会談を行っており、その影響がうかがえる。
　関連して開かれたASEAN・中国首脳会議ではCOCについて条文策定の協議を始めることで合意を見たが、やはり策定時期や法的拘束力については触れられなかった。その他、南シナ海の環境保護に協力することで一致するなど、対立ではなく協調が謳われるように変わりつつある。他方、ASEAN・アメリカ首脳会議の共同声明では航行の自由や紛争の平和的解決といった原則に触れたものの、「南シナ海」という文言は登場しなかった。また、東アジア首脳会議（EAS）では日本を含む複数の国が南シナ海問題への懸念を表明し、国際法に基づく解決や非軍事化の重要性を訴えた。結果、議長声明では南シナ海について折り合いがつかず、EAS終了後も議長国フィリピンが調整を行い、日米に配慮して「懸念について議論」という文言を、中国に配慮して「ASEANと中国の関係改善に留意」という文言を、それぞれ盛り込むことでバランスを取った。

　北朝鮮問題
　南シナ海問題と並び、2017年にASEAN協力の前面に押し出されたのが北朝鮮への対応である。ASEAN諸国は全て北朝鮮と国交を持っており、経済圏単位でパイプを有している。さらに北朝鮮からの出稼ぎ労働者の外貨獲得先になっている、ダミー会社がある、などの点で北朝鮮への制裁の「抜け穴」になっているという指摘もなされている。2017年のアメリカは南シナ海問題と比して北朝鮮問題では非常に積極的な姿勢を見せており、ASEANも対応を迫られることとなった。
　2月21日の非公式外相会議では議長声明でミサイル発射に「深刻な懸念」を表

明し，北朝鮮に国連安全保障理事会の決議に従うよう促した。3月23日には北朝鮮がASEAN事務局長宛てに書簡を送り，緊迫化の責任はアメリカにあるとして自国への批判に傾かないようけん制した。

　4月29日にはASEAN首脳会議が開かれたが，それに際しアメリカは事前に議長国フィリピンに北朝鮮を厳しく非難する声明を採択するよう要求を行った。会議ではカンボジアやラオスが北朝鮮寄りの姿勢を見せたこともあり議長声明の文言の調整が難航した。ただ，当日の朝に北朝鮮が弾道ミサイルを発射したことから強硬意見も多く，最終的には「深刻な懸念」を表明するという形で大筋としてはアメリカの意向に沿ったものとなった。

　8月の一連のASEAN関連会議に際しては，アメリカは事前に制裁強化に向けた連携の強化を呼びかけるとともに，来年以降のARFから北朝鮮を排除することを提案した。他方，北朝鮮もARFを見据え，8月1日には平壌に駐在するASEAN加盟国の大使らを集めて情勢報告会を開き，核・ミサイル開発をめぐる立場を説明した。それらを受け，まずASEAN外相会議では対北朝鮮の個別声明を出し，「引き続き重大な懸念」を表明した。なお，この声明に対してはカンボジアからの強い反対があり，これは中国の意向を受けての行動だと考えられる。次に，ARFでは多くの参加国が北朝鮮の挑発行為を非難し，それに対し北朝鮮は自衛的選択だとして反発した。最終的に議長声明では，加速する北朝鮮の核ミサイル開発について「重大な懸念」（前年は「懸念を共有」）が表明された。他方で米韓と北朝鮮の双方が軍事行動を一時停止するという中国とロシアの共同提案も明記され，バランスを取ったものとなった。なお，アメリカの北朝鮮ARF排除案については，ASEAN加盟国からも対話の場を残すべきとして反対の声が上がった。

　その後，9月3日に北朝鮮が核実験を行ったことを受けて，11月のASEAN首脳会議ならびにEASの共同声明では，北朝鮮の核実験および弾道ミサイル実験について「重大な懸念」が表明され，これまでよりも具体性の高い文言となった。ただ，いずれにおいても元の声明案と比べると「大量破壊兵器」という文言が落ちたり，非難する主体が「我々」から「いくつかの国」に変わったりするなどの変化が見られることから，会議においては議長声明をめぐる対立が存在したことがうかがえる。参加国は決して一枚岩ではない。

ロヒンギャへの人権侵害とASEAN

　ミャンマーでは西部ラカイン（ヤカイン）州における，イスラーム教徒ロヒン

ギャに対する人権侵害が国際的な非難を浴びてきたが、2016年10月には同州において宗教対立が再燃し、大量のロヒンギャが難民となり国外へと流出すると同時に、虐殺や性的暴行などの人権侵害も多数報告される事態に至った。ASEANでは内政不干渉原則を掲げているが、イスラーム教徒がマジョリティであるマレーシアとインドネシアはミャンマー政府を批判している。

2017年は、4月の首脳会議でも8月の外相会議でもロヒンギャへの言及はなかった。しかし8月25日以降戦闘が激化し難民が急増したことを受けて、9月24日にはニューヨークにおける国連総会のために集まったことを利用してASEAN非公式外相会議を開催し「ラカイン州における人道的状況についてのASEAN議長声明」を発表した。そこでは「すべての犠牲者と紛争で被害を受けた全ての共同体に深い哀悼」を示し、「8月25日の武装組織による警察施設の襲撃と『すべての暴力行為』を非難」といった文言が含まれた。これに対し、発表後にマレーシアは強く反発し、「声明は現状を誤解」したものでありあくまで「ミャンマー政府の反撃が過剰」だと非難したうえで、同声明は「マレーシアの主張を反映しておらず、ASEANコンセンサスではない」とした。これを受けて議長国のフィリピン外務省は他の加盟国の感情も考慮する必要があったと説明した。

このような経緯を経て、11月13日のASEAN首脳会議ではロヒンギャの問題が議論され、出席したミャンマーのアウンサンスーチーも加盟国からの人道支援を歓迎する旨を述べた。また、議長声明では11日段階の草案ではロヒンギャについては独立したセクションすら無かったが、マレーシア、インドネシア、タイ、ベトナムなどが盛り込むように主張した。これに対しミャンマーは抵抗を見せ、それらのすり合わせの必要性から議長声明の発表は当初よりも遅れることとなった。また、議長国のフィリピンも近年国内における麻薬犯罪撲滅作戦が国内外から人権侵害という非難を受けていることから、人権問題をASEANで取り上げること自体に消極的であったという背景も指摘されている。

結果として議長声明には、「複数の首脳がミャンマー政府と国際社会による人道的支援に歓迎の意を表明」「コフィ・アナン元国連事務総長をトップとする政府諮問委員会の勧告に沿って取り組みを続けるよう促す」という文言が盛り込まれた。これについては間接的ながらもASEANとしてロヒンギャ問題を取り上げたという肯定的な評価もある一方で、ASEANはミャンマー政府を非難することはできず沈黙に終わったという否定的な評価も多い。

東ティモールのASEAN加盟は進展せず

　2002年に独立した東ティモールはASEANにはオブザーバー参加という形を取っているが，加盟申請自体は2011年に済ませている。加盟が実現しない理由としては，一部の加盟国からの反対が挙げられる。かつて反対の立場であったインドネシアは近年では加盟を支持しているが，主にシンガポールが，人的資本が乏しく膨大な数のASEAN会議を処理（開催）できない，加盟国間の経済格差が拡大してしまう，といった理由から反対している。ただ，2017年にはASEAN50周年ということもあり加盟が実現するのではないかという予測の声もあった。

　手続きとしてはASEAN調整委員会（ACC）の下に「東ティモールのASEANメンバーシップ申請についてのACCワーキンググループ」が作られ，加盟を検討している。具体的には，2011年から2016年にかけて，政治，経済，社会・文化の3分野においてそれぞれチームを作ってフィージビリティ・スタディを行い，加盟の可能性を調査してきた。

　4月のASEAN首脳会議では加盟については検討中であり，ACCワーキンググループの方針に従って東ティモールの能力構築を支援していく旨が述べられた。また，同月にはインドネシアの外務省高官は「タイムラインを設定することにすら反対の国がいる」と述べており，依然として強硬に反対する加盟国が存在することが分かる。続く8月のASEAN首脳会議の共同声明では「能力向上の必要性から，東ティモールが関係のあるASEANの活動に参加することを歓迎する」と述べて前向きな姿勢も示すとともに，2011年に提出した加盟申請に留意し，ワーキンググループで続いている議論などに期待するとした。

　このように加盟プロセス自体は進展せず，10月には東ティモール首相は加盟について「ベストを尽くしている」が「インドネシアやマレーシア，その他の国から支持を受けているが，シンガポールやミャンマーが反対している」と名指しで述べている。そして11月のASEAN首脳会議でも進展はなく，年内の加盟見通しはなくなった。議長声明では「12月5日にインドネシアのバリで開催されるACCワーキンググループの議論の結果を期待する」という表現に留められている。

　そして，その第6回ACCワーキンググループ会合では，さらなる現地調査とASEANからの能力構築支援が必要という結果が提示された。このように，ASEANの種々の会議およびプロジェクトを遂行する能力が不足していることが加盟が許されない主たる理由となっている。なお，2018年の議長国はシンガポールであるため，来年も東ティモールの加盟実現は非常に厳しい見通しである。

経済協力

域内経済統合の進展

2017年9月のASEAN経済大臣会議における発表によると，2016年のASEANのGDPの合計は2兆5500億ドル（前年から4.8％の伸び）と堅調である。貿易の総額は2兆2200億ドルであった。内訳としては23.1％がASEAN域内の貿易となっており，域外国との貿易では中国（16.5％），EU（10.4％），アメリカ（9.5％）と続く。他方，2016年のASEANへの海外直接投資（FDI）は967億ドルであった。内ASEAN域内でのFDIは25.2％と増加傾向にあり（前年は18.5％），投資元としては1位のEU（32.9％）と3位の日本（11.8％）の間に入り第2位の座を占めるまでになった。域内からのFDIの増加はASEAN経済統合の成果でもある。

現在のASEANにおける経済統合は，2015年末の首脳会議で採択されたASEAN経済共同体（AEC）の青写真2025（AEC2025）の実現が軸になっている。それによるとAEC2025とは，「高度に統合され，団結力のある経済」（物品，サービス，金融，人の移動など），「競争力のある革新的でダイナミックなASEAN」（競争政策，知的財産権など），「連結性と分野別協力の強化」（交通，情報，観光など），「強靭かつ包括的，人々中心のASEAN」（中小企業支援，官民協力など），「グローバルASEAN」（域外関係），の5つの目標から成る。

AEC2025の段階では達成の期限などは記載されておらず，2016年から2017年にかけて実質的に行程表の役割を果たす「行動計画」の策定が進められてきた。それを受けてASEAN事務局は「AEC2025統合戦略行動計画」を作成し，2月にはASEAN経済大臣会議ならびにASEAN経済共同体理事会の承認を経て公開した。これは分野ごとに策定されている行動計画の核となる部分を単一の文書にまとめたレファレンスである。ねらいとしては，この文書を公開することで多様な利害関係者がAEC2025の内容を知りその実施状況を追跡しやすくすることが挙げられており，2025年まで毎年の更新が予定されている。

ASEANの市場統合において重要なのが貿易円滑化であるが，3月10日に行われたASEAN非公式経済大臣会議では①2020年までに貿易取引費用の10％削減，②2017年から2025年で域内貿易を倍加，という目標が設定された。さらに，その目標達成のため，9月7日のASEAN経済大臣会議では，「ASEAN貿易円滑化戦略的行動計画」と共に，「ASEANシームレス貿易円滑化指標」（ASTFI）が採択さ

れた。これは，貿易円滑化に関するさまざまなASEAN協定や行動計画のプロジェクトがどの程度履行されたのかを測り，モニターするためのものである。

また，近年重要性を増しつつある電子商取引についても取り組みが進められている。2016年11月には「電子商取引についてのASEAN調整委員会」(ACCEC)が発足した。同委員会は「電子商取引についてのASEAN作業計画」(AWPEC)を作成し，2017年9月のASEAN経済大臣会議において採択された。これはASEAN内の越境的な電子商取引を円滑化することを目的としており，今後「ASEAN電子商取引協定」へと発展させていくことが予定されている。

AEC全体のモニタリングの仕組みも整えられつつある。2016年のASEAN経済大臣会議で「AEC2025モニタリングおよび評価のためのフレームワーク」が採択され，遵守のモニタリングと結果のモニタリングならびにインパクト評価の枠組みが導入された。2017年2月7日にはフレームワークについてのワークショップが開催された。さらに，モニタリングおよび評価の一環として10月9日から13日にかけて初の「加盟国訪問調査」がフィリピンに対して行われた。具体的には，ASEAN事務局内の「ASEAN統合モニタリング委員会」が現地を訪れ，視察と議論を行った。

移民労働者保護のための地域的枠組み

ASEANでは域内の移民労働者の受入国での社会的保護が問題となってきた。移民を送り出す側のフィリピンやインドネシアはより手厚い保護を求め地域的な枠組みを作ろうとし，受け入れる側のマレーシアやシンガポールはそれに消極的，というのが対立の構図である。

2007年のASEAN首脳会議では当時の議長国フィリピンのリーダーシップの下「移民労働者の権利の保護と促進についてのASEAN宣言」が採択され，移民労働者の保護についての基本原則と，送り出し側と受け入れ側の義務が規定された。その後，それを法的拘束力のある協定へとアップグレードすることが想定されていたものの，進展を見ないまま10年が過ぎていた。

そういったなか，2017年2月20日に開催されたASEAN非公式労働大臣会議で再びこの問題が取り上げられた。背景としては，再びフィリピンに議長国が回ってきたということが挙げられる。そして，11月の首脳会議では「移民労働者の権利の保護と促進についてのASEANコンセンサス」が採択された。これは，ASEAN加盟国に，東南アジア地域における移民労働者に対して，社会的保護，

法律へのアクセス，公正で人間らしい扱い，ヘルスケア，を保証し強化するように求めるものである。特徴としては，労働者本人だけではなく家族の保護や不法移民労働者への保護も射程に収めていることが挙げられる。

このコンセンサスに沿って，2018年には具体的な行動計画が採択される予定になっており，そうすれば地域での統一された労働条件の基準策定に寄与することになる。インドネシアが中心になって草案を作成している。

東アジア地域包括的経済連携（RCEP）の交渉妥結はまたも延期

東アジアという広域的な枠組みの FTA として，RCEP は2017年も交渉が続いた。これは ASEAN に加え日本，中国，韓国，インド，オーストラリア，ニュージーランドの計16カ国で域内の貿易・投資の自由化を進めるものである。

RCEP は当初の予定では2015年までに交渉を終了している予定であったが，延期を重ね2017年にまでもつれ込んでいる。背景としては，自由度の高い貿易・投資ルールを求めるグループとそれに慎重なグループの間での対立がある。前者は日本やオーストラリア，ニュージーランド，シンガポールなどであり，後者ではとくにインドと中国は消極的である。ASEAN 加盟国のなかではカンボジアやラオスはやや消極的であるが，基本的には ASEAN として足並みをそろえている。

2017年の ASEAN は50周年を飾る成果としたいという意図もあり RCEP の早期妥結に積極的な姿勢を見せた。しかし，結論から述べると，電子商取引や知財保護の分野までルールを整備しようとする日豪などと消極的な姿勢を見せる中印の溝は深く，2017年も交渉は停滞することとなった。

4月の ASEAN 首脳会議では議長声明で「迅速な妥結を目指す」と述べた。その後，5月2日から12日にかけて開かれた事務レベル交渉会合では「政府調達」と「貿易救済」という2つの分野での作業部会設置に合意した。RCEP ではこの新たな2分野を除いて元々15分野で合意が必要とされていたが，これまでに合意できたのは中小企業と経済技術協力というわずか2分野に留まっている。

5月21日から22日に開かれた RCEP 閣僚会合でも進展はなく，声明では年内の交渉妥結を目標とすることや，日豪が主張する質の高いルールを重視する考えについて「留意する」ことが盛り込まれた。9月の閣僚会合でも「電子商取引や知的財産など各分野の重点的に協議する項目で一致」するも合意時期は明示されず，ここに至ってフィリピンのロペス貿易産業相は会合後，目指していた年内の実質合意について「議論は（来年の議長国）シンガポールへ受け継がれる」と発言

し，実質的に年内の合意を諦める旨を明らかにした。

　その後，11月14日のRCEP首脳会議では年内の合意が困難であることが明示され「交渉妥結に向けて2018年に一層努力する」とする共同声明が出された。また，2018年は15の交渉分野のうち重要項目を絞り込み，交渉回数を増やして早期進展を図る方針が打ち出されている。

　このように，2017年にはASEANも早期合意に向けて意欲を見せたものの，RCEP合意はまたも延期という結果になった。他方，ASEANの域外経済関係としては，11月にASEAN・香港FTAおよびASEAN・香港投資協定が締結された。香港はASEANにとって6番目の貿易相手国である。そしてこのFTAはASEANにとっては中，韓，日，印，豪・ニュージーランドに続く6番目のFTAとなる。

2018年の課題

　中国がその影響力を増すなか，東南アジアにおいても米中をはじめとする大国間の競合が熾烈である。ASEANとしては当面のところは，特定の国家に傾斜せずに全方位的にバランスをとる方針を継続していくと思われる。ただ，2017年の南シナ海問題や北朝鮮問題でも見られたように，近年のASEANでは大国間の競合を受けてそれを代理するかのようにASEAN加盟国間で亀裂が発生することが頻発している。ASEANという集団が東アジア国際政治において埋没せずに影響力を保持するためにも，対外的に足並みをそろえることが重要となってくる。

　他方，2018年の議長国はASEANに対し経済的な役割を重視するシンガポールであるため，2018年は政治安全保障分野よりは機能的な協力が進展していく見込みが高い。貿易円滑化のためのスキームの進展，電子商取引のための制度づくり，サービス貿易の統合，などがさしあたっての重点分野だと考えられる。

　また，コンセンサス制を見直して多数決制を導入するという制度改革の動きにも注目したい。ASEANは伝統的に意思決定においてコンセンサス方式を採用してきたが，多様性に富むASEAN各国が自国の国益を犠牲にせずに地域協力を進められるという利点がある一方で，もっとも消極的な国が受け入れ可能な程度に合わせることになってしまうという弊害も指摘されてきた。すでに2017年11月にはレ・ルオン・ミン事務総長が経済分野やその他のセンシティブではない分野で多数決制を導入すべく意思決定方式の見直しに着手したことを明らかにしている。いまだ首脳会議や閣僚会議のレベルでは言及は見られないが，2018年には議題に上る可能性はある。

（大阪大学）

参考資料 ASEAN　2017年

① ASEANの組織図（2017年12月末現在）

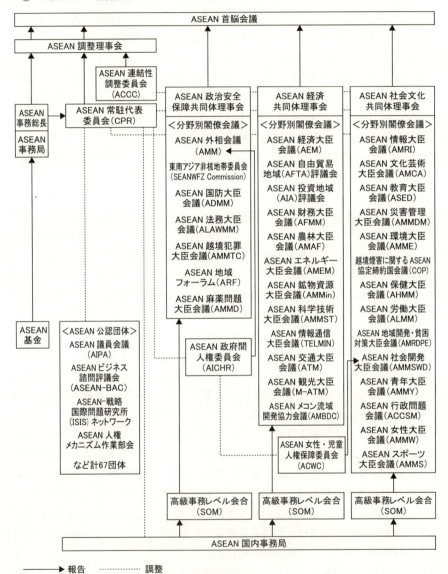

（出所）ASEAN事務局ウェブサイトに基づき筆者作成。

② ASEAN 主要会議・関連会議の開催日程(2017年)

1月13日	第23回 ASEAN 政府間人権委員会(ボラカイ〔フィリピン〕,〜15日)
18日	第20回観光大臣会議(シンガポール,〜20日)[1]
2月20日	非公式労働大臣会議(ダバオ〔フィリピン〕)
21日	非公式 ASEAN 外相会議(ボラカイ〔フィリピン〕)
27日	第17回 RCEP 交渉会合(神戸〔日本〕,〜3月3日)
28日	第14回 ASEAN 女性・児童人権保障委員会(ジャカルタ)
3月8日	第23回非公式 ASEAN 経済大臣会議(マニラ,〜10日)
	第17回社会文化共同体理事会(イロイロ〔フィリピン〕)
4月7日	第21回財務大臣会議
	第3回財務大臣・中央銀行総裁会議(セブ〔フィリピン〕)
26日	第30回 ASEAN 首脳会議(マニラ,〜29日)[2]
5月5日	第20回 ASEAN＋3 財務大臣・中央銀行総裁会議(横浜〔日本〕)
8日	第18回 RCEP 交渉会合(マニラ,〜12日)
15日	第24回 ASEAN 政府間人権委員会(ジャカルタ,〜19日)
21日	第3回 RCEP 閣僚中間会合(ハノイ,〜22日)
7月24日	第19回 RCEP 交渉会合(ハイデラバード〔インド〕,〜28日)
	ASEAN 連結性調整委員会(ジャカルタ,〜25日)
8月5日	第50回 ASEAN 外相会議[1]
	第24回 ASEAN 地域フォーラム(ARF)(マニラ,〜7日)
26日	特別非公式労働大臣会議(セブ〔フィリピン〕)
9月5日	第15回 ASEAN 女性・児童人権保障委員会(プーケット〔タイ〕)
6日	第13回保健大臣会議(バンダルスリブガワン)
7日	第49回経済大臣会議
	第5回 RCEP 閣僚会合
	第9回 CLMV 経済大臣会議(マニラ,〜11日)
12日	第13回越境煙害に関する ASEAN 協定締約国会議
	第14回環境大臣会議(バンダルスリブガワン,〜13日)[1]
	第14回中国・ASEAN 博覧会(南寧〔中国〕,〜15日)
13日	第18回社会文化共同体理事会(タガイタイ〔フィリピン〕)
20日	越境犯罪大臣会議(マニラ)
24日	非公式 ASEAN 外相会議(ニューヨーク)
27日	第35回エネルギー大臣会議(マニラ,〜29日)[1]
28日	第39回農林大臣会議(チェンマイ〔タイ〕,〜29日)[1]
10月13日	第23回交通大臣会議(シンガポール)
19日	第5回災害管理大臣会議(ルアンパバーン〔ラオス〕)
20日	第17回科学技術大臣会議(ネーピードー)
23日	第11回国防大臣会議
	第4回拡大国防大臣会議(クラーク〔フィリピン〕,〜24日)
11月4日	第4回スポーツ大臣会議(ネーピードー)
6日	地域開発貧困対策大臣会議(クアラルンプール)
12日	第19回調整理事会
	第15回政治安全保障共同体理事会
	第16回経済共同体理事会(マニラ)
13日	第31回 ASEAN 首脳会議[2]
	第1回 RCEP 首脳会議(マニラ,〜14日)
27日	第25回 ASEAN 政府間人権委員会(ボホール〔フィリピン〕,〜28日)
30日	第6回鉱物資源大臣会議(ネーピードー)
12月1日	第17回情報通信大臣会議(シェムリアップ〔カンボジア〕)

(注) 1) ASEAN＋3(日本,中国,韓国),東アジアサミット(EAS),ASEAN 諸国と域外対話国(ASEAN＋1)などとの閣僚会議を同時開催。
 2) ASEAN＋3首脳会議,EAS,ASEAN＋1首脳会議を同時開催。
(出所) ① ASEAN 事務局ウェブサイトよりダウンロードした各閣僚会議・首脳会議の合意文書,②新聞報道などに基づき筆者作成。①〜②は,開催日時に違いがある場合に参照する優先順位。

2017年　参考資料

③　ASEAN 常駐代表(2017年12月末現在)

ブルネイ	Pengiran Hajah Faezah Pengiran Haji Abdul Rahman
カンボジア	Norng Sakal
インドネシア	Rahamat Pramono
ラオス	Latsamy Keomany
マレーシア	Shariffah Norhana Syed Mustaffa
ミャンマー	Min Lwin
フィリピン	Elizabeth P. Buensuceso
シンガポール	Tan Hung Seng
タイ	Phasporn Sangasubana
ベトナム	Nguyen Hoanh Nam

④　事務局名簿(2017年12月末現在)

事務総長	Le Luong Minh　＊ベトナム
事務次長	Hirubalan V P(政治安全保障共同体担当)　＊シンガポール
	Lim Hong Hin(経済共同体担当)　＊ブルネイ
	Vongthep Arthakaivalvatee(社会文化共同体担当)　＊タイ
	AKP Mochtan(総務担当)　＊インドネシア

(注)　＊は出身国。

2017年の ベトナム

ベトナム社会主義共和国		宗　教	仏教，キリスト教，カオダイ教，ホアハオ教など
面　積	33万1231km²	政　体	社会主義共和制
人　口	9270万人(2016年平均，暫定値)	元　首	チャン・ダイ・クアン国家主席(大統領)
首　都	ハノイ	通　貨	ドン(1米ドル=22,425ドン，2017年末現在)
言　語	ベトナム語	会計年度	1月～12月

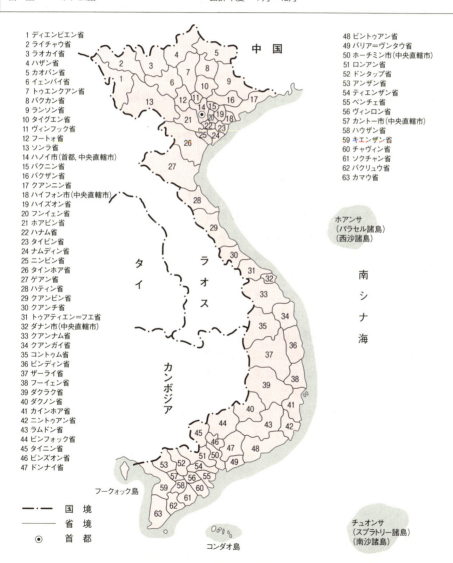

1 ディエンビエン省
2 ライチャウ省
3 ラオカイ省
4 ハザン省
5 カオバン省
6 イェンバイ省
7 トゥエンクアン省
8 バクカン省
9 ランソン省
10 タイグエン省
11 ヴィンフック省
12 フートォ省
13 ソンラ省
14 ハノイ市(首都,中央直轄市)
15 バクニン省
16 バクザン省
17 クアンニン省
18 ハイフォン市(中央直轄市)
19 ハイズオン省
20 フンイェン省
21 ホアビン省
22 ハナム省
23 タイビン省
24 ナムディン省
25 ニンビン省
26 タインホア省
27 ゲアン省
28 ハティン省
29 クアンビン省
30 クアンチ省
31 トゥアティエン＝フエ省
32 ダナン市(中央直轄市)
33 クアンナム省
34 クアンガイ省
35 コントゥム省
36 ビンディン省
37 ザーライ省
38 フーイェン省
39 ダクラク省
40 ダクノン省
41 カインホア省
42 ニントゥアン省
43 ラムドン省
44 ビンフォック省
45 タイニン省
46 ビンズオン省
47 ドンナイ省
48 ビントゥアン省
49 バリア＝ヴンタウ省
50 ホーチミン市(中央直轄市)
51 ロンアン省
52 ドンタップ省
53 アンザン省
54 ティエンザン省
55 ベンチェ省
56 ヴィンロン省
57 カントー市(中央直轄市)
58 ハウザン省
59 キエンザン省
60 チャヴィン省
61 ソクチャン省
62 バクリュウ省
63 カマウ省

───── 国　境
───── 省　境
◉ 首　都

2017年のベトナム

火がついた反汚職闘争，好調な経済

石塚 二葉・荒神 衣美

概　況

　2017年はグエン・フー・チョン党書記長の強い指導力が印象づけられた年であった。反汚職キャンペーンでは，ディン・ラ・タン党政治局員・ホーチミン市党委書記の解任・刑事訴追など，大きな動きが相次いだ。大規模汚職事件の裁判が行われ，多くの元企業幹部に死刑や終身刑を含む実刑判決が下された。党・国家幹部の人事管理や規律の強化を図る文書も次々に公布された。他方，前年に発生した中部沿岸の海洋環境汚染事件に関して続く抗議行動に対しても，多くの活動家の逮捕・投獄で応じるなど，体制批判を封じる強権的な姿勢を保った。

　経済は活況を呈した。世界経済が回復基調にあるなか，貿易や外国直接投資は記録的な伸びを示した。国内消費意欲も高まり，GDP成長率は6.81％と高水準を達成した。好景気の一方でマクロ経済の安定も維持された。国有企業，金融部門，公共投資の構造改革の進捗は依然として予断を許さない状況ではあるものの，それぞれに一定の前進がみられた。民間企業の発展奨励も本格化し，党は民間経済を社会主義指向市場経済の重要な動力と位置づける決議を公布した。

　対外関係では，APEC議長国として11月の首脳会議を成功裏に開催した。二国間外交も活発に行われ，依然として緊張の続く南シナ海をめぐる対中関係や，トランプ大統領就任に伴う新しい対米関係の構築に力を注いだ。7月末には国際指名手配されていたチン・スアン・タイン容疑者が，亡命申請を行っていたドイツから突如帰国し，公安に出頭したと報じられたが，ドイツ外務省は，同容疑者がドイツ国内から拉致されたとしてベトナム側を批判し，関係が悪化している。

国 内 政 治

党の動き:「炉が熱ければ湿った薪でも燃える」

　党中央委員会第5回総会の開幕を目前に控えた4月末，党検査委員会は，ディン・ラ・タン党政治局員・ホーチミン市党委書記に対する処分を検討することを党政治局と党中央委員会に提議した。タン党政治局員は，2009～2011年にかけて最大の国有企業グループであるベトナム石油ガス経済集団（PetroVietnam: PVN）の会長を務めた際に，ほかの同社幹部らと共に違法な契約締結や投資案件に関与し，同社に9000億ドン（約45億円）近くに上る損失を与えたとされた。

　5月5日に始まった党中央委員会第5回総会では，タン党政治局員に対する警告処分および党政治局員解任が決定された。同氏はホーチミン市党委書記の職務も解任され，党経済委員会副委員長に任命された。後任のホーチミン市党委書記には，グエン・ティエン・ニャン党政治局員・祖国戦線議長が就任した。

　現役の党政治局員が解任されたのは1996年のグエン・ハー・ファン以来，約20年ぶりのことであるが，経済管理上の理由による解任は初めてとみられる。また，ファンは党政治局員解任と同時に党を除名されており，1990年に党政治局員を解任されたチャン・スアン・バックは同時に党中央委員も解任されて平の党員となったが，今回の事案では，タンは党政治局員を解任されても党中央委員会にはとどまり続けていたこともあり，その後の動向が注目された。12月8日，国営メディアは，タン元党政治局員が経済管理に関する規定違反の容疑で逮捕されたことを伝えた。元党政治局員の逮捕は前例のないことである。

　タン党政治局員の解任は，2016年1月の第12回党大会以来，グエン・フー・チョン党書記長が主導してきた反汚職・綱紀粛正キャンペーンに勢いを与えることになった。7月31日の中央汚職防止指導委員会の会合で，チョン党書記長は，汚職との闘いは今や社会的な運動になったとし，「炉が熱ければ湿った薪でも燃える……いかなる機関も個人も無関係ではいられない」と述べて反汚職闘争のいっそうの強化を示唆した。

　党中央委員会第6回総会開催を翌月に控えた9月18日，党検査委員会はダナン市のグエン・スアン・アイン党委書記が重大な違反行為を行ったと認定したことを公表した。アイン党委書記は，党委常務委員会による人事や土地管理，公共契約などに関する違反について責任を問われたほか，個人としても学歴詐称や企業

火がついた反汚職闘争，好調な経済

から贈られた車の使用などの問題を指摘された。

10月4～11日にかけて開催された党中央委員会第6回総会は，アイン党委書記の解任を決定した。同氏はまた，党中央委員の職も解任された。アインはグエン・ヴァン・チ元党政治局員の息子で，ベトナム版「太子党」の代表的な存在のひとりとして，第12回党大会で，グエン・タン・ズン前首相の息子のグエン・タイン・ギとともに1976年生まれの最年少の党中央委員に選出されていた。なお，アインはダナン市人民評議会主席も務めていたが，11月，同人民評議会の臨時会で解任され，すべての公職を失った。

ダナン市は11月にAPEC首脳会議の開催を控えており，その直前の同市トップの更迭は，あらためて党指導部の汚職撲滅に対する厳しい姿勢を印象づけた。党政治局は後任のダナン市党委書記としてクアンナム省出身でダナン市党委副書記の経験もあるチュオン・クアン・ギア党中央委員・交通・運輸相を任命した。

党中央委員会第5回総会では，以上の決定以外に，社会主義指向市場経済制度の完成，国有企業の再編，民間経済部門の発展などに関する討議が行われた。第6回総会では，政治システムの組織機構の刷新，公的事業機関の刷新，国民の健康増進，人口政策などについて討議され，また，党書記局員2人の補充選出が行われた。第6回総会前には，総会で党と国家の職位・組織の「一体化」(統合)に関する重要決定が行われるという観測が高まっていたが，この点に関しては，政治システムの組織機構の刷新に関する決議のなかで「条件が整っているところでは，県級・社級の党委書記と人民委員会主席の兼任を実施する」方針が明示されるなどにとどまった。

党指導部はまた，党内の監察活動や党員の懲戒処分に関する一連の文書を公布し，党内の規律引き締めと指導部による統制の強化を図った。高級幹部の資産公開に関する党中央委員会85号規定，党内の監察に関する86号規定，党員の懲戒処分に関する102号規定などである。党幹部の人事管理に関しても，高級幹部の評価基準に関する90号規定，幹部のローテーションに関する98号規定，幹部の管理・選任にかかる105号規定などが相次いで公布された。102号規定には，「三権分立」や「市民社会」「多党制」の実現を求める言動は党からの除名の事由となることが明記されている。

7月下旬，ソーシャルメディア上で，チョン党書記長の後継候補とも目されるディン・テ・フイン党書記局常任が5月以来公の場に現れていないことが指摘され，健康不安の憶測が広まった。8月1日，党政治局は，フイン党書記局常任が

病気治療中，チャン・クォック・ヴオン党検査委員会委員長が党書記局常任を兼務すると発表した。その後もフイン党書記局常任は職務復帰せず，12月14日には，同氏のもうひとつの肩書である党中央理論評議会議長の職についても，グエン・スアン・タン党書記局員／ホーチミン政治学院院長が代行に任命されている。

もうひとりのチョン党書記長の後継候補であるチャン・ダイ・クアン国家主席についても，8月上旬，同様に健康不安説が流れたが，8月28日，同氏が約1カ月ぶりに公の場に姿を現したことが報道され，憶測に終止符が打たれた。

国会の動き：法律18本，決議23本を可決

第14期第3回国会(5月22日～6月21日)は，2015年刑法典修正補充法，公的資産管理使用法などを含む12本の法律を可決し(表1)，信用組織の不良債務処理に関する決議など12本の決議を採択した。2015年刑法典修正補充法の第19条第3項は，弁護人に対し，依頼人が国家の安全保障にかかわる犯罪など重大犯罪を計画ないし実行したことを知りながら通報しない場合には，刑事責任を問いうる旨の規定であり，弁護士や人権団体の間でその運用が不安視されている。

第14期第4回国会(10月23日～11月24日)は，信用組織法修正補充法，改正公的債務管理法など6本の法律を可決し(表1)，ロンタイン国際空港の土地収用に関する決議やホーチミン市の特別な発展政策の試行に関する決議，行政組織改革に関する政策・法律実施の監察に関する決議など11本の決議を採択した。

また，第4回国会は，ギア交通・運輸相（ダナン市の党委書記に就任）の後任にソクチャン省のグエン・ヴァン・テ党委書記を，ファン・ヴァン・サウ政府監査院院長（ソクチャン省の党委書記に就任）の後任にバクリュウ省のレ・ミン・カイ党委書記を，それぞれ任命することを承認した。いずれも党の職位と国家の職位

表1　2017年の国会で可決された法律

第3回国会	中小企業支援法，貿易管理法，改正鉄道法，改正観光法，改正技術移転法，水利法，改正国家賠償責任法，改正法律扶助法，2015年刑法典修正補充法，警備法，武器・爆発物および補助具管理使用法，公的資産管理使用法
第4回国会	林業法，信用組織法修正補充法，改正漁業法，ベトナム社会主義共和国代表機関法修正補充法，改正公的債務管理法，計画法

（出所）　ベトナム国会ウェブサイト(http://quochoi.vn)より筆者作成。

の間の異動であり，広い意味で，党と国家の職位・組織の「一体化」を目指すという方向性に沿った人事であると思われる。

主要な汚職事件にかかる司法手続きの展開

2017年は重大な経済犯罪にかかる逮捕，裁判が相次いだ。

2月27日，大洋銀行(OceanBank)における簿外の利息支払いなどによる資産横領事件に関し，48人(最終的には51人)の被告に対する公判手続きが開始された。OceanBankは2014年3月時点で不良債務の額が15兆ドン(約750億円)近くに達し，2015年4月にベトナム国家銀行により国有化されている。その主な原因となったのが，同行のハー・ヴァン・タム元会長がPVNのグエン・スアン・ソン元会長(OceanBank元社長)と共謀して行った裏口融資等の一連の違法行為であったと認定された。9月29日，ハノイ市人民裁判所は，汚職や職務権限濫用等の罪によりソン元会長に死刑，タム元会長に終身刑を宣告した。

ペトロベトナム建設(PVC)のチン・スアン・タイン元会長は，同社に約3兆2000億ドン(約160億円)の損失を生じさせた容疑により，2016年9月，国際指名手配されていたが，7月30日，Facebook上にタイン元会長が帰国したことを示唆する書き込みが現れた。翌31日，公安省は，タイン元会長が同日，自首したという簡潔な発表を行った。公安省は，タイン元会長がいつ，どのように帰国したのかについては明らかにしなかったが，8月2日，ドイツ外務省は，同国に亡命を申請していたタイン元会長が，ベルリンから拉致されたとする声明を発表した。同声明は，ベトナム大使館等がこの拉致に関与したと非難し，ベトナム人情報員1人に国外追放を通告したことを明らかにした(「対外関係」の項参照)。これに対し，ベトナム外務省は，3日，ドイツの非難は事実無根であると反論した。同日にはタイン元会長本人がテレビに出演し，無思慮から逃亡してしまったが，思い直して自ら帰国し，出頭することにしたと述べた。

12月26日，最高人民検察院は，PVCの巨額損失事件に関し起訴状を提出した。タイン元会長とディン・ラ・タン元党政治局員(元PVN会長)は，ほかの20人の元PVN・PVC幹部らとともに汚職等の罪名により起訴されている。審理は2018年1月に行われる。

2015年1月に逮捕された不動産会社ハウジング・グループのチャウ・ティ・トゥ・ガー元会長(元国会議員)の裁判は10月に行われた。ガー元会長は，ほかの9人の共犯者とともに虚偽の不動産取引で3770億ドンを詐取したとされ，終身刑

を宣告された。詐取した金額のうち1570億ドンの使途について，ガー元会長は，国会の議席を得るためなどに使ったと供述したが，この点に関して本件裁判では被告人の供述が打ち切られ，明らかにされずに終わった。

フォルモサ事件の余波と「反体制活動」の取り締まり

2016年4月に発生した台湾系企業フォルモサ・ハティン・スティールによる汚水排出事件に関連する抗議行動は，2017年に入っても続いた。年の前半には，数百人から数千人とも伝えられる規模のデモが，汚水排出の被害を受けたクアンビン，ハティン，ゲアンの各省やホーチミン市などで繰り返し発生し，被害の適正な補償やフォルモサのベトナムからの撤退を訴えた。ゲアン省のキリスト教修道士らが中心となって行われたフォルモサ撤退を求めるインターネット上の署名運動には，3月27日時点で6万1000人以上の署名が集まったとされる。

11月のAPEC首脳会議の開催を控え，党・政府は，体制に批判的なブロガーや活動家の逮捕・投獄をいっそう加速させたが，彼らの多くもフォルモサ関連の活動を行っていた。2016年10月に逮捕された著名なブロガー，グエン・ゴック・ニュー・クイン（通称メ・ナム）はその1人である。6月末に行われた裁判でクインは反国家宣伝罪に問われ，懲役10年を宣告された。11月末のその控訴審の4日前，フーイェン省の弁護士会は，クインの弁護士の1人，ヴォー・アン・ドンを除名することを決定した。人権派弁護士として知られるドンは，この決定により弁護士として活動する資格を失った。クインの控訴は却下された。

1月に逮捕され，7月にやはり反国家宣伝罪で9年の実刑判決を受けたチャン・ティ・ガー（通称トゥイ・ガー）は，違法な土地収用や警察による暴力などの問題を告発するブロガーとして知られるが，フォルモサ事件に関しても発信を行っていた。クインとガーはいずれも幼い子どもたちを持つ母親でもある。

10月末には，ゲアン省クインルー県で，反フォルモサのデモの指導などを行ってきたキリスト教の聖職者らが社人民委員会を訪れた際，赤い服を着てベトナム国旗を持った数百人の一団に取り囲まれて威嚇された。赤い服の集団は「紅旗会」と称し，とくにキリスト教関係者による反体制的な活動に対抗することを目的として「自発的に」結成されたものとされる。同様の集団は，12月にも，ゲアン省フングエン県で，キリスト教の教区の活動を妨害したことが伝えられている。

その他，反体制活動抑圧に関しては，人民軍のなかの「47部隊」という，インターネット上の「誤った意見」を排除することを任務とする組織の存在が明らか

になった。12月25日，ホーチミン市で開かれた宣教工作総括会議でのグエン・チョン・ギア人民軍政治総局副局長の発言によれば，同部隊は1万人以上の専門的技能を持つ人員を抱えているという。

ドンタム社の土地収用問題

4月，ハノイ市ミードゥク県ドンタム社で，土地収用をめぐる対立から，住民が警官ら38人を人質に1週間にわたり立てこもる事件が発生した。件の土地は軍用地とされていたが，2015年に国防省傘下の国有通信会社Viettelに譲渡され，同社が土地の測量等に着手した2月以来，住民との間の対立が高まっていた。

4月15日，82歳の元ドンタム社党委書記を含む4人の住民代表が公共秩序かく乱の容疑で逮捕されたことに反発した住民が，警官らを拘束して，4人の釈放を要求した。社の幹部は姿を隠したため，住民は公共施設を占拠した。20日に至ってハノイ市人民委員会のグエン・ドゥク・チュン主席がミードゥク県を訪れ，住民代表を招いて対話をしようとしたが，住民側は応じず，主席がドンタム社を訪れることを要請した。22日，チュン主席はドンタム社を訪れ，土地の権利関係の再調査を行うことや，この人質事件に関して住民側の刑事責任を問わないことなどを約束したため，残っていた19人の人質は解放された。

この事件は，当局側の柔軟な対応により平和的な解決に向かうかにみえた。しかし，6月13日，ハノイ市公安局は，本件を刑事事件として立件することを決定した。チュン主席はこの決定について，立件するかどうかを決めるのは権限を持つ機関であり，自分ではないと述べたという。これに対し，8月末，ドンタム社では住民総会が開かれ，土地に対する住民の権利を守るため，最後まで闘争を続けることを確認した。本件発生の際に住民と市当局の間の対話を呼び掛けたズオン・チュン・クォック国会議員は，11月，第4回国会の議場で，ドンタム社の住民を犯罪者扱いするのは穏当でないと言葉を尽くして訴えた。

BOTプロジェクトによる道路の通行料徴収問題

4月上旬，ゲアン省とハティン省の境界付近に位置するベントゥイ料金所で，通行料の徴収に抗議して多くのドライバーが小額紙幣で料金を支払い，国道1A号線の通行に支障をきたした。同様の事例は最近，国内の多くの地方で発生しているという。原因は，BOT方式のプロジェクトに属する同料金所が，当該プロジェクトによって作られた道路から離れた国道上に設置されており，実際にその

道路を通行しない車にまで料金が課せられることに対する不満であった。

　8月には，ティエンザン省の国道1号線上に設置されたカイライ料金所が通行料徴収を開始したが，やはりその位置が不合理であることや料金が高いことからドライバーの猛反発を受け，同様の抗議行動が行われた。カイライ料金所は，通行料徴収を開始してから2週間で，徴収の一時停止に追い込まれた。その後，交通・運輸省も協議に加わり同料金所の料金の減免を行うことが決定され，11月30日より通行料の徴収が再開された。しかし，不満の残るドライバーが抗議行動を継続したため，12月4日，フック首相は料金所の再度の閉鎖を指示した。

　このような騒動の過程で，多くのBOT方式による交通インフラプロジェクトが問題含みであることが明らかになってきた。9月6日，政府監査院は，多くのBOTプロジェクトに規定違反が発見されたという監査結果を発表した。交通・運輸省は，2009年の制度導入以来，実施した70以上のBOT，BTプロジェクトのすべてにおいて，入札手続きを経ずに事業者と契約を結んでいた。なかには，能力が不十分であったり，プロジェクトの条件に合っていない事業者もあったという。
　　　　　　　　　　　　　　　　　　　　　　　　　　　　　　　（石塚）

経　　済

好景気に沸いた2017年経済

　2017年のGDP成長率は6.81％で，GDPが基本価格表示されるようになった2011年以降でもっとも高い水準となった。年初の経済は低調に推移し（第1四半期5.15％），成長目標6.7％の達成が危ぶまれた。年前半の物価安定を受け，7月には国家銀行が景気刺激策として2014年以来の利下げを実施し，リファイナンス金利は6.5％から6.25％に，ディスカウント金利は4.5％から4.25％へ引き下げられた。利下げは内需に一定の影響を与えたと考えられる。財・サービス販売額の実質成長率は年後半にかけて高まり，年間では前年の8.33％を上回る9.46％の上昇となった。内需拡大が成長加速の一要因となり（第2四半期6.28％，第3四半期7.46％，第4四半期7.65％），年全体では目標を上回る高成長を記録した。

　部門別にみて，もっとも好調だったのは工業・建設業で，年間成長率は前年実績7.57％を上回る8.0％となった。製造・加工業が14.4％と2011年以降でもっとも高い成長を記録したほか，建設業も8.7％と高い伸びを示した。製造・加工業の高成長をけん引したのは電子・コンピューター・光学製品分野であった。

サービス業も年間成長率7.44％と前年(6.98％)を上回った。とくに成長率が高かったのは宿泊・飲食(8.98％)と金融・保険(8.14％)である。宿泊・飲食の成長を支えた要因としては海外来訪者の増加が挙げられる。2017年の海外来訪者数は前年比29.1％増の1290万人に達した。とりわけ中国からの来訪者が多く，海外来訪者総数の3割を占めるに至った。

農林水産業は，2017年も各地で洪水や台風などの大規模な自然災害に見舞われたものの，水産業が比較的好調だったこともあり，前年実績(1.36％)を上回る，まずまずの成長(2.9％)をみせた。

高成長を支えた要因には，前述の内需拡大に加えて，世界経済の回復を受けた対外貿易と外国直接投資の大幅拡大がある。対外貿易は輸出入ともに急増し，貿易総額は過去最高となる4247億8000万ドルを記録した。WTO加盟を果たした2007年と比して，貿易規模が約4倍に拡大したことになる。輸出は，工業部門の回復が奏功して前年比21.1％増という記録的な伸びを示し，2137億7000万ドルとなった。輸出総額の72.6％(1552億4000万ドル)が外資企業によるもので，サムスン電子が輸出をけん引する電話・部品が2017年も最大の輸出品となった(輸出額451億ドル，前年比31.4％増)。電話・部品に続く主要輸出品である繊維・縫製品(前年比8.8％増)，電子製品・コンピューターおよび部品(同36.5％増)も軒並み堅調な伸びを示した。農産品では青果がもっとも大きく輸出を伸ばした(同43.1％増)。一方，輸入も工業原料・設備などを中心に増加したものの(2110億9600万ドル，前年比20.8％増)，貿易収支は約27億ドルの黒字となった。なお，国別にみると，中国への輸出(前年比60.6％増)と韓国からの輸入(同45.5％増)がそれぞれ急拡大したことがあいまって，韓国との貿易赤字が中国を超えて最大となった。韓国からの輸入増には，サムスン電子の生産拡張に伴う部品・設備輸入の増加が影響している。

外国直接投資も記録的な伸びを示した。登録資本総額(12月20日までの認可分)は2009年以降で最高額の297億ドル(前年同期比44.2％増)となった。投資額急増の主たる背景は，一連の発電所建設投資(ギソン第2，ヴァンフォン第1，ナムディン第1)やサムスン電子のディスプレイ・パネル工場への拡張投資など，10億ドルを超える大型案件が相次いだことである。新規投資，拡張投資ともに飛躍的に増加し，それぞれ212億8000万ドル(前年同期比42.3％増)，84億ドル(前年同期比49.2％増)となった。業種別では電気・ガス・蒸気・空調供給の投資受入額が最大となり，製造業がそれに続いた。国別にみると，件数では韓国，金額では

日本からの投資が最大であった。

　マクロ経済も引き続き安定を維持した。消費者物価指数は前年末比2.6％上昇，対ドル為替レートは同0.05％低下，金相場は同4.74％上昇と，それぞれ小幅な変動にとどまった。為替レート安定の背景には，ドル預金金利を０％とする（2015年～）などの継続的なドル化阻止策に加えて，外貨準備高の増加がある。貿易黒字，外国直接投資の拡大，海外送金の増加（世界銀行の推計で138億ドル）により，年末時点の外貨準備高は過去最高の515億ドルに達した。

　ここ数年悪化し続けていた財政にも，若干の改善がみられた。12月15日時点の推計によれば，2017年の財政支出は予算額の87.7％にあたる1219兆5000億ドンに抑えられ，財政赤字は115兆5000億ドンと過去10年でもっとも低い水準となった。とりわけ，インフラ建設を主とする開発投資支出が低く抑えられた（予算額の72.6％）。公的債務の対GDP比率は，2016年末時点で63.6％と国会が定めた上限である65％に迫っていたが，2017年末には61.3％まで縮減された。11月23日には国会で改正公的債務管理法が可決された。改正法では，これまで複数の機関が関与していた公的債務管理を財政省に一元化することなどが定められた。公的債務管理の効率化および透明性向上につながることが期待される。

企業経営環境の改善――民間経済を社会主義指向市場経済発展の動力に

　企業経営環境の改善も引き続き進められた。2月には，2017年の経営環境の改善目標と2020年までの方向性を定めた政府19号決議が公布された。同様の決議は2014年から毎年，19号決議として公布されている。2017年の19号決議では，行政手続きの簡素化など企業経営環境の改善にかかる大半の指標で，目標とする先行ASEAN 4カ国（シンガポール，マレーシア，タイ，フィリピン――以下ASEAN 4）の平均水準に到達していないという実態を踏まえ，あらためて2017年末までにASEAN 4水準への到達を目標とする指標が示された。

　また，民間企業の発展について，奨励が本格化した。6月には，党が民間経済を社会主義指向市場経済の重要な動力と位置付ける決議を出した（党中央委員会10号決議）。そこでは，2020年までに民間企業を少なくとも100万社に増加させるよう努力することや，2025年までに民間企業の技術，人的資本の質，および競争力におけるASEAN 4との格差を縮めること，といった目標が示され，継続的な企業経営環境の改善が課題とされた。10月には，同決議の実現に向けた行動計画（政府98号決議）が公布された。

このような政府の継続的な企業経営環境の改善努力に好景気も加わって，2017年の新規設立企業数は，前年比15.2％増の12万6859社に達した。そのうちの35.8％が，卸・小売業での起業に占められた。

　企業の圧倒的多数が中小零細規模であるなか，近年，民間部門でも大企業が育ちつつあり，一部の経営者が大富豪として台頭してきている。2017年のアメリカの『フォーブス』誌の長者番付には，2013年から番付の常連となっているヴィングループのファム・ニャット・ヴォン会長に加えて，ソビコ・ホールディングスの女性会長グエン・ティ・フオン・タオ氏がランク入りした。女性経営者のランク入りは東南アジアでは初となる。タオ氏はベトナム唯一の民間航空会社であるベトジェット航空の社長としても名を馳せている。ベトジェットは創業から10年で急速に事業を拡大し，2月末にはホーチミン証券取引所（HOSE）への上場も果たした。なお，長者番付常連のヴォン氏率いるヴィングループは，中核事業である不動産業から，リゾート開発，小売，農業などへと事業の多角化を進めているが，2017年にはベトナム初の国産車生産に向けて，自動車製造業に参入した。

構造改革——国有企業，金融ともに一定の前進

　2017年には，国有企業改革にかかる具体的な行動計画が複数出された。まず，2016～2020年の国有企業の株式化計画が2016年末に首相58号決定として公布され，2017年2月15日に施行された。国家が100％所有し続ける予定の企業103社，および2016～2020年の間に株式化予定の企業137社がリストアップされ，株式化予定の企業については株式化後の国家所有比率（65％以上が4社，50～65％が27社，50％未満が106社）も明示された。また，8月には2017～2020年に国家所有資本を売却する企業のリストが承認された（首相1232号決定）。前述の民間経済の発展に関する決議の公布と同日の6月3日には，国有企業の再編・刷新・効率化について定めた党中央委員会12号決議が公布されたが，その実施に向けて10月に出された政府97号決議では，これら具体的な行動計画に沿って国有企業の再編・刷新・効率化を進める方針が再確認された。

　実態は，計画どおりとはいかなかったが，進展もあった。新規株式公開（IPO）については，ベトナムゴム集団，南部食糧総公司（Vinafood 2），ビンソン製油，ベトナム石油総公司（PV Oil）といった大企業が実施を予定していたものの実現に至らず，年内に目立った成果はみられなかった。一方で，国有企業の国家資本売却では，これまでになく大規模なものが相次いだ。

12月18日，工商省が，傘下企業であるビール・飲料大手のサイゴン・ビール・アルコール飲料総公司（Sabeco）の株式（定款資本の53.59％に相当）を HOSE でのオークションを通じて売却した。国内ビール市場で4割のシェアを持つ Sabeco の株式売却には，日本のアサヒやキリンを含む各国の大手飲料企業から注目が集まった。しかし，工商省が設定した入札開始価格の高さもあって，最終的に入札に参加したのはタイ・ビバレッジの傘下企業，ベトナム・ビバレッジ1社だけだった。Sabeco は条件付き投資分野で事業を行っているため，外国投資家に対しては出資比率上限（49％）が適用されるが，ベトナム・ビバレッジは政府に国内企業と認められ，53.59％の株式すべてを取得した。Sabeco の株式売却によって工商省が得た収益は110兆ドンに上り，過去最大の国家資本売却となった。

また，Sabeco 株売却の約1カ月前には，2016年末に続いてベトナム乳業株式会社（VINAMILK）株の売却が行われた。売却主体は，国家資本の国有企業への投資・管理を担っている国家資本投資経営総公司（SCIC）で，VINAMILK の定款資本の3.33％分にあたる株式を売り出した。売却された株式はすべて，シンガポールの自動車販売企業 JC&C グループの子会社であるプラチナ・ビクトリー（Platinum Victory）に8兆9900億ドンで取得された。JC&C は SCIC による株式売却の前後にも，市場で VINAMILK 株を購入しており，SCIC，シンガポールの食品・飲料企業フレイザー・アンド・ニーヴ（F & N）に次ぐ，第3の VINAMILK 株主となった。なお，タイ・ビバレッジは F & N の株式も所有しており，VINAMILK の国家資本売却においても一定の存在感を示している。

SCIC は，年内に自社が保有する38社の国家所有資本の売却に成功した。政府はより効率的な国家資本管理・売却に向けて SCIC の役割改善を図るため，年末に SCIC の組織・活動に関わる2つの議定を公布した。SCIC 幹部の家族・親族が管理する企業への投資制限（政府147号議定），SCIC による子会社・関連会社の設立・出資の容認（政府148号議定）などが新たな点である。

IPO 済み国有企業の株式市場への上場・登録も，前年に諸々の促進策が出されたこともあり，進展がみられた。1月には2014年に IPO を実施したベトナム航空が未上場株式取引市場（UPCoM）に登録，また4月には2011年に IPO を実施したベトナム石油集団（Petrolimex）が HOSE に上場した。

民間の大企業や銀行の株式上場・登録も相次いだ。民間の大企業では，前述のとおり2月にベトジェット航空が HOSE に上場したほか，ヴィングループの子会社でヴィンコムセンターなどを手掛ける流通最大手のヴィンコム・リテールが

11月にHOSEに上場した。ヴィンコム・リテールの上場時の株式販売数は19億株で，過去最大規模となった。銀行では，5行の株式上場・登録が実現した。VP銀行がHOSEに上場，ベトナム国際銀行（VIB），キエンロン銀行（Kienlongbank），リエンベト郵便銀行（LienVietPostBank），北亜銀行（Bac A Bank）がUP-CoMに登録し，金融部門改革に拍車がかかった。

以上のような国有企業改革の進展や民間企業の上場を背景に，2017年の証券市場は外国投資家からの投資を中心に活性化した。12月4日にはHOSEの株価指数であるVNインデックスが前年末比46％上昇の970ポイントにまで達した。なお，8月にはハノイ証券取引所にベトナム初のデリバティブ市場が開場した。新たなリスクヘッジの手段として投資家の注目を集め，活発な取引が行われた。

難航している不良債権処理を迅速化するための制度整備も進められた。5月には不良債権および担保資産の競売について規定した政府61号議定が出され，不良債権処理を担う金融機関資産管理会社（VAMC）の競売価格決定における権限が強化された。VAMCは価格査定会社の選定を行い，査定価格に基づき競売価格を決めたうえで，競売が失敗に終わった場合には10％の範囲内で価格を引き下げることができるとされている。また6月には，金融機関による不良債権処理の試験的実施を定めた国会42号決議が公布された。これまで，金融機関の権限が弱いことが不良債権処理の遅れの一因となっていたが，同決議で担保資産の処理や，帳簿価額を下回る価格での不良債権の売却などの権限が金融機関に保証されたことにより，8月の決議施行以降，VAMCに移管しての処理だけでなく，金融機関自身による不良債権処理が加速した。

ただし，不良債権処理の進捗を楽観視することはできない。金融機関からVAMCへの不良債権の移管，および金融機関自身の不良債権処理の加速によって，金融機関の総貸付残高に占める不良債権の比率は，前年末の2.46％から2017年末には2.34％まで低下した。しかし，VAMCに移管された不良債権の処理は依然として難航しており，200兆ドン超の不良債権が未処理の状態にある。また，7月には利下げも実施されており，利下げ実施の直前にIMFが指摘したとおり，金融部門改革がままならないなかでの急激な信用拡張によって新たに不良債権が増大することも懸念される。金融機関の経営健全化に向けた改革が急がれるなか，7月には2016〜2020年の不良債権処理に関わる信用組織再編案（首相1058号決定）が承認，また第4回国会では改正信用組織法が可決された。

その他の動き

　ASEAN経済共同体の取り決めにより，2018年1月から域内自動車関税が0％に引き下げられることを受け，2017年には自動車の買い控えが広がった。ベトナム自動車生産者協会（VAMA）の報告によると，2017年の自動車売上総数は前年比10％減の27万2750台となった。政府は10月，自動車の製造・組立・輸入販売に関わる業者に新たな条件を課す，116号議定を公布した。とりわけ完成車輸入について，輸入元政府が発行する認可証の提出や輸入ロットごとの品質検査の実施を求めるなど，厳しい条件が付けられた。2018年1月以降，輸入車価格の引き下げが見込まれるなかで，国内の自動車生産企業の保護をねらったものと考えられるが，関税撤廃を見据えてすでに国内組立・製造から完成車輸入へのシフトを図っている企業も多く，新議定は企業の強い反発を招いた。新たに設けられた非関税障壁が，貿易自由化の効果を削ぐことも懸念される。

　製造・流通工程を人口知能（AI）やインターネット技術の導入によってデジタル化しようという動き（第4次産業革命）に対して世界的に関心が高まるなか，ベトナムでも5月，第4次産業革命の推進を促す首相16号指示が公布された。第4次産業革命は産業の高度化や効率化，競争力強化の機会を拡大するものとされ，最先端IT技術開発や，そうした技術に対応できる人材育成の必要性が強調された。第4次産業革命の推進では，工業のみならず農業も視野に入れられている。3月，政府は商業銀行に対し，国家銀行の指導の下でハイテク農業向けに，総額100兆ドンの低利融資を実施することを要請した（政府30号決議）。　　　（荒神）

対 外 関 係

APEC首脳会議を成功裏に開催

　2017年，ベトナムは2度目のAPEC議長国を務め，全国各地でさまざまな会議が行われた。11月10・11日の両日，ダナン市で開催された首脳会議には，加盟21カ国・地域の首脳がすべて顔をそろえた。アメリカのトランプ大統領にとっては初のアジア外遊の一環で，東南アジアでは初めての訪問国となった。中国の習近平国家主席にとっては，10月の中国共産党第19回党大会後の初めての外遊であった。APEC首脳ウィーク（11月6～11日）中は，活発な首脳外交が繰り広げられ，各国首脳の間でおよそ100の個別会合や会見が行われたという。

　首脳会議は，「新たなダイナミズムの創出と共通の未来の促進」と題したダナ

ン宣言を採択し，多角的貿易体制の支持を通じた自由貿易推進や保護主義への対抗の意義を強調した。また，年初にアメリカが離脱を表明した環太平洋パートナーシップ（TPP）についても並行して交渉が行われていたが，参加11カ国の閣僚レベルで新協定に関する大筋合意が達成された。

中国との関係：南シナ海の領有権をめぐる駆け引き続く

1月5日，チョン書記長が同月中に中国を公式訪問することが発表された。訪問は12～15日にかけて行われ，習近平国家主席との会談後の共同声明では，両国，両党関係のいっそうの発展をうたうとともに，南シナ海問題については二国間の相違をよく制御し，平和と安定を維持することなどについて合意している。5月にはクアン国家主席が中国を訪問し，「一帯一路」国際フォーラムに出席した。

しかし，6月，ハノイを訪れていた中国の范長竜・中央軍事委員会副主席が，予定されていた二国間防衛対話を中止して帰国したことから，両国関係の雲行きの悪化が表面化した。繰り上げ帰国の理由は，ベトナム側の説明によれば，国内における突発的な任務の発生のためとされたが，実際には，両国の領有権の主張が重複する海域でベトナムが実施する海底資源探査の中止を中国が求め，ベトナムがこれを拒絶したことが背景にあったとみられる。事実，7月初めには，問題の海域で，ベトナムが石油探査に向けた海底掘削に着手したとの報道があった。

掘削を継続するベトナム側に対し，中国は態度を硬化させた。7月24日のBBCの報道によれば，この掘削はスペインのレプソルによって行われており，実際に大規模なガス田の存在が確認されていたという。しかし，ベトナム政府は突如レプソルに掘削の停止を命じた。その理由としてベトナム政府は，掘削を続けるならばベトナム軍が駐留するチュオンサ（南沙；スプラトリー）諸島を攻撃するという，中国の脅しを受けたためだと説明したとのことである。8月7日には，ASEAN外相会議開催中のマニラで予定されていた両国の外相会談も中止された。

両国はその後，関係修復に動いた。9月には中国の劉雲山党政治局常務委員が来訪してチョン書記長らと会談し，「両党は戦略的意義を持つ運命共同体」と発言した。同月23・24日には，6月にキャンセルされた国境防衛友好交流が，両国国境に近い雲南省金平県とベトナム・ライチャウ省ライチャウ市で相次いで行われた。同交流プログラムには，中国側からは范副主席，ベトナム側からはゴ・スアン・リック国防相が出席した。

その後も，10月末には党対外委員会のホアン・ビン・クアン委員長がチョン書

記長の特使として中国を訪問し，11月初めには宋濤中央対外連絡部長（習国家主席の特使）と王毅外相が来訪した。APEC首脳会議後の11月12・13日には習国家主席がベトナム公式訪問を行い，両国の全面的戦略的パートナーシップの深化や海上での平和・安定の維持などについての合意を明記した共同宣言を発表した。共同宣言ではまた，中国の一帯一路構想や「一つの中国」政策へのベトナムの支持も明記された。

アメリカとの関係：相互利益に基づく関係構築

1月11日，トランプ次期政権の国務長官に指名されたティラーソン元エクソンモービルCEOは，アメリカは中国による南シナ海での人工島建設の中止を求め，中国による南シナ海人工島へのアクセスを阻止する必要があると述べた。この発言について，ベトナム外務省報道官は，「域内の平和維持および海上・上空の安全保障は，域内各国だけでなく域外の国々にとっても共通の目標，共通の利益である」と慎重にコメントした。エクソンモービルはPVNと組んで南シナ海で海底資源開発を行っており，この地域の情勢に深い利害関係を有している。また，5月24日，トランプ政権下で初めての「航行の自由」作戦が行われた際には，ベトナム外務省はその実施を歓迎するコメントを出している。

5月末，フック首相は，トランプ大統領の招きに応じて，トランプ政権誕生以来，東南アジア諸国の首脳としては初となるアメリカ公式訪問を行った。31日に行われた大統領との会談後，フック首相は，アメリカの財・サービスについて総額150億ドル規模の契約を締結したと述べた。これには，ゼネラル・エレクトリックとの間での発電や航空機のエンジン等に関する総額55億8000万ドルの契約などが含まれる。トランプ大統領は，大規模契約の成立はアメリカにとって雇用創出を意味するとして歓迎した。ベトナムは，アメリカの貿易赤字の要因となっている可能性がある国のひとつとしてトランプ政権に名指しされており，大規模契約の締結はこのような指摘に配慮した形となった。

11月，APEC首脳会議出席のため来訪したトランプ大統領は，引き続きベトナム公式訪問を行った。クアン国家主席との会談で，両首脳は各分野での協力強化に向けて協議を進めることで合意したほか，両国企業の間で総額120億ドル相当の覚書が締結された。共同声明には，貿易投資や国防分野での協力関係の深化などがうたわれたほか，アメリカの南シナ海問題へのコミットメントの継続や北朝鮮問題に関する両国の深い懸念などについても明記された。

トランプ政権になって、アメリカの対ベトナム外交アジェンダにおける人権問題の優先順位は概して低下したようにみえるが、3月末、国務省は、グエン・ゴック・ニュー・クイン（「国内政治」の項参照）に「世界の勇気ある女性賞」を授与した。APEC首脳会議開催を控えた10月末、同賞の授賞式に出席したメラニア・トランプ大統領夫人に宛てて、クインの10歳の娘が書いた手紙が、祖母によってFacebook上に投稿された。手紙のなかで、娘はクインの釈放への大統領夫人の支援を訴えていた。しかし、メラニア夫人はベトナムを訪れず、この件に関するその後の動きは伝えられていない。

その他の主要な対外関係

日本との関係では、1月に安倍首相が来訪し、フック首相と会談して、良好な二国間関係のさらなる発展について話し合った。日本がベトナムに対して新造巡視船6隻を供与する決定を行ったことも伝えられた。また、両首脳は、ベトナムの気候変動対策を支援するための総額100億円を限度とする円借款などに関する書簡の交換にも立ち会った。6月初めにフック首相がアメリカ訪問に続いて日本を訪れた際には、東京で「ベトナム投資カンファレンス」が開催され、総額210億ドルに上る投資計画36案件の覚書の交換などが行われた。

また、両国間の友好親善の象徴として、2月28日〜3月5日にかけて天皇・皇后両陛下が来訪した。両陛下は滞在中、第二次世界大戦後も現地に残りベトナム独立運動に加わった元日本兵の家族らと面会し、あまり知られていない両国関係の一面に光が当てられた。10月にはベトナム残留日本兵の家族ら14人が日本側の招きで来日し、日本の親族との対面など交流を行った。

ドイツとは、「国内政治」の項で触れたように、チン・スアン・タイン「拉致」事件で関係が悪化した。ドイツ側は、当初、タイン元会長の身柄をドイツに戻すことを要求し、後には国際的監視の下での公正な公判手続きの保障を求めた。しかし、ベトナム側はタイン元会長が自主的に帰国したという建前を崩さず、ドイツの要求に回答を与えていない。9月22日、ドイツ政府は、2人目のベトナム人外交官を国外追放処分にするともに、ベトナムとの戦略的パートナーシップの一時中断を通告した。

ドイツはEU諸国のうちベトナムにとって最大の貿易相手国であり、7月にフック首相がドイツを訪問した際には、両国企業間で総額15億ユーロ（約1950億円）に上る28の協力協定が締結されたことが報じられたばかりである。ドイツと

の関係悪化は，2018年中の発効を目指すとされる EU ベトナム FTA の先行きにも影響を及ぼす可能性が懸念されている。

カンボジアとは国交樹立50周年を迎え，6月24日にはハノイで記念式典が行われた。4月にはフック首相がカンボジアを訪問し，プノンペン＝ホーチミン間高速道路プロジェクトなどに関する4つの覚書の署名に立ち会った。7月にはチョン書記長も同国を訪れ，両国関係の緊密さをアピールした。一方で，10月，カンボジア内務省は，ベトナム系住民が大多数を占める約7万人に違法に交付された身分証を回収する計画を明らかにした。ベトナム外務省はこの計画に対して直ちに懸念を表明し，ベトナム系住民の正当な権利が保障されるよう要請している。

(石塚)

2018年の課題

2018年は，「炉を熱する」反汚職キャンペーンがいっそう推進され，引き続き現役および元党・国家幹部の懲戒処分や刑事裁判が行われると予想される。党指導部にとっては，5年の任期の中間点である3年目となるが，現時点でチョン党書記長の権威はかつてなく高まっており，当初噂された党書記長の任期半ばでの交代が行われる兆しはみられない。政治システムにおける構造的な汚職の問題に党指導部が国民の目線で適正に対処し続けていくことが，その求心力維持の鍵となるだろう。党中央委員会第6回総会決議に基づく政治システムの再編の行方も注目される。国会では，主要国家幹部に対する信任投票が行われる。

経済では，2018年に ASEAN 域内関税の完全撤廃，また TPP11についても，2018年前半には署名され，翌年の発効を目指して準備が進められていく予定である。国際経済統合の深化が加速するなか，国内産業・企業の競争力強化や，企業経営環境の改善に向けた取り組み，またそれと連動する形での国有企業，金融部門，公共投資の構造改革が引き続き求められる。2017年に新たに打ち出された法制度や改革目標が，小手先の対処にとどまらない，抜本的な改革の加速につなげられることが期待される。

対外関係では，引き続き中国，アメリカ，日本，インドなどの国々との良好な関係を保ちつつ，南シナ海における平和安定を維持することや，ドイツとの関係改善が当面の課題である。

(石塚：新領域研究センター研究グループ長代理)

(荒神：地域研究センター)

重要日誌　ベトナム　2017年

1月1日▶労働者の最低賃金，最大で7.5%引き上げ。

3日▶ベトナム航空，UPCoMに登録。

5日▶マサン消費財，UPCoMに登録。

9日▶VIB，UPCoMに登録。

12日▶チョン党書記長，中国訪問（～15日）。

▶ジャーナリストのダン・スアン・ジェウ，刑期を7年余り残して釈放，フランスへ移送。

13日▶ペトロベトナムとエクソンモービル，天然ガス田採掘に関する提携契約締結。

16日▶安倍首相，来訪（～17日）。

▶ベトナム人のカジノ入場を試験的に認める政府3号議定公布（3月15日施行）。

▶観光を先端経済部門へと発展させることに関する党中央委員会8号決議公布。

18日▶チン・スアン・タイン事件に関し，内務省次官2人に譴責処分。

▶2016～2025年の裾野産業発展計画を示す首相68号決定公布。

19日▶活動家のグエン・ヴァン・オアイ，公務執行妨害などの容疑で逮捕。

21日▶国会常務委員会，ヴー・フイ・ホアン前工商相の「前工商相」としての資格を抹消する決議採択。

▶活動家のチャン・ティ・ガー（通称トゥイ・ガー），反国家宣伝罪の容疑で逮捕。

24日▶ホアン前工商相とホー・ティ・キム・トア工商省次官に対し懲戒処分。

2月6日▶企業経営環境の改善に関する政府19号決議公布。

15日▶オンラインでの情報提供に関する情報通信省38号通知，発効。

▶金正男殺害事件のドアン・ティ・フオン容疑者，マレーシアで逮捕。

21日▶経済再編行動計画を定める政府27号決議公布。

28日▶天皇皇后両陛下，来訪（～3月5日）。

▶ベトジェット航空，HOSEに上場。

3月7日▶政府，ハイテク農業向け低利融資（100兆ドン）を要請する30号決議公布。

13日▶外務省報道官，中国によるホアンサ（西沙）諸島へのクルーズ船ツアーに抗議。

15日▶ペトロベトナム建設（PVC）のチン・スアン・タイン元会長らを汚職の容疑で立件。

17日▶ブロガーのブイ・ヒュー・ヴォー，反国家宣伝罪の容疑で逮捕。

21日▶学生ブロガーのファン・キム・カイン，反国家宣伝罪の容疑で逮捕。

29日▶アメリカ国務省，2016年10月に逮捕されたグエン・ゴック・ニュー・クイン（通称メ・ナム）に「世界の勇気ある女性賞」。

4月5日▶資源・環境省，フォルモサの製鉄所は試運転開始の条件を満たすと発表。

7日▶南北高速道路建設にかかる国家審査評議会の設立に関する首相433号決定公布。

15日▶ハノイ市ミードゥック県ドンタム社で住民が警官ら38人を人質に。

21日▶党書記局，フォルモサ事件に関連してグエン・ミン・クアン前資源・環境相ら4人の幹部の処分を発表。

▶PetrolimexがHOSEに上場。

24日▶フック首相，カンボジア，ラオス歴訪（～27日）。

25日▶重大な汚職事件の捜査，訴追等に関する8つの監察団を設置する汚職防止中央指導委員会65号決定公布。

5月4日▶第4次産業革命の推進に関する首相16号指示公布。

5日▶党中央委員会第5回総会開催（～10日）。

7日▶党中央委員会，ディン・ラ・タン党政治局員に対し，警告処分および政治局員解

任決定。ホーチミン市党委書記の職も解任。

10日▶グエン・ティエン・ニャン党政治局員，ホーチミン市党委書記に就任。

11日▶クアン国家主席，中国訪問（～15日）。

15日▶ブロガーのホアン・ドゥック・ビン，公務執行妨害・民主的権利濫用の容疑で逮捕。

16日▶不良債権や担保資産の競売に関する政府61号議定公布（7月1日施行）。

17日▶ホーチミン市工科大学のファム・ミン・ホアン教授のベトナム国籍はく奪。

22日▶第14期第3回国会開催（～6月21日）。

23日▶高級幹部の資産公開に関する党中央委員会85号規定公布。

25日▶外務省報道官，トランプ政権下で初の「航行の自由」作戦に支持を表明。

29日▶フック首相，アメリカ訪問（～31日）。

6月3日▶民間経済を経済発展の重要な動力とする党中央委員会10号決議公布。

▶国有企業の再編に関する党中央委員会12号決議公布。

4日▶フック首相，日本訪問（～8日）。

13日▶ハノイ市公安局，ドンタム社における38人拘束事件を刑事事件として立件。

15日▶セブン-イレブン1号店，開店。

20日▶中国の范長竜・中央軍事委員会副主席，二国間防衛対話を中止して帰国。

22日▶祖国戦線，チャン・タイン・マン新主席を選出。

24日▶ベトナムとカンボジアの国交樹立50周年を記念する式典，ハノイで開催。

26日▶公安省，石油・石油化学繊維株式会社（PVTex）のヴー・ディン・ズイ元社長を国際指名手配。

28日▶クアン国家主席，ロシア訪問（～7月1日）。

29日▶グエン・ゴック・ニュー・クイン（メ・ナム）に反国家宣伝罪で懲役10年宣告（11月30日の控訴審は一審判決支持）。

▶Kienlongbank，UPCoMに登録。

7月1日▶公務員の最低賃金引き上げ。

3日▶学生ブロガーのチャン・ホアン・フック，反国家宣伝罪の容疑で逮捕。

4日▶ミードゥック県人民検察院，ドンタム社の元地方幹部14人を訴追することを表明。

5日▶フック首相，ドイツ，オランダ歴訪（～11日）。G20サミットに出席（7～8日）。

▶BBC，ベトナムが南シナ海海域で，石油探査に向けた海底掘削に着手と報道。

6日▶インドのONGCビデシュ，ベトナムの油田探査契約を2年延長とロイター報道。

7日▶国家銀行，主要政策金利の引き下げを発表(10日実施)。

19日▶2016～2020年の不良債権処理に関わる信用組織再編案（首相1058号決定），承認。

20日▶チョン書記長，カンボジア訪問（～22日）。

24日▶BBC，ベトナムが南シナ海の海域で行っていた石油の掘削を停止と報道。

▶外資企業の企業財政に関する法律遵守の検査について定めた財政省1381号決定公布。

▶大手農企業のロックチョイグループがUPCoMに登録。

25日▶チャン・ティ・ガー（トゥイ・ガー）に反国家宣伝罪で懲役9年宣告（12月22日の控訴審は一審判決支持）。

28日▶首相の経済顧問グループの設立に関する首相1120号決定公布。

▶民族団結政策を妨害する罪により服役中のグエン・コン・チン牧師，刑期を6年近く残して釈放，アメリカへ移送。

30日▶活動家のグエン・バック・チュエンら4人，逮捕。

8月1日▶サイゴン商信銀行（Sacombank）のチャム・ベー元副会長ら16人逮捕。

2017年　重要日誌

▶党政治局, チャン・クォック・ヴオン党検査委員会委員長の党書記局常任の兼務公表。

2日▶ドイツ外務省, PVCのタイン元会長が拉致されたと声明。

3日▶タイン元会長, ベトナムのテレビに出演し, 自ら帰国して当局に出頭したと発言。

4日▶高級幹部の評価基準に関する党中央委員会90号規定公布。

10日▶ハノイ証券取引所でデリバティブの取引が開始。

16日▶資源・環境省のグエン・ミン・クアン前大臣とハティン省人民委員会のヴォー・キム・ク元主席に懲戒処分。

▶工商省のトア次官, 解任。

17日▶2017～2020年に国家所有資本を売却する企業のリスト公布(首相1232号決定)。

▶フック首相, タイ訪問(～19日)。

▶VP銀行がHOSEに上場。

22日▶チョン書記長, インドネシア, ミャンマー歴訪(～26日)。

25日▶ミャンマーとの関係を全面的パートナーシップに格上げ。

▶製薬会社VN Pharmaの元社長, 薬の密輸と文書偽造の罪により懲役12年宣告。

28日▶クアン国家主席, ハノイでキューバ大使と会談。

31日▶外務省報道官, トンキン湾海域における中国の軍事演習に抗議。

9月1日▶幹部・公務員の養成に関する政府101号議定公布。

2日▶ヴィングループ, ハイフォンで自動車工場の起工式。フック首相が出席。

▶元首相顧問のトゥオン・ライ教授, グエン・フー・チョンの党との関係を断つと宣言。

5日▶外務省報道官, 中国の軍事演習に再び抗議。

6日▶政府監査院, 多くのBOTプロジェクトに規定違反などがあるという結論公表。

8日▶中国共産党の劉雲山政治局常務委員, 来訪(～19日)。チョン書記長らと会談。

▶グエン・ヴァン・オアイに懲役5年宣告。

20日▶西南部指導委員会のグエン・フォン・クアン副委員長およびVINACHEMのグエン・アイン・ズン会長に懲戒処分。

▶675の投資・経営条件を撤廃する工商省3610a号決定公布。

22日▶ドイツ政府, ベトナムとの戦略的パートナーシップの一時中断を通告。

23日▶中越軍の国境防衛友好交流, 開催(～24日)。

27日▶元駐タイ, 駐独大使のグエン・チュン, 政治改革を訴えるアピールを発表。

29日▶PVNのグエン・スアン・ソン元会長に死刑, OceanBankのハー・ヴァン・タム元会長に終身刑宣告。

10月2日▶国有企業の再編に関する政府97号決議公布。

3日▶民間経済を経済発展の重要な動力とする政府98号決議公布。

4日▶党中央委員会第6回総会開幕(～11日)。

5日▶出光興産, 給油所をハノイに開設。

▶LienVietPostBankがUPCoMに登録。

6日▶ファン・ディン・チャック党中央内政委員会委員長, およびグエン・スアン・タン・ホーチミン政治学院院長, 党書記局員に選出。

▶党中央委員会, ダナン市のグエン・スアン・アイン党委書記を解任。

7日▶党政治局, ダナン市党委書記にチュオン・クアン・ギア交通・運輸相を任命。

▶幹部のローテーションに関する党中央委員会98号規定公布。

9日▶外務省報道官, カンボジア政府に対

し，ベトナム系住民の権利保障を要請。

13日▶中国，ダナン市に領事館開設。

16日▶チャウ・ティ・トゥ・ガー元国会議員，詐欺による財産奪取罪により終身刑宣告。

17日▶「民主兄弟会」メンバーのチャン・ティ・スアン，人民政権転覆罪の容疑で逮捕。

▶自動車製造・組立・輸入販売に関わる業者に条件を課す政府116号議定公布。

18日▶ベトナム残留日本兵の子どもら14人来日。

23日▶第14期第4回国会開催（～11月24日）。

25日▶ファン・キム・カインに反国家宣伝罪で懲役6年宣告。

▶政治システムにおける組織・機構の簡素化に関する党中央委員会18号決議公布。

▶公的事業体の活動の刷新・効率化に関する党中央委員会19号決議公布。

▶カイシルクのオーナーのホアン・カイ，産地や素材の偽装を認めて謝罪。

28日▶国家銀行，ビットコイン等の仮想通貨の使用を禁止。

30日▶党対外委員会のホアン・ビン・クアン委員長，チョン書記長特使として中国訪問。

11月2日▶中国の王毅外相，来訪（～4日）。

6日▶ヴィングループ子会社のヴィンコム・リテールがHOSEに上場。

10日▶APEC首脳会議，ダナン市で開催（～11日）。加盟21カ国・地域の首脳来訪。

▶SCIC，VINAMILK株の3.33％を売却。

11日▶アメリカのトランプ大統領，来訪（～12日）。

12日▶中国の習近平国家主席，来訪（～13日）。

15日▶党員の懲戒処分に関する党中央委員会102号規定公布。

26日▶フーイェン省弁護士会，ヴォー・アン・ドン弁護士を除名。

27日▶ブロガーのグエン・ヴァン・ホア，反国家宣伝罪で懲役7年宣告。

12月8日▶タン元党政治局員，経済関連規定違反などの容疑で逮捕。

▶工商省，石油分野などの経営条件を削減する28号通知公布。

14日▶グエン・スアン・タン党書記局員，党中央理論評議会議長代行に就任。

17日▶ヴィンフック省のファム・ヴァン・ヴォン元党委書記およびタインホア省のゴ・ヴァン・トゥアン人民委員会副主席に対する懲戒処分。

18日▶工商省，Sabecoの定款資本の53.59％にあたる株式を売却。

19日▶幹部の管理・選任にかかる党中央委員会105号規定公布。

▶ラオスのブンニャン人民革命党書記長兼国家主席，来訪（～21日）。

20日▶ダナン市の実業家ファン・ヴァン・アイン・ヴー，国家機密漏洩の容疑で立件。

21日▶南部解放記念日にベトナム共和国の旗を掲げた青年グループ5人に反国家宣伝罪で計19年の懲役宣告。

25日▶SCICの組織・活動条例に関する政府148号議定公布。

27日▶タンソンニャット空港爆破未遂事件に関し，15人に計100年以上の懲役宣告。

28日▶チョン書記長，政府と各地方とのテレビ会議に出席。

▶「臨時ベトナム国家政府」支援を呼び掛けたとして9人に反国家宣伝罪などで計83年の懲役宣告。

参考資料 ベトナム　2017年

① 　国家機構図（2017年12月末現在）

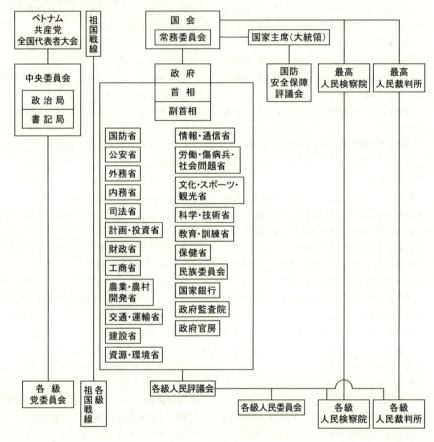

② 　ベトナム共産党指導部
　　　　　　　　　　（2017年12月末現在）

政治局	
Nguyen Phu Trong	党書記長
Tran Dai Quang	国家主席
Nguyen Xuan Phuc	首相
Nguyen Thi Kim Ngan	国会議長
Tran Quoc Vuong	党書記局常任・党検査委員会委員長
Truong Hoa Binh	副首相
Pham Minh Chinh	党組織委員会委員長
Truong Thi Mai	党大衆工作委員会委員長
Vo Van Thuong	党宣教委員会委員長
Nguyen Thien Nhan	ホーチミン市党委書記
Hoang Trung Hai	ハノイ市党委書記

240

ベトナム

Ngo Xuan Lich	国防相		
To Lam	公安相		
Pham Binh Minh	副首相		
Dinh The Huynh	党書記局常任		
Tong Thi Phong	国会副議長		
Vuong Dinh Hue	副首相		
Nguyen Van Binh	党経済委員会委員長		

書記局

Nguyen Phu Trong	党書記長
Tran Quoc Vuong	党書記局常任・党検査委員会委員長
Pham Minh Chinh	党組織委員会委員長
Truong Thi Mai	党大衆工作委員会委員長
Vo Van Thuong	党宣教委員会委員長
Nguyen Van Nen	党中央事務局局長
Nguyen Hoa Binh	最高人民裁判所長官
Luong Cuong	軍政治総局局長
Dinh The Huynh	党書記局常任
Phan Dinh Trac	党内政委員会委員長
Nguyen Xuan Thang	ホーチミン政治学院院長

（注）政治局員、書記局員の記載順は、2018年3月17日に死去したPhan Van Khai元首相の葬儀委員会名簿に基づく。ただし、Dinh The Huynh, Tong Thi Phong, Vuong Dinh Hue, Nguyen Van Binh, Phan Dinh Trac, Nguyen Xuan Thangの各氏については同名簿に記載なし。

③ 国家機関要人名簿
（2017年12月末現在）

国家主席	Tran Dai Quang
国家副主席	Dang Thi Ngoc Thinh
最高人民裁判所長官	Nguyen Hoa Binh
最高人民検察院院長	Le Minh Tri
国防安全保障評議会	Tran Dai Quang, Nguyen Xuan Phuc, Nguyen Thi Kim Ngan, Ngo Xuan Lich, To Lam, Pham Binh Minh

国会

国会議長	Nguyen Thi Kim Ngan
国会副議長	Tong Thi Phong, Uong Chu Luu, Do Ba Ty, Phung Quoc Hien
国会常務委員会	Nguyen Thi Kim Ngan（国会議長）、Tong Thi Phong, Uong Chu Luu, Do Ba Ty, Phung Quoc Hien（以上4人、国会副議長）、Ha Ngoc Chien（民族評議会議長）、Nguyen Khac Dinh（法律委員会委員長）、Le Thi Nga（司法委員会委員長）、Vu Hong Thanh（経済委員会委員長）、Nguyen Duc Hai（財政・予算委員会委員長）、Vo Trong Viet（国防・安全保障委員会委員長）、Phan Thanh Binh（文化・教育・青少年・児童委員会委員長）、Nguyen Thuy Anh（社会問題委員会委員長）、Phan Xuan Dung（科学・技術・環境委員会委員長）、Nguyen Van Giau（対外委員会委員長）、Nguyen Hanh Phuc（国会事務局局長）、Tran Van Tuy（国会代表工作委員会委員長）、Nguyen Thanh Hai（請願委員会委員長）

政府

首相	Nguyen Xuan Phuc
副首相	Truong Hoa Binh
副首相	Pham Binh Minh
副首相	Vuong Dinh Hue
副首相	Vu Duc Dam
副首相	Trinh Dinh Dung
国防相	Ngo Xuan Lich
公安相	To Lam
外務相	Pham Binh Minh
司法相	Le Thanh Long
財政相	Dinh Tien Dung
工商相	Tran Tuan Anh
労働・傷病兵・社会問題相	Dao Ngoc Dung

交通・運輸相	Nguyen Van The
建設相	Pham Hong Ha
情報・通信相	Truong Minh Tuan
教育・訓練相	Phung Xuan Nha
農業・農村開発相	Nguyen Xuan Cuong
計画・投資相	Nguyen Chi Dung
内務相	Le Vinh Tan
保健相	Nguyen Thi Kim Tien
科学・技術相	Chu Ngoc Anh
文化・スポーツ・観光相	Nguyen Ngoc Thien
資源・環境相	Tran Hong Ha
政府官房長官	Mai Tien Dung
政府監査院院長	Le Minh Khai
国家銀行総裁	Le Minh Hung
民族委員会委員長	Do Van Chien

③ 2018年の主な目標と主要指標
（第14期第4回国会で2017年11月10日に可決された2018年の経済・社会発展計画に関する国会決議より）

1．全体的目標

引き続きマクロ経済の安定を維持し，インフレをコントロールし，成長を促進する。3つの戦略的突破口の実現において明確な変化をもたらし，成長モデルの刷新と結びついた経済再編を行い，成長の質，労働生産性，および競争力を向上させる。科学技術の適用を促進し，その市場を効果的に発展させ，企業や新型合作社の刷新，イノベーション，起業，発展を奨励する。国民の生活を改善し，雇用を創出し，社会保障・社会福祉を確保する。文化的な価値を保存・発揮し，教育，訓練，医療の質を向上させ，両性間の平等を促進し，民主と社会の公平を実現する。効果的に気候変動に対処し，主導的に災害を防止し，資源管理と環境保護を強化し，食品の衛生安全を確保する。引き続き法体系を完成させ，法施行の効率，効果を向上させる。行政改革，司法改革，汚職・濫費防止を推進する。国防を確保し，国家の安全保障と社会の秩序，安全を堅持する。主導的・積極的に国際参入を進め，国家の発展のために平和で安定的な環境を維持する。

2．主要指標

a) 経済指標
・GDP成長率　6.5〜6.7%
・輸出額　7〜8%増
・輸出額に対する輸入超過額の比率　3%未満
・消費者物価上昇率　約4%
・開発投資額　GDPの約33〜34%

b) 社会指標
・多面的指標による貧困世帯率　1〜1.3%削減，貧困県では4%削減
・都市部失業率　4%未満
・訓練を受けた労働者の比率　58〜60%，3カ月以上の訓練を受け，証明書をもつ労働者の比率　23〜23.5%
・病床数1万人当たり　26床（基礎的行政単位の診療所のベッドを除く）
・医療保険普及率　85.2%

c) 環境指標
・活動中の工業区・輸出加工区のうち，環境基準を満たす集中排水処理施設をもつものの比率　88%
・森林率　41.6%

（出所）ベトナム国会ウェブサイト（http://quochoi.vn/）より。

主要統計 ベトナム 2017年

1 基礎統計

	2013	2014	2015	2016[1]
人　　口(1,000人, 年平均)	89,760	90,729	91,710	92,695
就 業 人 口(1,000人)	52,208	52,745	52,840	53,303
失　業　率(%)	3.59	3.40	3.37	3.23
消費者物価上昇率(%)	6.0	1.8	0.6	4.7

(注) 1)暫定値。ただし，2016年の消費者物価上昇率は確定値。失業率は都市部についての数値。
(出所) 統計総局ウェブサイト(www.gso.gov.vn)。

2 支出別国内総生産(名目価格)

(単位：10億ドン)

	2013	2014	2015	2016[1]
総 資 本 形 成	956,124	1,056,632	1,160,447	1,196,739
総 固 定 資 本 形 成	847,475	938,452	1,033,780	1,066,160
在 庫 増 減	108,649	118,180	126,667	130,579
最 終 消 費	2,566,803	2,838,048	3,115,085	3,379,404
政 府 消 費	220,642	246,711	265,545	293,106
民 間 消 費	2,346,161	2,591,337	2,849,540	3,086,298
財・サービス貿易収支	77,350	128,965	33,169	115,342
誤　　差	-16,015	-85,789	-115,839	-188,752
国 内 総 生 産(GDP)	3,584,262	3,937,856	4,192,862	4,502,733

(注) 1)暫定値。
(出所) 表1に同じ。

3 産業別国内総生産(実質：2010年価格)[1]

(単位：10億ドン)

	2013	2014	2015	2016[2]
農 林 水 産 業	436,642	451,659	462,536	468,813
工 業 ・ 建 設	841,953	896,042	982,411	1,056,809
鉱 業	220,791	225,785	240,462	230,843
製 造 業	372,597	400,192	442,612	495,283
電気・ガス・蒸気・空調	88,985	99,516	110,861	123,721
上水・下水・廃棄物処理	14,457	15,366	16,503	17,791
建 設	145,123	155,183	171,973	189,171
サ ー ビ ス	975,594	1,035,726	1,101,235	1,178,141
商 業 ・ 修 理 等	225,783	244,040	266,150	288,187
輸 送 ・ 倉 庫	74,828	78,776	82,731	87,943
ホテル・レストラン	98,919	103,444	105,813	112,902
情 報 ・ 通 信	25,827	28,068	30,459	32,957
金 融 ・ 銀 行 ・ 保 険	141,266	149,500	160,533	173,038
不 動 産	141,503	145,459	149,769	155,752
科 学 ・ 技 術	34,235	36,730	39,227	41,973
行 政 ・ 補 助 サ ー ビ ス	9,782	10,465	11,051	11,814
党・政治社会組織・国家管理等	68,377	73,286	78,357	83,928
教 育 ・ 訓 練	62,545	67,176	71,885	77,090
保健・ソーシャルワーク	29,040	31,141	33,321	35,780
芸 術 ・ 娯 楽	18,021	19,364	20,787	22,319
そ の 他 サ ー ビ ス	41,730	44,422	47,047	50,058
自家消費のための財・サービス	3,638	3,855	4,105	4,400
製 品 税 － 製 品 補 助 金	289,409	312,369	329,673	350,706
国 内 総 生 産(GDP)	2,543,596	2,695,796	2,875,856	3,054,470

(注) 1)基本価格表示。 2)暫定値。
(出所) 表1に同じ。

4 所有形態別国内総生産(実質：2010年価格)[1]

(単位：10億ドン)

	2013	2014	2015	2016[2]
国 家 セ ク タ ー	735,442	765,247	806,361	848,292
集 団 セ ク タ ー	98,456	102,965	108,344	113,740
民 間 セ ク タ ー	184,991	197,480	214,112	238,539
個 人 セ ク タ ー	827,322	875,294	927,549	966,598
外 国 投 資 セ ク タ ー	407,976	442,441	489,817	536,595
製 品 税 − 製 品 補 助 金	289,409	312,369	329,673	350,706
国 内 総 生 産(GDP)	2,543,596	2,695,796	2,875,856	3,054,470

(注) 1）基本価格表示。 2）暫定値。
(出所) 表1に同じ。

5 国・地域別貿易

(単位：100万ドル)

	2013		2014		2015		2016[1]	
	輸出	輸入	輸出	輸入	輸出	輸入	輸出	輸入
日　　　　本	13,544.2	11,558.3	14,674.9	12,857.0	14,100.3	14,225.1	14,671.5	15,064.0
Ａ Ｓ Ｅ Ａ Ｎ	18,584.4	21,287.1	19,106.8	22,918.5	18,195.1	23,785.9	17,449.3	24,063.1
カ ン ボ ジ ア	2,934.0	503.6	2,685.4	623.4	2,395.2	949.5	2,199.4	725.6
イ ン ド ネ シ ア	2,502.2	2,367.4	2,890.4	2,488.5	2,847.6	2,740.3	2,617.9	2,990.6
ラ　オ　ス	423.2	668.7	484.0	802.1	523.3	588.3	477.8	345.7
マ レ ー シ ア	4,984.5	4,095.9	3,926.4	4,203.6	3,577.1	4,188.0	3,342.0	5,171.3
フ ィ リ ピ ン	1,732.3	952.3	2,310.3	674.9	2,016.4	898.9	2,219.9	1,060.2
シ ン ガ ポ ー ル	2,691.5	5,685.2	2,942.0	6,834.7	3,177.7	6,038.3	2,419.9	4,762.8
タ　　　イ	3,069.6	6,283.4	3,473.5	7,053.3	3,256.6	8,275.5	3,690.7	8,849.4
台　　　　湾	2,223.6	9,402.0	2,306.5	11,063.6	2,076.4	10,951.3	2,272.0	11,234.7
香　　　　港	4,113.5	1,049.0	5,264.7	1,036.9	6,959.3	1,320.4	6,088.1	1,497.6
韓　　　　国	6,682.9	20,677.9	7,167.5	21,728.5	8,915.4	27,528.5	11,406.1	32,162.9
中　　　　国	13,177.7	36,886.5	14,928.3	43,647.6	16,567.7	49,458.0	21,960.1	50,018.8
ロ　シ　ア	1,921.2	855.1	1,724.9	826.7	1,438.3	748.2	1,616.1	1,131.0
Ｅ　　　　Ｕ	24,324.1	9,425.6	27,895.5	8,842.7	30,928.3	10,450.3	34,001.9	10,965.0
ア メ リ カ	23,852.5	5,223.8	28,634.7	6,287.0	33,451.0	7,785.0	38,449.7	9,701.6
オ ー ス ト ラ リ ア	3,488.1	1,586.0	3,988.2	2,054.7	2,905.6	377.8	2,864.9	2,424.9
そ　の　他	20,120.7	14,081.3	24,525.1	16,585.9	26,479.3	19,145.4	25,801.1	16,540.2
合　　　　計	132,032.9	132,032.6	150,217.1	147,849.1	162,016.7	165,775.9	176,580.8	174,803.8

(注) 1）暫定値。
(出所) 表1に同じ。

2017年の カンボジア

カンボジア王国
面　積　18万 km²
人　口　1585万人(2017年推計)
首　都　プノンペン
言　語　クメール語

宗　教　仏教(上座部)
政　体　立憲君主制
元　首　ノロドム・シハモニ国王
通　貨　リエル（1米ドル＝4037リエル，2017年12月末）
会計年度　1月〜12月

2017年のカンボジア

最大野党のカンボジア救国党解党

初鹿野 直美
(はつかの なおみ)

概況

　2017年のカンボジアは，政治的には波瀾の1年であった。最大野党のカンボジア救国党（CNRP，以下「救国党」）のクム・ソカー党首が9月に逮捕され，11月に最高裁判所は救国党解党を決定した。また，1993年創刊の英字紙『カンボジア・デイリー』を発行する新聞社が多額の税金を課され，9月に廃刊に追い込まれたり，アメリカのNGOである全米民主研究所（NDI）が閉鎖された。ほかにも，選挙監視NGOが活動を縮小せざるを得なくなるなど，2018年7月に予定される国民議会議員選挙を前に，メディアやNGOへのプレッシャーが強まった。

　国内経済は好調で，経済成長率7％を達成できる見込みである。中国資本によるプノンペンやシハヌークビルでの建設セクターへの投資が活発に行われ，さらに観光客数が560万人を超えた観光セクター，多様化の兆しが見える農産物輸出も好調な経済を支えた。国内政治の問題を理由として，欧米諸国からは縫製品輸出の原動力となっている特恵関税の見直し論が持ち上がったが，2017年中は従来どおりの特恵関税が適用された。

　対外的には，中国からの手厚い援助・投資を受け続けた。周辺国とは，タイとは出稼ぎ労働者問題，ラオスとは未画定国境地域をめぐって課題を抱えつつ，緊密な対話により良好な関係を築いている。一方，アメリカに対しては，カンボジアの国内の統一を脅かすような勢力を支援したのではないかとの疑念を抱く政府が，非難を繰り返した。カンボジアの人権状況を懸念する欧米諸国は，カンボジア政府への非難決議はしつつも，経済協力の大半は継続し，様子見を続けた。

国内政治

改革後の新選挙制度の下，平穏に行われた地方評議会議員選挙

　カンボジア政府は，2013年国民議会議員選挙後の混乱の再来を避けるため，

2014年の与党・カンボジア人民党(CPP，以下「人民党」)と野党・救国党の合意をもとに，選挙改革を重ねてきた。これまでの主要な変更点は，人民党が指名した委員と救国党が指名した委員各4人，そして両者が指名する中立な立場の委員の計9人からなる選挙管理委員会の設置，投票人登録の電子データ化による不正防止策の実施である。2016年秋に実施された投票人登録は，2017年1月までに登録に関する不服申し立てとそれに対する対処が終了した。

　6月4日，人民党，救国党，クメール国民統一党(KNUP)，その他小政党が参加して地方評議会(コミューン・地区評議会)議員選挙が実施された。投開票は大きな混乱なく終了した。人民党は得票率50.8％で，6503議席(全議席の56.2％)，1156コミューン・地区で1位となり議長ポストを確保し，一方の救国党は得票率43.8％で，5007議席(全議席の43.3％)，489コミューン・地区で議長ポストを確保した。その他諸政党は62議席を獲得するとともに，ボンティアイミアンチェイ州の1地区にてクメール国民統一党が議長ポストを1つ獲得した。

　6月の選挙は新しい仕組みになって最初の選挙であり，2018年の国民議会議員選挙の前哨戦ともいえる選挙であったが，選挙運動，投票，開票，結果の確定に至るまでのプロセス自体は，おおむね平穏かつ公正に行われた。選挙結果については，救国党は前回の2012年地方評議会議員選挙時に救国党の前身となるサムランシー党および人権党が獲得した得票率30.7％に比較すると大幅に伸びているが，2013年国民議会議員選挙時の得票率44.3％には及ばなかった。2013年時に人民党の得票率が低かったコンポンチャーム州，コンポンスプー州，カンダール州，プレイヴェーン州，プノンペン都では，軒並み人民党が伸びており，2013年選挙後に人民党が得票率の低かった地域の支持を取り返すべく，インフラ整備や若年層の取り込みなどを強化したことが一部実を結んだともいえる。

救国党を追い詰める政党法改正

　2月，党首が犯罪者と判断された場合に政党を解党することができるようにする政党法の改正が議論されはじめた。救国党は，過去に何度も首相に対する名誉毀損事案などで党首や所属議員らが有罪判決を受けてきたことから，中立性が疑わしい司法制度のなかで解党を余儀なくされる可能性がある仕組みに反発した。改正法成立前の2月11日，名誉毀損の疑いで逮捕の恐れがあるため2015年以来海外に滞在するサム・ランシー党首は，党首を辞任したうえで救国党からの離党を発表した。かわってクム・ソカー副党首が党首に就任し，党内の有力者ポル・ハム，

エン・チャイエン，ムー・ソクフオの3人が副党首に選出された。

　1度目の改正政党法は，2月20日に救国党所属議員が欠席した国民議会で可決された。同法は，重罪を犯した者が党首や執行部等に就くことを禁じ(18条)，内務省が憲法や政党法などに違反する政党の解党を最高裁判所に求めることができる(34条，38条)，最高裁判所が規定に違反する政党の活動を5年間停止させたり，解党を決定する(44条)などの新しい条文を含む。通常の法案は，上院通過後，シハモニ国王が署名することで発効するが，国王は健康診断を理由として出国したままだったため，3月7日，サイ・チュム上院議長が国家元首代行として署名して発効した。さらに，地方評議会議員選挙終了後，政党法の再改正が議論され，サム・ランシー前救国党党首が海外から影響を及ぼすことを防ぐために，重罪を犯した者が政党活動に関与することを禁じる条項(6条6～8項)が盛り込まれた。再改正政党法は，7月10日に国民議会を通過し，28日，再び国王不在を理由として上院議長が署名し，発効した。

救国党解党と解党後の体制

　9月3日，クム・ソカー救国党党首は，アメリカの支援を受けて国家転覆をはかろうとしていたのではないかとの疑いにより逮捕された(刑法443条)。内務省は政党法に基づき救国党の解党を裁判所に求め，11月16日，最高裁判所は救国党解党と党指導部など118人もの政治家に5年間の政治活動停止を命じた。

　判決は即執行され，国民議会の救国党の55議席，6月の地方評議会議員選挙で得られたすべての議席は，救国党以外の野党と人民党に再配分された。その結果，国民議会には，元々68議席を有していた人民党が79議席，2013年選挙で議席を失っていたフンシンペック党が41議席，カンボジア国籍党が2議席，クメール経済開発党が1議席を獲得した。なお，民主主義連盟党とクメール反貧困党は，議席獲得を提案されていたが，辞退した。地方評議会においても議席の再配分が行われ，95％を人民党が支配することになった。さらに，選挙管理委員会も，旧救国党指名委員4人中3人が辞任し，新しくフンシンペック党などが指名した3人が就任したことで，2014年以降に積み重ねられてきた選挙改革の重要部分は，振り出しに戻った。

メディアやNGOの閉鎖

　9月4日，多額の税金の納付を求められた老舗の英字新聞社カンボジア・デイ

リーが新聞の廃刊に追い込まれた。アメリカの支援を受けるラジオ局ラジオ・フリー・アジア（RFA）やボイス・オブ・アメリカ（VOA）のプノンペン支社も閉鎖され，これらのラジオ番組を放送していたカンボジア資本のラジオ局も閉鎖・一時閉鎖された。また，「色の革命」（民衆の力による政権交代）をほのめかす発言をFacebook上でした一般市民や小政党の党首らが逮捕される事態も相次いだ。

NGOに対しても厳しい姿勢が取られた。6月28日，フン・セン首相は選挙監視NGOが「結社および非政府組織に関する法」（2015年8月成立，以下「NGO法」）の求める中立性を遵守していないと非難し，「カンボジアの自由で公正な選挙のための委員会」（COMFREL）と「カンボジアの自由で公正な選挙のための中立・公平委員会」（NICFEC）が2013年の選挙時に結成した選挙監視グループ「シチュエーションルーム」は，次回選挙以降活動ができなくなった。また，8月にはアメリカ民主党系のNGOであるNDIが未登録で活動を行っていたとして閉鎖され，同団体のアメリカ人職員たちは国外退去させられた。さらに，内務省は，NGO法に基づき登録している諸団体に対して，財務報告を遵守することを告知した。そのなかで，長年人権啓蒙活動を行っているNGO「カンボジア人権センター」（CCHR）は，その資金源と資金の使用法が中立的なものではないのではないかとの疑いをかけられ，NGO法に基づき活動停止の「警告」を出された。12月までに嫌疑を晴らしたものの，人権活動や選挙監視をミッションとするNGOにとっては，活動を縮小せざるをえない状況が続いている。

ソク・アン副首相の死：現指導者たちの健康問題

3月15日，長年フン・セン首相の最側近として副首相兼大臣会議官房大臣を務めてきたソク・アンが，66歳で病死した。ソク・アンは，1993年に大臣会議官房大臣に就任し，2004年以降は副首相を兼務し，クメール・ルージュ裁判所の設立やプレア・ヴィヒア寺院の世界遺産登録のための国際機関との交渉を率いてきた。また，アンコール遺跡公園を管理するアプサラ機構や国家石油機構などの機関を管轄し，カンボジアの主要産業の権益に大きく影響する役目を担ってきた。その背景としては，1980年代から政府の要職を歴任して信任が厚かったことに加え，フン・セン首相の娘とソク・アン副首相の息子の結婚など，首相の家族と姻戚関係を築き上げてきたことが指摘される。

2017年中は現役指導者たちの健康問題がたびたびニュースとなった。フン・セン首相の重病説・死亡説の噂も，インターネット上に流布した。5月には，首相

自身が，検査のためシンガポールの病院に一時入院した様子をFacebookで報告したが，彼はすぐに退院をした。その後は通常どおり国内外の予定をこなしつつ，毎週のように縫製工場の労働者たちを訪問し，彼らと直接コミュニケーションをとって労働者のニーズの把握に努めるなど，元気な様子がFacebook上で頻繁に報告された。

経　　済

概況

　経済は，不動産・建設，観光業の好調に支えられ，GDP成長率7％程度を達成できる見込みである。縫製・製靴業，農業も，例年どおり堅調に経済を支えた。

　貿易は入超が続いてはいるが，輸出産業の多様化は少しずつ進展している。主要貿易相手国との関係では，中国への輸出が48億1000万ドル（前年比20.0％増），輸入が10億ドル（同21.1％増），欧州連合（EU）28カ国への輸出が56億1000万ドル（同10.7％増），輸入が9億5000万ドル（同35.2％増），アメリカへの輸出が30億6000万ドル（同9.5％増），輸入が3億6000万ドル（同11.6％増），日本への輸出が12億6000万ドル（同4.4％増），輸入が3億6000万ドル（同16.7％増），タイへの輸出が9億ドル（同4.2％減），輸入が52億8000万ドル（同14.6％増）であった（いずれも相手国統計による）。またベトナムとの貿易が前年比30％増の38億ドルに上ったとの報道がされている（*Viet Nam News*）。中国向け縫製品関連の輸出入や，精米を含む穀物輸出が増加しており，EUとの貿易では，従来の縫製品に加え，靴や農産物の輸出が増加している。

　直接投資については，中国からの投資案件が最多で，経済特区内で28件，経済特区外で55件の投資が承認された。このなかには，縫製・製靴工場のほかに，シアムリアプでの新規国際空港建設（9億6200万ドル）や，アグロインダストリー，セメント工場などの大規模プロジェクトも含まれる。日本からは，経済特区内で8件，経済特区外で1件の投資が承認された（カンボジア投資委員会）。

　不動産・建設セクターでは，2017年に3052件の建設プロジェクトを承認した（国土管理・都市計画・建設省）。若年層や都市部の中間層の住宅需要は大きく，また海外からの投資も積極的に行われている。

特恵関税適用取り下げの危機

9月以降に次々に起きた救国党やメディア，市民社会への政府の姿勢に対して，欧米諸国は非難声明を発表し，ビザの発給制限や政府関係者の資産凍結等などが行われた。その文脈で，カンボジアが後発途上国として享受してきた特恵関税の適用を取りやめよとの議論が巻き起こった。EU向けにはEBA（武器以外すべて）の特恵関税適用によって縫製品，さらには靴や精米，その他の農産品の輸出も大きく伸ばしてきたカンボジアにとって，EUの対応が注視されたが，2017年末までにEBA取り消しというような決定はなされなかった。アメリカでも，カンボジアへの特恵関税待遇の取り消しの議論は起きたが，実際に行われることはなかった。

精米・農産品の輸出

2017年は農産品輸出が前年比11％増加した（農林水産省）。政府が推進する精米以外にも，需要の大きい中国やベトナムなどのアジア市場，EBAを使用したEU市場を中心に，さまざまな農産品が輸出された。

精米輸出は，政府レベルでの合意によって，市場の拡大が行われてきた。中国は2016年に10万トン，2017年には20万トンのカンボジアからの精米を引き受ける合意をしており，その輸出が実行された。また，EU向けにもEBAを利用した輸出が活発に行われてきた。2017年は，前年比17％増の63万トンの輸出を実現した。2018年には中国に30万トンを輸出することが約束されており，またバングラデシュにも将来的に年間100万トンを輸出する約束をした。国内の精米施設，倉庫，物流などは改善の余地があり，今後も精米輸出拡大の努力が続けられていく。

精米以外の輸出では，キャッサバ，トウモロコシが多い。そのほかに，2017年はカシューナッツの輸出が3年ぶりに10万トンを超え，9割以上がベトナムに輸出された。また，ドラゴンフルーツ，マンゴーなどの果物の韓国やEUへの輸出も始まり，輸出作物が少しずつ多様化してきている。

最低賃金をめぐる動き

縫製・製靴業労働者を対象とする最低賃金を決める労働諸問委員会による協議は，7～10月に行われた。2018年1月1日からの改定額について，労働組合は170ドル，縫製業協会は162ドルを求め，政府は165ドルを提案した。10月5日の

投票の結果165ドルが選ばれたが，2015年以降の慣例として，投票後にフン・セン首相の提案で5ドル上乗せされた金額170ドルが，新たな最低賃金とされた。2013年に政府は「2018年までに160ドルまで引き上げる」と約束しており，前年比11.1％もの大幅な引き上げは選挙対策ではないかとの指摘もある。

最低賃金については，4月，労働・職業訓練大臣は2017年中に全業種を対象とした最低賃金法の策定に意欲を見せていた。しかし，草案にあった全業種に共通した基礎賃金の設定や，決定された最低賃金への不満を表明することへの制限等に労働組合をはじめ各方面から異論があり，年内の決定には至らなかった。

好調な観光業を支える中国人観光客

2017年のカンボジアへの観光客数は560万人（前年比11.6％増）となり，観光収入は36億3000万ドル（前年比13.3％増）となった。カンボジア国内の主要空港（プノンペン，シアムリアプ，シハヌークビル）の年間利用者数は，800万人を超えた。

2016年6月，観光省は「チャイナ・レディー」（China Ready）白書を策定し，2020年までに中国から200万人の観光客を誘致することを目指すと発表していた。2017年には，中国各地とカンボジアを結ぶ航空路線も増加し，週155便の定期便が運航された。また，中国語対応の旅行ガイドを増やすなどの対応が重ねられた。その結果，2017年の国別観光客数は，120万人を超えた中国が1位となり，2009年以来1位だったベトナムは2位となった。

ビーチ・リゾートとしても開発が進むシハヌークビルでは，中国人投資家によるコンドミニアム開発が進み，観光客向けのカジノ建設も急増している。カジノは2015年には15カ所だったのが，2017年末には24カ所へと増加した。2017年，シハヌークビルを訪れた47万人の外国人観光客のうち12万人が中国人であった（前年比126％増）。一方で，カジノの隆盛は，一定程度の雇用はもたらすものの，地元に十分な便益がもたらされていないとの批判も起きている。

対 外 関 係

中国からの厚い信頼

中国とは，貿易や投資でも強固な関係を構築しつつ（「経済」の項参照），多額の援助プロジェクトの約束が行われてきた。5月，「一帯一路」国際フォーラム

参加のためフン・セン首相が訪中した際，中国政府は，2億4000万ドルの資金援助を約束し，インフラや観光分野での協力など13の合意文書への署名が行われた。首脳会議では，カンボジアが中国の「古い友人」かつ「もっとも信頼できる友人」であることも確認された。11月14日に習近平国家主席とフン・セン首相が会談した際には，プノンペン＝シハヌークビルを結ぶ高速道路の建設への支援とカンボジア国内の不発弾除去についての協力が約束された。

二国間援助だけではなく，中国が主導する多国間枠組みであるメコン－ランツァン協力を介しての支援も行われた。2017年12月のメコン－ランツァン外相会議は中国・大理で行われたが，プラック・ソコン外相が中国外相と共同議長を務め，2018年1月に，カンボジアで首脳会議を行うことが確認された。また，外相会談の場で，メコン－ランツァン協力特別資金の16プロジェクト（約700万ドル）の実施が合意された。

中国との軍事協力も進んでおり，2016年12月15～23日に大規模共同演習「金龍（Golden Dragon）2016」が実施されたのち，2017年初頭に予定されていたアメリカやオーストラリアとの共同演習が相次いで取りやめられたことは，中国の意向を受けたものではないかとの憶測を呼んだ。また，12月，カンボジアの民主主義の状況を憂慮したEUは，国家選挙管理委員会への支援から撤退を表明したが，中国は日本とともに支援を継続した。

アメリカへの非難

アメリカ政府がカンボジア国内の野党勢力やメディア，NGOを介して反政府的な活動や「色の革命」を支援していたのではないかとの疑いを持ったカンボジア政府は，アメリカへの非難を繰り返した。フン・セン首相は，「アメリカこそが民主主義を後退させている」「アメリカ政府はカンボジアでの反政府活動を支援している」といった内容の発言を繰り返した。アメリカ国務省はこれを否定したが，双方の議論がかみ合うことはなかった。さらに，アメリカが非合法移民の強制送還を実行しようとしたことに対しても，カンボジアは激しく反発した。

アメリカは，カンボジア政府の民主主義後退の一連の動きに対して，カンボジアの外務・国際協力省関係者のアメリカへの入国ビザ発給を停止し，救国党解党後の12月，「カンボジアの民主主義の後退に関与した人たち」全員を対象としてビザ発給停止の措置をとった。カンボジアへの援助額は減少傾向にあるが，S21政治犯収容所（現在のトゥールスレン戦争博物館）の整備支援や不発弾処理の支

援などの援助・支援は実施された。貿易関係も正常であり，全面的な対立にはいたっていないが，外交関係としては冷え込んだ状態が続いた。

タイとの経済協力の進展と出稼ぎ労働者問題

　タイとの間では，長年課題となっているカンボジアからの出稼ぎ労働者に関する問題への取り組みが進められた。6月23日，タイの外国人就労管理緊急勅令が施行され，タイ国内の不法就労者への罰則を強化し，必要な書類を持たずに働いている外国人労働者に最大10万バーツ（約3200ドル）の罰金を課すこととなった。摘発を恐れた多くのカンボジア人労働者が，6月末から一気に帰国の途についた。同様にミャンマー人やラオス人労働者も多くが帰国したことから，7月4日，タイのプラユット首相は，同法の罰則規定の施行を年末まで停止した。7月24日からタイ国内に設置されたセンターにて，2018年3月末を期限とする暫定労働許可証を発行する手続きを行ったところ，8月8日までに22万3000人ものカンボジア人が登録に訪れた。暫定許可証を得た人や帰国したもののタイに戻って働きたいと考えている人たちは，パスポートと正規の労働許可証等を得る必要があり，罰則規定の施行再開の期限である12月末を目指して作業が進められてきたが，12月までに終了の見通しが立たなかった。そのため，12月22日，イッ・サムヘン労働・職業訓練大臣はタイ政府に期限の延期を求めた。これを受けて，タイ政府は，罰則規定の施行を2018年3月末まで延長した。

　首脳レベルでの対話も定期的に行われた。9月7日，プノンペンを訪問したタイのプラユット首相を，フン・セン首相は抱擁して出迎えた。会談では，ポイペト＝アランヤプラテート国境の南に位置するボンティアイミアンチェイ州ストゥンボットとタイのサゲーオ県バンノンイアンの国境ゲートを物流拠点として整備すること，新たに4国境ゲート開通に向けた取り組みを加速化すること，鉄道整備，違法伐採取り締まり，薬物対策強化，貿易振興，農業振興などで協力を進めることが合意された。また，出稼ぎ労働者問題についても協力の確認が行われ，カンボジアにとって4カ国目の二重課税回避のための租税協定が締結された（発効は2018年1月）。

ベトナムとの友好関係とカンボジアの「外国人」問題

　ベトナムとは，外交関係樹立50周年を迎え，友好関係を確認する1年となった。4月にグエン・スアン・フック首相はカンボジアを公式訪問し，インフラ，漁業，

コネクティヴィティ，貿易振興での協力等に合意した。また，プノンペン＝ホーチミン間での高速道路建設の実現に向けた調査，プレアシハヌーク州での薬物依存者のためのセンターの設立等についての合意文書が交わされた。7月にも，グエン・フー・チョン共産党書記長が来訪し，2020年までに両国の貿易額を50億ドルにすること，国境画定を進めること等が話し合われ，災害，発電・送電・売買電，コネクティヴィティ改善，ICTなどの分野での協力が合意された。

　両国の友好関係が強調される一方で，今後の情勢が懸念される出来事も起きた。カンボジア内務省は，2014年から国内の不法滞在外国人の調査と送還を進めており，そのなかで，長年カンボジアに住んでいるベトナム系住民の立場を揺るがす事態が生じた。内務省が，「居住外国人の所持するカンボジア政府証書の取り消し・無効化に関する小法令129号」（2017年8月15日付）にて，誤った書類に基づく市民権は剥奪できると定め，10月，7万人以上の外国人居住者のパスポートや身分証明書が誤った情報を含んだものであることが明らかとなった。このなかには，カンボジア国内で生まれ，生活しているベトナム系住民が多く含まれる。書類が誤っていると判断された場合，長年カンボジアに住んでいたとしても帰国するか，もしくは罰金25万リエル（約62.50ドル）を支払わなければならない。ベトナム外務省はこのようなやり方に抗議した。内務省も，すぐに彼らに対して帰国を迫ることはなかったが，2017年には2014年以降で最多の約1万5000人の不法滞在者の強制送還が行われた。このなかにも多くのベトナム人が含まれていたことが推測される。

ラオスとの国境問題勃発

　1月10日，ストゥントラエン州にあるトロペアンクリアル＝ノーンノックキアン国境に新設された国境ゲートおよび関連施設が完成し，ラオスのトーンルン首相とフン・セン首相は完成式典に出席した。1月23～24日にはサルームサイ外相，2月22～23日にはブンニャン国家主席が相次いでプノンペンを訪問し，今後の国境線画定と経済協力を話し合うなど，両国の国境地域の活性化が期待されていた。

　しかし，カンボジア政府の主張によると，4月2日，ラオス軍がセコン川を渡ってカンボジア領域内にボートで侵入し，カンボジアのストゥントラエン州の国境沿いの道路建設を妨害し，そのまま駐留し続けたという。カンボジアは，軍や州などあらゆるレベルから働き掛けて撤退を求めた。8月2日，フン・セン首

相はラオスのトーンルン首相宛に国境問題解決に向けた書簡を送った。さらに，8月11日，フン・セン首相は「17日までの兵力の撤退」を求めるとともに，12日にラオス・ヴィエンチャンを自ら訪問し，トーンルン首相と交渉した。ラオス軍は12日朝のうちに撤退をし，対峙していたカンボジア軍も即座に撤退したことから，国境地域の緊張状態は解消された。

カンボジア・ラオスの約540キロの国境線のうち464キロは画定しており，今回問題となったのは未画定地域である。解決のために，9月1日にはトーンルン首相が，さらに5日はサルームサイ外相がプノンペンを訪問し，合同国境委員会が問題となった地域(ストゥントラエン州オータンガオ付近)の調査を行うこと，フランス大統領に対して，参考にしうるボンヌ図法の地図や両国国境地域に関する書類の提供を要請することなどを合意し，友好と公平性をもって解決を図ることを確認した。

2018年の課題

国内政治では，2018年7月29日に国民議会議員選挙が予定されている。救国党解党後，旧救国党に所属していた議員たちは政治活動が禁止されており，彼らを除いた選挙でどのように人々の参加による正統性が確保されうるのかが注視される。

経済面では，政治的な要因によって特恵関税に恵まれた貿易環境が突如変化する可能性が出てくるなか，輸出産業の多様化と産業基盤の強化は，これまで以上に深刻な課題となってきた。「産業開発計画2015-2025」の最初のアクションプランとして2018年までの実現を目指した4項目(①電力料金引き下げ，②交通・物流マスタープランの策定，③労働市場に関する改革，④シハヌークビル多目的経済特区の整備)の成果がどのように出せるのか，選挙対策にとどまらないものが求められる。

対外的には，引き続き中国依存が強まるなかで，ASEANや近隣諸国とは課題を抱えつつも協力関係を継続してきた。日本は，カンボジアの政情に一定の憂慮を示しつつ，対話と支援とを継続している。一方，欧米諸国とは経済的な繋がりは維持しつつも外交的には冷え込んでおり，関係再構築は，7月の総選挙の実施の仕方とその後の政府の対応にかかっている。

(地域研究センター)

重要日誌　カンボジア　2017年

1月8日▶シンガポールのトニー・タン・ケンヤム大統領来訪。

10日▶ストゥントラエン州トロペアンクリアル＝ノーンノックキアン国境の新設備完成式典。式典後、フン・セン首相はラオスのドンサホン・ダム視察。

23日▶ラオスのサルームサイ外相来訪（～24日）。

26日▶国家選挙管理委員会(NEC)、投票人登録への不服申し立てへの対処を終了。

27日▶カンボジア・ラオス合同国境委員会特別会議、プノンペンにて開催。

2月3日▶ミャンマーのティンチョー大統領来訪（～6日）。

11日▶サム・ランシー救国党党首、党首を辞任し離党。

18日▶アメリカの女優アンジェリーナ・ジョリーが監督した映画「最初に父が殺された」公開。

20日▶国民議会、改正政党法可決。

22日▶クメール・ルージュ裁判所共同捜査判事、イム・チャエムへの訴追取下げ。

▶ラオスのブンニャン国家主席来訪（～23日）。

3月2日▶救国党、新党首にクム・ソカー、副党首にポル・ハム、エン・チャイエン、ムー・ソクフオを選出。

7日▶改正政党法、海外滞在中の国王に代わり上院議長署名により発効。

8日▶プノンペン都内に新規に設置された100台の信号機の一部が点灯開始。

13日▶中央銀行、マイクロファイナンスの貸出金利の上限を18％に制限。

15日▶ソク・アン副首相兼大臣会議官房大臣病死。享年66歳。

▶第9回カンボジア・ベトナム国境州協力・開発会議、プノンペンにて開催。貿易投資等16項目の協力に合意。国境地域の土地リース取りやめにも合意し、国境画定の加速を約束。

23日▶プノンペン裁判所、2016年7月に政治評論家カエム・ライを殺害した男に終身刑判決。

4月2日▶ストゥントラエン州のラオス国境付近にて、ラオス軍がカンボジアの道路建設を妨害したとして、緊張高まり国境閉鎖。

24日▶ベトナムのグエン・スアン・フック首相来訪（～26日）。

28日▶フン・セン首相、フィリピン訪問（～30日）。ASEAN首脳会議出席。

29日▶みずほ銀行、プノンペン出張所開設。

5月4日▶フン・セン首相、シンガポールにて検査入院したことをFacebookにて公表。

▶国内初の石油精製所の建設開始。中国輸出入銀行融資。

5日▶石井国土交通大臣来訪（～6日）。

9日▶中央アフリカに派遣されていたカンボジアの平和維持軍参加者4人死亡。

10日▶世界経済フォーラムASEAN会合がプノンペンにて開催（～12日）。

13日▶フン・セン首相、訪中（～17日）。「一帯一路」国際フォーラム出席。中国は、2億4000万ドルの支援やカンボジア産精米30万トンの輸入等を約束。

6月4日▶地方評議会議員選挙実施。

▶内務省、代理出産で生まれた子の出国についてのガイドライン決定。

6日▶1960年代に建造された新クメール様式のプノンペンの「白ビル」の全住人、再開発に伴う補償に合意。7月に取り壊し。

8日▶シハヌークビル港湾公社の株式、カンボジア証券取引所での取引開始。JICAが新規発行株式54％を取得。

14日▶クメール・ルージュ裁判所第一審、

第2－02事案の最終弁論開始（～23日）。

16日▶プノンペン都，パー・ソチエトヴォン新知事が就任。

23日▶タイの不法労働者への罰則が厳格化し，カンボジア人労働者の帰国増加。

28日▶歴史家マイケル・ヴィッカリー氏，バッタンバン州にて死亡。享年86歳。

29日▶2017年4月に証人への贈賄で逮捕された人権NGO・ADHOC職員5人釈放。

<u>7月6日</u>▶イッ・サムヘン労働・職業訓練相，タイ訪問（～10日）。

9日▶UNESCO，サンボー・プレイ・クック遺跡（コンポントム州）を世界遺産登録。

10日▶国民議会，再改正政党法案可決。

11日▶日本，カンボジア労働・職業訓練省と技能実習に関する協力覚書を締結。

13日▶中国からの支援で，プノンペン都に98台の新型バス車両が導入される。

20日▶ベトナムのグエン・フー・チョン共産党書記長来訪（～22日）。

27日▶ブルネイと二重課税防止協定に合意。

28日▶再改正政党法，海外滞在中の国王に代わり上院議長署名により発効。

<u>8月2日</u>▶フン・セン首相，ラオス政府に国境地域での対立解消を求める書簡送付。

3日▶ニュク・ブンチャイ前首相顧問（クメール国民統一党党首），2007年の薬物事件への関与の疑いで逮捕。

6日▶租税総局，英字新聞社カンボジア・デイリー社に対して，630万㌦の課税を通告。19日，9月4日を最終納入期限とした。

▶フン・セン首相来日（～9日）。安倍首相と会談。シハヌークビル港新コンテナターミナル整備計画（円借款，235億200万円）の交換公文等署名に立ち合い。

8日▶ベトナムから来てカンボジアで難民申請をしていた山岳少数民族が強制送還。

9日▶香港へのカンボジア人家事労働者派遣の合意が成立。12月に最初の14人派遣。

11日▶プノンペン裁判所，政治評論家キム・ソック氏の「2016年7月のカエム・レイ殺害事件の背後に人民党がいた」という発言に禁錮18カ月の判決。

12日▶フン・セン首相，ラオス訪問。ラオス軍，ストゥントラエン州国境地域から撤退。

13日▶クメールの力党（KPP）のセレイ・ラター党首，Facebookに革命をほのめかす投稿をしたとして逮捕。

16日▶警察，200人の中国人電話詐欺集団を摘発。

21日▶12年生修了試験（～22日）。9万9728人が受験，合格率64％。

23日▶アメリカ系NGOのNDI（全米民主研究所）が閉鎖。職員は国外退去。

▶シンガポールのクリスエナジー社，タイ湾沖ブロックAの油田開発に合意。

▶プラック・ソコン外相，ロシア訪問（～25日）。貿易・投資振興等に合意。

▶タイのインラック前首相，カンボジア領を経由して第三国に出国。

24日▶RFAやVOAを放送していたFMラジオ局15局が閉鎖。

28日▶建築家ヴァン・モリヴァン氏死去。享年91歳。

▶Uber社，サービス提供開始。

<u>9月1日</u>▶ラオスのトーンルン首相来訪。

3日▶クム・ソカー救国党党首，国家反逆罪の疑いで逮捕。

4日▶英字新聞社カンボジア・デイリー社が閉鎖。同日発行の新聞をもって廃刊。

5日▶ラオスのサルームサイ外相来訪。合同国境委員会設置に合意。

7日▶タイのプラユット首相来訪し，タイと合同閣議開催。二重課税防止協定に合意。

11日▶国民議会，クム・ソカー救国党党首の議員としての不逮捕特権剥奪を決議。
▶フン・セン首相，訪中（〜13日）。中国ASEAN博覧会出席。
12日▶RFA・VOAプノンペン支社が閉鎖。
13日▶アメリカ政府，カンボジア外務・国際協力省関係者へのビザ発給停止。
14日▶中央銀行，リエルと中国元の直接交換を開始したことを表明。
10月3日▶ムー・ソクフオ救国党副党首，逮捕を避け出国。
5日▶2018年1月1日からの縫製・製靴労働者の最低賃金170ドルに決定。
▶フン・セン首相，ブルネイ訪問（〜7日）。
16日▶国民議会，選挙法等を改正し，政党が解党された場合の議席配分方法を決定。
▶ストゥントラエン州，セコン下流2ダム稼働の影響を受ける地域の全住民が移転。
25日▶ベトナム国境に関する公文書を偽造したとして有罪判決を受けたホン・ソクフオ元サムランシー党上院議員が恩赦，釈放。
▶国王，改正選挙法に署名，同法は発効。
26日▶フン・セン首相，タイのプーミポン前国王葬儀参列のため訪タイ（〜27日）。
30日▶ボンティアイミアンチェイ州ストゥンボットにて，新国境ターミナル建設開始。
11月10日▶フン・セン首相，フィリピンでのASEAN首脳会議およびベトナムでのAPEC関連会合に出席（〜14日）。
15日▶国連でのミャンマー政府のロヒンギャ問題への対処を非難する決議案に，カンボジアは反対票を投じる。
16日▶最高裁判所，救国解党を命令。
17日▶国民議会，2018年国家予算法を可決。総額6億ドル。
20日▶NEC，旧救国党指名3委員が辞任。
22日▶NEC，救国党解党後の国民議会の議席の5党への配分を発表。2党が辞退し，55議席中44議席がフンシンペック党等3党に，11議席は人民党に配分。28日，宣誓式。
29日▶フン・セン首相，訪中（〜12月2日）。世界政党高級会合に出席。12月1日，中国の習近平国家主席と会談。
30日▶2011年に停止されたマレーシアへの家事労働者派遣を再開させる覚書署名。
12月1日▶NEC，救国党解党後の地方評議会の議席を再配分。95％が人民党に配分。
4日▶バングラデシュのハシナ首相来訪。カンボジア産精米輸入等，11合意文書に署名。
6日▶アメリカ政府，カンボジアの民主主義の低下を理由としてビザ発給停止対象者を拡大。
▶国民議会，NECの新委員人事を承認。
9日▶イム・セティ国民議会議員（元教育・青少年・スポーツ大臣）死去。
11日▶アメリカ，S21政治犯収容所（トゥールスラエン戦争博物館）の整備支援を発表。
12日▶欧州連合（EU），NECへの支援からの撤退を表明。
13日▶EU議会，カンボジア政府関係者へのビザや資産に制限をかけることを決議。
▶第3回メコン－ランツァン協力外相会議（中国・大理，〜16日）。プラック・ソコン外相は共同議長を務める。
19日▶Grabタクシー，サービス提供開始。
20日▶2017年中に1万5000人の不法滞在外国人を強制送還したことが明らかになる。
21日▶中国，メコン－ランツァン協力特別資金16プロジェクト（700万ドル）の実施に合意。
25日▶NEC，2018年2月の上院議員選挙に5政党が登録したことを発表。
26日▶国連，クメール・ルージュ裁判所に800万ドルを供与。

参考資料 カンボジア　2017年

① 国家機構図（2017年12月末現在）

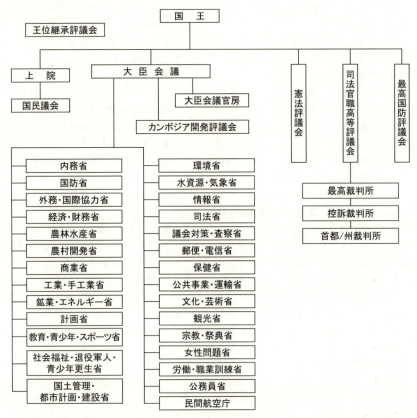

カンボジア

② 大臣会議名簿(2017年12月末現在)

首相	Hun Sen
副首相	Sar Kheng, Tea Banh, Hor Namhong, Men Sam An, Bin Chhin, Yim Chhay Ly, Ke Kim Yan
上級大臣	Chhay Than, Cham Prasidh, Nhim Vanda, Khun Haing, Ly Thuch, Chan Sarun, Sun Chanthol, Om Yentieng, Ieng Moly, Var Kimhong, Yim Nol La, Serey Kosal, Him Chhem, Chin Bunsean, Prak Sokhon, Aun Porn Monirath
大臣会議官房大臣	Bin Chhin*
内務大臣	Sar Kheng*
国防大臣	Tea Banh*
外務・国際協力大臣	Prak Sokhon**
経済・財務大臣	Aun Porn Monirath**
農林水産大臣	Veng Sakhon
農村開発大臣	Ouk Rabun
商業大臣	Pan Sorasak
工業・手工業大臣	Cham Prasidh**
鉱業・エネルギー大臣	Suy Sem
計画大臣	Chhay Than**
教育・青少年・スポーツ大臣	Hang Chuon Naron
社会福祉・退役軍人・青少年更生大臣	Vong Sauth
国土管理・都市計画・建設大臣	Chea Sophara
環境大臣	Say Somal
水資源・気象大臣	Lim Kean Hor
情報大臣	Khieu Kanharith
司法大臣	Ang Vong Vathana
議会対策・査察大臣	Men Sam An*
郵便・電信大臣	Tram Eav Toek
保健大臣	Mam Bunheng
公共事業・運輸大臣	Sun Chanthol**
文化・芸術大臣	Phoeng Sokna
観光大臣	Thong Khon
宗教・祭典大臣	Him Chhem**
女性問題大臣	Ing Kantha Phavi
労働・職業訓練大臣	Ith Som Heng
公務員大臣	Pich Bunthin
首相補佐特命大臣	Sok Chenda Sophea, Mam Sarin, Sry Thamrong, Ngor Sovan, Chheang Yanara, Dol Khoen, Yu Sonlong, Osman Hassan, Saoum Suern, Son Kunthor, Zakaryya Adam, Kao Kim Huon
民間航空庁長官	Mao Havanall

(注)*は副首相,**は上級大臣。

③ 立法府

上院議長	Say Chum
国民議会議長	Heng Samrin
第1副議長	You Hockry***
第2副議長	Nguon Nhel

(注)***はフンシンペック党所属。

④ 司法府

最高裁判所長官	Dith Monty

主要統計 カンボジア　2017年

1　基礎統計

	2011	2012	2013	2014	2015	2016	2017
人口(100万人)	14.3	14.5	14.7	14.9	15.4	15.6	15.9
籾米生産(100万トン)	8.8	9.3	9.4	9.3	9.3	9.5	10.4
消費者物価上昇率(%)	5.5	2.9	3.0	3.9	1.2	3.1	3.7
為替レート(1ドル＝リエル、年平均)	4,059	4,033	4,027	4,038	4,060	4,053	4,059

（出所）　人口は計画省国家統計局、籾米生産は農林水産省、その他は中央銀行資料より作成。

2　支出別国内総生産(名目価格)　　　　　　　　　　　　　　　　　　（単位：10億リエル）

	2011[1)	2012	2013	2014	2015	2016
最終消費支出	46,278.2	48,670.4	51,668.0	56,002.7	60,355.8	66,073.8
家計消費	43,144.0	44,255.6	47,028.4	51,010.7	55,042.4	60,417.0
民間非営利団体消費	-	1,137.5	1,197.5	1,287.0	1,350.0	1,424.1
政府消費	3,134.2	3,277.4	3,442.1	3,704.9	3,963.3	4,232.7
総資本形成	8,902.7	10,492.5	12,270.9	14,899.8	16,485.6	18,446.6
総固定資本形成	8,316.3	9,840.6	11,619.0	14,188.5	15,738.1	17,617.5
在庫増減	586.4	651.9	651.9	711.3	747.5	829.2
財・サービス輸出	28,159.1	32,812.8	38,260.6	42,217.8	45,315.3	49,786.3
財・サービス輸入	30,981.4	35,543.7	41,492.9	45,188.6	48,565.9	53,350.3
統計上の不突合	-289.9	184.8	783.5	-80.7	-47.2	285.5
国内総生産(GDP)	52,068.7	56,616.8	61,490.0	67,851.0	73,543.6	81,241.9

（注）　1）2011年の家計消費の値は、民間非営利団体消費の値との合計値。
（出所）　ADB, *Key Indicators 2017*.

3　産業別国内総生産　　　　　　　　　　　　　　　　　　　　　　　　（実質：2000年価格）

	2011	2012	2013	2014	2015	2016
農林水産業	8,567.0	8,935.9	9,075.9	9,101.4	9,119.9	9,250.5
鉱業	231.7	293.1	346.5	431.0	517.0	614.9
製造業	7,094.6	7,702.5	8,477.8	9,041.3	9,875.3	10,526.4
電気・ガス等	200.5	216.3	231.5	253.9	278.2	302.3
建設	1,603.0	1,863.6	2,178.8	2,614.4	3,117.3	3,796.6
小売り	2,870.9	3,048.4	3,292.0	3,545.5	3,749.4	4,101.1
ホテル・飲食	1,582.5	1,781.0	2,027.0	2,183.1	2,308.6	2,260.4
交通・倉庫	2,076.0	2,202.4	2,398.9	2,584.2	2,792.1	3,008.5
金融・保険	640.6	730.1	796.0	905.1	1,003.8	1,053.7
不動産	1,840.5	2,078.0	2,243.0	2,549.6	2,827.6	3,137.4
行政・国防	405.2	411.3	428.7	450.1	470.7	495.7
その他サービス	3,118.8	3,206.6	3,440.5	3,685.5	3,874.4	4,124.9
基準価格表示の総付加価値	30,231.3	32,469.3	34,936.6	37,345.3	39,934.3	42,672.4
(控除)帰属計算された銀行手数料	457.1	530.1	599.0	652.2	709.5	762.6
間接税－補助金	2,778.6	2,994.2	3,242.0	3,545.0	3,784.5	4,088.6
GDP	32,552.8	34,933.4	37,579.6	40,238.1	43,009.3	45,998.4

（出所）　表2に同じ。

カンボジア

4　国・地域別貿易

(単位：100万ドル)

	2014 輸出	2014 輸入	2015 輸出	2015 輸入	2016 輸出	2016 輸入
中　　　　　　　国	356.6	3,710.1	405.5	3,926.2	609.5	4,551.0
日　　　　　　　本	344.9	264.0	571.6	423.0	827.2	528.3
香　　　　　　　港	167.4	832.2	181.9	714.3	214.1	516.8
韓　　　　　　　国	123.2	390.4	137.4	459.6	164.3	438.7
台　　　　　　　湾	21.7	642.7	33.3	630.0	40.9	701.5
Ａ　Ｓ　Ｅ　Ａ　Ｎ	362.2	2,915.6	765.1	3,547.9	870.2	4,605.8
タ　　　　　　イ	50.0	1,047.4	346.2	1,561.5	419.9	1,910.0
ベ　ト　ナ　ム	96.8	870.1	185.7	927.0	230.8	1,416.0
シ　ン　ガ　ポ　ー　ル	71.2	485.5	58.6	503.3	62.6	564.7
マ　レ　ー　シ　ア	124.1	213.9	134.0	187.5	100.4	247.1
イ　ン　ド　ネ　シ　ア	9.3	281.1	14.6	335.5	18.2	426.3
フ　ィ　リ　ピ　ン	6.9	9.1	17.4	9.6	21.9	16.1
ラ　　オ　　ス	0.1	6.8	5.5	20.2	5.7	21.5
ミ　ャ　ン　マ　ー	0.8	1.7	1.5	3.3	1.1	4.1
ブ　ル　ネ　イ	3.1	-	1.9	-	9.7	0.0
ア　メ　リ　カ	2,000.2	260.3	2,136.6	228.9	2,147.0	173.1
カ　　　ナ　　　ダ	509.0	13.3	551.0	30.8	654.8	49.8
Ｅ　　　　　　　Ｕ	2,568.1	334.3	3,289.0	383.9	4,012.9	537.4
ド　　イ　　ツ	578.8	90.7	748.4	106.2	903.9	163.1
フ　ラ　ン　ス	206.7	68.2	297.6	65.5	361.0	64.7
イ　ギ　リ　ス	751.6	31.3	869.0	32.2	953.2	35.0
そ　の　他　Ｅ　Ｕ	1,031.0	144.1	1,374.0	180.0	1,794.8	274.5
そ　　の　　他	392.9	339.8	471.0	324.5	532.2	268.8
合　　　　　　　計	6,846.0	9,702.4	8,542.4	10,668.9	10,073.1	12,371.0

(出所)　商業省資料より作成。

5　国際収支

(単位：10億リエル)

	2013	2014	2015	2016[1]
経　常　収　支	-1,983	-1,640	-1,693	-1,446
貿　易　収　支	-3,219	-3,206	-3,467	-3,208
輸　　　　　出	6,530	7,407	8,453	9,346
輸　　　　　入	9,749	10,613	11,920	12,554
サ　ー　ビ　ス　収　支	1,731	1,928	2,033	2,078
貸　　　　方	3,494	3,811	3,955	3,989
借　　　　方	1,763	1,883	1,922	1,911
所　得　収　支	-875	-955	-1,107	-1,276
貸　　　　方	71	132	128	128
借　　　　方	-946	-1,087	-1,235	-1,404
経　常　移　転　収　支	380	593	848	960
資本および金融収支	2,346	2,440	2,565	2,590
資　本　収　支	342	278	172	160
資　本　移　転　収　支	342	278	172	160
金　融　収　支	2,004	2,162	2,393	2,530
直　接　投　資	1,825	1,677	1,654	2,153
ポートフォリオ投資	-19	-23	-15	-
そ　の　他　投　資	198	508	754	378
誤　差　脱　漏	-11	-45	-69	-96
総　合　収　支	352	754	803	1,148

(注)　1) 予測値。
(出所)　National Bank of Cambodia, *Annual Report 2016.*

2017年　主要統計

6　中央政府財政

(単位:10億リエル)

	2011	2012	2013	2014	2015	2016[1]
歳入	6,446.6	8,143.5	8,773.8	11,596.4	12,367.0	14,299.1
経常収入	6,370.1	7,892.7	8,705.6	11,412.4	12,245.6	14,179.2
税収入	5,304.9	6,443.3	7,288.9	9,336.5	10,839.8	12,196.2
税外収入	1,065.2	1,449.4	1,416.7	2,075.9	1,405.8	1,983.1
資本収入	76.5	250.9	68.2	184.0	121.4	119.9
歳出	10,428.4	12,009.1	12,996.7	14,163.7	14,269.8	15,498.2
経常支出	5,682.1	6,779.4	7,430.8	8,612.0	9,025.0	11,192.8
資本支出	4,746.4	5,229.7	5,565.9	5,551.7	5,244.8	4,305.4
経常収支	688.0	1,113.3	1,274.8	2,800.4	3,220.6	2,986.4
資本収支	-4,669.8	-4,978.9	-5,497.7	-5,367.7	-5,123.4	-4,185.5
総合収支	-3,981.8	-3,865.5	-4,222.9	-2,567.3	-1,902.8	-1,199.1

(注)　1)暫定値。
(出所)　表2に同じ。

7　中央政府財政支出

(単位:10億リエル)

	2011	2012	2013	2014	2015	2016[1]
支出総額	5,784.3	6,677.3	7,282.3	8,689.1	9,066.8	10,932.5
一般行政	1,986.6	2,349.5	2,389.9	2,614.9	2,428.1	3,163.9
国防	1,303.3	1,470.9	1,672.8	1,968.0	2,160.4	2,655.9
教育	799.6	906.7	1,056.6	1,296.9	1,493.1	1,850.1
保健	667.3	777.9	853.8	825.2	959.8	1,048.1
社会保障・福祉	281.7	345.6	399.3	541.5	599.8	685.9
経済サービス	463.1	526.0	579.0	1,135.3	1,096.4	1,246.9
農業	91.0	100.4	117.8	138.4	149.0	176.0
工業	27.2	32.8	20.9	203.0	21.1	28.4
交通・通信	64.6	70.4	72.7	352.7	375.5	434.3
その他経済サービス	280.2	322.3	367.5	441.2	550.8	608.1
その他	282.6	300.8	330.8	307.3	329.3	281.7

(注)　1)暫定値。
(出所)　表2に同じ。

2017年の ラオス

ラオス人民民主共和国
面　積　23万6800km²
人　口　649万人（2015年国勢調査結果）
首　都　ヴィエンチャン（ビエンチャン）
言　語　ラオ語
宗　教　仏教（上座部）
政　体　人民民主共和制
元　首　ブンニャン・ウォーラチット国家主席
通　貨　キープ（1米ドル＝8293キープ，2017年末）
会計年度　1月〜12月

〈県名〉　　　　　　〈県庁所在地郡〉
1　首都ヴィエンチャン
2　ポンサリー　　　ポンサリー
3　ルアンナムター　ルアンナムター
4　ウドムサイ　　　サイ
5　ボケオ　　　　　フアイサーイ
6　ルアンパバーン　ルアンパバーン
7　フアパン　　　　サムヌア
8　サイニャブリー　サイニャブリー
9　シェンクアン　　ペーク
10　ヴィエンチャン　ヴィエンカム
11　ボリカムサイ　　パクサン
12　カムアン　　　　タケーク
13　サワンナケート　カイソーン・ポムヴィハーン
14　サラワン　　　　サラワン
15　セコーン　　　　ラマーム
16　チャンパーサック　パクセー
17　アッタプー　　　サマッキーサイ
18　サイソムブーン　アヌウォン

2017年のラオス

開発の弊害解消に向けた試みと
深化する対中関係

南波　聖太郎
なんば　せいたろう

概　況

　近年，急速な経済開発の陰で，様々な弊害が顕在化している。2017年は，そうした開発の弊害の是正に，政権がこれまで以上に積極的に取り組んだ1年だった。しかし，その試みによって，かえって問題の根深さが明らかになりつつある。

　内政面では，全党規模の反汚職キャンペーンが実施され，汚職に関する情報の公開も進んだ。そうしたなか，アッタプー県知事の親族が木材密輸に関与しているとの疑惑が報じられ，知事は解任された。土地問題に関しては，土地配分計画の策定に進展があった。一方，土地法の改正は遅れており，ラオス・中国高速鉄道に関する住民への補償も進んでいない。

　経済面では，歳入不足が深刻であり，第2四半期初頭より緊縮財政が実施された。歳入増加策としては，関税収入の増加を目指して密輸自動車の取り締まりが強化され，一定の成果を上げた。一方，付加価値税の徴収強化に関しては，有効な方策が登場していない。また，農業と観光業の不振が続いており，GDP成長率は目標としていた7％台に届かなかった。他方，貿易は好調で黒字を記録した。

　外交面では，南シナ海をめぐり不安定な情勢が続くなか，対中関係の深化が目立った。習近平が国家主席として11年ぶりに来訪し，外交と軍事に関する協力が強化された。一方，ベトナムとの間では，国交樹立55周年等に関する祝賀事業が大規模に行われて「特別な関係」が確認されるとともに，不法移民対策が進められた。

国 内 政 治

汚職対策の大規模な実施

　近年，汚職に関する情報の公開が進み，その深刻な実態が明らかになりつつある。2017年も1月の政府検査機構の会議において，2016年の1年間だけで中央お

よび地方の公務員71人が捜査対象となり，総損失額は1400万ドルを超えたことが公表された。また，10月の第8期第4回国会では，公共事業による脱税の実態が明らかにされた。それによれば，免税措置を受けて輸入した車両や燃料を私的に流用する事例が多く，たとえば2013年のカーシー（ビエンチャン県）＝ムアンナーン（ルアンパバーン県）道路建設事業では燃料関連の脱税額が928万ドルに及んだという。また，同国会においてトーンルン首相は，適切な入札を実施せずに法外な予算を計上する道路事業が多く，1キロ当たり140億キープ（約169万ドル）が支出されることもあったと指摘し，35億キープ（約42万ドル）という予算の目安を提示した。

　こうした深刻な事態を背景として，人民革命党と政府は2017年を通じて汚職対策を進めた。まず，党は1月，「汚職の防止・撲滅と権威主義の解消に関する党中央委員会決議第22号」を採択した。その全文は非公表だが，党機関紙によれば，思想訓練の強化，業務体系の見直し，民主集中原則の徹底，検査業務の強化などを重視する対策の基本方針が示されたという（*Pasason*, 2017年3月9日）。

　この方針に沿って，党は思想訓練を組織的に実施した。政治局が2月に「2017年全党政治活動改造」という挙党体制での反汚職キャンペーンの実施を決定すると，翌3月に政治局，書記局，中央委員会の委員，省庁および県の書記が一堂に会し，その実施方針が共有された。そして，5月以降数カ月にわたり省庁と県以下の各級で同様の会議が開催されていき，「清廉・強力・堅固」のスローガンの下，全国で党紀粛正の徹底が図られた。

　業務の見直しは，とくに財務部門で進められた。4月，財務省は決議第1124号を全国の財務部門に向けて公布し，10項目の禁止事項を示した。その内容は，入札の際の談合や税金に関する書類の改ざんなどを禁止する一般的なものだったが，役人の意識を喚起するねらいがあったと推察される。また，財務省は4月にホットラインを開設した。住民からは高額な税への不満や公債への不安などの声が寄せられ，その一部は各種メディアを通じて財務省の回答とともに公表された。

　末端の引き締めとともに，最高指導者層が国民の信頼回復に率先して取り組む姿勢も示された。1月，政府は「高級幹部専用車両の支給と管理に関する首相令第15号」を採択し，党書記長から副大臣に至る最高幹部の公用車の車種や台数などを制限して，基準外の車両を競売にかけることを発表した。しかし，2月末にトーンルン首相のBMWなど14台を売却して以降，年内に競売は実施されなかった。

森林伐採の規制強化とアッタプー県知事の更迭

2016年5月の首相命令第15号の公布以降，政府は木材の伐採と輸出の規制を強化している。その背景には，高価な木材が大量に密輸されて関税収入の抑制に繋がり，また税関職員などの汚職の温床にもなっているという問題がある。

具体的には，保護林周辺の製材所と無許可の家族経営家具工場の閉鎖が進められた。政府は当初，製材所28軒と家具工場1157軒の前年末までの閉鎖を計画していたが，期限の時点でも約半数の製材所とすべての家具工場が営業を続けた。その後，製材所の閉鎖は2017年3月までに完了したが，家具工場は6月時点でも約半数が営業を続けた。しかし，下半期に対策は強化され，12月現在までに製材所349軒（閉鎖対象は1500軒に拡大），家具工場1000軒余り（同じく1178軒に拡大）が閉鎖された。地方レベルで認可を受けていた家具工場が，首相命令第15号の基準に合致せずに閉鎖される例もあったという（*Vientiane Times*，2017年3月7日）。

一方，木材の密輸規制では，政治家の不祥事が発覚した。6月，未加工木材の密輸を図り県当局に接収された27台のトラックの一部に，ナーム・ウィニャケート・アッタプー県知事の夫人の所有する車両が含まれていることが報道された（*Radio Free Asia*，2017年6月29日）。ナーム知事は自身の責任を否定したが，結局，報道から5カ月後の11月21日に解任が発表された。

ナーム知事の解任によって，木材問題対策に対する政権の強い意志がより鮮明になった。ナーム知事は，前年に死去したサマーン・ウィニャケート元政治局員の実子で，工業・商業相の経験を持ち，党中央委員会では序列22位に位置する有望な人物だった。政府は，9月の拡大閣僚会議でも首相命令第15号の徹底を指示したが，閉会後の記者発表では，「天然資源保護に関する人民の信頼を確保」するため「違反する者に対しては例外なく」処罰を与える必要があると強調した。

土地問題への取り組みとラオス・中国高速鉄道

地価の高騰が著しいなかで，土地収用に関する補償金をめぐるトラブルが頻発している。政府は1月，ソムマート天然資源・環境相らに問題の総点検を指示し，その成果の一部は8月の拡大閣議で報告された。そのなかでソムマート大臣は，とくに都市部では補償額が市場価格から乖離する例が多く，たとえば2010年の首都における450年道路建設事業では，市場価格が1平方メートル当たり119～149ドルの土地に対して，同じく1.8～60ドル程度の補償金しか支払われない場合もあったと指摘した。そして，前年の首相命令第84号に従い，住民の生活水準の維持

を最優先に補償を実施する必要性を強調した。

建設が進むラオス・中国高速鉄道は，移住対象世帯が4411に及ぶ国内最大規模の開発事業であり，補償金の算出は難航している。4月，先送りされていたトンネル掘削とウドムサイ県での工事が開始され，関連する1都4県のすべてで建設が本格化した。しかし，補償額の調整は，12月末現在も各県・都議会で続けられており，たとえばビエンチャン都では，支払い完了までに2年を要すると試算している。また，移住先の確保も難航しており，ルアンナムター県では住民を暫定的な居住先に移したうえで，工事を進めつつ，最終的な移住先を調整するという方法も採られている（*Pasason*, 2017年4月5日）。

土地問題への具体的な対策としては，関連する法律の整備が急がれており，2017年は土地配分計画の策定が進展した。党は，3月の第4回中央委員会総会での協議に基づき，8月に「新時代における土地の管理と開発に関する党中央委員会決議第26号」を採択した。すると，その直後から天然資源・環境省を中心に「国家土地配分マスタープラン」の検討が本格化した。これは，農地，工業用地，森林，道路用地などの土地法の8分類に基づき国土の配分計画を国家レベルで定めるもので，その制定後，県から村のレベルでも同様の計画が策定される予定となっている。12月の全国土地会議では，「適切・迅速・大量・合法的な処理」のスローガンが共有され，遅れている土地法の早期再改正の必要性も強調された。

経　　済

経済成長の伸び悩み

12月末時点の政府推計によれば，GDP成長率は，目標値7.0％を下回る6.83％となる見込みである。名目GDPは140兆1020億キープ（約169億ドル），1人当たりGDPは2472ドルと予測されている。

農業分野の成長率は，目標値3.1％を下回る2.73％となり，2012年から4年間続いた成長率3％台には前年に続き到達しない見込みである。前年末以来の木材伐採規制の強化や，7月に中・南部で発生した洪水が影響したと考えられる。

政府は農業の多角化を模索しているが，まだ成果は出ていない。バナナ農園の農薬被害が深刻化し，前年末に政府が生産停止を勧告したため，同産業の成長をけん引した中国企業の撤退が進んだ。政府は有機農業の振興を進め，中国への有機米年間2万トンの輸出が政府間で合意されていたが，品質の低さが問題となり，

実際の輸出量は4000トン余りにとどまる見込みである。改正投資促進法が４月に施行され，有機農業を営む中小企業への税優遇措置が導入されたが，後述する電気料金の高さは，中小規模の農場が灌漑設備を導入する際の障害になっている。

工業は，目標値8.9％を上回る9.53％の成長率を達成するとみられるが，課題もある。電力部門は，１年間で新たに６基の水力発電所(出力約400MW)が稼働したが，前年末のセーカマーン３ダムの水圧鉄管損壊事故も影響し，年間発電電力量は計画の96.84％（２万9052GWh）となる見込みだ。また，９月にはシェンクアン県で建設中のナムアオダムが決壊し，政府は11月に小規模ダム建設の一時停止と安全性の再点検を指示した。鉱業は，年間の産出額が計画の72.1％となる見込みである。要因としては，鉱物資源の価格下落のほか，セーポーンなどの主要鉱山の産出低迷や産出技術の問題が指摘されている。一方，製造業は好調で，生産額は計画を33％上回る９兆2170億キープ（約11億ドル）を記録する見通しだ。

サービス業の成長率は，目標値7.8％を下回る6.15％となる見込みで，4.65％を記録した前年に続き伸び悩んだ。その不振の主な要因は観光業にある。年間観光客数は，前年比8.73％減の386万人となり，目標の480万人を大きく下回った。政府は１月，翌2018年を観光促進年間「ビジット・ラオス・イヤー」とすることを発表し，年間観光客数500万人，観光収入９億ドルの達成を目指している。

貿易の拡大と物価の高止まり

工業・商業省の2018年２月の発表によれば，2017年の貿易総額は，前年比11％増の93億4500万ドルとなった。その内訳は，輸出48億300万ドル（前年比13.4％増），輸入45億4200万ドル（同7.6％増）で，２億6100万ドルの出超となった。計画では2300万ドルの赤字が見込まれていたが，一転して黒字を記録した。主な品目の輸出額は，電力や金だけでなく，コーヒー，ゴム，穀物類，縫製品などが増加した。輸入は，高速鉄道建設の進展も影響し，燃料や機械類が増加した。

農産物や電力の輸出が好調だが，それらの国内価格は高止まりしている。国内の食品の需要は輸入によって賄われており，その価格は周辺諸国より２割近く高いともいわれる。電気料金の高さの背景にも，送電設備の不足などから，国内需要の一部を高価な輸入電力で補填している事情がある。電力の輸入額は前年に42.3％，2017年も18.8％減少したが，電力公社（EDL）の抱える負債と利用者の未納金は，合計10億ドルを超える。EDLは前年に一般家庭向け料金を値下げしたが，１月に企業と公的機関向け料金を値上げした。2017年のインフレ率は1.45％

となり，目標の5％以下を達成する見込みだが，国民生活は決して楽ではない。

慢性的な財政赤字の解消の試み

11月末時点での政府推計によれば，年間の歳入額は22兆7000億キープ，歳出額は30兆8000億キープ，赤字額は8兆1000億キープ（対GDP比6.18％，約9767万ドル）となった。この赤字額は，計画より3000億キープ少ない。

しかし，赤字額が計画を下回ったのは，赤字体質の改善の結果ではない。政府は4月，第1四半期の歳入が目標の77.8％となったとして，緊縮財政の実施を発表した。翌5月，「国家予算の倹約に関する首相命令第9号」が公布され，翌年までの公用車の購入，2020年までの公的機関の建設見合せ等が指示された。

また，公債の発行が続けられ，公債の対GDP比は前年の68.1％から70.5％にまで増加したとみられている（*Vientiane Times*，2017年10月10日）。ただし，その売却方法等の見直しも進みつつある。5月，公債発行過程の透明性の向上を目的とする首相令が公布された。10月の国会では公債法が提出され，採択は見送られたが検討が続けられている。また，短期国債を抑制するため，10月には総額140億バーツ（約4億2000万ドル）の国債が，3～15年の期限で売却された。

歳入増加策としては，付加価値税の徴収強化が目指され，国会でも議論が続けられている。現状の問題点としては，レジの導入が進まず帳簿の管理が杜撰であり売上額の自己申告による納税が横行していることや，伝統的な市場では店舗の移動が比較的容易なため営業の事実すら申告しない業者がいることなどが指摘されている。財務省は，全国で地道な店舗データの収集を進め，1月には統一的なデータベースの構築とデータセンターの建設を開始した。これには韓国が2850万ドルの資金と技術を提供し，2018年末の運用開始を予定している。

あわせて脱税の取り締まりと増税も進められたが，反発も大きい。1月，密輸自動車の取り締まりの強化が発表され，年末までに，約1万台の密輸自動車・オートバイから合計2000万ドル余りが関税等として追徴された。一方，3月に予定されていた道路税の増税には反発が大きく，例年3割程度にとどまる納入率の向上を優先すべきとの批判もあった。それでも，9月には増税が決定され，一部の車種では倍以上も増額された。地方レベルでは，都議会は6月，ビエンチャン人民道路基金を設立し，都独自の道路税を導入することを決定した。しかし，その資金が道路建設関連の負債の返済にも充当されることや，都心と郊外が同率に課税されることなどには批判があり，中央政府と国会で再検討されることになった。

歳出抑制策としては，公務員の縮小が検討されはじめた。公務員給与の支払いには，例年，予算の約3分の1が充当されているが，それでも各地で遅配が生じている。8月，翌年の公務員採用の縮小を閣議決定したが，無償で職務に従事し正規採用を待っている教員が全国で1万人を超えることなどが問題となっている。また，国有企業の合理化が急がれ，8月には電気通信公社（ETL）の株式の51％が中国企業に売却された。国営航空とEDLの合弁化も検討されている。

対 外 関 係

習近平来訪により示された対中関係の拡大と深化

11月，中国の国家主席として11年ぶりに，習近平国家主席がラオスを訪問した。2日間にわたった今回の来訪には，大きく4つの意義があったと考えられる。

第1に，南シナ海問題が注視されるなか，外交および軍事面での協力が強化された。外交面では「新たな状況下での外務省間協力に関する協定」が調印された。軍事面では，その2カ月前の9月に常万全中国国防相が来訪し，両国国防省の協力に関する覚書を締結しており，それを踏まえた協議が進められた。ただし，南シナ海問題に関して，最終日に調印された共同声明では「平和・友好・協力」などの原則を確認するにとどまった。

第2に，「一帯一路」構想に関する協力が強化された。ビエンチャン＝バンビエン高速道路の建設を正式に合意して，総額12億ドルの95％を中国が援助し，2018年着工，2021年完成を目指すことになった。将来的に，中国国境のボーテンまで延伸する計画である。一方，ラオス・中国高速鉄道事業に伴う住民の移住の問題については，共同声明では直接的な言及はされなかった。

第3に，17件もの多岐にわたる協定が締結され，中国のラオスへの支援が強化された。中国は，外交，経済回廊，インフラ開発，電力，電子商取引，科学技術，水資源管理，農業開発区，人的資源開発，ICT，中小企業振興の各分野に関して協力協定（覚書を含む）を締結し，それらの分野に3年間で総額40億元（約6億ドル）を無償で支援することを約束した。また，関連する5件の個別事業への有償資金協力も合意された。40億元の資金について，ラオス政府はそれを貧困解決と地方開発に活用する方針を12月初頭の閣議で決定し，具体的な調整を進めている。

第4に，両国独自の関係性を確立し，友好関係の深化を図る試みが，習主席個人の人脈を活用して行われた。習主席は2日間という限られた日程のなか，キニ

ム・ポンセナーの遺児を訪問した。キニムは，1960年代に活動した中立派として知られる政治家の1人で，人民革命党あるいはそれを支援するベトナム民主共和国と連携しながらも平和中立党の党首として独自の活動を展開した人物で，中国との国交樹立（1961年）の際の外相でもあった。キニムが1963年に暗殺されると，その子供の一部は中国へ亡命し，北京の小学校で幼少の習近平と出会った。習主席は，2010年と2012年にもこの遺児に面会しているが，今回が国家主席就任後初の面会となった。習主席は今回の訪問に先立ちラオス国民へのメッセージを新聞上で公表し，そのなかで1960年代から続く両国の「伝統的友好を継承し，発展させる者」として，キニムの遺児の存在に言及した。そのなかには，ケムマニー工業・商業相兼ラオス・中国協力委員会委員長，土地問題対策の中心人物であるソムマート天然資源・環境相らが含まれ，この両名は党中央委員でもある。依然としてベトナムとの繋がりの強いラオスの政権のなかで，中国との独自の友好関係を象徴する存在として，ポンセナー一族が重視されていく可能性は高い。

ベトナムとの「特別な関係」の確認と不法移民対策の進展

ベトナムとの間では，国交樹立55周年と友好協力条約締結40周年を記念して「ラオス・ベトナム団結・友好年」が祝賀され，首脳級の往来が重ねられた。その中では既に合意されたブンアン港開発などのインフラ事業の調整が進められ，不安定な国際情勢の下でも「特別な関係」を堅持することの重要性が強調された。

また，不法移民問題への対策も進められた。1月，ラオスの外相とベトナムの副外相が出席した国境代表者会議で「国境地域での無許可の移住，非合法な婚姻の取り締まりに関する政府間合意」が締結された。近年ベトナム人のラオス側国境地域での不法定住が大規模化し，治安上の懸念も度々指摘されてきたが，中央政府間で対策の枠組みが合意されたのはこれが初めてである。ただし，ラオス側国境地域に住むベトナム人の中には，インドシナ戦争期にラオスの革命運動を支援してそのまま定住した者なども含まれており，画一的な対策には問題がある。4月のグエン・スアン・フック首相来訪時の共同声明では，上記の政府間合意の意義が強調されるとともに，「ラオスの国の建設と発展への越僑の貢献に対するラオス側の尊重」へのベトナム側の謝意が記されていた。また，11月に改正された国籍法では「ラオスの革命闘争や社会経済開発に重要な貢献をした人物」かつ現国籍の保持を望む者に「名誉国民」の資格を付与する条項が新設されている。

開発の弊害解消に向けた試みと深化する対中関係

カンボジアとの国境の不安定化

カンボジアとの間では、国境の緊張状態が一時高まった。両国の国境画定作業は2000年に本格化されたが、約13％が今も未確定である。その未画定地域の一部でカンボジア側が道路建設を進めているとされる問題で、ラオス側の軍隊は2月頃から建設現場付近に駐留して工事を中断させていた。これに対してカンボジアのフン・セン首相は8月11日、6日以内の撤退を要求し、プノンペンから大規模な軍隊を派遣した。しかし、その翌日には自らラオスを訪問し、その後事態は収束へ向かった。両政府は委員会を新たに設置し、国境画定作業を進めている。

労働者の問題をめぐるタイを含む諸外国との関係

タイとの間では、不法移民労働者対策が進められている。言語的な障壁の低さなどから、タイ国内のラオス人労働者は15万人を超え、その約半数は不法就労者だといわれる。両国政府は7月と9月に協定を締結し、就労許可の失効したラオス人労働者への許可書の再交付などを進めた。

また、政府はタイ以外の国々の協力も得て雇用創出を試みているが、課題もある。4月、韓国に派遣する労働者500人の選抜試験が実施され800人余りが受験したが、9割が韓国語の試験で不合格になった。7月、中国・ラオス高速鉄道事業で7112人のラオス人を雇用することが発表されたが、技能不足等が問題となり実際の雇用は進んでいない。12月、パクセー・ジャパン経済特区（SEZ）で、近隣のチャンパーサック大学の学生の優先的な雇用を進める方針が発表された。12月現在、全国12カ所のSEZで14699人が働くが、ラオス人はその約半数にとどまる。政府は、翌年だけで新たにラオス人4150人をSEZで雇用する計画である。

2018年の課題

政治面では、2021年開催予定の第11回党大会に向けた準備が各地で開始され、中央レベルでの人事異動も行われると考えられる。また、国家土地配分計画の完成が期待される。経済面では、財政赤字の軽減が急務である。とくに、これまでに進められた木材や自動車の密輸対策が、実際の関税収入の増加にどれだけ繋がるかが注目される。対外関係では、ベトナムとの間で、複数の大規模な協力協定の締結と、ビエンチャン＝ブンアン高速鉄道の着工が予定されている。また、中国の支援によるビエンチャン＝バンビエン高速道路の着工も予定される。政権には、これらの大型事業によって汚職や土地問題が悪化することを防ぎつつ、雇用創出などにも繋げていくことが求められるだろう。

（地域研究センター）

重要日誌　ラオス　2017年

1月5日▶「高級幹部専用車両の支給・管理に関する首相令第15号」、公布。

▶財務省、徴税管理データシステム建設計画を開始。韓国が資金と技術を支援。

▶第26回老越国境代表者会議、開催。不法移民対策の枠組みを合意。

10日▶ノーンノックキアン(ラオス)＝トロペアンクリアル(カンボジア)国際国境ゲート、開通。両国首相は式典に参列後、ドーンサホーンダム建設予定地を視察。

11日▶シンガポールのトニー・タン大統領、来訪(～14日)。

13日▶「汚職の防止・撲滅と権威主義の解消に関する党中央委員会決議第22号」、採択。

17日▶政府検査機構年次会議、開催(～18日)。2016年の汚職に関する情報を公開。

19日▶ラオスの巨大麻薬密売グループの中心人物サイサナ・ケオピムパー、バンコクでタイ警察により拘束される。

24日▶月例閣議、開催(～25日)。土地問題担当委員会を設置。

▶サルームサイ外相、カンボジア訪問(～25日)。国境関連会議に出席。

25日▶「密輸自動車問題解決に関する首相府公示第142号」、公布。

30日▶党政治局、土地問題を協議(～31日)。

2月1日▶「2017年全党政治活動改造に関する党中央政治局指示第1号」、公布。

7日▶トーンルン首相、訪越。第39回両国政府協力会議に出席(～8日)。

12日▶中国系バナナ農園に隣接するボケオ県ガオ川で魚が大量死。

21日▶モン族出身の革命指導者ファイダーン・ロービアヤーオの銅像をシェンクアン県に設置し、除幕式を開催。総工費130億キープ。

22日▶ブンニャン国家主席兼党書記長、カンボジア訪問(～23日)。

23日▶月例閣議、開催(～25日)。木材違法伐採の取り締まり強化を指示。

28日▶高級幹部専用車14台の競売を実施。

3月5日▶パニー国会議長、訪越(～10日)。5カ年の国会間協力協定を締結。

6日▶ソーンサイ副首相、訪中(～10日)。

▶人民軍創設メンバー27人の石像を、創設の地フアパン県シェンコー郡に設置。

9日▶2017年全党政治活動改造に関する周知・実施指導会議、開催。書記長ら出席。

▶ラオス・タイ鉄道建設計画第2フェーズ完了。路線を延伸し、コンテナヤードを整備。

20日▶第10期第4回党中央委員会総会、開催(～24日)。土地問題等を協議。

22日▶農林省、中国国家林業局と森林管理分野の協力に関する覚書を締結。

30日▶第13回ラオス・ベトナム財相会談。5カ年の協力協定を締結。

31日▶国家社会科学評議会、ベトナムの党中央理論評議会とホー・チ・ミン思想研究に関するセミナーを開催。カイソーン・ポムウィハーン思想研究の担当者らが出席。

4月6日▶ウドムサイ県で老中鉄道のトンネル掘削、着工。式典に県知事らが出席。

7日▶財務省、ホットラインを開設。

10日▶「財務部門幹部・役人の禁止事項・規律に関する財務省決議第1124号」、公布。

11日▶人民革命青年同盟、第4回党員大会にてソーンタヌー中央委員を書記に選出。

25日▶第8期第3回通常国会、開催(～5月18日)。第1四半期の経済統計を公表。

26日▶ベトナムのフック首相、来訪(～27日)。9つの文書と共同声明に調印。

5月2日▶首相、シンガポール訪問。

9日▶首相、マレーシア訪問(～10日)。

2017年　重要日誌

10日▶首相，カンボジア訪問（〜12日）。
13日▶国家主席，中国訪問（〜17日）。「一帯一路」国際フォーラムに出席。習主席と会談。
18日▶国立銀行，2019年2月まで金融機関の新設を認めない方針を発表。
19日▶首相令第9号公布。緊縮財政を指示。
23日▶ラオス・タイ戦略的パートナーシップフォーラム，開催（〜25日）。
6月4日▶首相訪日（〜7日）。安倍首相と会談。
7日▶全国3カ所の中国人烈士墓地の改修・拡張工事が完了し，竣工式を開催（〜8日）。
14日▶中国，地方開発に約500万ドルを支援。
20日▶キケーオ党中央宣伝訓練委員会委員長，訪中。第6回両党理論セミナーに出席。
21日▶カンボジアのヘン・サムリン国会議長，来訪（〜23日）。
22日▶日本，人材開発に約3億円を支援。
▶月例閣議，開催（〜23日）。自動車と木材の密輸，土地問題，国有企業効率化等を協議。
25日▶建国戦線，ベトナム祖国戦線，カンボジア祖国発展連帯戦線のトップ会談，開催。
29日▶ラジオ・フリー・アジア，アッタプー県知事の不祥事を報道。
30日▶ビエンチャン都人民議会，ビエンチャン人民道路基金の設立を承認。反発相次ぐ。
7月4日▶国会議長，訪越（〜7日）。ソンラ省での友好・団結年記念式典に出席。
6日▶ラオス・中国協力委員会年次会議，開催。ケムマニー工業・商業相が出席。
7日▶サイソンポーン建国戦線主席，在ラオス・ベトナム人協会を訪問。
12日▶タイと移民労働者に関する協定を締結。9月10日にも同様の協定を締結。
13日▶首相決議第53号，公布。ボーテン国際国境での木材密輸取り締まりを強化するため，チャルーン首相府大臣を現地に派遣。
17日▶ラオス・ベトナム友好協力条約締結40周年祝賀式典，開催。国家主席ら出席。
▶労働組合連盟，ホットライン開設。
19日▶老中鉄道計画指導委員会，会合。公共事業・運輸相，関係5県の副知事ら出席。
25日▶アメリカの国際共和研究所と全米民主国際研究所の代表団，来訪（〜27日）。
▶大型台風により中・南部で洪水が発生。
8月1日▶ラオス，カンボジア，ベトナムの国会対外関係委員会の会合，開催（〜4日）。
3日▶「新時代における土地の管理と開発の促進に関する党中央委員会決議第26号」，採択。
4日▶労働・社会福祉省，ベトナムと3カ年の協力協定を締結。
8日▶電気通信公社（ETL），株式の51％を中国企業に売却。
▶SDGs達成指導国家委員会，会合を開催。
12日▶カンボジアのフン・セン首相，来訪。国境問題について首相と協議。
15日▶内閣と第8期国会常務委員会の第1回合同会議，開催。土地問題等を協議。
▶「国家土地配分マスタープラン草案に関する学術会議」，開催（〜16日）。
16日▶カムペーン労働・社会福祉相，王中国大使に面会。老中鉄道の労働者問題に関する懸念を表明。
24日▶月例閣議，開催（〜25日）。翌年の公務員採用縮小を決定。
29日▶国会の諸民族委員会，ベトナムからのモン族不法移民の問題について協議。
30日▶天然資源・環境省，土地紛争に関する年次会議を開催（〜31日）。
31日▶アメリカ企業コンバルト・エナジー，太陽光発電所（300MW，4億ドル）に関する実施可能性調査の実施を政府と合意。
9月1日▶首相，カンボジア訪問。
5日▶外相，カンボジア訪問。
▶農林省，ベトナムと2カ年の協力協定を

ラオス

締結。
7日▶第1回拡大閣議開催(～8日)。全県・都の知事が参加。木材伐採規制の強化を指示。
11日▶第10期第5回党中央委員会総会、開催(～21日)。
▶シェンクアン県で建設中のナムアオダム、決壊。サイソムブーン県の8カ村で洪水発生。
12日▶株式会社PSラオの経営者、逮捕。高額な配当を約束して資金を騙し取った疑い。約3万人に被害。
13日▶常万全中国国防相、来訪(～14日)。国防省間協力に関する覚書を締結。
18日▶日本、3.5億円の食糧支援を合意。
20日▶首相令第1号、公布。道路税を増額。
22日▶アメリカ、不発弾処理に450万^{ドル}を支援。6月にも302万^{ドル}を支援。
▶中央投資促進・管理委員会、総会を開催。
26日▶首相、ロシア訪問(～27日)。軍事技術協力協定などを締結。
▶第8回ラオス北部・雲南省協力会議、開催(～28日)。工・商業相ら出席。
▶マレーシアへの電力(100MWh)の輸出を合意。2018年から2年間の契約。
▶カムマン内務相、訪越(～30日)。国家記録アーカイブス局などを訪問。
29日▶ロス米国商務長官、来訪。首相と会談し、太陽光発電計画などについて協議。
▶北部8県の農林局長、バナナ農園の農薬問題について生産者と協議。
10月2日▶首相、訪越(～6日)。グエン・フー・チョン党総書記と会談。
▶政府令第315号、公布。ナイトクラブ等の娯楽施設の教育機関周辺での営業を規制。
4日▶都議会、老中鉄道の補償金問題を協議。支払い完了は2年後と試算。
11日▶首相、インドネシア訪問(～12日)。

16日▶第8期第4回国会、開催(～11月17日)。改正国籍法など法律15件を採択。
23日▶ソーンサイ副首相、訪越(～29日)。
24日▶月例閣議にて、国家土地配分マスタープラン草案を原則承認(～25日)。
28日▶ビジット・ラオス・イヤー2018、開幕。
30日▶スーントーン党中央対外関係委員会委員長訪中。党大会に出席し習主席と面会。
11月3日▶アメリカ国籍ラオス人代表団、来訪(～11日)。建国戦線主席に面会。
▶首相、老中鉄道建設現場を視察(～6日)。
▶財務省、ボーテンSEZのロジスティックスを担う合弁企業の設立を中国企業と合意。
7日▶国家監査委員会、人材育成に関する協力協定を中国と締結。
10日▶17の中国企業の代表団、来訪。総額2.6億^{ドル}の貿易協定を締結。
13日▶習近平中国国家主席、来訪(～14日)。
20日▶日本の自衛隊、人民軍に対して人道支援に関するセミナーを実施(～24日)。
21日▶アッタプー県のナーム知事、解任。
▶カムマニーエネルギー・鉱業相、小規模のダム開発を一時見合わせる方針を発表。
22日▶第5回国際社会主義会議、開催。ベトナム、中国、北朝鮮、キューバの代表が出席(～23日)。
30日▶ビエンチャン=ブンアン鉄道の実施可能性調査が完了。韓国が出資(300万^{ドル})。
12月9日▶第27回老越国境代表者会議開催。
19日▶国家主席、訪越(～21日)。
20日▶第2回全国土地会議、開催(～22日)。
23日▶ベトナムの元志願兵・軍事顧問代表団、来訪(～28日)。
▶湖南省に総領事館を開設。中国国内で6カ所目。
28日▶セーラノーンダムのコンセッション契約(25年間1.5億^{ドル})を中国企業と締結。

277

参考資料 ラオス 2017年

① 国家機構図(2017年12月末現在)

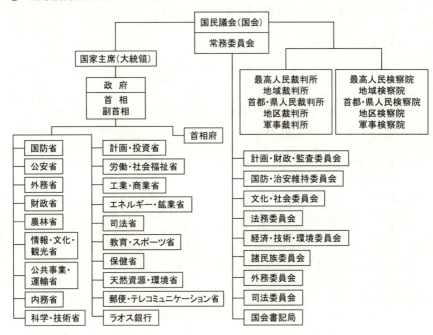

② 政府主要人名簿(2017年12月末現在)

国家主席(大統領)	Bounnyang Vorachith
国家副主席(副大統領)	Phankham Viphavanh
国民議会(国会)議長	Pany Yathotou*

内閣

首相	Thongloun Sisoulith
副首相	Sonexay Siphandone
副首相兼政府検査機構長・反汚職機構長	Bounthong Chitmany
副首相兼財政相	Somdy Duangdy
国防相	Chansamone Channyalath
公安相	Somkeo Silavong
内務相	Khammanh Sounvileuth
天然資源・環境相	Sommath Pholsena
情報・文化・観光相	Bosengkham Vongdara
農林相	Lien Thikeo
司法相	Xaysi Santivong
労働・社会福祉相	Khampheng Saysompheng
国家主席府相	Khammeung Phongthady
エネルギー・鉱業相	Khammany Inthirath
工業・商業相	Khemmany Pholsena*
科学・技術相	Boviengkham Vongdara

ラオス

外務相	Saleumxay Kommasith
教育・スポーツ相	Sengduean Lachanthaboun*
郵便・テレコミュニケーション相	Thansamy Kommasith
公共事業・運輸相	Bounchanh Sinthavong
計画・投資相	Souphanh Keomixay
保健相	Bounkong Sihavong
首相府大臣	Chaleun Yiapaoher（政府報道官）
	Phet Phomphiphak（首相府官房長官）
	Bounkeuth Sangsomsak（フランコフォニー・国境・国際法担当）
	Alounkeo Kittikhoun（外務担当）
	Souvanpheng Bouphanouvong*（法治担当）
ラオス銀行総裁	Somphao Phaysith

③ ラオス人民革命党政治局員

Bounnhang Vorachith　（党書記長，国家主席）
Thongloun Sisoulith　　　　　　（首相）
Pany Yathotou*　　　　　　　（国会議長）
Bounthong Chitmany
　（副首相兼政府検査機構長・反汚職機構長）
Phankham Viphavanh（国家副主席，党書記局）
Chansy Phosikham　　（党組織委員会委員長）
Xaysomphone Phomvihane（国家建設戦線議長）
Chansamone Channyalath　　　　（国防相）
Khamphanh Phommathat　（党中央事務局長）
Sinlavong Khoutphaythoune
　　　　　　　　　（ヴィエンチャン都知事）
Sonexay Siphandone　　　　　　（副首相）

④ 国民議会（国会）

議長	Pany Yathotou*
副議長	Sengnouan Xaynyalath
	Somphanh Phengkhammy
	Bounpone Bouttanavong
	Sisay Leudethmounsone*
常務委員会	Pany Yathotou*
	Sengnouan Xaynyalath
	Somphanh Phengkhammy
	Bounpone Bouttanavong
	Sisay Leudethmounsone*
	Saythong Keoduangdy
	Bounpone Sisoulath
	Vilayvong Boutdakham
	Somphou Duangsavanh
	Buaphanh Likaiya*
	Khamsouk Vi-inthavong
	Buakham Thippavong*
	Eksavang Vongvichit
	Suansavanh Vinyaket*
国会分科委員会委員長	
外務	Eksavang Vongvichit
諸民族	Buaphanh Likaiya*
計画・財政・監査	Vilayvong Boutdakham
文化・社会	Somphou Duangsavanh
国防・治安維持	Khamsouk Vi-inthavong
法務	Saythong Keoduangdy
経済・技術・環境	Bounpone Sisoulath
司法	Buakham Thippavong*
国会書記局	Suansavanh Vinyaket*

⑤ 司法機構

最高人民裁判所長官	Khamphanh Sitthidampha
最高人民検察院院長	Khamsane Souvong

（注）　＊は女性。

主要統計 ラオス 2017年

1 基礎統計

	2013	2014	2015	2016	2017
人口（年央，10,000人）	664[1]	681[1]	649	659[1]	692[1]
為替レート（1ドル＝キープ）	7,989.2	8,049.0	8,150.4	8,179.6	8,194.0

(注) 1）推計値。
(出所) 人口については，Lao Statistics Bureau, *Statistical 40 Years 1975-2015*, 2015; ADB, *Key Indicators for Asia the Pacific 2017*; *Pasason*, 2017年10月26日。為替レートについては，Bank of the Lao PDR, *Annualu Report 2013*; 同 *2014*; 同 *2015*; 同 *2016*; *Pasason*, 2017年10月26日。

2 GDP成長率と物価上昇率 (%)

	2013	2014	2015	2016[1]	2017[1]
実質GDP成長率	8.0	7.6	7.27	7.02	6.83
農業	3.5	3.6	3.56	2.76	2.78
工業	9.7	8.8	7.01	12.00	9.53
サービス	9.7	9.1	8.02	4.65	6.15
消費者物価上昇率	6.37	4.13	1.28	1.60	1.45

(注) 1）推計値。2014年の統計より価格基準年を2012年に変更。
(出所) Lao Statistics Bureau, *Statistical Yearbook 2013*; 同 *2014*; 同 *2015*; *Pasason*, 2017年12月26日; *Vientiane Times*, 2017年9月7日; 2017年12月30日; 国家統計局ウェブサイト（http://www.nsc.gov.la/）（2017年3月26日最終閲覧）。

3 産業別国内総生産（実質：2013年までは2002年価格, 2014年以降は2012年価格）（単位：10億キープ）

	2013	2014	2015	2016
農業・林業・水産業	10,225	19,091	16,791	17,254
農業・畜産業	8,520	15,761	13,117	13,590
農業	-	-	10,946	11,289
畜産業	-	-	2,171	2,301
林業	474	691	1,314	1,229
水産業	1,231	2,639	2,360	2,435
工業	11,425	32,052	32,739	36,667
鉱業・採石業	2,786	13,154	10,617	11,052
製造業	3,958	7,815	8,697	8,971
食料品	-	-	1,620	1,645
飲料・タバコ	-	-	1,568	1,627
布・衣服・靴・皮革	-	-	1,357	1,368
その他製造業	-	-	4,152	4,331
電気・水道	1,927	4,800	7,132	9,824
電気	-	-	6,856	9,539
上下水道	-	-	276	285
建設	2,752	6,282	6,292	6,820
サービス業	15,534	31,162	41,990	43,943
卸・小売・車両修繕	7,783	9,502	13,622	14,516
運輸・通信・郵政	1,835	3,451	5,346	6,085
運輸・貯蔵	-	-	3,414	4,072
情報・通信	-	-	1,932	2,013
宿泊・飲食[1]	287	2,043	3,199	3,162
金融・保険[2]	221	1,954	2,288	2,466
不動産[3]	1,186	1,954	7,137	7,401
教育	-	-	1,514	3,468
保健・社会福祉	-	400	928	976
公共サービス・国防・治安維持	-	5,764	12,134	13,409
専門的サービス・科学技術	-	-	1,594	1,732
その他サービス	-	2,422	1,659	1,723
行政サービス	3,330	-	-	-
地域・社会・個人サービス	638	-	-	-
家庭内雇用	255	-	-	-
芸術・娯楽・レクレーション	-	514	-	-
税・輸入関税	2,464	8,754	10,248	11,051
国内総生産（GDP）	39,648	91,058	101,768	108,915

(注) 1）2013年まではホテル・レストラン。2）2013年までは金融サービス。3）2013年までは不動産・ビジネスサービス。
(出所) Lao Statistics Bureau, *Statistical Yearbook 2013*; 同 *2014*; 同 *2015*; 国家統計局ウェブサイト（http://www.nsc.gov.la/）（2017年3月26日最終閲覧）。

ラオス

4 主要農作物生産高

(単位:1,000トン)

	2012	2013	2014	2015	2016
コ メ	3,489.2	3,414.6	4,002.4	4,102.0	4,148.8
トウモロコシ	1,125.5	1,214.1	1,412.4	1,516.3	1,552.4
イ モ 類	1,315.8	1,477.9	1,872.2	2,767.2	2,797.2
野 菜 類	910.1	1,313.7	1,550.5	1,683.4	1,690.9
大 豆	6.4	13.9	17.0	18.7	19.1
落 花 生	46.0	54.8	59.3	62.0	-
煙 草	75.6	56.8	63.4	63.0	66.8
綿	1.9	3.2	1.2	1.9	-
さとうきび	1,055.7	865.1	1,840.5	2,018.7	-
コーヒー	87.3	88.8	113.6	135.9	-
茶	4.0	6.1	7.9	6.3	7.3

(出所) 表3に同じ。

5 主要品目別貿易

(単位:1,000ドル)

	2014		2015[1)]		2016[1)]	
	輸入	輸出	輸入	輸出	輸入	輸出
動物及び動物性生産品	4,132	1,825	12,445	2,844	75,549	14,341
植 物 性 生 産 品	9,204	91,998	9,897	99,895	124,849	508,924
動物性又は植物性の油脂など	2,440	-	1,345	-	3,934	175
調製食料品,飲料,タバコなど	23,278	48,013	29,344	26,545	349,657	105,954
鉱 物 性 生 産 品	205,863	186,169	263,952	156,463	718,652	763,747
化 学 工 業 生 産 品	40,788	10,776	45,219	20,642	184,234	158,482
プラスチック及びゴム製品など	26,786	7,365	29,543	14,523	105,498	80,122
皮革及び毛皮製品など	3,520	146	3,023	1,617	10,229	691
木材及びその製品など	1,199	34,014	1,022	29,403	10,614	25,608
木材パルプ,紙など	7,795	597	8,317	1,113	66,271	2,045
紡織用繊維及びその製品	38,926	55,003	30,299	93,065	120,021	150,889
履物,帽子,傘など	1,510	5909	1,304	23,265	7,172	33,998
石,セメント,ガラスなど	13,003	162	15,766	129	69,882	402
貴石,貴金属製品など	6,773	47,633	6,324	55,291	75,767	145,480
卑金属及びその製品	144,305	184,684	186,207	141,474	486,883	543,647
機械類及び電気製品など	292,878	59,658	327,085	53,644	1,191,462	305,966
車輌,航空機,船舶など	138,973	8,913	141,434	2,140	379,557	1,970
光学機器,精密機器など	13,266	2471	6,020	6,010	30,882	9,539
武器,銃砲弾など	9	-	13	-	1,224	126
雑 品	5,918	1,697	11,722	4,989	40,004	17,050
美術品,収集品など	16	-	220	-	13	-
そ の 他	-	-	-	-	-	-
合 計	980,581	747,031	1,130,429	733,053	3,778,392[2)]	2,664,226[2)]

(注) 1)推計値。2)資料ママ。
(出所) 表3に同じ。

6 政府財政

(単位:10億キープ)

	2014	2015	2016	2017[1)
歳入・贈与	23,554	21,968	20,490	23,370
経　常　収　入	18,548	19,265	18,742	20,892
税　　収　　入	15,500	16,143	16,068	17,226
税　外　収　入	3,048	3,122	2,674	3,666
贈　　　　　与	5,006	2,704	1,748	2,478
歳　　　　　出	26,634	27,519	26,455	30,127
経　常　支　出	15,387	17,533	18,637	18,894
資　本　支　出・貸　付	11,248	9,986	7,818	11,233
総　合　収　支	-3,080	-5,551	-5,965	-6,757
資　金　調　達	5,930	6,462	5,965	6,757
国　　内(純)	2,671	1,384	-399	4,611
海　　外(純)	3,259	4,876	6,364	2,146

(注) 1) 推計値。
(出所) IMF, IMF Country Report, No.18/84.

7 国際収支

(単位:100万ドル)

	2014	2015	2016	2017[1)
貿　易　収　支	-3,518	-3,624	-2,257	-2,454
輸　　　出(FOB)	4,299	3,743	4,379	5,084
輸　　　入(CIF)	7,817	7,366	6,636	7,538
サ　ー　ビ　ス(純)	373	450	425	360
所　得　収　支(純)	-290	-217	-479	-569
移　転　収　支(純)	778	805	409	458
経　常　収　支	-2,657	-2,586	-1,903	-2,204
外　国　直　接　投　資	2,598	2,076	2,110	2,814
中・長　期　借　入	738	1,318	840	842
商業銀行対外資産(純)	-18	789	813	171
その他民間流入・誤差脱漏	-993	-1,989	-2,263	-1,458
資　本　収　支	2,324	2,194	1,501	2,369
総　合　収　支	-333	-392	-403	165

(注) 1) 推計値。
(出所) 表6に同じ。

2017年の タイ

タイ王国		宗　教	仏教(上座部)，ほかにイスラーム教
面　積	51万3114km²	政　体	立憲君主制
人　口	6619万人(2017年末)	元　首	マハー・ワチラロンコーン・ボディンタラテーブパヤワランクーン国王
首　都	バンコク(正式名称はクルンテープ・マハーナコン)	通　貨	バーツ(1米ドル＝33.94バーツ，2017年平均)
言　語	タイ語，ほかにラオ語，中国語，マレー語	会計年度	10月～9月

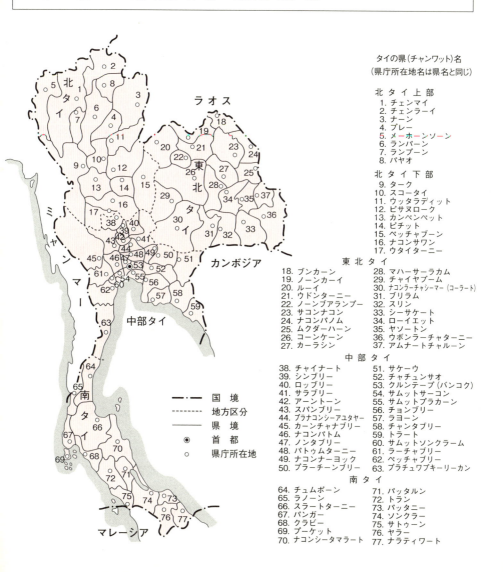

タイの県(チャンワット)名
(県庁所在地名は県名と同じ)

北タイ上部
1. チェンマイ
2. チェンラーイ
3. ナーン
4. プレー
5. メーホーンソーン
6. ランパーン
7. ランプーン
8. パヤオ

北タイ下部
9. ターク
10. スコータイ
11. ウッタラディット
12. ピサヌローク
13. カンペンペット
14. ピチット
15. ペッチャブーン
16. ナコンサワン
17. ウタイターニー

東北タイ
18. ブンカーン
19. ノーンカーイ
20. ルーイ
21. ウドンターニー
22. ノーンブアランプー
23. サコンナコン
24. ナコンパノム
25. ムクダーハーン
26. コーンケーン
27. カーラシン
28. マハーサーラカム
29. チャイヤプーム
30. ナコンラチャシーマー(コーラート)
31. ブリラム
32. スリン
33. シーサケート
34. ローイエット
35. ヤソートン
36. ウボンラーチャターニー
37. アムナートチャルーン

中部タイ
38. チャイナート
39. シンブリー
40. ロップリー
41. サラブリー
42. アーントン
43. スパンブリー
44. プラナコンシーアユタヤー
45. カーンチャナブリー
46. ナコンパトム
47. ノンタブリー
48. パトゥムターニー
49. ナコンナーヨック
50. プラチーンブリー
51. サケーウ
52. チャチュンサオ
53. クルンテープ(バンコク)
54. サムットサーコン
55. サムットプラカーン
56. チョンブリー
57. ラヨーン
58. チャンタブリー
59. トラート
60. サムットソンクラーム
61. ラーチャブリー
62. ペッチャブリー
63. プラチュワプキーリーカン

南タイ
64. チュムポーン
65. ラノーン
66. スラートターニー
67. パンガー
68. クラビー
69. プーケット
70. ナコンシータマラート
71. パッタルン
72. トラン
73. パッタニー
74. ソンクラー
75. サトゥーン
76. ヤラー
77. ナラティワート

2017年のタイ

2017年憲法下の政党政治の抑制と
国家構造改革

船津 鶴代・今泉 慎也

概況

　2014年5月クーデタで実権を握った国家平和秩序維持評議会（National Council for Peace and Order: NCPO）の軍政統治が4年目を迎えるなか，2017年4月6日に「仏暦2560年（西暦2017年）タイ王国憲法」（以下，2017年憲法と略）が公布・施行された。2017年憲法成立後の政治的課題は，総選挙の実施時期，NCPOが次期政権に及ぼす影響力，国家構造改革の行方などに絞られた。暫定政府は，年初から2018年11月の総選挙実施を約束し，民政移管をにらんだ国民的和解への取り組み，次期政権に引き継ぐ「20年国家戦略」計画の作成，憲法付属法10法案の審議・制定の準備を進めた。しかし，2018年2月末になって選挙関連法案を期限内に成立させられない見込みとなり，2019年2月以降に総選挙を延期した。政党側の選挙準備は振り出しに戻り，数度にわたる延期で総選挙の行方そのものに疑問が付されはじめた。

　経済面では，2017年のマクロ経済が堅調に推移し，経済成長率の予測は9～12月期以降，上方修正された。暫定政権は，政治的混乱から進まなかった経済政策に着手し，新たな成長戦略の策定や運輸・交通インフラ整備，国内の格差・貧困対策を進めている。とくに憲法に根拠をおく「20年国家戦略」の目玉として，東部経済回廊（Eastern Economic Corridor: EEC）構想や経済の高付加価値化を進めるタイランド4.0構想が策定され始め，新たな成長戦略と貧困対策を二本柱に据えた経済改革の方針が示された。運輸・交通インフラ計画の一部は契約・着工の段階に入り，新たな成長路線の実現に期待が寄せられている。

　外交面では，欧米諸国との懸案事項であった難民問題や違法漁業・人身取引問題をめぐる国内法が整備され，欧州連合（EU）との関係改善が進んだ。2017年10月にはトランプ大統領とプラユット首相の首脳会談も実現し，アメリカとの間にも関係修復の兆しが見えてきた。アジア諸国との関係では，安全保障面で中国と

の接近が一層進み，高速鉄道整備事業など多分野で交流が深まった。また ASEAN 諸国との間でも，域内貿易・直接投資の推進に向けて，今後の協力の進展が注目される。

国内政治

2017年のタイでは，4月に憲政史上20番目となる2017年憲法が制定され，民政移管に向かう最初の途筋がつけられた。

プラユット暫定政権は，政党法・選挙委員会法をはじめとする憲法付属法案（表１参照）の審議が進むなか，2017年末まで，総選挙を2018年11月に実施すると明言していた。ところが，2018年２月になっても10の憲法付属法のうち選挙実施に必要な上院議員選任法案と下院議員選挙法案の審議を完了させられず，2018年２月27日の閣議で，急遽，総選挙の延期を決めた。公約であった総選挙の時期が延期され，総選挙に関わる今後の予定は不透明になった。

新憲法の施行後も，2014年クーデタ以来の言論統制や政治的集会の禁止は解かれず，集会禁止令違反による住民や知識人の逮捕が続いた。これは，新憲法の経過規定第265条により，総選挙による新内閣発足まで，2014年暫定憲法第44条のNCPO議長の絶対的権限に関する定めが維持されること，また，第279条によりNCPO布告7/2557号「5人以上の政治的集会の禁止」，NCPO布告97/2557号「NCPOに対する協力と公への情報配布の定め」，NCPO布告103号「社会対立や分断を煽る行為の禁止」などの効力が，暫定政権の定めた他の法令とともに新憲法制定後も維持されているためである。国内のメディア・政党・知識人は，次期選挙の準備段階に入っても政治的自由が回復されない軍政の対応に批判を強めた。とうとうNCPOは限定的ながら12月22日に一部の政党活動の自由を許可制で認める措置をとったが，今後，選挙準備が活発化するにつれて，メディアや政党，知識人が政治的自由を政権に求める動きが強まると予想される。

2017年憲法の成立と関連法の起草過程

2014年5月にタイ貢献党政権を追放したNCPOは，当初は民政復帰に向けた恒久憲法の2015年中の制定と総選挙の早期実施を約束した。しかし，実際の新憲法制定はクーデタから約3年後となり，民政復帰に向けたスケジュールは大幅にずれこんでいる。その背景には，①2015年9月に最初の草案が国家改革評議会

(NRC)により否決され，憲法の起草過程をやり直したこと，②2016年10月のラーマ九世王崩御の影響などが挙げられるほか，政治的安定に向けた国内の条件が回復されない情勢なども作用している。

　2017年憲法には，民主的と言われた1997年憲法の選挙制度によって進展した，2001年からの政党政治を不安定化要因とみなして抑制し，民政移行期を軍主導の委員会や国の独立機関の監督下に置いて，政治的混乱の収拾に備える意図が反映されている。実際，2017年憲法には従来の憲法に加えて，いくつかの新たな特徴がみられる。このうち選挙や政治に関わる重要事項としては次のものがある。

① 　第7章「国会」に関する規定を1997年憲法および2007年の憲法から大きく変え，とくに上院議員200人全員(最初の上院議員のみ NCPO の助言により国王が任命する250人。第269条)を任命制にしたこと(1997年憲法は上院議員200人全員が民選，2007年憲法は上院議員150人の民選・任命が半々ずつ)。
② 　下院議員外から非民選の首相を指名できるようにしたこと(1997年憲法および2007年憲法では首相の資格として下院議員であることを要した)。
③ 　選挙制度に MMA(Mixed Member Apportionment)方式を採用し，有権者が選挙区の候補者だけを選び，その票から比例代表の結果も導く形式を取ったこと。
④ 　選挙委員会には，選挙における不正行為の監督だけでなく被選挙権の停止権限が与えられ，さらに政党を監督する権限も与えられたこと。
⑤ 　「国家改革」に関する一章を単独に設け，政権には政治，国家行政，法律，司法手続き，教育，経済，その他の分野における国家改革を義務づけたこと(第257条，第258条)。内閣は策定される「国家戦略」に従って政策を遂行し，国会にその進捗状況を報告する義務を負うこと(第270条)。
⑥ 　国会が可決した法律案について，首相や議員が違憲審査を求めれば，憲法裁判所がこれを審査し廃案にできること(第148条：ただし，同様の条項は1997年と2007年の憲法にもある)。
⑦ 　経過規定に政治的危機の解決方法を示し，総選挙から5年間は首相指名を国会の両院合同会議によるものとし(第272条)，政党が提出する名簿から首相を指名できない場合，非民選の首相を指名できること(第272条2項)。

　このうち③の MMA 方式の導入は，2001～2011年の総選挙で圧勝し続けたタックシン派政党のように，単独で過半数票を獲得できる強力な政党の出現を阻止することが目的と考えられている。この制度は，選挙区と比例区で個別に当選者を

決めるのではなく，選挙区候補者への投票数を政党ごとに合算し，その割合に従って政党議席数に割り当てるものである。政党は，選挙区で獲得した議席数から算出された割合を超えて比例代表議員の当選枠を得ることができないため，大きな政党が成立しにくい。また⑤では，現政権下の国家改革推進会議（National Reform Steering Assembly: NRSA）が定めた国家改革目標を，民政移管後の次期政権に引きつがせることが明記され，政策決定に関わる政府の裁量の余地を狭めている。加えて，④⑥は政党の運営や議会による政権運営を軍や国の独立組織の管理下におく仕組みであり，一連の憲法付属法案の起草においても（表1参照），政党法で議員候補者の予備選考制度を導入するなど，政党活動に大きな制約を課す内容が盛り込まれている。

民政復帰後も政党政治を管理下におき，NCPOが定めた改革機構を存続させる憲法に対して，法律家や政党政治家はプレーム政権期の「半分の民主主義」の復活であるとして，批判を強めている。

表1　2017年憲法付属法の起草・成立状況（2018年3月時点）

法案名	現状	憲法起草委員会の草案提出	国家立法会議（NLA）承認	官報公布
選挙委員会法	施行	4月7日	7月13日	2017年9月13日
上院議員選任法	審議中	11月28日	（第一読会）11月30日	未
下院議員選挙法	審議中	11月28日	（第一読会）11月30日	未
政党法	施行	4月3日	8月3日	2017年10月7日
国家人権委員会法	施行	2月27日	9月14日	2017年12月12日
憲法裁判所訴訟法	施行	9月29日	11月23日	2018年3月2日
政治職刑事裁判訴訟法	施行	5月29日	7月13日	2017年9月28日
オンブズマン法	施行	4月24日	7月27日	2017年12月27日
汚職不正防止抑制法	NLA承認	10月31日	12月25日	未
国家会計検査法	施行	8月29日	10月19日	2018年2月21日

（出所）　憲法制定委員会ウェブサイト，新聞から作成。

新憲法の公布にあたり，マハー・ワチラロンコーン国王は1968年以来50年ぶりに王宮で憲法発布式を行うことを提案し，チャックリー王朝記念日の4月6日，王宮に閣僚や枢密院顧問，政府高官，外交官らを招いて，プラユット首相に署名した新憲法を渡した。

「国民的和解」の不調とタックシン派政党への圧力

　2017年1月，暫定政府は憲法の枠組みに従って総選挙の実施前に各方面との対話を再開し，2006年クーデタ以来，タックシン派と反タックシン派に分断された社会の対立を2017年内に収束させることを呼びかけた。具体的には，2017年2月14日に第1回目「和解のための対話」を開催，3～4月に政党や市民団体，財界や報道関係者等を招いて対話し，その内容をふまえて7月11日の「社会契約」(Social Contract)の発表を行った。ところが，和解案としての「社会契約」の中身に，「公正な選挙と国会を通じた政治対立の解決」「汚職の排除」「資源保全への国民参加の保証」「国民生活の質改善の重視」などに加えて，現政権への支持を意味する「国家改革への支持」「国家戦略に従い国を前進させることへの支持」という項目が加わった。さらに「軍も当事者の1人として署名し，二度とクーデタを起こさないことを誓うべきである」とするタイ貢献党の主張も退けられたことから，和解の当事者であるタイ貢献党・民主党は，軍主導の色彩が強い「社会契約」案への署名を拒否し，総選挙前の「国民的和解」は事実上，物別れに終わった。

　他方，「和解」プロセスに並行して，政権はタックシン派政党幹部の資産に打撃を与える圧力をかけ続け，逃亡中のタックシン元首相のSHINコーポレーション売却時の課税に関わる裁判やインラック前首相に籾米担保融資政策の損失補填を命じる行政処分など，前政権関係者の訴追や課税措置を強化した。もっとも注目を集めたのは，6月29日と8月25日に予定された籾米担保融資政策に関わる国庫への損害賠償裁判とインラック前首相の職務怠慢の罪を問う裁判であった。前首相は6月29日の法廷には出廷し，暫定政権による一方的措置の不当さを訴え，一連の審判の公正さに疑義を呈した。ところが，8月25日の公判前（報道では23日）にインラック前首相は国境からカンボジアを経由して国外逃亡し，25日の裁判に欠席した。こうした事態からタイ貢献党は方向性を決める中心人物を失い，現状ではタックシン派・反タックシン派をめぐる社会的対立も収束する見通しが立たない状況にある。

プラユット首相による国民への問い：選挙政治への懐疑

　総選挙に向けて憲法関連法案の起草と審議が続くなか，プラユット首相は5月26日と11月8日に恒例の国民向けのテレビ番組を通じて，選挙政治に関する4項目と6項目の問いを国民に投げかけ，内務省と国内安全維持本部(ISOC)に国内の意見を非公開で聴取するように命じた。

　5月の4項目の質問は，(1)次の選挙で「よい統治」を行う政府は生まれるか，(2)もし，よい政府が生まれないときはどうすればよいか，(3)国家戦略や国家開発など国の将来を考慮せずに選挙のことばかり考えるのはよいことか，(4)悪い政治家が選挙で勝利し，問題が再発したら誰がどのように解決するのか，について国民に投げかけた。次の11月の6項目の質問も，軍の政治的立ち位置を探る質問が含まれ，(1)次回選挙で新たな政党や政治家は必要か，(2)NCPOが特定の政党と協力することはどうか，(3)現政権の施政で国に明るい未来は見えてきたか，(4)過去の政府と現政権を比較することは正しいか，(5)選挙で選ばれた政権は効率的に国の持続的開発を行えるか，(6)この時期，政党や政治家がNCPOや政府を攻撃することは正当か，など軍の政治関与の是非を問う内容が入れ込まれた。

　国内の各種メディアをはじめ民主党やタイ貢献党は，選挙政治に対するあからさまな疑念や次期政権における軍の関与に含みを持たせた10の問いかけに抗議を示した。この情勢をふまえて，政党側の駆け引きも活発化し，民主党の元党首ピチャイ・ラッタクンが5月28日にタイ貢献党を含む政党の大連合を呼びかけたほか，政権側のワンチャイ議員はタックシン派政党を除いた政党連合を提案した。

　軍主導の政党を結成する可能性について，プラユット首相は過去の軍人政党が成功しなかったことを理由に否定したものの，総選挙後の首相続投，または軍の影響下にある人物を首相に推す可能性はさまざまな形でほのめかしている。しかし暫定政権の足元にも不安要素が生じ，11月には労働相の突然の辞任や，汚職撲滅を掲げた政権の幹部であるプラウィット副首相に資産隠し疑惑が浮上している。総選挙に向けて，暫定政権の実績を示して権力を維持しようとする軍政と，民主制への復帰を掲げる政党との間で，政治的正当性をめぐる駆け引きが激しくなることが予想される。

急展開の国家構造改革：「非常大権」による産業育成と分配政策

　プラユット首相は，汚職撲滅に続く政治・社会改革の優先課題として，国民生活向上を目標に掲げ，憲法に定めた「国家戦略」計画(NESDBの計画名では

「20年国家戦略」)に基づく経済成長政策の策定に力を入れている。並行して前政権の経済政策を担当したソムキット・チャトゥシーピタック副首相を主要なブレインに登用してタックシン時代とも連続する多数の分配政策を実施に移した。暫定政権は，こうした改革によって正当性を主張し，次期政権に影響力を及ぼす意図があるのではないかと指摘されている。

　8月18日の定例の国民向けテレビ番組において，プラユット首相は20年後(2036年)のタイ経済は，世界10位以内の国際競争力をつけ，1人当たり45万バーツの国民所得を目指すと抱負を述べた。タイ全土の生産性を向上させるため，現暫定政権で交通・運輸インフラの整備に2兆3900億バーツの計画を始動させ，各種の経済特区を設置し，産業育成と地域経済構造の転換に向けた経済改革を断行すると決意を述べた(「経済」の項参照)。

　2017年には，その改革を推進するため，2014年暫定憲法第44条を根拠とするNCPO議長の「非常大権」を用いてNCPO議長令を頻繁に発動し，手続きの簡素化やスピードアップを図る場面が見られた。とりわけ，政権が経済構造改革の目玉事業として制度の整備を急ぐEEC計画(「経済」の項参照)において，NCPO議長による「非常大権」発動が目立った。年初の1月17日には，プラユット首相が，EEC開発を加速するためNCPO議長令2/2560号により東部3県のチョンブリー県，ラヨーン県，チャチュンサオ県を特別経済区に定め，開発推進のための各種委員会を設置した。5月26日には，EECにおける官民連携事業の手続き期間の短縮措置を官報に公示し，10月25日にはEEC地区の旧都市計画案を無効化し，新案の都市計画を策定できるようNCPO議長令47/2560号を発した。こうした「非常大権」の発動は，政権が進める改革政策の推進を円滑にしている反面，開発拡大から影響をうける地域住民や環境影響を懸念する弁護士団体からは，「憲法に定められた住民参加や環境影響評価などの法的手続きを無視している」と反対の声も上がっている。

　また2017年には，政権が約束した分配政策と貧困層の底上げ策が本格的に始動した。農村人口や高齢者，貧困層への現金給付やカード配布，都市部の低コスト住宅の整備，農村の情報インフラ整備，コメ・天然ゴムの生産農家を対象とする政府調達など多岐にわたる配分政策が実施に移された。なかでも，2度にわたる貧民登録を実施し，年間所得10万バーツ以下で低資産の国民1167万人を対象に配布された国民福祉カードでは，対象となる国民が青旗と呼ばれる店舗で生活必需品を購入する際に毎月200～300バーツの補助を得られるほか(所得3万バーツ未

満の者は300バーツ,所得3万以上10万バーツ未満の者は200バーツ),各種交通機関ごとに500バーツの交通費補助も支給され,新たな分配政策として注目を集めている。

プーミポン前国王の葬儀

2017年10月26日,前年10月に逝去したラーマ9世・プーミポン国王の火葬が執り行われた。農村の貧困や干ばつ洪水対策,教育など国民生活に直結する取り組みを率先して実践した前国王は,世界でも稀にみる70年の長い治世(1947〜2016年)を誇り,国民から「国父」と慕われてきた。王宮内に安置された前国王の棺には,2016年10月29日から一般市民や各国要人が弔問を始め,2017年10月5日までに延べ1273万9531人が国王に哀悼の意を示し,前国王への献金額は8億8955万バーツに上ることが報告された。

政府の方針により,国葬の参列者には国内外の要人7500人が選定され,このほか王宮前広場に25万人近い人出があるなか,10月25日から29日まで5日間の日程

王宮広場前の国王葬儀行列(2017年10月26日,Kowit Boondham氏撮影,提供)

で前国王の葬儀関連行事が盛大な規模で執り行われた。

前国王の火葬とともに、タイの開発時代と政治的安定の求心力となってきたラーマ9世王の時代(1947～2016年)が終焉を迎えた。今後、マハー・ワチラロンコーン国王の戴冠式が時期をみて行われる予定である。

（船津）

経　　済

堅調に推移するマクロ経済と成長戦略の転換

2017年のタイのマクロ経済は、9～12月期から堅調に成長軌道に乗り、成長の好調さを印象づけた。2016年に引き続き、物品輸出を中心とする輸出や観光が堅調に推移し、実質国内総生産の成長率が前年の3.3%から3.9%に上昇して、過去5年間でもっとも高い値となった。タイ証券取引所(SET)によれば、2017年末のSET指数は1753.71で前年末から13.7%上昇した。

生産面から実質国内総生産をみると、前年まで生産の減少が続いていた農業部門は、洪水の影響はあったものの成長率が6.2%に上昇した。コメの生産および輸出は堅調で、コメの輸出は1162万トンと前年と比べて17.4%増となった。一方、非農業部門の成長率は3.7%であり、前年の3.8%から横ばいである。製造業の成長率は2.5%となり前年の2.2%からやや上向いた。タイ工業連盟によれば、2017年の自動車生産台数は、前年比2.28%増の198万8823台となった。観光関連として宿泊・飲食サービス業(8.5%)が高い成長率を示したほか、運輸・情報通信も6.3%となった。国内や海外からの観光客が順調に増加している。観光・スポーツ省によると、外国人観光客数は前年の8.8%増(353万8000人)で前年と同様の高い伸び率を示した。

支出面から実質国内総生産をみると、民間消費支出は前年の3.5%を上回る3.8%の成長率となった。農民所得が拡大したほか、観光などサービス支出が増加したためと考えられる。一方、固定資本形成は、前年の3.4%から2.7%に成長率が低下している。財・サービスの輸出は5.9%の成長率となり、前年の5.4%から上昇した。このうち、物品輸出は前年の0.1%から9.7%へと上昇した。中国向けの物品輸出は名目で19.4%の成長率と高い伸びを示したほか、台湾、韓国向けの輸出も堅調であった。

その他の経済指標も比較的安定している。中央銀行(BOT)の金融政策委員会は

政策金利を1.5％に据え置き，金融政策の大きな変化はなかった。消費者物価指数の上昇率は0.7％となり，デフレを脱した前年の0.2％から上昇した。失業率は1.2％と前年の1.0％から微増したが，依然として低い水準にある。

　最低賃金は2013年から全国一律に１日300バーツとされていたが，2017年１月１日から地域の状況に応じて５〜10バーツ引き上げられたほか（バンコクは310バーツ），2017年中には職種別の技能基準賃金の引き上げが行われた。最低賃金のさらなる引き上げも議論されたが最終合意は2018年１月にずれ込んだ。この改定ではプーケット県，チョンブリー県，ラヨーン県の最低賃金がバンコク（325バーツ）よりも高い330バーツに設定された（2018年４月１日施行）。物価上昇率が低位にある現状では，賃上げにより短期的には可処分所得増加による経済への正の影響が見込まれる。ただし，継続した賃金上昇圧力が与える長期的な影響については，今後も十分な注意が必要であろう。

少子高齢化と移民労働者問題

　2016年10月に始まった第12次国家経済社会開発計画は，他のASEAN諸国と比べてタイの経済成長率が低迷してきた背景に構造的な問題があることを指摘し，少子高齢化に伴う労働力不足，技術革新の遅れなどから今後の生産性の向上がタイ経済の課題であると分析している。

　実際，タイでは合計特殊出生率が1.5（2015年）まで低下するなど少子高齢化の進行が速く，その対策として2017年にはいくつかの施策が実施された。たとえば，高齢者雇用を奨励するため，歳入法典に基づく勅令により，60歳以上の高齢者を雇用する法人にその経費の控除が認められた（３月３日施行）。また，労働保護法改正（９月１日施行）では，定年退職を雇い止めとみなす旨の規定が設けられ，定年退職者に対する手当の支給が義務づけられた。さらに，12月の高齢者法改正では，低所得高齢者（60歳以上，年収10万バーツ以下）に対する生活保護の財源として，たばこ・酒類の物品税の２％を高齢者基金に組み入れることが定められた。他方，子育て支援策として，子どもに対する手当の上限撤廃（従来は３人まで）や税控除が導入された。

　また，上記と関連して労働力不足の問題に直面するタイ経済は，移民労働者，とくに近隣のミャンマー，ラオス，カンボジアからの労働者への依存を強めており，2014年に成立した暫定政権は，必要な許可書類を持たない移民労働者の規制強化・正規化を進めてきた。その背景には，安全保障上の理由のほか，人身取引，

違法漁業など移民労働者に対する人権侵害への対処を求める国際的圧力(「対外関係」の項参照)があり，就労許可のない移民労働者に対して暫定登録と国籍証明を求める措置をとってきた。政府は，移民労働者の就労許可手続きの厳格化，移民労働者の保護強化を目的に，外国人就労管理緊急勅令を制定した(6月23日施行)。たとえば，許可なく就労した外国人に対して5年以下の懲役または2000バーツから10万バーツの罰金を科すなどこの緊急勅令は厳しい規定を設けていたため，数万人規模の移民労働者が出国し，移民労働者が多く就労する農業・漁業，中小企業などに混乱をもたらした。経済団体からの要請を受けて，NCPO議長令33/2560号(7月5日制定，6月23日に遡及)により一部罰則規定の効力発生が2018年1月1日に延期された。さらに，政府は，同法の影響を緩和するための法改正を検討せざるを得なかった(改正法は2018年3月に制定)。労働省雇用局によれば，2017年12月において国籍証明を終えた者が約125万人，3カ国との覚書に基づく労働者が58万人に達したが，政府は届け出を完了していない移民労働者が十数万人いるとみている。

経済構造改革：「タイランド4.0」と国際競争力の強化

こうした構造的問題を打破するために，新憲法では国が「持続的な発展目標となる国家戦略を策定する」義務が定められ(第65条)，憲法に根拠をおく「国家戦略」計画の策定が明記された。この「国家戦略」計画は，従来の国家経済社会開発計画や国家予算計画，国家安全保障政策を統括する最上位の国家計画に定められ，長期的な国家改革を主導する各種委員会も憲法上の位置づけを得た。

2016年10月に始まった第12次国家経済社会開発計画は，第11次国家経済社会開発計画までの安定的経済の構築とタイの特性を生かした産業育成という目標から転じて成長路線を強調し，生産性向上と国際競争力向上のための提言に力点を置いている。具体的には，高付加価値を生む産業育成と投資奨励策ならびに政府による運輸・交通インフラ整備を中核的な政策として，2021年9月までの5カ年で年平均5％の経済成長率を実現し，1人当たり国民総所得を6000ドルから8200ドルに引き上げることにより，先進国入りを目指している。第12次国家経済社会開発計画とも整合性を保って策定される「20年国家戦略」は，その詳細を公聴会などによって決めていくが，おおまかな政策の概要は国家社会経済開発庁(NESDB)の第12次国家経済社会開発計画のウェブサイトに公表されている。2017年には，「国家戦略」の核心部分となる「タイランド4.0」計画とこれを具体

化したEEC計画とその政策が開示された。

「タイランド4.0」計画では，「20年国家戦略」の一環として，経済社会のデジタル化に即した新産業を外資の誘致政策も利用して育成することを目指し，国際的競争力を強化する10業種の「ターゲット産業」を指定している。初期段階においては，タイ経済の強みを発揮できる「次世代自動車，スマート・エレクトロニクス，医療健康ツーリズム，農業・バイオテクノロジー，未来食品」の5業種をターゲット産業に指定し，のちに「ロボット産業，航空・ロジスティックス，バイオ燃料とバイオ化学，デジタル産業，医療ハブとなる産業」の育成を目指す。この「ターゲット産業」10業種については，2月8日にタイ投資委員会(BOI)がターゲット産業誘致のため，法人所得税の10年間免除と1～3年間の追加優遇策を決定している。

これら「ターゲット産業」を定めたEEC計画の実施は，2016年6月24日の閣議で決定され，同10月4日にEEC法令案が原則承認された。これは，東部臨海工業地帯として過去30年にわたって産業集積地となってきた東部3県(チョンブリー県，ラヨーン県，チャチュンサオ県)を再開発し，産業のハイテク化や観光地域との連結，空港を中心とする都市開発を一気に進める構想である。2017年1月，政府は5年間で約1兆5000億バーツをEEC計画に投資する予定を公表し，「ターゲット産業」の育成，観光の振興，政府主導のインフラ開発と3つの国際空港(スワンナプーム，ドーンムアン，ウタパオ空港)や鉄道の連結を大きな柱とする概要を示した。これに際して，産業育成に不可欠な国内外の民間投資を呼び込むために，BOIは外国企業を含めた過去最大規模の税制優遇措置や物資の輸入関税の免除等を発表した。新たな投資奨励措置では，以前のゾーン制に基づく恩典付与から奨励業種や地区限定の恩典付与に変更され，EEC投資には法人所得税を最長8年免除，特別産業への投資は法人所得税の最長15年免除という長期にわたる優遇措置を設けた。さらにEECでの研究開発促進のため，人材育成や研究に補助金を提供する国家競争力強化基金(100億バーツ)の設置も決められた(大泉啓一郎[2017]『「タイランド4.0」とは何か(後編)』『環太平洋ビジネス情報RIM』Vol.17, No.67, pp.99-115. より引用)。

分配政策と「プラチャーラット政策」

上記の国際競争力の強化策に加え，2017年度には，国内における所得格差の是正と貧困対策が実施に移された。官民協力により草の根経済を支える「プラ

チャーラット政策」(『アジア動向年報 2017』を参照)では，民間団体や企業の協力を仰ぎながら，低所得者向け住宅購入プロジェクトや稲作農家への収穫助成金の拠出が実現した。また政府が2016年に実施した貧民登録の2回目が2017年4〜5月に実施され，年間所得10万バーツ以下で低資産の国民1167万人を対象に国民福祉カードが国から配布された。このカードをもつ国民の割合は総人口の17％を超え，所得に応じて月々200〜300バーツの買い物やガス代金割引，公共交通機関の運賃支給を受けられるようになった。このほか子ども手当や高齢者手当の増額，「1村落25万バーツ」事業による集落改善事業，中小企業向けの「官民協力による中小企業開発基金」の融資など，多くの分配事業が2017年に実施され，暫定政権が主導する分配政策の定着を印象づけた。

(船津・今泉)

対外関係

2017年の外交政策において，プラユット政権は欧米諸国との関係改善と中国との二国間協力に本腰をいれ，いくつかの実務的な外交課題に解決策を見いだした。欧米諸国が注視してきたタイ国内の政治活動抑制やメディア統制については，政権の強硬路線が変わることはなかったものの，アメリカのトランプ大統領との首脳会談が実現し，難民問題や人身取引・外国人労働者問題などに関する法整備を進めることにより，民政復帰をにらんだ欧米・アジア諸国との関係改善に意欲的な姿勢が示された。

欧米諸国・国際機関との関係改善：人身取引，違法漁業問題への対応

欧米諸国や国連機関は，2014年の軍クーデタ以降，タイ国内の難民の扱いや人身取引問題，違法・無報告・無規制(Illegal, Unreported, Unregulated: IUU)漁業問題，政治的自由の抑圧等に対して懸念を表明してきた。しかし，2016〜2017年にタイ側の取り組みが進み，北朝鮮情勢をめぐってタイからも協力を得る必要性が浮上したことから，欧米諸国の側から外交関係修復に向けた働きかけが相次ぎ，関係は正常化に一歩近づいた。

タイ政府は，国内に約10万人いるとされる難民の問題に対応するため，1月10日の閣議で「不法移民と難民への対応に関するコミットメント」を決議し，難民のスクリーニングを行う方針を発表した。国連難民高等弁務官事務所は，これを

難民・不法移民の保護と合法化につながる措置として評価し，7月に決議の履行を政府に促した。

また2014年クーデタ以来，軍による暫定政権との政治関係を停止してきたEUは，注視していた人身取引問題に絡む違法漁業問題でタイ政府が違反者への罰金引き上げ，操業許可取り消し措置をとったことを評価し，水産物禁輸措置(レッドカード)の発動を避けた。さらに12月11日のEU外相会議で政治関係を停止する方針を変え，タイ・EU間のFTA交渉準備が再開される運びになった。

アメリカとの関係は，6月末まで米国務省「人身取引報告書」(TIP報告書)にてタイが第2段階(要監視)扱いに留められるなど，上半期は膠着状態にあった。しかし，北朝鮮情勢の緊迫化を受けて10月にトランプ大統領とプラユット首相の会談が実現してから好転の兆しをみせた。12月には米通商代表部(USTR)が知的財産権に対する対外制裁スペシャル301条監督国リストからタイを外すなど，関係修復に向けた重要な転換期にある。

このほか，タイは2015年6月から国際民間航空機関(ICAO)により空港・航空会社の安全管理体制に重大な懸念がある国に指定され，タイ航空業界は国際線の新規就航・増便などの制限を受けてきた。政府は，航空会社に航空運送許可の再取得を義務づけることで改革を促し，条件を満たさない航空会社に国際線の運行を停止するなどの措置をとった。その結果，同指定も10月に解除された。

ASEAN諸国との関係緊密化

近隣のASEAN諸国との関係は，2015年12月末のASEAN経済共同体(AEC)の発足後，経済統合や協力に向けた地ならしが続けられた。域内の経済関係が緊密化するとともに，二国間の懸案事項にもいくつかの解決策がとられた。

とりわけ重要なのは，近隣のミャンマー，ラオス，カンボジアとの懸案事項であった不法労働者問題への対応策として，タイ政府が6月23日に外国人就労管理の緊急勅令を施行したことである。とくにタイ国内に250万〜500万人(うち正規労働者は200万人)いると推計されるミャンマー人労働者について，7月7日にミャンマーとタイのそれぞれの労働省が移民労働協定を締結するなど，協力関係が進展しつつある(「経済」の項を参照)。このほか，タイ・インドネシア・マレーシアの中央銀行が3カ国通貨の相互決済枠の運用を取り決め(12月11日)，9月7日には，カンボジアで両国首相そろっての合同閣議を開催して二重課税防止協定等を締結するなど，近隣諸国の関係緊密化を印象づけた。

ASEAN（とくにベトナム）と中国の間でかねて係争状態になっている南シナ海問題では，タイは2016年から中国寄りの意見を表明してきた。2017年にはフィリピンも中国との融和に方針を切り替えたことから，今後，ASEAN加盟国間の意思決定は，ASEAN議長を務めるシンガポールと各国間の協議によってその行方が定められる。

深まる中国との協力関係

タイは，経済面で日タイ間の協力関係を維持し，安全保障面でも伝統的に特定の国に偏らない全方位にわたるバランス外交を取り結んできた。しかし，オバマ政権時代のアメリカが，タイへの武器売却等に制裁措置をとったことも手伝って，近年はタイの軍事政権をいち早く承認した中国と，急接近ともいえる関係を築きつつある。4月には閣議が中国製戦車10両の購入予算を承認し，海軍に中国製潜水艦の購入を認めたほか，国防省がタイ国内に中国製武器の整備施設を建設する方針を決めている。経済協力分野でもっともダイナミックな動きがあったのは，タイ＝中国間の高速鉄道網整備計画である。バンコク＝ナコンラーチャシーマー間の鉄道建設計画では，2016年からタイ・中国間の意思決定の迷走が報道されてきたが，プラユット首相が2017年2月にタイ国鉄公社の人事を刷新し，6月15日にはNCPO議長令30/2560号を発動して契約・入札手続きの簡素化，中国人エンジニアの職業免許問題等を解決した。トップダウンで計画手続きのスピードアップを図った結果，12月21日には，首相列席の下ようやく同計画の起工式にこぎつけた。

同時にタイは，軍事面で米軍との共同演習を続けており，北朝鮮情勢の緊迫に際してアメリカや欧米諸国，日本に協力する姿勢をみせている。タイ・中国間の軍事協力関係がより一層深化するなか，欧米諸国や日本との外交・経済関係をどのように維持していくのか，タイのバランス外交の行方が注目される。

（船津）

2018年の課題

2018年5月，プラユット首相率いる軍政は5年目に入る。プラユット首相が国民に選挙政治への疑念を問う動きをみせるなか，2018年2月末に総選挙の実施時期が延期され，政党政治家側は，軍政の対応に不満を噴出させた。対するプラユット首相は，汚職対策と国家構造改革に取り組む政権の姿勢を前面に打ち出し，

長引く暫定政権の存在理由を国民に訴えかけた。国際社会から公約を履行できるか否かが注視されるなか，2018年のタイでは，引き続き総選挙の時期，首相選任をめぐる軍と既存政党との駆け引きが最大の焦点になるであろう。2006年9月クーデタ以降，タックシン派と反タックシン派に分断され，政治的安定を欠いたタイ社会で，どのように政治・経済の安定と民主政治の折り合いをつけていくかという課題が待ち受けている。

経済面では，成長軌道に乗りつつある経済を失速させないよう，好調なサービスや物品輸出関連業の振興を図り，2017年にてこ入れした消費支出など景気動向を確かなものにしていく必要がある。また運輸・交通インフラの整備計画も進みはじめ，2018年は，景気浮揚に必要な材料がそろっている。ただし，暫定政権が掲げる産業構造の高度化や民間投資の促進は，いずれも政府の調整能力が問われる課題であり，長期的政策としての有効性を見極める必要があろう。

外交面では，総選挙の延期による政治的な不透明性が，海外からのリスク算定や投資に与える影響を見定めることが重要であろう。また安全保障と経済協力において急接近している中国との関係の行方も，アメリカ・日本・ASEAN諸国とのバランスをとるうえで重要な外交課題として注目される。

(船津：新領域研究センター主任研究員)
(今泉：新領域研究センター上席主任調査研究員)

重要日誌　タ　イ　2017年

1月4日▶プラユット首相，民政移管にむけて行程表の変更はないと言明。

9日▶マハー・ワチラロンコーン国王，新憲法案の摂政に関する一部条項修正について枢密院を通じて提案。

10日▶閣議，不法移民と難民問題に関する政府コミットメントを決議。

11日▶商務相，南部の洪水被害額を見積もり，幹線道路の浸水19本，産業の損失約4万3000事業者，推計1000億㌽規模と発表。

16日▶国民和解委員会プラウィット副首相，集会制限を残したまま民政復帰の合意提案を行う方針を説明。

17日▶プラユット首相，東部経済回廊(EEC)開発について国家平和秩序維持評議会(NCPO)議長令2/2560号を発令。EEC政策委員会，事務局ほかを設置。

25日▶世界176ヵ国の2016年腐敗認識指数，タイは前年76位から101位に転落。

▶財務省財政局，無所得者が対象の高齢者手当を100㌽増額する予定を公表。

29日▶国家改革推進会議(NRSA)が提案した報道従事者法案について報道関係30団体が反対声明を発表。

2月1日▶法務省，アメリカ・ロールスロイス社によるタイ航空への不正工作疑惑について調査を開始。

2日▶プラユット首相，国家和解準備委員会の33人を指名。

6日▶アピサック財務相，国庫残高の低下に関する財政悪化の懸念を否定。財源不足はなく一時的な低下と説明。

8日▶国防省，2020年までに国内の不法移民労働者を合法化し，労働者登録する方針を発表。

▶タイ投資委員会(BOI)，ターゲット産業誘致のため，法人所得税の10年間免除と1～3年間の追加優遇策を決定。

12日▶国王が第20代大僧正(仏教組織サンガの最高権威者)を任命。

13日▶商務相，大規模店舗の管理と零細商店の保護・振興を目的に，小売・卸売業法案の提出を提案。

14日▶「仏暦2560年ターゲット産業に対する国家競争力強化法」施行。

▶プラウィット副首相主導の「和解のための対話」，第1回目開催。

15日▶BOI，バンコク・ムアントンタニで「タイの機会：タイランド4.0への鍵」セミナーを開催。首相がタイランド4.0構想を説明。

16日▶軍・捜査当局，貯蓄組合資金の横領疑惑がかかるタマチャヨー前住職の身柄確保のため，パトゥムターニー県タマカーイ寺に立ち入り，封鎖。

17日▶プラユット首相，憲法起草委員会(CDC)が再修正した憲法を国王に奏上。

20日▶臨時閣議，50億㌽超の国の公共事業に際して国際競争入札の実施を義務づけ。

3月3日▶歳入法典に基づく勅令施行。60歳以上の高齢者雇用への経費控除を認める。

5日▶日本の天皇・皇后，プーミポン前国王弔問のためタイを訪問(～6日)。

14日▶閣議，タックシン元首相の2006年SHINコーポレーション株式売却について，160億㌽の課税と督促を行う方針を決定。

18日▶会計検査委員会，政治家113人の税金申告漏れに関する資料を国税局に提出。

20日▶プラウィット副首相，国民的和解案を6月までに作成・公表する予定を報告。

▶フィリピンのドゥテルテ大統領，タイ公式訪問。21日に首脳会談，二国間協力覚書に

署名調印(～22日)。

21日▶政府、物品税修正案を承認。

29日▶汚職・不正行為事件刑事裁判所、タイ観光協会元総裁チュタマート・シリワン氏に禁錮刑50年、娘に44年の有罪判決。

4月5日▶改正道路交通法を施行。車両の搭乗者全員にシートベルト着用を義務化。

6日▶マハー・ワチラロンコーン国王、新憲法に署名。「仏暦2560年(西暦2017年)タイ王国憲法」公布。

11日▶閣議、中国製戦車10両を購入するため20億ﾊﾞｰﾂの予算を承認。

14日▶ラーマ五世王騎馬像近くに埋められていた立憲革命記念の人民党顕彰プレートの消失について報道される。

24日▶国防省コンチープ報道官、国内に中国製武器の整備施設を建設する方針を報告。海軍の中国製潜水艦購入も承認。

25日▶NRSAメディア改革小委員会、報道従事者法案修正を提案。

30日▶プラユット首相、アメリカのトランプ大統領と電話会談。北朝鮮の核ミサイル開発問題等について話し合い。

5月1日▶NRSA、報道従事者法案を修正。報道従事者を免許制にする項目等を取り下げて法案承認。

16日▶国立劇場前で爆弾事件。

22日▶ASEANプラス6の経済閣僚会議をベトナム・ハノイで開催(～24日)。

▶プラモンクットグラオ陸軍病院で時限爆弾による爆破事件。25人が負傷。

26日▶政府、暫定憲法第44条に基づきEECにおける官民連携事業の手続き期間の短縮措置を官報に公示。

▶プラユット首相、定例の国民向けテレビ番組で、選挙政治についての4項目の問いを国民に投げかけ。

28日▶民主党元党首ピチャイ・ラッタクン氏、次回総選挙で軍に対抗するため、民主党・タイ貢献党を含む主要4政党による連立構想の訴え。

6月3日▶NRSAワンチャイ議員、総選挙にむけて軍政と反タックシン派政党の連立を呼びかけ。

4日▶NCPO、国民的和解を推進する対話について、結果の要約を報告。

▶ソムキット副首相、日本訪問。日系企業にEEC投資を呼びかけ。7日に安部首相と会談(～8日)。

15日▶タイ・中国共同開発のバンコク=ナコンラーチャシーマー高速鉄道計画の実施を加速するため、NCPO議長令30/2560号を発令。

22日▶国家立法会議(NLA)、「国家戦略法」を可決。

▶バンコク都バンナー地区チャロン・ポカパン・フーズ(CPF)工場の排水処理場で死者5人の事故発生。同工場は26日から30日間の操業停止。

23日▶外国人就労管理に関する緊急勅令施行。雇用主に、外国人労働者の正規の労働許可証取得と福利厚生提供を義務づけ。

27日▶アメリカ国務省、人身取引報告書発表。

▶プラユット首相、警察改革委員会の人選の終了を報告。

29日▶インラック前首相、籾米担保融資政策で生じた国庫への損害5000億ﾊﾞｰﾂをめぐる賠償責任の最高裁公判に出廷。

7月5日▶NCPO議長令33/2560号発令。外国人就労登録に関する罰則の開始日を延長。

6日▶エネルギー政策監督委員会、石化石油ガス(LPG)小売価格の自由化を決定(8月1日実施)。

7日▶ミャンマー労働省とタイ労働省，タイへの移民労働に関する協定を締結．

11日▶閣議，タイ＝中国間高速鉄道建設計画のバンコク＝ナコンラーチャシーマー区間について1兆7904億ﾊﾞｰﾂで実施する最終案を承認．

12日▶政府，10年間の長期滞在ビザと医療目的の入国ビザ延長を認める方針を発表．

13日▶NLA，憲法付属法である政治職刑事訴訟法案と選挙委員会法案を可決．

17日▶政府，国民的和解案10項目を発表．意見聴取のステージを設置（～20日）．

8月1日▶2017年憲法に基づく国家戦略法と国家改革推進法，施行．

3日▶アメリカのティラーソン国務長官，タイ公式訪問．

▶NLA，憲法付属法である政党法案を修正して可決．

8日▶内務省災害防止軽減局，7月5日～8月7日の洪水被害について44県，約180万人に及ぶことを報告．

11日▶香港特別行政区の林鄭月娥行政長官，タイ公式訪問．

15日▶閣議，国家改革委員会を構成する11分野の委員人事を承認．

▶閣議，石油・ガス鉱区第21次入札のため，生産物分与契約方式を導入したエネルギー省令案を原則として認可．

18日▶プラユット首相，定例の国民向け番組で，20年後のタイを世界10位以内の国際競争力をもつ国にするとの目標を示す．

25日▶インラック前首相，籾米担保融資政策における職務怠慢の罪を問う最高裁公判を欠席．事前の国外逃亡が発覚．

9月1日▶改正労働保護法施行．定年退職と定年退職者への手当支給を規定．

4日▶プラユット首相，BRICS定例会議出席のため訪中（厦門，～5日）．タイ＝中国間高速鉄道事業の契約に調印し，10月着工を確認．

7日▶プラユット首相，カンボジア公式訪問．カンボジアのフン・セン首相と合同閣議を開催．二重課税防止協定を締結．

11日▶日本の経済産業相と経済使節団，日タイ修好130周年記念の一環でタイ訪問．

17日▶ドーン外相，第72回国連総会出席のため訪米（～24日）．

27日▶最高裁判所，籾米担保融資政策における不正を放置した罪で，逃亡中のインラック前首相に禁錮5年の実刑判決．

10月1日▶政府，国民福祉カードを導入し年間所得10万ﾊﾞｰﾂ以下で低資産の国民1167万人に配布．

2日▶プラユット首相，トランプ大統領との会談（3日）のため訪米（～4日）．

8日▶憲法付属法である政党法，施行．

9日▶運輸省，国際民間航空機関（ICAO）による航空安全の懸念を示すレッドフラッグ（2015年6月～）が解除されたことを報告．

16日▶タイ国コメ輸出業者協会，商務省の要請により東北タイ稲作農家に1ライ当たり200ﾊﾞｰﾂの収穫助成金拠出を発表．

25日▶プーミポン前国王の葬儀関連儀式始まる（～29日）．26日に王宮前広場にて葬儀．40カ国以上の元首，王族，外交団が参列．

▶首相，EECの旧都市計画案を無効化し，新案の策定を可能にするためNCPO議長令47/2560号を発令．

31日▶外務省，国外逃亡中の前インラック首相のパスポートの失効を発表．

▶世界銀行報告書，タイの中小企業投資に対する利便性を評価し，タイのビジネス環境を190カ国中26位に位置づけ．

11月1日▶シリチャイ労働大臣，首相の人事

介入をきっかけに辞意表明。2日告示。

7日▶閣議，ASEAN・香港間のFTA協定への署名を決定。

8日▶首相，選挙に関する新たな6項目の問いを国民に投げかけ。

▶首相・外相・商務相，第25回APEC会議出席のため，ベトナム訪問（ダナン，～11日）。

▶中銀の金融政策委員会，政策金利を年1.5％に据え置き。

▶アユタヤ県でワゴン車転倒事故。日本人観光客4人の死亡。

11日▶政府，景気刺激策として年末のショッピング減税を実施（～12月末）。

13日▶首相，第31回ASEANサミット出席のため，フィリピン訪問（マニラ，～14日）。同日第9回メコン・日本サミットに出席。

19日▶閣議，中小企業の支援強化策として2400億㌣の長期低利融資の導入を決定。

▶タイ証券取引所（SET）株価指数，一時1736.83㌣まで上昇し24年ぶりの高値を記録。

24日▶第5次プラユット政権，発足。

27日▶ソンクラー石炭火力発電所建設に反対する住民グループ，警官隊と衝突。政治集会禁止令違反で16人が逮捕される。

28日▶ソンクラーでの移動閣議。南部開発につながる運輸インフラ計画等を了承。

30日▶NLA，下院議員選挙法案と上院議員選任法案を承認。

▶プラユット首相，第5次プラユット政権の新閣僚とともに国王前で宣誓式。

12月4日▶閣議，外国人就労管理に関する緊急勅令の修正案（罰則の軽減）を原則了承し，砂糖価格の自由化に関する法規を決定。

6日▶プラウィット副首相に資産虚偽報告疑惑発生。官邸前のテレビ報道で300万㌣相当の高級腕時計・ダイヤ指輪の着用を撮影さ れ，国家汚職防止委員会が調査を開始。

11日▶タイ・インドネシア・マレーシアの中銀，3カ国通貨の相互決済枠の運用開始（2018年1月～）を発表。

12日▶外務省，11日の欧州連合（EU）外相会議が決めたタイ・EU間のFTA交渉再開に歓迎の意を表明。

14日▶日本の国土交通省，バンコク＝チェンマイ間高速鉄道事業の最終報告書をタイ運輸省に提出。

▶アメリカ国務省の北朝鮮政策特別代表ジョセフ・ユン氏，来訪。

15日▶外相，第3回メコン－ランツァン協力外相会議に出席のため訪中（雲南）。

▶アメリカ通商代表部（USTR），知的財産権に対する対外制裁スペシャル301条監督国リストからタイを外すことを報告。

18日▶財務省，新たな土地・建物税の評価基準となる公定地価を公表。

▶BOI，EEC特別経済区の対象業種を決定。投資優遇策を適用。

▶憲法擁護協会のシースワン代表，プラウィット副首相の資産隠し疑惑で，副首相の職務停止処分を要求。

21日▶タイ＝中国間高速鉄道計画，起工式。

▶タイ電話公社（TOT），2万4700村を含む全国のナショナル・ブロードバンド・ネットワークの敷設工事の完了を報告。

▶タイ観光公団（TAT），今年の外国人観光客数が3400万人を突破したことを報告。

22日▶首相，NCPOの許可を得た政党に部分的活動の自由を認めるNCPO議長令を発令。

28日▶タイ国新聞報道関係者協会，年次会議を開催。2017年の政府によるメディア監視を批判。

| 参考資料 | タ　イ　2017年 |

① 国家機構図（2017年12月末現在）

タイ

```
                        ┌─────────┐
                        │  内 閣   │
                        └────┬────┘
    ┌────────────────────────┼────────────────────────┐
┌─────────────┐      ┌───────────────────┐    ┌─────────────────┐
│   商務省    │      │ デジタル経済社会省 2) │    │   エネルギー省   │
├─────────────┤      ├───────────────────┤    ├─────────────────┤
│ 次官事務所  │      │ 次官事務所         │    │ 次官事務所       │
│ 貿易局      │      │ 気象局             │    │ 天然燃料局       │
│ 国内取引局  │      │ 国家統計局         │    │ エネルギー事業局 │
│ 通商戦略事務所│    │ デジタル経済社会委員会│  │ 代替エネルギー開発・│
│ 国際通商交渉局│    │ 事務局             │    │ エネルギー保全局 │
│ 知的財産局  │      │                    │    │ エネルギー政策企画事務所│
│ 事業開発局  │      └───────────────────┘    └─────────────────┘
│ 国際貿易振興局│
└─────────────┘
```

労働省	内務省	法務省
次官事務所	次官事務所	次官事務所
職業幹旋局	地方行政局	矯正局
職能開発局	コミュニティ開発局	権利自由擁護局
労働福祉・保護局	土地局	民事執行局
社会保険事務所	災害予防軽減局	児童・青少年観察保護局
	建設・都市計画局	刑務局
	地方自治振興局	特別事件捜査局
		法務事務所
		法科学研究所

教育省	文化省	法務大臣直属
次官事務所	次官事務所	麻薬取締委員会事務所
教育会議秘書官事務所	宗教局	
基礎教育委員会事務所	芸術局	
高等教育委員会事務所	文化振興局	
職業教育委員会事務所	現代文化芸術事務所	

科学技術省	公衆衛生省	工業省
次官事務所	次官事務所	次官事務所
科学サービス局	医療局	工場局
原子力平和利用事務所	疾病予防局	工業振興局
	タイ式医療・代替医療開発局	鉱業局
	医療科学局	甘蔗・砂糖委員会事務所
	健康関連サービス推進局	工業製品規格事務所
	精神衛生局	工業経済事務所
	保健局	
	食品・薬品委員会事務所	

他の独立機関
王室財産管理局
タイ国銀行(中央銀行)
証券取引等監督委員会
保険業監督委員会

(注) 各省の大臣官房は省略。1) 2016年10月6日に改組。2) 2016年9月16日に改組。
(出所) NCPO命令、官報などにより船津作成。

② 閣僚名簿

閣僚	プラユット政権(2014年9月4日発足、2017年11月24日第5次改造)
	氏 名
首相	Prayut Chan-o-cha (Gen.)
副首相	Prawit Wongsuwon (Gen.)
	Wisanu Krue-ngam
	Prachin Chantong (ACM)
	Somkhit Chatusriphitak
	Chatchai Sarikanlaya (Gen.) *

305

2017年　参考資料

首相府大臣	Suwaphan Tanyuwatthana*
同上	Kopsak Phutrakun*
国防大臣	Prawit Wongsuwon（Gen.）
副大臣	Chaichan Changmongkhon（Gen.）*
財務大臣	Apisak Tantiworawong
副大臣	Wisut Sisuphan
外務大臣	Don Pramutwinai
副大臣	Wirasak Hutrakun
観光・スポーツ大臣	Wirasak Khowsurat*
社会開発・人間安全保障大臣	Anantapon Kanchanarat（Gen.）*
農業・協同組合大臣	Kritsada Bunrat*
副大臣	Lak Watchananwat*
副大臣	Wiwat Salayakamthon*
運輸大臣	Akhom Toempittayapaisit
副大臣	Phairin Chuchotthawon*
天然資源・環境大臣	Surasak Kanchanarat（Gen.）
デジタル経済社会大臣	Phichet Durongkhawerot
エネルギー大臣	Siri Chiraphongphan*
商務大臣	Sonthirat Sonthichirawong*
副大臣	Chutima Bunyapraphat*
内務大臣	Anupong Paochinda（Gen.）
副大臣	Suthi Makbun
法務大臣	Prachin Chantong（ACM）*
労働大臣	Adun Saengsingkaew（Pol.Gen.）*
文化大臣	Vira Rotpotchanarat
科学技術大臣	Suwit Maesinci*
教育大臣	Tirakiat Chreonsettasin
副大臣	Udom Khachinthon*
副大臣	Surachet Chaiyawong
公衆衛生大臣	Piyasakon Sakonsatayadon
工業大臣	Uttom Sawonayon
副大臣	Somchai Hanhiran*

（注）　＊2017年11月24日に異動。カッコ内は軍・警察における階級。
（出所）　官報を参照。

③　国軍人事

国軍最高司令官	Gen.Thanchaiyan Sisuwan	（2017年10月 1 日）
陸軍司令官	Gen. Chaloemchai Sitthisat	（2016年10月 1 日）
（第一管区司令官）	Lt. Gen. Aphirat Khongsomphong	（2016年10月 1 日）
海軍司令官	Adm. Narit Prathumsuwan	（2017年10月 1 日）
空軍司令官	ACM. Chom Rungsawang	（2016年10月 1 日）
国防次官	Gen. Thepphong Thippayachan	（2017年10月 1 日）
国防副次官	Gen. Wisut Nangoen	（2017年10月 1 日）
	Adm. Chumphon Lumphikanon	（2017年10月 1 日）
	ACM. Surasak Thungthong	（2017年10月 1 日）
	Gen. Nat Intharacharoen	（2017年10月 1 日）

④　警察人事

警察長官	Pol. Gen. Chakthip Chaichinda	（2015年10月 1 日）
首都圏警察本部長	Pol. Lt. Gen. Chanthep Sesawet	（2017年 8 月30日）

（注）　カッコ内は任命日。
（出所）　官報および警察ウェブサイト。

主要統計　タ　イ　2017年

1　基礎統計

	2012	2013	2014	2015	2016	2017
人　　口（100万人，年末）	64.5	64.8	65.1	65.7	65.9	66.2
労　働　人　口（同上）	39.4	39.4	38.6	38.5	38.3	38.1
消費者物価上昇率（％）	3.0	2.2	1.9	-0.9	0.2	0.7
失　業　率（％）	0.7	0.7	0.8	0.9	1.0	1.2
為替レート（1ドル＝バーツ）	31.08	30.73	32.48	34.25	35.30	33.94

（出所）　タイ中央銀行（http://www.bot.or.th/）。

2　支出別国内総生産（名目価格）　　（単位：10億バーツ）

	2012	2013	2014	2015	2016	2017
民　間　消　費	6,544.1	6,746.9	6,933.4	7,012.6	7,260.4	7,538.2
政　府　消　費	2,020.8	2,113.4	2,238.1	2,352.6	2,461.5	2,532.0
総固定資本形成	3,335.7	3,278.3	3,262.8	3,369.9	3,484.3	3,580.0
在　庫　増　減	127.3	267.8	-98.2	-304.6	-420.7	-50.6
財・サービス輸出	8,619.9	8,797.3	9,165.2	9,444.7	9,950.6	10,533.1
財・サービス輸入	8,492.4	8,432.5	8,270.4	7,861.7	7,804.7	8,441.0
国内総生産（支出側）	12,155.4	12,771.2	13,230.8	14,013.5	14,931.5	15,691.7
国内総生産（生産側）	12,357.3	12,915.2	13,230.3	13,747.0	14,533.5	15,450.1
海外純要素所得	-566.2	-825.5	-680.7	-709.0	-682.4	-672.2
国民総所得（GNI）	11,791.1	12,089.7	12,549.6	13,038.0	13,851.1	14,777.9

（注）　暫定値。
（出所）　国家経済社会開発委員会事務局（http://www.nesdb.go.th/）。

3　産業別国内総生産（実質　基準年=2002）　　（単位：10億バーツ）

	2012	2013	2014	2015	2016	2017
農　　　　　業	656.0	660.6	658.7	617.4	602.3	639.9
鉱　　　　　業	237.7	242.8	238.9	244.6	247.0	235.9
製　　造　　業	2,596.2	2,645.6	2,647.2	2,691.2	2,753.0	2,822.7
電力・ガス・水道	292.9	289.2	296.9	312.0	325.4	330.9
建　　設　　業	235.8	235.1	229.4	268.5	291.7	284.9
卸　売・小　売　業	1,322.5	1,333.8	1,325.4	1,388.4	1,462.7	1,555.2
宿泊・飲食サービス業	383.7	420.9	431.4	496.1	545.3	591.6
運輸・情報通信業	821.2	866.3	894.1	941.9	980.3	1,052.4
金　　融　　業	498.8	560.3	602.3	652.7	695.0	729.5
不　動　産　業	735.0	753.4	758.0	771.6	796.0	832.5
行　政・国　防	493.0	495.5	502.0	505.2	507.4	508.5
医療・教育・その他	663.5	687.0	705.6	720.1	743.6	765.3
国内総生産（GDP）	8,902.8	9,142.1	9,232.1	9,510.9	9,823.1	10,206.5
GDP成長率（％）	7.2	2.7	1.0	3.0	3.3	3.9

（注）　いずれも暫定値。国家経済社会開発委員会事務局では2015年から過去すべてのGDP統計を固定基準年方式から連鎖方式に変更した。
（出所）　表2に同じ。

2017年　主要統計

4　国・地域別貿易

(単位：100万バーツ)

	2014 輸出	2014 輸入	2015 輸出	2015 輸入	2016 輸出	2016 輸入	2017 輸出	2017 輸入
日　　　　本	697,589.6	1,154,512.9	675,543.2	1,064,179.7	718,354.8	1,088,576.5	754,855.2	1,097,380.6
Ｎ Ａ Ｆ Ｔ Ａ	879,403.5	522,420.1	948,260.9	522,507.0	1,004,263.9	480,272.5	1,047,086.0	558,214.9
ア メ リ カ	767,832.4	474,102.7	811,346.3	472,025.9	858,391.6	427,366.4	897,666.0	510,741.3
Ｅ　　　Ｕ[1]	751,218.4	633,177.2	740,518.6	616,453.7	773,517.0	641,566.3	803,765.2	704,237.4
ド イ ツ	145,635.0	192,327.3	144,587.1	189,138.0	156,930.4	208,153.9	166,617.0	207,686.1
イ ギ リ ス	128,804.5	90,424.1	128,543.6	86,663.1	134,942.4	71,461.4	138,290.3	100,275.7
Ａ Ｓ Ｅ Ａ Ｎ	1,908,927.3	1,333,912.4	1,858,983.0	1,308,137.5	1,920,462.2	1,296,041.1	2,018,893.4	1,421,661.1
シ ン ガ ポ ー ル	335,487.0	256,211.3	294,436.1	242,928.4	288,800.3	230,991.1	281,078.2	272,046.3
マ レ ー シ ア	410,241.5	414,464.3	342,825.7	406,033.2	337,477.2	382,818.4	350,151.7	402,994.5
Ｃ Ｌ Ｍ Ｖ[1]	664,683.8	320,281.1	751,826.9	330,918.1	780,490.0	340,126.8	851,769.4	361,213.7
中　　　　国	806,418.4	1,251,528.3	800,893.9	1,403,176.7	833,538.0	1,490,905.6	995,474.8	1,514,987.7
香　　　　港	405,266.4	38,648.5	399,805.4	53,571.1	402,289.9	56,613.4	416,566.8	99,101.3
台　　　　湾	128,984.6	245,004.8	118,877.9	256,486.6	118,230.6	252,529.2	134,939.7	278,750.2
韓　　　　国	145,242.0	277,968.8	138,216.1	239,569.3	142,750.7	258,286.6	158,192.9	276,106.3
中　　　　東	377,252.0	944,714.4	353,980.8	622,799.6	312,591.7	517,467.7	285,979.7	644,990.6
合　　　　計	7,311,089.0	7,403,904.8	7,225,722.8	6,906,078.4	7,550,704.1	6,888,186.7	8,008,374.5	7,629,897.8

(注)　1)EUは28カ国の合計値(クロアチア含む)。CLMVはカンボジア，ラオス，ミャンマー，ベトナムの合計値。
(出所)　表1に同じ。

5　国際収支

(単位：100万ドル)

	2012	2013	2014	2015	2016[1]	2017[1]
経　常　収　支	-1,698.4	-4,861.1	15,224.0	32,111.4	48,237.3	48,126.5
貿易・サービス収支	4,080.9	11,413.2	27,489.8	46,038.8	60,764.0	61,666.0
貿　　　　易	30.1	39.6	17,201.4	26,798.3	36,539.4	31,865.7
輸　　　出	227,655.2	227,455.3	226,623.6	214,045.8	214,250.8	235,105.7
輸　　　入	227,625.1	227,415.8	209,422.3	187,247.5	177,711.4	203,240.0
サ ー ビ ス	4,050.9	11,373.6	10,288.4	19,240.5	24,224.6	29,808.2
輸　　　送	-15,836.2	-15,203.6	-13,340.7	-9,918.8	-9,339.0	-9,834.3
旅　　　行	27,607.7	35,298.3	31,347.1	37,204.1	39,720.2	47,883.7
第一次所得収支	-18,241.1	-26,900.9	-20,993.7	-20,622.2	-19,340.6	-20,973.2
第二次所得収支	12,461.8	10,626.6	8,727.8	6,694.8	6,813.9	7,425.9
資本移転等収支	234.4	281.2	100.3	0.1	12.7	-140.9
金　融　収　支	12,790.0	-2,488.0	-15,954.7	-16,799.2	-21,022.9	-18,228.4
直　接　投　資	-1,361.5	3,814.5	-766.3	3,936.5	-10,345.8	-11,647.9
証　券　投　資	3,398.3	-4,766.4	-12,012.8	-16,508.1	-2,797.6	-2,477.7
金 融 派 生 商 品	538.8	-341.1	965.8	903.3	303.3	116.2
そ の 他 投 資	10,214.5	-1,195.0	-4,141.3	-5,130.9	-8,182.8	-4,218.9
誤　差　脱　漏	-6,061.4	2,018.8	-579.8	-9,453.3	-14,382.7	-3,800.5
総　合　収　支	5,264.7	-5,049.1	-1,210.2	5,858.9	12,844.5	25,956.7

(注)　1)2016年，2017年は暫定値。
(出所)　表1に同じ。

2017年の フィリピン

	フィリピン共和国	宗 教	ローマ・カトリック教，ほかにフィリピン独立教会，イスラーム教，プロテスタント
面 積	30万 km²	政 体	共和制
人 口	1億492万人（2017年中位推計）	元 首	ロドリゴ・ドゥテルテ大統領
首 都	マニラ首都圏	通 貨	ペソ（1米ドル＝50.40ペソ，2017年平均）
言 語	フィリピノ語（通称タガログ語）ほかに公用語として英語	会計年度	1月〜12月

----- 州境
◉ 首都

（17地方 [1首都圏, 1自治地域を含む], 81州）

NCR－マニラ首都圏
CAR－コルディリェラ地方
　1 アパヤオ
　2 カリンガ
　3 アブラ
　4 マウンテン・プロビンス
　5 イフガオ
　6 ベンゲット
I－イロコス地方
　7 イロコス・ノルテ
　8 イロコス・スル
　9 ラ・ウニオン
　10 パンガシナン
II－カガヤン・バレー地方
　11 バタネス
　12 カガヤン
　13 イサベラ
　14 キリノ
　15 ヌエバ・ビスカヤ
III－中部ルソン地方
　16 アウロラ
　17 ヌエバエシハ
　18 タルラク
　19 サンバレス
　20 バタアン
　21 パンパンガ
　22 ブラカン
IV-A－カラバルソン地方
　23 リサール
　24 カビテ
　25 バタンガス
　26 ラグナ
　27 ケソン
IV-B－ミマロパ地方
　28 マリンドゥケ
　29 オリエンタル・ミンドロ
　30 オクシデンタル・ミンドロ
　31 ロンブロン
　32 パラワン
V－ビコール地方
　33 カマリネス・ノルテ
　34 カマリネス・スル
　35 アルバイ
　36 ソルソゴン
　37 カタンドゥアネス
　38 マスバテ
VI－西部ビサヤ地方
　39 アクラン
　40 カピス
　41 イロイロ
　42 アンティケ
　43 ギマラス
　44 ネグロス・オクシデンタル
VII－中部ビサヤ地方
　45 ネグロス・オリエンタル
　46 セブ
　47 ボホール
　48 シキホール
VIII－東部ビサヤ地方
　49 ビリラン
　50 北サマール
　51 東サマール
　52 西サマール
　53 レイテ
　54 南レイテ
IX－サンボアンガ半島
　55 サンボアンガ・デル・ノルテ
　56 サンボアンガ・デル・スル
　57 サンボアンガ・シブガイ
X－北部ミンダナオ地方
　58 カミギン
　59 ミサミス・オリエンタル
　60 ブキドノン
　61 ラナオ・デル・ノルテ
　62 ミサミス・オクシデンタル
XI－ダバオ地方
　63 ダバオ・オリエンタル
　64 コンポステラ・バレー
　65 ダバオ・デル・ノルテ
　66 ダバオ・デル・スル
　67 ダバオ・オクシデンタル
XII－ソクサージェン地方
　68 北コタバト
　69 スルタン・クダラット
　70 南コタバト
　71 サランガニ
XIII－カラガ地方
　72 ディナガット・アイランズ
　73 スリガオ・デル・ノルテ
　74 スリガオ・デル・スル
　75 アグサン・デル・ノルテ
　76 アグサン・デル・スル
ARMM－ムスリム・ミンダナオ自治地域
　77 ラナオ・デル・スル
　78 マギンダナオ
　79 バシラン
　80 スルー
　81 タウイタウイ

2017年のフィリピン

戒厳令下でイスラーム過激派掃討めざす

鈴木　有理佳

概　況

　5月にマラウィ市で始まったイスラーム過激派武装勢力との闘いは，ミンダナオに即刻布かれた戒厳令下で5カ月間続いた。市内の多くの建物が破壊され，住民約35万人が避難し，戦闘による死者は1100人を超えた。その後も安全保障上の脅威が残っているとして，戒厳令は2018年末まで延長された。

　ロドリゴ・ドゥテルテ大統領の支持率は高い。だが政権人事は不安定で，閣僚5人が議会の任命委員会の承認を得られず退任し，ほかにも複数の閣僚や政府高官がドゥテルテ大統領により解任された。議会は大統領寄りの議員が圧倒的多数を占めるものの，政策遂行に欠かせない重要法案の成立は遅い。政権発足直後から続く強硬な「麻薬撲滅戦争」は，死者がさらに増加した。悪質な警察官による事件や大規模な密輸事件も明らかになり，国内外から非難が高まっている。反政府勢力との関係では，モロ・イスラーム解放戦線（MILF）との和平プロセスが一歩前進し，バンサモロ基本法案が再提出された。共産主義勢力との和平交渉は年内に2回実施されたものの，新人民軍（NPA）による止むことない暴力行為に激怒したドゥテルテ大統領が，交渉中断を宣告した。

　経済は好調を維持し，実質GDP成長率は6.7％であった。ドゥテルテ政権の目標を定めた「フィリピン開発計画2017-2022」が発表され，大規模なインフラ整備を軸とする経済政策が明らかにされた。ただし，そのためには巨額の財源が必要で，約20年ぶりとなる包括的税制改革に着手した。

　対外関係では，1年を通してASEAN首脳会議や閣僚会議をはじめとする一連の会議を開催し，ASEAN議長国としての責務を果たした。二国間関係では，中国やロシアと融和的な関係を築き，日本とは友好関係を維持している。アメリカとは，マラウィ市におけるイスラーム過激派との戦闘で貴重な軍事支援を受け，同盟関係が健在であることを示した。

国内政治

閣僚の退任相次ぐ

　ドゥテルテ大統領の支持率は高く，70％超をほぼ維持している（図1）。しばしば暴言を吐く姿は相変わらずで，就任早々に開始した強硬な違法薬物取り締まりには国内外から非難もあるが，ひるむことなく進めている。また，自ら任命した閣僚や政府高官であっても，汚職や不正の疑いや過剰な海外出張等で職務遂行能力に欠けると判断した場合には解任するなど，強気な姿勢も貫いている。ミンダナオのマラウィ市では，IS（「イスラーム国」）に忠誠を誓う過激派武装勢力と激しい戦闘になったが，約5カ月後に鎮圧した。経済は好調かつ安定しており，かつてない大規模なインフラ整備を進めようと日本や中国から経済支援を取り付けている。こうしたさまざまな情勢が，ドゥテルテ大統領の支持につながっているものと考えられる。

　一方で，ドゥテルテ政権の人事は不安定である。2017年は閣僚5人が議会の任命委員会の承認を得られず退任し，ほかに2人が大統領に促される形で辞任した。大統領が任命する閣僚や一部の政府高官は，1987年憲法の規定により，最終的に上下両院議員25人で構成される任命委員会の承認を得なければならず，それまで

図1　大統領と副大統領の支持率

（出所）　Social Weather Stations（http://www.sws.org.ph/）資料より作成。

は代行という立場で事実上職務にあたる。現在の政治体制になってから、これまでに閣僚の任命が否認された例は1993年の財務長官1件のみで、今回、5人もの閣僚が否認されるというのは異例の事態である。

1人目はペルフェクト・ヤサイ外務長官で、1986年にアメリカ国籍を一時取得していたにも関わらず、「アメリカ国籍を保持したことは一度もない」という虚偽証言を理由に3月、否認された。

2人目はレジナ・ロペス環境天然資源長官で、能力不足を理由に5月、否認された。ロペス長官は2月、環境保護を目的として、操業中の鉱区41件のうち23件の閉鎖と5件の停止命令を出し、その後も発掘中の案件を含む鉱産物分与協定75件の破棄命令を出していた。さらに4月、露天掘り鉱山の禁止命令も出しており、鉱業界からは一連の命令が客観性のない一方的な判断だとして強い反発を招いていた。任命委員会では、ロペス長官の環境保護への強い信念に対する支持票もあったようだが、業界の反発に従った否認票が勝り、退任に追い込まれた。

3人目は8月にジュディ・タギワロ社会福祉開発長官が、4人目は9月にラファエル・マリアノ農地改革長官が否認された。両者ともフィリピン共産党(CPP)推薦による就任であった。タギワロ社会福祉開発長官は、ドゥテルテ政権の税制改革案の一部について貧困層に不利であると反対したことや、貧困家庭を対象とした条件付き現金給付の給付先を誘導したい一部議員らの介入に応じなかったことなどが議員の反発を招いたとされている。マリアノ農地改革長官は、4月にダバオ市内で発生した新人民軍(NPA)や過激農民らによるバナナ輸出会社に対する破壊行為と占拠事件への関与が強く疑われた。両者ともその就任経緯から、CPPやNPAを利する行為があったのではないかという疑惑を最後まで拭えなかった。

5人目は10月、パウリン・ウビアル保健長官で、否認理由は未公表だが、職権乱用が背景にあると見られている。以上のような閣僚の否認は、とりわけ既得権益を大きく脅かすような政策の進め方に、議会が必ずしも黙っていないことを示したとも言えよう。

そのほか、4月にイスマエル・スエノ内務自治長官が、9月にロドルフォ・サラリマ情報通信技術長官が辞任した。いずれも不正疑惑による事実上の解任とみられる。閣僚以外の政府高官や大統領側近も、汚職や不正疑惑、それに過剰な海外出張による職務怠慢などによって多数解任された。例えば、8月に関税局長が、10月にエネルギー規制委員長が、11月に危険薬物委員会委員長が、そして12月に大統領都市貧困委員会委員長が政権を去った。また、理由は不明だが、大統領ス

ポークスパーソンも11月に解任された。こうした解任劇は，ドゥテルテ大統領の古くからの知人や友人に対しても容赦なく行われている。なお，空席となった一部のポストでは後任指名が遅れたり，国軍・警察出身者の多用や他のポストからの横滑りが散見されたりするなど，ドゥテルテ大統領の人脈の狭さや行政執行の遅れが懸念される。

法案審議は総じて緩慢

議会では，上下両院議長をドゥテルテ大統領と政党を同じくする議員が務め，連立や個人的な意向をもとに，大統領寄りの姿勢を示す議員が圧倒的な「多数派」(majority)を構成している。上院では2月，自由党所属のライラ・デリマ上院議員逮捕事件(後述)を機に多数派と「少数派」(minority)の構成が変わり，それまで多数派に属していた自由党陣営の議員5人が追い出されるような形で少数派となった。そもそも彼らがドゥテルテ政権の政策に批判的であったことも背景にある。それでも新たな少数派は上院議員23人中6人で，数的影響力はない。下院でも9月，左派系閣僚2人の退任や共産主義勢力との和平交渉中断を受けて，左派系議員7人が多数派から離脱したが，こちらも数的影響力はない。

このように議会は政権に有利な状況であるものの，大統領の意向を汲んで法案審議を進めることの多い下院はともかく，上院は派閥の縛りが緩く，法案審議が遅い。そこでドゥテルテ大統領は1月，政権側と議会の意思疎通を図る目的で，大統領・閣僚・上下両院の代表らで構成される立法行政開発諮問会議(LEDAC)を約5年半ぶりに開催した。その後も同会議を2回開催し，第17議会中(2016〜2019年)に成立させたい優先法案28件を抽出した。そのうち，2017年内に可決・成立したのは税制改革(第1弾)と高等教育無償化の2件のみである。2018年度予算法案も遅れて優先法案扱いになり，年内に成立した。なお，優先法案以外で可決・成立した法案は多数存在する。

ドゥテルテ大統領が選挙期間中から公言していた死刑制度復活と刑事罰対象の年齢を15歳から9歳に引き下げる少年法改正は，ともに優先法案に指定されておらず，進展の見込みは低い。都市部の交通渋滞解消のために大統領に非常大権を付与する法案は，優先法案に指定されているものの，ドゥテルテ大統領の関心がそれほど高くなく審議が停滞している。そのほか，連邦制移行やバンサモロ基本法案(後述)は，議論が広範囲に及びかつ利害関係が複雑で，特に前者は憲法改正を伴うことから，審議に時間を要することが予想される。議会は多数派が一大勢

力であるが，前述した閣僚の認否も含め，必ずしもドゥテルテ大統領の思惑どおりにすべてが進展しているわけではない。各議員は個人的利害と大統領の意向を汲むことから得られる利益を図りつつ，判断しているものと思われる。

批判勢力を露骨にけん制

　後述する違法薬物取り締まりやミンダナオ戒厳令布告など，強権的手法に対する批判が高まるにつれ，ドゥテルテ陣営は政権運営を阻むとみなした相手を露骨にけん制するようになった。その最たる例が，ライラ・デリマ上院議員の逮捕である。2月，デリマ上院議員はアキノ前政権の司法長官時代に違法薬物密売に関与した疑いで警察に逮捕された。彼女はドゥテルテ批判の急先鋒にいた人物で，2016年5月の上院選挙で初当選してからは強硬な違法薬物取り締まりを一貫して非難し，ドゥテルテのダバオ市長時代にまで遡ってその手法の非合法性を追及していた。今回の自身の逮捕については，その不当性を主張して逮捕状取り消しを最高裁に訴えたが否決された。ただその間，訴訟を起こした司法省が罪状を修正するなど司法手続きが迷走し，公判は年内に開かれていない。こうした強引ともいえるデリマ上院議員の逮捕につき，「政治的ハラスメントだ」という指摘もある。また，欧州議会が彼女の釈放を求める決議を採択するなど，国内外から強い批判の声が上がっている。

　ほかにも，批判勢力に対するけん制行為は，アキノ前大統領によって任命され，その影響下にあると判断された政府要人を標的にしたものが多い。たとえば選挙委員長，最高裁長官，オンブズマン，それにアキノ陣営に属する副大統領に対する弾劾の脅しなどである。「彼らがその立場を利用して政権の信用を失墜させる動きに加担している」というのが，ドゥテルテ陣営の見解である。

　これらのうち，アンドレ・バウティスタ選挙委員長に対する弾劾発議は，本人が辞任したことで終結した。マリア・ルーデス・セレノ最高裁長官に対する弾劾発議は，下院の司法委員会に付された。弾劾理由は公金の不正使用や過去の不適正な資産報告などであるが，最高裁長官はこれまでたびたびドゥテルテ大統領の言動に対して批判的な発言をしており，それが大統領の怒りを買ったことが今回の動きの背景にある。また，フィリピンの裁判所は審理が遅いうえ，行政訴訟に関しては差し止め仮処分命令を出して執行を停止させることが多い。政策遂行の邪魔をしないよう，政権が司法全体に圧力をかけているという見方もある。ドゥテルテ大統領寄りの議員が圧倒的多数を占める下院では，同発議の可決に必要な

3分の1の支持を得られる公算が高く，可決されれば2018年半ばにも上院で弾劾裁判が始まる。

他方で，少数派議員がドゥテルテ大統領に対する弾劾発議を提出するという動きもあったが，下院の司法委員会が即刻棄却した。こうして軽々しく政府要人に対する弾劾の脅しが相次いだため，議会の法案審議が停滞することにビジネス界が憂慮を示した。

そのほか，強硬な違法薬物取り締まりを非難する人権委員会に対して，下院が2018年度予算をわずか1000ペソのみ提案するという出来事もあった。最終的には市民や上院からの強い反発を受けて予算を復活させたが，本来の機能を果たしていないという理由で，エネルギー規制委員会と国家先住民委員会にも同様の扱いをしており，「脅し」のような方法で服従させようとする一幕もあった。ほかにもドゥテルテ大統領による，政権に批判的なマスメディアに対する圧力や，治安保全のために「革命政府を樹立する」という発言があった。フィリピンの民主主義や憲政が脅かされつつあることに危機感を示す意見も出はじめている。

強硬な違法薬物取り締まり続く

ドゥテルテ大統領が就任直後から取り組んでいる「麻薬撲滅戦争」は，引き続き物議をかもした。国家警察と麻薬取締庁（PDEA）による報告では，2016年7月1日から2017年12月27日までに麻薬取締捜査は8万683件実施され，逮捕者は11万9023人，摘発・捜査中の容疑者死亡は3968人，押収された覚せい剤は2560キログラム（131億ペソ相当）と発表されている。その一方で，捜査中の容疑者死亡も含め，これまで1万6000人超が殺害されたという報道もある。

麻薬絡みの事件は日々起きているが，悪質な警察官による不祥事も相次いだ。2016年10月に発生した韓国人実業家誘拐殺害事件は，麻薬取引の疑いをかけられた実業家がパンパンガ州アンヘレス市の自宅から国家警察・違法薬物撲滅班（AIDG）の隊員らによって誘拐され，首都圏の国家警察本部敷地内で殺害されたのちに荼毘に付されていたことが明らかになった。4月には，マニラ市警察署内の狭い隠し部屋に容疑者ら男女12人が違法に拘束されていることが，人権委員会による強制捜査で発覚した。7月末には，容疑をかけられていたミサミス・オクシデンタル州オサミス市の市長と居合わせた親族や関係者少なくとも15人が，警察の摘発・捜査中に射殺された。そして8月には，首都圏のカロオカン市警察署管内で10代の青年が立て続けに2人，残忍な方法で殺害された。そのうちの1人

については，目撃証言などから警察官の関与が明らかになっている。

韓国人実業家殺害事件の詳細が明らかになった際は，「警察は芯まで腐っている」としてドゥテルテ大統領が警察を捜査から一時的に外し，PDEA主導による取り締まりを指示した。ただ予算や人数が圧倒的に少ないPDEAでは効果的な取り締まりができるはずもなく，3月には警察を復帰させた。ところが，その後も数々の不祥事が発覚したため，ドゥテルテ大統領は再度10月に警察を取り締まりから外したが，12月には再び復帰させた。この間，国家警察側は組織内の粛正を進めようとAIDGを解散し，多数存在するとされる悪質な警察官の処分を約束した。また，複数の不祥事が発覚したカロオカン市警察署のほぼすべての隊員約1100人を一時的に解任し，再訓練させるという措置もとった。

覚せい剤の密輸が大規模に行われていることも明らかになった。5月，麻薬取締庁と関税局，国家捜査局の捜査官らが首都圏のバレンズエラ市内の倉庫で約604キログラム（64億ペソ相当）の覚せい剤の密輸を摘発・押収した。フィリピン史上最大の密輸摘発ともされる同事件には，関税局職員，税関ブローカー，荷受人や輸入者，倉庫管理者などが複数関与しており，その後の証言によって彼らの国籍が中国，台湾，フィリピンにまたがること，2016年から数回にわたって実施されていたこと，そして関税局の一部職員やブローカーらが賄賂と引き換えに貨物の通関に便宜を図ってきたことなどが明らかにされた。こうした組織的な密輸はテクニカル・スマグリングと呼ばれ，歴代政権も長らく根絶できないでいる。今回の事件では，収賄容疑のある関税局幹部数人が辞任した。また，11月には税関ブローカーなどの関係者少なくとも9人が首都圏のバレンズエラ市地裁に起訴されたが，同地裁はマニラ市で発生した事件のため管轄外だと棄却し，2018年1月，司法省によってマニラ市地裁に再起訴された。違法薬物取り締まりや密輸捜査は，強硬に実施すればするほど，その実態と深刻さが明らかになりつつある。そのうえ，捜査の甘さや司法手続きの遅さから，関係者を厳罰に処すことができるかは不透明で，解決の糸口が見えずにいる。

なお，強硬な取り締まりに関する非難は国内外で高まっている。国際人権団体であるヒューマン・ライツ・ウォッチやアムネスティ・インターナショナル，それに国連人権理事会，国連人権高等弁務官，欧州議会などは，強い言葉でドゥテルテ政権を非難した。国内では人権委員会や人権団体に加えてカトリック教会も批判を強め，上院でも大統領寄りとされる多数派の議員が「超法規的殺人」に対する非難決議を採択した。知識人をはじめとする市民も広く集結し，ドゥテルテ

大統領の強権的な手法を批判する動きも高まった。

マラウィ市でイスラーム過激派と戦闘に

5月23日，ドゥテルテ大統領は訪問先のロシアからミンダナオ全域に戒厳令を布告した。同日午後，国軍・警察合同部隊がイスラーム過激派武装勢力であるアブサヤフ幹部のイスニロン・ハピロンを逮捕するため，ラナオ・デル・スル州マラウィ市内の潜伏先とみられる場所に急襲したところ，同じくIS（「イスラーム国」）に忠誠を誓い，アブサヤフと行動を共にしていたマウテ・グループが参戦して激しい戦闘になった。そのまま彼らは一般市民を人質にして市内の建物を占拠・破壊しはじめたため，事態の深刻さを認識したドゥテルテ大統領が戒厳令布告に踏み切った。折しも国防長官，国軍参謀総長，国家警察長官の治安担当者トップは揃ってドゥテルテ大統領と共にロシア訪問中で，事件発生時に本国を不在にしていた。なお，イスニロン・ハピロンはアブサヤフ一派の指導者で，報道によるとISが東南アジアを拠点とするカリフ国のアミール（司令官）の1人として承認している。アメリカはそのハピロン逮捕のため，情報提供に500万ドルの懸賞金をかけていた。

国軍は当初，数週間で事態を鎮圧できるとみていたが，実際にはハピロンやマウテ・グループを率いるマウテ兄弟を射殺する10月末まで約5カ月間，戦闘が続いた。最終的な死者は1131人で，うち武装戦闘員919人，国軍兵士や警察官165人，民間人47人と報道されている。ほかに市民約1780人が一時的に人質として捕らえられ，35万人以上が避難した。また，空爆でモスクをはじめとする多くの建造物が破壊され，復旧・復興には数百億ペソがかかると見積もられている。

ラナオ・デル・スル州はムスリム・ミンダナオ自治地域内にあり，中央政府とモロ・イスラーム解放戦線（MILF）が合意したバンサモロ自治地域（後述）に含まれる予定である。そのMILFは，過激思想に傾斜するマウテ・グループとは初めから一線を引いており，マラウィ市占拠を企む彼らの動きにいっさい同調していない。ただし，同市にもMILFの影響が及ぶことから，戦闘開始後の5月末，ドゥテルテ大統領はMILFのムラド・イブラヒム議長と会談し，市内に取り残された市民の避難経路や物資輸送ルート確保のために協働で平和回廊（peace corridor）を設置することに合意した。

今回の事件を未然に防げず，戦闘が長引いた背景にはいくつかの要因が指摘されている。第1に，国軍が市街戦に不慣れであった。これまでは森林が生い茂る

戒厳令下でイスラーム過激派掃討めざす

戦場となったマラウィ市内の自宅の確認に訪れた住人
(2017年10月24日，AFP＝時事)

なかでの戦闘が多かったため，市街戦を想定した装備も不十分であった。マラウィ市内の建物の地下室やトンネル，市街の小道などが国軍の移動や作戦を阻んだ。他方で，武装勢力側は民家に押し入って食料品や物資を強奪し，人質にした市民をも巻き込んで戦闘を長引かせた。なお装備に関しては，戦闘開始後にアメリカやオーストラリアなどから軍事支援を受けた。

　第2に，治安当局が，マラウィ市内に潜伏していたアブサヤフ一派やマウテ・グループの規模や能力を過小評価していたことである。戦闘中に彼らの隠れ家から多額の現金や小切手が発見され，多数の銃器や麻薬も押収された。マウテ・グループは親族や同調者の協力を得つつ，時間をかけて戦闘準備をしていたようである。治安当局は武装勢力によるマラウィ市占拠計画や武器運搬などの諜報を入手していたようだが，事態の深刻さを適正に分析かつ評価できなかった。

　第3に，フィリピン国内におけるISの影響の過小評価である。戦闘中，外国人戦闘員の目撃情報があり，死亡者には複数のマレーシア人やインドネシア人をはじめ，チェンチェン人やイエメン人も含まれることが確認された。アブサヤフやマウテ・グループが，SNSを通じて国内外から広く戦闘員をリクルートしていたことも確認されている。彼らはもはやローカルな武装勢力ではなく，世界的に広がる過激思想に乗じて部族や民族の枠を超えて結集するようになっている。

10月末の戦闘終結宣言後も，国軍は残る武装戦闘員らの掃討作戦を継続し，分散した彼らの動きを警戒している。その対象には，同じくISに忠誠を誓う武装勢力，バンサモロ・イスラミック自由戦士（BIFF）なども含まれている。なお，ミンダナオに布かれた戒厳令は，安全保障上の脅威が継続していることを理由に，2018年12月31日まで延長された。

バンサモロ基本法案提出

アキノ前政権の終盤より停滞していたMILFとの和平プロセスは，2月にドゥテルテ大統領がバンサモロ移行委員会の委員21人を新たに任命したことで再び動き出した。MILF推薦者11人と政府推薦者10人（うちモロ民族解放戦線［MNLF］の3人含む）からなる同委員会は7月，2014年「バンサモロ包括合意」に基づき自治地域のあり方を規定するバンサモロ基本法案（改正案）を政府に提出した。同法案は8月に議会に上程されたが，審議は2018年に持ち越された。

ドゥテルテ大統領は自らがミンダナオ出身ということもあり，和平構築に前向きである。9月にはバンサモロ基本法案を緊急優先法案に追加指定し，迅速な成立を議会に促した。しかし，ドゥテルテ政権は平行して連邦制移行も唱えており，和平構築の具体的な進め方は不透明である。また，法案のいくつかの条文が憲法に抵触するか否かをめぐって議論が分かれている。大統領制である国家の中に議院内閣制の自治地域を設立することの是非や，中央政府とバンサモロ政府との間における権限配分のあり方などが論点になっている。加えて，議会にはほかにも複数の関連法案が提出されているため，調整が必要になっている。バンサモロ政府の財政規律や政治職の世襲化による弊害などが懸念事項として指摘されている。

MILF側は，過激思想の拡大やマラウィ市で起きたような武装蜂起を繰り返さないためにも，イスラーム住民に広く受け入れられる法案の早期の可決・成立と，それに基づくバンサモロ自治地域設立を強く望んでいる。政府側も，2018年内に法案の可決・成立と自治地域設立のための住民投票を実施したいとしている。

共産主義勢力との交渉中断

ドゥテルテ政権は共産主義勢力の統括組織である民族民主戦線（NDF）との和平交渉を再開し，2016年には2回の正式交渉を実施していた。2017年もノルウェーの仲介により1月と4月に正式交渉が実施されたが，その後は中断した。

2017年1月にイタリア・ローマで第3回和平交渉を実施したが，期待されてい

た停戦合意には至らなかった。交渉期間中にもかかわらず，国内ではフィリピン共産党(CPP)の軍事部門である新人民軍(NPA)によって国軍兵士襲撃殺害事件が連続して発生したため，憤慨したドゥテルテ大統領は2月初め，政府による一方的停戦破棄と和平交渉中止を発表した。同様にロレンサーナ国防長官も「彼らはテロリストである」と述べ，「全面戦争」を表明した。とはいえ，和平交渉中止がNDF側に正式に通告されたわけではなく，4月にオランダで第4回和平交渉が実施された。この時点で，農地改革のあり方や暫定停戦協定をめぐる条件等について折り合いがついたと報道されている。

そして5月末にも再びオランダで第5回和平交渉が実施される予定であったが，マラウィ市でイスラーム過激派掃討作戦に従事する国軍兵士への攻撃強化をCPPがNPAに指示したことから，反発した政府が交渉中止を通達した。その後もCPP/NPAによる暴力事件は止むことなく，公共施設の破壊活動や企業に対する恐喝，それに国軍兵士や警察官に対する襲撃・殺害などが散発したため，ドゥテルテ大統領は11月，交渉中断を正式に宣告した。そして12月にはCPPとNPAをテロ組織に指定する司法手続きが開始された。

和平交渉の先行きは不透明である。オランダに亡命している古参のNDF幹部は，フィリピン国内で活動するNPAを完全に掌握しきれていないとも報道されている。他方で，ドゥテルテ大統領は怒りに任せて交渉中止を示唆する発言を何度か繰り返しているが，それは共産主義勢力に対する「脅し」とも理解できよう。水面下では交渉団による接触が続けられている模様で，条件さえ整えば交渉再開もありえる。ただ国軍のCPP/NPAに対する嫌悪感は根強く，ドゥテルテ大統領も国軍の意向を汲みつつ対応することになると思われる。

経　　済

経済成長率は6.7％

2017年の実質国内総生産(GDP)成長率は6.7％であった。選挙特需があったとされる前年より0.2ポイント減速したが，好調を維持している。海外就労者の送金が反映される海外純要素所得の増加は5.6％で，実質国民総生産(GNI)成長率は6.5％であった。

支出別では，GDPの7割を占める個人消費が5.8％増，政府消費が7.3％増，固定資本形成が9.0％増で，いずれも前年より減速したが，輸出は19.2％増と加速し

た。個人消費と外需が経済成長に大きく寄与した。

産業別では，農林水産業が前年のマイナス成長から一転して3.9%増となり，鉱工業は7.2%増（うち製造業が8.6%増），サービス業が6.7%増であった。鉱工業とサービス業は前年よりわずかに減速し，その内訳を見ても減速した産業がほとんどだが，製造業が唯一，加速した。

財貿易は，輸出額が前年比9.5%増の629億ドル（速報値），輸入額が同10.2%増の927億ドル（同）であった。輸出では，約半分を占める電子製品が11.2%増となり，他の機械製品や輸送機器・部品なども増加した。輸入では，国内経済の好調を反映して，原材料や中間財が2桁の伸びを示した。なお，貿易赤字額は前年より11.5%増で298億ドルとなった。

貿易赤字の拡大が影響し，経常収支は前年に続き約25億ドルの赤字となった。経常赤字額は前年の約2倍である。これまでは，財貿易の赤字をサービス貿易の黒字と海外からの送金が補っていたが，近年は貿易赤字拡大のスピードが速くなっている（図2）。海外からの送金額は，前年比5.3%増の約313億ドルであった。

国際収支統計による海外からの直接投資流入額は，前年比21.4%増の100億ドルであった。うち負債性資本は60億ドルで，親会社等からの資金流入が過半を占めた。再投資収益を除く，新たな株式資本流入額は前年比25.9%増の約33億ドル

図2　経常収支の内訳

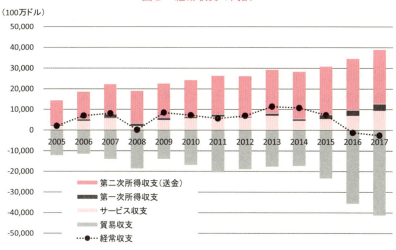

(出所)フィリピン中央銀行統計より作成。

で，電力・ガスの14億ドルと製造業の11億ドルが大きかった。
　2017年は通貨ペソがさらに下落した。2月には約10年ぶりとなる1ドル当たり50ペソ台で一日の取引を終えるようになり，その後は少し持ち直したものの，8月には51ペソ台にまで下げた。他の東南アジア諸国の通貨が年初来高めに推移するなかで，通貨ペソのみ下落基調にあった。貿易赤字の拡大や金融当局による政策金利据え置きなどが背景にあると考えられる。
　消費者物価上昇率は年平均3.2％で，政府目標2～4％の範囲内であった。ただし，月別では3％を超える月が9回もあり，インフレ圧力が高まっている。燃料価格の上昇が電気料金や交通費などに影響し，ほかにも食品とアルコール飲料・タバコで上昇が目立った。通貨ペソの下落も影響していよう。
　雇用面では完全失業率が5.7％，不完全就業率が16.1％であった。完全失業率は前年に比べて若干悪化し，約240万人であった。2017年内に出国した海外就労者数は未発表だが，2016年の人数が発表され，約211万人であった。そのうち地上職は167万人，船員等の海上職は44万人である。地上職は中東行きがもっとも多くて106万人，次いでアジア行きが49万人であった。
　そのほか，フィリピン株価指数（PSEi）は通年で14回，最高値を更新し，2017年12月29日取引最終日に一時8640.04を記録した。同日の終値は8558.42で，2016年取引最終日の終値より25.1％上昇した。新規株式公開を実施した企業は4社で，業種はホームセンター，セメント，不動産開発，ロジスティクスである。

インフラ整備重視の経済開発

　ドゥテルテ政権は2月，「フィリピン開発計画2017-2022」を承認し，6月に公開した。同計画の特徴は，2016年10月に採択された2040年までの長期ビジョン「AmBisyon Natin 2040」の第一段階として位置づけられていることにある。これまで各政権が策定する開発計画は，任期6年間の目標を示したものにすぎず，長期的なビジョンをふまえたものではなかった。今回の計画は包摂的な経済成長を目指しており，全体的な内容は前政権までと大差ないが，経済活動の基盤となるインフラ整備をより重視し，高信頼社会と国際競争力のある知識経済を志向するという点に特色を見いだすことができる。
　目標として挙げられている具体的な数値は，経済成長率が7～8％，失業率が3～5％，貧困率を2015年の21.6％から2022年に14％にまで引き下げること，租税負担率を2022年までにGDPの17.7％にすることなどである。そのほか，数値

ではないが，政府や社会に対する信頼の向上，逆境に強い個人や強靭なコミュニティーの形成，イノベーションの推進なども目標に掲げている。

開発計画策定後，ドゥテルテ政権が大々的に取り組んでいるのがインフラ整備である。「ドゥテルテノミクス」とも呼ばれるその政策は4月に発表され，これまで政府資金や能力が不足していることを理由に遅れがちであったインフラ整備を，今後は加速させるというものである。そして「ビルド，ビルド，ビルド」(Build, Build, Build)というスローガンのもと，2022年までに約8兆4000億ペソを拠出し，「インフラ黄金時代の到来」を約束した。それに伴い，高速道路や鉄道，橋，空港，港湾建設など，全部で75案件が重点プロジェクトとして年末までにリストアップされている。各種報道等によれば，これらのうち16案件が2017年末までに実施に移されたようだが，ほぼすべて前政権から引き継いだ案件である。

課題もある。対象案件の迅速な確定と監督官庁の実施能力の向上，資金や技術者の確保，通行権の取得，関係諸機関の連携強化などが今後の進捗を左右すると指摘されている。これらのうち，資金繰りについては官民連携(PPP)の役割を重視していたアキノ前政権から方針転換し，一般歳出や政府開発援助(ODA)とPPPのハイブリッド方式を採用する。具体的には，デザインや建設は原則として一般歳出ないしODAで政府が実施し，運営と管理は民間に任せるというものである。PPPですべてを行うと入札や契約に時間を要し，途中で訴訟沙汰にもなるとさらに遅れるという判断からである。その結果，前政権ではPPPで実施予定であった案件の一部が政府主導に変更され，参画を予定していた民間企業からは不満も表明されている。ドゥテルテ政権は2022年までの資金配分を一般歳出が67％，PPPが18％，ODAを15％と想定し，包括的税制改革による税収増と日本や中国からの援助を前提にした資金繰りを模索している。

包括的税制改革に着手

2017年の中央政府財政収支(現金ベース)は，収入が2兆4731億ペソ，支出が2兆8238億ペソで，約3506億ペソの赤字であった(GDP比2.4％)。ドゥテルテ政権が力を入れているインフラ整備の一般歳出からの支出は5688億ペソに達し，GDP比3.6％と推定されている。ちなみに，同比率が3％を超えたことは過去30年に2度しかない。今後はさらに支出額を増やし，2022年までにGDP比7％台にすることを目指している。

インフラ整備に加えて，今後は国公立の高等教育無償化や国軍・警察の増員と

給与引き上げ，同じく国軍・警察の装備の近代化，それにマラウィ市の復興など，政府支出の増加が確実に見込まれる。財源確保のために税収増は必須で，ドゥテルテ政権は約20年ぶりとされる包括的税制改革に着手した。5つのパッケージからなる改革法案の第1弾が2017年12月に可決・成立し，2018年から施行されることになった。内容は，所得税の減税を付加価値税の適用除外の縮小や物品税の引き上げなどで補うものである。所得税は年収25万ペソ以下に対して非課税となった。遺産税も引き下げられ，贈与税とともに簡素化された。物品税の導入もしくは引き上げ対象となったのは，燃料となる石油製品や石炭，非金属鉱物，加糖飲料，タバコ，自動車などである。そのほか，印紙税やキャピタル・ゲイン税，外貨預金に対する税が引き上げられ，美容整形が新たな課税対象になった。

議会は大統領寄りの議員が圧倒的多数で政権に有利な構成であるが，税制に関する法案審議は上下両院で大きく揉め，最終的には財務省の素案からはかけ離れたものとなった。税収増の規模についても，財務省の当初見込みは1500億ペソ前後であったのに対し，新たな試算では施行1年目の2018年に少なくとも820億ペソとなり，財政運営に不透明さを残す。2018年には法人税引下げや優遇税制の見直しを軸とした改革第2弾が審議入りする予定で，そのゆくえが注目される。

政策金利は据え置き

利上げ観測が高まるなか，フィリピン中央銀行(BSP)は政策金利である翌日物借入金利(逆現先レート)を，1年を通して3.0％に据え置いた。消費者物価上昇率が目標範囲の2～4％以内に収まる見込みであったことによる。

マネーサプライ(M3)の伸びは2017年末に前年比11.9％であった。また，商業銀行の国内民間向け融資残高の伸びは前年比18.8％で，うち法人向け融資が18.6％，個人向け融資が20.8％の伸びを示した。法人向け融資のうち，もっとも大きい2割を占める不動産事業が19.6％伸びた。サービス業に対する融資も大きく伸び，製造業に対しては12.2％の伸びにとどまった。個人向け融資は自動車ローンが44％を占め，2017年は25.9％の伸びであった。近年ではクレジットカードに対する融資も増え，個人向け融資残高の41％(前年比20.6％増)を占めるまでになっている。

2016年に約8100万ドルの巨額な資金洗浄がフィリピン国内のカジノと銀行を舞台に発生したことを受けて，2017年7月，資金洗浄防止法が修正された。それまで監視対象外であったカジノ(オンライン・カジノや船上カジノも含む)も，500

万ペソ相当を超える現金取引については報告義務が課せられる。

　そのほか，ドゥテルテ大統領の強い意向を反映し，海外就労者を主とする在外フィリピン人のための「在外フィリピン人銀行」(Overseas Filipino Bank)が新たに設立されることになった。フィリピン郵便公社の傘下にあったフィリピン郵便貯蓄銀行(PPSB)を，同じく国有のフィリピン土地銀行(LBP)の傘下に移して改名した。銀行の目的は，在外フィリピン人やその家族のための金融商品やサービスを提供し，送金サービスの質の向上と効率化を図ることとされているが，多額の送金を国内投資に有効に活用したいという政府の思惑も透けて見える。授権資本は10億ペソで，2018年1月にも営業を開始する。中東地域を中心に，海外に出張所を開設する計画もある。

対外関係

ASEAN 議長国

　ASEAN 設立50周年という節目の年に，フィリピンは議長国の任にあたった。そのため，ASEAN 首脳会議や同閣僚会議をはじめとする多数の会議が国内で開催された。もっとも注目された事案は，南シナ海領有権で ASEAN の一部諸国が争う中国との関係であろう。4月の ASEAN 首脳会議後の議長声明では，「一部の首脳によって懸念が表明されたことに留意する」としながらも，中国による埋め立てや軍事拠点化について直接言及されなかった。そして11月の議長声明では「懸念」の文言も消え，中国との関係改善に努めることが表明された。融和姿勢を貫くドゥテルテ大統領の意向も反映されたようで，中国に配慮する形となった。南シナ海における紛争防止を目指す「行動規範」に関しては，8月の外相会議で枠組みについて中国と合意しており，それをふまえた11月の首脳会議では，策定のための協議を開始することで合意した。そのほか，北朝鮮の核・ミサイル問題に関しては深刻な懸念を表明した。また，ASEAN 域内の移住労働者の権利保護を確認した「移住労働者の権利保護と促進に関する ASEAN コンセンサス」を採択した。今後の行動計画のあり方や実効性にもよるが，労働者の送出国であるフィリピンにとっては歓迎する動きである。

　なお，ドゥテルテ大統領は11月の首脳会議開会宣言において，イスラーム過激派を念頭においたテロリズム防止と国際安全保障の重要性や違法薬物撲滅における協力を呼び掛けた。海上を往来する海賊やテロリストの活動を抑制しようと，

海上安全保障強化を目的とした合同パトロールを，インドネシアやマレーシアと共にボルネオ島沖で実施している。

中国とロシア

二国間関係では，中国やロシアとさらに関係を深めようとする動きが目立った。ドゥテルテ大統領は5月，「一帯一路」国際フォーラムに出席するため中国を訪問し，習近平国家主席と会談した。南シナ海領有権問題について対話を開始することで合意し，「二国間協議メカニズム」と称した実務者協議を年に2回ほど実施することになった。1回目は5月に行われ，互いの立場や懸案事項を確認しあったようである。11月にはASEAN首脳会議とその関連会議に出席するため李克強首相がフィリピンを公式訪問した。中国首相の来訪は約10年ぶりである。経済協力面では，インフラ整備案件の確定に時間を要しているが，橋やダム建設，揚水型灌漑施設，国鉄PNR南部線などが有力な候補に挙げられている。そのほか，ドゥテルテ大統領の所属政党PDP-Labanが中国共産党と協力関係を構築する目的で幹部の交流があった。軍事面では，4月に中国艦船3隻が親善訪問としてダバオに入港した。中国艦船の来訪は2010年以来とされている。また，中国はフィリピン国軍と警察に対し，自動小銃3000丁や弾薬300万発，ライフルスコープ90台などを供与した。その一方で3月，ロレンサーナ国防長官が，ルソン島東方沖のベンハム隆起で，2016年後半に中国調査船の存在を確認していたことを明らかにした。中国の海洋進出に関して，フィリピン国防当局は時折懸念を示している。

同じく5月，ドゥテルテ大統領はロシアを訪問し，プーチン大統領と短時間であったが会談した。最終的に経済産業面を中心として約10件，8億ドルを超える協力合意を締結した。軍事面では2017年に3回，ロシア艦船が親善訪問としてマニラに寄港し，10月の来訪時にはカラシニコフ5000丁や弾薬100万発，ヘルメット5000個余りが供与された。なお，中国の場合と同様，PDP-Labanがロシアの政権与党である統一ロシアと協力関係を築くための交流を開始した。

日本とアメリカ

日本とは友好的な関係が維持されている。1月に安倍首相が来訪し，政府開発援助や民間投資をあわせて5年間で約1兆円の支援が表明された。10月末にはドゥテルテ大統領が訪日して安倍首相と会談し，天皇皇后両陛下とも面会した。防衛協力も進み，海上自衛隊護衛艦の親善訪問や共同訓練参加，日本の海上自衛

隊練習機2機の供与などがあった。経済協力面ではインフラ整備で複数の案件が確定し，マニラ地下鉄建設，洪水対策，首都圏の混雑緩和のためのバイパス道路プロジェクトなどが支援対象となる。日本はマラウィ市復興も支援する。

同盟国アメリカからは，マラウィ市における戦闘で，技術・諜報面の貴重な軍事支援を受けた。オーストラリアやイスラエルからも軍事支援を受けているが，フィリピン国軍にとって，長く関係を積み上げてきた米軍との戦術共有がもっとも有効であることは想像に難くない。ドゥテルテ大統領は後日，アメリカに対して感謝の意を表明した。その米軍とフィリピン国軍が毎年複数回実施している共同訓練は，規模を縮小して2017年も引き続き実施された。内容は人道支援や災害対応，対テロ訓練，海賊や密輸対策などの連携強化が中心であった。そしてドゥテルテ大統領は11月，ASEAN首脳会議とその関連会議出席のために来訪したトランプ大統領と会談した。友好的なムードのなかで，イスラーム過激派集団や違法薬物，貿易関係などが話し合われたとされている。

2018年の課題

外交行事が続いた2017年に比べ，2018年は内政に注力する年となる。ドゥテルテ政権による強権的な統治は，反発を高めつつも続けられるであろう。そのドゥテルテ大統領は2018年1月，連邦制移行を目的とする憲法改正の準備のため，改憲諮問委員会の委員19人を任命した。改憲議論が本格的に始まる。議会では，最高裁長官の弾劾裁判が開始される可能性が高まっている。ただし，2018年後半には2019年5月の中間選挙に向けた準備が始まるため，議事は停滞しよう。税制改革などの重要法案の審議が後回しにされるか，たとえ審議されたとしても選挙を控えた議員の短期的利害が反映される恐れがあり，目に見える結果を出そうとする政権がバラマキ型の政策に傾斜していく可能性もある。

経済は少なくとも好調を維持すると思われる。マクロ指標に動きがあることも予想され，物価動向やそれに影響を与える為替相場によっては，金融引き締めに転じるであろう。ドゥテルテ政権によるインフラ整備重視の取り組みは好意的な評価を受けているが，今後，スピード感をもって着実に実行されなければ，フィリピンに対する期待が揺らぎかねない。そのほか，鉱業や労使関係，産業育成，税制などに関する政策では，丁寧な官民対話と連携が重要となろう。

対外関係では，中国と共同で海洋資源探査を実施する案が浮上しており，引き続き対中関係が注目される。

（開発研究センター研究グループ長代理）

重要日誌 フィリピン 2017年

1月3日▶ロシア海軍の抗潜水艦船とタンカー，親善訪問のためマニラに寄港（～7日）。

4日▶武装したバンサモロ・イスラミック自由戦士（BIFF），北コタバト州刑務所を襲撃。仲間ら158人を脱獄させる。

▶海上自衛隊の護衛艦「いなづま」と「すずつき」がアデン湾からの帰途にスービック港に寄港。6日にコレヒドール島沖でフィリピン海軍との親善訓練実施。

12日▶安倍首相，来訪（～13日）。13日にドゥテルテ大統領がダバオ市の自宅に首相夫妻を招待。

19日▶政府，民族民主戦線（NDF）と第3回和平交渉実施（～25日）。ローマにて。

24日▶大統領府，2016年10月に発生した韓国人実業家の身代金誘拐殺害事件に関し，遺族と韓国政府に謝罪表明。

2月2日▶ロペス環境天然資源長官，操業中の23鉱区の閉鎖命令と5鉱区の停止を発表。

▶ドゥテルテ大統領，共産主義勢力に対する一方的停戦破棄を表明。4日に和平交渉中止を発表。

10日▶ドゥテルテ大統領，バンサモロ移行委員会の委員21人を任命。

14日▶ロペス環境天然資源長官，鉱産物分与協定75件の破棄命令を発表。

23日▶デリマ上院議員，逮捕される。アキノ前政権の司法長官時代に違法薬物密売等に関与した疑い。

27日▶アブサヤフ，ドイツ人斬首の映像を公開。ドゥテルテ大統領がドイツ政府に謝罪。

3月6日▶ドゥテルテ大統領，最高裁判事にサンディガンバヤン（公務員特別裁判所）のサミュエル・マルティレス判事を任命。

8日▶ドゥテルテ大統領，最高裁判事に控訴裁判所のノエル・ティハム判事を任命。

▶ヤサイ外務長官，議会の任命委員会に否認され退任。

9日▶ロレンサーナ国防長官，2016年後半にルソン島東方沖のベンハム隆起で中国調査船の活動を確認したと発表。

16日▶下院少数派のアレハノ議員，ドゥテルテ大統領に対する弾劾発議を提出。

19日▶ドゥテルテ大統領，ミャンマーとタイを訪問（～22日）。

4月3日▶ドゥテルテ大統領，不正疑惑によりスエノ内務自治長官を解任。

▶政府，NDFと第4回和平交渉実施（～6日）。オランダにて。

10日▶ドゥテルテ大統領，サウジアラビア，バーレーン，カタールを訪問（～17日）。

11日▶国軍とアブサヤフがボホール州イナバガ市にて交戦。アブサヤフ戦闘員11人がボホール州に潜入したとの情報を受け。

18日▶「ドゥテルテノミクス」フォーラム，マニラで開催。2022年までに約8.4兆ペソをインフラ整備にあてると発表。

20日▶ロシア海軍太平洋艦隊のミサイル巡洋艦と給油艦，親善訪問のためマニラに寄港（～23日）。

26日▶第30回ASEAN首脳会議，マニラで開催（～29日）。会期に合わせてブルネイのボルキア国王とインドネシアのジョコ大統領が公式訪問。

27日▶ロペス環境天然資源長官，露店掘り鉱山の禁止命令を発表。

30日▶中国海軍の艦船3隻，親善訪問のためダバオに寄港（～5月2日）。

5月3日▶ロペス環境天然資源長官，議会の任命委員会に否認され退任。後任に元国軍参謀総長のロイ・シマトゥ中東特使（8日付）。

8日▶ドゥテルテ大統領，中央銀行次期総

裁にネストル・エスペニリャ副総裁を指名（就任は7月3日）。

▶比米両軍による合同演習「バリカタン」開始（〜19日）。

10日▶ドゥテルテ大統領，アラン・ピーター・カエタノ上院議員を外務長官に任命。

▶ドゥテルテ大統領，カンボジアを訪問（〜11日）。世界経済フォーラムASEAN会議に出席。その後，香港を訪問（〜13日）。

13日▶ドゥテルテ大統領，中国を訪問（〜16日）。「一帯一路」国際フォーラムに出席。15日に習国家主席と会談。

15日▶下院の司法委員会，ドゥテルテ大統領に対する弾劾発議を棄却。30日に本会議にて正式に棄却。

▶国軍，4月から続いていたボホール州におけるアブサヤフ掃討作戦終了を発表。

16日▶ドゥテルテ大統領，ルソン島東方沖のベンハム隆起を「フィリピン隆起」に改称する行政命令（EO25）に署名。全国の公共の場を禁煙とする行政命令（EO26）にも署名。

22日▶ドゥテルテ大統領，ロシアを訪問（〜24日）。23日にプーチン大統領と会談後，予定を切り上げて帰国。

23日▶ドゥテルテ大統領，ミンダナオ全域に戒厳令布告（Proclamation 216）。マラウィ市でIS（「イスラーム国」）に忠誠を誓う過激派武装集団と国軍の戦闘開始を受けて。

24日▶大統領府，戒厳令を宣言した布告216号を議会に送付。上院は30日に，下院は31日に承認。

26日▶麻薬取締庁や関税局の捜査官，首都圏バレンズエラ市内の倉庫から約604キログラム（約64億ペソ相当）の覚せい剤を押収。

27日▶政府，NDFとの第5回和平交渉開始早々，交渉中止を宣告。

6月2日▶パサイ市のカジノホテル，リゾート・ワールド・マニラで武装した単独犯による襲撃火災事件発生。37人死亡。

4日▶海上自衛隊の護衛艦「いずも」と「さざなみ」，親善訪問のためスービックに寄港（〜8日）。

5日▶少数派議員，ドゥテルテ大統領による戒厳令布告は違憲だとして最高裁に提訴。

6日▶マウテ兄弟の父親カヤモラ・マウテ，ダバオ市内で逮捕される（8月27日病死）。

8日▶マウテ兄弟の母親ファルハナ・ロマト・マウテ，ラナオ・デル・スル州マシゥ町で逮捕される。

19日▶フィリピン国軍，インドネシアやマレーシアと合同パトロール演習をボルネオ島沖で開始。海上安保強化のため。

▶比米海軍による共同訓練「サマサマ」開始（〜25日）。セブ周辺の海上で。

7月1日▶比米両海軍，スルー海で合同パトロール実施。

3日▶中央銀行の新総裁にネストル・エスペニリャ副総裁が就任。任期は2023年まで。

4日▶最高裁，ミンダナオ全域を対象とする戒厳令布告に合憲判断。

8日▶カトリック司教会議，次期議長に副議長兼ダバオ大司教のロムロ・ヴァリェを選任（就任は12月1日）。

12日▶ドゥテルテ大統領，最高裁判事にアンドレ・レイエス控訴裁判所長を任命。

14日▶ドゥテルテ大統領，改正資金洗浄防止法（RA10927）に署名。カジノ運営を含む。

17日▶バンサモロ移行委員会，改正バンサモロ基本法案をドゥテルテ大統領に提出。

18日▶ドゥテルテ大統領，戒厳令の2017年12月31日までの延長を議会に通知。

22日▶上下両院特別合同会議，2017年12月31日までの戒厳令延長を承認。

24日▶第17議会第2会期開会。上下両院議

長は留任。

▶ドゥテルテ大統領，議会にて施政方針演説。新人民軍（NPA）やイスラーム過激派，麻薬との闘いを強調。

▶ドゥテルテ大統領，2018年度予算法案を議会に上程。総額約3兆7670億㌘。

30日▶ミサミス・オクシデンタル州オサミス市のレイナルド・パロヒノグ市長とその親族や関係者，警察当局による麻薬摘発捜査中に射殺される。

8月2日▶ASEAN外相会議とその関連外相会議開催（～8日）。

3日▶ドゥテルテ大統領，国公立大学の授業料を無料にする高等教育無償化法（RA10931）に署名。2018年度より施行。

7日▶ドゥテルテ大統領，2015年に設立したネグロス・アイランド地方を解散する行政命令（EO38）に署名。構成していた2つの州はそれぞれ元の地方に戻ることに。

10日▶サンディガンバヤン，ホナサン上院議員の逮捕状を発布。2012年の優先開発支援資金（ポークバレル）約3000万㌘の流用容疑で。ホナサンは翌11日に保釈金を納付。

14日▶ドゥテルテ大統領，最高裁判事にサンディガンバヤンのアレクサンダー・ヘスムンド判事を任命。

▶陸運フランチャイズ規制局，配車サービスのウーバーに対し1カ月の営業停止処分。

16日▶タギワロ社会福祉開発長官，議会の任命委員会に否認され退任。

23日▶民間弁護士がバウティスタ選挙委員長に対する弾劾発議を下院に提出。

30日▶下院議員25人，セレノ最高裁長官に対して提出されていた弾劾発議を是認。

9月6日▶マリアノ農地改革長官，議会の任命委員会に否認され退任。

14日▶首都圏三者賃金生産性委員会，マニラ首都圏の最低日額賃金を21㌫引き上げて512㌘に決定。10月5日付で実施。

18日▶比米両軍による共同訓練「テンペスト・ウィンド」開始（～26日）。対テロ軍事演習。両軍兵士約1200人が参加。

21日▶大統領府，サラリマ情報通信技術長官の辞任を発表。

23日▶フィリピン海軍の巡視船，パンガシナン州沖で密漁していたベトナム漁船に向けて威嚇発砲した際，誤って乗組員2人を射殺。

26日▶下院，2018年度予算法案を可決。

28日▶国連人権理事会の39カ国，フィリピンにおける麻薬取り締まりの過程で多数発生している殺人事件に強い懸念を表明。

10月2日▶ドゥテルテ大統領，バランガイ選挙を2018年5月に延期する法律（RA10952）に署名。

5日▶ドゥテルテ大統領，ブルネイを訪問（～7日）。ボルキア国王の即位50周年祝賀式典に参加。

6日▶ドゥテルテ大統領，エネルギー規制委員会のサラサール委員長を解任。政府調達で不正を働いたとして。

10日▶ウビアル保健長官，議会の任命委員会に否認され退任。

▶最高裁，デリマ上院議員による逮捕状取り消し請求を否決。

16日▶国軍，マラウィ市でイスラーム過激派掃滅作戦中に，アブサヤフのイスニロン・ハピロンとマウテ・グループのオマール・マウテを射殺したことを発表。

17日▶ドゥテルテ大統領，マラウィ市の解放を宣言。

20日▶ロシア海軍の対潜艦艇など3隻，親善訪問のためマニラに寄港（～25日）。

23日▶バウティスタ選挙委員長，辞任。

▶ロレンサーナ国防長官，マラウィ市の戦

闘終結を宣言。
　▶ASEAN国防相会議（ADMM）とADMMプラスをクラークで開催（〜24日）。
26日▶ドゥテルテ大統領，保健長官にフランシスコ・ドゥケIII元長官を任命。国軍参謀総長にミンダナオ東部方面司令長官のレオナルド・ゲレロ中将を任命。
27日▶ドゥテルテ大統領，アベリャ大統領スポークスパーソンを解任し，後任にハリー・ロケ下院議員を任命。
30日▶ドゥテルテ大統領，訪日（〜31日）。安倍首相と会談。31日に皇居を訪れ天皇皇后両陛下と面会。
11月8日▶ドゥテルテ大統領，APEC首脳会議出席のためベトナムを訪問（〜11日）。
10日▶アキノ前大統領，逮捕状発布前にサンディガンバヤンに保釈金4万ペソを納付。2015年1月のママサパノ事件に関する不正等によりオンブズマンに起訴されていた。
12日▶第31回ASEAN首脳会議とその関連会議，マニラで開催（〜14日）。期間中にドゥテルテ大統領がアメリカ，日本，韓国，インド，ロシア首脳と相次ぎ会談。
15日▶ドゥテルテ大統領，公式訪問中の李首相と会談。
22日▶ドゥテルテ大統領，選挙委員長にシェリフ・アバス委員を，エネルギー規制委員会委員長にアグネス・デヴァナデラ元司法長官を任命。
23日▶ドゥテルテ大統領，NDFとの和平交渉中断を宣告（Proclamation 360）。
29日▶上院，2018年度予算法案を可決。法案は両院協議会に。
12月1日▶ドゥテルテ大統領，農地改革長官にジョン・カストゥリシオネス内務自治次官を任命。
　▶カトリック司教会議議長にロムロ・ヴァリェ副議長兼ダバオ大司教が就任。
5日▶ドゥテルテ大統領，フィリピン共産党（CPP）とNPAをテロ組織に指定（Proclamation 374）。
8日▶マニラ市のロハス通りにフィリピン人従軍慰安婦像が設置される。
11日▶ドゥテルテ大統領，ミンダナオ戒厳令の2018年12月31日までの延長を議会に通知。13日，上下両院特別合同会議が承認。
　▶格付会社フィッチ，フィリピンの長期信用格付けをBBBマイナスからBBBに引き上げ。
12日▶下院，2018年度修正予算法案を可決。上院も同日可決。
16日▶台風「ウルドゥハ」，東サマールに上陸し，ビサヤ地域を横断。死者47人，行方不明者44人。
19日▶ドゥテルテ大統領，2018年度予算である一般歳出法（RA10964）に署名。総額約3兆7670億ペソ。税制改革第1弾を反映した改正内国歳入法（RA10963）にも署名。
20日▶ドゥテルテ大統領，クリスマス期間と年末から年始にかけてCPP/NPAとの一方的停戦を発表。
21日▶オンブズマン，エネルギー規制委員会委員4人に対して1年間の停職命令。公益を損なう過失があったとして。
　▶乗客乗員251人を乗せたフェリー船「マークラフト号」，ケソン州沖で沈没。8人死亡。
22日▶熱帯低気圧「ビンタ」，ミンダナオ南部に上陸，横断。数日間に死者168人，行方不明者163人。
　▶CPP/NPA，一方的停戦を発表。
23日▶ダバオ市内のNCCCモールで火災。38人死亡。
27日▶少数派議員，戒厳令延長は違憲だとして最高裁に提訴。

参考資料 フィリピン　2017年

① 国家機構図（2017年12月末現在）

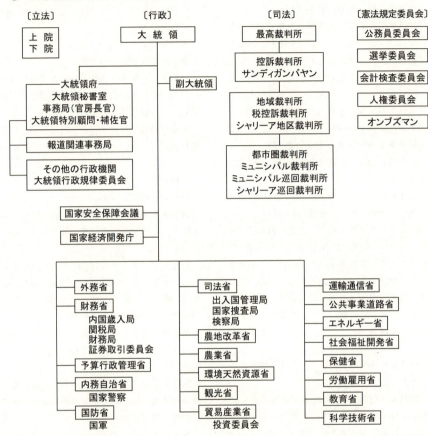

（注）各省には主要部局のみを記す。

② 国家機関要人名簿（2017年12月末現在）

大統領	Rodrigo Roa Duterte
副大統領	Maria Leonor G. Robredo

大統領府

官房長官	Salvador C. Medialdea
コミュニケーション・オペレーション長官	Martin M. Andanar
大統領スポークスパーソン	Harry Roque
大統領特別補佐官	Christopher Lawrence T. Go
内閣担当長官	Leoncio B. Evasco Jr.
首席法律顧問	Salvador S. Panelo
大統領和平プロセス顧問	Jesus G. Dureza
国家安全保障顧問	Hermogenes C. Esperon Jr.

各省長官

外務長官	Alan Peter S. Cayetano
財務長官	Carlos G. Dominguez III
予算行政管理長官	Benjamin E. Diokno
内務自治長官（代行）	Catalino S. Cuy
国防長官	Delfin N. Lorenzana
司法長官	Vitalino N. Aguirre II
農地改革長官	John R. Castriciones
農業長官	Emmanuel F. Piñol
環境天然資源長官	Roy A. Cimatu
観光長官	Wanda Corazon T. Teo
貿易産業長官	Ramon M. Lopez
運輸長官	Arthur P. Tugade
通信長官（代行）	Eliseo M. Rio, Jr.
公共事業道路長官	Mark A. Villar
エネルギー長官	Alfonso G. Cusi
社会福祉開発長官（代行）	Emmanuel A. Leyco
保健長官	Francisco T. Duque, III
労働雇用長官	Silvestre H. Bello III
教育長官	Leonor M. Briones
科学技術長官	Fortunato T. Dela Peña
国家経済開発庁長官	Ernesto M. Pernia

その他主要政府機関ポスト

国軍参謀総長	Rey Leonardo Guerrero
国家警察長官	Ronald dela Rosa
国家捜査局長	Dante Gierran
検事総長	Jose C. Calida
中央銀行総裁	Nestor A. Espenilla, Jr.
証券取引委員会委員長	Teresita J. Herbosa

憲法規定委員会

公務員委員長	Alicia Dela Rosa-Bala
選挙委員長（議会未承認）	Sheriff M. Abas
（互選代行）	Christian Robert S. Lim
会計検査委員長	Michael G. Aguinaldo
人権委員長	Jose Luis Martin C. Gascon
オンブズマン	Conchita Carpio Morales

議会

上院議長	Aquilino Pimentel III
副議長	Ralph G. Recto
多数派院内総務	Vicente C. Sotto III
少数派院内総務	Franklin M. Drilon
下院議長	Pantaleon D. Alvarez
副議長（14人）	Bai Sandra A. Sema, Raneo E. Abu, Mylene J. Garcia-Albano, Linabelle Ruth R. Villarica, Ferdinand L. Hernandez, Rolando G. Andaya Jr., Sharon S. Garin, Pia S. Cayetano, Frederick F. Abueg, Eric D. Singson, Fredenil H. Castro, Romero S. Quimbo, Mercedes K. Alvarez, Gwendolyn F. Garcia
多数派院内総務	Rodolfo C. Fariñas
少数派院内総務	Danilo C. Suarez

司法

最高裁判所長官	Maria Lourdes P.A. Sereno
サンディガンバヤン首席判事	Amparo Cabotaje-Tang

③ 地方政府制度(2017年12月末日現在)

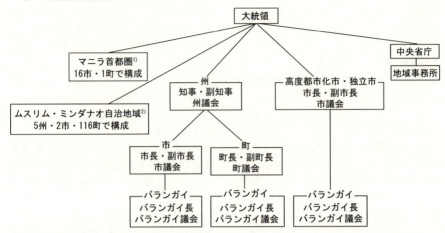

(注) フィリピンは全部で81州，145市，1489町，4万2036バランガイにより構成される。
 1）マニラ首都圏の各市町は独立しており，マニラ首都圏開発庁は各地方政府首長が参加する中央政府の機関。
 2）ムスリム・ミンダナオ自治地域政府は自治政府であり，地方政府の一形態。

主要統計 フィリピン 2017年

1 基礎統計

	2011	2012	2013	2014	2015	2016	2017
人口(100万人)[1]	94.8	96.5	98.2	99.9	101.6	103.2	104.9
労働力人口(100万人)[2]	40.0	40.4	41.0	41.4	41.3	43.3	42.8
消費者物価上昇率(%)	4.6	3.2	3.0	4.1	1.4	1.8	3.2
失業率(%)[2]	7.0	7.0	7.1	6.6	6.3	5.4	5.7
為替レート(1ドル=ペソ)	43.31	42.23	42.45	44.40	45.50	47.49	50.40

(注) 1)中位推計による。 2)2017年は暫定値。
(出所) Philippine Statistics Authority (PSA), Bangko Sentral ng Pilipinas (BSP).

2 支出別国民総所得(名目価格) (単位:100万ペソ)

	2011	2012	2013	2014	2015	2016	2017
個人消費支出	7,132,581	7,837,881	8,463,826	9,167,580	9,825,883	10,652,013	11,580,083
政府消費支出	941,836	1,145,140	1,250,814	1,333,989	1,455,783	1,611,254	1,786,875
総資本形成	1,986,931	1,922,503	2,309,530	2,595,678	2,826,185	3,516,195	3,954,304
固定資本	1,819,275	2,068,894	2,380,323	2,610,190	2,929,032	3,556,780	3,976,963
在庫増減	167,656	-146,390	-70,793	-14,512	-102,847	-40,585	-22,659
財・サービス輸出	3,109,661	3,254,826	3,232,795	3,647,473	3,782,890	4,049,546	4,828,907
財・サービス輸入	3,462,678	3,599,262	3,718,554	4,099,449	4,568,699	5,348,289	6,339,202
国内総生産(GDP)	9,708,332	10,561,089	11,538,410	12,645,271	13,322,041	14,480,720	15,797,503
海外純要素所得	1,920,972	2,166,151	2,480,580	2,660,930	2,792,513	2,949,700	3,189,164
国民総所得(GNI)	11,629,304	12,727,240	14,018,990	15,306,201	16,114,554	17,430,420	18,986,667

(注) 統計誤差を除く。
(出所) PSA.

3 産業別国内総生産(実質:2000年価格) (単位:100万ペソ)

	2011	2012	2013	2014	2015	2016	2017
農業・漁業・林業	679,835	698,978	706,957	718,778	719,742	710,510	738,491
鉱業・採石	70,509	72,047	72,893	81,695	80,500	83,112	84,691
製造業	1,324,330	1,395,711	1,538,912	1,666,514	1,760,989	1,884,320	2,045,517
建設業	294,564	348,262	381,747	409,277	456,932	519,697	547,995
電気・ガス・水道	204,547	215,423	223,209	233,702	246,990	271,218	279,985
運輸・通信・倉庫	446,026	476,855	505,415	538,044	581,289	615,583	641,162
商業	981,022	1,055,672	1,121,502	1,185,810	1,270,526	1,362,635	1,458,742
金融	394,371	426,787	480,683	515,484	546,714	588,169	633,287
不動産など	638,244	678,898	739,025	803,305	854,747	930,555	1,000,021
民間サービス	616,791	661,725	696,058	724,144	784,297	841,704	895,354
政府サービス	259,962	274,870	282,323	293,661	297,449	318,900	343,045
国内総生産(GDP)	5,910,201	6,305,229	6,750,631	7,170,414	7,600,175	8,126,403	8,668,287
GDP成長率(%)	3.7	6.8	6.9	6.1	6.1	6.9	6.7

(出所) PSA.

4 国際収支

(単位：100万ドル)

	2011	2012	2013	2014	2015	2016	2017
経 常 収 支	5,643	6,949	11,384	10,756	7,266	-1,199	-2,518
貿易・サービス収支	-13,866	-12,747	-10,647	-12,754	-17,854	-28,506	-31,695
貿 易 収 支	-20,428	-18,926	-17,662	-17,330	-23,309	-35,549	-41,191
輸 出	38,276	46,384	44,512	49,824	43,197	42,734	48,199
輸 入	58,705	65,310	62,174	67,154	66,506	78,283	89,390
サ ー ビ ス 収 支	6,562	6,179	7,015	4,576	5,455	7,043	9,496
第 一 次 所 得 収 支	942	197	957	727	1,857	2,579	3,094
第 二 次 所 得 収 支	18,567	19,500	21,073	22,782	23,263	24,728	26,083
資 本 移 転 等 収 支	160	95	134	108	84	62	57
金 融 収 支	-5,319	-6,748	2,230	9,631	2,301	175	-2,208
直 接 投 資	342	958	-90	1,014	-100	-5,883	-8,110
証 券 投 資	-3,663	-3,205	-1,001	2,708	5,471	1,480	3,889
金 融 派 生 商 品	-1,005	-14	-88	4	6	-32	-51
そ の 他 投 資	-993	-4,487	3,410	5,905	-3,076	4,610	2,064
誤 差 脱 漏	279	-4,556	-4,202	-4,091	-2,433	892	-610
総 合 収 支	11,400	9,236	5,085	-2,858	2,616	-420	-863

(注) 2016年は修正値，2017年は暫定値。
(出所) BSP。

5 国・地域別貿易

(単位：100万ドル)

	2015				2016				2017			
	輸出		輸入		輸出		輸入		輸出		輸入	
		%		%		%		%		%		%
ア メ リ カ	9,023	15.3	7,468	10.5	8,851	15.4	7,576	9.0	9,205	14.6	7,400	8.0
日 本	12,300	20.9	6,368	9.0	11,670	20.3	9,882	11.7	10,230	16.2	10,555	11.4
中 国	6,175	10.5	11,471	16.1	6,373	11.1	15,565	18.5	6,993	11.1	16,832	18.1
韓 国	2,426	4.1	4,657	6.6	2,182	3.8	5,568	6.6	2,540	4.0	8,073	8.7
香 港	6,391	10.9	1,840	2.6	6,617	11.5	2,492	3.0	8,645	13.7	2,633	2.8
台 湾	2,012	3.4	5,839	8.2	2,127	3.7	5,185	6.2	2,279	3.6	4,914	5.3
Ａ Ｓ Ｅ Ａ Ｎ	8,742	14.9	17,942	25.2	8,630	15.0	22,041	26.2	9,710	15.4	24,583	26.5
インドネシア	650	1.1	3,031	4.3	628	1.1	4,608	5.5	702	1.1	6,305	6.8
マレーシア	1,204	2.0	3,441	4.8	1,208	2.1	3,390	4.0	1,594	2.5	3,621	3.9
シンガポール	3,801	6.5	5,005	7.0	3,824	6.7	5,464	6.5	3,868	6.1	5,473	5.9
タ イ	2,330	4.0	4,944	7.0	2,184	3.8	6,578	7.8	2,645	4.2	6,603	7.1
オーストラリア	460	0.8	871	1.2	520	0.9	924	1.1	439	0.7	1,687	1.8
Ｅ Ｕ	7,186	12.2	6,695	9.4	6,970	12.1	6,743	8.0	9,302	14.7	6,447	6.9
そ の 他	4,113	7.0	7,916	11.1	3,466	6.0	8,132	9.7	3,891	6.2	9,717	10.5
合 計	58,827	100.0	71,067	100.0	57,406	100.0	84,108	100.0	63,233	100.0	92,841	100.0

(注) 2016年は修正値，2017年は暫定値。ASEANは4カ国以外にブルネイ，ラオス，ミャンマー，ベトナム，カンボジアを含む。
(出所) BSP。

2017年の マレーシア

マレーシア
- 面　積　33万 km²
- 人　口　3256万人(2017年央推計)
- 首　都　クアラルンプール
- 言　語　マレー語, ほかに華語, タミル語, 英語など
- 宗　教　イスラーム教, ほかに仏教, ヒンドゥー教など
- 政　体　立憲君主制
- 元　首　ムハンマド5世国王(2016年12月13日即位)
- 通　貨　リンギ(1米ドル=4.300リンギ, 2017年平均)
- 会計年度　1月～12月

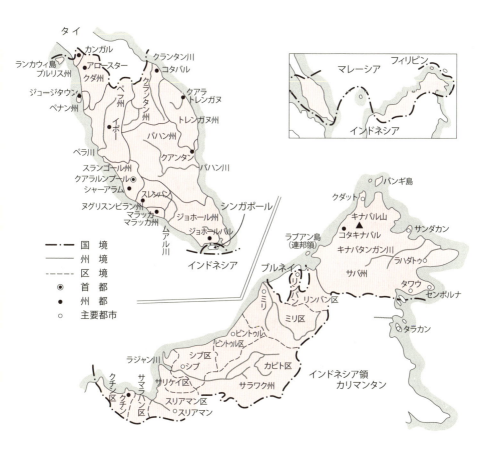

2017年のマレーシア

総選挙に向けた準備の本格化

金子 奈央
かねこ　なお

概　況

　与党統一マレー人国民組織(UMNO)と野党連合を離れた汎マレーシア・イスラーム党(PAS)接近のきっかけとなったシャリア裁判所(刑事裁判権)法改正案は，UMNO主導で政府法案として成立することを目指した。しかし与党連合の国民戦線(BN)内で合意が得られず実現しなかった。次期総選挙に向け，野党連合の希望連盟(PH)は組織体制固めを進めた。UMNO離反組が結党したマレーシア統一プリブミ党がPHに加入し，マハティール元首相はPH議長に就任したが，首相候補とする決定に人民公正党(PKR)の一部が反対した。PASは，プリブミ党が議席配分の交渉をし，UMNOが協力に前向きな姿勢を見せたが，どちらも実現には至らず，単独で選挙に臨むことになった。

　経済面では，実質GDP成長率が5.9％と2014年以来3年ぶりに加速した。外国人労働者の人頭税を雇用者負担にする変更を含めた雇用者必須確約，雇用保険制度など雇用側の負担が増える政策導入が決定した。雇用者の負担増が各業界へ及ぼす影響が懸念される。東海岸鉄道を含めた巨大プロジェクトへの融資，デジタル自由貿易特区(DFTZ)設立，プロトンの株売却など，貿易や直接投資を含め，マレーシアの経済成長への中国の影響力はますます高まりつつある。

　2月に発生した金正男殺害事件に端を発し，度重なるミサイル発射実験や核開発に対する抗議から，北朝鮮との関係を見直した。インドネシアとフィリピンとの間に2016年に結ばれた3国協力協定に基づき，スールー海域の安全保障問題への取り組みが具体的に開始されたことで，両国との協力関係が進展した。ロヒンギャ問題については，9月のASEAN外相非公式会合においてミャンマー政府に配慮した議長声明を不十分として不同意を表明し，本問題に対して他のASEAN諸国と異なる立場であることを示した。

国内政治

RUU355とPAS-UMNO関係

　ハッド刑導入を実現する試みとして，2015年から繰り返しPASが連邦議会（国会）に議員立法として提出し，PASとUMNOが接近するきっかけとなった（『アジア動向年報2017』参照）シャリア裁判所（刑事裁判権）法改正案（通称RUU355）は，2017年に成立しなかった。ただし，2017年7月12日にクランタン州議会では，2002年シャリア刑事訴訟法（州法）の改正案が可決した。これによりクランタン州内では，イスラーム教徒に対する公開ムチ打ち刑実施が可能となった。

　2016年連邦議会の第3会期終了後，ナジブ首相とアザリナ首相府相は，RUU355を政府法案として引き継ぎ，成立を実現させる方針であることを明らかにしていた。野党PASの議員立法であった法案が，ナジブ首相自らが政府法案とすることを明言したことで，2017年内の改正案成立が一気に現実味を帯びた。2017年になるとPASは，RUU355成立のために広く社会の理解，支持を得ることを目的として，大規模集会「355デモ」（Himpunan355）を2月18日に首都クアラルンプールで開催することを決定した。355デモ実施について，UMNO幹部や大臣，警察当局は「PASにもデモを開催する権利がある」とし，開催を容認する姿勢を示した。当初会場として予定していた独立広場はクアラルンプール市役所から許可がおりず，ムルボック広場が会場となった。PASは参加者目標を30万人としたが，デモには約2万人が集まるにとどまった。PASの党首であるアブドゥル・ハディ・アワンのほかに，UMNOの首相府相であるジャミル・キール・バハロムも参加し，それぞれRUU355の意義について参加者に演説を行った。

　デモをとおしてPASとUMNOの親密さが明らかとなる一方で，BNを構成する他の政党からはRUU355および「355デモ」実施について厳しい反応が出た。とくに強く反対したのがマレーシア華人協会（MCA）である。MCA党首で運輸相を務めるリオウ・ティオン・ライは「MCAはPASが実施するデモに反対する」と表明した。さらにMCA関係者から出された「RUU355は，国会どころかBNの中で議論されたことはない」というコメントにより，UMNOとそれ以外のBN構成党で温度差があることが改めて露呈した。

　PASとUMNOは，連邦議会の2017年第1会期でRUU355を政府法案として提出し，成立させることを目指した。しかし，UMNO以外の大半のBN構成党の

反対を翻意させることは困難を極めた。3月28日に開催されたBNの最高評議会でも合意は得られず，翌29日にナジブ首相は「RUU355を政府が上程することを断念する」と発表した。この決定をMCAのリオウ党首は「(ナジブ首相は)BN構成党の(反対の)声を聞き入れ，重く受け止めてくれた」とし，UMNOの独断ではなく，BN構成党内の合意を重んじる結果となったことを高く評価した。

その後RUU355は，これまでどおりPAS党首のハディが議員立法として4月6日に提出した。下院議会議長のパンディカ・アミンは，審議を次会期に見送る決定をし，その日に閉会した。その後の会期では，UMNOがRUU355を政府法案として議会に上程する試みは見られなかった。ただし，議事予定表(order paper)には毎回掲載された。7月24日から始まった第2会期では，RUU355は再び議事予定表の10番目に掲載された。RUU355より前に掲載されていた4つの法案の審議見送りでRUU355の順位は6番目まで上がったが，関税法の審議で時間切れとなり，再び第3会期まで審議は延期となった。10月23日から始まった第3会期も，再び議事予定表に掲載されたが成立しなかった。会期直前には，PASウラマー部長のマーフズ・モハムドが「RUU355は2018年に実施される第14回総選挙の結果を踏まえたうえで改めて検討するべき」と発言していた。

2017年初めは，UMNOが積極的な姿勢を見せたことで政府法案として可決，成立する可能性が高まったと思われたRUU355だったが，BN内部からの強い反対を覆すことはできなかった。結果として2017年もハッド刑実施に向けた法整備は足踏み状態となった。ただし，シャリア裁判所の権限を強化することを検討する特別委員会の設置をマレーシア・イスラーム開発局(JAKIM)が8月に，政府が11月に決定するなど，RUU355成立を後押しする政府や行政の動きが引き続きみられる。一方でPASも，自らが州政権を持つクランタン州議会において，7月12日に2002年シャリア刑事訴訟法(州法)の改正案を可決した。これによりクランタン州内ではイスラーム教徒に対する公開ムチ打ち刑実施が可能となった。野党のPKRからも，「シャリア裁判所の権限強化には反対しない」「委員会を設けて話し合うべき」という見解が示されており，今後の展開が注目される。

RUU355の一連の動きはUMNOとPASの関係性の深化を周囲に印象づけ，次期総選挙で両党が選挙協力を結ぶ可能性を感じさせた。8月にPHがPASと選挙協力関係は結ばないと表明した後(後述)，10月11日にUMNOの広報部長のアヌワール・ムサが，PASとの選挙協力構想が浮上しており，交渉についてはUMNO総裁でもあるナジブ首相に一任していると発言した。これにより，UMNOにPAS

へ選挙協力を提案する準備があることが明らかとなった。それに対し，PASの幹事長のタキユディン・ハッサンは「現時点で，UMNOは協力相手の選択肢ではない」と発言し，UMNOとの選挙協力の可能性を否定した。ただし，PASの前選挙対策委員長のムスタファ・アリは，UMNOと検討のための会合を開くべきだとし，PAS側にもUMNOとの選挙協力を望む声があることが明らかとなった。

次期総選挙に向けてUMNOとPAS両党の動向が注目されるなか，10月に選挙協力に前向きな発言をしていたUMNOの広報部長のアヌワールが，「私の理解では，今の段階では，PASとそのような協力はしない（選挙協力はしない）。PASは単独でいこうと考えている」と発言し，次期総選挙におけるPASと選挙協力の可能性を一転否定した。ただしアヌワールは，「（選挙協力は）彼ら（PAS）次第」「ドアは常に開いている（UMNO側はPASとの選挙協力を受け入れる準備が常にあった）」とし，PASの対応次第ではその可能性があったこと，今後もあることを示唆した。PAS側の発言に注目が集まるなか，2018年1月にPAS党首であるハディがUMNOとの選挙協力に言及した。ハディは，RUU355におけるUMNOの協力姿勢に感謝の意を述べるなど，両党間に良好な関係があることを示唆していたが，次期総選挙でUMNOと協力連携はしないと発言している。党首であるハディが可能性を否定したことで，2018年に実施されることとなった第14回総選挙におけるUMNOとPASの選挙協力の可能性は低くなった。

次期総選挙に向けた野党の動き

民主行動党（DAP），人民公正党（PKR），国民信託党（Amanah）の3党で構成される野党連合の希望連盟（PH）が2016年11月に開催した代表大会に出席したマハティールが，自身がUMNO離反組と結党したマレーシア統一プリブミ党（以下，プリブミ党）のPH加入の意思を表明し，翌12月にPHとプリブミ党は次期総選挙における統一候補擁立協定を結んだ。プリブミ党とPHの協力関係は，2017年に入るとさらに進展した。2017年3月20日のPH党首会合でプリブミ党のPH加入が正式に認められた。7月13日に行われたPH党首会合では，同性愛の罪で服役中のアンワル・イブラヒムをPHの実質的指導者としながら，マハティールを議長，ワン・アジザを総裁とする人事を発表した。

マハティールは，前年の2016年2月末にUMNOを離党した後，同年3月にはマレーシア救済（Selamatkan Malaysia）運動を展開し，ナジブ首相退陣を要求する市民宣言を発表，集めた「ナジブ首相退陣を求める署名」を直接当時の国王に提

出するなど，ナジブ首相への対決姿勢を強めていた。これらの一連のマハティールの活動に DAP のリム・キッシャンや Amanah のモハマド・サブ，PKR のアズミン・アリなどが賛同した。同年9月には，アンワルとマハティールの18年ぶりの対面も実現していた。このように，マハティールがかつての政敵である PH 指導者たちと協力する展開は前年から見られた。2017年に入り，プリブミ党の PH への正式加入の承認，PH 議長就任を経て，マハティールは，PH の中心的存在としてナジブ首相率いる BN 体制に改めて挑むこととなった。

総選挙に向け順調に準備を進めているように見える PH だが，かつての政敵とマハティールの協力関係が常に円満に進んだわけではなかった。12月3，4日に実施された PH の指導者会合で，次期総選挙で PH が勝利し政権奪取に成功した場合の首相候補をマハティールとし，ワン・アジザを副首相候補とするという決定が発表された。しかし，この決定に PKR の副党首であるティアン・チュアは反対し，本会合での決定を最終決定とすることを拒否した。翌5日に PKR は「マハティールを首相候補とすることに PH は正式な合意に至っていない」と声明を発表した。PKR 広報部長のファーミ・ファジルは「PKR の党政務部は（マハティールを首相候補とする）提案がマレーシアにとって最良であるか引き続き議論することを決定した」とし，PH の中でもとくに PKR 内にマハティールを首相候補とすることに反発があることが明らかとなった。

プリブミ党内部からも驚きの声が上がった。党青年部長のサイド・サディック・サイド・アブドゥル・ラーマンは，PH 青年部が今回の指導者会合の前日に独自の会合を開き，首相候補に関する選挙を実施した結果，PKR の副党首でスランゴール州首相のアズミン・アリが12票を獲得し，11票のマハティールを上回った。サイド・サディックは，今回の決定（マハティールを首相候補とすること）について，なぜ青年部に相談がなかったのか疑問を抱いた，と述べたと報じている。マハティールを首相候補とすることは，マハティール（PH 議長），ワン・アジザ（PH 総裁），ムヒディン・ヤシン（プリブミ党代表），リム・ガンエン（DAP 代表），モハマド・サブ（Amanah 代表）の PH のトップ会合で決定され，広く PH の指導者たちの合意の下で決定したことではないとも報じられている。

2018年1月7日に開かれた PH 代表大会において，マハティールを首相候補に，ワン・アジザを副首相候補に選出した。それに反対する一部の PKR 党員が，大会に欠席した。マハティールは，自分はアンワルが首相となる前の一時的な首相であり，政権奪取が実現すれば現在服役中のアンワルへの恩赦手続きを開始する

と発言した。恩赦が認められれば，アンワルが首相となるとも表明した。首相候補として名前が挙がっていたアズミン・アリ自身も「マハティール（を首相候補とすること）はPHにとって最善の選択」と，決定を支持することを明らかにした。

一方で，プリブミ党のPHへの正式加入が決定する少し前の3月8日に，プリブミ党の党首であるムヒディンは，次期総選挙に向けてPASと議席配分の交渉を開始すると発言した。これによりプリブミ党を介してPHとPASが協力関係を結ぶ可能性も出たが，PASとプリブミ党の間の選挙協力交渉は結実せず，4月末にPAS党首のハディが「プリブミ党との選挙協力はない」と発言した。8月29日にはPHが「PASと選挙協力はしない」と正式に表明したことで，PASも含めた野党の大掛かりな選挙協力の可能性は低くなった。その後，PASはUMNOとの選挙協力の可能性も否定したため，単独で総選挙に挑む可能性が高い。

アデナンの死とサラワク政治

サラワク州のアデナン州首相が2017年1月11日に急逝した。新州首相には，副州首相のアバン・ジョハリが就任した。アデナン逝去に伴うタンジョン・ダトゥ地区州議会議員の補選は2月18日に実施され，アデナンの妻のジャミラ・アヌが立候補，当選した。野党は対立候補を立てなかった。

アデナンは，英語を第2の州の公用語とし，州の公務員ポストや州財団の奨学金への応募要件を，公的な中等教育修了資格SPM（マレーシア教育資格）以外に，私立の華語中等教育修了資格UEC（United Education Certificate）も認めるなど，連邦政府の方針とは異なる独自の政策を進めた。

アデナンは，1963年のマレーシア協定（MA63）に付属する文書に基づきサラワクが享受していた自治的権限や特別な権利の復権を目指していた。英語の州の公用語としての地位や，独自の教育政策は，これに関連するものである。マラヤ連邦（当時），北ボルネオ（現サバ州），シンガポール（1965年分離独立）と1963年にマレーシアを結成する際に持っていたそれらの権利は，漸次放棄したり，有名無実化したりしていた。アデナンは「連邦憲法下で連邦政府に付与されている権限について（サラワクに移譲せよと）交渉しようとしているのではない。マレーシア協定でサラワク州の権限とされながら，連邦当局に浸食されたものを取り戻す交渉をしようとしているのだ」と語り，自身の政権下での回復を目指した。アバン・ジョハリもアデナンの方針を引き継ぐと明言し，マレーシア協定に関する調査，文書資料収集を目的として法律家などで構成される代表団を，関連資料が保存さ

れているイギリスに派遣した(代表団は調査を終え,すでに帰国)。
　類似した歴史的経緯を持つサバ州出身の連邦下院議長パンディカ・アミンが「サバとサラワクは,マラヤ(旧マラヤ連邦)と同等の権利を主張する理由はない(旧マラヤ連邦領域にある州各々と同等で,特別な権利を持っていない)」「マレーシア結成の際の,20項目のメモランダム(サバが求めるべき保障内容20項目について書かれたもの,サラワクは18項目)やコボルド調査団報告書(報告書内でサバおよびサラワクに与えられるべき権利保障内容に言及)に法的拘束力はない」と発言し,サバやサラワクが連邦政府に対して,マレーシア協定に基づく特別な権利を主張することを否定した。このパンディカの発言に,アバン・ジョハリは「私のMA63(マレーシア協定)についての意見は,パンディカとは異なる」と異議を唱え,「実際に起こっていることに基づけば,MA63があまり重要でないと説明することはできない」「MA63は非常に重要な文書だ。サバ,サラワク,そして半島部,各々の領域的権利に関わるものだからだ」と主張した。
　アバン・ジョハリは,この問題に関してナジブ首相に直接交渉すると明言していた。2017年12月23日にナジブ首相は州都クチンを訪問し,権限,権利をサラワクに返すという趣旨の発言をした。ただし,その際に「超えてはならないレッドライン(マレーシアからの分離独立)がある」とし,アバン・ジョハリが求めている範囲の権利は認めるが,(そこから発展して)一部ソーシャル・ネットワーキング・サービス(SNS)を通して主張されている分離独立は断固として認めないとナジブ首相は改めて警告した。また「サラワクは(マレーシアの構成員として)BN政権を支持しなければならない」と付け加えた。これらのナジブの言動については,サラワク(およびサバ)の特別な権利に関する交渉を,政権維持の政治的おもちゃにしている,と批判が上がった。ナジブ首相のサラワクでの発言が総選挙を目前に控えた支持集めの単なる政治的パフォーマンスに終わるのか,実際に交渉が進展するのかは,アバン・ジョハリの今後の政治手腕にかかっている。

汚職・不正疑惑

　2015年と2016年の2年連続で,政府系投資ファンドであるワン・マレーシア開発(1 Malaysia Development Berhad: 1MDB)関連の資金洗浄・不正流用問題に対するナジブ首相の責任を追及し,退陣を求めるデモが実施された(『アジア動向年報2016』『アジア動向年報 2017』参照)。2017年は1 MDB 関連資産の不正流用で購入されたペントハウスの差し押さえ(6月7日)や,アメリカ司法省が5億4000

万ドル相当の関連資産の差し押さえをロサンゼルス連邦地裁に提訴する(6月15日)という出来事があった。訴状では1 MDBの不正資金を「マレーシア当局者1(Malaysian Official 1：これはナジブ首相だとアブドゥル・ラーマン・ダーラン首相府相が認めている)の妻(ナジブ首相の妻，ロスマ・マンソール)用の2700万ドル相当の22カラットのピンクダイヤモンドのネックレス購入にロウ(ロウ・テック・ジョー，通称ジョー・ロウ)が使った」と言及されたが，社会からナジブ首相の責任を強く追及する目立った動きはなかった。

一方で，野党指導者の過去の責任を追及する動きが見られた。1 MDB問題についてナジブ首相に批判的な立場を取り，党員資格停止処分が下されたことでUMNOを離党した元副総裁補のシャフィ・アプダルが，農村・地方開発相時代(2008〜2015年)に汚職に関与した疑いで2017年10月に逮捕された。シャフィは，UMNO離党後，地元サバ州で「サバ伝統党」(Parti Warisan Sabah)を2016年10月に結成していた。次期総選挙に向け，打倒 BN 政権をスローガンに地元サバ州で精力的に活動していた矢先の逮捕だった。今回の逮捕は，シャフィが農村・地方開発相時代にサバ州の地方開発プロジェクトのための連邦予算15億リンギを横領した疑いに対するものだった。本事件に関与したとして，シャフィ本人のほかにも，サバ伝統党の副党首であるピーター・アンソニー，シャフィの弟のハミド・アプダル，ハミドの義理の息子，同じくシャフィの弟でラハダトゥ(Lahad Datu)の州議会議員であるユソフ・アブダル(ユソフはUMNO党員)に加え，UMNOのテノムおよびタワウ支部の青年部長たちなども逮捕された。サバ伝統党党首のシャフィの逮捕は，サバ伝統党のイメージを傷つけ不利になるよう与党が仕掛けた，次期総選挙のための政略的行為であると，野党指導者たちは批判したが，反汚職委員会(MACC)やザヒド副首相はそれを否定した。

マハティールも責任追及の矢面に立たされた。2017年1月26日，主要数紙が「バンクヌガラ(中央銀行)の元総裁補佐官であったアブドゥル・ムラド・カリドが，1990年代にバンクヌガラが投機的為替取引によって出した実際の損失額は100億ドルだったと告白した」と報じた。ムラドは，「1990年代の為替取引の損失は90億リンギとバンクヌガラがすでに公表しているが，実際の損失額は公表額よりずっと多い」ことを暴露し，「これだけの巨額な損失にもかかわらず，一切捜査もなく，取引に関与した関係者が罪に問われることもなかった」と批判した。

このムラドの告白を受け，翌27日に開催されたUMNO最高評議会で，ナジブ首相が「この件を政府は深刻に受け止める」と発言し，政府が何かしらの行動を

とる可能性を示唆した。バンクヌガラも同日に声明を発表したが，「為替取引に関する損失は25年前に起きたこと」で「(今は)金融システムと経済のレジリエンスと安定性を確実に維持することに専念することが大事だ」と述べるにとどまった。

2月22日に政府は，バンクヌガラの為替取引による巨額損失を調査する特別タスクフォースを設置し，委員長にペトロナス会長のモハマド・シデック・ハッサンを任命した。特別タスクフォースの調査結果(非公開)を受け，6月21日に政府が王立調査委員会(Royal Commission Inquiry: RCI)設置を承認，7月15日には国王の許可を得た。RCIによる調査は8月から開始され，9月に終了した。RCIは当時の首相であるマハティール，元財務相ダイム・ザイヌッディン(1984〜1991年)，アンワル・イブラヒム(1991〜1998年)など計25人を証人として召喚した(ただし当時の司法長官イシャック・タディンは高齢による健康状態の問題で証言者として不適格と判断された)。RCIの最終報告書は10月13日に国王に提出され，11月30日には連邦議会に提出された。

最終報告書では，マハティールとアンワルが315億リンギの分の損失を生み出した取引に関与したとし，背任容疑で警察が捜査するべきと提言した。同日の11月30日にRCIの調査結果をもって，RCI事務官のユーソフ・イスマイルが警察に捜査依頼を提出した。マハティールは，ナジブ首相を1MDB問題関連で批判，責任を追及し，退陣を求めてきた。今回のバンクヌガラの巨額損失事件にマハティールが関与した疑いが浮上すると，ナジブ首相はマハティールを批判し，両者の関係はますます悪化した。これらの汚職および不正疑惑が，2018年前半に実施される総選挙にどう影響するのか注目される。

経　　済

成長率は5.9%と見通しを上回り回復基調

2017年の実質GDP成長率は，前年の4.2%から加速して5.9%となり，政府見通し4.0〜5.0%(バンクヌガラ4.3〜4.8%見通し)を大きく上回った。各四半期では，対前年同期・年率換算で，それぞれ5.6%，5.8%，6.2%，5.9%と推移し，2016年第3四半期から5期連続して加速した。

需要面では，民間部門が成長のけん引役となった。民間消費は，賃金の上昇や政府のワン・マレーシア国民支援(BR1M)による所得支援が寄与し7.0%増と堅調な伸びとなった。総固定資本形成のうち，2016年まで4年連続で減速となってい

た民間投資は，サービス業と製造業の設備投資拡大により9.3％増と高水準を記録し加速した。政府消費は物品・サービス購入が1年を通して堅調に推移し5.4％増となった。政府投資は0.1％増と，2016年までの3年連続縮小から，わずかながら拡大に転じた。財・サービス輸出は，世界経済回復の影響を受け通年で9.6％増（2016年0.1％増）と大幅な成長となったが，これに対し輸入も11.0％増だったため，純輸出のGDP寄与度はマイナスとなった。

産業別では，農業（7.2％増），鉱業・採石（1.1％増），製造業（6.0％増），建設業（6.7％増），サービス業（6.2％増）で，大半のセクターで成長が加速した。そのうち，前年のマイナス（-5.1％）から7.2％増と，プラスに転じた農業の高水準な成長は，エルニーニョ現象で落ち込んでいたパーム油生産の回復やゴム生産の拡大に起因する。GDPの約5割を占め，堅調な成長を示したサービス業のうち，小売業（9.4％増），情報・通信（8.4％増），不動産（7.4％増）がとくに好調だった。

貿易統計によれば，2017年の輸出は前年比19.4％増の9353億9300万リンギで，輸入は28.1％増の8381億4500万リンギとなり，輸出入ともに大きく伸びた。貿易収支は972億4900万リンギで20年連続の貿易黒字となった。

2017年はインフレが顕著となった。ここ数年2％台で比較的安定していた消費者物価指数（CPI）上昇率は，年平均3.7％となった。四半期ごとにみると，それぞれ4.3％，4.0％，3.8％，3.5％となっており，インフレは緩やかに収まりつつある。インフレ加速の主な原因のひとつは輸送部門である。同部門の価格上昇は通年2桁台で推移しており，全体のインフレ率を押し上げることとなった。これは前年まで下落が進んでいた原油価格の上昇がコスト増として響いたことが大きい。

2016年末から2017年始にかけてリンギ安が進み，アジア通貨危機以降の最安値（対ドルレート）を更新する事態となったが，2017年後半からは徐々にリンギ高傾向となり落ち着きを見せつつある。2017年中は1ドル4リンギ台を推移していた為替相場は，2018年に入り1ドル3リンギ台に回復した。

雇用側の負担増：人頭税・外国人労働者問題・雇用保険

2017年には，外国人労働者の人頭税の雇用者負担への変更，雇用保険制度法案の可決などがあった。これらの政策は2018年より施行されるが雇用者側の負担が増えることに対する懸念が高まった。

政府は2016年末，外国人労働者の雇用にかかる課徴金（人頭税）を雇用者負担へ再変更すること（2013年1月に雇用者負担から労働者負担へ変更）を含む「雇用者

必須確約」(Employer mandatory commitment: EMC)を2017年1月1日から導入すると発表した。突然の決定に対する反発の声は大きく、結局導入は2018年1月からに延期となった。この決定以前の2016年3月に、政府は外国人労働者の人頭税を大幅に引き上げた。マレーシアは合法および非合法含めて外国人労働者に大きく依存しているため、政府は外国人労働者への依存を軽減する措置を進めている。人頭税の引き上げ、雇用者負担への再変更、さらに2016年3月から続く外国人労働者の新規受け入れ凍結といった政策は、これに基づくものである。

しかし、外国人労働者に代わる労働力を確保することは難しく、労働力不足によって生産に支障をきたすといった影響が出ていた。新規受け入れ凍結による労働者不足の影響は大きく、パームオイル業界や製造業界などから異議が申し立てられた。建設、家具製造、製造、農園分野では2016年5月に凍結が解除されていたが、2017年1月にはザヒド副首相がこれに加え、養鶏、鉱業、観光業、貨物分野が凍結解除で合意と発表した。

新規雇用の代わりに、政府は2016年2月から開始されている不法就労の外国人労働者の合法化(再雇用)プログラムの活用を促した。しかし、この再雇用プログラムでは、雇用者が登録手数料として労働者1人につき1200リンギを負担しなくてはならない。さらに正規の労働ビザを取得するには、登録手数料以外にも(不法就労の)罰金、ビザ代なども支払う必要がある。本プログラムで労働者1人を合法化するためにかかるコストは非常に高額で、雇用者の負担が大きい。

罰金のみで、正規合法化手続きを1年猶予することができるEカード(一時許可証)を取得する方法もあった。しかし、この方法では結局1年後に高額な手数料等を支払って合法化の手続きをしなくてはならないことに変わりはなく、問題を1年先延ばしにするだけで意味がない、という批判も出た。Eカードの手続き期限は2017年6月30日で、Eカードの手続きが間に合わない雇用者たちが申請期間延長を求めたが実現しなかった。Eカード手続き期限の翌日から、移民局は合法化手続きも、Eカード取得手続きも取らなかった不法就労の外国人労働者一斉取り締まりキャンペーンを早速開始し、逮捕者が多く出た。

すでに、外国人労働者の新規受け入れ凍結や、不法の外国人労働者の再雇用プログラムによって雇用者側の負担増の影響は出ている。そのうえ、人頭税の雇用者負担への再変更は、同税率が大幅に引き上げられたことも重なり、雇用者が負担する人件費の大幅増となる。労働力不足や各コストの上昇が与える各業界への影響が懸念される。

2017年3月23日にナジブ首相は，民間セクターの労働者を対象とした雇用保険制度（EIS）に閣議合意したと発表した。EIS はナジブ政権がかねてより導入を目指していたもので，作成中の法案は6月の連邦議会に提出し，施行は2018年1月1日，給付金（失業者が再就職までに受給できる求職手当）の支払い開始は2019年1月1日，運用管理機関は社会保障機構（SOCSO）を予定していると説明した。雇用保険導入については，手当により再雇用までの収入源が確保されること，再就職に向けた職業訓練や求職支援などを受けられることから，労働組合は好意的な反応を見せた。一方で雇用者側からは，年々増え続ける負担が EIS 導入により更に拡大することを受け入れがたいとする意見が上がった。

　EIS 法案は連邦議会の第2会期中の8月1日にリチャード・リオット・ジャエム人的資源相が提出したが，その後内容について関係機関との協議が必要と判断し，7日の審議を延期，10日に取り下げた。8月に提出された法案の保険料の拠出率は，雇用者と労働者各々賃金の0.25％，合計0.5％であったが，関係各所との協議の結果，拠出率は両者各0.2％の合計0.4％に修正された。この修正法案は10月24日に再度提出され，同26日の深夜に連邦下院議会を通過した。その後，12月19日に上院でも EIS 法案は可決された。人頭税の雇用主負担と，雇用保険は2018年に施行となるが，外国人労働者の新規受け入れ凍結により安価で豊富な労働力を確保することが難しくなってきている現状で，定められた雇用主側の負担に対応しながら，どのように事業を発展させていけるのかが課題となる。

中国の影響力拡大

　2017年はマレーシアの経済分野における中国の存在感がさらに際立つ1年となった。前年10月31日から11月6日にかけて中国を訪問したナジブ首相と中国の李克強首相立会いの下で事業費用が総額1436億リンギに相当する14のプロジェクトについての覚書（MOU）および契約が交わされた。その中には，マレーシアの東海岸鉄道リンク（ECRL）に関するものが含まれていた。これは首都クアラルンプールと，パハン州，トレンガヌ州，クランタン州の東海岸3州を結ぶ鉄道建設計画で，中国交通建設会社が建設を，中国輸出入銀行が融資をすることが決定した。その後，2017年5月13日には ECRL 第2フェーズに関する覚書が取り交わされ，当初ゴンバックまでとしていた鉄道をポートクランまで延伸することが決まった。それにより，プロジェクトの総工費は550億リンギとなり，85％は中国輸出入銀行が低金利（年率3.25％）融資し，15％は財務省子会社 Malaysia Rail Link

(ECRLの所有・運営・管理担当)がスクーク債を発行し，マレーシアの大手銀行CIMBとRHBが管理する形で拠出することになった。8月9日にECRL着工式典がパハン州の州都クアンタンで開催された。この着工式にはマレーシア側からはナジブ首相が，中国側からは汪洋副首相が出席し，両国関係にとって重要なプロジェクトであることがうかがえる。

中国が投資するマレーシアの巨大プロジェクトには，クアンタンのマレーシア・中国工業団地(MCKIP)建設およびそれに伴うクアンタン港拡張工事，マラッカ海峡に大規模な港湾を建設するマラッカ・ゲートウェイや，ジョホールのロボット未来都市プロジェクトなどがある。これらの巨大プロジェクトに中国は次々と投資し，影響力の大きさを示してきた。2017年5月13日には新たに，事業総額310億リンギ相当のプロジェクトに関するMOUが結ばれた。前日の5月12日にはマレーシア政府が，中国電子商取引大手アリババ・グループおよび杭州市と2地域間における越境電子商取引促進のためのMOUに調印した。アリババ・グループとマレーシア政府はこのMOU以外にも，3月に世界初となるデジタル自由貿易特区(DFTZ)を共同でクアラルンプールに設立している。アリババ・グループ会長のジャック・マーが，このDFTZの一部として，世界電子貿易プラットフォーム初となる電子商取引拠点(e-hub)を設立し，若手ベンチャー起業家の海外進出を支援すると発表した。

中国は今やマレーシアにとって貿易相手国としても直接投資送出国としても最大の相手国のひとつとなった。2017年は対中国輸出が前年比で28％増，輸入が16％増となった。一方，対内直接投資における中国の投資額は75億リンギで，前年比17％増だった。中国の影響は直接投資や貿易だけにとどまらず，近年ではマレーシア企業の株買収でもひときわ目立つものとなっている。2017年は，マレーシアの国営自動車会社であるプロトン・ホールディングスの親会社DRBハイコムが，保有しているプロトン株の49.9％を中国の吉利ホールディングス(傘下に中国自動車大手の吉利汽車がある)に売却したことが大きな話題となった。プロトンは当時のマハティール首相の「国産車構想」により設立した企業で，三菱自動車工業と三菱商事がそれぞれ出資していた。2004年には三菱自動車が，2005年には三菱商事が，保有していた株式をすべて売却して以降は，カザナ・ナショナルやペトロナスなどマレーシア企業が株主となってきた。

現在の親会社であるDRBハイコムが，近年経営不振が続いたプロトンの株式を海外提携先に売却することを検討していることが2016年に明らかになっていた。

2017年5月14日に売却に合意，9月29日には，吉利への株式売却（売却額4億6030万リンギ）完了と，プロトン傘下で製造などをつかさどる事業会社 PONSB (Perusahaan Otomobil Nasional Sdn Bhd) の CEO に吉利側が選出した中国人（中国国籍）の李春榮が就任することを発表した。

マレーシア政府や企業が中国と連携して進める事業は年々増え，マレーシアの経済成長への中国の影響力はますます高まりつつあるが，懸念材料がないわけではない。2015年12月末に大規模な不動産開発計画「バンダール・マレーシア」を扱う1MDB関連会社の株式60％が，中国国営の鉄道建設会社の中国中鉄を中心とした企業連合とマレーシアのイスカンダール・ウォーターフロント・ホールディングスに総額74億1000万リンギで売却され，これらの企業が主導で開発が進められることとなった。ところが2017年5月17日にナジブ首相は中国中鉄に支払い不履行があったとし「バンダール・マレーシア」計画の再入札を発表した。再入札の有力候補として中国不動産最大手の大連万達グループ（ワンダ・グループ）が挙がったが，その後7月に参画を断念すると発表した。「バンダール・マレーシア」の再入札には日本企業を含め数社が名乗りを上げている。

対 外 関 係

金正男殺害事件と北朝鮮関係

2月にマレーシアで発生した金正男殺害事件，度重なるミサイル発射実験や核開発に対する抗議から，北朝鮮との関係が再考された。北朝鮮の故金正日の長男で，金正恩朝鮮労働党委員長の異母兄である金正男は，2月13日にクアラルンプール国際空港第2ターミナルからマカオへ出国しようとしていたところ，背後から液体のようなものを顔に塗られ病院に搬送された後，死亡した。金正男が所持していたパスポートに明記された名前は「キム・チョル」になっており，北朝鮮側は死亡したのはパスポートのとおり北朝鮮外交官の「キム・チョル」で，金正男ではないと一貫して主張し続けた。

その後，北朝鮮側の事件に対する強硬な対応により両国関係は緊張状態となった。3月4日にマレーシア外務省は，警察による捜査を批判し謝罪しなかったとして（在マレーシア）北朝鮮大使を「ペルソナ・ノン・グラータ」（好ましからざる人物）に指定し48時間以内の出国を命じた。翌5日には今度は北朝鮮側が（在北朝鮮）マレーシア大使を「ペルソナ・ノン・グラータ」に指定し48時間以内の出

国を命じた。また，マレーシア人が北朝鮮からの出国を禁止されたのに対し，北朝鮮国籍者のマレーシアからの出国禁止がナジブ首相によって指示されるなど，両国による対抗措置の応酬が続き，両国関係は一時緊迫の一途をたどった。

さらに，これまで北朝鮮国籍者はビザなしでマレーシア入国が可能だったが，その措置の停止を3月6日にマレーシアは発表した。その後，サラワク州で不法就労していた北朝鮮国籍者が摘発され国外退去処分となるなど，北朝鮮国籍者のマレーシア入国，滞在に対する制限の厳格化が進んだ。結局3月30日には金正男の遺体が北京経由で北朝鮮に返され，同時にマレーシア人に対する(北朝鮮からの)出国禁止も解除され，全員マレーシアに帰国した。

金正男殺害事件をきっかけに一気にぎくしゃくした両国関係であったが，3月上旬の段階でナジブ首相は「北朝鮮との国交を断絶するつもりはない」と発言していた。北朝鮮との関係の見直しは，北朝鮮のミサイル発射実験の頻発と核開発によって一層進んだ。マレーシアは，2月12日の北朝鮮による弾道ミサイル発射に対し，ASEAN外相の共同声明をとおして2月14日に「重大な懸念」を表明した。ASEANの外相非公式会合(2月21日)やASEAN外相会合(8月5日)の声明でも繰り返し北朝鮮に「重大な懸念」が表明された。その後，9月28日にマレーシア外務省は「マレーシア国民の北朝鮮への渡航禁止」を発表した。渡航禁止の理由は，北朝鮮のミサイル発射実験による朝鮮半島の緊迫化とされた。10月の連邦議会でナジブ首相が「北朝鮮との国交について再考する」と発言し，外交，政治，経済といったあらゆる繋がりを断つことも含めて，北朝鮮との関係見直しを検討していると明らかにした。この背景には，トランプ米大統領とナジブ首相が9月12日にアメリカのホワイトハウスで行った首脳会合で，北朝鮮による弾道ミサイルや核実験を，アジア太平洋地域の平和安全保障における脅威と捉えると確認したことがある。ナジブ首相は，平壌のマレーシア大使館を閉鎖し，在北京の大使館に業務を移管することを検討しており，さらにマレーシアに駐在する北朝鮮外交官を全員北朝鮮に帰国させることも視野に入れていると述べた。

北朝鮮に対する一連のナジブ首相の言動には，対米関係やトランプ米大統領との関係の大きな影響がうかがえる。ナジブ首相は首相就任時からアメリカとの外交関係を非常に重視している。2017年は9月にナジブ首相がトランプ大統領から直接招かれホワイトハウスを訪問し会談を行った。そのほか，5月にはアニファ外相が他のASEANの外相とともにティラーソン国務長官(当時)とワシントンで会談，ティラーソンが8月にマレーシアを訪問した際は，ナジブ首相とザヒド副

首相とそれぞれ面会した。一連の外交は，アメリカとの良好な関係を印象づけたが，12月にトランプ大統領がエルサレムをイスラエルの首都と正式に承認するとした際には，ナジブ首相はアメリカの決定に強く反対するとの声明をイスラーム協力機構（OIC）の緊急会合で表明し，12月22日にプトラジャヤで行われた抗議集会にもザヒド副首相らとともに参加した。

ASEAN 関係：マラウィ危機およびロヒンギャ問題への対応

ASEAN 諸国との関係については，インドネシアおよびフィリピンと3国が直面する「イスラーム過激派の脅威に常にさらされているスールー海域の安全をいかに守るか」という共通の問題への取り組みを進めた。3カ国の国防相や外相など関係者が，スールー海域の保安に関する会合を2016年にインドネシアのジョグジャカルタやバリなどで複数回実施したあと，2016年7月14日にジャカルタにおいて3国の防衛相が「三国協力協定」（TCA）に合意していた。

IS（「イスラーム国」）に忠誠を誓ったフィリピンのイスラーム武装勢力マウテとフィリピン国軍の間で2017年5月23日にミンダナオ島マラウィで始まった戦闘は，翌24日にドゥテルテ大統領が戒厳令を出すに至り，その後も激しさを増していった。イスラーム武装勢力側の戦闘員としてマラウィに渡ったインドネシア人やマレーシア人の存在が明らかになり，マラウィ危機はマレーシアやインドネシアにとっても単なる隣国の問題ではなかった。マラウィ危機により，スールー海域およびその周辺地域の安全保障問題は2017年に入りますます重要性が高まった。6月19日には3国合同の海上パトロールを，北カリマンタン州タラカン市沖で開始した。10月12日にはスールー海上空のパトロール開始式典がマレーシアのスバン空港で開催された。上空パトロールは各月1国が担当するローテーション形式で，第1回目をマレーシアが11月8日に実施した。

深刻化するミャンマー・ヤカイン（ラカイン）州の「ロヒンギャ問題」へのマレーシアの対応は，「内政不干渉」の原則に則る他の ASEAN 加盟国とはやや異なったものとなった。ナジブ首相は，大規模デモに参加し，アウンサンスーチーを名指しで批判するなど，この問題に関するミャンマー政府批判を2016年から展開していた。2017年に入るとナジブ首相は，1月にクアラルンプールで開催されたOIC 外相理事会の臨時会合において，ロヒンギャへの人道支援に1000万リンギを拠出すると表明した。このほかにも，バングラデシュのロヒンギャ難民キャンプに医療従事者を派遣，350万リンギを拠出してキャンプ内に病院建設を決め

るなど，ロヒンギャに対する支援を積極的に実施した。

　ASEAN では，9月22日に国連総会に合わせてニューヨークで開催した ASEAN 外相の非公式会合の議長声明を「実態を誤って伝えている」(misrepresentation of the reality of the situation)とし，不同意を表明した。この声明には，8月25日にアラカン・ロヒンギャ救世軍(ARSA)が治安部隊等に対して大規模な襲撃を再び起こしたことから，この問題における人道的状況への懸念が内容として盛り込まれた。アニファ・アマン外相は「8月25日に ARSA がミャンマー治安部隊に対して行った襲撃をマレーシアは非難するが，それに対するミャンマー当局の掃討作戦は不相応だ。掃討作戦で多くの市民が命を落とし，40万人のロヒンギャが難民となった」とミャンマー当局の対応を非難した。さらには，ミャンマー政府に配慮したことで声明が「甚大な被害を被っているコミュニティとしてロヒンギャを言及していない」ことを不服とした。10月の ASEAN 国防相会議においてもヒシャムディン国防相がロヒンギャ問題を「深刻な人道危機」とし，ASEAN として見過ごすことはできないと主張した。ロヒンギャ問題については「内政不干渉」としないマレーシアの立場を引き続き主張した。

2018年の課題

　2018年は8月までに第14回総選挙(連邦議会下院議員およびサラワクを除く州議会議員)が実施される(5月9日投票日)。2018年に入り与野党各陣営それぞれ候補者調整および選出の最終調整に入っている。過去2回の総選挙で苦戦を強いられてきた BN は，政権維持に必要な議席数を確保できるかが焦点となる。ここ数年 1MDB の巨額の資金不正使用への関与が疑われているナジブ首相や，野党連合 PH を率いるマハティール元首相を，マレーシア国民がどのように評価するのか，また，BN 体制維持の鍵となるサバ州とサラワク州では，シャフィ・アブダルの逮捕や，アバン・ジョハリ州首相の率いるサラワク BN への評価が選挙結果にどのように反映されるかが注目される。経済では，人頭税の雇用者側負担，雇用保険制度が2018年より施行開始され，更には最低賃金の値上げが予定されている。雇用側の負担増が各業界に与える影響が懸念される。外交面では，中国との関係の緊密化が ASEAN 関係や，マレーシア経済に更なる影響を与える可能性が高い。

　　　　　　　　　　　　　　　　　　　　　　　　　（東京外国語大学特別研究員）

重要日誌　マレーシア　2017年

1月1日 ▶連邦土地開発公社(FELDA，フェルダ)の新会長にジョホールバル選挙区連邦下院議員シャリル・サマド就任。

11日 ▶サラワク州首相アデナン・サテム，心臓発作で急逝。

▶外国人労働者の雇用にかかる課徴金(人頭税)を雇用者負担とすることを含む「雇用者必須確約」(Employer Mandatory Commitment: EMC)適用を2018年に延期(当初の予定では2017年1月1日より適用)することに内閣合意。

12日 ▶アデナン・サラワク州首相の葬儀にナジブ首相やブルネイのスルタンら参列。

13日 ▶サラワク州首相，後任にアバン・ジョハリ・オペン就任。

14日 ▶マレーシア統一プリブミ党結党大会開催。

17日 ▶アフマド・ザヒド・ハミディ副首相，養鶏，鉱業，観光業，貨物分野で外国人労働者新規受け入れ凍結解除で合意と発表。

19日 ▶マレーシアでデング熱に感染した日本人死亡。

▶ナジブ首相，クアラルンプールで開かれたイスラーム協力機構(OIC)外相理事会の臨時会合でロヒンギャへの人道支援に1000万リンギを拠出と発表。

2月4日 ▶アフマド・サヒド・ハミディ副首相(兼内務相)，ロヒンギャ300人を合法的に就労させるプロジェクトへの着手を発表。

13日 ▶北朝鮮の金正恩労働党委員長の異母兄の金正男，クアラルンプール国際空港第2ターミナルで殺害。

14日 ▶金正男殺害の容疑でベトナム人のドアン・ティ・フォン逮捕。

16日 ▶金正男殺害の容疑でインドネシア人のシティ・アイシャ逮捕。

17日 ▶金正男殺害に関わったとして北朝鮮国籍のリ・ジョンチョル逮捕。

18日 ▶アデナン元サラワク州首相逝去によるタンジョン・ダトゥ(Tanjong Datu)地区州議会議員補選で，アデナンの妻ジャミラ・アヌ当選。

▶汎マレーシア・イスラーム党(PAS)，シャリーア裁判所法(刑事裁判権)改正案(RUU355)成立を目指す大規模集会「355デモ」(Himpunan 355)を首都クアラルンプールで開催。

3月1日 ▶金正男殺害の実行犯とされる女性2人起訴。

3日 ▶金正男殺害容疑で逮捕された北朝鮮国籍のリ・ジョンチョル，証拠不十分で釈放，家族とともに国外退去処分。

4日 ▶北朝鮮の姜哲(カンチョル)駐マレーシア大使，「ペルソナ・ノン・グラータ」(好ましからざる人物)で国外退去(6日に出国)。

5日 ▶モハマド・ニザン・モハマド駐北朝鮮大使，「ペルソナ・ノン・グラータ」で北朝鮮から48時間以内の退去通告(2月22日にすでにマレーシアに帰国)。

6日 ▶北朝鮮人のマレーシア滞在ビザ免除撤回。

14日 ▶ザヒド副首相，サラワク州で不法就労の北朝鮮人労働者約50人の国外退去処分発表。

20日 ▶野党連合の希望連盟(Pakatan Harapan: PH)の党首会合，マレーシア統一プリブミ統一党のPH加入で合意と表明。

21日 ▶2017年補正予算案，連邦議会に上程。

22日 ▶デジタル自由貿易特区(DFTZ)，クアラルンプールに発足。

23日 ▶ナジブ首相，民間セクターの労働者対象の雇用保険制度導入(2018年施行)表明。

29日▶2016年6月28日にスランゴール州のナイトクラブ「モビダ」(Movida)で発生したIS(「イスラーム国」)関連の爆発テロ事件の容疑者2人に禁錮25年の実刑判決。

30日▶金正男の遺体，北朝鮮へ送還。

4月1日▶ナジブ首相，インド訪問(～6日)。インドのモディ首相と二国間首脳会談。

▶新連邦裁判所(最高裁判所)長官にラウス・シャリフ就任。

10日▶PAS役員選挙立候補届け出締め切り。対立候補出ず，ハディ・アワン党首再選。

12日▶ヒシャムディン・フセイン国防相，首相府特任相(兼任)に任命。

13日▶皇太子殿下，来訪(～16日)。マラヤ大学訪問や国王のムハンマド5世に謁見など。

18日▶サラワク州で北朝鮮人不法滞在者296人(期限切れの就労ビザ117人，期限切れの観光ビザ183人)国外退去処分。

23日▶ナジブ首相，インド系マレーシア人コミュニティのエンパワーメントを目指す「インド系マレーシア人青書」(Malaysian Indian Blueprint)発表。

24日▶クランタン州スルタンのムハンマド5世，国王即位式。

27日▶ナジブ首相，ASEAN首脳会議および関連会合出席のためフィリピン首都マニラ訪問。

5月4日▶アニファ・アマン外相，アメリカ国務長官レックス・ティラーソンとの会談に出席するためASEAN加盟10カ国外相とアメリカのワシントン訪問。

7日▶ナジブ首相，サバ，サラワク，ラブアンへの貨物船を対象としたカボタージュ規制を6月1日から撤廃と発表。

12日▶ナジブ首相，中国訪問。習近平国家主席と会談(13日)。北京で開催される「一帯一路」国際フォーラム出席(14～15日)。

▶マレーシア政府，アリババ・グループおよび杭州市と，2地域間における越境電子商取引促進のための覚書調印。

24日▶マレーシア企業DRBハイコム，傘下のプロトン・ホールディングスの保有株の49.9%を中国の吉利ホールディングスに売却で合意と発表。

6月3日▶ヒシャムディン国防相，シンガポールで開催されたアジア安全保障会議出席。稲田朋美防衛相(当時)と会談(4日)。

7日▶アメリカ司法省，ワン・マレーシア開発(1MDB)の不正流用資金で購入した疑いのあるロンドンのペントハウスを差し押さえ。

8日▶2013年にサバ州で発生した自称「スールー王国軍」による侵入事案で，控訴裁判所，コタキナバル高等裁判所による終身刑判決を覆し，フィリピン人9人に死刑判決。

12日▶サラワク州政府，サラワク州観光局のマレーシア政府観光局からの脱退表明。

15日▶アメリカ司法省，不正流用の疑いがある1MDB関連資産5億4000万ドル相当差し押さえをロサンゼルス連邦地裁に提訴。

19日▶北カリマンタン州(ボルネオ島)タラカン市沖でマレーシア，インドネシア，フィリピンの3カ国合同海上パトロール開始。

22日▶児童性犯罪の特別裁判所開設。

▶フィリピンのマニラでマレーシア，インドネシア，フィリピンの3カ国によるテロ対策会議開催。

7月12日▶クランタン州議会，2002年シャリア刑事訴訟法(州法)の改正案可決。

13日▶PH，構成党の党首会合を開催，人民行動党(PKR)の事実上のリーダーであるアンワル・イブラヒムを連合の実質的指導者，マハティール元首相を議長，ワン・アジザを総裁とする人事発表。

15日▶国王，1990年代におけるバンクヌガラ（中央銀行）の為替取引による巨額損失に関する王立調査委員会（RCI）の設置を許可，委員を任命。

17日▶大量高速輸送システム（MRT）1号線全面開通。

8月1日▶1MDB，インターナショナル・ペトロリアム・インベストメント（IPIC）への社債の利払い（2回分割）のうち，1回目が期限の7月末までに実施できずと発表。

5日▶アニファ外相，マニラで開催されたASEAN外相会議に出席。中国の王毅外相と会談（6日）。

8日▶アメリカ国務長官レックス・ティラーソン，マレーシア来訪。ナジブ首相と会談。翌日（9日）にザヒド副首相とも面会。

9日▶パハン州都クアンタンで東海岸鉄道リンク（ECRL）着工式典開催。

11日▶1MDB，7月末が支払期限だったIPICへの1回目の社債利払い（計6億2875万㌦）の一部（3億5000万㌦）返済。

15日▶反汚職委員会（MACC），フェルダの子会社フェルダ・インベストメント（FIC）のホテル買収に関する汚職容疑でフェルダ前会長モハマド・イサ・アブドゥル・サマド逮捕。

22日▶RHBバンクとAmバンク，合併交渉の中止発表。

30日▶クアラルンプールのチュラス地区の捜査で，フィリピンの過激派組織アブサヤフの関連グループLucky 9 Kidnap for Ransom 中心人物，アブ・アスリーことハジャール・アブドゥル・ムビンを含む8人逮捕。

▶1MDB，期限の7月末に実施できなかったIPICへの社債利払い（計2回のうちの1回目）の残額返済発表。

9月1日▶観光税導入開始。1泊，1室につき10㌶。外国人のみ対象。

5日▶カリド警察長官，定年のため退任。新警察長官にモハマド・フジ・ハルン。

11日▶前国王のクダ州スルタン，アブドゥル・ハリム・ムアザム・シャー逝去。

12日▶ナジブ首相訪米，ドナルド・トランプ大統領とホワイトハウスで会談。

14日▶ナジブ首相訪英，テリーザ・メイ英首相とロンドンで会談。

▶クアラルンプールの私立宗教学校で火事，23人（生徒21人と教員2人）死亡。

17日▶元スランゴール州首相のムハマド・タイブ，PKRからの離党，統一マレー人国民組織（UMNO）への復帰を発表。

19日▶三菱東京UFJ銀行，保有するCIMBグループの株式4億1250万株，総額25億5700万㌶（CIMBグループ株式総額の4.6%）売却。

23日▶アニファ外相，ミャンマーのヤカイン（ラカイン）州で発生している問題（ロヒンギャ問題）への言及を不服としてASEAN外相の非公式会合の議長声明への不同意を表明。

26日▶女性裁判官4人昇格人事（高等裁判所裁判官1人→連邦裁判所（最高裁判所），控訴裁判所裁判官3人→高等裁判所）。

28日▶マレーシア人，北朝鮮への渡航禁止。

▶9月14日に発生したクアラルンプールの私立宗教学校の火災事件（23人死亡），逮捕された少年のうち，2人を殺人罪で，6人を危険ドラッグの罪で起訴。

10月2日▶金正男殺害の実行犯とされる女2人に対する初公判，スランゴール州シャーアラムの高等裁判所で開始。容疑者側は罪状（殺人罪）を殺意はなかったとして否認。

10日▶クアラルンプール中心部バンダール・マレーシアのMRT建設現場で第二次世界大戦中の不発弾爆発，バングラデシュ人作業員3人死亡。

12日▶スールー海上空の3国（マレーシア，

インドネシア，フィリピン）合同警備（Trilateral Air Patrol，TAP）開始式典，スバン空軍基地で開催。

13日▶バンクヌガラの為替取引による巨額損失に関するRCI，国王に調査報告書提出。

14日▶PHがクアラルンプール近郊のプタリン・ジャヤで大規模デモ実施。

16日▶カタールのシェイク・タミーム・ビン・ハマド・アール・サーニ首長，来訪。ナジブ首相と会談。

17日▶マレーシア航空最高経営責任者（CEO）ピーター・ベリュー，退任発表。

19日▶反汚職委員会，地方開発プロジェクトにまつわる横領容疑で，サバ伝統党（Parti Warisan Sabah）党首シャフィ・アプダル逮捕。

21日▶ペナン島タンジョン・ブンガの住宅建設工事現場で崖崩れが発生し作業員11人が生き埋めとなる。

25日▶ヒシャムディン・フセイン国防相，フィリピンのクラーク経済特区訪問。ASEAN国防相会議に出席，アメリカのマティス国防長官と会談。

27日▶2018年国家予算案上程。

29日▶ヒシャムディン国防相，イエメンのハーディ政権を支持するアラブ連合の会議出席のためサウジアラビアのリヤド訪問。

11月1日▶ナジブ首相，サウジアラビアの石油鉱物資源相カリド・アブドゥルアジズ・アルファリフとクダ州で面会。

2日▶イギリスのチャールズ皇太子とカミラ皇太子妃来訪（～8日）。

9日▶ナジブ首相，APEC首脳会議（10～11日）出席のためベトナムのダナン訪問。

12日▶ナジブ首相，第31回ASEAN首脳会議（13～14日）のためフィリピンのマニラ訪問。安倍晋三首相と首脳会談。

20日▶通信・マルチメディア省，サイバー犯罪に対する捜査権，起訴権を持つサイバー犯罪特別委員会の新設発表。

21日▶インドネシアのジョコ・ウィドド大統領，サラワク州の州都クチン来訪。第13回世界イスラーム経済フォーラム出席，第12回マレーシア・インドネシア二国間年次会合でナジブ首相と会談，共同声明発表。

29日▶2018年国家予算案，連邦議会下院通過。

30日▶バンクヌガラの為替取引による巨額損失のRCI調査報告書，連邦議会に提出。

▶バンクヌガラの為替取引による巨額損失に関するRCI調査結果を受け警察に捜査依頼提出。

12月12日▶ナジブ首相とアニファ外相，トランプ米大統領の「エルサレムをイスラエルの首都と承認する」宣言を受け開催されるOICの緊急首脳会議（13日）出席のため，トルコのイスタンブール訪問。

13日▶ナジブ首相，OICの緊急会合で，アメリカのエルサレムをイスラエルの首都として承認する決定を非難，拒否すると声明。

15日▶ナジブ首相，バーレーン訪問。ハマド・ビン・イーサ・アール・ハリーファ国王に謁見など（～17日）。

17日▶ナジブ首相，スリランカ訪問（～19日）。マイトリパーラ・シリセーナ大統領と会談。ラニル・ウィクレマシンハ首相表敬訪問。

19日▶ナジブ首相，モルジブ訪問（～20日）。アブドッラ・ヤーミン・アブドゥル・ガユーム大統領と会談。

22日▶アメリカによるエルサレムのイスラエルの首都承認に対する抗議集会（"Solidarity to Save Jerusalem" rally）プトラジャヤで開催。ナジブ首相やザヒド副首相，マハティール元首相など野党党員も参加。

参考資料 マレーシア　2017年

① 国家機構図（2017年12月末現在）

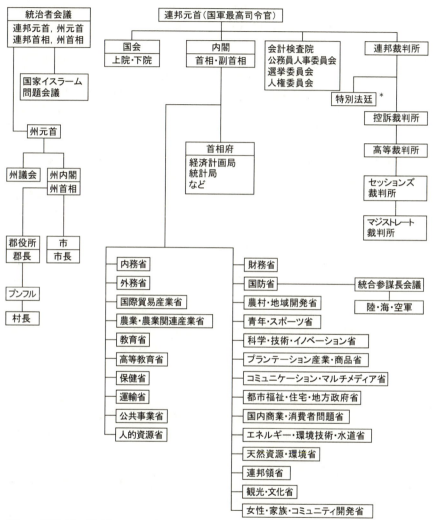

（注）＊連邦元首，州元首に関わる訴訟を取り扱う。

② ナジブ内閣名簿(2017年12月末現在)

首相	Mohd Najib Abdul Razak [UMNO]	
副首相	Ahmad Zahid Hamidi [UMNO]	

首相府
- 大臣　Jamil Khir Baharom [UMNO]
- 　　　Nancy Shukri [PBB]
- 　　　Joseph Entulu Belaun [PRS]
- 　　　Shahidan Kassim [UMNO]
- 　　　Joseph Kurup [PBRS]
- 　　　Abdul Rahman Dahlan [UMNO]
- 　　　Paul Low Seng Kwan（劉勝権）[MCA]
- 　　　Wee Ka Siong（魏家祥）[MCA]
- 　　　Azalina Othman Said [UMNO]
- 副大臣　Razali Ibrahim [UMNO]
- 　　　Asyraf Wajdi Dusuki [UMNO]
- 　　　Devamany S. Krishnasamy [MIC]

財務省
- 第一大臣　首相が兼任
- 第二大臣　Johari Abdul Ghani [UMNO]
- 副大臣　Othman Aziz [UMNO]
- 　　　Lee Chee Leong（李志亮）[MCA]

国防省
- 大臣　Hishammudin Hussein [UMNO]
- 副大臣　Mohd Johari Baharum [UMNO]

内務省
- 大臣　副首相が兼任
- 副大臣　Nur Jazlan Mohamed [UMNO]
- 　　　Masir Kujat [PRS]

外務省
- 大臣　Anifah Aman [UMNO]
- 副大臣　Reezal Merican Naina Merican [UMNO]

国際貿易産業省
- 第一大臣　Mustapa Mohamed [UMNO]
- 第二大臣　Ong Ka Chuan（黄家泉）[MCA]
- 副大臣　Ahmad Maslan [UMNO]
- 　　　Chua Tee Yong（蔡智勇）[MCA]

国内商業・消費者問題省
- 大臣　Hamzah Zainudin [UMNO]
- 副大臣　Henry Sun Agong [PBB]

人的資源省
- 大臣　Richard Riot Jaem [SUPP]
- 副大臣　Ismail Abdul Muttalib [UMNO]

運輸省
- 大臣　Liow Tiong Lai（廖中莱）[MCA]
- 副大臣　Aziz Kaprawi [UMNO]

都市福祉・住宅・地方政府省
- 大臣　Noh Omar [UMNO]
- 副大臣　Halimah Mohd Sadique [UMNO]

公共事業省
- 大臣　Fadillah Yusof [PBB]
- 副大臣　Rosnah Abdul Rashid Shirlin [UMNO]

教育省
- 大臣　Mahdzir Khalid [UMNO]
- 副大臣　Chong Sin Woon（張盛聞）[MCA]
- 　　　Kamalanathan Panchanathan [MIC]

高等教育省
- 大臣　Idris Jusoh [UMNO]
- 副大臣　Yap Kain Ching（葉娟呈）[PBS]

農業・農業関連産業省
- 大臣　Ahmad Shabery Cheek [UMNO]
- 副大臣　Tajuddin Abdul Rahman [UMNO]
- 　　　Nogeh Gumbek [SPDP]

農村・地域開発省
- 大臣　Ismail Sabri Yaakob [UMNO]
- 副大臣　Alexander Nanta Linggi [PRS]
- 　　　Ahmad Jazlan Yaakub [UMNO]

エネルギー・環境技術・水道省
- 大臣　Maximus Johnity Ongkili [PBS]
- 副大臣　James Dawos Mamit [PBB]

保健省
- 大臣　Sathasivam Subramaniam [MIC]
- 副大臣　Hilmi Yahaya [UMNO]

コミュニケーション・マルチメディア省
大臣　　　　Mohd. Salleh Said Keruak［UMNO］
副大臣　　　　　Jailani Johari［UMNO］
天然資源・環境省
大臣　　　Wan Junaidi Tuanku Jaafar［PBB］
副大臣　　　　　　Hamim Samuri［UMNO］
科学・技術・イノベーション省
大臣　　　　Wilfred Madius Tangau［UPKO］
副大臣　　Abu Bakar Mohamad Diah［UMNO］
観光・文化省
大臣　　　Mohamed Nazri Abdul Aziz［UMNO］
副大臣　　Mas Ermieyati Samsudin［UMNO］
女性・家族・コミュニティ開発省
大臣　　　　　Rohani Abdul Karim［PBB］
副大臣　　　　　Azizah Mohd Dun［UMNO］
　　　　　　Chew Mei Fun（周美芬）［MCA］
青年・スポーツ省
大臣　　Khairy Jamaluddin Abu Bakar［UMNO］
副大臣　　　　　Saravanan Murugan［MIC］
プランテーション産業・商品省
大臣　　　Mah Siew Keong（馬袖強）［Gerakan］
副大臣　　Datu Nasrun Datu Mansur［UMNO］
連邦領省
大臣　　Tengku Adnan Tengku Mansor［UMNO］
副大臣　　Loga Bala Mohan Jaganathan［PPP］

③　**州首相名簿**

プルリス州　　　　　　　Azlan Man［UMNO］
クダ州　　　Ahmad Bashah Hanipah［UMNO］
ペナン州　　Lim Guan Eng（林冠英）［DAP］
ペラ州　　　　Zambry Abd. Kadir［UMNO］
スランゴール州　　Mohamed Azmin Ali［PKR］
ヌグリスンビラン州
　　　　　　　　　Mohamad Hasan［UMNO］
マラッカ州　　　　Idris Haron［UMNO］
ジョホール州
　　　　　　Mohamed Khaled Nordin［UMNO］

クランタン州　　　Ahmad Yakob［PAS］
トレンガヌ州
　　　　Ahmad Razif Abdul Rahman［UMNO］
パハン州　　　　Adnan Yaakob［UMNO］
サバ州　　　　　　Musa Aman［UMNO］
サラワク州　　Abang Johari Abang Openg［PBB］

（注）［　］内は所属政党。略称は以下のとおり。DAP（Democratic Action Party）：民主行動党，Gerakan（Parti Gerakan Rakyat Malaysia）：マレーシア人民運動党，MCA（Malaysian Chinese Association）：マレーシア華人協会，MIC（Malaysian Indian Congress）：マレーシア・インド人会議，PAS（Parti Islam Se-Malaysia）：汎マレーシア・イスラーム党，PPP（Parti Progresif Penduduk Malaysia）：マレーシア人民進歩党，PBB（Parti Pesaka Bumiputra Bersatu）：統一ブミプトラ伝統党，PBRS（Parti Bersatu Rakyat Sabah）：サバ人民統一党，PBS（Parti Bersatu Sabah）：サバ統一党，PKR（Parti Keadilan Rakyat）：人民公正党，PRS（Parti Rakyat Sarawak）：サラワク人民党，SPDP（Sarawak Progressive Democratic Party）：サラワク進歩民主党，SUPP（Sarawak United People's Party）：サラワク統一人民党，UMNO（United Malays National Organization）：統一マレー国民組織，UPKO（United Pasok-momogun Kadazandusun Murut Organization）：パソモモグン・カダザンドゥスン・ムルット統一組織。

主要統計 マレーシア 2017年

1 基礎統計

	2011	2012	2013	2014	2015	2016	2017[1]
人口(1,000人)	29,062	29,510	30,214	30,598	30,996	31,842	32,259
労働力人口(1,000人)	12,676	13,120	13,635	13,932	14,146	14,276	14,640
消費者物価上昇率(%)	3.2	1.6	2.1	3.2	2.1	2.1	3.7
失業率(%)	3.1	3.0	3.1	2.9	3.1	3.5	3.4
為替レート(1ドル=リンギ)	3.060	3.089	3.151	3.273	3.906	4.148	4.300

(注) 1) 推計値。
(出所) Ministry of Finance, Malaysia, *Economic Report*, 各年版，経済計画局ウェブサイト，統計局ウェブサイト。

2 連邦政府財政

(単位：100万リンギ)

	2011	2012	2013	2014	2015	2016	2017[1]
経常収入	185,419	207,913	213,370	220,626	219,089	212,421	225,337
経常支出	182,594	205,537	211,270	219,589	216,998	210,173	219,910
経常収支	2,825	2,376	2,100	1,037	2,091	2,248	5,427
開発支出	45,334	44,326	40,684	38,451	39,285	40,649	45,314
総合収支	-42,509	-41,950	-38,584	-37,414	-37,194	-38,401	-39,887
資金調達源							
純国外借入	550	-13	-221	-356	727	834	76
純国内借入	45,069	43,344	39,526	37,557	38,931	37,859	40,750
資産の変化[2]	-3,110	-1,380	-721	213	-2,464	-292	-939

(注) 1) 修正推計値。2) +は資産の取り崩しを意味する。
(出所) Ministry of Finance, Malaysia, *Economic Report*, 各年版。

マレーシア

3　支出別国民総所得（名目価格）
(単位：100万リンギ)

	2013	2014	2015	2016	2017
消 費 支 出	667,456	727,460	778,385	829,542	913,067
民　　　　間	527,749	579,985	626,267	674,838	748,615
政　　　　府	139,707	147,475	152,118	154,704	164,452
総固定資本形成	269,699	287,393	302,640	316,787	342,194
民　　　　間	162,791	183,885	198,640	211,283	234,821
政　　　　府	106,908	103,508	104,000	105,504	107,373
在 庫 増 減	-5,500	-11,030	-11,894	1,498	2,175
財・サービス輸出	770,368	816,483	817,370	832,388	966,662
財・サービス輸入(-)	683,408	713,863	728,778	750,096	871,623
国内総生産(GDP)	1,018,614	1,106,443	1,157,723	1,230,120	1,352,477
海外純要素所得	-33,975	-36,624	-32,112	-34,640	-36,137
国民総所得(GNI)	984,639	1,069,819	1,125,611	1,195,480	1,316,340

（出所）　Bank Negara Malaysia, *Monthly Statistical Bulletin*, 2018年1月号。

4　産業別国内総生産（実質：2010年価格）
(単位：100万リンギ)

	2013	2014	2015	2016	2017
農業・漁業・林業	91,181	93,048	94,249	89,465	95,894
鉱　業・採　石	87,789	90,707	95,508	97,563	98,596
製　　造　　業	219,152	232,527	243,903	254,725	269,966
建　　設　　業	38,590	43,115	46,630	50,103	53,443
電　気・ガ　ス	20,184	20,905	21,538	22,622	23,083
水　　　　　道	5,052	5,293	5,595	5,972	6,332
卸　　　　　売	58,516	63,570	69,419	75,134	80,026
小　　　　　売	56,754	62,399	65,776	70,412	77,025
車　　　　　両	18,527	19,745	20,550	19,909	20,143
ホ　テ　ル	6,102	6,313	6,536	6,833	7,188
レ ス ト ラ ン	19,837	21,306	22,838	24,630	26,616
運　輸・倉　庫	33,561	35,359	37,368	39,476	41,909
情　報・通　信	50,396	55,415	60,597	65,485	70,974
金　　　　　融	54,535	55,504	55,296	55,935	58,727
保　　　　　険	17,783	18,496	18,183	19,360	20,075
不動産・ビジネスサービス	39,787	42,968	45,788	48,927	52,535
行 政 サ ー ビ ス	84,164	89,490	93,026	97,630	102,439
その他サービス	42,595	44,648	46,758	49,015	51,680
輸　　入　　税(+)	10,577	11,639	13,808	15,030	16,981
国内総生産(GDP)[1]	955,080	1,012,449	1,063,355	1,108,227	1,173,632
実質GDP成長率(%)	4.7	6.0	5.0	4.2	5.9

（注）　1）購入者価格表示。
（出所）　Bank Negara Malaysia, *Monthly Statistical Bulletin*, 2018年1月号。

5 国際収支

(単位:100万リンギ)

	2013	2014	2015	2016	2017[1)
経　常　収　支	35,485	48,554	35,155	29,023	40,295
貿易・サービス収支	86,959	102,620	88,592	82,292	95,040
貿　易　収　支	96,552	113,327	109,224	101,382	118,105
輸　　　入	541,131	565,538	572,051	584,693	690,764
輸　　　出	637,683	678,865	681,275	686,075	808,869
サービス収支	-9,592	-10,706	-20,632	-19,090	-23,065
第一次所得収支	-33,975	-36,624	-32,112	-34,640	-36,137
第二次所得収支	-17,498	-17,443	-21,325	-18,629	-18,608
資本移転等収支	-15	344	-1,136	108	86
金　融　収　支	-20,216	-79,954	-55,350	-1,126	2,282
直　接　投　資	-6,276	-17,974	-1,810	14,131	12,357
証　券　投　資	-3,012	-39,354	-26,122	-15,419	-9,210
金融派生商品	-253	-975	-663	-802	478
そ　の　他　投　資	-10,675	-21,652	-26,755	964	-1,343
誤　差　脱　漏	-605	-5,451	25,082	-13,226	-52,000
総　合　収　支	14,649	-36,507	3,750	14,779	-9,337
外　貨　準　備　高	441,881	405,373	409,126	423,930	414,599

(注)　1)推計値。
(出所)　Bank Negara Malaysia, *Monthly Statistical Bulletin*, 2018年1月号。

6 国・地域別貿易

(単位:100万リンギ)

	2014 輸出	2014 輸入	2015 輸出	2015 輸入	2016 輸出	2016 輸入	2017 輸出	2017 輸入
ア　メ　リ　カ	64,405	52,375	73,669	55,344	80,233	55,658	88,693	69,321
日　　　　　本	82,617	54,712	72,683	53,584	63,743	56,982	74,891	63,610
中　　　　　国	92,286	115,513	101,537	129,280	98,578	142,387	126,150	164,495
韓　　　　　国	27,941	31,700	24,668	31,245	22,905	36,675	28,590	36,443
台　　　　　湾	24,609	34,362	23,015	36,699	21,243	41,814	23,636	54,755
香　　　　　港	37,023	10,768	36,852	11,531	37,641	12,669	47,713	14,011
A　S　E　A　N	213,401	175,638	219,178	182,073	231,200	171,739	272,791	214,634
シ ン ガ ポ ー ル	108,728	85,887	108,388	82,195	114,442	72,398	135,590	92,724
タ　　　　　イ	40,205	39,612	44,387	41,660	44,092	42,328	50,525	48,163
イ ン ド ネ シ ア	31,758	27,728	29,104	31,000	27,945	29,486	34,782	37,851
ブ ル ネ イ	2,810	838	2,687	546	2,124	651	2,308	2,594
フ ィ リ ピ ン	12,046	5,160	13,175	6,530	13,638	6,596	16,532	8,976
ベ ト ナ ム	14,344	15,262	17,396	18,850	23,773	18,819	27,610	22,626
カ ン ボ ジ ア	795	600	917	594	1,182	584	1,247	708
ミ ャ ン マ ー	2,634	547	3,065	687	3,925	824	4,134	967
ラ　オ　ス	81	4	58	11	77	51	62	24
イ　ン　ド	31,893	13,340	31,660	15,139	31,999	16,702	34,555	26,886
オーストラリア	32,967	20,233	28,082	17,595	26,819	15,610	32,396	20,092
E　　U[1)	72,838	71,156	78,924	69,579	79,834	69,191	70,172	55,610
ロ　シ　ア	2,387	6,750	2,350	2,883	2,199	4,022	2,794	3,554
そ　の　他	83,049	96,390	84,736	80,826	90,569	75,369	133,012	114,735
合　　　　計	765,417	682,937	777,355	685,778	786,964	698,819	935,393	838,145

(注)　1)EUという項目に含まれている国は，イギリス，ドイツ，オランダ，フランス，イタリア，ベルギー，ルクセンブルグ，デンマーク，アイルランド，ギリシャ，スペイン，ポルトガル，オーストリア，フィンランド，スウェーデン，その他(詳細なし)。
(出所)　Bank Negara Malaysia, *Monthly Statistical Bulletin*, 2018年1月号。

2017年の シンガポール

シンガポール共和国	宗　教　仏教, イスラーム教, キリスト教, ヒンドゥー教
面　積　719.9km²	政　体　共和制
人　口　561万人(2017年央, うちシンガポール国民, 永住者396万人)	元　首　ハリマ・ヤーコブ大統領(2017年9月就任, 任期6年)
国　語　マレー語	通　貨　シンガポール・ドル(1米ドル=1.3807Sドル, 2017年平均)
公用語　マレー語, 英語, 中国語, タミル語	会計年度　4月～3月

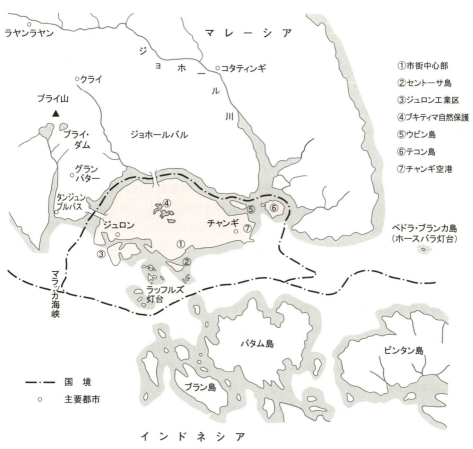

(注) ペドラ・ブランカ島は, 2008年5月にハーグ国際司法判決所はシンガポール領と認めたが, マレーシアは現在も領有権を主張し, 新証拠文書に基づく再審を請求中。

2017年のシンガポール

次世代指導者・指導体制への移行に向けた準備のなかで

久末 亮一

概　況

　政治面では，歴代で2人目のマレー系，かつ初の女性大統領が誕生したが，立候補者資格審査によって候補者が1人に絞り込まれたうえでの無投票当選であったことから，一部で議論や反発を生んだ。次期首相の人選は，有力候補の1人が国会議長に転出するなど，次第に候補が絞られてきた。リー首相が公言した引退時期や次期総選挙の実施時期といったタイミングもあり，具体的決定が待たれる状態となっている。国家財政面では，近年の基礎的財政収支の悪化と将来的な歳出増の見通しから，増税の方針が明確化し，一部ではすでに開始されている。

　経済面では，通年のGDP成長率が3.6％となり，近年では高めの数値となった。しかし，経済構造転換への努力は継続しており，将来像を検討してきた「未来経済委員会」は，内外環境の変化に適応する必要性を強調し，国・企業・国民の各レベルでの7項目の取り組みを発表した。このほか，低迷してきた住宅価格は，民間住宅を中心に上昇に転じ，底入れの傾向が強まっている。人口は外国人労働力の規制から微増にとどまった一方，少子高齢化は確実に進展し，国民の職業技能や企業の生産性を向上させる取り組みが継続している。

　外交面では，昨年からの対中関係緊張が，双方異なる思惑のなかで年央以降は改善に向かい，一時的安定を取り戻している。もっとも，8月には内務省が「外国工作員」の大学教授を国外追放するなど牽制も怠っていない。リー首相も，アメリカのアジアでの軍事的プレゼンスを歓迎すると改めて表明しており，従来の基本姿勢が変化したとはいえない。このほか，国内では引き続きテロへの警戒感が高まっており，脅威となりうる事例も頻発しているため，国を挙げて対策への取り組みが行われている。

国内政治

新大統領の選出

　2017年は6年に一度の大統領選挙があり，歴代で2人目のマレー系，かつ初の女性大統領として，前国会議長のハリマ・ヤーコブ氏が選出された。

　大統領選挙については，2016年11月に選出制度改定の憲法改正が行われ，少数民族出身候補の優先，民間出身候補の資格厳格化が定められた。とくに前項は，大統領が5期連続・30年の間，「華人系」「マレー系」「インド系・その他」のカテゴリーで，いずれかの民族が選出されていない場合，その民族の候補者のみ立候補できるというものである。これは同国の基礎信条である「実力主義」と相克するが，もうひとつの基礎信条の「多民族性」を反映させ，大統領を多様性のなかでの社会統合に資する存在にするために必要な措置と説明された。

　こうして2017年の大統領選挙では，直接選挙制に改定された1991年以降に選出されていないマレー系のみが立候補できるとされた。しかし，この解釈には2月に野党「労働者党」(WP)のシルビア・リム党首と，3月に与党「人民行動党」(PAP)出身の元国会議員で，2011年大統領選で惜敗したタン・チェンボク氏が異論を提起した。政府は，直接選挙制への改定時に大統領職にあったウイー・キムウィー氏(華人系，在任1985〜1993年)が，1991年以降は直接選挙による大統領と同権限を有したことから，同氏を含めて30年間とした。しかし，リム氏やタン氏は，実際の直接選挙実施で最初の大統領となったオン・テンチョン氏(華人系，在任1993〜1999年)から30年間とするべきで，その場合に2017年の選挙ではマレー系優先は適用されないと主張した。タン氏は5月に政府解釈への訴訟を起こしたが，最高裁高等法院は7月に訴えを棄却し，8月の上訴審判決でも棄却した。このほか，5月に人権派弁護士のラビ・マダサミ氏も，選出制度改定が憲法違反の民族差別にあたるとして提訴したが，最高裁高等法院は6月に棄却している。

　こうした曲折のなか，7月1日には立候補者資格認定の受付が開始され，7月上旬には，実業家のモハメド・サレー・マリカン氏(68歳)とファリド・カーン・カイム・カーン氏(61歳)が立候補を表明した。一方，政府の本命と見られていたハリマ国会議長(63歳)は，立候補を検討するとして態度を保留していたものの，8月6日には出馬を表明した。8月28日にはリー首相が，次期大統領選挙の公示日を9月13日，投票日を9月23日とする選挙命令を公布した。

しかし，結末は拍子抜けするものとなった。9月11日に首相府選挙局は，全5通の申請を受け取ったが，審査の結果，ハリマ氏のみが立候補資格を有すると発表したことで，同氏の無投票当選が決まった。他の有力候補と見られていたマリカン氏とファリド氏は，大統領選挙委員会が両氏の経歴・経験には満足したものの，経営する企業の資本金が株主資本5億Sドル以上という基準を満たしていないため，不適格になったと明かしている。この要件は2016年の改定で厳格化されたもので，仮に満たしていない場合でも，大統領選挙委員会が相当する経験と能力を認めれば立候補は可能とされていたが，実際には高いハードルとなった。

さらに，今回の立候補者資格認定では，「マレー系」とは何かをめぐって議論が発生した。ハリマ氏は，以前からマレー系として選挙に出ていたものの，実際はインド系ムスリムの父親とマレー系の母親にルーツがあり，マリカン氏も自称マレー系だが実際はインド系かつマレー語が不得手で，ファリド氏はマレー語に流暢ではあるがパキスタンにルーツを持っている。実態としての「マレー」とは，歴史的に多文化重層性のなかで形成されてきたが，一方で，近代植民地支配のため用いられてきた「マレー系」というカテゴリー概念を，現代のシンガポールもそのまま受容してきた。それゆえに，多民族性を謳った大統領選挙を契機として，「マレー系」とは何かという本質的な問いがあぶり出され，しかも敏感な問題として深い議論がなされなかったことは，ある種の皮肉であった。

いずれにしても，ハリマ氏の当選は確定し，9月14日には大統領府で宣誓式が行われ，第8代大統領に就任した。この席でリー首相は，「民族主義が高まり，過激主義者のテロが破壊と恐怖の種を撒き，排他思想が共同体や宗教の亀裂を深めるなか，ここシンガポールで，我々はその風潮に抵抗する」と述べ，マレー系かつ女性の大統領誕生を，画期的な出来事として位置付けようとした。

しかし，国民間では無投票となったことへの失望が強く，ハリマ氏の就任前後には，「#notmypresident」（私の大統領ではない）とハッシュタグを付し，SNS上で批判的意見を表明することが流行した。9月16日には批判集会が開催され，2011年の大統領選挙候補者であったタン・チェンボク氏やタン・ジーセイ氏など数百名が参加し，無言の抗議を行った。WPは，大統領選出制度の改定は不戦勝のためのものであったと批判し，評論家や学者の一部も，国民は投票という民主的権利の行使を望んでおり，選挙実施は勝者に正当性を，有権者には候補者を理解する機会を与えるはずであったと指摘した。10月初旬には国会で，WPのリム党首が，直接選挙制下の大統領をどの時点から数えるかについて，政府には恣意

と矛盾があると改めて指摘し，K. シャンムガム内相兼法相と討論を展開した。

　もっとも，今回の大統領選挙がハリマ氏の無投票当選という結末になったことには，国民から批判が生じるリスクを冒しても，確実に同氏を選出したかった理由があったとも考えられる。すなわち，次期大統領の任期内には，次世代指導者・指導体制への移行実施の可能性が高く，そのためには政府本命の人物が大統領となって，体制が安定していることは不可欠である。それゆえ，2011年の大統領選挙のように，政府本命のトニー・タン前大統領が0.34％の票差で辛勝したような不確実性を排除するため，大統領選出制度を改定したとも考えられる。チャン・チュンシン首相府相は「目先の政治的代償を払う可能性にもかかわらず，あえて制度を改定した」（9月8日）として，政府の政治的利益を否定し，将来のためである旨を発言しているが，これは上述の含意があるとも解釈できる。

関心が高まる次期首相の人選
　近年の焦点である次世代指導者・指導体制への移行も，具体的進捗が見られた。1月後半，リー首相は「どのような人物が適任かについて考えはあるが，実際は次世代閣僚たちが仲間同士で首相を選ぶ」と述べ，すでに「第四世代」と呼ばれる若手閣僚間で，過去同様にコンセンサス形成が進められ，その結果で次期首相が選ばれることを明らかにした。5月上旬には「（2018年には）より大きな変化がある」として，10月には「数年で退任する準備は出来ている」「後任はすでに閣内ポストにいる人物の可能性がとても高い」と述べている。

　このように「第四世代」から次期首相が決定され，若手閣僚たちがチームワークで支える指導体制が既定路線となるなか，2017年は閣僚人事でも，さらなる若手登用や変化が見られた。4月27日には，ジョセフィン・テオ上級国務相（首相府・外務・運輸担当）とデズモンド・リー上級国務相（内務・国家開発担当）が5月1日付で首相府相に昇格し，4人の若手の国務相も上級国務相に昇格する人事が発表された。一方で，意外感をもって受け止められたのが，9月5日に発表された，次期首相の有力候補の1人と目されていたタン・チュアンジン社会・家庭開発相（48歳）が，ハリマ前国会議長の後任となる人事である。有能でバランス感覚あるタン氏は，一部国民の期待も高く，閣外に去ることに失望の声も聞かれた。しかし，ハリマ氏が国会議長から大統領となった先例を考えれば，将来は大統領選挙に出て，次期首相とペアで指導体制を支える可能性がある。

　この結果，次期首相候補と目されているのが，ヘン・スイーキア財務相（56歳），

チャン首相府相(48歳)、オン・イエクン教育相(高等教育・スキル担当)兼第二国防相(48歳)である。しかし、ヘン財務相は2016年5月にくも膜下出血で倒れ、現在は回復して政務に復帰しているが、健康問題という負の要素がある。また、ほかの2人に比して年齢が上で、長期政権を担うには制限がある。オン教育相は官僚出身で、リー首相の秘書を長く務めた経験がある。しかし、2011年総選挙で初出馬した際、野党躍進の逆風のなかで落選し、2015年に初当選したことから、政界での経験不足を指摘する声もある。一方で、陸軍司令官を務めた後、2011年に政界に転じたチャン首相府相は、閣僚、PAP党務、全国労働組合会議、人民協会など各方面でも要職に就き、経験を積んできた。10月30日には「(第四世代)全員が必要とされた時、それを遂行できる準備が求められる。シンガポールでは、リーダーシップとは負うべき責任であり、求めて得られる地位ではない。我々は必要とされる時、その責任に立ちすくむことがあってはならない」と述べている。

いずれにしても、選定された次期首相候補者は、慣例に従えば副首相に任じられて数年を務め、この期間に国民間で次期指導者としてのコンセンサスを得るパターンであった。しかし、現在65歳のリー首相は70歳までの引退を公言しており、次期総選挙も2021年1月までに実施される必要があるため、時間的余裕はない。こうしたなかでゴー・チョクトン元首相は12月31日、「第四世代」は6〜9カ月以内に人選を行い、来年内には後継者を指名できるようにしてほしいと述べており、2018年にはより具体的な進展があると考えられる。

予算案の発表と増税の顕在化

2月20日、ヘン財務相は国会で予算演説を行い、総歳入は835億6000万Sドル、総歳出は750億7000万Sドルとした。

歳入で目立つのが、近年増加傾向にあって項目別でも最大の17%となっている、金融管理局(MAS)、政府投資公社(GIC)、政府系投資会社テマセック・ホールディングスからの「投資純利益寄与金」(NIRC)である。これは、予算演説時には141億1000万Sドルと予測され、実際には12月上旬時点で約150億Sドルまで拡大した。チャン首相府相は3月1日の国会答弁で、歳入のうちNIRCが占める割合は今後も上昇の可能性はあるが、運用益は景気動向に左右されるため、財政運営は慎重さが必要と述べた。ヘン財務相も同様に、NIRCは経済安定と危機克服の原動力だが、過去の支出抑制で蓄積されたもので、現行50%の拠出率を引き上げるなどの安易な利用は控えるべきとしている。現実問題として、たとえば

GICの実質リターンは，運用規模の巨大化と競争の厳しい運用環境から，2016年度までの過去20年ベースで年3.7％に低下しており，今後10年も低い伸び率になると予想されている。このほか歳入の上位は，法人税（16％），物品・サービス税（GST，14％），個人所得税（13％）などが占めている。

一方で，ヘン財務相は歳出について，「長期的な歳出増が継続することもあり，経済構造転換のなかの企業と家計を支援しつつも，抑制的なものになった」と政府の姿勢を説明した。歳出内訳を見ると，国防（18％），経済発展（17％），教育（16％），社会福祉（13％）などが上位を占めている。重点としては，①イノベーションによる経済成長，②生活環境の向上，③共生社会の創造，のため措置を行うとした。目立ったのが乳幼児向けの支援強化で，低所得家庭乳幼児プログラム「キッズスタート」の恒久化，保育所受け入れ能力の倍増，保育所・幼稚園教員の訓練機関設立など，8億4000万Sドルの予算を振り向けている。これは2012年の3億6000万Sドルから大幅増加したが，さらに2022年までに保育所を25％増，幼稚園を3倍増にするなど，17億Sドルまで増額するとしている。これについてリー首相は，独立記念日向け演説で3つの重点項目の1つとして取り上げ，将来の繁栄のため「すべての子供が素晴らしい人生をスタートし，明るい未来を持てるようにする」（8月8日）として，今後の継続を表明している。

もっとも，歳出拡大の継続は基礎的財政収支の悪化を招いており，前年55億9000万Sドルの赤字から2017年には81億9400万Sドルの赤字が見込まれた。これについて，1月26日に国会「予算評価委員会」は，過去10年で政策的な支援スキームや助成金が倍増し，一連の支出が毎年平均で9.1％も拡大していることから，今後も持続可能かつ国民負担の少ない財政支出に抑えるよう，財務省に要望した。しかし，ヘン財務相は2月9日，持続可能な成長のためには税制見直しが必要と表明し，予算演説でも増税の有無でなく開始のタイミングが問題と述べた。ローレンス・ウォン国家開発相兼第二財務相も3月7日の国会答弁で，歳入増加に向けてあらゆる拡大策を検討していると述べている。さらに，11月19日にはリー首相が，投資拡大や社会保障費増大に対応するための増税を明言した。

増税の明確化を受けて，10月31日には予算演説で提案された2019年からの炭素税導入法案が公表され，12月20日には自動車関連諸税率が引き上げられた。また，2017年7月と2018年7月の2段階に分けて水道料金が30％引き上げられるなど，公共料金の値上げという手法も用いられはじめた。さらに大きな税収確保として，法人税に次いで税収の大きいGST（現行税率7％）の引き上げが予測され，早け

れば2018年予算演説で表明されると思われる。このほかには，電子商取引への課税，遺産税の復活なども予測されている。

リー・クアンユー一族の内紛

6月14日，リー首相の妹リー・ウェイリン氏と弟リー・シェンヤン氏が，父親である故リー・クアンユー元首相の遺言と旧居処分について，リー首相が公権力を乱用して圧力をかけており，また，首相夫人が息子の政界進出を画策するなど影響力を行使しているとの非難声明を発表した。リー首相は内容の一切を否定したが，遺言の書き換えなどをめぐって数年来の対立があったことを認めた。

ウェイリン氏とシェンヤン氏は，SNS上で反論や批判を相次いで展開したことから，国民の大きな注目を集めた。これを受けて，6月19日にはリー首相が，政府への信頼やシンガポールへの国際的評価に悪影響を与えているとして，国民に謝罪した。7月3日に開幕した国会でも，改めて国民に謝罪し，早期収束を望んでいる旨を表明した。一部の国民は，7月15日に数百人規模の抗議集会を開催したが，国民の大勢はあくまでもリー家内部の問題と認識しており，世論調査でも8割が身内で解決すべきと回答している。

一方で，ウェイリン氏とシェンヤン氏が上訴していたリー元首相口述史原稿の著作権確認は，最高裁上訴審が棄却判決を下している。また，シェンヤン氏の息子でアメリカ在住のリー・シェンウー氏は，7月にSNS上でシンガポールの司法制度に批判的コメントを書き，検察庁から謝罪を要求された。同氏はこれを拒否し，「政治的動機によるもの」と非難したため，検察庁は8月に法廷侮辱罪の訴訟手続きを開始し，11月には公判前協議が開催されるなど，圧力が続いている。

その他の政治関連動向

最大野党のWPは創立60周年を迎え，11月3日にはロー・ティアキャン書記長が来年度で退任し，後進に道を譲ると表明した。同党は2011年総選挙で躍進し，現在は選挙区選出議員の定数89議席中6議席を有する。しかし，リー・クアンユー時代からの，野党に対する追及には変化がない。一例として，地区自治組織である地域協議会(Town Council)の支出をめぐる問題を挙げることができる。

2011年総選挙でアルジュニード・ホーガン選挙区とパンゴール・イースト選挙区で勝利したWPは，両地区合併の地域協議会を運営したが，2015年総選挙でパンゴール・イースト選挙区はPAPに奪還された。こうしたなか，2011～2015年

までの両地区地域協議会に，約3371万Sドルの不透明な業務委託支出があると会計監査が指摘し，国家開発省が問題視した。7月26日，アルジュニード・ホーガン地域協議会の任命した独立調査団が，WPのロー書記長，リム党首，プリタム・シン副書記長は善管注意義務を怠ったとして提訴し，同日には住宅開発公団（HDB）も提訴を検討中と表明した。WPは，提訴は政治性を持っているとして全面否定したが，9月16日には，PAP系パシール・リス・パンゴール地域協議会の任命した独立調査団も同様の提訴をして，追及が行われている。

このように，シンガポールの政治と社会は，昔日と比べて自由度が高まっているようで，実際には制約が続いている。4月初旬には，シャンムガム内相兼法相がフェイク・ニュース問題には対応が必要と述べ，6月には2018年に規制法を制定する見込みと表明した。これによって，既存の官制メディアでコントロールしきれない，ネット上のメディアやサイトでの情報が規制される可能性が出てきた。国際ジャーナリスト団体「国境なき記者団」の世界報道自由度ランキング（4月26日発表）では，シンガポールは世界180カ国中151位，ASEAN10カ国中でも7位である。また，国際人権団体「ヒューマン・ライツ・ウオッチ」の報告（12月13日発表）も，政府はさまざまな圧力を通じて，言論や集会の自由を侵害していると批判している。たとえば，7月1日に開催された例年のLGBT啓発大型イベント「ピンクドット」では，外国企業の協賛禁止，国民・永住者以外の参加禁止などが実施され，性的少数者や集会の自由への制限に変化は見られない。もっとも，規制にもかかわらず，イベントは地元企業120社近くの協賛を得て約2万人が参加し，民間の草の根にある力量を示すものとなった。

経　　済

景気動向

2017年は通年のGDP成長率が3.6％となり，近年では高めの数値となった。各期推移（季節調整済み，前期比・年率換算，改定値ベース）は，第1四半期－1.5％，第2四半期2.8％，第3四半期11.2％，第4四半期2.1％と，比較的振れが大きかった。具体的に見ると，第1四半期は，製造業が1.3％の低い伸びになったうえ，建設が3.1％にとどまり，サービス業も－3.6％と不振であった。第2四半期は，製造業が3.8％，サービス業は4.9％となったが，建設業が－18.5％と大きく落ち込んだ。第3四半期は，建設業が－2.4％，サービス業は6.5％となった

が，製造業が半導体や精密エンジニアリングの堅調な需要に支えられて34.9％と大きく伸び，通期だけでなく通年の成長もけん引した。しかし，その反動もあって第4四半期は，製造業が－14.8％と大幅減少したうえ，引き続き建設も－0.2％と低迷し，サービスが6.3％を記録したにもかかわらず，低い伸びにとどまった。

金融政策では，2016年実施のSドル上昇誘導を弱める金融緩和措置が，4月13日の金融管理局（MAS）上半期政策決定でも踏襲された。この際の発表では，「引き続き経済は緩やかに成長しており，原油価格上昇を主因にコアインフレ上昇も考えられるが，需要面から物価上昇は抑えられ，2％のコアインフレ目標を若干下回ると思われる」としている。一方で，MASが4月27日発表の半期マクロ経済レビューで通年1～3％としていた成長見通しは，5月1日にリー首相が成長率は2％を超えると明言し，8月には通産省も予測を2.0～3.0％と下限を上方修正している。さらに，10月以降はリー首相が3％超の可能性を表明した。こうした強めの数字が出るなかでも，10月13日のMAS下半期政策決定では，「来年度の経済は堅調を維持するが若干鈍化すると予測され，コアインフレは安定推移して2％を少し下回る見込み」として，前期の金融政策維持を決定した。

2018年の経済見通しについて，通産省は11月時点で，世界経済に予想外のことが発生しないかぎり，製造業と輸出の堅調に支えられて1.5～3.5％成長が期待できるとする。ただし，リー首相は今後10年間の成長率が「年2～3％を維持できれば上等」（1月20日）としており，従来の長期見通しは変化させていない。

「未来経済委員会」提言の発表

国土，人口，資源に限界のあるシンガポールは，成長を維持するため不断の経済構造転換が不可欠である。リー首相は1月末に，「我々は自らを変化させ，新しい方向に進むことで，市場やビジネスを開拓し，成長してきた。（中略）世界経済が不透明な今こそ，再びそのように生きねばならない」と述べている。

こうした問題意識から，2015年には今後10～15年の持続的経済成長を討議する「未来経済委員会」が設置され，2月9日に提言を発表した。このなかではまず，グローバリゼーションの後退，技術革新サイクル急速化とその影響といった，環境変化への対応が重要としている。そのうえで，「国民は高度なスキルを持つため生涯学ぶ必要がある。企業はイノベーションに敏感な必要がある。政府は国際連繋による活力と進歩に協調的かつ迅速に対応する必要がある」とする。そして，環境変化に適応し，今後10年に年2～3％成長を維持するには，①国際連繋の深

化・多様化，②職業技能の獲得・利用，③イノベーションと規模的拡大への企業能力の強化，④強力なデジタル力の構築，⑤活力と連繋性ある都市開発，⑥経済構造の転換，⑦イノベーションと成長に向けた官民連携，が柱になるとしている。

この提言の後，3月1日にはリー首相が，2016年に設置された「技能・革新・生産性評議会」を「未来経済評議会」に改組して，ヘン財務相が議長に就任し，「未来経済委員会」の提言実施を計画・監督する機関にすると公表した。ヘン財務相は7月3日に国会答弁で，「未来経済評議会」は成長と経済構造転換のため，国・企業・国民の各レベルでの取り組みに注力すると表明している。

ただし，こうした方向性や政策が，企図したとおりに進んでいない部分もある。一例として，政府は2014年からイノベーションと国民生活向上を組み合わせた「スマート国家」構想を推進してきた。しかし，リー首相は「あるべき速度で進展していない」（2月24日）と述べ，独立記念日向けの演説では，将来に向けた課題のひとつとして，「スマート国家」に向けた技術活用が重要との認識を示している。このため，5月1日には個別省庁に分かれていた担当部署を，首相府の新組織「スマート国家・デジタル政府オフィス」に統合し，対策に乗り出している。

なお，イノベーションを主導する高付加価値創造型産業の創出は，今年もフィンテック，自動運転技術，サイバーセキュリティー，国際商事仲裁の拠点化などで活発であり，このほかハイテク農業育成などの新しい試みも開始されている。

住宅価格の底入れ傾向

2009年以降の急上昇が国民の住宅取得難を招き，政治問題化した住宅価格は，価格抑制策によって2013年以降は低迷してきたが，2017年には回復基調とともに上昇に転じた。都市再開発庁（URA）が発表した第1四半期の民間住宅価格は前期比−0.4％，第2四半期は同−0.1％となったが，第3四半期は同0.7％上昇，第4四半期は同0.8％上昇となり，通年で1.1％の上昇となった。取引件数も増加し，2016年の7972戸から2017年には1万566戸に増加している。ただし，中古HDBフラットは通年−1.5％（前年−0.2％）となった。これは公団・民間住宅比が，2006年78対22から2016年73対27となったことが示すように，中高級民間住宅への根強い需要を反映している。

4月にはアメリカ系大手投資銀行モルガン・スタンレーが，2013年からの住宅価格下落は終わり，2030年までに2倍に上昇するとの見解を発表した。背景として，①人口増加率は低下するが，単身世帯の増加から小型住宅の需要が継続する，

②土地・住宅供給の政府コントロールで需給ギャップが発生しにくい，③長期の経済成長率は先進諸国を上回る平均年3％が予想される，を挙げている。7月には，シンガポール国立大学（NUS）と不動産開発業者協会の発表した第2四半期不動産景況感指数が6期連続上昇し，2010年第1四半期以来の高水準となり回復感が高まった。8月以降は開発業者間で，価格上昇を見込んだ販売抑制が顕在化する一方，中国本土系開発業者による用地の高値落札が相次ぐなど，活況を見せた。

しかし，政府は価格抑制策の転換に慎重である。2月発表の2017年度予算案では中古 HDB 住宅購入補助金の引き上げが発表され，3月11日には住宅短期転売印紙税の引き下げと住宅ローン総債務返済比率の部分緩和が実施された。ただし，市場回復が顕著になると，7月29日に MAS のラビ・メノン長官は，3月の措置は限定的なもので，民間住宅への強い需要から価格抑制策の本格的緩和は時期尚早と強調した。一方で年末頃には，開発業者や購入者の期待先行による価格上昇や供給増，これによる価格反落リスクを意識しはじめた。11月末，MAS のオン・チョンテー副長官は，金利上昇，地政学的事態の展開，市場の過熱化がリスクと発言しており，国家開発省も2018年上半期の政府土地売却が追加されるとの観測を否定し，2017年度下半期と同レベルにする意向を示している。

人口と労働市場

総人口は2017年央には561万2300人となり，前年560万7300人から微増した。内訳は，国民343万9200人（前年比0.9％増），永住権者（PR）52万6600人（同0.4％増）となったが，建設・海洋開発業界の不振や生産性向上による合理化で外国人労働者が減少し，在住外国人は164万6500人（同1.6％減）と14年ぶりに減少した。こうして人口伸び率は0.1％増となり，1985年以来の低水準となった。

高齢化も顕著で，65歳以上の総人口割合は14.4％（前年13.7％）となり，年齢中央値も41.3歳（前年41歳）となった。大手地場銀行 UOB の試算では，2018年に65歳以上人口は15歳未満人口と同規模，2030年までに2倍になり，税制，移民政策，社会サービスに変化を起こし，経済を疲弊させる懸念があると指摘する。また，人口構成変化は，労働市場にも長期的変化を与えると見込まれる。イギリスのシンクタンク「オクスフォード・エコノミクス」は，労働人口供給が2007〜2016年比較で2026年までに−1.7％，2036年までに−2.5％になると指摘する。

一方で，足元の労働市場を見ると，失業率（改定値）は第1四半期2.2％，第2四半期2.2％，第3四半期2.2％，第4四半期2.1％となり，通年では2.2％と前年

2.1％に比べて若干上昇している。もっとも，現在の課題は失業率よりも，シンガポール人の職業技能不足による就業機会逸失という，雇用ミスマッチへの対応である。このため，政府は産業・労働内容の高度化・高付加価値化を推進する一方で，2015年開始の「スキルズフューチャー」による総合プログラム，あるいは金融や物流など個別分野でのプログラムを用意し，国民の職業技能開発を促進している。しかし，中小企業を中心に雇用側は，外国人労働者の割合を，現行の「国民・永住権者2対外国人労働者1」から緩和することを望んでいる。雇用ミスマッチの改善が一朝一夕に進まない以上，政府側もリム・スイセイ人材相が，支援の必要な業界には，構造転換への努力目標設定と引き換えで，短期での雇用枠柔軟化を示唆している。

　外国人の流入規制と国民の職業技能向上という政策方向性は，経済構造転換の柱となる生産性向上とも密接にリンクしており，中期的に大きな変化はないと考えられる。2017年の生産性上昇率は約3％に達し，2012～2015年の－0.2～＋0.9％を大きく上回った。とくに金融，製造，専門サービス，卸売は良好な成績を上げ，国民にも魅力ある雇用を提供しているとする。一方では建設のように，政府が定めた2020年までの外国人建設労働者20～30％減の目標から労働者不足に直面すると同時に，生産性向上の技術導入コストが増加して，困難に直面する業界もあり，政府は転換支援策を強化している。

　リー首相は12月31日に公表された2018年新年向けメッセージのなかで，「国民は新しい職業技能を習得し，企業は新しい技術を開発・利用することで，シンガポールは競争力を維持しながら将来に備える」として，引き続き，生産性向上や労働市場高度化を推進する構えである。

高速鉄道計画の進捗
　シンガポール＝クアラルンプール間の高速鉄道計画は，2～6月に両国で周辺分野の入札結果発表が相次ぎ，準備が進んだ。7月5日には，主要な車両・線路・信号などのシステム設計・供給・保守管理を，25年権利で担当する事業者の選定に向けた入札説明会が，シンガポールで開かれた。これには世界165の企業と企業連合が参加し，日本からは10社で成る企業連合が参加した。9月26日にはロンドンで2回目の入札説明会が開催され，12月20日には，2018年6月29日を締切日とする入札が公示された。なお，10月3日には国会に，マレーシアとの高速鉄道や都市鉄道に関する各種事項を法規定した「越境鉄道法案」が提出された。

この計画について、日本は数年前から積極的な受注活動を実施し、5月3日にはクアラルンプールで第3回目の大型シンポジウムを、石井啓一国交相を迎えて開催した。石井国交相は、マレーシア側閣僚と相次いで会談し、シンガポールでもコー・ブンワン運輸相兼インフラ調整相、ウォン国家開発相兼第二財務相と会談して、積極的に新幹線導入を働き掛けた。このほか、7月8日にはドイツで開催されたG20サミットの際、安倍晋三首相がリー首相と会談し、新幹線導入も話題となった。8月28日には、石井国交相が再びシンガポールでシンポジウムに出席した後、29日にクアラルンプールでナジブ首相と会談している。
　一方で、最大の競合相手と思われる中国は、李克強首相が9月に訪中したリー首相に導入を働き掛け、12月末には中国鉄路総公司などの8社連合を形成して入札参加の意向を示した。しかし、マレーシアで汚職スキャンダルを抱えた政府系投資会社「ワン・マレーシア・デヴェロップメント」（1MDB）への救済的部門買収と一体で実施した、高速鉄道駅周辺の開発プロジェクト「バンダール・マレーシア」の権益買収が頓挫するなど、問題も見られる。なお、韓国も「KL-SG HSRプロジェクトアセッツ」という官民連合を形成し、受注活動を継続している。

対外関係

対中関係緊張と表面的緩和
　南シナ海への活発な進出をはじめ、地域に影響を及ぼそうとする中国の姿勢は、シンガポールとの外交関係に影を落としている。シンガポールは建国以来のバランス外交を原則に、中国とは経済面での関係深化を堅持する一方で、安全保障面では既存秩序重視の観点からアメリカとの連携を基本としてきた。このため中国の南シナ海での行動には、米軍の偵察機や最新鋭沿岸戦闘艦の受け入れなど、軍事協力も含めて米国側に慎重にバランスを傾斜させてきた。さらに、フィリピンが国際司法裁判所に中国を提訴した件では、2016年7月のフィリピン勝訴判決に支持を表明し、ASEAN外交の場でも海洋自由の原則論を強く主張してきた。
　これに反発する中国は、人民解放軍高官による恫喝的言論の表明にとどまらず、2016年11月24日には、シンガポール軍が台湾での軍事訓練後に輸送していた装甲車9台を、香港税関で押収させる実力行使に出た。中国政府は、押収を実行したのは一国二制度下で管轄権のない香港税関との原則論を述べ、香港当局も中国からの圧力を否定したが、シンガポール側の即時返還要求には直ちに応じず、2カ

月以上を経た2017年1月末に返還が決定された。しかし，リー首相は3月のBBCとのインタビューで，当該問題は両国が慎重に対応するべき問題であったと述べており，中国が背後に存在したことを事実上認めている。

さらに，4月後半には政府が，北京で5月開催予定の「一帯一路国際フォーラム」にリー首相が参加せず，ウォン国家開発相兼第二財務相を派遣すると発表したことで，両国関係の緊張に改めて注目が集まった。この会議には，他のASEAN諸国は首脳級が参加予定にもかかわらず，リー首相は招待されなかったとされるなど，関係悪化についてさまざまな憶測を生んだ。

こうした事態に対して，5月中旬にはテオ・チーヒエン副首相が「第6回シンガポール・中国フォーラム」など複数の席上で，両国間関係の重要性や相互利益に言及し，関係改善へのサインを出している。6月中旬にはビビアン・バラクリシュナン外相が中国を訪問し，両国間の「一帯一路」での緊密協力や東アジア地域包括的経済連携(RCEP)の交渉加速を確認し，「両国関係は強いものがある」と発言するなど，関係正常化への動きを見せた。同月後半にはターマン・シャンムガラトナム副首相もフォーラム出席のため訪中し，李克強首相と会談した。さらに，7月7日にはドイツで開かれたG20サミットの際，リー首相は習近平国家主席と会談している。この時のインタビューでリー首相は，「両国関係は多岐にわたるので問題はしばしば発生するが，双方は成熟した対応で前進しなければならない」「中国の影響力はより大きくなり，我々は中国との関係をどのように発展させるか考えなければならない」と述べた。この一連の動きについては，中国の相次ぐ圧力によって，シンガポールが姿勢変化を余儀なくされたとの見方がある。

しかし，8月にはシンガポールが中国に対し，けん制意思を表示する事件が発生した。内務省は8月4日，リー・クアンユー公共政策大学院に所属する中国系米国籍のホアン・ジン(黄靖)教授と妻を外国政府の工作員と断定し，「好ましからざる人物で永久に入国を禁じる」との声明を発表した。同教授は国際関係・中国関連が専門のオピニオン・リーダーの1人であったが，内務省によれば，外国政府の情報機関と共謀し，シンガポールの外交政策や世論に影響を与える活動をしていたとされる。内務省は，外国政府の国名を明示しなかったが，同氏の立場や論調から中国と広く認識されている。これに対してホアン教授は即座に疑惑を否定し，永久居住権の剥奪と国外追放の処分に抗告を行った。しかし，内務省は8月23日に抗告を退け，同氏と妻は9月8日に出国している。おそらく，事件公表を間近に控えたことを念頭に，8月1日の国会答弁でチャン首相府相は，「よ

り巨大で強力な国家からの干渉でも，我々は沈黙しない」と述べている。
　一方で，8月10日付のシンガポールの代表的英字紙『ストレーツ・タイムズ』は，シンガポールと向かい合うマレーシアのジョホール州の軍事基地に，中国がレーダー監視システムとロケット砲などを供与する可能性があると報道した。これについて，マレーシア政府・軍部は否定したが，アメリカがシンガポールを基盤としてマラッカ海峡を抑えている，いわゆる「マラッカ・ジレンマ」を打破しようと試みる中国の動きが，隣国マレーシアを巻き込みながら，シンガポールの安全保障に直接・間接の影響を及ぼすとの懸念が高まった。
　このような経緯の後で，9月19日にリー首相は3日間の中国訪問に出発した。訪中前には，リー首相と李克強首相の双方が協力強化への期待感を示し，関係改善へのアピールを行っている。9月20日には習近平国家主席と会談し，習主席は「両国の新たな歴史的時代に，両国関係や実務協力の分野をさらに深化させる多くの機会があると信じる」と述べた。会談では，一帯一路，高速鉄道，アジアインフラ投資銀行(AIIB)といった経済面での相互協力だけでなく，安全保障・軍事面にも言及があったとされる。リー首相は訪中を振り返り，「両国関係は極めて安定しており，良好な状態にある。昨年は対処が必要ないくつかの事案はあったが，今年は多くの往来が行われている」(9月21日)としたうえで，主権国家同士である以上，見解の完全な一致はありえないが，相互理解は可能と表明している。
　以上のように，シンガポールは重要な貿易・投資パートナーである中国との関係を早期正常化する必要があり，中国には2018年のASEAN議長国であるシンガポールを一旦は懐柔する必要があり，双方の思惑が一致した結果，表面的な緊張緩和は実現した。ただし，中国はシンガポールと台湾の軍事交流中止を要求したと伝えられる一方，リー首相に同行したン・エンヘン国防相には，中国側が両国の「画期的」な軍事交流を望んでいることを伝えたとされる。10月後半にはマニラでン国防相と中国の常万全国防相が会談し，中国が提案したASEANとの合同海上演習の積極推進などで合意しており，12月には軍事相互対話でシンガポールを訪問した人民解放軍高官からも，対テロ演習，海上演習，軍事訓練などの分野での二国間交流が提案された。このように中国は，従来の経済面での関係を越えて，軍事・安全保障面にも切り込む意図を見せはじめている。
　もっとも，10月に訪米したリー首相は，トランプ大統領との会談で，米中両国の安定・建設的な関係維持を望むと表明した一方で，南シナ海問題については，海洋自由の促進に取り組むことを相互確認している。さらに，両国は防衛関係で

強い結びつきがあり、東南アジアでのアメリカの軍事的プレゼンスを支持すると、改めて表明している。この発言を裏付けるように、4月には空軍が、9月には海軍がグアム沖に派遣され、訓練やアメリカ側との合同演習を実施した。8月にはオーストラリアとの間でも、同国空軍基地を訓練使用する協定の25年間延長に署名したほか、11月にはン国防相がインドを訪問して軍事相互対話を行った際に、インド海軍艦艇のチャンギ海軍基地への寄港拡大で合意しており、同氏は地域安全保障へのインドの積極関与を大いに歓迎すると述べている。

高まるテロリズムへの危機感

　優良な治安で知られるシンガポールだが、実際はテロ発生への危機感が強まっており、近年はIS(「イスラーム国」)に関連して多数の拘束者が出ている。6月1日に、内務省はテロリスク報告書を発表し、「シンガポールは主要な標的となっている」として、リスクは近年もっとも高いレベルにあると指摘した。また、SNSなどを通じて人々が容易に過激思想に染まる傾向について、6月にはリー首相が、9月にはシャンムガム内相兼法相が警告を発しているほか、10月にはン国防相が、国内で過激思想に傾倒した者は、過去1年で7倍に増加したと述べている。

　実際に、脅威となりうる事例は頻発している。1月には入国を試みたインドネシア人が、靴爆弾やISの映像を携帯電話内に保存していたため強制送還され、6月には過激思想に傾倒してIS参加を企てたシンガポール人女性の拘束と、シリア反政府勢力への支援・参加を企てた民間警備会社所属の補助警官2人の逮捕があった。さらに、9月にはシンガポール軍襲撃やIS参加を企てたシンガポール人男女2人の逮捕、11月にはIS参加を企てたシンガポール人女性の逮捕などが相次いだ。このほか、シリア・イラクのIS支配地域でプロパガンダ映像に出演したシンガポール人IS戦闘員について、内務省が「とくに今回のケースを憂慮している」と危機感を示している。一方で政府は、他の宗教を侮辱・敵視・攻撃して宗教的調和を乱す活動も警戒しており、9月には過激なキリスト教伝道師2人、10月には同様のイスラーム教伝道師2人の入国を拒否している。

　こうした状況下で、4月には国会がテロ対策のため大規模イベントの事前届出を義務付ける「公共秩序法」改正を可決し、9月にはテロ標的の可能性が高い施設に安全対策を命令できる「インフラ保護法」を可決した。このほか、国民全体の関心も高まっており、総合的対テロ計画「SGセキュア」の一環として導入さ

れたアプリが約60万件のダウンロードを記録した。また，テオ副首相は企業にもテロ対策への連携重視を求めており，4月にはMASと警察商事調査局がテロ・マネー阻止の官民連携パートナーシップを開始し，リム人材相も「SGセキュア」参加企業を2020年までに3万社とする目標を打ち出している。

対日関係

2月15日，シンガポールは太平洋戦争で日本軍の攻撃を受けて陥落してから，75周年を迎えた。これを記念する例年の式典に日本が初めて招待され，篠田研次大使が犠牲者に哀悼を示す声明を発表し，献花を行っている。シンガポール側の式典開催委員長は，「すべての国が第二次世界大戦の犠牲者であり，過去の敵であっても，今では平和で揺るぎのないパートナーとして，共に未来を歩んでいる」と述べており，日本の初参加を非常に有意義な出来事としている。

閣僚級往来については，日本からは5月に石井国交相と松野博一文科相，9月に上川陽子法相が，シンガポールを訪問している。シンガポールからは11月にオン教育相兼第二国防相が，日本を訪問している。このほか，先述のようにG20サミットに出席するためドイツを訪問した安倍首相とリー首相は，7月8日に首脳会談を行い，2016年の国交開始50周年を基礎とした二国間関係のさらなる発展，高速鉄道計画，環太平洋パートナーシップ（TPP）およびRCEPでの緊密な連携，南シナ海や北朝鮮をめぐる対応などを確認している。

2018年の課題

2017年のシンガポールは，政治面では政府本命の候補を確実に新大統領として選出し，経済面では今後10年を見据えた経済方向性を提言して具体的な政策実行を開始している。これらはすべて，「第四世代」から選出される次の指導者・指導体制が率いる，新しい時代のシンガポールを迎えるための，準備であると言っても過言ではない。すでに，「第四世代」の閣僚たちの間では，後継者候補をめぐって，より具体的なコンセンサスが形成されつつあると考えられる。先々に予定・公言されているスケジュールからすれば，その帰結は2018年のなかで，より明確になるであろう。一方，外交・安全保障面では，2018年にはASEAN議長国を務めることになっており，南シナ海問題などをはじめとして，地域安定化に向けた外交的力量が，一層問われることになるであろう。　　　　（開発研究センター）

重要日誌　シンガポール　2017年

1月9日▶人民行動党(PAP)，中央執行委員会を開催し，オン教育相など4人を新委員に任命。
2月6日▶チャン首相府相，大統領選挙を9月に延期と発表。
　7日▶マレーシア政府，シンガポールと領有を争うペドラ・ブランカ島の問題で，国際司法裁判所に再審請求。
　9日▶ヘン財務相，税制見直しと歳入拡大の必要に言及。
　13日▶テオ副首相兼国家安全保障調整相，科学技術研究庁(Aスター)組織改編を表明。
　15日▶シンガポール陥落記念式典に日本が初招待され，駐シンガポール日本大使が献花。
　17日▶海軍艦艇がベトナムのカムラン湾に寄港。
　20日▶ヘン財務相，国会で予算案を発表。
3月1日▶リー首相，「技能・革新・生産性評議会」を「未来経済評議会」に改組と発表。
　8日▶コー運輸相兼インフラ調整相，頻発する市内鉄道MRTの遅延減少に目標設定。
　10日▶財務省，ルクセンブルクとの二国間税務情報交換協定を締結。
　11日▶政府，不動産価格抑制策を一部緩和。
　23日▶リー首相，訪問先のベトナムでグエン・スアン・フック首相と会談。
　24日▶政府批判で著名な若手ブロガーのエイモス・イー氏，アメリカで政治亡命を認められる。
4月3日▶国会，公共秩序法改正を可決。
　9日▶徴兵制導入50周年記念式典を開催。
　27日▶首相府，閣僚昇格人事を発表。
5月1日▶テオ上級国務相とリー上級国務相，首相府相に昇格。
　5日▶タン元議員，大統領選挙制度改定に関する異議を，最高裁高等法院に提訴。
　12日▶海上自衛隊護衛艦「いずも」，シンガポールに寄港。
　15日▶海軍創設50周年式典を開催。
　16日▶欧州連合(EU)司法裁判所，シンガポールとのFTA発効には全加盟国批准が必要と判断。
　22日▶人権派弁護士ラビ氏，大統領選挙制度改定は憲法違反として提訴。
　27日▶リー首相，訪問先のフランスでオランド大統領と会談。
　28日▶国防省，2月に大規模なサイバー攻撃が発生し，個人情報が流出と発表。
6月1日▶内務省，テロリスク報告書を発表。
　14日▶リー首相の妹弟，リー・クアンユー元首相の旧居処分をめぐって，兄に公権力乱用があるとして非難声明を発表。
　15日▶最高裁高等法院，大統領選挙制度改定に関するラビ氏の訴えを棄却。
　19日▶リー首相，一族内紛について国民に謝罪声明を発表。
　20日▶内務省，テロ関連容疑で補助警官2人を逮捕。
　30日▶マレーシア政府，ペドラ・ブランカ島問題に関する2008年の国際司法裁判所判決について，解釈確認を請求。
7月1日▶大統領選挙の立候補者資格認定を受付開始。
　5日▶シンガポール－クアラルンプール間高速鉄道の国際入札説明会を開催。
　7日▶リー首相，訪問先のドイツで開催されたG20サミット出席時，中国の習近平国家主席と個別会談。
　8日▶安倍首相とリー首相が個別会談。
　14日▶政府投資公社(GIC)系の物流不動産投資GLP，160億S$ﾞﾙで中国系企業連合に売却決定。

26日▶アルジュニード・ホーガン地域協議会の独立調査団, 労働者党(WP)幹部3人を善管注意義務違反で提訴。

29日▶MAS(金融管理局)のラビ・メノン長官, 不動産価格抑制策の本格的緩和は時期尚早と表明。

8月4日▶内務省, リー・クアンユー公共政策大学院所属の中国系米国籍教授を外国工作員と断定し, 国外追放すると発表。

6日▶ハリマ国会議長, 大統領選への立候補を正式表明。

10日▶英字紙『ストレーツ・タイムズ』, マレーシア最南端の基地に, 中国がレーダー監視システムとロケット砲を提供予定と報道。

19日▶海軍, グアム沖でアメリカ海軍と初の合同海上演習を実施。

20日▶アメリカ海軍イージス艦, シンガポール東沖合で衝突事故。

21日▶ン国防相, オーストラリアでの空軍基地訓練使用を25年間延長する協定に調印。

23日▶最高裁上訴法院, 大統領選挙制度改定に関するタン元議員の上訴を棄却。

28日▶リー首相, 次期大統領選挙の実施命令を公布。

9月4日▶国防省, 重要な外部契約につき, 外国企業が請負業者の所有者となった場合は見直すと表明。

5日▶首相府, タン社会・家庭開発相の次期国会議長就任予定を発表。

7日▶リー首相, 訪問中のインドネシアでジョコ・ウィドド大統領と会談。

11日▶大統領選挙委員会, ハリマ氏のみを立候補有資格者と認定。

13日▶シンガポール民主党(SDP), ハリマ氏議員辞職による補欠選実施を求め提訴。

14日▶ハリマ新大統領が就任。

16日▶市内中心部で, 大統領選挙に抗議する数百人規模の集会が開催。

18日▶ヤーコブ・イブラヒム通信・情報相, サイバーセキュリティ一法の議会提出を2018年に先送りと表明。

20日▶リー首相, 訪問先の中国で習主席と会談。

26日▶内務省, IS(「イスラーム国」)のビデオに出演したシンガポール人戦闘員に懸念表明。

10月1日▶シンガポールとトルコのFTAが発効。

3日▶政府, 越境鉄道法を国会に提出。

17日▶警察当局と税関当局, 組織犯罪活動容疑で55人を摘発。

23日▶リー首相, 訪問中のアメリカでトランプ大統領と会談。

30日▶内務省, 外国人イスラーム伝道師2人の入国を拒否。

11月1日▶国際商事仲裁を促進する調停法が施行。

3日▶ロー WP書記長, 2018年退任を発表。

6日▶政府, 入国管理局職員の権限を拡大した移民法改正案を国会に提出。

8日▶税関当局, 北朝鮮との貿易禁止を即時実施すると通達。

13日▶シャンムガム内相, 人々の短期間での容易な過激思想感化に警告。

19日▶PAP党大会が開催され, リー首相が増税を明言。

12月5日▶リム通産相, 訪問先の中国で経済協力・投資拡大に合意。

20日▶シンガポール=クアラルンプール間高速鉄道の国際入札を公示。

22日▶大手企業ケッペルの子会社, ブラジルでの贈賄疑惑をめぐり, アメリカ司法省との司法取引・罰金支払いに合意。

参考資料 シンガポール 2017年

① 国家機構図（2017年12月末現在）

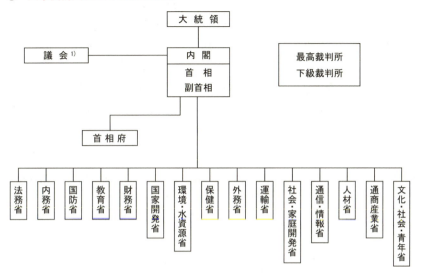

（注） 1) 一院制，議員数89（任期5年）。与党・人民行動党83議席，野党6議席。

② 閣僚名簿（2017年12月末現在）

首相	Lee Hsien Loong	財務相	Heng Swee Keat
副首相兼国家安全保障調整相	Teo Chee Hean	文化・社会・青年相	Grace Fu Hai Yien
		首相府相	Chan Chun Sing
副首相兼経済社会政策調整相	Tharman Shanmugaratnam	国家開発相兼第二財務相	Lawrence Wong
		環境・水資源相	Masagos Zulkifli
運輸相兼インフラ調整相	Khaw Boon Wan	教育相(学校)兼第二運輸相	Ng Chee Meng
通商産業相（通商担当）	Lim Hng Kiang		
通商産業相（産業担当）	S. Iswaran	教育相(高等教育・スキル)兼第二国防相	Ong Ye Kung
人材相	Lim Swee Say		
通信・情報相	Yaacob Ibrahim	首相府相兼第二内務相兼第二人材相	Josephine Teo
国防相	Ng Eng Hen		
外務相	Vivian Balakrishnan	社会・家庭開発相兼第二国家開発相	Desmond Lee
内務相兼法務相	K. Shanmugam		
保健相	Gan Kim Yong		

主要統計 シンガポール 2017年

1 基礎統計

	2011	2012	2013	2014	2015	2016	2017
総　　人　　口(1,000人)	5,183.7	5,312.4	5,399.2	5,469.7	5,535.0	5,607.3	5,612.3
居　住　権　者(1,000人)	3,789.3	3,818.2	3,844.8	3,870.7	3,902.7	3,933.6	3,965.8
消費者物価上昇率(％)	5.2	4.6	2.4	1.0	-0.5	-0.5	0.6
失　業　率(％)	2.0	2.0	1.9	2.0	1.9	2.1	2.2
為替レート(1米ドル＝Sドル, 年平均)	1.2579	1.2497	1.2513	1.2671	1.3748	1.3815	1.3807

(注) 総人口は居住権者(シンガポール国民と永住権保有者)と非居住権者(永住権を持たない定住者あるいは長期滞在者)から構成。
(出所) *Economic Survey of Singapore 2017* および Statistics Singapore ウェブサイト (http://www.singstat.gov.sg)。

2 支出別国内総生産(名目価格)

(単位：100万 S ドル)

	2014	2015	2016	2017
消　　費　　支　　出	184,955.0	196,776.5	199,800.5	207,976.3
民　　　　　　間	145,725.0	153,119.2	154,059.9	159,420.4
政　　　　　　府	39,230.0	43,657.3	45,740.6	48,555.9
総　固　定　資　本　形　成	111,924.0	116,345.1	113,639.8	110,971.6
在　　庫　　増　　減	7,106.2	-2,949.4	2,030.1	12,657.6
財・サービス貿易収支	91,949.7	107,593.4	111,811.1	108,521.2
統　　計　　誤　　差	-1,183.2	308.0	657.3	7,156.8
国　内　総　生　産(GDP)	394,751.7	418,073.6	427,938.8	447,283.5
海　外　純　要　素　所　得	-9,428.8	-15,776.9	-22,102.3	-15,907.0
国　民　総　所　得(GNI)	385,322.9	402,296.7	405,836.5	431,376.5
1人当たり GNI(単位：Sドル)	70,446.8	72,682.3	72,376.5	76,862.7

(出所) *Economic Survey of Singapore 2017.*

3 産業別国内総生産(実質：2010年価格)

(単位：100万 S ドル)

	2014	2015	2016	2017
財　生　産　産　業	97,308.8	94,671.8	97,717.7	103,312.0
製　　造　　業	73,436.8	69,671.2	72,249.4	79,525.9
建　　設　　業	18,462.2	19,536.5	19,914.5	18,241.7
電気・ガス・水道	5,269.4	5,333.5	5,425.1	5,426.5
そ　　の　　他	140.4	130.6	128.7	117.9
サ　ー　ビ　ス　業	262,770.8	272,029.5	275,973.4	283,683.9
卸　・　小　売　業	73,112.6	75,775.9	76,514.3	78,288.5
運　輸　・　倉　庫	30,058.9	30,627.1	31,022.9	32,498.3
ホテル・レストラン	7,141.8	7,151.4	7,423.4	7,513.8
情　報　・　通　信	15,087.6	14,906.0	15,444.9	15,961.7
金　融　サ　ー　ビ　ス	49,124.1	51,735.4	52,557.1	55,053.9
ビジネスサービス	51,230.6	54,019.2	53,861.4	54,203.7
そ　の　他　サ　ー　ビ　ス	37,015.2	37,814.5	39,149.4	40,164.0
所　有　住　宅　帰　属　価　値	12,680.0	13,300.7	14,009.6	14,683.9
税　　　　　　金	16,877.8	18,367.4	20,217.7	20,999.3
国　内　総　生　産(GDP)	389,637.4	398,369.4	407,918.4	422,679.1
G　D　P　成　長　率(％)	3.9	2.2	2.4	3.6

(出所) *Economic Survey of Singapore 2017.*

4 国・地域別貿易額

(単位：100万Sドル)

	輸入				輸出			
	2014	2015	2016	2017	2014	2015	2016	2017
アジア	317,895.6	282,351.6	273,037.3	307,674.9	390,968.9	370,827.0	350,004.7	390,446.7
米州	64,816.4	56,281.2	51,683.4	58,006.5	49,199.1	46,581.8	43,940.2	47,431.0
欧州	80,390.1	73,653.4	68,789.2	75,714.8	44,920.7	42,584.2	48,440.0	48,296.9
オセアニア	11,123.0	8,367.4	6,435.6	7,190.4	29,461.8	22,916.7	19,044.7	22,019.1
アフリカ	4,357.6	2,749.0	3,359.0	3,515.0	11,517.0	8,906.4	5,482.0	6,807.0
合計	478,582.6	423,402.6	403,304.6	452,101.6	526,067.4	491,816.1	466,911.6	515,000.8

(出所) *Economic Survey of Singapore 2017*.

5 国際収支

(単位：100万Sドル)

	2014	2015	2016	2017
経常収支	73,737.5	77,667.7	81,296.6	84,220.6
貿易収支	107,739.6	123,482.6	118,092.3	116,966.3
輸出	557,450.2	528,187.5	501,563.0	547,934.3
輸入	449,710.6	404,704.9	383,470.7	430,968.0
サービス収支	-15,789.9	-15,889.2	-6,281.2	-8,445.1
所得収支	-9,428.8	-15,776.9	-22,102.3	-15,907.0
移転収支	-8,783.4	-14,148.8	-8,412.2	-8,393.6
資本・金融収支	-67,070.7	-73,991.1	-83,693.7	-46,499.8
金融収支	-67,070.7	-73,991.1	-83,693.7	-46,499.8
直接投資	21,697.5	54,268.0	64,007.8	53,789.6
ポートフォリオ投資	-57,157.3	-81,532.1	-37,428.1	-47,356.0
金融デリバティブ	3,616.3	8,201.4	-18,564.7	18,692.8
その他投資	-35,227.2	-54,928.4	-91,708.7	-71,626.2
調整項目	1,951.0	-2,175.9	-58.2	120.4
総合収支	8,617.8	1,500.7	-2,455.3	37,841.2

(出所) *Economic Survey of Singapore 2017*.

6 財政収支

(単位：100万 S ドル)

	2014	2015	2016	2017
運 営 歳 入	59,995.4	63,562.0	67,969.4	70,225.1
税　　　　　収	53,624.7	55,068.2	57,803.6	60,193.9
所　　得　　税	23,852.1	24,835.7	25,822.9	26,797.1
資　　産　　税	4,261.6	4,435.7	4,380.7	4,400.0
車　　両　　税	1,627.6	1,662.3	2,111.9	2,197.2
関　　　　　税	2,392.3	2,666.7	2,843.1	3,019.4
賭　　博　　税	2,514.6	2,697.0	2,693.1	2,701.4
印　　紙　　税	2,883.9	2,706.2	3,091.9	4,509.6
消　　費　　税	9,887.2	10,230.0	10,841.2	11,026.6
そ　　の　　他	6,205.4	5,834.5	6,018.8	5,542.6
手　　数　　料	6,108.2	8,193.7	9,438.8	9,713.1
そ　の　他　歳　入	262.6	300.2	727.0	318.1
運 営 歳 出	41,758.4	45,358.8	51,081.1	54,883.4
国　防 ・ 外　交	15,774.6	17,254.6	17,891.4	18,476.9
社　会　開　発	22,229.1	24,148.2	28,428.8	30,765.6
教　　　　育	10,979.2	10,684.5	11,129.7	12,460.4
保　　　　健	5,595.1	6,533.4	8,552.9	8,444.2
文化・社会・青年	1,224.0	1,674.0	1,566.9	1,475.7
社会・家庭開発	1,578.6	1,926.0	2,392.7	2,392.2
人　　　　材	694.6	711.1	1,023.0	1,122.8
通　信 ・ 情　報	329.6	393.0	439.5	499.2
環　境 ・ 水資源	1,038.0	1,112.5	1,186.3	1,245.8
国　家　開　発	790.1	1,113.6	2,137.6	3,125.4
経　済　開　発	2,221.5	2,318.0	2,901.5	3,617.5
運　　　　輸	593.4	732.8	782.3	1,519.9
通　商　産　業	721.7	735.6	888.6	937.0
人　　　　材	521.1	557.7	622.5	691.6
情報通信・メディア開発	385.3	292.0	608.1	468.9
政　府　行　政	1,533.3	1,637.9	1,859.4	2,023.4
開 発 歳 出	13,046.9	15,796.6	21,835.40	16,750.5

(出所) *Economic Survey of Singapore 2017.*

2017年の インドネシア

インドネシア共和国		宗　教	イスラーム教，キリスト教，ヒンドゥー教，仏教
面　積	191万 km²	政　体	共和制
人　口	2億6189万人（2017年推計値）	元　首	ジョコ・ウィドド大統領（2014年10月～）
首　都	ジャカルタ	通　貨	ルピア（1米ドル＝13,399.6ルピア，2017年平均）
言　語	インドネシア語	会計年度	1月～12月（2001年度から）

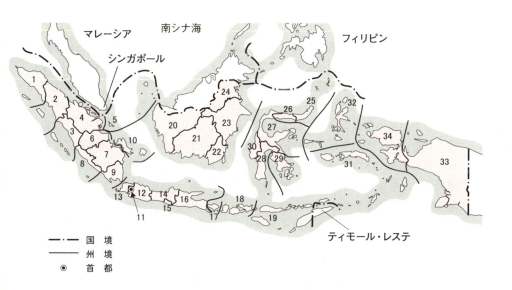

1. アチェ州
2. 北スマトラ州
3. 西スマトラ州
4. リアウ州
5. リアウ群島州
6. ジャンビ州
7. 南スマトラ州
8. ベンクル州
9. ランプン州
10. バンカ・ブリトゥン群島州
11. ジャカルタ首都特別州
12. 西ジャワ州
13. バンテン州
14. 中ジャワ州
15. ジョグジャカルタ特別州
16. 東ジャワ州
17. バリ州
18. 西ヌサ・トゥンガラ州
19. 東ヌサ・トゥンガラ州
20. 西カリマンタン州
21. 中カリマンタン州
22. 南カリマンタン州
23. 東カリマンタン州
24. 北カリマンタン州
25. 北スラウェシ州
26. ゴロンタロ州
27. 中スラウェシ州
28. 南スラウェシ州
29. 東南スラウェシ州
30. 西スラウェシ州
31. マルク州
32. 北マルク州
33. パプア州
34. 西パプア州

2017年のインドネシア

深まるイスラーム保守派と世俗派の溝

川村　晃一・濱田　美紀
（かわ　むら　こう　いち　　はま　だ　み　き）

概　況

　2016年の後半から顕在化したイスラーム保守派の政治的影響力の高まりは，4月のジャカルタ州知事選挙で華人キリスト教徒の現職知事が敗北するという結果につながった。これに対してジョコ・ウィドド（通称ジョコウィ）政権は，多様な民族・宗教の共存を謳う建国5原則パンチャシラの教化でイスラーム保守派に対抗しようとしている。そのパンチャシラに反するという理由で，急進的イスラーム保守派団体の解放党が政府による解散処分を受けた。汚職のニュースには毎年事欠かないが，2017年は大物政治家の逮捕劇が世間を騒がせた。議会第2党ゴルカル党の党首で国会議長のセトヤ・ノファントの汚職容疑が明らかになってから逮捕されるまでの半年以上，汚職撲滅委員会（KPK）の活動を妨害する動きがさまざまな形で展開された。

　経済は，前年に引き続き低いインフレ率と失業率，ルピアの安定など平穏な1年であった。一方で，経済成長率は5.07％にとどまり，思うように伸びない経済にいら立ちの見える1年でもあった。金利も2度引き下げられたものの，銀行貸出は目標の下限を達成したにすぎなかった。国家財政は依然として厳しいが，財政赤字は国内総生産（GDP）比2.57％に収まった。多額の投資が必要なインフラ投資には国家予算の枠外で投資を行うスキーム（PINA）を導入し，インフラ整備を加速させた。弱含む家計消費に購買力の低下が懸念されるなかで，配車アプリサービスの定着などデジタルエコノミーの広まりが見えはじめた。

　対外関係においても，イスラームが重要であった。フィリピンでのマラウィ事件では，政府はフィリピン，マレーシア両国に働き掛けてイスラーム過激派の自由な行動を防ぐための海上共同警備を実施した。ミャンマーでのロヒンギャ問題では，迫害されたイスラーム教徒を支援すべく積極的な外交が展開された。

国 内 政 治

首都ジャカルタ州知事選で華人キリスト教徒の現職が敗北

 2月15日に統一地方首長選挙が行われた。2005年に導入された地方首長(州知事，県知事，市長)に対する住民の直接選挙は，これまで自治体ごとに任期満了の時期にあわせて個別に実施されてきたが，将来的には同日に選挙を行うため，順次選挙日程を統一させている。2015年に次いで2回目となる2017年の統一地方首長選は，101自治体(7州，76県，18市)が対象となった。

 なかでも注目されたのは，首都ジャカルタの州知事選挙である。前回2012年の州知事選では，中ジャワ州ソロ市の改革派市長だったジョコウィが決選投票の末，現職を破って州知事に就任し，その勢いに乗って2014年の国政選挙で大統領にまで上り詰めた。この出来事によって，ジャカルタ州知事選は，大統領選に大きな影響を与える非常に重要な選挙として，政界でも重視されるようになったのである。さらに，2016年10月に選挙戦が始まると，イスラーム保守派が宗教を利用した大規模な大衆動員を行って華人キリスト教徒の現職知事バスキ・チャハヤ・プルナマ(通称アホック)を攻撃するなど，社会の分裂を煽るような動きが全面的に展開された。年が明けても宗教を利用したアホック攻撃は止まず，投票日直前の2月11日には，保守派イスラーム団体が主催した合同礼拝がジャカルタ中心部のイスティクラル・モスクで行われ，「イスラーム教徒はイスラーム教徒の候補に投票すべき」という呼び掛けがなされた。アホック以外の候補者2組4人もこの礼拝に参加した。

 このような執拗な個人攻撃にもかかわらず，現職正副知事のアホックとジャロット・サイフル・ヒダヤットのペアは2月の投票で1位を獲得した(得票率42.99％)。得票2位は，アニス・バスウェダンとサンディアガ・ウノのペアである(得票率39.95％)。政治学者のアニスは，同国史上最年少の38歳でパラマディナ大学学長に就任するなど，若手有力知識人の1人である。辺境地域の学校に不足している教師を送り込む運動を先導するなど，社会活動にも積極的に取り組んでいた。2014年の大統領選ではジョコウィの選対幹部としても活躍し，新政権では文化・初中等教育相として入閣を果たしたが，2016年7月の内閣改造で更迭されていた。サンディアガは，投資会社を中心とする新興財閥を経営する若手実業家である。スシロ・バンバン・ユドヨノ前大統領の長男で，陸軍を退役して立候

補したアグス・ハリムルティ・ユドヨノと州政府官僚のシルフィアナ・ムルニの
ペアは3位に終わった（得票率17.05％）。しかし，ジャカルタ州知事選は有効投
票の過半数の得票が当選の条件となっているためアホックの当選とはならず，上
位2組が決選投票へと進むことになった。1位のアホックと2位のアニスとの差
はわずか3ポイント，16万票余りであった。

4月19日に実施された決選投票では，2位だったアニスが逆転で当選を果たし
た（得票率58％）。投票直後から各種メディアと世論調査会社が実施した出口調査
や開票速報では，アニス＝サンディアガ組の大勝が伝えられたため，アニスは投
票が締め切られた2時間後には早々に勝利宣言を行った。一方，アホックも当日
夕方には敗北を認める記者会見を開いた。

決選投票で鍵となったのは，第1回投票で3位に沈んだアグス＝シルフィアナ
組が獲得した約94万票を自陣営に取り込めるかであった。選挙戦では「イスラー
ムを冒涜した」として強い批判にさらされたアホックも，決選投票で勝利するた
めにはイスラーム教徒の支持者を取り込む必要があると考え，アグスの擁立に加
わっていたイスラーム系政党に接近した。アグス陣営に加わっていたイスラーム
系政党は3政党あったが，このうちの2政党(民族覚醒党と開発統一党)が呼び掛
けに応じてアホック支持を打ち出した。一方，アニス陣営は，アグス陣営とは支
持基盤が基本的に共通しているとの認識に立って，イスラーム教徒からの支持を
確実にするため，イスラーム教指導者を通じた支持固めを続けた。アニスは，州
内のモスクでの礼拝にも顔を出し，イスラーム教徒に直接支持を訴えた。

結局，イスラーム教徒の支持を取り付けようとしたアホック陣営の戦略が実を
結ぶことはなかった。アホックの得票は，州内6地区のうち5地区で第1回投票
とほぼ同程度にとどまった。アグス陣営からアホック陣営に鞍替えした2つのイ
スラーム系政党の支持者も，ほとんどは党の方針に関係なく，アニスに投票した
ようである。アグス票の9割以上は，アニス陣営に流れたと思われる。

第1回投票までに作られた「アホック＝反イスラーム」という流れをわずか2
カ月の選挙戦期間で覆すことは難しかった。世論調査では，「アホック州政の実
績を認める」と答える回答者が7割に達するにもかかわらず，投票の判断材料と
して重視するものは何かという問いに対しては「宗教が同じであること」と答え
る回答者が半数を超えた。「イスラーム教徒がイスラーム教徒の指導者を選ぶこ
とは義務である」と書かれた張り紙が集落のあちこちに張り出され，「アホック
はイスラーム教を冒涜した」という雰囲気が社会に充満した。このような環境の

下では，宗教以外の争点を自ら探し出して候補者を比較する有権者は多くはならない。出口調査の結果で，高学歴の社会的上層出身の有権者だけはアホック支持が多数だったことが示されていることも，このことを裏付けている。

イスラーム保守派への対抗策として「パンチャシラ」を強調
　ジャカルタ州知事選が終わった後も，アホックに対する攻撃は続いた。選挙戦前に住民を前にして行った演説の内容が「イスラーム教を冒涜した」と告発されたアホックに対する裁判は，2016年11月から選挙戦と並行して進められていた。裁判の焦点は，アホックの発言が宗教冒涜罪にあたるかどうかであった。4月の決選投票後に行われた論告求刑では，検察は宗教冒涜については罪に問わず，イスラーム教指導者を誹謗したとして侮辱罪のみを適用し，禁錮1年，執行猶予2年を求刑した。ところが，北ジャカルタ地裁は，アホックの発言が宗教冒涜罪にあたると認定し，禁錮2年の実刑判決と即時収監を言い渡した。検察が該当しないと認定した罪に対して，求刑以上の刑を科した異例の判決であった。アホックの裁判は，有罪判決を求めるイスラーム保守派団体が常に動員をかけるなど，緊張した雰囲気のなかで進められた。裁判官も，イスラーム保守派によるプレッシャーに負けた形となった。当初は裁判を継続する意志を示していたアホックも，控訴を諦め，1審の有罪判決を受け入れて収監された。
　このようなイスラーム保守派の影響力の伸張に対して，ジョコウィ大統領も無策だったわけではない。ジャカルタ州知事選に向けてイスラーム保守派が大衆動員をかけて大規模なデモを組織したときには，主要な穏健イスラーム組織の指導者らと次々と会談して，イスラーム教各派が保守化の流れに乗ってしまいそうな動きを押しとどめようとしたり，その集会に自らが参加してイスラーム色を薄めようとしたりした。しかし，イスラーム保守派が作り出した「ジャカルタ州知事にはイスラーム教徒が選ばれるべき」という流れを覆すことはできなかった。
　ジャカルタ州知事選の結果を受け，ジョコウィ大統領はイスラーム保守派対策を本格化させた。ひとつは，国家の公定イデオロギー教化の動きである。かつて日本軍政下で独立後の国家形態を話し合っていた独立運動家たちは，多様な宗教・民族が同居する国家を運営するための原則としてパンチャシラ（「5つの理念」の意）というイデオロギーを打ち立てた。その後，このパンチャシラは建国5原則として憲法前文に書き込まれ，国民統合を象徴するものとなった。スハルト時代には，パンチャシラはすべての国民が従うべき「唯一の原則」として政府

から強制され，学校や政府機関で徹底的な道徳教育が実施された。しかし，民主化後は，パンチャシラの強制が思想の自由を侵し，反体制運動弾圧の手段となったという反省から，パンチャシラ教育の義務化は廃止された。その一方で，学校での宗教教育やキャンパスでの宗教活動にイスラーム保守派が進出したために，若年世代の宗教的思考が保守化，急進化したともいわれており，パンチャシラ教育を復活する必要があるとの声も最近になって強まってきていた。

そこでジョコウィ大統領は，独立運動の指導者だったスカルノがパンチャシラを公式に発表した日である6月1日を2017年から国民の祝日とするとともに，パンチャシラ思想を広めるための特別チーム（パンチャシラ・イデオロギー指導大統領作業ユニット：UKP-PIP）を設置した。大統領が自らパンチャシラの国民的普及に乗り出したのである。実は，スハルト時代にも中学生から公務員までの国民に対してパンチャシラ研修を実施するための政府直轄機関（BP7）が設置されていた。ユディ・ラティフ同ユニット代表は「組織の規模もやり方も以前とは違う」と弁明したが，スハルト時代に逆戻りしたような動きに見えることも確かである。

そして，この国家公定イデオロギーであるパンチャシラを御旗に，イスラーム保守派を取り締まろうという動きが始まった。ジャカルタ州知事選で一連の保守派の運動を主導してきた急進団体・イスラーム防衛戦線（FPI）の代表リズィク・シハブに対しては，建国の父スカルノ初代大統領の名誉を毀損しパンチャシラを冒涜する発言をしたとして，警察が捜査を開始した。その後，メッセンジャーアプリで妻以外の女性と猥褻な画像をやり取りしていたとして反ポルノ法違反の容疑にも問われたリズィクは，4月下旬にメッカ巡礼のためサウジアラビアに渡航したまま帰国していない。

急進的イスラーム保守派団体が解散処分に

さらに政府は7月，パンチャシラに反する教義を持つ組織だとして，急進的イスラーム保守派団体の解放党（ヒズブット・タフリル・インドネシア：HTI）の解散を決定した。解放党は，カリフ制イスラーム国家の樹立を目指す国際的な運動で，インドネシアでは1980年代初頭に活動が始まり，大学生を中心に支持を広げていた。2006年には政府から法人格も認められていたのだが，今回それを取り消されて解散を命じられたのである。この政府決定に対しては，結社の自由を侵害するものだとして，イスラーム保守派団体だけでなく，リベラルな市民社会組織や国際NGOからも反対や懸念の声が上がっている。

解放党の解散を決定するまでのプロセスが民主的でなかったことも問題視されている。社会団体全般を規定する既存の大衆団体法（2013年制定）でも，国家統一を脅かしたりパンチャシラに反したりするような団体を解散させるための条文があったが，政府が一方的に団体を解散できないよう，警告書の発出から一時的な活動停止，そして裁判所の決定に基づいた解散に至るまで，丁寧に手順を踏むことが規定されていた。しかし，今回ジョコウィ政権は，「緊急の事態において」大統領が独自の権限で制定できる，法律と同等の効力を持つ「法律代行政令」で大衆団体法の改正を一方的に決定し，1年以上かかるとみられる団体解散の手続きに関する条項をすべて削除したのである。大統領が議会での審議を経ることなく法律の改正を政令として制定しなければならない緊急事態だったかどうかは疑わしく，解放党の解散ありきの決定だったと言わざるをえない。また，この大衆団体法は，反政府運動の取り締まりを可能にするものだとして，制定された当時から批判する声もあったが，政府の一存で団体の解散が決定できるようになったことで，さらに強権的な性格が増したことも問題である。

　イスラーム保守派が勢力を伸張させているのは，社会のイスラーム化が進みつつあるという現象とともに，民主化によって思想，信条，結社などの自由が認められるようになったためでもある。民主主義の下で影響力を増したイスラーム保守派が，民主主義と国家統一を脅かすようになった事態に対して，世俗派のジョコウィ大統領は非民主的な手段で対抗しようとしている。ジョコウィの政敵は，ここがチャンスとばかりに，「ジョコウィは独裁者である」というレッテルを貼って，「庶民派のジョコウィ」という看板を攻撃しはじめている。社会的分断を煽って他者の権利を侵害する反民主的な行動に対して，民主主義がどう対処すべきかという，現代世界が頭を悩ませている問題にインドネシアも直面している。

ゴルカル党党首が汚職容疑で逮捕される

　国会第2党のゴルカル党党首で国会議長も務めるセトヤ・ノファントが，11月に汚職撲滅委員会によって逮捕された。容疑は，電子住民票（e-KTP）の導入にあたってセトヤ（当時国会ゴルカル党会派代表）の知人の経営する企業が事業を落札するように便宜を図り，その見返りに662億ルピアを受け取るとともに，国会での予算審議がスムーズに進められるように関係する国会議員や内務省高官に賄賂を贈る手配で主導的な役割を果たしていた，というものである。総事業費5兆9000億ルピアのうち2兆3000億ルピアが不正に流用されたと推計されており，過

去最大規模の汚職事件になる可能性がある。

　汚職撲滅委員会は，2014年からこの事件の捜査を進めてきており，2016年10月には当時の内務省人口・住民登録総局長と同総局の住民情報管理・行政局長を逮捕している。しかし，事件の中心的人物とみられているセトヤの逮捕は容易ではなかった。セトヤは，過去にも少なくとも5つの汚職事件への関与が疑われていたにもかかわらず，捜査の網を巧みにくぐり抜けてきた。ジョコウィ政権下でも，パプアで金・銅鉱山を経営するアメリカ系鉱山会社フリーポート社の事業契約延長をめぐる政府との交渉で，セトヤは同社幹部と密かに接触し，同社株式の譲渡を含む便宜供与を依頼するなど，政府には何の断りもなく裏交渉を行っていたことが暴露された。この時セトヤは責任の追及を逃れるため国会議長の座は降りたが，捜査当局の追及を逃れることには成功している。

　汚職撲滅委員会は，内務省高官に対する捜査からセトヤの容疑を固め，7月17日に初めてセトヤを容疑者に指名し，事情聴取のための出頭を求めた。しかしセトヤは，出頭要請に応じるどころか，容疑者指名を不当だとして予審に訴え，9月に容疑者指名取り消しの判決を勝ち取った。

　さらにセトヤは，汚職撲滅委員会の地位や権限を根本的に弱めることを画策する。これまで多くの議員が汚職事件で摘発を受けてきた国会は，汚職撲滅委員会にやりたい放題されてきたという意識が強く，セトヤの考えを共有していた。そこで，国会は汚職撲滅委員会の組織的問題を調査するという名目で国政調査権の行使を決め，同委員会を弱体化させるための法改正案を準備する作業を進めた。一方，たびたび高官が汚職疑惑で摘発される警察も，同じ捜査当局にもかかわらずより強い権限を与えられている汚職撲滅委員会に対して不満を抱いていた。そこで，汚職撲滅委員会包囲網が強まった機に乗じて，警察内部に汚職対策特別部隊を設置することを提案し，汚職事件の捜査権限を奪うことを目論んだ。この間，電子住民票汚職事件を主任捜査官として指揮していたノフェル・バスウェダンが何者かによって襲撃され，片眼を失明するという事件も発生している。

　このように汚職撲滅の努力に抗する動きがこれまでになく強まったが，汚職撲滅委員会も捜査の手を緩めることはなかった。同委員会は，11月10日にあらためてセトヤを容疑者に指名するとともに出頭を求めた。それでも出頭要請に応じないセトヤに対して強制的な出頭命令が下ろうとしたとき，セトヤは自発的に出頭するふりをして自作自演の交通事故を起こして入院し，逮捕を逃れようとした。しかし，セトヤの必死の抵抗も今回は実を結ぶことはなく，汚職撲滅委員会は，

医療機関からの許可を取ったうえで，11月17日にセトヤを逮捕した。

　セトヤの逮捕で，ゴルカル党をめぐる政治力学も大きく変化した。セトヤは，ゴルカル党首の座を退き，党首就任とともに返り咲いていた国会議長職の座も失った。党内では，2014年に政権への参加か否かをめぐって生じた対立が再び表面化した。ジョコウィ大統領は，ようやく固めたゴルカル党との関係を維持するため，内閣の一員として政権との関係も良好なアイルランガ・ハルタルト工業相を次期党首候補として推すことにした。12月18日に実施された臨時党首選では，セトヤの後任としてアイルランガが選出され，ゴルカル党とジョコウィ政権の関係も維持されることになった。　　　　　　　　　　　　　　　　　（川村）

経　　済

低位安定する経済

　2017年のインドネシアのGDPは13兆5888億ルピアであった。米ドルベース（1ドル＝1万3534ルピア換算）では1兆40億ドルと，1兆ドルを超えた。このニュースは大きく報じられたものの高揚感はなく，成長率は目標の5.2％を下回る5.07％で終わった。2017年の家計消費は名目GDPの56.1％で前年とほぼ同水準であったが，伸び率は4.95％と5％を下回った。寄与度は2.7％で前年と変わらずであった。労働組合，政党，宗教団体，私立学校などを含む「対家計民間非営利団体」（NPISH）の割合は1.2％を占め，前年比6.9％増であった。政府支出の割合は9.1％で前年比2.1％増，寄与度は0.2％と前年に比べて経済成長への貢献度は増加した。投資（総固定資本形成）の割合は32.2％で前年比6.2％増と改善し，寄与度も2.0％と高かった。とくに年後半の伸びが大きく，第3四半期と第4四半期の前年同期比の成長率はそれぞれ7.1％，7.3％であった。同時期の機械・設備投資はそれぞれ15.2％，22.3％と大幅に伸びた。そのほか輸送機器投資は第1四半期で25.3％，第2四半期で12.5％，通年でも8.9％，その他設備投資も通年で9.3％の伸びとなり，経済成長の下支えとなった。外国直接投資の流入額がもっとも多かったのは製造業であった（中央銀行統計）。他方，鉱業では資本の引き揚げが目立った。国別の外国直接投資では前年同様シンガポールの107億2800万ドルが1位で，2位は日本の40億6000万ドル，3位はオランダの39億9300万ドル，中国は4位で18億4100万ドルであった。アメリカは鉱業部門の引き揚げが影響し24億6900万ドルの資本回収となった。輸出がGDPに占める割合は20.4％（前年比9.1％

増)と健闘したが，GDPの19.2％を占める輸入の伸びも8.1％と大きかったため，純輸出(輸出マイナス輸入)の成長への寄与度は0.35％となった。

国際収支では，経常収支は172億9000万ドルの赤字となり，赤字幅は前年の169億5000万ドルから若干拡大した。輸出は1688億9000万ドル，輸入は1499億9000万ドルとどちらも前年より増加し，貿易収支は188億9000万ドルの黒字(前年は153億2000万ドルの黒字)となった。非石油・ガスの輸出は1514億ドル，輸入は1261億ドルとそれぞれ前年より微増した。石油・ガス輸出も156億ドルと前年から伸びたものの輸入が229億ドルと前年の177億ドルから拡大したため，石油・ガスの貿易収支は赤字幅が広がり73億ドルの赤字となった。

輸出額でもっとも多いのは，前年同様石炭(全輸出の12.1％)とパーム油(同11.0％)で，それぞれ前年比40.6％，28.9％と大幅な増加となった。未加工鉱石の輸出禁止が条件付きで解除されたことにより，ニッケルは1億5519万ドル，ボーキサイトは6643万ドルが輸出されたが，輸出禁止前である2013年の輸出額のそれぞれ9％，5％の水準にとどまった。全輸出(石油・ガス含む)に占める鉱物資源の割合は22.3％と前年の20.6％より増えた。2017年の全輸出(石油・ガスを含む)相手国の1位は中国で輸出額は234億ドル，2位はアメリカの177億ドル，3位は日本の169億ドルであった。輸入の1位は343億ドルの中国，2位はシンガポールの182億ドル，3位は日本の154億ドルであった。対中国では109億ドルの貿易赤字となったが，赤字幅は前年の136億ドルより縮小した。

アメリカの金融緩和政策が見直され，新興国からの資本流出が懸念されるなか金融収支は，前年とほぼ同水準の298億ドルの純流入となった。ポートフォリオ投資は政府部門では継続的に資本流入が続く一方，民間部門ではアメリカの2度目の金利引き上げ後，第3四半期に13億4500万ドル，第4四半期に15億3825万ドルが流出した。通年のポートフォリオ投資は前年より17億ドル増の207億ドルの純流入となった。その他投資のうち，政府部門では第2四半期に9億2347万ドル，第4四半期に5億9743万ドルの流出となり，通年で13億5281万ドルが政府部門から流出した。一方，その他の投資ではインドネシアからの対外投資が年間で132億4242万ドルとこれまででもっとも高い水準となった。

低い成長率，購買力低下の懸念

GDPの低い伸び率の要因として家計消費の低迷が指摘され，購買力の低下が懸念された。とくに中所得層以下の所得層での購買力低下が問題視された。2017

年の家計消費の伸び率は4.95％と前年の5.01％からわずかに低いものの，GDPに占める割合は56.1％と，前年の56.6％，一昨年の56.3％とほとんど変わっていない。家計消費の内訳をみると，「食品・飲料品」は前年比5.2％増，「健康・教育」は5.6％増，「交通・通信」は5.3％増，「外食・宿泊」は5.5％増であった。一方，「衣料品・靴・修理」および「住居・住居関連」がそれぞれ3.1％，4.3％と家計消費全体の伸び率を下回った。とくに2015年には4.4％の成長率であった「衣料品・靴・修理」は2016年には3.3％と低くなり，2017年はさらに伸びが鈍化した。加えて，家計消費のメルクマールとなる二輪車の国内販売台数は，前年比0.8％減の588万6103台と伸び悩み，自動車も前年比1.6％増の107万9534台と微増に終わった。また，百貨店などの小売業の売り上げも低迷し，2017年の卸売・小売業のGDP成長率は4.4％と低く，購買力低下の懸念に拍車をかけた。その一方で，これらの統計には急速に拡大するインターネット販売などの電子商取引（eコマース）が考慮されておらず，購買行動の変化が十分に反映されていないため，購買力の低下を心配する必要はないという意見もあった。実際，インドネシアでのeコマースの売上高は年々拡大し，2017年は215兆ルピアと前年の197兆ルピアから増加している。

　いずれにせよ大幅な成長が見込めない家計消費であるが，伸び率および寄与度ともここ数年間に大きな変化はなく，GDPの伸び悩みのもっとも大きな要因は，輸出の低迷といえる。国際商品価格の高騰が続いた2011年の輸出の寄与度は6.3％あったが，2017年は1.9％であった（図1）。2014年からの3年間の輸出の寄与度はマイナスであったため，2017年は回復基調にあるといえるものの，いまだ力不足である。しかも主要輸出品目は依然として石炭，パーム油，石油，天然ガスといった天然資源産品である。繊維・繊維製品，

図1　支出別GDP成長率寄与度推移（2011～2017年）

（出所）　インドネシア中央統計庁。

卑金属製品などの製造業の輸出も輸出全体の7.4％，5.6％を占めるが，2011年から2017年の6年間の輸出額の伸び率はそれぞれ4.5％減，11.9％減と減少しており，2000年代後半からの天然資源頼みの経済成長が鮮明になった。

マクロ経済指標は安定

2017年の消費者物価指数（CPI）は前年比3.61％増，食料品・燃料をのぞいたコアインフレ率は2.95％であった。年前半では一時，生活必需品のひとつである唐辛子が前年比71％に高騰する時期もあったものの，インフレ率は3.3〜4.4％の幅で推移し，歴史的な低い水準が続いている。貧困率は10.1％と前年の10.7％から低下し，ジニ係数は0.391と前年とほとんど変わらなかったが，失業率は5.5％と前年の5.6％から改善した。安定した物価に支えられて，金利も緩やかな低下傾向であった。指標金利（7日物レポレート）は，2017年に入っても前年の4.75％が維持されていたが，8月に4.5％，9月に4.25％と2カ月続けて引き下げられた。為替レートも1ドル＝1万3300ルピアから1万3570ルピアという非常に狭い範囲で，安定的に推移した。銀行貸出残高は4782兆ルピアと前年の4413兆ルピアから8.4％増加したが，中銀が想定する8〜10％の下限に張り付き，貸出残高のGDPに対する割合は前年から微減の35.2％であった。その一方で，対外債務残高は2013年以降増加傾向にある。2017年の債務残高は3億5225万ドル（4700兆ルピア）と国内銀行貸出残高とほぼ同水準となった。内訳は公的部門（政府および中央銀行）が1億8062万ドル（2420兆ルピア），民間部門（国営企業含む）が1億7163万ドル（2300兆ルピア）であった。

2015年後半から14本が発表された経済政策パッケージは，2017年も引き続き発表されたが2本にとどまった。6月の第15弾経済政策パッケージは，物流業者のコストを削減し，物流の競争力向上を目指すものであり，8月の第16弾は中央・地方の許認可の迅速化についてであった。

税恩赦の恩恵は少ないが，財政赤字は抑制

2016年7月から開始された租税恩赦プログラム（『アジア動向年報 2017』参照）が3月末で終了した。最終的な恩赦税の納税額は114兆ルピアとなり，目標の165兆ルピアの69.1％にとどまった。追加資産申告は4855兆ルピアで，目標申告額4000兆ルピアに対して121.4％の達成率となった一方，国外からの還流資金は1000兆ルピアの目標に対して147兆ルピアと，14.7％の低い達成率に終わった。

成功裏に終了したというのが政府の評価であるものの，申告のほとんどは税の割引率のもっとも高い第1期(2016年7月1日～9月30日)に集中し，租税恩赦プログラムの2017年度の税収への貢献は多くなかった。

しかしながら，2017年の税収は1339兆8000億ルピアとなり，予算額の1436兆7000億ルピアの93.3％を達成した。財政は引き続き赤字となっているものの，赤字額は345兆8000億ルピア，GDP比2.57％であった。1735兆ルピアの歳入予算に対して達成率は95.4％(1655兆8000億ルピア)であり，歳出は予算額2133兆ルピアに対して93.8％の執行率(2001兆6000億ルピア)となった。

鉱物輸出とフリーポート株式譲渡

未加工鉱石の輸出を禁止した2009年新鉱業法は2014年から施行されたが，未加工鉱石の純度に応じて輸出規制の緩和措置がとられていた。緩和措置の期限であった1月11日に，政府は政令2017年第1号を制定し，条件付きで引き続き鉱物の一部の輸出を認めることにした結果，従来の鉱業事業契約(Kontrak Karya: KK)の保有者は，鉱業事業許可(Izin Usaha Petambanan: IUP)，特別鉱業事業許可(Izin Usaha Petambanan Khusus: IUPK)に切り替えることが条件となった。さらにIUPもしくはIUPKを保有する外国企業は，生産開始から6年目までに株式の最低20％を，7年目までに30％を，8年目までに37％を，9年目までに44％を，10年目までに51％を中央・地方政府，民間企業も含めたインドネシア資本に売却することも定められた。

インドネシアの銅鉱山は，パプア州にある世界第2位の規模のグラスベルグ鉱山と西ヌサトゥンガラ州にあるバツ・ヒジャウ鉱山の2つが主要なものであるが，前者はアメリカのフリーポート・マクモラン社，後者はアメリカのニューモント社と日系企業連合4社(住友商事，住友金属鉱山，三菱マテリアル，古河機械金属)が所有していた。しかし，バツ・ヒジャウ鉱山のニューモント社と日系企業連合4社の持ち株を含めた82.2％は，2016年7月にインドネシア資源企業大手のメドコ・エネルギー社が保有するアマン・ミネラル社に売却された。

フリーポート・マクモラン社の子会社として1967年にグラスベルグ鉱山で操業を開始したフリーポート・インドネシア社(PT Freeport Indonesia: PTFI)は，1991年にインドネシア政府と鉱業事業契約(KK)を締結し，同鉱山の採掘権を2021年まで獲得していた。そのため1月の政令はこの契約に違反するとして政府と対立した。交渉の結果，PTFIの採掘権を2041年まで20年間延長する一方，同社の株

式の51％をインドネシア側に売却することが合意された。12月に入ってから決着をみた株式売却については，11月29日に国営鉱業持ち株会社として再編されたインドネシア・アサハン・アルミニウム（イナルム）社に41.64％を売却し，10％はパプア州ミミカ県が保有することが合意された。イナルム社はすでに9.36％を保有しているため，フリーポート・インドネシア社の株式の51％を保有することになる。これによりインドネシアの主要銅鉱山はインドネシア企業の手に渡ることになる。

インフラ投資の進捗

インフラの整備は，ジョコウィ政権の最重要課題である。2015年1月に「国家中期開発計画2015～2019年」が策定され，2019年までに必要なインフラ投資は5519兆4000億ルピアと見積もられた。問題はこの多額の資金をいかに調達するかである。2017年度国家予算案のうち，インフラ予算は346兆4000億ルピアと前年度補正予算における317兆1000億ルピアより約30兆ルピア増額されたが，これだけでは十分ではないため，国家開発企画省は国家予算外投資資金調達スキーム（Pembiayaan Investasi Non Anggaran Pemerintah: PINA）を用いることを2月に決定した。PINAは，国営企業や民間企業が協力して政府の支援なしにインフラ投資を行う，官民連携方式（Public Private Partnership: PPP）とは別の新しいスキームである。このスキームを使って，2017年は34案件（投資総額348兆2000億ルピア）のインフラ事業が着手された。3月には，世界銀行がインドネシアの民間によるインフラ投資を促進するためにインフラ投資公社（PT Indonesia Infrastructure Finance: IIF）に対して，2009年の1億ドルに続き2億ドルの融資を決定した。また，インフラ投資のうち16兆7600億ルピアはイスラーム国債の発行によってまかなわれるなど，調達の手法も多様化している。

こうした各方面からの資金調達もあって，インフラ整備は進みつつある。国家中期開発計画のなかでは，高速道路1000キロ，新規の道路2650キロ，新規橋梁30キロ，65基のダム建設，15の空港の新設が目標とされた。高速道路は2017年に392キロが新たに追加され，総延長は568キロとなった。道路は778キロが新規に建設され，累積で2623キロとなり目標をほぼ達成した。橋梁は8つの橋と4つの吊り橋が建設され，720メートルが追加された。新規のダムは30基が建設され，累積で39基が建設された。空港は建設済みの7空港と建設中の8空港を合わせると目標の15空港建設は達成可能とみられている。公共事業省の2017年度予算は，

106兆2500億ルピアのうち80.59％が消化された。

　ジャカルタ首都圏でのインフラ整備も進んだ。ジャカルタ・スカルノハッタ国際空港では拡張事業が進められ，第3ターミナルが建設された。2016年8月に国内線の運航など一部が開業していたが，5月に国営ガルーダ・インドネシア航空が国際線を移し，本格的な運用が開始された。他社の国際線も順次移行し，年間2500万人の利用が見込まれる。9月にはターミナル間を結ぶ全自動無人運転のスカイトレインが開業，12月には空港とジャカルタ中心部を結ぶ初の鉄道路線が開通した。

　これらはインフラ開発促進に注力するジョコウィ政権の3年間の成果といえるが，インフラ開発を加速させるための障害となっているのは依然として土地収用の問題である。土地収用プロセスに時間がかかりすぎることが，その間に土地ブローカーの介在を許し，対象の土地の価格を上昇させ，ますます土地収用の問題解決を困難なものにするという悪循環も生まれている。資金不足解消には民間の資本参加が欠かせないが，土地収用に時間がかかることがわかっているため，民間資本も投資にすぐには動かない状況になっている。土地収用の問題だけではなく，投資計画には関係省庁や機関，地方政府，自治体，村レベルでのコミュニティなど多くの関係者が存在することが計画の円滑な実行を困難にさせている。とくに投資計画担当者と地方政府との調整がスムーズでないため，配分済みの予算が手つかずのままとなるなど，投資計画の効率化も重要な課題となっている。

デジタル経済の波

　前年に発表された第14弾経済政策パッケージでは，eコマースの発展が目標となった。eコマースは，一般にインターネットを利用した商取引を意味するが，世界ではeコマースより広義のデジタル技術を利用した取引全般を指すデジタルコマースが拡大している。インドネシアも例外ではなく，そのもっとも顕著な例が配車アプリサービスの定着である。バイクタクシーがGo-Jek（ゴジェック）と書かれた緑のヘルメットをかぶりはじめたのはつい2年ほど前のことだが，今や配車アプリを使ったバイク・自動車の輸送サービスは，インドネシア企業のゴジェック，マレーシア企業のグラブ，アメリカ企業のウーバーなどが熾烈な競争を繰り広げている。

　2017年は配車アプリサービスが急速に普及し，市民の生活に定着した年といえる。その一方で，既存のタクシー業界との軋轢も大きくなり，配車アプリサービ

スは従来の規則(交通と道路輸送に関する法律2009年第2号と道路輸送に関する政令2014年第74号)に違反しているとして，規制を求める声が強まった。運輸省は，2016年1月と3月に運輸大臣令(2016年第3号および32号)で，配車アプリサービスは法人の形態をとること，さらに自家用車を利用して営業する運転手は公共交通機関用の運転免許証(SIM)および車検(KIR)を取得することを定めた。さらに，車両の待機場所の確保や車両登録証(STNK)を法人名義に変更することなどを義務付けた(2017年10月1日から)。

配車アプリサービス業者への風当たりが強まる一方で，規制しようとする動きと性急な規制をけん制する動きが相まって混乱をきたした。2016年の運輸大臣令は2017年3月に改正されたが(運輸大臣令2017年第26号)，8月に最高裁判所によって，車検の取得，運賃価格に上限と下限を設ける制限，法人としての車両登録などが上位法違反に当たるとの判決が下された。これを受け，11月に再び規則が改正され(運輸大臣令2017年第108号)，配車アプリで運行する車両台数を制限するほか，運賃の上限下限については州知事が決定すること，保有台数も5台以上と規定され，5台以下の場合は協同組合を作ることなどが定められた。また，登録に際しては法人登録，法人納税者番号などの提出が必要となる。この改正に対して，2018年2月1日の申請開始を前に今度は配車アプリドライバーによる継続的なデモが繰り広げられるなど，混乱は2018年に入っても続いている。

広がるフィンテック

オンラインで決済するデジタルバンキングやIT技術，AI(人工知能)を駆使して融資などの金融サービスを提供するフィンテックは，2016年から拡大しはじめた。インターネット上で貸し手と借り手をマッチングさせるピア・ツー・ピア(P2P)の2017年の貸出し額は前年の10倍を超える2兆2600億ルピアに急拡大した。電子マネーカードは27社が9000万枚を発行し，電子マネーの取引額も前年比70％増の12兆ルピアと勢いを増している。電子マネーの拡大で，高速道路の料金所のキャッシュレス化も急速に進み，10月31日からの完全移行を中銀が発表した。

制度の整備も始まっている。2016年11月に中銀はフィンテックを利用した決済に関する監視を行うフィンテック・オフィスを開設するとともに，レギュラトリー・サンドボックス(革新的なサービスや製品の企業に現行法を適用せず，試験的な環境を提供する仕組み)も創設して，2018年1月1日から実施した。金融サービス庁(OJK)も2016年末にP2P貸し出しに関する規則(POJK No. 77/2016)を

策定し，OJKに登録するための要件として資本金10億ルピアを保有すること，ライセンス取得には25億ルピアまで増資することを定めた。電子マネーに関しては，9月に中銀が国家決済ゲートウェイに関する規則2017年第19/10号PADGを策定し，消費者保護の観点から電子マネーにチャージする際の手数料は1回当たり1500ルピアを上限とし，2万ルピア以下の場合は無料と定めた。フィンテックの要ともいえる仮想通貨に関しては，中銀は12月7日に仮想通貨の使用を国内で禁じる新たな規制を公布し，2018年1月1日から施行した。一方，サリム・グループは5月にイナ・プルダナ銀行を買収して約20年ぶりの銀行業復帰を果たし，IT事業に注力し，決済や融資でフィンテック事業の展開を目指すなど，銀行業界もフィンテックの拡大に取り組み始めている。　　　　　　　　　　（濱田）

対外関係

過激派イスラーム組織取り締まりのため東南アジア域内協力を推進

　中東におけるIS（「イスラーム国」）の影響はインドネシアにも及んでいる。2015年頃からISを支持する団体やISに加わろうとシリアに渡るインドネシア人が現れた。2016年1月には，ISとつながりのあるグループによるテロ事件がジャカルタ中心部で発生し，社会に衝撃を与えた。その後は警察当局による取り締まりが厳しくなりテロ組織の摘発が進んだが，過激派を一掃することは不可能で，小規模なテロ事件が散発的に続いた。2017年にも，2月にバンドンで，5月に東ジャカルタで爆弾テロ事件が発生している。

　ISの脅威はインドネシア一国にとどまらず，地域的な問題としても浮上した。それが，IS系の過激派組織マウテ・グループによるフィリピン南部ミンダナオ島のマラウィの武装占拠である。警察によると，このマウテ・グループにはインドネシア人が少なくとも38人加わっていることが分かっている。フィリピン政府によるマラウィ奪還作戦が激しさを増すなか，インドネシアに帰国する者も出てきたことから，インドネシア政府はこれをきっかけに国内でIS系過激派組織が勢力を増すのではないかと警戒を強めた。

　ミンダナオ沖の海域では，2016年頃からフィリピン南部を活動拠点とするイスラーム過激派組織アブ・サヤフによる身代金目的の民間人誘拐事件が多発していたため，2016年5月にジョコウィ大統領の呼び掛けでインドネシア，フィリピン，マレーシア3カ国がスールー海域で共同パトロールを実施することに合意してい

た。今回，マラウィでの事件発生とともに，同海域における過激派戦闘員の密航取り締まりが緊急の課題として浮上したことを受け，インドネシア政府はあらためて3カ国による協議開催を呼び掛けた。その結果，6月からは3カ国による空と海からの共同パトロールが開始された。7月にはインドネシア政府とオーストラリア政府の呼び掛けで周辺6カ国による対テロ対策協議も開催された。

ロヒンギャ問題に素早く対応

8月にミャンマー西部ラカイン（ヤカイン）州でイスラーム系少数民族ロヒンギャと同国治安部隊の衝突と，それに伴って大量の難民が発生した問題に対して，インドネシア政府は難民の支援と紛争の解決に向けて素早く対応した。ジョコウィ大統領は，「暴力と人道危機をすぐに止めなければならない」と述べて，9月4日にはレトノ・マルスディ外相をミャンマーに派遣し，外国の閣僚としてはもっとも早くアウンサンスーチー国家顧問兼外相のほか軍・政府高官らと会談させている。この会談でレトノ外相は，安定と安全の回復，最大限の自制と暴力の否定，民族・宗教を問わないラカイン州全住民の保護，人道支援の窓口の早急な開設，そしてコフィ・アナン元国連事務総長を中心とした政府の諮問委員会の最終報告書で示された勧告の実行という「4＋1原則」を提示し，人道危機と治安の悪化を食い止めるようミャンマー政府に求めた。

さらにレトノ外相は，その足で大量のロヒンギャ難民が流入しているバングラデシュに向かった。シェイク・ハシナ首相らバングラデシュ政府首脳との会談では，難民支援の方法などが話し合われた。9月13日には，食料や衣料品などの人道支援物資をバングラデシュに届ける空軍輸送機の出発をジョコウィ大統領自ら見送っている。現地では，ナフダトゥール・ウラマ（NU），ムハマディヤといったイスラーム組織やインドネシア仏教徒協会（Walubi）などインドネシアの社会組織が2016年からラカイン州での支援活動を行っていたことから，政府が資金を拠出する形で市民社会レベルでの支援も始められた。

インドネシア政府は，国際社会に対してもロヒンギャ問題への対処を働き掛けるため積極的に行動した。アントニオ・グテレス国連総長や国連の諸機関，国際赤十字社などと緊密に連携をとるとともに，9月に開催されたイスラーム協力機構や国連総会の場では各国首脳に協力を呼び掛けた。ジョコウィ大統領は，11月の東南アジア諸国連合（ASEAN）首脳会議でも「ミャンマーが孤立しないよう共に行動すべき」と述べ，ASEANとしての取り組みを主導した。

このように政府がロヒンギャ問題に素早く積極的に行動を起こした背景には，国内におけるイスラーム保守派の発言力拡大という要因もある。ミャンマーのイスラーム教徒に対する非人道的行為が明らかになると，ジャカルタのミャンマー大使館前や世界遺産に指定されている仏教遺跡ボロブドゥールでイスラーム防衛戦線などが呼び掛けたデモが開かれた。イスラーム防衛戦線は，ロヒンギャを保護するために国軍と警察をミャンマーに送るよう政府に要求したり，義勇軍としてミャンマーに渡る準備があると発言したりするなど，過激な主張を繰り返した。ジャカルタでのデモにはイスラーム系政党の幹部や野党第１党グリンドラ党の党首プラボウォ・スビアントも参加し，政府によるロヒンギャ支援を「やっているふりをしているだけ」と批判した。対応を誤れば批判の矛先が政権に向かってくる。ジョコウィ大統領は，「反イスラーム」というレッテルを貼られないようロヒンギャ問題の解決に積極的に取り組まざるをえないのである。

（川村）

2018年の課題

2018年は「政治の年」であるといわれている。次の国政選挙は2019年4月だが，そこに向けてのスケジュールが目白押しである。まず6月には，171の地方自治体で首長選挙が一斉に実施される。各政党とも，この地方首長選を2019年の選挙の前哨戦と位置付けており，選挙での勝敗だけでなく，党組織がどれだけ機能するか，選挙戦略がどれだけ有効かが問われるものとなる。大統領選の立候補届出は8月，選挙管理委員会による資格審査を経て立候補者が正式に決まり選挙戦が始まるのが9月である。これと並行して，各議会議員選挙に参加する政党の登録，審査，立候補届出などの手続きが進められる。これら一連のスケジュールを社会的な分断を深めることなく平穏に進められるか，注視する必要がある。

2018年前半の経済は，2017年後半に増加した設備投資の効果が期待できると思われる。輸出に関しては国際商品価格の上昇が予想されているため，資源輸出を中心に回復する可能性はあるものの，あくまでも外部要因によるものであるため，前年に進めたインフラ整備をさらに加速させ，経済の効率性と競争力を向上させることがもっとも重要で確実な政策である。他方で，国営企業を含む民間企業の対外債務が増加しており，アメリカの金融緩和政策の終了によるドル高を受けて，対外債務利払いなど企業の財政面への影響が懸念される。

（川村：地域研究センター研究グループ長代理）
（濱田：開発研究センター主任調査研究員）

重要日誌　インドネシア　2017年

1月1日 ▶政府，900VAの世帯を対象として電力料金を引き上げ。

15日 ▶日本の安倍晋三首相が来訪し，大統領と会談。

18日 ▶大統領，海軍参謀長にハディ・チャフヤントを任命。

25日 ▶財務省職員とその家族がIS(「イスラーム国」)に加わるためシリアへの入国を試みたが，トルコ政府が拘束，強制送還。

26日 ▶汚職撲滅委員会，パトリアリス・アクバル憲法裁判事を収賄容疑で逮捕。贈賄側の東南スラウェシ州ブトン県知事は25日に逮捕。

30日 ▶西ジャワ州警察，イスラーム防衛戦線代表リズィク・シハブを建国5原則パンチャシラ冒涜とスカルノ初代大統領名誉毀損の容疑者に指名。

2月15日 ▶統一地方首長選挙の投票日。ジャカルタ州知事選をはじめ全国101の地方自治体の首長選挙が行われる。

16日 ▶マレーシア・クアラルンプールで発生した北朝鮮の朝鮮労働党委員長金正恩の兄・金正男の殺害事件で，実行犯としてインドネシア人女性が逮捕される。

17日 ▶国家開発企画省，国家予算外投資資金調達スキーム(PINA)導入を発表。

18日 ▶政府とアメリカ系鉱山会社フリーポート・インドネシア社との契約見直し交渉のもつれから，同社社長が辞任。

20日 ▶ジャカルタ汚職裁，イルマン・グスマン前地方代表議会議長に対して収賄罪で禁錮4年半の実刑判決を下す。

25日 ▶大統領，オーストラリアを訪問(～26日)。

27日 ▶バンドンで爆弾テロ事件が発生し，実行犯1人が死亡。

3月1日 ▶サウジアラビアのサルマン国王が1500人の訪問団を伴って公式来訪。

5日 ▶ジャカルタで環インド洋連合(IORA)初の首脳会議開催。7日にジャカルタ協定を採択。

16日 ▶大統領，2月3日に解任した国営石油会社プルタミナ社長ドゥウィ・スジプトの後任にエリア・マッサ・マニクを任命。

▶ジャカルタ行政裁，環境破壊を理由にジャカルタ湾埋立事業の一部差し止めを命令。

▶ナフダトゥール・ウラマ元議長で，大統領諮問会議委員のハシム・ムザディが死去。

23日 ▶汚職裁，南スマトラ州バニュアシン県知事のヤン・アントン・フェルディアンに対して収賄罪で禁錮6年の実刑判決。

29日 ▶フランスのオランド大統領が来訪。仏大統領としては31年ぶりの公式訪問。

30日 ▶最高裁，地方代表議会議長団の任期を2年半と規定した議員内規が上位法に違反するとの判断を示す。

31日 ▶2016年7月1日に始まった政府の租税恩赦プログラムが終了。

▶ジャカルタ州知事の辞任と逮捕を求める大衆行動がジャカルタ中心部で行われる。警察は治安攪乱・国家転覆容疑で5人を逮捕。

▶政府，フリーポート社に対して8カ月間の暫定特別採鉱許可を与え，輸出再開を認める決定。

▶汚職撲滅委員会，フィリピンへの軍艦売却契約での収賄容疑で国営造船会社PAL社長を逮捕。

4月5日 ▶憲法裁，地方行政法の違憲審査で，内相に与えられている地方条例の取り消し権限を違憲と判断。

▶アフガニスタンのアシュラフ・ガニー大統領，来訪。

7日▶警察，イスラーム過激派組織ジャマア・アンシャルト・ダウラー（JAD）の3人を逮捕。9日にはJADの6人が警察を報復攻撃，銃撃戦の末，全員が死亡。

10日▶最高裁，ジャカルタ州の水道事業を民営化する政策を違法と判断。

11日▶大統領，新しく7人の総選挙委員会（KPU）委員と5人の総選挙監視庁（Bawaslu）委員を任命。

▶汚職撲滅委員会の主任捜査官ノフェル・バスウェダンが何者かに襲撃され，目に重傷。

18日▶ジャカルタでアジア・アフリカ会議62周年記念式典開催。

19日▶ジャカルタ州知事選の決選投票が行われ，アニス・バスウェダンが当選。

▶アメリカの格付機関S&P，インドネシアの長期国債格付けを「BB+」から一段階引き上げ「BBB-」とし，投資適格に。

28日▶国会，汚職撲滅委員会の組織の問題をあぶり出すための国政調査権行使を決定。

5月1日▶警察，電子住民票汚職事件の公判における偽証罪の容疑でハヌラ党の国会議員ムルヤム・ハルヤニを逮捕。

▶ジャカルタのスカルノ・ハッタ国際空港第3ターミナルの本格的運用が開始。

8日▶大統領，税務金融情報へのアクセスに関する法律代行政令を制定。

9日▶北ジャカルタ地裁，ジャカルタ州知事バスキ・チャハヤ・プルナマの発言が宗教冒涜罪にあたるとして禁錮2年の実刑判決。

13日▶バンテン，西ジャワ，中ジャワなどの各地で「多様性の中の統一」の維持を呼び掛ける市民集会が開催される。16日には，大統領が各宗派代表を官邸に集めて会談し，国民の統一を呼び掛ける。

▶大統領，北京で開催される一帯一路国際フォーラムに出席するため，中国を訪問。

14日▶スハルト体制下で工業相を務めたハルタルトが死去。

21日▶大統領，サウジアラビアで開催された米アラブ・イスラーム・サミットに出席。

24日▶東ジャカルタのバスターミナルで爆弾テロ事件が発生，実行犯2人と警察官3人が死亡。

6月1日▶2017年から「パンチャシラの日」として国民の祝日に。

3日▶シンガポールでのシャングリラ・ダイアローグにあわせてインドネシア，マレーシア，フィリピンの国防相会談が行われ，スールー海域での共同パトロールに合意。

7日▶大統領，パンチャシラ・イデオロギー指導大統領作業ユニットを設置。

10日▶サウジアラビア，バーレーン，アラブ首長国連邦，エジプトなどがカタールとの断交を発表したことについて，大統領が仲介のためカタールのタミム首長と電話で会談。

12日▶文化・初中等教育相が学校1日8時間週5日制を発表すると，宗教教育界などから強い反発が出る。政府は1週間後に撤回。

▶開発統一党の分裂で正統な執行部の認定をめぐって争われていた最高裁における裁判で，ロマフルムジ派が勝利。

15日▶政府，物流の競争力向上を目指す経済政策パッケージ第15弾を発表。

16日▶ジャカルタ汚職裁，保健省汚職事件の裁判でシティ・ファディラー・スパルニ元保健相に禁錮4年の実刑判決。

17日▶汚職撲滅委員会，モジョクルト市議会議長らを収賄の現行犯で逮捕。

22日▶フィリピン，インドネシア，マレーシア3カ国の外相，東南アジア海洋地域におけるテロ撲滅で協力するとの共同声明を発表。

25日▶ISに影響を受けた2人の男が北スマトラ州警察本部を襲撃，警官1人を刺殺。

30日▶国家警察本部近くのモスクで警官2人が刃物で襲われる事件が発生。

▶国会，汚職撲滅委員会に関する国政調査権特別委員会での審議を開始。

7月3日▶パプア州プンチャック・ジャヤ県で，県知事選の結果をめぐって支持者間で衝突が発生し，1人が死亡，4人がけが。

5日▶汚職撲滅委員会，ヌル・アラム東南スラウェシ州知事を収賄容疑で逮捕。

6日▶大統領，トルコを訪問しエルドアン大統領と会談。

7日▶大統領，ドイツのハンブルグで開幕したG20首脳会議に出席。8日にはアメリカのドナルド・トランプ大統領と会談。

10日▶大統領，大衆団体に関する法律代行政令を制定。

13日▶警察，バンテン州のホテルで過去最大となる覚醒剤1トン（2兆ルピア相当）を押収。密売人の台湾人2人を逮捕，1人を射殺。

14日▶憲法裁長官にアリフ・ヒダヤットが再任される。任期は2020年まで。

17日▶汚職撲滅委員会，セトヤ・ノファント国会議長を電子住民票導入事業に関わる汚職事件の容疑者に指名。

21日▶国会で総選挙法案が可決成立。

27日▶政府，オーストラリアとの共催で，周辺6カ国によるテロ対策を協議する会合を北スラウェシ州マナドで開催。

31日▶国家警察，汚職対策特別部隊の設置に向けた検討を開始。

8月2日▶汚職撲滅委員会，東ジャワ州パムカサン県知事を検察に対する贈賄容疑で逮捕。

10日▶警察対テロ部隊，フィリピン・マラウィの過激派組織にインドネシア人を送り込んでいた容疑で4人を逮捕。

16日▶大統領，独立記念日演説を行うとともに，2018年度予算案を国会に提出。

17日▶大統領官邸で開かれた独立記念日式典で，参加者全員が民族衣装を着て出席。

▶テロ活動への関与で有罪となり服役していたアマン・アブドゥルラフマンが独立記念日の恩赦で刑期を短縮され出所するものの，警察対テロ部隊が2016年のジャカルタ爆弾事件への関与の疑いですぐに拘束。

22日▶中銀，政策金利（7日物リバースレポ金利）を25ベーシスポイント引き下げ4.5%へ。

25日▶汚職撲滅委員会，運輸省海上交通総局長を収賄容疑で逮捕。

28日▶政府が初めて韓国と共同開発した潜水艦がスラバヤ軍港に到着。

29日▶国会の汚職撲滅委員会に対する国政調査特別委員会，警察出身の汚職撲滅委員会の捜査局長を召喚して意見聴取を行う。

▶汚職撲滅委員会，中ジャワ州テガル市長を収賄の現行犯で逮捕。

31日▶憲法裁，ジョグジャカルタ特別州法に対する違憲審査で，同州の正副知事に女性も就任できるとの判断を示す。

▶政府，ロヒンギャ難民を支援する人道支援プログラムをNGOの協力で開始。

▶政府，中央・地方の許認可の迅速化に関する経済政策パッケージ第16弾を発表。

9月1日▶警察，フェイクニュースを作成・拡散させたシンジケートを摘発。

3日▶ジャカルタ汚職裁，パトリアリス・アクバル前憲法裁長官に対して収賄罪で禁錮8年の実刑判決。

4日▶外相，ロヒンギャ問題を話し合うためミャンマーを訪問し，アウンサンスーチー国家顧問らと会談。5日にはバングラデシュを訪問し，ロヒンギャ難民支援についてシェイク・ハシナ首相と会談。

5日▶スラバヤ高裁，ダーラン・イスカン

元国営企業相に対する汚職裁判で，1審の有罪判決を覆す無罪判決を下す。

13日▶政府，ロヒンギャ難民への支援物資第1弾をバングラデシュへ向けて輸送。

14日▶汚職撲滅委員会，北スマトラ州バトゥバラ県知事を収賄の現行犯で逮捕。

15日▶汚職撲滅委員会，南カリマンタン州バンジャルマシン県議会議長らを収賄の現行犯で逮捕。

16日▶汚職撲滅委員会，東ジャワ州バトゥ市長を収賄の現行犯で逮捕。

21日▶副大統領，国連総会で演説し，ロヒンギャ問題への支援を呼び掛け。

22日▶中銀，政策金利を25ベーシスポイント引き下げ4.25％へ。

24日▶国軍司令官，警察が国家情報庁（BIN）を通じて武器を不正に購入しているとの情報を暴露。

25日▶国会，汚職撲滅委員会に対する国政調査権特別委員会の任期を延長。

28日▶中国から初めてパンダ2頭がやってくる。

29日▶南ジャカルタ地裁，セトヤを汚職事件の容疑者に指名した汚職撲滅委員会の決定を無効と判断。

10月2日▶政府，ジャカルタ湾埋立事業の一時中断措置を一部の工区について解除。

7日▶汚職撲滅委員会，北スラウェシ高裁長官とアディティヤ・アヌグラ・モハ国会議員を贈収賄の現行犯で逮捕。

16日▶4月の知事選で当選したアニス・バスウェダンがジャカルタ州知事に就任。就任演説でマレー系原住民を指す「プリブミ」に言及して物議を醸す。

24日▶国会，大衆団体に関する法律代行政令を法律化する法案を可決。

25日▶汚職撲滅委員会，ンガンジュック県知事を収賄の現行犯で逮捕。

27日▶運輸省，タクシー配車アプリに関する大臣令を制定。

11月7日▶憲法裁，住民管理法の違憲審査で，住民票に国家公認6大宗教しか記せないのは違憲との判決。

8日▶韓国大統領の文在寅，来訪。

10日▶汚職撲滅委員会，セトヤをあらためて汚職事件の容疑者に指名。17日に逮捕。

27日▶デンマークのラース・ロッケ・ラムセン首相が来訪。

28日▶バリ島のアグン山が噴火。同島のングラ・ライ国際空港が閉鎖される。

▶汚職撲滅委員会，ジャンビ州政府高官3人と州議会議員1人を汚職容疑で逮捕。

30日▶中銀，中銀規則2017年第19/12号を制定，仮想通貨を用いた決済を禁止。

12月7日▶第10回バリ民主主義フォーラム開催。バリ島での火山噴火の影響で，開催場所をバンテン州タンゲランに変更。

8日▶アメリカのトランプ大統領のエルサレム首都認定発言を受け，アメリカ大使館前でデモ。12日には，この問題を協議するためインドネシアの呼び掛けで開催されるイスラーム協力機構臨時首脳会議に出席するため大統領がトルコを訪問。17日にもジャカルタ中心部で「パレスチナ擁護行動」と称する大規模デモが行われる。

▶大統領，ハディ・チャフヤント海軍参謀長を新国軍司令官に任命。

18日▶ゴルカル党，臨時党大会を開催。アイルランガ・ハルタルトを新党首に選出。

21日▶サヒッド・グループの創始者スカムダニ・サヒッド・ギトサルジョノが死去。

▶汚職撲滅委員会，シャフルディン・トゥムングン元銀行再建庁（BPPN）長官を収賄の容疑で逮捕。

参考資料　インドネシア　2017年

① 国家機構図（2017年12月末現在）

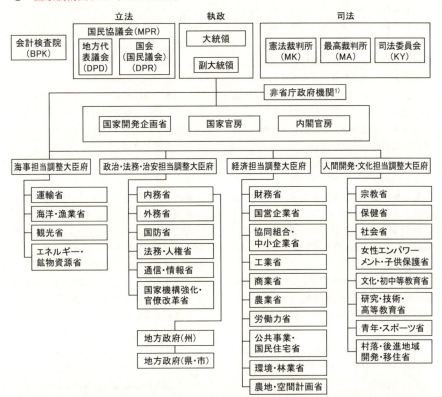

(注) 1）国家行政院(LAN)，国家公文書館(ANRI)，国家人事院(BKN)，国立図書館，中央統計庁(BPS)，国家標準化庁(BSN)，原子力監視庁(Bapeten)，国家原子力庁(Batan)，国家情報庁(BIN)，国家コード院，国家家族計画調整庁(BKKBN)，国家宇宙航空庁(LAPAN)，国土地理院，財政開発監督庁(BPKP)，国家科学院(LIPI)，技術評価応用庁(BPPT)，食品・薬品監視庁(BPOM)，国家情報院(LIN)，国家防衛研修所(Lemhanas)，文化観光振興庁(Budpar)などを含む。
2）ジョコ・ウィドド政権の発足に伴い，省庁の再編が行われた。新設されたのが，海事担当調整大臣府，農地・空間計画省である。他省と分離・統合されて再編されたのは，観光省（創造経済省が分離し省として発足），公共事業・国民住宅省（2つの省が統合），環境・林業省（2つの省が統合），文化・初中等教育省（高等教育部門が分離），研究・技術・高等教育省（研究・技術国務大臣府と教育・文化省の高等教育部門が統合），村落・後進地域開発・移住省（後進地域開発国務大臣府と労働力・移住省の移住部門が統合）である。

インドネシア

② 「働く内閣」（Kabinet Kerja）閣僚名簿（2017年12月末現在）

（2014年10月27日発足/2015年8月12日一部改造/2016年7月27日一部改造）

役職	氏名	性別	生年	出身組織[1]	主な経歴
大統領	Joko Widodo	男	1961	民間（実業家）PDIP	ジャカルタ首都特別州知事、ソロ市長、家具製造販売
副大統領	M. Jusuf Kalla	男	1942	民間（実業家）・Golkar	副大統領、ゴルカル党党首、国民福祉担当調整相、カラ・グループ代表
国家官房長官	Pratikno	男	1962	学者	ガジャマダ大学学長
内閣官房長官	Pramono Anung Wibowo	男	1963	PDIP	国会議員、国会副議長、PDIP幹事長
国家開発企画大臣（国家開発企画庁長官）	Bambang Brodjonegoro[3]	男	1966	学者	財務相、財務副大臣、インドネシア大学経済学部長
海事担当調整大臣	Luhut Binsar Pandjaitan[3]	男	1947	陸軍	政治・法務・政治担当調整相、大統領首席補佐官、商工相、シンガポール大使
運輸大臣	Budi Karya Sumadi[2]	男	1956	民間	空港運営会社 PT Angkasa Pura II 社長、公営企業 Jakarta Propertindo 社長
海洋・漁業大臣	Susi Pudjiastuti	女	1965	民間（実業家）	Susi Air 社長、水産会社社長
観光大臣	Arief Yahya	男	1961	国営企業	PT Telkom 社長
エネルギー・鉱物資源大臣	Ignasius Jonan[4]	男	1963	民間（経営者）	運輸相、国営鉄道 PT KAI 社長、国営金融機関 PT Bahana 社長、Citibank 支店長
政治・法務・治安担当調整大臣	Wiranto[2]	男	1947	Hanura（陸軍）	政治・治安担当調整相、国防・治安相、国軍司令官
内務大臣	Tjahjo Kumolo	男	1957	PDIP	PDIP 幹事長
外務大臣	Retno Lestari Priansari Marsudi	女	1962	官僚	オランダ大使、欧米総局長
国防大臣	Ryamizard Ryacudu	男	1950	陸軍	陸軍参謀長、陸軍戦略予備軍司令官
法務・人権大臣	Yasonna H. Laoly	男	1953	PDIP	国会議員
通信・情報大臣	Rudiantara	男	1959	国営企業	国営通信 PT Indosat 監査役、国営通信 Telkom 監査役
国家機構強化・官僚改革大臣	Asman Abnur[2]	男	1961	PAN	国会議員、PAN 党首代行、バタム副市長、青年商工会議所会頭
経済担当調整大臣	Darmin Nasution	男	1948	学者	中銀総裁、大蔵省租税総局長、資本市場監督庁（Bappepam）長官
財務大臣	Sri Mulyani Indrawati[2]	女	1962	学者	世界銀行専務理事、蔵相、国家開発企画庁長官、IMF 東アジア代表理事、インドネシア大学社会経済研究所所長
国営企業大臣	Rini M. Soemarno	女	1958	民間（経営者）・PDIP	商工大臣、アストラ・インターナショナル社社長、Citibank 支店長
協同組合・中小企業大臣	Anak Agung Gede Ngurah Puspayoga	男	1965	PDIP	バリ州副知事、デンパサール市長
工業大臣	Airlangga Hartarto[2]	男	1962	Golkar	国会議員、PT Graha Curah Niaga 社主
商業大臣	Enggartiasto Lukita[2]	男	1951	NasDem	国会議員、PT Bangun Tjipta Sarana 社長
農業大臣	Amran Sulaiman	男	1968	民間（実業家）	農園企業社長、ハサヌディン大学農学部教員
労働力大臣	Hanif Dhakiri	男	1972	PKB	国会議員
公共事業・国民住宅大臣	Basuki Hadimuljono	男	1954	官僚	公共事業省空間計画総局長
環境・林業大臣	Siti Nurbaya Bakar	女	1956	NasDem（官僚）	ナスデム党副党首、内務省次官
農地・空間計画大臣（国家土地庁長官）	Sofyan Djalil[3]	男	1953	学者	国家開発企画相、経済担当調整相、国営企業担当国務相、通信・情報相
人間開発・文化担当調整大臣	Puan Maharani	女	1973	PDIP	PDIP 副党首、PDIP 国会会派代表
宗教大臣	Lukman Hakim Saifuddin	男	1962	PPP	宗教相、国民協議会副議長、国会議員
保健大臣	Nila Djuwita F. Moeloek	女	1949	学者	MDG 担当政府代表特使、インドネシア大学医学部教員
社会大臣	Khofifah Indar Parawansa	女	1965	PKB	女性エンパワーメント担当国務相、国会副議長
女性エンパワーメント・子供保護大臣	Yohana Yambise	女	1958	学者	チェンデラワシ大学教育学部教員
文化・初中等教育大臣	Muhajir Efendi[2]	男	1956	学者	マラン・ムハマディヤ大学学長、ムハマディヤ中央執行部副議長
研究・技術・高等教育大臣	Muhammad Nasir	男	1960	学者	ディポヌゴロ大学経済学部教授
青年・スポーツ大臣	Imam Nahrawi	男	1973	PKB	PKB 幹事長、国民協議会議員
村落・後進地域開発・移住大臣	Eko Putro Sanjoyo[2]	男	1965	PKB	PKB 財務部長、ジョコウィ政権移行チーム副代表

(注) 1) 出身組織の略称は以下のとおり。PDIP: 闘争民主党、PKB: 民族覚醒党、NasDem: ナスデム党、Hanura: ハヌラ党、PPP: 開発統一党、PAN: 国民信託党、Golkar: ゴルカル党。
2) 2016年7月27日の内閣改造で新しく就任した閣僚。
3) 2016年7月27日の内閣改造で他のポストから異動した閣僚。
4) 2016年7月27日の内閣改造では、民間出身の Archandra Tahar が任命されたが、就任直後にアメリカとの二重国籍問題が発覚したことをうけ、同年8月15日に更迭された。後任には、内閣改造で運輸大臣を更迭された Ignasius Jonan が指名され、同年10月14日に就任した。なお、Archandra は、その後インドネシア国籍を回復し、同省副大臣に就任した。

③ 国家機構主要名簿
(2017年12月末現在)

役職	氏名	所属・前職等
執政府		
大統領	Joko Widodo	ジャカルタ首都特別州知事，ソロ市長
副大統領	Jusuf Kalla	副大統領，ゴルカル党党首，国民福祉担当調整相
立法府		
国民協議会(MPR)議長	Zulkifli Hasan	ランプン第1選挙区選出(国民信託党)，林業相
国民議会(DPR)議長	Setya Novanto[1]	東ヌサトゥンガラ第2選挙区選出(ゴルカル党)
地方代表議会(DPD)議長	Oesman Sapta	西カリマンタン州選出
司法府		
憲法裁判所(MK)長官	Arief Hidayat	ディポネゴロ大学教授
最高裁判所(MA)長官	Muhammad Hatta Ali	最高裁判所副長官，デンパサール高等裁判所長官
司法委員会(KY)委員長	Aidul Fitriciada Azhari	スラカルタ・ムハマディヤ大学法学部長
監査機関		
会計検査院(BPK)長官	Moermahadi Soerja Djanegara	会計検査院委員，財政開発監督庁(BPKP)委員
国軍・警察		
国軍司令官	Hadi Tjahjanto 空軍大将	空軍参謀長，国家官房軍事担当官房長，空軍士官学校1986年卒
陸軍参謀長(KASAD)	Mulyono 陸軍大将	陸軍戦略予備軍司令官，陸軍士官学校1983年卒
海軍参謀長(KASAL)	Ade Supandi 海軍大将	国軍参謀本部総務担当議長，海軍兵学校1983年卒
空軍参謀長(KASAU)	Hadi Tjahjanto 空軍大将[2]	空軍副参謀長，空軍士官学校1986年卒
国家警察長官	Tito Karnavian 警察大将	国家テロ対策庁長官，国家警察対テロ部隊Densus88隊長

(注) 1) Setya Novanto が汚職容疑で逮捕されて辞任したことを受け，12月11日にグリンドラ党の Fadli Zon が議長代行に就任した。新しい議長には，ゴルカル党の Bambang Seosatyo が2018年1月15日に正式に就任している。
2) Hadi Tjahjanto は12月8日に国軍司令官に就任し，その後任で Yuyu Sutisna が2018年1月17日に任命された。

④ 主要政党名簿
(2017年12月末現在)

政党名 (略称)	国会議席数(定数560)	党首 幹事長	特徴
闘争民主党 (PDIP)	109	Megawati Soekarnoputri / Hasto Kristiyanto	スカルノ初代大統領設立の国民党の流れをくむ世俗系政党。与党第1党。
ゴルカル党 (Golkar)	91	Airlangga Hartarto / Idrus Marham[1]	スハルト時代の与党。2014年大統領選後は政権入りをめぐり党内が分裂したが，2016年に与党入り。
グリンドラ党 (Gerindra)	73	Prabowo Subianto / Ahmad Muzani	プラボウォ・スビアント元陸軍特殊部隊司令官が設立した政党。野党第1党。
民主主義者党 (PD)	61	Susilo Bambang Yudhoyono / Hinca IP Pandjaitan XIII	スシロ・バンバン・ユドヨノ前政権での与党第1党。現政権下では中立。
国民信託党 (PAN)	49	Zulkifli Hasan / Eddy Suparno	イスラム組織ムハマディヤを支持基盤とする政党。2015年9月から連立与党に加入。
民族覚醒党 (PKB)	47	Muhaimin Iskandar / Abdul Kadir Karding	イスラム組織ナフダトゥル・ウラマーを支持基盤とする政党。連立与党。
福祉正義党 (PKS)	40	Muhammad Sohibul Iman / Mustafa Kamal	民主化後に誕生したイスラム主義政党。現在は野党。
開発統一党 (PPP)	39	M Romahurmuziy / Arsul Sani	スハルト時代のイスラム系政党。2014年大統領選後に党内が分裂，法廷闘争を経て与党支持派が勝利。
ナスデム党 (NasDem)	35	Surya Paloh / Johnny G. Plate	ゴルカル党幹部だった実業家のスルヤ・パロが設立した2014年総選挙の新党。連立与党。
ハヌラ党 (Hanura)	16	Oesman Sapta Odang / Sarifuddin Sudding	ウィラント元国軍司令官が設立した政党。連立与党。

(注) 1)2018年1月22日，内閣改造による入閣で幹事長を辞任した Idrus Marham の後任に Lodewijk Frederich Paulus が就任した。

主要統計 インドネシア 2017年

1 基礎統計

	2011	2012	2013	2014	2015	2016	2017
人口[1](100万人)	243.74	244.75	248.59	252.16	255.46	258.70	261.89
労働力人口[2](100万人)	116.10	119.85	120.17	121.87	122.38	125.44	128.06
消費者物価上昇率[3](%)	3.8	4.3	8.4	8.4	3.4	3.0	3.6
失業率(%)	7.5	6.1	6.2	5.9	6.2	5.6	5.5
為替レート(1ドル=ルピア,年平均)	8,770.4	9,386.6	10,461.2	11,865.2	13,457.6	13,327.5	13,399.6

(注) 1) 人口は中央統計庁(BPS)による推計値。
　　 2) 労働力人口は、15歳以上の労働可能人口を指す。労働力人口と失業率は8月時点の調査結果。
　　 3) 消費者物価上昇率は12月時点での前年比。
(出所) BPSのウェブ資料, Bank Indonesia, Statistik Ekonomi dan Keuangan Indonesia, ウェブ版。

2 国・地域別貿易

(単位：100万ドル)

	2015 輸出	%	2015 輸入	%	2016 輸出	%	2016 輸入	%	2017 輸出	%	2017 輸入	%
日本	17,152	11.6	13,256	9.2	15,265	11.8	12,982	7.7	16,881	11.3	15,363	10.2
中国	14,545	9.8	29,363	20.3	17,037	13.1	30,678	18.2	23,407	15.6	34,292	22.9
韓国	7,109	4.8	8,424	5.8	6,390	4.9	6,828	4.0	7,328	4.9	8,352	5.6
台湾	5,451	3.7	3,146	2.2	4,225	3.3	2,877	1.7	1,829	3.2	3,268	2.2
香港	2,041	1.4	1,807	1.3	2,128	1.6	1,815	1.1	2,393	1.6	3,055	2.0
ASEAN	32,417	21.9	38,460	26.6	32,782	25.2	34,671	20.5	39,044	26.0	40,175	26.8
インド	12,243	9.1	2,742	1.9	10,076	7.8	2,859	1.7	13,995	9.3	3,976	2.7
アメリカ	15,985	10.8	7,610	5.3	16,069	12.4	7,419	4.4	17,743	11.8	8,154	5.4
EU	14,801	10.0	11,341	7.8	14,434	11.1	10,725	6.4	16,324	10.9	12,480	8.3
オーストラリア	3,597	2.4	4,811	3.3	3,197	2.5	2,877	1.7	2,483	1.7	5,914	3.9
その他	35,244	23.8	16,842	11.7	22,866	17.6	16,128	9.5	24,459	16.3	14,965	10.0
合計	148,341	100.0	135,060	93.5	144,470	111.3	129,859	76.9	168,887	112.6	149,995	100.0

(注) ASEANは10カ国の合計。輸出額・輸入額とも本船渡条件(FOB)価格での表示。
(出所) Bank Indonesia, Statistik Ekonomi dan Keuangan Indonesia, ウェブ版。

3 国際収支

(単位：100万ドル)

	2012	2013	2014	2015	2016	2017
経常収支	-24,418	-29,109	-27,510	-17,519	-16,952	-17,293
貿易収支	8,680	5,833	6,983	14,049	15,318	18,892
輸出	187,346	182,089	175,293	149,124	144,470	168,887
輸入	-178,667	-176,256	-168,310	-135,076	-129,152	-149,995
サービス収支	-10,564	-12,070	-10,010	-8,697	-7,084	-7,864
第一次所得収支	-26,800	-27,050	-29,703	-28,379	-29,647	-32,838
第二次所得収支	4,094	4,178	5,220	5,508	4,460	4,517
資本移転等収支	51	45	27	17	41	46
金融収支	24,858	21,926	44,916	16,843	29,306	29,834
直接投資	13,716	12,170	14,733	10,704	16,136	20,151
ポートフォリオ投資	9,206	10,873	26,067	16,183	18,996	20,662
その他投資	1,922	-783	4,272	-10,064	-5,817	-10,851
誤差・脱漏	-275	-186	-2,184	-439	-305	-1,002
外貨準備残高	112,781	99,387	111,862	105,931	116,362	130,196
経常収支/GDP(%)	-2.8	-3.2	-3.1	-2.0	-1.8	-1.7
デットサービス比率(%)	35.6	41.3	52.6	63.0	61.6	52.4

(注) デットサービス比率(債務償還比率[DSR])は、対外債務返済額を財サービス輸出額で除した比率。
(出所) Bank Indonesia, Statistik Ekonomi dan Keuangan Indonesia, Statistik Utang Luar Negri Indonesia, ウェブ版。

4 支出別国内総生産(名目価格)

(単位:10億ルピア)

	2012	2013	2014	2015	2016[1]	2017[2]
民間消費支出	4,768,745	5,321,088	5,915,194	6,490,930	7,024,997	7,626,986
対家計民間非営利団体	89,586	103,929	124,242	130,951	144,499	160,569
政府消費支出	796,848	908,574	996,197	1,123,750	1,183,640	1,236,869
総固定資本形成	2,819,026	3,051,496	3,436,924	3,782,012	4,040,205	4,370,556
在庫変動	202,638	178,091	220,231	144,179	158,867	174,518
統計誤差	-27,182	58,392	-44,000	-189,602	-245,062	-144,499
財・サービス輸出	2,118,979	2,283,777	2,501,425	2,438,993	2,372,293	2,768,149
財・サービス輸入(-)	2,152,937	2,359,212	2,580,508	2,394,879	2,272,666	2,604,350
国内総生産(GDP)	8,615,705	9,546,134	10,569,705	11,526,333	12,406,774	13,588,797

(注) 小数点以下を四捨五入したため,合計数値が合わないものがある。 2010年から2008SNA適用。
1)暫定値。 2)速報値。
(出所) BPSのウェブ資料。

5 産業別国内総生産(実質:2010年価格)

(単位:10億ルピア)

	2012	2013	2014	2015	2016[1]	2017[2]
農業・林業・漁業	1,039,441	1,083,142	1,129,053	1,171,446	1,210,750	1,256,894
鉱業・採石業	771,562	791,054	794,490	767,327	774,593	779,925
製造業	1,697,787	1,771,962	1,854,257	1,934,533	2,016,877	2,103,066
電気・ガス供給業	84,393	88,805	94,047	94,895	100,010	101,551
水道業・廃棄物処理業・リサイクル業	6,330	6,540	6,883	7,369	7,635	7,986
建設業	728,226	772,720	826,616	879,164	925,063	987,884
卸売業・小売業・四輪・二輪車修理業	1,067,912	1,119,272	1,177,298	1,207,165	1,255,759	1,311,464
運輸業・倉庫業	284,663	304,506	326,933	348,856	374,843	406,679
宿泊業・飲食業	228,233	243,748	257,816	268,922	282,823	298,515
情報・通信業	316,279	349,150	384,476	421,770	459,208	504,279
金融・保険サービス業	280,896	305,515	319,826	347,269	378,193	398,919
不動産業	229,254	244,238	256,440	266,980	279,501	289,789
ビジネスサービス業	116,293	125,491	137,795	148,396	159,322	172,764
公務・防衛・社会保障	282,235	289,449	296,330	310,055	319,946	326,527
教育サービス	232,704	250,016	263,685	283,020	293,780	304,525
保健・社会活動サービス	78,380	84,621	91,357	97,466	102,488	109,448
その他サービス	115,675	123,083	134,070	144,904	156,523	170,074
総付加価値	7,560,263	7,953,312	8,351,369	8,699,535	9,097,313	9,530,290
生産物に対する租税-補助金	166,821	203,186	213,498	282,982	337,319	382,459
国内総生産(GDP)	7,727,083	8,156,498	8,564,867	8,982,517	9,434,632	9,912,749
実質GDP成長率(%)	6.0	5.6	5.0	4.9	5.0	5.1

(注) 小数点以下を四捨五入したため,合計数値が合わないものがある。 1)暫定値。 2)速報値。
(出所) 表2に同じ。

2017年の ティモール・レステ（東ティモール）

ティモール・レステ民主共和国	政　体　共和制
面　積　1万4610km²	元　首　フランシスコ・グテレス・'ルオロ'大統領
人　口　122万人（ティモール・レステ統計局2016年）	通　貨　米ドル，センタボ（1米ドル＝100センタボ）
首　都　ディリ	会計年度　1月〜12月
言　語　ポルトガル語，テトゥン語	
宗　教　キリスト教，イスラーム教	

1. アイレウ県
2. アイナロ県
3. バウカウ県
4. ボボナロ県
5. コバリマ県
6. ディリ県
7. エルメラ県
8. ラウテム県
9. リキサ県
10. マナトゥト県
11. マヌファヒ県
12. ヴィケケ県
13. オエクシ県

2017年のティモール・レステ

FRETILIN＝民主党政権の発足と野党連合との攻防

井上　浩子
(いのうえ　ひろこ)

概　況

　2017年は5年に一度の国政選挙の年であり，3月に大統領選挙が，7月に国会議員選挙が行われた。大統領選挙ではティモール・レステ独立革命戦線（FRETILIN）のフランシスコ・グテレス・'ルオロ'が勝利，国会議員選挙でもFRETILINが辛くも勝利した。その後FRETILINは民主党と連立を組み第7次憲政内閣を発足させたが，議会過半数を占める野党連合の反対に遭い，2017年度補正予算，2018年度予算をはじめとする重要法案を成立させられないまま年末を迎えた。対外関係では，インドネシア，中国などのアジア太平洋地域の重要国との経済面・軍事面での関係を強化する傾向が続いている。隣国オーストラリアとは2006年に締結された特定海事アレンジメント協定（CMATS）を破棄することで合意した一方，国際仲裁裁判所の調停の下で海洋境界策定協議を開始し，節目の年となった。

国 内 政 治

大統領選挙

　大統領選挙は，3月3日から17日までの選挙戦期間を経て，3月20日に投票が行われた。大統領選挙に立候補したのは，政党の支持を受けたアントニオ・ロペス（ティモール社会党），フランシスコ・グテレス・'ルオロ'（FRETILIN），ジョゼ・ルイス・グテレス（フレンティ・ムダンサ），マリア・アンジェラ・フレイタス・ダシルバ（労働党），アントニオ・コンセイサォン（民主党）の5人のほか，無所属のジョセ・アントニオ・ネヴェス，アモリン・ヴィエイラ，ルイス・アルヴェス・ティルマンの3人，計8人であった。

　選挙は，大きな選挙違反・暴力などの報告もなく行われ，投票から5日後の3月25日，選挙管理委員会がルオロ候補の当選を発表した。ルオロは1954年生まれ

の62歳（当選当時）。独立運動の元指導者の1人で，2007年以来最大野党FRETILINの党首を務めてきた。自身の所属政党であるFRETILINのほか，シャナナ・グスマン計画・戦略的投資大臣（元大統領／前首相）率いるティモール・レステ国民再建会議（CNRT）からも支持を得て当選を果たした。次点は32％の票を獲得した民主党のコンセイサォン候補であった。ルオロは2007年と2012年の大統領選挙にも出馬したが，CNRTが推した候補に決選投票の末，敗れていた。2017年の大統領選挙ではCNRTがルオロの支持を表明したことでルオロが過半数の票を獲得し，憲政史上初めて決選投票のない大統領選挙となった。

国会議員選挙

　国会議員選挙は，6月20日から7月19日までの選挙戦を経て，7月22日に投票が行われた。国会議員選挙には，選挙前に国会内に議席を有していたCNRT，FRETILIN，民主党，フレンティ・ムダンサを含め21政党が参加し，比例代表制で争われた。

　選挙の結果，議会内の勢力図は大きく変わることになった。選挙前65議席中30議席を擁する最大与党であったCNRTは29.5％の得票にとどまり，議席を8つ減らして第2党となった。選挙前第2党であったFRETILINは，支持基盤である東部3県で他党に大きく差をつけて勝利，全体でも29.7％の票を得て辛くも勝利し，第1党に復帰した。各党の獲得議席は，FRETILIN 23議席（－2議席），CNRT 22議席（－8議席），人民解放党 8議席（＋8議席），民主党 7議席（－1議席），ティモール国民的統一醸成党（KHUNTO）5議席（＋5議席）である。既存の政党は軒並み議席を減らし，フレンティ・ムダンサが議席を失った一方，新たに設立された人民解放党が8議席，これまで国会に議席を持っていなかったKHUNTOが5議席を獲得した。

　人民解放党は，反汚職委員会（KAK）の初代委員長を務めたアデリト・ソアレスが創設を取り仕切り，2017年からはタウル・マタン・ルアク前大統領が党首を務める政党である。ルアク前大統領は，2013年に始まった与党CNRTと最大野党FRETILINの連携「コンセンサスの政治」に異を唱え，ネポティズムの政治を厳しく批判してきた人物であり，ルアク率いる人民解放党の躍進はCNRT＝FRETILIN連携への批判票を集めた結果といえる。一方KHUNTOは，ジョゼ・ドス・サントス・'ナイモリ'・ブカールらが中心となって立ち上げた政党である。ナイモリは，心身の鍛錬を目的として格闘技を教授する集団「格闘技集団」の元

FRETILIN＝民主党政権の発足と野党連合との攻防

指導者で，傷害事件に関わったとして2004年から2年間懲役刑に服した経歴を持つ。「格闘技集団」は構成員による暴力事件が絶えず社会問題と認識されることもある一方，教育の機会に恵まれない若者や失業者の受け皿となってきた側面も持っており，KHUNTO は教育や福祉の充実を訴えて職のない若者などの間で支持を広げた。

2017年の選挙では，CNRT ＝ FRETILIN 連合が推進してきた大規模開発を継続するのか，タウル・マタン・ルアク前大統領が主張したように教育・福祉や農業など，人々の生活に密接に関わる分野への予算配分を増大させるのかが争点となった。人民解放党や KHUNTO が支持を伸ばしたことは，後者が一定の支持を得たものといえる。また2017年の選挙は，政治の場での世代交代の始まりを感じさせるものとなった。CNRT 党首のグスマンや FRETILIN 書記長のマリ・アルカティリが70歳前後に達するなか，大統領選挙では60代前半のルオロ候補と50歳のコンセイサォン候補が争うこととなった。また国会議員選挙では，若い人々の間で支持を伸ばした人民解放党や KHUNTO が躍進した。

FRETILIN ＝民主党政権の成立

国会内第1党となった FRETILIN は選挙後，他政党との連立を模索したが，その交渉は難航した。当初 FRETILIN のアルカティリ書記長は CNRT との連携を継続する意向を示していたが，8月初旬になって CNRT が連立政権への不参加を表明した。そのため，FRETILIN は民主党，人民解放党，KHUNTO などとの連立交渉を開始，8月下旬に FRETILIN は民主党と KHUNTO と連立を組むことを発表した。しかし閣僚構成発表の直前になって KHUNTO が急遽政権への参加を辞退，FRETILIN は残された民主党とともに連立政権を発足させることとなった。

9月5日に新国会議員の任命・宣誓式が行われ，6日には FRETILIN 書記長のアルカティリが首相に，同じく FRETILIN 所属のアニセト・グテレスが国会議長に指名された。9月15日には首相就任式と11人の閣僚の就任式が行われ，第7次憲政内閣が発足した。この日就任した閣僚のなかには，ラモス・ホルタ（元大統領）国家治安担当国務大臣のほか，ルイ・マリア・アラウジョ（前首相／元保健大臣）保健大臣，タウル・マタン・ルアク前大統領の下で首席補佐官を務めたルイ・ゴメス財務大臣などが含まれる。またアジオ・ペレイラ（前国務大臣）は国境策定問題担当の副首相に任命された。閣僚の選定はその後も続き，10月3日に21人が，17日に5人が新たに任命されている。

また，組閣と同時に省庁が再編成された。グスマン(元大統領／元首相／CNRT党首)が担当大臣となっていた計画・戦略的投資省が廃止され，新設の開発・制度改革省の下に統合されるなど，2008年以来続いたCNRT政権からの行政の刷新が図られた(法令第35番)。省庁は14に再編され，これを統括する第7次憲政内閣は首相，2副首相，4国務大臣，15大臣，13副大臣，7国務長官，(内4人の兼任を含む)計38人から構成されることになった。なおこれらの閣僚の所属は，FRETILIN 17人，民主党 7人のほか，人民解放党 4人，ティモール民主同盟(UDT)とCNRTそれぞれ1人，無所属 8人となっており，アルカティリ内閣は与党以外からも入閣する寄り合い所帯となった(詳細は「要人名簿」参照)。

新内閣と野党連合の対立

ティモール・レステでは2013年，CNRTとFRETILINという2大政党が連携して「コンセンサスの政治」を宣言し，以来，国会内に実質的な反対勢力が存在しない状態が続いていた。しかし，2017年7月の選挙を機にFRETILINが民主党と連立を組み直し，さらに10月にCNRTと人民解放党とKHUNTOの3党が「国会多数派連合」(AMP)を結成したことで，国会内では小さな連立政権(30議席)と大きな野党連合(35議席)が対立する構図が明確になった。

両者はまず「政府プログラム」をめぐって対立した。ティモール・レステ共和国憲法は，新しく成立した政府に新政府の主な政策目標や活動を示した「政府プログラム」を策定し，国会で承認を得ることを求めており(第108条)，同時に「政府プログラム」が本会議で2度続けて否決されると政府は総辞職に追い込まれることを定めている(第112条)。政府は「政府プログラム2017-2022」を策定し，10月10日に国会に提出したが，野党連合が多数を占める国会は19日，反対の理由を示さないままこれを否決した。その結果，政府は「政府プログラム」の修正案を国会に提出しなければならない一方，もしこれが再度否決されれば辞職に追い込まれるという困難な状況に立たされることになった。

「政府プログラム」が否決されるなか，次年度予算の審議は滞った。予算・財政管理法第31条は，新年度国家予算が成立しない場合，月単位で前年度予算の12分の1の予算を執行できると定めている。2018年度国家予算の成立の遅れを見込んだ政府は，2018年の各月に執行可能な予算の増額を図ることを目的として2017年度補正予算の成立を目指した。政府は補正予算案を11月9日に国会に提出したが，これは20日に野党の反対多数で否決された。一方野党連合は，同じく20日，

政府が「政府プログラム」の修正案を議会に提出していないことと，「政府プログラム」が承認されていないにもかかわらず補正予算を成立させようとしていることを問題として，第7次憲政内閣とグテレス国会議長に対する問責決議を国会に提出，可決した。

12月に入っても政府と野党連合の対立は解消しなかった。12月6日，政府はあらためて2017年度補正予算案の修正案と予算・財政管理法改正案を国会に提出した。しかし野党は「政府プログラム」の審議と採決を先に行うべきとしてこれに応じず，さらに19日にはグテレス議長に対する辞職勧告を決議した。

2018年に入り，政局はさらに混乱の度合いを深めている。1月上旬，野党連合はグスマンCNRT党首を首相とする影の内閣の人事を定め，ルオロ大統領に第7次憲政内閣を免職としたうえで野党連合に組閣させるよう要請した。これに対し，連立政権は野党連合に「政府プログラム」と2018年度予算に同意するよう要求する一方，大統領には野党連合が協力しない場合には議会を解散し総選挙を実施することを要請した。2017年7月の国会議員選挙から半年が過ぎた2018年1月26日，大統領が議会の解散を宣言し，再度の総選挙が行われることになった。

経　　済

2017年のティモール・レステ経済は減速傾向となった。非石油部門における実質経済成長率は2014年が4.3％，2015年が4.0％，2016年が5.5％だったが，2017年は3.0％程度と予測されている（IMF推計）。大統領選挙と国会議員選挙，およびその後の国政の混乱が影響して，政府支出が滞ったことが原因のひとつと見られる。一方で民間消費は堅調で，車両登録数の増加，外国からの訪問客の増加，消費財輸入の増大など，2016年に見られた傾向を引き継いでいる。年次インフレ率は，2014年には0.7％，2015年には0.6％，2016年には-1.3％であったが，2017年は1.0％と予測されている（IMF推計）。輸入食料品や飲料の価格回復を背景に，2017年は前年のデフレ傾向を脱却する見込みである。

ティモール・レステは，国家収入の大部分を石油関連収入に頼っている。石油関連の収入はいったん石油基金に納められ，その後，国家予算に組み込まれる。2017年の石油基金から国庫への移転は2016年の12億450万ドルより少ない10億9222万ドルであったが，石油収入に頼った財政状況に変化はない。基金に入る石油関連の税収・ロイヤルティー収入の総額は，石油生産量の減少や原油価格の低

迷を背景に2012年の35億6000万ドルをピークに減り続けており，2015年が9億7900万ドル，2016年には2億2400万ドル，2017年には4億2169万ドルとなった。2017年には原油価格がやや持ち直したことで減収に歯止めが掛かった格好である。一方，2017年の石油基金の投資収益は16億3040万ドルの大幅な増加となった。基金が保有する株式の評価益が増加したことに加えて，基軸通貨である米ドルの下落を背景に他通貨による投資収益の米ドル建て評価額が上がったためである。こうしたことから，2017年12月末時点での石油基金の資産総額は168億ドルと，2016年末と比べて10億ドルほどのプラスとなった。

対外関係

対中国

2017年は，中国との友好関係をアピールする年となった。5月には両国の国交樹立15周年を記念してグスマン計画・戦略的投資大臣（元大統領／元首相）が北京を訪問したほか，習近平中国国家主席の特使，張平がディリで行われたルオロ大統領就任式に参加した。9月には，中国大使館で行われた建国記念日祝賀式典にホルタ国家治安担当国務大臣がアルカティリ首相の代理として出席するなど，要人の交流を重ねている。また3月には中国が主導するアジアインフラ投資銀行（AIIB）へのティモール・レステの参加が決定し，4月にはティモール・レステが中国の特恵関税適用対象国となっており，経済分野での関係も深めている。

中国からティモール・レステへの援助は引き続き活発である。5月，両国間で経済・技術協定が結ばれ，保健と教育の分野で，中国がティモール・レステに対し1500万ドル相当の支援を行うことが合意された。また同月にはティモール・レステ初のデジタルテレビ設備が中国の支援で整備されることが明らかになったほか，8月にはディリのギド・バラダレス国立病院に人工透析機が中国の支援で設置されることが発表された。9月にはティモール・レステ国軍（F-FDTL）への援助も行われ，大型車両のほか軍用ベッド3600基がF-FDTLに提供された。さらに12月には，女性や子供の保健や教育を支援する「大統領夫人プログラム」のための資金として4万5000ドルが中国政府から大統領府に提供されている。

中国からの支援は人的・技術的な面でも活発である。中国は2016年末，2004年以来行ってきた医師派遣プログラムの2年延長を決定し，2017年も中国による医療支援が継続された。12月に中国人民解放軍の病院船「ピース・アーク」がディ

リに寄港し、8日間の日程で医療活動支援を行ったことは国内外で大きく報じられた。中国はまた、犯罪捜査や農業などの各分野で専門家を派遣してキャパシティー・ビルディングを行ってきたが、2017年には新たに、中国語を学ぶティモール人学生のための留学奨学金100人分、機械整備や観光学を学ぶティモール人学生のための留学奨学金50人分の提供を表明した。

中国との関係について、ホルタ国家治安担当国務大臣は、9月の中国建国記念日祝賀式典でのスピーチのなかで、ティモール・レステがインフラ整備事業などで中国人労働者を多く雇い入れていることなどを指摘して、両国が互恵的な協力関係にあると強調した。一方でホルタは、5月にオーストラリアを訪問した際、「(オーストラリアとの)油田問題はティモール・レステを中国寄りにするだけだ」と述べ、中国を梃子にオーストラリアをけん制する動きも見せている。

対インドネシア

インドネシアとは緊密な協力関係を築いていたが、2017年は両国の軍事的な関係が強調された年であった。3月、ティモール・レステ国境警備隊とインドネシア国軍が国境における共同パトロールを強化し、7月には新たにインドネシア空軍のヘリコプターが導入された。9月にはガトット・ヌルマントヨ・インドネシア国軍司令官がティモール・レステを訪問した。ガトット司令官はティモール・レステ国内のインドネシア人墓地などを訪問し、両国が「過去にこだわらず、前向きな関係を築いている」ことを称えた。10月にはインドネシア国軍ジョニ・トビン准将がインドネシア国軍とF-FDTLの二国間協力を話し合うために来訪し、レレ・アナン・ティムール司令官らと会談を行った。両者はインドネシア国軍によるF-FDTL隊員へのトレーニングなど、協力を拡大することで一致した。

2017年には両国の間の国境未画定地域に関する協議が再開された。ティモール・レステは、オエクシ県に2カ所(シトラナとノエルベシ間、オベンとビジャエルスナン間)、インドネシアとの国境未画定地域を抱えている。2017年2月、インドネシア・クパンでグスマン計画・戦略的投資大臣がインドネシアのウィラント政治・法務・治安担当調整大臣、レトノ・マルスディ外務大臣と会談し、これらの地域における国境画定のため上級公式協議フォーラムを設置することで合意した。これを受けて3月にはバリで、4月にはディリで、ロベルト・ソアレス外務・協力副大臣らがインドネシアのデスラ・プルチャヤ外務省アジア太平洋アフリカ総局長らと公式協議を行い、両国は国境画定が地域住民に与える影響に関

する調査を進めつつ今後も協議を継続することで合意した。

対オーストラリア

ティモール・レステとオーストラリアは近年，2006年に両国の間で締結された特定海事アレンジメント協定（CMATS）の効力と両国間の海洋境界の画定の如何をめぐって対立してきたが，2017年はこの問題に関する交渉が大きく進展する年となった。2016年4月，ティモール・レステは国連海洋法条約（UNCLOS）に則ってオーストラリアに対する調停を申し立て，義務的・非拘束的な調停が開始された。2017年1月，調停委員会，ティモール・レステ，オーストラリアの三者による声明のなかで，ティモール・レステのCMATSからの撤退が明らかにされた。

こうした経緯を経て，2017年には調停委員会の下での両国の新たな協議がスタートした。8月28日から9月1日に行われた調停では，両国が海洋境界画定のための協議に入ることで合意した。その後10月の協議の後には両国が新たな条約案に関しておおむね合意したことが，12月の協議の後には両国が2018年3月に新たな条約に署名することが発表された。新たな条約は，両国の間の海洋境界を定めることのほか，グレーター・サンライズ油田を含む地域に設けられる特別制度についての取り決め，グレーター・サンライズ油田開発での収益分配に関する取り決めも含まれているとされるが，その詳細は明らかにされていない。

2018年の課題

2018年1月末に議会が解散され，5月の選挙が決定したことから，2018年度予算は7月か8月まで執行される見通しが立たないことになった。この間予算・財政管理法に従い，2017年度予算の12分の1の金額が毎月執行されるものの，石油基金から国庫への移転は行われず国庫への歳入が途絶えることになる。そのため政府は2018年度半ばまでに1億5000万〜3億ドルの資金不足に陥るとみられ，政府活動に支障を来たすことが懸念されている。また，2017年12月26日，海洋境界に関する新条約をオーストラリアとの間で締結することが発表された。常設国際仲裁裁判所（PCA）によれば新条約の署名は2018年3月に予定されているが，これを批准すべき議会が解散しているためこのプロセスが不透明であることも否めない。5月に再度行われる国会議員選挙の行方が注目される。

（大東文化大学）

重要日誌　ティモール・レステ　2017年

1月9日▶オーストラリアと常設国際仲裁裁判所(PCA)調停委員会との共同声明発表。2006年特定海事アレンジメント協定(CMATS)からの撤退を表明。

10日▶国会，2006年特定海事アレンジメント協定からの撤退を決定(決議01/2017)。

16日▶シンガポールでPCA調停委員会，オーストラリアとの三者協議(～20日)。

▶ルアク大統領，決議01/2017を公布。

20日▶PCAでの対オーストラリア調停申し立てを取り下げる。

2月2日▶ティモール・レステ国軍(F-FDTL)設立16周年記念式典。

13日▶インドネシアと国境画定のための上級公式協議フォーラムの設置を合意。

20日▶欧州連合(EU)と栄養プログラムの実施を合意。

23日▶中国と医療支援に関し合意。

24日▶ペレイラ国務大臣，国連で閣僚級会合に出席。

3月3日▶大統領選挙，選挙戦開始(～17日)。

10日▶インドネシア・バリで国境画定のための上級会合開催(～11日)。

17日▶大統領，ジェリー・マテパラエ・ニュージーランド元総督に大綬章授与。

20日▶大統領選挙投票日。

21日▶ティモール・レステ国家警察(PNTL)設立17周年記念式典。

22日▶アラウジョ首相，欧州議会・選挙監視団メンバーと会談。

23日▶アジアインフラ投資銀行(AIIB)への参加決定。

25日▶選挙管理委員会，フランシスコ・グテレス・'ルオロ'の大統領選挙当選を発表。

27日▶ワシントンでPCA調停委員会，オーストラリアとの三者協議(～31日)。

▶国会，新商業法人法を決議。

30日▶EUと新しい援助協定を締結。5年間で6億ドル余りの支援見込む。

4月3日▶大統領，国会議員選挙法改正案を合憲性審査のため上訴裁判所に送付。

6日▶大統領，不動産所有関連法案を合憲性審査のため上訴裁判所に送付。

▶インドネシア・外務省アジア太平洋アフリカ総局長ら，ディリを訪問。ソアレス外務・協力副大臣と国境問題に関する協議(～8日)。

7日▶国家石油鉱物資源局，ティモールギャップ社，ティモールリソース社，生産シェア協定締結。

10日▶2006年特定海事アレンジメント協定(CMATS)，無効になる。

25日▶国会，新民間投資法を決議。

28日▶デオリンド・ドス・サントスが上訴裁判所の新長官に就任。

5月2日▶エスタニス・ラウ・ダ・シルバ国務大臣ら，ポルトガルを訪問(～6日)。

7日▶ラモス・ホルタ元大統領，オーストラリアを訪問。

12日▶ルイ・アラウジョ首相ら，タウル・マタン・ルアク大統領より叙勲を受ける。

▶シティリンク航空，ディリ＝バリ＝ジャカルタ便就航。

19日▶新大統領就任・宣誓式。日本からは中谷元衆議院議員(東ティモール議員連盟会長)が安倍晋三首相特使として出席。

20日▶独立15周年記念式典。

21日▶ダ・シルバ国務大臣，経済問題調整官，農業水産大臣が国内外の4企業に投資許可証を公布。

23日▶アラウジョ首相，アントニオ・カブラル米・マサチューセッツ州議会議員に勲章を授与。

▶ソアレス外務・協力副大臣，ASEAN地域フォーラム高官会合出席のため，フィリピン訪問（～26日）。

29日▶グスマン計画・戦略的投資大臣，ソアレス外務・協力副大臣がポルトガル訪問。g7＋ヨーロッパ事務所開設式に参加（～31日）。

6月1日▶ルオロ大統領，不動産（土地）所有関連法を公布。

5日▶コペンハーゲンでPCA調停委員会，オーストラリアとの三者協議（～9日）。

16日▶貿易投資局，オーストラリア・ダーウィンで投資を呼び掛ける会議開催。

20日▶国会議員選挙，選挙戦開始（～7月19日）。

7月22日▶国会議員選挙投票日。

23日▶選挙管理委員会，中間集計でFRETILINのリードを伝える。

24日▶シンガポールでPCA調停委員会，オーストラリアとの三者協議（～28日）。

8月7日▶上訴裁判所，議会選挙結果発表。

10日▶インドネシア，オーストラリアとの三者会談，「成長トライアングル」をディリで開催。

28日▶コペンハーゲンでPCA調停委員会，オーストラリアとの三者協議（～9月1日）。

9月1日▶PCA，ティモール・レステとオーストラリアが海洋境界に関する「重要な合意」に達したと発表。

5日▶第4回国会招集。新国会議員の任命・宣誓式が行われる。

6日▶マリ・アルカティリが首相に，アニセト・グテレスが国会議長に指名される。

13日▶ラモス・ホルタ，国連事務総長付ハイレベル諮問会議委員に任命される。

15日▶新首相と新閣僚11人の就任式が行われ，第7次憲政内閣発足。

20日▶ルオロ大統領，国連総会で演説。

▶インドネシア国軍最高司令官ガトットが来訪。

21日▶首相，フランシスコ・グテレス・'ルオロ'大統領と初会合。

25日▶ピレス国連大使，国連総会で西サハラの自決権の尊重を求める。

10月3日▶新閣僚21人の任命・宣誓式。

9日▶オランダ・ハーグでPCA調停委員会とオーストラリアの三者協議（～13日）。

10日▶インドネシア国軍准将トビン，来訪（～13日）。

12日▶野党3党が「国会多数派連合」（AMP）を結成。

17日▶新閣僚5人の任命・宣誓式。

19日▶国会で「政府プログラム」が否決。

11月3日▶アルカティリ首相，オーストラリア・パースでアジア太平洋地域会合に出席（～5日）。

13日▶グテレス外務大臣，ASEANサミット参加のためマニラ訪問（～15日）。

18日▶PCAミーティング。

20日▶国会で補正予算案が否決され，政府と国会議長に対する問責決議が可決される。

▶新しい省庁構成を定めた法令第35番が公布される。

12月6日▶政府，予算・財政管理法の改正案を国会に提出。

7日▶外務大臣，バリ民主主義フォーラムに出席（～8日）。

15日▶首相，EU大使と会談。欧州投資銀行からの200万ユーロの投資に合意。

▶中国人民解放軍海軍病院船がディリに寄港（～22日）。

19日▶国会で補正予算案が再度否決される。国会議長に対する問責決議が可決される。

26日▶オーストラリアと海洋境界に関する新条約を締結することを発表。

参考資料 ティモール・レステ 2017年

① 国家機構図（2017年12月末現在）

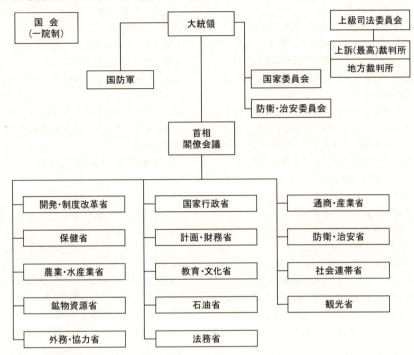

② 行政単位（2017年12月末現在）

行政単位	数
Município/ Munisípiu（県）	13
Posto Administrativo/ Postu Administrativu（郡）	65
Suco/ Suku（村）	442
Aldeia/ Aldeia（集落）	225

（注）「／」の左側はポルトガル語、右側はテトゥン語表記。

③ 第7次憲政内閣　閣僚名簿
(2017年9月15日発足，カッコ内は所属政党)

大統領
　Francisco Guterres 'Lu-Olo' (FRETILIN)

内閣
首相　Rui Maria de Araújo (FRETILIN)
副首相　José Maria dos Reis (FRETILIN)
副首相
　Hermenegildo Augusto (Agio) Cabral Pereira (CNRT)
国務大臣，国家治安相談官
　José Ramos-Horta (無所属)
防衛・治安大臣
　José Agostinho Sequeira Somotxo (FRETILIN)
国務大臣，保健大臣
　Rui Maria de Araújo (FRETILIN)
保健副大臣　Luis Maria Ribeiro Freitas Lobato (FRETILIN)
国務大臣，農業・水産業大臣
　Estanislau da Silva (FRETILIN)
農業・水産業副大臣
　Deolindo da Silva (FRETILIN)
農業・水産業担当国務長官
　Cipriano Esteves Doutel Ferreira (PLP)
国務大臣，鉱物資源大臣
　Mariano Asanami Sabino (PD)
大臣委員会統括大臣
　Adriano do Nascimento (PD)
大臣委員会担当国務長官・社会コミュニケーション担当国務長官
　Matias Freitas Boavida (FRETILIN)
外務・協力大臣　Aurélio Guterres (FRETILIN)
外務・協力副大臣
　Adaljiza Magno (FRETILIN)

国家行政大臣　Valentim Ximenes (FRETILIN)
国家行政副大臣　José Anuno (PD)
計画・財務大臣　Rui Gomes (無所属)
計画・財務副大臣　Sara Lobo Brites (無所属)
通商・産業大臣　António da Conceição (PD)
通商・産業副大臣　Jacinto Gusmão (無所属)
社会連帯大臣　Florentina Smith (FRETILIN)
退役軍人担当国務長官
　André da Costa Belo (L4) (PLP)
石油大臣　Hernâni Filomena Coelho da Silva (FRETILIN)
教育・文化大臣　Fernando Hanjam (PLP)
教育・文化副大臣　Lurdes Bessa (PD)
教育・文化副大臣
　José António de Jesus das Neves (PLP)
開発・制度改革大臣
　Mari Alkatiri (FRETILIN)
公共事業担当開発副大臣
　Mariano Renato Monteiro da Cruz (無所属)
運輸・コミュニケーション担当開発副大臣
　Inácio Freitas Moreira (FRETILIN)
住居・計画・環境担当開発副大臣
　Abrão Gabriel Santos Oliveira (FRETILIN)
法務大臣
　Maria Ângela Guterres Viegas Carrascalão (UDT)
法務副大臣　Sebastião Dias Ximenes (無所属)
観光大臣
　Manuel Florêncio da Canossa Vong (無所属)
観光副大臣　Rui Meneses da Costa (PD)
ジェンダー平等・社会包摂担当国務長官
　Laura (Pina) Menezes Lopes (無所属)
スポーツ・トップレベルスポーツ促進担当国務長官
　Osório Florindo da Conceição Costa (FRETILIN)

2017年　参考資料

若者・労働担当国務長官
　　　　　　　　Nivio Leite Magalhães（PD）

（注）　FRETILIN=ティモール・レステ独立革命戦線
PD=民主党
PLP=人民解放党
UDT=ティモール民主同盟

④　その他要人名簿

国会議長
　　　　　Adérito Hugo da Costa（2017年9月まで）
　　　　　Aniceto Guterres Lopes（2017年9月から）
国会副議長
　　　　　　　　Duarte Nunes（2017年9月まで）
　　　　　António Verdial de Sousa（2017年9月から）
上級司法委員会委員長
　　　　　Guelhermino da Silva（2017年4月まで）
　　　　　　Deolindo dos Santos（2017年4月から）
上訴（最高）裁判所長官
　　　　　Guilhermino da Silva（2017年4月まで）
　　　　　　Deolindo dos Santos（2017年4月から）
最高検察庁長官　　　José da Costa Ximenes
国軍司令官　　　　　Lere Anan Timur
中央銀行総裁　　　　Abraão de Vasconcelos
反汚職委員会委員長　　Adérito Tilman
人権と正義オンブズマン（PDHJ）
　　　　　　　　Silvério Pinto Baptista
海洋境界局長・主任交渉官
　　　　　　　　Kay Rala Xanana Gusmão

（出所）　政府公式ウェブサイト
（http://timor-leste.gov.tl/），2017年末現在。

主要統計 ティモール・レステ 2017年

1 基礎統計(2012～2016年)

	2012	2013	2014	2015	2016
人口(1,000人)	1,120	1,148	1,180	1,183	1,221
人口成長率(%)	2.7	2.8	2.8	2.1	1.7
求職登録者(人)	6,916	6,258	3,899	3,781	3,477
公務員数(人)	25,525	27,256	30,047	29,699	34,432

(注) 求職登録者数については各年第1から第4四半期の延べ人数。
(出所) General Directorate of Statistics, *Timor-Leste in Figures 2016.*

2 国民所得統計(2012～2016年)

	2012	2013	2014	2015	2016
国内総生産(名目・100万ドル)	6,671	5,649	4,045	3,104	2,521
石油国内総生産	5,477	4,234	2,591	1,495	819
非石油国内総生産	1,193	1,415	1,454	1,608	1,701
国内総生産(実質・100万ドル)	3,902	2,472	2,568	3,104	3,130
石油国内総生産	2,452	1,986	1,020	1,495	11,435
非石油国内総生産	1,449	1,485	1,547	1,608	1,694
実質GDP成長率(%)	5.0	-11.0	-26.0	20.9	0.8
石油部門	4.6	-19.0	-48.6	46.5	-4.0
非石油部門	5.5	2.5	4.1	4.0	5.3
消費者物価上昇率(%)	11.7	10.7	0.8	0.6	-1.3

(出所) General Directorate of Statistics, *Timor-Leste's National Accounts 2000-2016.*

3 対外貿易(2012～2016年)

(単位:100万ドル)

	2012	2013	2014	2015	2016
商品輸入	664,014	523,391	550,080	487,927	508,192
非商品輸入	6,107	5,433	3,580	3,306	3,511
輸入総額	670,121	528,824	553,659	491,230	511,704
輸出	30,793	16,049	13,868	11,059	25,274
再輸出	46,100	37,229	25,197	27,357	136,526
輸出総額	76,893	53,278	39,065	38,415	161,800
貿易総額	-593,228	-475,546	-514,594	-570,567	-349,904

(出所) General Directorate of Statistics, *External Trade Statistics: Annual Report 2016.*

4 石油基金運営状況(2013～2017年)

(単位:100万ドル)

	2013	2014	2015	2016	2017
税収・ロイヤルティ	3,042	1,817	979	224	422
国庫引き出し	-730	-732	-1,278	-1,245	-1,092
石油基金運用益	869	502	-21	648	1,630
石油基金積立(12月末時点)	14,952	16,539	16,218	15,844	16,800

(出所) 2013年から2016年については Ministry of Finance, *Petroleum Fund Annual Report: Financial Year 2016.* 2017年については *Petroleum Fund Quaterly Report* (March, June, September, December 2017)より計算。

5　政府予算活動（2012～2016年）

（単位：100万ドル）

財政年度	2012	2013	2014	2015	2016
総支出（借入含む）	1,247.0	1,081.4	1,337.4	1,340.2	1,952.9
総支出（借入含まず）	1,247.0	1,075.1	1,321.6	1,316.4	1,845.9
経　常　支　出	708.8	730.9	912.7	1,033.7	1,106.9
賃　金・給　与	130.7	141.8	162.5	173.3	181.9
財・サービス	358.2	392.0	458.7	427.5	449.0
経　常　移　転	220.0	197.0	291.5	432.9	476.0
資　本　支　出	538.2	350.5	424.6	306.5	846.0
資　本・開　発	491.4	310.5	371.4	272.8	827.2
小　規　模　資　本	46.8	40.0	53.3	33.8	18.8
国　内　収　入	142.2	151.1	170.2	170.0	171.4
非石油財政残高	-1,104.8	-930.3	-1,167.1	-1,170.2	-1,781.5
政　府　資　金　調　達	1,104.8	930.3	1,167.1	1,170.2	1,781.5
石油基金引出（ESI）	665.3	787.0	632.3	638.5	544.8
石油基金引出（ESI超過分）	829.6	-57.0	99.7	640.0	1,129.7
現　金　残　高　利　用	-390.1	194.0	419.4	-132.2	-
借　　　　　入	-	6.3	15.8	23.8	107.0

（注）　ESIとは基金持続収益（Estimated Sustainable Income）のこと。石油基金の積立金と将来的な石油収入の現在価値を合計した石油資産の3％をESIと呼び，石油基金を長期で維持するために目標とすべき引出上限としている。
（出所）　2012年については República Democrática de Timor-Leste, State Budget 2016: Budget Overview Book 1。
　　　　2013年以降については República Democrática de Timor-Leste, State Budget 2017: Budget Overview Book 1。

6　国際収支（2012～2016年）

（単位：100万ドル）

	2012	2013	2014	2015	2016
Ⅰ．経　常　収　支	2,736.0	2,390.1	1,093.2	238.7	-523.0
A．貿易・サービス収支	-1,558.2	-1,050.7	-1,196.7	-1,214.8	-1,065.1
1．貿　　　　　易	-638.4	-619.7	-603.0	-634.9	-538.6
2．サ　ー　ビ　ス	-919.8	-431.0	-593.7	-580.0	-526.5
B．所　得　収　支	3,862.1	3,326.7	2,133.5	1,289.8	543.1
1．雇　用　者　報　酬	95.6	2.4	0.6	0.1	-0.3
2．投　　　　　資	207.4	274.2	315.9	310.8	319.7
3．石油関連収入	3,559.1	3,050.1	1,817.0	978.9	223.7
C．経　常　移　転　収　支	432.1	114.1	156.4	163.7	-1.0
Ⅱ．資本移転収支・金融収支	-2,219.8	-2,544.0	-1,364.4	57.6	515.4
A．資　本　移　転　収　支	23.4	20.1	13.7	29.0	29.9
B．金　融　収　支	-2,243.2	-2,564.1	-1,378.1	28.6	485.5
1．直　接　投　資	25.9	36.9	36.7	30.3	7.2
2．証　券　投　資	-2,274.3	-2,553.4	-1,384.7	150.8	690.1
3．その他投資	5.2	-47.7	-30.0	-152.5	-197.4
Ⅲ．誤　差　脱　漏	-94.2	-42.7	-105.1	-76.6	-149.2
Ⅳ．総合収支（Ⅰ＋Ⅱ＋Ⅲ）	421.9	196.6	-376.3	219.8	-156.8
Ⅴ．外　貨　準　備　増　減	-421.9	-196.6	376.3	-219.8	156.8

（注）　2016年度は速報値。
（出所）　Central Bank of Timor Leste, BALANÇA DE PAGAMENTO-TIMOR LESTE（https://www.bancocentral.tl/en/go/quarterly-bop-and-iip-statistics）。

2017年の ミャンマー

ミャンマー連邦
- 面積　68万 km²
- 人口　5149万人 (2014年センサス値)
- 首都　ネーピードー
- 言語　ミャンマー語 (ほかにシャン語, カレン語など)
- 宗教　仏教 (ほかにイスラーム教, ヒンドゥー教, キリスト教など)
- 政体　共和制 (2011年3月30日以降)
- 元首　ティンチョー大統領
- 通貨　チャット (1米ドル=1357.50チャット, 2017年4月~2018年2月平均)
- 会計年度　4月~3月

凡例
- ―·― 国境
- ―― 州・管区域境
- ◉ 首都
- ● 州・管区域行政中心地
- ○ 主要都市

〈州名〉
- ① カチン州
- ② カヤー州
- ③ カイン (カレン) 州[1)]
- ④ チン州
- ⑤ モン州
- ⑥ ヤカイン (ラカイン) 州
- ⑦ シャン州

〈管区域名〉
- ⑧ ザガイン管区域
- ⑨ マグウェー管区域
- ⑩ マンダレー管区域
- ⑪ バゴー管区域
- ⑫ タニンダーイー管区域
- ⑬ ヤンゴン管区域
- ⑭ エーヤーワディー管区域

(注) 1) 本稿では, 州名はカインを, 民族名はカレンを優先する。

2017年のミャンマー

過去最大の難民危機

長田 紀之
おさ だ　のり ゆき

概　況

　8月下旬にヤカイン（ラカイン）州で発生した武装勢力による2度目の国境ポスト襲撃の後，再び国軍が苛烈な掃討作戦を展開し，急速かつ大規模なロヒンギャ難民の流出を引き起こした。バングラデシュ側に新規に流出した難民数は60万人以上にも上り，過去最大の難民危機と呼ぶべき事態となった。国際社会で非難の声が高まり，国連では11月に，安保理議長声明や総会決議を通じて，ミャンマー政府に対して暴力停止と民間人保護が求められた。同月，バングラデシュとの二国間協議で，難民帰還事業を2カ月以内に開始することが合意されたものの，難民の多くは帰還を望んでおらず，実施の難しい状況にある。

　そのほか，国内政治では，4月に補欠選挙が実施され，民族代表院（以下，上院），人民代表院（以下，下院），地方議会で合計19議席が争われた。国民民主連盟（NLD）は過半数の票を得たが，地域別にみると少数民族の多く居住する地域では得票率が低く，一部選挙区で既得議席を失った。アウンサンスーチー（以下，スーチー）国家顧問率いる NLD 政権が最優先課題とする少数民族武装組織との停戦・和平に向けて，第2回「21世紀のパンロン」会議が開催されたものの，実質的な議論の進捗はみられなかった。他方，武装組織側では，ワ州連合軍（UWSA）の主導によって組織連合の再編が進んだ。また，社会的には，通信法第66条(d)項にもとづく言論抑圧など，政治的自由を揺るがす事例が多発した。

　経済は堅調な成長を続けている。2016年度に6％程度に落ち込んだ GDP 成長率は，2017年度には7％台に回復する見込みである。貿易は，縫製品輸出の伸びなどによって，規模が拡大するとともに，赤字が減少する傾向にある。そのほか，最低賃金の改定作業が進んだことに加え，新会社法が12月に成立した。

　国際関係では，ロヒンギャ問題に対して国際的非難が強まるなか，政府は外交官経験者を新閣僚に登用して活発な外交を展開した。一貫してミャンマー政府擁

護の立場をとる中国とは，スーチー国家顧問の2度の訪中など関係強化が図られた。また，タイ政府の取り締まり強化により，数万人の移民労働者が帰国した。

国内政治

補欠選挙の実施

　NLD政権発足からほぼ1年が経った4月1日，補欠選挙が実施された。中央の連邦議会では，上院で3議席，下院で9議席，地方議会では，カヤー州議会で1議席，シャン州議会で6議席，合計で19議席が争われた。議席の空きは，3つの理由による。第1に，連邦レベルの国家機関にポストを得た場合，連邦議会議員は議員職を辞さねばならない。これにより2015年総選挙に当選し，そのようなポストを得た議員の選挙区の議席が空いた（上院3議席，下院7議席）。第2に，シャン州の7つの郡では，2015年総選挙時に治安上の理由で選挙が実施されなかった。今回，このうちの2郡で補欠選挙が実施された（下院2議席，シャン州議会4議席）。第3に，議員の死亡によるものである（カヤー州議会1議席，シャン州議会2議席）。

　選挙結果は，上院では，NLDが全3議席を獲得し，下院では，NLD 5議席，シャン民族民主連盟（SNLD）2議席，連邦団結発展党（USDP）とヤカイン民族党（ANP）が各1議席であった。地方議会では，カヤー州議会の1議席は全民族民主党（カヤー州）（AND-Kayah）が獲得し，シャン州議会はSNLDが4議席，NLDとUSDPが各1議席を獲得した。このうち上記の第1と第3の理由で補欠選挙が行われた13の選挙区では，おおむね2015年総選挙と同様の結果となった。当選議員の政党が変わったのは，下院のモン州チャウンゾン郡選挙区（NLD → USDP）とヤカイン州アン郡選挙区（USDP → ANP），そして，カヤー州議会のプルソー郡第1選挙区（NLD → AND-Kayah）の3つだけである。他方で，上記の第2の理由で行われたシャン州2郡の選挙では，中央と地方の全6議席をSNLDが独占した。

　選挙管理委員会のウェブサイト（uecmyanmar.org）に掲載された選挙結果のデータをもとに，中央と地方を含むすべての補欠選挙でのNLDの得票率を計算すると55.2％となる。これは2015年の連邦議会選挙でのNLDの得票率57.4％と比べても遜色なく，依然としてNLDへの国民の支持が強いことが示された。しかし，多数派のビルマ人が圧倒的多数を占める「管区域」部の選挙区と，少数民族の比較的多い「州」部の選挙区とに分けて得票率を計算すると，若干の変化を読み取

れる。2015年連邦議会選挙では，NLDの得票率が管区域部で63.9％，州部33.6％であるのに対して，今回の補欠選挙では管区域部（選挙区数は上院2，下院5，地方0）が71.2％で，州部（同上院1，下院4，地方7）が24.2％となる。管区域部の得票率が上昇してみえるのは，補欠選挙が実施されたすべての選挙区がもともとNLD議員を選出していた選挙区だったからであろう。州部での得票率低下は，SNLD優勢の2郡で新たに選挙が実施されたことに加え，少数民族の人々のNLD政権に対する失望もあったと考えられる。NLDは州部において，下院と地方議会の議席を1つずつ減らした。

モン州の橋命名問題とヤカイン州の政局混乱

補欠選挙で下院議席が争われたモン州チャウンゾン郡は，タンルィン川の河口付近で本流と分流によって本土から切り離されたビールー島に位置している。この島と対岸の州都モーラミャインを結ぶ橋が完成し，その名前をめぐって問題が発生した。NLDおよび連邦政府は，スーチー国家顧問の父親にちなんでボージョウッアウンサン橋（アウンサン将軍橋）と名づけ，その生誕102周年にあたる2月13日に開通させる意向だった。しかし，州民からは当該地域やモン民族との関係が希薄な命名だとの批判があがり，3月には大規模な抗議活動に発展した。結局，政府は5月9日に同橋を開通させたが，この間に実施された補欠選挙でNLDは下院のチャウンゾン郡選挙区議席を失った。

ヤカイン州では，2015年の総選挙の際，2つの主要な民族政党が合流してできたANPが，連邦議会で22議席（野党第2党）を，州議会議席の約半数を獲得して大きな勝利を収めた。しかし，第1期連邦議会（2011～2016年）で上院議員を務めたANPのエーマウン党首は，下院選でNLD候補に敗れて連邦議会での議席を失っていた。そのエーマウン党首が，今回のアン郡の下院補欠選挙に出馬し，単独で半数近い得票を得て当選した（2015年にアン郡から当選したUSDPのテインスェ氏は，NLD政権で労働・入国管理・人口相に就任して議員離職，のちにUSDPから除名された）。党勢を伸ばしたかにみえたANPだが，その後，混乱に陥っている。母体となった2政党間の不和が解消されず，旧ヤカイン民主連盟（ALD）系党員の一部がANPを離党して，再度，旧党名で政党を登録した（7月18日に選挙管理委員会が承認）。さらに11月下旬には，エーマウン党首がANPに離党届を提出し，ALD系議員の離脱後も党内に深刻な亀裂があることが示された。党執行部としては党首職を停止しつつ，エーマウン氏に再考を促す構えをみ

せていた。しかし，2018年1月には，18世紀に滅亡したヤカイン王国を記念する州内の集会で，エーマウン氏がヤカイン人の主権回復と武装蜂起を訴えたとして，当局が同氏を国家反逆罪などの容疑で逮捕する事態となり，ヤカイン州の政局は混迷を深めている。

新閣僚ポスト設置と外交官の重用

NLD政権は，政府支出を削減するという選挙時の公約にしたがって，前政権期に兼任を含めて延べ35あった閣僚ポストの数を大幅に減らしていた(2016年末の閣僚ポスト数は22)。しかし，2017年には3つの新しい閣僚ポストが設置され，それらにベテラン外交官が就任した。ロヒンギャ問題でミャンマーへの国際的な圧力が強まるなか，国政の実質的なトップとして政権運営全般に当たらねばならないスーチー国家顧問兼外相の負担を分散し，活発な外交活動を展開するための体制強化が図られているようにみえる(ちなみに，前年に任命されたチョーティンスェ国家顧問府付大臣も元国連ミャンマー政府代表特命全権大使である)。

まず，1月に，閣僚級の「国家安全保障顧問」ポストが創設され，元欧州連合ミャンマー政府代表部特命全権大使のタウントゥン氏が就任した。国家安全保障顧問の職務は，戦略的観点から状況を判断し，国内外の脅威について大統領および連邦政府に助言を行うこととされる。就任後は，国内での各国外交団に対するヤカイン問題の説明，インド，ロシア，中国，バングラデシュといった重要国への訪問，国連総会や安保理への出席など，外交の場での活躍が目立った。11月下旬には，「連邦内閣府付大臣」と「国際協力大臣」の2ポストが創設された。前者は，連邦政府の事務と省庁間の調整を司る既存の部局に，新たにそれを統括する大臣職が設けられたもので，タウントゥン国家安全保障顧問が兼任することとなった。後者は，政治・経済の諸案件に関わる国際協力を担当する新設省の大臣であり，チョーティン外務副大臣が就任した。

少数民族武装組織連合の再編

NLD政権は発足以来，少数民族武装組織との停戦と和平の実現を最優先課題として取り組む姿勢をみせてきた。2017年も引き続き，前USDP政権期に締結された全国停戦協定(NCA)にもとづく停戦・政治対話のプロセスに，すべての武装組織を包摂することが目指された。全組織が一堂に会する場としての「21世紀のパンロン」会議は，NCAの規定にある連邦和平会議として6カ月に1度の

頻度で開催することが謳われていた。しかし，第1回会議から6カ月後の2月に予定されていた第2回会議の開催は，5月下旬まで延期されることになった。

この間，少数民族武装組織の側で，組織間連合の再編が起きた。その背景には，NCAに署名した南東部タイ国境側の諸組織と，戦闘が継続する北東部中国国境側のNCA未署名諸組織との懸隔がある。従来は，タイのチェンマイに拠点をおく統一民族連邦評議会（UNFC，9組織加盟）が，政府との交渉に一定の役割を担ってきた。しかし，2015年以降，UNFC加盟組織間の足並みが乱れるのと同時に，UNFCに非加盟で，武装組織のなかで最大兵力を擁するUWSAが，NCA未署名組織の首脳会議を自らの拠点パンカン（パンサン）で主催するなど，北東部諸組織の盟主として振る舞うようになっていった。こうしたなか，4月中旬に開催されたパンカン首脳会議で，新たな組織連合として「連邦政治交渉協議委員会」（FPNCC）が結成された。FPNCCに参加したのは，UWSA，民族民主同盟軍（NDAA），シャン州復興評議会／シャン州軍（RCSS/SSA），カチン独立軍（KIA），ミャンマー民族民主連盟軍（MNDAA），アラカン軍（AA），タアン民族解放軍（TNLA）の7組織である。このうち，RCSS/SSAはNCA署名組織だが，北東部での戦闘に参加するなかで国軍との関係を悪化させていた。また，UNFCの加盟組織であったKIA，MNDAA，TNLAは，6月下旬にUNFCから脱退した。

5月の第2回「21世紀のパンロン」会議では，政府とFPNCCとの交渉を経て，これまで武装組織間の足並みの乱れの要因となってきたMNDAA，AA，TNLAの3組織が初めて参加するという進展がみられた。しかし，停戦に向けた実質的な議論に進捗がみられたわけではない。北東部では戦闘が続いており，依然として10万人規模の国内避難民が存在している（2018年2月時点）。

ロヒンギャ難民の大量流出

数年来，不安定な状況が続いているヤカイン州北部の問題では，前年に設置された2つの委員会が，8月下旬までにそれぞれ独自の調査にもとづく報告書を政府に提出した。1つは，2016年10月以降の国軍による武装勢力掃討作戦が「民族浄化」や「ジェノサイド」として国際的非難に曝されたことに対応して，その実情を調査するマウンドー調査委員会（委員長：ミンスェ副大統領）である。同委員会は，8月6日に最終報告書を提出し，民族浄化やジェノサイドの証拠はなかったと結論づけるとともに，さらなる暴力を防ぐために治安維持と社会経済的開発の必要を述べた。もう1つは，スーチー国家顧問の肝いりで設置されたヤカイン

問題諮問委員会(委員長：コフィ・アナン元国連事務総長)であり，8月23日に最終報告書を提出し，開発，市民権付与，移動制限の撤廃などについての勧告を行った。

　ところが，現地では，その直後に発生した武装勢力による再度の攻勢が，未曽有の難民流出という危機的状況をもたらすことになった。8月25日未明，アラカン・ロヒンギャ救世軍(ARSA)が，30カ所の国境警察ポストと1つの国軍基地とを同時に襲撃した。ARSAは，前年10月に，アラビア語のハラカ・アル・ヤキンという名で治安部隊に攻撃を仕掛けたのと同じ武装組織で，今回新たに英語の組織名を名乗り，2度目の大規模襲撃を行ったものである。襲撃は，農具や即席爆破装置などで武装した農民たちによる人海戦術でなされ，政府系新聞の発表によると，25日からの数日間で，治安部隊に14人，政府職員1人に加えて，武装勢力側に371人の死者が出た。

　ARSAの襲撃に対して，政府の反テロ中央委員会は即座にARSAを「過激テロ組織」と指定し，国軍はまたもや激烈な掃討作戦を展開した。この過程で，治安部隊と一部の仏教徒住民による，ロヒンギャ一般住民の殺害や村への放火といった大規模かつ凄惨な人権侵害が発生したことが，多くの情報源から明らかとなっている。こうした状況下で，わずか2カ月のあいだに約60万人のロヒンギャが国境を越えてバングラデシュ側へ避難するという，大規模かつ急速な難民流出が起きた。これまで，1970年代末と1990年代初めに2度のロヒンギャの大量流出が起きたが，それぞれおよそ15万人，25万人という規模であり，今回の流出の規模は格段に大きかったといえる。

　NLD政権は，ARSAによる襲撃後に急激に事態が推移し，国際社会がふたたび政権への非難を強めていくなかで，以下の行動を起こした。まず，9月12日，前述の2つの委員会の勧告を実行に移すためのヤカイン州勧告実施委員会(社会福祉・救済・復興大臣とヤカイン州首相の2人が共同委員長)を設置した。そして，10月には，「ヤカインの人道支援，再定住，開発に向けた連邦の事業」(UEHRD)を官民挙げての事業として立ち上げ，その資金調達のために企業などから寄付を募った。バングラデシュとは，11月下旬の同国外相の来訪時に，難民帰還について合意した(「対外関係」の項目参照)。しかし，2018年2月初め時点でまだ難民帰還事業は開始されておらず，2017年8月25日以降の新規の難民流出数は69万人にまで増えている(国際移住機関による数値)。それ以前からバングラデシュ側にいたロヒンギャ難民と合わせると，難民の総数は90万人に及び，収容

能力を超えた難民キャンプの劣悪な衛生環境や物資の枯渇が問題となる一方，キャンプ外にも多くの難民があふれ出して周辺の地域社会に影響を与えている。

政治的自由の動揺

　前 USDP 政権下で始まった政治的自由の拡充は，NLD 政権のもとでいっそうの進展が期待されたが，ヤカイン問題の深刻化ともあいまって，むしろ政治的自由を脅かしうる状況が現われてきたといえる。

　第1に，1月29日の白昼，NLD の法律顧問のコーニー氏がヤンゴン国際空港で至近距離から銃撃され死亡する事件が起きた。実行犯は直後に取り押さえられ，その後，さらに3人の容疑者がこの殺害を共謀したとして順次，逮捕・起訴された。コーニー氏はNLDの改憲案を起草していたといわれ，また自身がムスリムでもあり，少数派の権利擁護を訴えていた。警察発表では，彼の政治的立場への嫌悪感や私怨が犯人たちの動機であったと発表された。しかし，主犯格とされる元軍人は警察の追及を逃れて行方をくらませており，発生から1年が経過しても事件の真相は明らかとなっていない。

　第2に，SNS などウェブ上での発言が，法律に違反したとして告訴・逮捕にいたる事件が頻発した (2015年11月から2017年11月の約2年間に106件)。根拠とされた2013年通信法第66条(d)項は，ウェブ上での名誉棄損や脅迫などの行為に対して，3年未満の収監もしくは罰金，あるいはその両方を科すものであった。刑罰の対象となる行為の定義が曖昧であること，名誉棄損が刑罰の対象となること，第三者による告訴が可能であること，保釈が認められないことなどが，国内外で問題視された。とくに注目された事件には，以下のものがある。

　3月，仏教保護運動を推進する民族宗教保護協会(ビルマ語略称マバタ)の指導者で反イスラーム的な言動の多い僧侶ウィラトゥー師が，上記のコーニー氏の殺害を歓迎するかのような意見を表明したことに対して，これを批判する記事を自身の SNS 上に掲載した『ミャンマー・ナウ』紙の記者が，マバタ支持者から同僧侶への名誉棄損として告訴された。また，『ヴォイス』紙が国軍上層部の民族問題解決に向けた姿勢を表層的なものとして揶揄する風刺漫画を3月に掲載したところ，6月に，国軍の名誉を棄損したとして，同紙編集長と風刺漫画家が一軍人によって告訴された。

　これらの報道関係者への告訴が，第66条(d)項に対する批判を高め，連邦議会での通信法改正の議論につながった。しかし，8月に成立した改正法では，保釈

が認められ，第三者告訴ができなくなり，刑期の上限が2年未満に引き下げられたものの，依然として刑罰の対象となる行為に名誉棄損が含まれ，告訴・逮捕が続いていると批判されている（Free Express Myanmar, *66(d): No Real Change*, December 2017）。

第3に，ヤカイン問題に関連して，報道の自由への抑圧がより顕著な事件が起きた。12月12日，ヤカイン州北部の村で9月に起きた軍・警察および仏教徒住民らによるロヒンギャ10人の虐殺事件を取材していたロイター通信の記者2人が，機密文書を不正に入手した疑いで逮捕された。容疑は国家機密法違反で，有罪の場合には最長14年の懲役となる。国際社会が記者の解放を求めるなかで，2018年2月8日，ロイター通信は上記の取材にもとづく記事を自社ウェブサイトに掲載した。

経　　済

経済成長の回復

実質GDP成長率は2016年度（4～3月）に落ち込んだが，2017年度には回復が見込まれている。国際通貨基金（IMF）は，2016年度の成長率を6.1％とし，2017年度と2018年度の予測値をそれぞれ7.2％と7.6％としている（*Regional Economic Outlook Update: Asia and Pacific*, October 2017）。また，アジア開発銀行（ADB）は，2016年度を5.9％，2017年度と2018年度の予測値を7.7％と8.0％としている（*Asian Development Outlook 2017 Update*, September 2017）。経済成長の回復した理由としては，大雨と洪水で減退していた農業生産が天候の平常化により回復し，農産品輸出も好調であったこと，投資の伸びによる縫製業や軽工業の成長，観光業と通信業の勃興などが挙げられた。

経済成長のけん引役を期待されている外国投資は，ほぼ前年の投資額水準を維持した。投資企業管理局（DICA）によると，2017年の暦年の対内直接投資は認可ベースで234件（前年比51.9％増）78億5880万ドル（同2.8％減）であり，分野別の投資額構成比は，輸送・通信27％，製造業24％，不動産29％，「その他サービス業」13％などであった。国別の投資額では，前年同様にシンガポールが最大となり，45件28億8127万ドル（同25.7％減）で全体の36.7％を占めた。第2位はベトナムで，4件14億331万ドル（前年度389万ドルの約360倍）で全体の17.9％を占めた。これは，ベトナム国防省傘下の通信大手ベトテル社とミャンマー企業との合弁会社が，

携帯電話事業に参画したことによる。同社はブランド名をマイテル(MyTel)とし，カタールのウリードゥ，ノルウェーのテレノール，ミャンマー郵電公社に続いて4つ目の携帯電話事業体となる。投資額第3位の中国は41件13億2531万ドルで，前年より投資額が57.3％減少した。

また，前年に制定されたミャンマー投資法の細則が2月以降，順次発表され，同法の本格的な運用が開始された。具体的には，①国内を主に開発の進度に応じて3つのゾーンに区分けし，投資に対する免税期間に差異を設けること，②投資促進分野や投資制限分野のリスト，などが公表された。

貿易赤字の減少

2016年度の貿易総額は，中央統計局(CSO)によると，291億6270万ドルで前年から5.2％増加した。その内訳は，輸出119億5160万ドル（前年比7.3％増），輸入172億1110万ドル（同3.8％増）で，52億5950万ドルの貿易赤字となった。輸出の伸びによって，近年，拡大が続いていた貿易赤字幅は3.3％の減少に転じた。貿易規模の拡大と貿易赤字の減少は，2017年度にいっそう進展している。商業省の発表した2017年4月から12月までの数値によると，輸出107億ドル，輸入137億ドルであり，2016年度同期と比べて，それぞれ25.6％増，17.6％増となっている。

品目別にみると，2016年度の主要輸出品目は天然ガス（30億ドル），縫製品（19億ドル），豆類（13億ドル）であった。おもに中国とタイに輸出される天然ガスは，国際価格の低下によって輸出額が前年度比で31.6％減少したが，他方で縫製品の輸出が前年度比118.7％増と大幅に伸びた。縫製品は，従来の日本，韓国，ヨーロッパに加え，経済制裁の解除によってアメリカへの輸出も増えており，輸出先が多様化してきている。2016年度の主要輸入品目は，一般・輸送機械（43億ドル），石油製品（24億ドル），卑金属・同製品（16億ドル），電気機械・器具（14億ドル）であった。また，国別にみると最大の貿易相手国は中国で，2014年度以降，貿易総額の30〜40％を対中国貿易が占める状況となっている。その他の主要相手国は，タイ，シンガポール，日本，インドである。

為替は，数年来続いたチャット安の進行がとまったものの，依然として低い水準で推移した。2017年中は年間を通じて1ドル1360チャット前後であったが，2018年に入ってから若干チャット高がすすみ，1ドル1330チャット前後の水準となった。

最低賃金の引き上げを検討

インフレ率は，ADBによると2014年に5.9％，2015年に11.4％，2016年に6.8％であり，物価の上昇が人々の生活を圧迫している。こうしたなかで2013年の最低賃金法にもとづき，2015年9月には日額3600チャットの最低賃金が定められた。この最低賃金法はまた，少なくとも2年間に1度の最低賃金の改定を義務づけており，これにしたがって政府は2017年2月に最低賃金策定委員会を設置して，最低賃金の再検討を開始した。しかし，使用者側が日額4000チャットを上限と考えるのに対して，労働者側は日額5600チャットにまで引き上げることを要求し，また，地域ごとに異なる最低賃金額を定めるべきかどうかという問題もあり，委員会による最低賃金額改定の進捗は遅れた。前回の最低賃金額設定から2年が経とうとする8月半ばには，ヤンゴンで労働者約2000人が迅速な改定と日額5600チャットを求めてデモ行進を行った。結局，最低賃金策定委員会は12月29日に，全国一律で最低賃金を日額4800チャット，時間当たり600チャットとする案をまとめた。この案を受けて，政府は2018年1月，2カ月間の異議申立期間を設けたのち最終決定すると発表した。これは最低賃金に近い労賃で多くの労働者を雇用し，輸出を伸ばしてきた縫製業に影響を与える可能性がある。

新しい会社法の制定

12月6日にミャンマー会社法が成立した。以前の会社法はイギリス植民地時代の1914年に制定されたもので，その後，小さな改正は繰り返されてきたが，ミャンマーの現状にはそぐわなくなっていた。前政権期から新法制定に向けて議論が重ねられた結果，旧会社法が抜本的に見直された。たとえば，外国企業の定義については，旧会社法では1株でも外国資本が入った企業は外国企業とみなされ，土地の貸借などで制限を受けていたが，新会社法の定義では，外国資本が35％を超えると外国企業となり，35％以下であれば内国企業として待遇されることとなる。

対 外 関 係

ロヒンギャ問題と国際社会

前年から引き続き，ロヒンギャ問題について，ミャンマー政府に対する国際的非難が高まっている。2017年には，とくに国連の場で，同問題が大きく取り沙汰

されることになった。国連人権高等弁務官事務所(OHCHR)は2月、バングラデシュ側の難民への聞き取りにもとづく報告書を発表し、ロヒンギャに対する暴力が広い範囲にわたり、かつ組織的に行われており、「人道に対する罪」を犯している可能性が極めて高いと述べた。これを受けて、3月には、国連人権理事会が独立の調査団を組織して現地へ派遣することを決定した。ARSAによる襲撃事件以降、現地で大量の難民が流出するさなかの9月11日、国連人権高等弁務官は人権理事会の場で、事態は「民族浄化の教科書的事例」の様相を呈していると報告した。その後、国連安保理は11月6日にヤカイン問題について重大な懸念を表明する議長声明を採択し、次いで同月16日には、国連総会第3委員会でミャンマー政府に軍事力行使の停止と民間人保護を求める決議案が採択された。

　この間、スーチー国家顧問は9月開催の国連総会一般討論への参加を見送り、同月19日にARSA襲撃事件後初めてのロヒンギャ問題に関する演説を首都で行った。その演説で国家顧問は、人権侵害の存在を否定し、国際社会によって調査されることも恐れないと述べたが、2017年中には国連人権理事会任命の調査団に入国許可は与えられなかった。また、12月には、これまで1年に2度、調査のためミャンマーを訪問していた国連の李亮喜(イ・ヤンヒ)人権状況特別報告者に対して、政府は、今後一切の入国を認めず、調査への協力もしない旨を通告した。

　国別の対応をみると、ミャンマーに対する批判の声を強めているのは、欧米諸国とイスラーム諸国である。アメリカのティラーソン国務長官は、11月15日にミャンマーを1日だけ訪問した後、同月22日の声明で、事態が民族浄化であることは明らかだと初めて述べた。12月21日にはアメリカ財務省が、ヤカイン州を管轄する西部軍管区の前司令官マウンマウンソー少将に対して経済制裁を科した（同少将は、11月10日に軍内の人事異動で西部軍管区司令官を解任された）。イギリスは9月19日、ヤカイン問題が解決されるまでミャンマー国軍士官の教育プログラムを停止すると表明した。EUの外務理事会は、10月16日、EUおよび加盟国によるミャンマー国軍の高級将校の招聘停止と防衛協力の見直しを決定した。また、国連総会での決議案採択は、イスラーム協力機構が主導した。他方で、中国は一貫してミャンマー政府を擁護し、国際社会は内政干渉を控え、ミャンマーとバングラデシュとの協議に解決を委ねるべきだとの立場をとっている。国連総会の決議では、賛成135票に対して、中国やロシアなど10カ国が反対票を投じ、ミャンマーへの配慮を示す日本やインドなど26カ国が棄権した。

　ロヒンギャ問題のもうひとつの当事国であるバングラデシュとは、中国による

仲介もあり，年間を通じて対話が試みられた。1月にはチョーティン外務副大臣が国家顧問特使を兼ねて，7月にはタウントゥン国家安全保障顧問がバングラデシュを訪問し，既存の避難民の同定と帰還に向けての協議を開始した。8月下旬以降の事態の深刻化を受けて，10月には，チョーティンスェ国家顧問府付大臣がバングラデシュを訪問し，次いでバングラデシュ側からアサドゥザマン・カーン内相が来訪して国境警備・法執行協力に関する二国間内相会議を開催した。11月には，バングラデシュのアブル・ハッサン・マームード・アリ外相が，ネーピードーで開催されたアジア欧州会合(ASEM)外相会議後に引き続いて公式訪問し，1992年の両国外相共同声明にもとづいて，難民帰還事業を2カ月以内に開始することについて合意した。しかし，難民の多くは，国籍付与，安全確保，生活保障などの条件が整わないかぎり，帰国を望んでおらず，帰還事業の開始時期は当初予定されていた2018年1月から延期されることになった。

なお，11月末には，ローマ教皇フランシスコが，ローマ教皇として初めてミャンマーに来訪し，ヤンゴンでのミサには約15万人が集まった。5月初旬のヨーロッパ歴訪中にスーチー国家顧問がバチカン(教皇聖座)を訪問しており，その際，両国に国交が樹立されたことで教皇の来訪が実現した。ロヒンギャ問題に関して，教皇がどのような発言をするか世界が注視したが，ミャンマー国内ではロヒンギャへの直接の言及はせず，民族間相互の尊重を訴えるにとどまった(直後に訪問したバングラデシュでは，ロヒンギャ難民と直接面会し，民族名にも言及した)。

中国との接近

中国の「一帯一路」構想において，ミャンマーは内陸の雲南省をインド洋へとつなげる独特の位置を占めている。とくにNLD政権の発足以来，中国政府はミャンマーへの歩み寄りをみせており，ミャンマーもそれに応えてきた。2017年には，ロヒンギャ問題で国際社会からミャンマーへの風当たりが強まるなかで，一貫してミャンマー政府を擁護する中国との関係はより緊密なものになった。

まず，4月にティンチョー大統領が訪中し，中国側と原油パイプラインについての協定の締結や，チャウッピュー経済特区における深海港と工業団地の建設プロジェクト実施に関する往復書簡の交換などをした。原油パイプラインは，ヤカイン州のチャウッピューを起点に，ミャンマーの国土を南西から北東へ横断して，雲南省の昆明までを結ぶ。軍事政権時代の終わりごろから，天然ガス・パイプラインと並行して敷設されたものである。天然ガス・パイプラインはすでに2013年

から稼働しているが，原油パイプラインの方は今回の協定締結によって本格的な稼働を開始した。年間2200万トンの輸送能力を有し，中東などからタンカーで運んできた原油を中国へ供給することになる。経済特区法の対象となる3つの経済特区のうちのひとつであるチャウッピュー経済特区では，経済特区を構成する深海港と工業団地の建設事業が，前USDP政権の任期終了が間近に迫った2015年末に，中国の政府系コングロマリットである中国中信集団公司(CITIC)が主導する企業連合に落札されていた。

　5月中旬には，スーチー国家顧問が政権担当後2度目の訪中を行った。北京で「一帯一路」国際フォーラムに参加するとともに，習近平国家主席，李克強総理とそれぞれ会談し，ミャンマーの和平進展のための支援や，両国の戦略的協力の強化について協議した。その後も，両政府・党・軍のあいだで多角的かつ頻繁な要人往来がなされた。9月16日には，第14回世界華商大会がヤンゴンで開催された。世界華商大会は，世界中の華人企業家たちの経済協力を促進する目的で，1991年から世界各地で2年に1回開催されており，今回は国内外から2000人以上が参加し，香港の林鄭月娥(キャリー・ラム)行政長官が演説を行った。また，軍事面では，5月下旬に来訪中の中国軍艦とミャンマー海軍が，初めて合同海上軍事演習を実施した。

　このように「一帯一路」構想に刺激されて中国と多角的な関係性強化が進んでいるが，なかでも，中国の王毅外交部長が11月の来訪中に，「ミャンマー・中国経済回廊」の建設を提唱したことが注目される。これは雲南省昆明からマンダレーを経て，2つに分岐し，一方はチャウッピューへ，もう一方はヤンゴンへとつながるY字型の回廊であり，鉄道や高規格道路の敷設も視野に含まれている。スーチー国家顧問は同月末からの3度目の訪中で，習近平国家主席と会談した際，改めてこの提唱に賛意を表した。二国間でのミャンマー・中国経済回廊建設の提唱は，既存のバングラデシュ・中国・インド・ミャンマー(BCIM)の枠組みでの経済回廊建設が有効に機能していない状況下で中国側から発せられた。

　他方でミャンマーは，インドとの関係を強化することで，過度の対中依存に陥らないためのバランスを保とうともしている。インド側にとっても，ナレンドラ・モディ首相のアクト・イースト政策のもとで，開発の停滞や治安上の問題がある北東部諸州の状況改善のために，ミャンマーとの連結性強化が重要な外交的課題となっている。9月上旬のモディ首相の来訪は，ロヒンギャ問題が深刻化してから初めての外国首脳による来訪となり，両国首脳は国境安全保障や連結性向

上について協議した。また，軍事面でも，5月にインドのビピン・ラワット陸軍参謀総長が来訪し，7月にはミンアウンフライン国軍最高司令官がインドを訪問するなど，両軍トップの相互訪問がなされたほか，11月にはインドのメガラヤ州で初めての二国間軍事演習が実施された。

タイの不法労働者取り締まりと移民の帰国

　タイには250万～500万人のミャンマー人労働者がいると考えられているが，そのうち，適切な書類を有する合法的労働者は200万人程度にすぎない。人身取引の取り締まりに注力するタイ政府は，6月23日，不法労働者とその雇用者に多額の罰金を科す法令を制定した。これをきっかけとして不法移民労働者が大量に帰国を開始し，7月上旬までにミャンマー人の帰国者数は3万人以上に及んだ。混乱を目にして，タイ当局は法令の執行を年末まで延期することを決め，7月7日には，両国の労働大臣がミャンマー人不法労働者の合法化手続きをタイ国内で進めることに合意した。複数の登録所を設置して，ミャンマー側が身分証明書・旅券を，タイ側が就労査証を発給する。しかし，登録が進捗しなかったため，年末にタイ政府はなし崩し的に法令執行の期日を3カ月先延ばしした。ミャンマー内務省の発表によると，年末までに15万人の労働者が帰国したという。

2018年の課題

　NLD政権は3年目を迎える。国際社会が注視するなかで，ロヒンギャ問題の解決に向けてどのような行動をとるかが最大の課題となる。難民の帰還事業も，国内における受け入れ態勢を整えなければ，決して一筋縄ではいかないだろう。緊急を要する安全確保や生活保障に加えて，長期的な視野から国籍制度や開発についての議論がなされなければならない。

　経済では，高いGDP成長率が見込まれている。しかし，好調な縫製業については，最低賃金額の引き上げや，ロヒンギャ問題による国際社会（とくに欧米）からの需要低減の可能性といった不安要素がある。

　国際関係では，中国への依存を過度に深めずに，国内和平構築や経済回廊建設を進めていくうえで中国と交渉できる余地を残せるようなバランスのとれた外交政策をとっていく必要がある。

（地域研究センター）

重要日誌　ミャンマー　2017年

1月10日▶政府、国家安全保障顧問（大臣級）のポストを創設。タウントゥン氏が就任。

11日▶ウクライナのパウロ・クリムキン外相、来訪（～12日）。ヤンゴンに総領事館開設。

▶チョーティン外務副大臣兼国家顧問特使、バングラデシュ訪問（～12日）。

12日▶運輸・通信省、ベトナムのベトテル社中心の合弁企業に携帯電話事業免許を発行。4つ目の事業体となる。ブランド名はMyTel。

16日▶ヤンゴンで新バス・システム始動。路線数は300以上から70まで減少。

20日▶イギリスのボリス・ジョンソン外相、来訪（～22日）。

▶インドネシアのレトノ・マルスディ外相、来訪（～22日）。

21日▶ウィンミン下院議長、イギリス訪問（～27日）。

23日▶タイのチャルムチャイ・シティサット陸軍司令官、来訪。

29日▶国民民主連盟（NLD）法律顧問のコーニー氏、ヤンゴン空港で殺害される。

2月2日▶タイのソムキット・チャトゥシーピタック副首相、来訪（～5日）。

▶タウントゥン国家安全保障顧問、訪問中のインドでアジット・ドバル国家安全保障顧問と会談。

3日▶ティンチョー大統領、カンボジア訪問（～6日）。

▶国連人権高等弁務官事務所（OHCHR）、ロヒンギャ問題に関する報告書を発表。

7日▶中国の雲南省昆明で第2回ミャンマー・中国2＋2高級協議、開催。

15日▶タウントゥン国家安全保障顧問、各国外交団にヤカイン州での掃討作戦は終了し、国軍は撤退したと説明。

16日▶政府、最低賃金策定委員会を設置。

22日▶ミャンマー投資委員会（MIC）、開発進度によって国内を3分類し、投資に対する免税期間を差異化。

23日▶ミンミンウー・モン州首相、辞任。後任はエーザン氏（3月1日任命）。

25日▶内相と警察長官、コーニー氏射殺事件について記者会見。

26日▶カンボジアのハオ・ナムホン副首相、来訪（～3月2日）。

3月5日▶ミンアウンフライン国軍最高司令官、ベトナム、カンボジア訪問（～10日）。

6日▶ミャンマー民族民主同盟軍、ラオカイを攻撃。民間人5人を含む死亡者30人。

7日▶民族宗教保護協会（マバタ）支持者、『ミャンマー・ナウ』紙記者を告訴。

13日▶タウントゥン国家安全保障顧問、国家顧問特使として訪問中のロシアでニコライ・パトルシェフ安全保障会議書記と会談。

14日▶シンガポールのゴー・チョクトン名誉上級大臣、来訪（～16日）。

19日▶フィリピンのロドリゴ・ドゥテルテ大統領、来訪（～20日）。

▶モン州の橋命名問題について、モーラミャインで2万人規模の抗議デモ。

21日▶タウントゥン国家安全保障顧問、インドのデリーで「環ベンガル湾多分野経済技術協力」（BIMSTEC）の国防相会議に出席。

24日▶ミンスェ副大統領、訪中（～26日）。ボアオ・アジア・フォーラム出席。

▶国連人権理事会、ヤカイン問題についての調査団派遣を決定。

30日▶ミャワディにミャンマー・タイ第二友好橋、開通。

4月1日▶補欠選挙、実施。

▶MIC、免税の認められる投資促進分野20分野のリストを公表。

6日▶ティンチョー大統領，訪中（〜11日）。
10日▶MIC，投資制限分野のリストを公表。
12日▶チャウッピュー＝昆明間の石油パイプライン，運転開始。
15日▶ワ州連合軍の拠点パンカンで非署名少数民族武装組織の首脳会議，開催（〜19日）。7組織で連邦政治交渉協議委員会（FPNCC）結成。
17日▶タウントゥン国家安全保障顧問，訪中（〜22日）。
19日▶ヘンリーヴァンティウ副大統領，オランダ訪問（〜24日）。
21日▶常振明中国中信集団（CITIC）董事長，来訪。
22日▶ミンアウンフライン国軍最高司令官，オーストリア，ドイツ訪問（〜30日）。
28日▶アウンサンスーチー（以下，スーチー）国家顧問，フィリピン訪問（〜29日）。ASEAN首脳会議参加。

5月1日▶スーチー国家顧問，ヨーロッパ歴訪（〜10日）。EU本部，ベルギー，イタリア，バチカン，イギリスを訪問。
4日▶バチカン（教皇聖座）と国交樹立。
9日▶モン州でボージョウッアウンサン橋，開通。
13日▶スーチー国家顧問，訪中（〜17日）。「一帯一路」国際フォーラムへの参加。
16日▶ミンアウンフライン国軍最高司令官，フィリピン訪問（〜20日）。第14回ASEAN軍司令官非公式会合に出席。
21日▶海軍，来訪中の中国軍艦と初の海上合同軍事演習を開催。
22日▶EUのミカイル・コスタラコス軍事委員会委員長，来訪（〜24日）。
23日▶国家サンガ長老委員会，マバタに対して，その名称のもとでの活動を禁止。7月15日までに看板を下げることを要請。
▶大統領の行政命令により，収監中のミャンマー国民186人，外国人73人に恩赦。
▶タウントゥン国家安全保障顧問，ロシア訪問（〜25日）。第8回安全保障高級官僚国際会議に参加。
▶NLD政権下で2度目の連邦和平会議（「21世紀のパンロン」会議），開催（〜29日）。
25日▶第16回ミャンマー・インド外務協議，ネーピードーで開催。
28日▶インドのビピン・ラワット陸軍参謀総長，来訪（〜31日）。
30日▶ヤカイン州，サイクロン「モラ」被災。

6月1日▶スーチー国家顧問，来訪中の中国の房峰輝・国家軍事委員会委員・人民解放軍連合参謀部参謀長と会談。
2日▶国軍，『ヴォイス』紙の編集長と風刺漫画家を通信法違反で告訴。
4日▶スーチー国家顧問，カナダ（〜11日），スウェーデン訪問（11〜14日）。
7日▶国軍の輸送機，ダウェー沖で墜落。122人死亡。
8日▶ミャンマーEU経済フォーラム，開催。
17日▶ミンアウンフライン国軍最高司令官，ロシア訪問（〜24日）。
20日▶統一民族連邦評議会（UNFC），チェンマイで会合（〜26日）。新執行部選出。カチン独立軍など4組織が脱退。
23日▶タイで不法労働者を取り締まる法令制定。ミャンマー人移民の大量帰国始まる。

7月1日▶フィリッポ・グランディ国連難民高等弁務官，来訪（〜6日）。
2日▶タウントゥン国家安全保障顧問，バングラデシュ訪問（〜4日）。
4日▶チョーティンスェ国家顧問府相，イ

ンドで開催された第9回デリー対話に出席(〜5日)。別途、インド外相とも会談。

5日▶ノルウェーのボルゲ・ブレンデ外相、来訪(〜6日)。

7日▶ミンアウンフライン国軍最高司令官、インド訪問(〜14日)。

▶ミャンマーとタイの労働大臣、タイでのミャンマー人不法労働者合法化手続きに合意。

10日▶カンボジアのプラック・ソコン外務・国際協力相、来訪(〜11日)。

17日▶アメリカのジョセフ・ユン国務次官補代理、来訪。

▶ヘンリーヴァンティウ副大統領、訪米(〜23日)。災害に関する国連の会議に出席。

18日▶ヤカイン民族党(ANP)が分離。旧ヤカイン民主連盟勢力が同名政党を登録。

8月1日▶ミンアウンフライン国軍最高司令官、日本訪問(〜7日)。

▶ペーズィントゥン電力・エネルギー相、辞任。ウィンカイン建設相が兼務。

4日▶中国の宋濤・党中央対外連絡部長、来訪(〜5日)。

6日▶マウンドー調査委員会(委員長：ミンスェ副大統領)、政府に報告書を提出。

23日▶ヤカイン問題諮問委員会(委員長：コフィ・アナン氏)、政府に報告書を提出。

24日▶ベトナムのグエン・フー・チョン共産党書記長、来訪(〜26日)。

25日▶未明にアラカン・ロヒンギャ救世軍(ARSA)がヤカイン州北部国境地域の軍・警察施設を襲撃。

▶反テロ中央委員会、ARSAを過激テロ組織と指定。

9月3日▶インドネシアのレトノ・マルスディ外相、来訪(〜4日)。

4日▶ウィンミン下院議長、訪中(〜9日)。

5日▶インドのナレンドラ・モディ首相、来訪(〜7日)。

▶スーチー国家顧問、トルコのエルドアン大統領と電話会談。

8日▶ティンチョー大統領、病気診断と手術のためにタイ訪問(〜19日)。

11日▶国連人権高等弁務官、ロヒンギャ問題を「民族浄化の教科書的事例」と表現。

12日▶政府、ヤカイン州勧告実施委員会を設置。

14日▶香港の林鄭月娥(キャリー・ラム)行政長官、来訪(〜17日)。

16日▶第14回世界華商大会、ヤンゴンで開催。

▶ヘンリーヴァンティウ副大統領、訪米(〜25日)。国連総会出席。同行のタウントゥン国家安全保障顧問は10月17日まで滞在。

19日▶スーチー国家顧問、ヤカイン問題についてARSA襲撃後はじめて会見。

▶アメリカのパトリック・マーフィー国務次官補代理(東南アジア担当)、来訪。

▶イギリス、ヤカイン問題解決までのミャンマー国軍士官教育プログラム停止を表明。

10月1日▶チョーティンスェ国家顧問府相、バングラデシュ訪問(〜3日)。

▶ベトナムのゴ・スアン・リック国防相、来訪(〜3日)。

6日▶スーチー国家顧問、ブルネイ訪問(〜7日)。ボルキア国王の即位50周年記念式典に参加。

12日▶スーチー国家顧問、テレビ演説。「ヤカインの人道支援、再定住、開発に向けた連邦の事業」(UEHRD)発足。

15日▶全国停戦協定の締結2周年記念式典、開催。

16日▶EU外務理事会、ミャンマー高級将校の招聘停止と防衛協力の見直しを決定。

23日▶カタールのスルタン・ビン・サア

ド・アル・ムライヒ外務担当国務大臣，来訪。

24日▶バングラデシュのアサドゥザマン・カーン内相，来訪（～25日）。国境警備・法執行協力に関する二国間内相会議，開催。

25日▶ティンチョー大統領，タイ訪問（～27日）。プーミポン前国王の一周忌に参列。

11月2日▶スーチー国家顧問，ヤカイン北部を訪問。

5日▶ミンアウンフライン国軍最高司令官，タイ訪問（～8日）。

6日▶国連安保理，ヤカイン問題について重大な懸念を表明する議長声明採択。

9日▶スーチー国家顧問，ベトナム訪問（～11日）。ダナンで ASEAN-APEC 首脳非公式会議出席。

10日▶国軍，西部軍管区司令官マウンマウンソー少将を異動。後任はソーティンナイン准将。

11日▶スーチー国家顧問，フィリピン訪問（～15日）。第31回 ASEAN サミット出席。

15日▶ティラーソン米国務長官，来訪。

16日▶国連総会第3委員会（人権），ミャンマー政府に軍事力行使の停止と民間人保護を求める決議案採択。

19日▶中国の王毅外交部長，来訪（～21日）。ミャンマー・中国経済回廊の建設を提唱。アジア欧州会合（ASEM）外相会議に出席。

20日▶第13回 ASEM 外相会議，ネーピードーで開催（～21日）。

▶バングラデシュのアブル・ハッサン・マームード・アリ外相，来訪（～23日）。ASEM 外相会議後に引き続いて公式訪問。難民帰還事業の開始について合意。

▶ミャンマーとインド，インドのメガラヤ州で初の二国間軍事演習開催（～25日）。

21日▶ミンアウンフライン国軍最高司令官，訪中（～26日）。

22日▶アメリカのティラーソン国務長官，ロヒンギャ問題に対して「民族浄化」との表現を初めて使用。

23日▶政府，新閣僚任命。タウントゥン国家安全保障顧問が連邦内閣府相兼任。チョーティン外務副大臣が国際協力相就任。

▶大統領府，反腐敗委員会を改組。アウンチー委員長（元情報相）以下12人で構成。

26日▶ウィンミン下院議長，訪日（～12月2日）。

27日▶ローマ教皇フランシスコ，来訪（～30日）。

▶ANP のエーマウン党首，離党届を提出。

30日▶スーチー国家顧問，訪中（～12月2日）。「中国共産党と世界の政党のハイレベル対話」に出席。

12月4日▶インドネシアのウィラント政治・法務・治安担当調整相，来訪（～5日）。

6日▶新会社法，成立。

8日▶政府，ヤカイン州勧告実施委員会への諮問機関設置。国内外有識者10人で構成。

11日▶第3回アジア・太平洋水サミット，ヤンゴンで開催（～12日）。

12日▶ティンチョー大統領，訪日（～17日）。

▶ロイター通信の記者2人，ヤカイン州の安全保障に関わる重要書類を所持していたとされ，国家機密法違反の疑いで逮捕。

14日▶チョーティン国際協力相，訪中（～16日）。雲南省大理でメコン－ランツァン協力外相会議に出席。

20日▶国連の李亮喜（イ・ヤンヒ）人権状況特別報告者，ミャンマーから入国を許可しない旨の通告を受けたという声明発表。

21日▶アメリカ財務省，前西部軍管区司令官マウンマウンソー少将に経済制裁を科す。

29日▶最低賃金策定委員会，全国一律で日額4800チャットとする案を政府に提出。

参考資料 ミャンマー　2017年

① 国家機構図（2017年12月末現在）

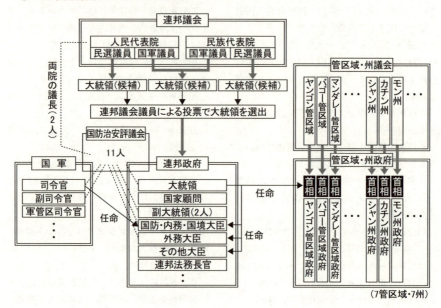

（7管区域・7州）

② 2017年に制定された主な法律

制定日	法律
3月1日	2017年度連邦租税法
3月8日	国民個々人のプライバシーと安全を保護する法
3月24日	2017年度国家計画法
	2017年度連邦予算法
8月29日	通信法改正法
11月17日	2017年度連邦補正予算法
12月6日	会社法

（出所）　連邦議会ウェブサイト，各種報道より作成。

ミャンマー

③ 連邦政府閣僚 (2017年12月31日時点)

No.	役職名	名前	政党／所属	2016年末からの推移
	大統領	Htin Kyaw	NLD	留任
	国家顧問 兼 外務大臣 兼 大統領府付大臣	Aung San Suu Kyi	NLD	留任
	副大統領	Myint Swe	USDP	留任
	副大統領	Henry Van Thio	NLD	留任
1	内務大臣	Kyaw Swe	国軍	留任
2	国防大臣	Sein Win	国軍	留任
3	国境大臣	Ye Aung	国軍	留任
4	国家顧問府付大臣	Kyaw Tint Swe	―	留任
5	国家安全保障顧問 兼 連邦内閣府付大臣	Thaung Tun	―	1月10日に国家安全保障顧問に就任。11月23日に連邦内閣府付大臣に就任。[元欧州連合ミャンマー政府代表部特命全権大使]
6	情報大臣	Pe Myint	NLD	留任
7	宗教・文化大臣	Aung Ko	元USDP	留任
8	農業・畜産・灌漑大臣	Aung Thu	NLD	留任
9	運輸・通信大臣	Than Zint Maung	NLD	留任
10	天然資源・環境保全大臣	Ohn Win	―	留任
11	労働・入国管理・人口大臣	Thein Swe	元USDP	留任
12	工業大臣	Khin Maung Cho	―	留任
13	商業大臣	Thant Myint	NLD	留任
14	保健・スポーツ大臣	Myint Htwe	―	留任
15	計画・財務大臣	Kyaw Win	NLD	留任
16	建設大臣 兼 電力・エネルギー大臣	Win Khaing	―	建設大臣留任。8月1日より電力・エネルギー大臣を兼務。
17	社会福祉・救済・復興大臣	Win Myat Aye	NLD	留任
18	ホテル・観光大臣	Ohn Maung	NLD	留任
19	民族大臣	Naing Thet Lwin	MNP	留任
20	教育大臣	Myo Thein Gyi	―	留任
21	国際協力大臣	Kyaw Tin	―	11月23日に就任。前外務副大臣。

(注) 政党は NLD：国民民主連盟，USDP：連邦団結発展党，MNP：モン民族党。[ ] 内は，過去の特筆すべき履歴。
(出所) 各種報道より作成。

④ 管区域・州首相 (2017年12月31日時点)

No.	管区域・州	名前	政党	2016年末からの推移
1	カチン州	Khat Aung	NLD	留任
2	カヤー州	L Phaung Sho	NLD	留任
3	カイン州	Nan Khin Htwe Myint	NLD	留任
4	チン州	Salai Lian Luai	NLD	留任
5	モン州	Aye Zan	NLD	3月1日に就任。
6	ヤカイン州	Nyi Pu	NLD	留任
7	シャン州	Lin Htut	NLD	留任
8	ザガイン管区域	Myint Naing	NLD	留任
9	タニンダーイー管区域	Lae Lae Maw	NLD	留任
10	バゴー管区域	Win Thein	NLD	留任
11	マグウェー管区域	Aung Moe Nyo	NLD	留任
12	マンダレー管区域	Zaw Myint Maung	NLD	留任
13	ヤンゴン管区域	Phyo Min Thein	NLD	留任
14	エーヤワディー管区域	Mann Johnny	NLD	留任

(注・出所) 資料③に同じ。

主要統計　ミャンマー　2017年

1　基礎統計

	2012/13	2013/14	2014/15	2015/16	2016/17	2017/18
人口(100万人)	51.0	51.4	52.0	52.5	52.9	-
籾米生産高(100万トン)	26.2	26.4	26.4	-	-	-
消費者物価指数(2012年＝100)	100.00	105.72	111.96	124.77	130.32	132.24
為替レート(1ドル＝チャット)	851.58	966.75	997.83	1,225.58	1,268.17	1,357.50

(注)　人口は，アジア開発銀行の推定値。消費者物価指数は中央統計局(CSO)の数値で，2017年度は4～5月の平均値。為替レートは2016年度以前は CSO の数値，2017年度は中央銀行ウェブサイトに基づく4～2月の平均値。
(出所)　Central Statistical Organization, *Statistical Yearbook 2015; Selected Monthly Economic Indicators*, June 2017; Asian Development Bank, *Key Indicators for Asia and the Pacific*, 2017; Central Bank of Myanmar, Reference Exchange Rate History Website (http://forex.cbm.gov.mm/index.php/fxrate/history).

2　産業別国内総生産(実質)

(単位：100万チャット)

	2012/13	2013/14	2014/15	2015/16	2016/17
1．農業　計	14,807,052	15,346,115	15,768,771	16,306,178	16,243,870
農業	10,724,797	10,959,271	-	-	-
畜産・漁業	3,900,919	4,217,600	-	-	-
林業	181,337	169,245	-	-	-
2．工業　計	12,533,395	13,964,076	15,659,173	16,962,758	18,477,950
エネルギー	63,390	65,283	} 699,330	} 600,594	} 654,126
鉱業	310,685	407,171			
製造業	9,483,383	10,388,880	11,370,547	12,496,231	13,661,018
電力	484,041	551,844	633,346	716,283	772,891
建設	2,191,896	2,550,899	2,955,950	3,149,650	3,389,915
3．サービス　計	17,740,214	19,569,723	21,357,097	23,207,289	25,070,724
運輸	5,588,692	6,241,229	} 8,795,636	} 9,772,754	} 10,603,033
通信	1,211,652	1,546,393			
金融	110,139	147,614	180,259	223,775	301,762
社会・行政	1,129,436	1,271,001	1,421,442	1,506,569	1,573,629
その他サービス	988,907	1,145,558	1,269,456	1,417,942	1,590,434
商業	8,711,390	9,217,928	9,690,304	10,286,249	11,001,866
国内総生産(1＋2＋3)	45,080,662	48,879,914	52,785,041	56,476,225	59,792,544
1人当たり国内総生産(チャット)	889,744	954,984	1,015,292	1,076,763	1,130,294
ＧＤＰ成長率(％)	7.3	8.4	8.0	7.0	5.9

(注)　2010/11年度生産者価格に基づく。2013/14年度以前は CSO の数値，2014/15年度以降は ADB の数値。
(出所)　Central Statistical Organization, *Statistical Yearbook 2015*; Asian Development Bank, *Key Indicators for Asia and the Pacific*, 2017.

3 国家財政

(単位：100万チャット)

	2012/13	2013/14	2014/15	2015/16	2016/17
中央政府歳入	11,783,465	14,168,700	16,411,117	15,814,511	15,749,725
経常収入	11,487,637	13,711,200	16,120,483	15,282,032	15,230,002
税収	1,946,076	3,642,000	6,517,977	6,314,734	6,512,704
税外収入	9,541,561	10,069,200	9,602,506	8,967,299	8,717,298
資本収入	270,349	259,400	86,484	202,052	58,842
外国援助	25,479	198,100	204,150	330,426	460,882
中央政府歳出	14,172,999	17,275,300	17,115,858	18,923,647	20,561,003
経常支出	8,763,993	11,841,900	12,515,041	14,216,471	15,625,650
資本支出	5,409,006	5,433,400	4,600,817	4,707,175	4,935,354
金融支出	…	…	…	…	…
財政収支	-2,389,534	-3,106,600	-704,741	-3,109,136	-4,811,278

(注)　…　データなし。
(出所)　表2と同じ。

4 国際収支

(単位：100万ドル)

	2011	2012	2013	2014	2015	2016
経常収支	-1,632.7	-1,227.7	-506.0	-1,887.2	-2,523.2	-1,817.6
貿易収支	236.2	793.0	96.8	-1,862.9	-3,799.6	-3,445.7
輸出	8,262.9	8,934.9	10,216.5	10,038.6	9,983.7	9,700.8
輸入	-8,026.7	-8,141.9	-10,119.7	-11,901.5	-13,783.2	-13,146.5
サービス収支	-426.1	-282.3	227.9	864.0	1,415.8	803.9
受取	673.9	1,040.5	1,682.5	3,127.4	3,853.6	3,703.4
支払	-1,100.1	-1,322.8	-1,454.5	-2,263.4	-2,437.8	-2,899.5
第一次所得収支	-1,841.0	-2,269.5	-1,956.5	-3,006.5	-2,683.7	-2,262.7
受取	202.2	311.1	237.0	288.1	334.5	420.6
支払	-2,043.2	-2,580.6	-2,193.5	-3,294.6	-3,018.2	-2,683.3
第二次所得収支	398.2	531.1	1,125.8	2,118.1	2,544.2	3,086.9
受取	502.9	664.9	1,516.4	3,573.2	3,830.0	4,640.3
支払	-104.7	-133.7	-390.7	-1,455.1	-1,285.7	-1,553.4
資本収支	…	…	…	…	…	…
金融収支	2,992.7	2,328.1	2,861.5	1,350.0	4,453.0	4,395.7
直接投資	2,539.0	1,342.0	2,244.2	2,175.9	4,098.1	3,274.7
証券投資	…	…	…	-16.7	7.5	-35.8
その他投資	453.7	986.1	617.3	-809.1	347.4	1,156.9
誤差脱漏	-43.8	-1,106.8	-736.8	1,237.9	-1,786.2	-2,086.8
総合収支	1,316.2	-6.4	1,618.7	700.7	143.5	491.6

(注)　…　データなし。
(出所)　Asian Development Bank, *Key Indicators for Asia and the Pacific*, 2017.

5 国別貿易

①輸出
(単位：100万ドル)

	2012/13	2013/14	2014/15	2015/16	2016/17	2017/18[1]
輸　出　総　額	8,977.0	11,204.0	12,523.7	11,136.9	11,951.6	10,682.5
主要国 中　国	2,238.1	2,910.8	4,673.9	4,597.0	5,055.5	4,032.8
タ　イ	4,000.6	4,306.3	4,028.7	2,893.2	2,202.2	2,145.9
イ　ン　ド	1,018.6	1,143.6	745.8	904.2	943.5	524.3
日　本	406.5	513.3	556.4	393.8	784.3	655.7
シンガポール	291.4	694.0	758.8	725.4	472.8	696.4

②輸入
(単位：100万ドル)

	2012/13	2013/14	2014/15	2015/16	2016/17	2017/18[1]
輸　入　総　額	9,068.9	13,759.5	16,632.6	16,577.9	17,211.5	13,655.7
主要国 中　国	2,719.5	4,105.5	5,022.5	6,395.6	5,749.0	4,492.4
シンガポール	2,535.4	2,910.2	4,139.5	2,970.9	2,494.3	2,030.9
タ　イ	696.8	1,377.0	1,679.4	1,972.8	2,086.2	1,561.1
日　本	1,091.7	1,296.2	1,738.9	1,452.2	1,247.5	724.6
イ　ン　ド	301.7	493.5	595.7	807.4	999.7	618.1

(注) 国境貿易を含む。1) 2017年度は4～12月の商業省発表値。
(出所) Central Statistical Organization, *Statistical Yearbook 2015; Selected Monthly Economic Indicators*, June 2017; Ministry of Commerce website (http://www.commerce.gov.mm/).

6 品目別貿易

①輸出
(単位：100万ドル)

	2012/13	2013/14	2014/15[1]	2015/16	2016/17	2017/18[2]
天　然　ガ　ス	3,666.1	3,299.2	5,178.6	4,343.3	2,969.9	…
縫　製　品	695.4	884.7	1,023.4	859.1	1,878.8	…
豆　類	961.7	896.3	1,139.9	1,152.3	1,281.5	…
砂　糖	-	-	18.6	334.6	702.3	…
米	544.1	460.1	651.9	522.1	552.6	…
魚類・エビ・カニ	567.3	429.0	356.7	413.5	514.5	…
卑　金　属　・　鉱　石	92.0	130.1	440.4	360.2	478.7	…
ヒ　ス　イ	297.9	1,011.6	1,018.0	569.5	454.0	…
トウモロコシ	200.1	285.8	392.8	305.1	252.3	…
チーク・堅木・合板・ベニヤ	587.6	911.1	78.7	191.3	222.6	…
ゴ　ム	217.8	197.5	113.0	105.4	198.6	…
そ　の　他	1,147.0	2,698.6	2,111.1	1,980.5	2,445.8	…
輸　出　総　額	8,977.0	11,204.0	12,523.7	11,136.9	11,951.6	10,682.5

②輸入
(単位：100万ドル)

	2012/13	2013/14	2014/15[1]	2015/16[1]	2016/17[1]	2017/18[2]
一般・輸送機械	2,645.5	4,145.4	4,944.6	5,340.6	4,288.4	…
石　油　製　品	1,591.6	2,300.3	2,447.4	1,514.4	2,371.0	…
卑金属・同製品	1,025.3	1,542.8	1,934.0	1,901.5	1,647.1	…
電気機械・器具	488.7	708.2	1,039.5	1,417.1	1,391.0	…
食　用　植　物　油	304.0	514.5	561.4	562.9	632.2	…
プラスチック	350.7	467.8	515.9	532.2	617.5	…
合　繊　織　物	308.8	405.9	343.0	308.5	521.2	…
医　薬　品	272.9	253.0	300.3	280.1	418.9	…
肥　料	167.9	231.1	258.5	242.1	298.7	…
化学元素・化合物	126.1	197.9	213.7	242.0	258.1	…
そ　の　他	1,787.4	2,992.6	4,065.8	4,236.2	4,765.9	…
輸　入　総　額	9,068.9	13,759.5	16,632.6	16,577.9	17,211.5	13,655.7

(注) 国境貿易を含む。1) 各項目の合計と総額に誤差あり。2) 2017年度は4～12月の商業省発表値。
(出所) Central Statistical Organization, *Selected Monthly Economic Indicators*, August 2015; June 2017; Ministry of Commerce website (http://www.commerce.gov.mm/).

2017年の バングラデシュ

バングラデシュ人民共和国
面　積　約14万km²
人　口　1億6175万人（2017年央推計）
首　都　ダカ
言　語　ベンガル語，英語

宗　教　イスラーム教，ほかにヒンドゥー教，仏教，キリスト教
政　体　共和制
元　首　Md. アブドゥル・ハミド大統領
通　貨　タカ（1米ドル＝79.13タカ，2016/17年度平均レート）
会計年度　7月～6月

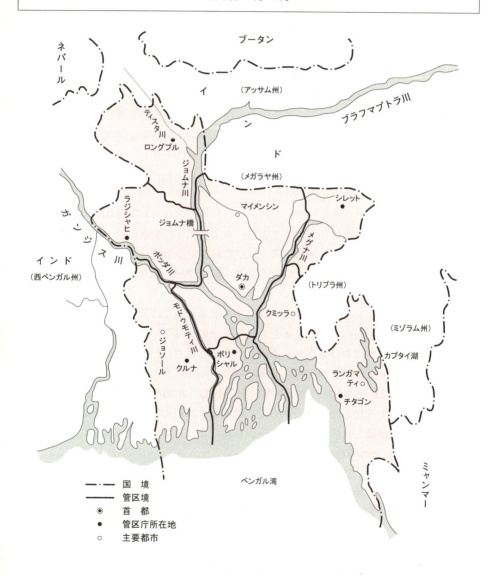

2017年のバングラデシュ

公正な選挙に向けた見えない道筋と
ロヒンギャ問題の深刻化

日下部　尚徳
(くさかべ　なおのり)

概　況

　2017年に行われた主要2都市の市長選挙で，与党アワミ連盟（Awami League: AL）の候補者が落選した。ALは，選挙が公正に行われていることの証であるとして余裕の構えを見せたが，内部では執行部の責任を追及する声が上がった。最大野党バングラデシュ民族主義党（Bangladesh Nationalist Party: BNP）が弱体化するなかで党内の結束が緩み，内部分裂の動きも見られるなど，2018年末の国会総選挙を前に，盤石と思われていたシェイク・ハシナ首相率いるAL主導政権にほころびが見えはじめる一年となった。

　このような状況のなかで，国定教科書におけるイスラーム関連記述の増加や宗教学校への公的な資格付与など，イスラーム主義団体の要求に沿った政策が次々と実行された。世俗主義を標榜するALがこれまで手を付けてこなかった分野での政策変更は，総選挙をにらんでのイスラーム主義層の取り込みであるとの見方が強い。

　また，2016年10月より再燃したロヒンギャ難民問題が深刻化した。2017年8月以降にミャンマーから越境してきたロヒンギャの数は半年間で70万人に達し，政府は難民キャンプにおける支援を本格化させるとともに，本国への安全な帰還に向けたミャンマー政府との二国間交渉に取り組んだ。

　経済分野では，GDP成長率が7.28％を記録し，2015/16年度の7.11％に続き，7％台の成長を維持した。その一方で，深刻な洪水被害によりコメをはじめとする食糧物価が高騰し，国民の生活を圧迫した。また，海外送金が前年に続き減少したことから，経常収支が赤字となった。

　治安に関しては，2016年7月のダカ襲撃テロ事件以降，現地警察による取り締まりが強化され，襲撃事件は減少したが，3月に空港付近の警察の検問所が自爆攻撃を受けるなど，予断を許さない状況が続いている。

国内政治

国会総選挙を前に強まる野党への攻勢

　2014年に実施された前回国会総選挙は，選挙の公平性が保たれていないとしてBNPを中心とした野党18連合がボイコットした状態で実施され，ALが3分の2以上の議席を獲得した。野党連合は再三にわたり中立的な選挙管理内閣制度の下での再選挙を要求してきたが，ALは応じてこなかった。次回総選挙は2018年末から2019年初頭に予定されているが，選挙を前に与野党の攻防が激しさを増してきている。とくに野党関係者の拘束，襲撃事件などが多発したことから与野党間の対立が深まり，公正な選挙実施に向けた協議は依然として進んでいない。

　3月30日にはBNP系学生組織であるジャティオタバディー・チャットロ・ドール（Jatiotabadi Chatra Dal: JCD）幹部のヌルル・アロハが殺害され，5月20日には，ダカのBNP事務所に対して警察当局による強制捜査が行われた。また，6月18日には，チタゴンでBNP幹事長のミルザ・フォクルル・イスラム・アルムギルら幹部が，10月28日にはロヒンギャ難民キャンプ視察のため移動中のカレダ・ジアBNP総裁を乗せた車列が襲撃を受け，多数の負傷者がでた。

　これに対してBNPは，ハルタル（ゼネスト）および政治集会を通じて抗議声明を出すと同時に，ロヒンギャ難民に対する政府の対応を批判することにより，国民の支持獲得を画策した。加えて，11月5日にトーマス・シャノン米国務次官ほか6人のアメリカ代表団と，12月7日に中国の外交団とジアBNP総裁が会談し，政治情勢について議論するなど，国際的な圧力による公正な選挙の実施に最後の望みをかけている様子がうかがえた。

　BNPは，2月6日に「ハミド大統領が任命したKM・ヌルル・フッダ選挙管理委員長はハシナ政権と関わりが深い」と批判しており，中立的な「選挙時支援型内閣」の設置を要求している。これに対してALは憲法上の規定にないとして応じなかった。

　BNPと共闘するイスラーム主義政党ジャマアテ・イスラーミー（イスラーム協会: JI）も，10月9日に幹部を含む9人が逮捕されるなど，弱体化を余儀なくされている。現地報道によるとJIの指導部は，8月にロンドンでジアBNP総裁と会談し，総選挙の出馬候補者82人のリストを提示した。JIは2013年に政党資格を取り消されており，現状では総選挙に党から出馬することができない。そのため，候補者はBNP，もしくは無所属として立候補する必要があり，今回のジア総裁

との会談は，実質的な議席配分要求であるといえる。JI は BNP がこの要求を承諾することを条件に，JI とその学生運動組織であるイスラーミー・チャットロ・シビル (Islami Chhatra Shibir: ICS) による反政府運動の実施を約束している。一部の選挙区では BNP の有力候補とぶつかるため，交渉の難航が予想されるが，JI は BNP との共闘が決裂したとしても，2023年の総選挙を視野にいれ，2018年末に予定されている総選挙に候補者を無所属で出馬させる意向を示している。

クミッラ，ロングプル市長選挙の実施

3月30日に実施されたクミッラ市長選挙で，BNP 候補者のモニルル・ホック・サック（現職）が再選を果たした。サックは6万8948票を獲得し，次点の AL 候補者のアンジュン・スルタナ・シマに1万票以上の差をつけて勝利した。BNP によると，サックとその支持者は選挙期間中にさまざまな妨害行為を受けたうえ，その行為に対して何の保護も受けられなかったとして，選挙実施体制を批判した。選挙委員会は投票率が約80％になるとの予想を出していたが，63.92％であった。

12月21日に実施されたロングプル市長選挙においては，国民党 (Jatiya Party: JP) 候補者のモスタフィザール・ラフマン・モスタファが AL と BNP の候補者に大差をつけて勝利した。モスタファは16万489票，AL 候補者のショルフッディン・アフメド・ジョントゥは6万2400票，BNP 候補者のカウサル・ザマン・バブラは3万5136票で，選挙の投票率は74.3％であった。一部の投票所で，得票操作を恐れた BNP 支持者が警察と衝突する事件が起きたが，選挙はおおむね平和裏に実施された。党単位で候補者を出さない形で行われた2012年12月の前回選挙では，AL が推薦する候補が JP の候補を破って勝利しているが，それを除けばロングプルにおいては1991年の民主化以降一貫して JP の候補が勝利しており，JP の重点地域であった。2014年の国会総選挙で AL と共闘した JP は，2018年末の総選挙では AL との14党連合に参加しない旨を表明している。

AL のオバイドゥル・カデル書記長は選挙結果を受けて「公正な政治と民主主義がこの選挙の勝利者である」と述べ，AL 政権の下で選挙が公正に行われていることをアピールした。BNP は，支持者が投票行為を邪魔されたとして選挙の無効を訴えたが，選挙管理委員会のフッダ委員長は，有権者からの申し立てがないことを理由に訴えを退けた。

次期国会総選挙を占うという意味で関心の高かった2つの主要都市での選挙は，ともに AL 候補者が敗北するという結果に終わった。この結果は盤石だと思われ

ていたハシナ政権に大きな衝撃を与えるものだった。

第16次憲法改正への最高裁の違憲判決と長官の辞任

2017年7月，最高裁上訴部が政府の訴えを退け，第16次憲法改正を違憲とする最高裁高裁部の判決を支持した。最高裁判事の罷免権を国会に与える第16次憲法改正は，法曹関係者の強い反発にもかかわらず，2014年9月に議会で満場一致で可決された。これにより，不正行為または能力の欠如を理由に，議会の3分の2以上の決議によって最高裁判事を罷免できることとなった。バングラデシュの憲法においては，最高裁長官は大統領が任命し，その他の最高裁判事は，長官と大統領とで協議して任命する制度となっており（第95条），任命に関しては以前から政府が司法に介入する素地があったが，罷免にも議会が介入することとなり，司法の独立が脅かされる事態となっていた。

これに対して2016年5月5日，最高裁高裁部は，司法独立の原則に反するとして，第16次憲法改正を違憲とする判決を出した。政府は判決を不服として，最高裁高裁部の憲法解釈に対する再審理権限を有する最高裁上訴部に上訴していたが，2017年7月3日，最高裁上訴部はそれを棄却する判決を出した。最高裁上訴部の判決を受け，ハシナ首相および閣僚は，シュレンドロ・クマール・シンハ最高裁長官を非難し，辞任を要求した。また，9月13日には違憲判決を無効とするための法的措置を求める決議を議会で可決した。

10月2日，最高裁はシンハ長官がオーストラリアで療養休暇を取る旨を発表したが，シンハ長官自身は療養であることを否定した。そして，渡航直後にマネーロンダリングや汚職など，11の容疑でシンハ長官が告発されていることを最高裁は明らかにした。議会と司法の混乱を受け，11月11日にシンハ長官はハミド大統領に辞表を提出した。

アワミ連盟によるイスラーム勢力の取り込み

2017年1月に配布された政府認定の国語（ベンガル語）の教科書において，イスラーム保守強硬派の主張にのっとった改訂がなんの説明もなく行われたとして，リベラル派の有識者や報道機関が非難の声を上げた。これによると，過激なイスラーム思想を批判したことでも知られるフマユン・アジャドの作品など，17の詩と物語が国定教科書から削除された。また，アルファベットを習う際に使用される単語の例で，「o」はこれまで山芋の一種である「ol」を例えとして使用してい

たが，胸元や髪を覆うように着用するスカーフでイスラームの風習に沿った「orna」へと変更された。

　教科書編集を担当するカリキュラム教科書委員会の委員長は，これらの修正は微細なものであり，事前に国民に知らせる必要はなく，また誰かの影響を受けたものでもないと現地報道に答えている。しかし，イスラーム保守強硬派のヘファジャテ・イスラーム (Hefazat-e-Islam: HI) は，「ヒンドゥー教徒と無神論者」によって書かれた詩を教科書から排除するよう求める声明を2013年に出しており，今回の改訂がイスラーム保守層に配慮したものであるとした見方を否定できない。

　また，ハシナ首相は4月11日，宗教色が強いイスラーム教育機関であるコウミマドラサの代表を集めた会合で，政府がコウミマドラサにおけるダウラ・ハディースの学位を，イスラーム学やアラビア語の修士相当として公的な修了資格を付与する方針であることを明らかにした。

　バングラデシュにおけるマドラサは，政府公認のアリアマドラサと非公認のコウミマドラサに分かれる。アリアマドラサは，ナショナルカリキュラムに従って普通教科を中心に教えているのに対して，コウミマドラサはイスラーム教義やアラビア語を教える割合が高く，宗教色が強い。そのため，これまでコウミマドラサにおける卒業・修了資格は公的に認められておらず，公務員や軍への就職に際し不利な立場に置かれていた。それに対して，1万数千校はあるといわれているコウミマドラサの卒業資格が認められないのは権利の侵害であるとして，HIやコウミマドラサの指導者は政府に異議を申し立てていた。これを受けて教育省は，2012年4月15日にHIの代表であるシャ・アフマド・ショフィを委員長とした，コウミマドラサ教育委員会を結成し，検討を進めていた。

　コウミマドラサの卒業資格に関する議論は，イスラーム主義政党であるJIと連立を組んでいたBNP政権下で活発化した。2006年8月21日に当時のジア首相はダウラ・ハディースに対して，公的な学位を与えることを明言していたが，在任期間中に必要な手続きを終えることができなかった。教育情報統計局が2015年に出した報告書によると，140万人の学生が1万3902のコウミマドラサで学んでいるが，コウミマドラサ側は学生数を170万人以上であると主張している。また，コウミマドラサの9割が男子学生用のマドラサとなっている。

　さらに，5月26日，政府は最高裁判所の前に設置された女神像を撤去した。ギリシャ神話の女神テミスをモチーフにした像は，正義の象徴としてAL政権下の2016年12月に設置された。それに対して，HIやイスラーム運動 (Islamic Andolon:

IA），AL のイスラーム保守グループであるアワミ・オラマ・リーグ（Awami Olema League: AOL）といったイスラーム保守系グループが，像の設置は偶像崇拝にあたり反イスラーム的であるとして抗議運動を展開。女神像を撤去し，クルアンを置くよう求めていた。これに対してハシナ首相は，イスラーム指導者の集まった会合で，「なぜこのような像が設置されたかわからない」と発言するなど，抗議運動に配慮する姿勢をみせていた。

これら一連の動きの背景には，2018年末に予定されている総選挙を前に，イスラーム保守層を取り込みたい AL の意向があったと考えられる。

自然災害の多発

2017年は死傷者が多数発生する地震，洪水，サイクロン，土砂崩れといった自然災害が多発した。災害対応を主な任とする災害対策・救援省は，ロヒンギャ難民支援も担当していることから，年間を通じて非常に大きな役割を担った。

インドのトリプラで，1月3日現地時間の14時39分にマグニチュード5.7の地震が発生した。震源の深さは32キロメートルで，インドとバングラデシュを流れるダライ川の堤防が決壊し，周辺住民の家屋が流され被害が拡大した。バングラデシュでは，2人が死亡，3人が負傷した。

3月末から4月にかけて，バングラデシュおよび河川上流のインドの大雨が原因で，北西部において大規模洪水が発生した。これによりボロ米収穫前の農業地約22万ヘクタールが被害を受けたことから，一時的にコメの価格が2016年同時期と比べて58％上昇した。

また，5月29日の明け方にサイクロン「モラ」がコックスバザールに上陸し，インド北東部へと抜けた。最大風速は32.5メートル毎秒で，土砂災害や高潮により330万人が被災し，少なくとも136人が負傷，9人が死亡，81人が行方不明となった。被害がもっとも大きかったのはコックスバザールで，20万人が住む場所を失った。経済損失は総額500万ドルになると推計される。当時，コックスバザール南部には30万人を超えるロヒンギャ難民がいたが，キャンプ内における被害は明らかにされていない。

6月12日には，大雨によりチタゴン丘陵地帯で大規模な地滑りが発生し160人が死亡，187人が負傷した。計8万人が被害を受けており，ランガマティでの被害が甚大であった。

7月から8月にかけて北部22県で再び大規模な洪水が発生し，121人が死亡，

約24万人が被災した。一部地域では3月から4月にかけての洪水被害からの復旧もままならない状況であったため、家屋や農地、インフラに甚大な被害がでた。

111万人のロヒンギャ難民

「アラカン・ロヒンギャ救世軍」（ARSA）を名乗る武装勢力が8月25日、ミャンマー・ラカイン（ヤカイン）州の警察・軍関連施設を襲撃した。これに対してミャンマー国軍は、ロヒンギャ集落で掃討作戦を実施した。「国境なき医師団」の調査によると、この作戦で1カ月の間に6700人のロヒンギャが殺害されたとされる。軍はロヒンギャの村々に火をつけARSAのメンバーが隠れる場所を徐々になくしていく作戦に出たことから、ロヒンギャはバングラデシュに追い立てられることとなった。結果的に、半年間で70万人ものロヒンギャが国境を越え、それまでにバングラデシュにいたロヒンギャと合わせて約111万人が難民キャンプで生活を送る事態となった。難民キャンプを11月に訪問したパッテン国連事務総長特別代表は、ミャンマー国軍兵士による女性に対する集団レイプなど「人道に対する罪」にあたる残虐行為が組織的に行われたとして、ミャンマー政府を非難した。

バングラデシュ政府は当初、イスラーム武装勢力に対する懸念をミャンマー政府と共有するなど、ミャンマー政府を擁護する立場をとった。その背景には、2016年のダカ襲撃テロ事件以降、イスラーム武装勢力掃討作戦を実施しているバングラデシュ政府にとって、ミャンマー政府および軍部との協力関係が不可欠であったことや、難民のミャンマーへの最終的な送還を念頭に置き、良好な関係を維持したいという思惑があったと考えられる。ミャンマーを通って中国に抜ける交易ルートと、ラカイン州との貿易に関する権益の確保も後押しした。

また、越境したロヒンギャの大半は、コックスバザール南部で難民生活を送っているが、北側にはバングラデシュ政府と先住民族間の土地問題を抱え、イスラーム武装勢力の基地も複数あることが指摘されているチタゴン丘陵地帯がある。さらにその北には、紛争問題の火種を複数抱えているインド北東部があり、これらの地域を縦断する形で、武装勢力の資金、武器、人的ネットワークが形成されることへの懸念をバングラデシュとインドは共有している。

インドでは、8月28日にキレン・リジジュ内務閣外大臣が国会において、安全保障上の脅威であることと、安い労働力の流入による賃金低下を理由に、ロヒンギャ難民を国外追放する方針を発表した。インド国内には今回の事件以前から4万人のロヒンギャ難民がおり、そのうち1万6000人が国連難民高等弁務官事務所

クトゥパロンのロヒンギャ難民キャンプ（2018年2月8日，筆者撮影）

(UNHCR)の難民認定を受けているが，インド政府は認定を受けているロヒンギャも同様に国外に追放されるべきと主張している。これに対し，ロヒンギャ側の代表2人がインド最高裁に政府の送還方針を撤回するよう求める訴えを起こしたが，判決は先延ばしにされている。

　このような背景からバングラデシュ政府はこれ以上の難民流入を防ぐため，最低限の人道支援にとどめた。しかしながら，急増する難民と国際社会の関心の高まりから，消極的な難民政策は変更を余儀なくされた。9月15日のスワラージ印外相とハシナ首相の電話会談において，スワラージ外相は状況の変化を「ローカルイシューから，グローバルイシューに」と表現し，対応策を協議した。結果として，9月中旬から徐々に国連機関やNGOによるロヒンギャ難民支援を拡大すると同時に，これまで同調姿勢をとってきたミャンマー政府に対して，難民の帰還を受け入れないことを理由に，ハシナ首相が非難声明を出すに至った。

　また，バングラデシュ側の方針転換の背景には，不十分なロヒンギャ難民支援に対して，野党やNGO，イスラーム保守層からの批判が高まったことがある。とくにイスラーム保守強硬派のHIが積極的に政府批判を展開した。HIの代表は「ロヒンギャへの弾圧がやまなければ，ミャンマーでジハードが起きるだろう」と発言するなど，政府に対する攻勢を強めた。2018年末に予定されている国会総選挙を前に，最大野党BNPやHIが，ロヒンギャ問題を政治化し，与党批判の材

料として使うのを無視できない政治的な思惑もあったと考えられる。また，コックスバザールにおいてはもともとBNPやJIの強い支持基盤があることから，同地域のAL候補者から，これ以上ロヒンギャ問題を放置すれば，選挙に悪影響が出るとして，執行部を批判する動きも見られた。これを受け，ハシナ首相は9月12日にキャンプを訪問し，難民に寄り添う姿勢を見せた。

難民の帰還に向け，両国政府は11月15日からミャンマーのネーピードーで会合を開き，11月23日に合意文書への署名に至った。しかし，帰還の具体的なプロセスや期限などで合意に至らず，両政府は合意文書を公表しなかった。現地報道によると，今回の合意は1992年の帰還事業の際に結ばれた協定を基礎としており，バングラデシュ側は，1年以内の帰還完了と，帰還プロセスに国連機関を関与させることを求めた。ミャンマー側は，署名から2カ月以内に帰還を開始することを求めたが，帰還完了期限と国連機関の関与については難色を示した。合意に基づき，両国で越境したロヒンギャのリストの作成が開始されたが，バングラデシュ側での作業が終わっていないとして，帰還開始には至らなかった。

経　　済

マクロ経済状況

2016/17年度（2016年7月〜2017年6月）のGDP成長率は7.28％を記録し，2015/16年度の7.11％に続き，7％台の成長を維持した。主力産業である衣料品の輸出や内需，インフラ需要が成長を後押しした。IMFは2017/18年度のGDP成長率を7％と予測しており，安定した経済成長がしばらく続く見込みだ。第7次5カ年計画（2016〜2020年）では，GDP成長率8％を最終目標としており，政府は経済インフラの整備と治安状況の改善によるさらなる投資の呼び込みを進めている。産業別にみると，GDPの56.5％を占めるサービス業と29.2％を占める鉱工業（製造業・建設業含む）が成長をけん引した。

また，2016/17年度の1人当たりGDP（名目値：市場交換レート）は1538ドルで，初めてパキスタンの1470ドルを上回る結果となった。パキスタンの人口増加が1人当たりのGDPを押し下げたと考えられる。

一方で，食糧価格の高騰を背景に消費者物価指数の上昇傾向が見られた。10月の物価上昇率は過去2年間で最高の前年同月比6.04％で，食糧価格に限っていえば11月の物価が同7.09％，12月は同7.13％上昇した。食糧価格の上昇は，相次ぐ

洪水被害によってボロ米が大きな被害を受け，コメの価格が高騰したことが主な原因だ。生産量の落ち込みに伴ってコメの備蓄が減少し，1月に53万トンあった備蓄は，7月頭には15万トンにまで落ち込んだ。そのため，政府は2011年以来となるコメの大量輸入に踏み切った。また，8月にはコメの輸入関税引き下げを行ったが，国内米価を押し下げるには至らなかった。7月から12月にかけての粗米の価格は1キログラムあたり42タカから50タカで，2016年の同時期の価格が最大でも33タカであったことを考えると，国民生活に与えた影響は大きいといえる。コメの価格高騰はとりわけ貧困層の生活に大きなダメージを与えることから，総選挙を前にALは迅速な対応を迫られている。

食糧価格が高騰する一方で，非食糧価格の上昇率は低下した。世界銀行ダカ事務所のエコノミストは，コメの価格高騰に伴い，国民の食糧への支出が増加し，非食糧に資金が流れなくなったことが理由ではないかと指摘している。非食糧価格の上昇率が11月の4.10％から12月の3.85％に減速したことで，最終的に物価上昇率は11月の5.91％から12月の5.83％に低下した。

海外出稼ぎ労働者からの送金の減少

海外の出稼ぎ労働者からの送金額は135億3000万ドルで，過去6年間で最低となった。出稼ぎ先の6割を占める中東からの送金額が，不安定な中東情勢と原油価格の下落に伴い減少したことに加え，2013年から2014年におけるサウジアラビアやマレーシアの出稼ぎ労働者受け入れ制限による海外労働者移住者数の減少の影響が，2017年になって出はじめたためと考えられる。加えて，手数料の安い非合法な形での送金が増加したことも要因として指摘されており，実際の送金額は公式の数字より大きいことが予想される。

バングラデシュは貿易赤字を海外出稼ぎ労働者からの送金で穴埋めすることにより経常収支をプラスに保ってきたが，海外労働者からの送金額が減少したことにより，2016/17年度の経常収支は赤字となり，タカ安が進行した。2017/18年度以降は，日本や中国，インドの支援による大型インフラ案件が複数実行に移されることから，設備等の輸入が増加し，貿易赤字がさらに拡大するとみられる。

2016年1月以降，バングラデシュ中央銀行は世界的な原油・穀物価格の低下によりインフレ懸念が弱まったことを背景に，民間への融資促進を目的とした金利の引き下げを行っているが，2018年1月に出された金融政策の中でタカ安に対する懸念を表明しており，今後金利を引き上げる可能性も指摘されている。

取り締まり強化による治安の改善と投資の拡大

　日本の援助関係者7人を含む民間人20人が殺害された2016年7月のダカ襲撃テロ事件以降，現地警察は取り締まりを強化し，2017年5月までの間に武装勢力のメンバー92人を殺害，1050人を拘束した。殺害されたなかには，ダカ襲撃テロ事件の首謀者とみられるタミム・アフメド・チョウドゥリも含まれる。また，若者が過激思想に感化されるのを防ぐために，テレビCMや看板を作成するなど，政府は一般の人の目に見える形で過激派の問題を提起した。これにより，襲撃事件は減少したが，3月24日午後8時頃に，ダカ国際空港前交差点付近の警察の検問所が自爆攻撃を受けるなど，予断を許さない状況が続いている。現地警察高官によると，ダカの警備人員を事件前の倍にし，私服警官を動員するなどして治安維持にあたっている。ダカ襲撃テロ事件現場周辺には装甲車も配備されており，検問所には武装した警官や特殊部隊（Rapid Action Battalion: RAB）が監視にあたっている。また大学などの高等教育機関と連携し，数日間休んだ学生の情報を共有するシステムを構築するなど，若者が武装勢力に感化され，実行犯として動員されないよう対応にあたっている。

　政府は，テロを一切容認しない「ゼロ・トレランス・ポリシー」を掲げる一方で，武装勢力のメンバーが追い詰められ，過激な行動に出るのを防ぐため，投降したメンバーの社会復帰を促すプログラムを検討している。ハシナ首相は，4月26日にRAB本部で行われた記念式典で，武装解除したすべてのテロリストに対して，普通の生活に戻るための支援を与える意向を示した。

　これらの対策の成果もあり，テロ事件によって停滞が危惧された直接投資も堅調な伸びをみせ，直接投資受入額（ネット）は前年比3割増の17億600万ドルとなった。進出する日系企業も増加し，2016年の245社から，2017年7月には255社となった。ジェトロは8月4日，シンガポールで日本とバングラデシュの企業関係者を集め，ビジネス機会を創出する「B to B 会議」を開催するなど，官民あげて日本からバングラデシュへの投資を促進する姿勢を見せた。

　バングラデシュの投資環境を整えるうえで治安と同様に懸念材料となっているのがエネルギー問題である。アジアインフラ投資銀行（AIIB）は3月28日に慢性的なエネルギー不足に対処することを目的として，天然ガスインフラ・効率性改善プロジェクトに6000万ドルを拠出する意向を示した。ガスの生産性向上と，チタゴンとバクラバットをつなぐガス・パイプラインなどのインフラ拡張整備が含まれる同プロジェクトには，2016年11月にアジア開発銀行（ADB）が1億6700万

ドルの融資を承認しており，AIIBとADBの共同出資プロジェクトとなる。AIIBは前年6月にも，配電システムを改善・拡大するプロジェクトに1億6500万ドルの融資を承認しており，エネルギー需要に応えるためのインフラ整備がバングラデシュ経済の鍵になるとの認識を示している。

対外関係

対印関係

　4月7日，ハシナ首相がインドを訪問し，二国間協議が行われた。協議では有償資金協力，交通・運輸，国防，およびティスタ河川の水分配などに関して議論が交わされ，経済・国防分野で22の協定が締結された。また，バングラデシュに対して45億ドルの借款による支援が約束された。この額はインドによる対外支援の中で最大となる。インドは過去6年間，バングラデシュに対し80億ドルの有償資金協力を行っており，ハシナ政権の経済政策を支えた。

　上記の45億ドルの中には軍備増強のための5億ドルの支援が含まれる。バングラデシュは軍装備品の多くを中国から購入しており，2016年には2億300万ドルで潜水艦2隻を購入し，2017年から運用を開始している。インドによる支援は，軍装備品を通じてバングラデシュへの影響力を強める中国に対して存在感を誇示する意味合いもあったと考えられる。

　他の国防分野に関しては，両国国境沿いの武装勢力への対策などが協議され，包括的防衛協力合意が締結された。2009年から2014年にかけて，バングラデシュ政府はインドを拠点とする武装勢力の指導者17人を逮捕・拘束し，数人をインドに送還している。ダカ襲撃テロ事件以降，両国はとくにイスラーム武装勢力に対する警戒を強めており，情報共有などテロ対策で協力関係を強化している。

　交通・運輸に関しては，11月9日にクルナとコルカタを結ぶ鉄道が開通し，新たにコルカタ＝クルナ＝ダカ間のバス交通網が発表された。

　エネルギー分野では，原子力発電所の建設計画で，主として安全管理分野においてインドがバングラデシュを支援する協定が調印された。これにより，ロシア主導で進められている原子力発電の開発にインドも関与することとなる。

　政治的には，2014年にインド人民党（BJP）が政権の座に就いて以降，モディ印首相とハシナ首相は両国の関係改善を推し進めている。両国に点在していた飛び地を交換する2016年の国境線画定の合意は，第2次ハシナ政権おける最大の外交

成果であったといえる。一方で，インド製品のバングラデシュ領内通過に関する協定などは，バングラデシュ政府のインド政府に対する過剰な譲歩であるとする見方もある。また，長年の懸案事項で国民の生活に直接的な影響があるティスタ河水共有協定は，2016年に署名が見送られて以降進展がみられない。ティスタ河は両国の共有河川であり，上流インドでのダム建設に伴う水量減少による農業への影響がバングラデシュで問題となっている。例年乾期になると各報道機関がティスタ河の水量減少による北西部農民の窮状を報じるなど，国内世論の反インド，ひいては反AL感情を高めかねない事項となっており，総選挙を前にハシナ政権に対する野党からの批判材料となっている。

対中関係

11月18日，ハシナ首相は王毅中国外交部長とダカで会談し，両国の経済協力に関して協議がなされた。また，同会談において中国側はロヒンギャ問題解決に向けた協力を表明した。中国にとって，インド洋に面するベンガル湾を有するバングラデシュはインドに対する地政学的影響力の拡大という意味合いからも経済市場，生産拠点としても重要な国であり，軍事・経済の両面でハシナ政権と緊密な協力関係を築いてきた。

バングラデシュにとっても中国は最大の輸入国であり，2016/17年度輸入総額は101億9380万ドルに上った。輸入額全体の25.2％を占め，続くインド（15.2％），シンガポール（6.1％），日本（4.3％），韓国（3.2％）を大きく引き離している。家電製品や工業用・農業用機械に加え，バングラデシュの主力産業である縫製品の原材料も多くは中国産である。

直接投資では，2017年9月時点で中国の累積額は13位で，9位のインドや12位の日本に後れをとっている。しかし，2月に中国国有企業の振華石油控股有限公司が，アメリカ企業シェブロンから国産天然ガスの約56％を採掘するガス開発事業を買収する可能性があると報じられた。買収額は約20億ドルと見込まれ，取引が成立すれば，年間1600万トンの石油に換算される天然ガス採掘権が中国に渡ることとなる。これによって中国の累積直接投資は，バングラデシュにおいて1位に躍り出ることが予想され，貿易・投資の両面での存在感がいっそう高まるとみられる。

ALによる野党BNPに対する攻勢が強まるなか，12月7日，中国共産党の外交団がジアBNP総裁および党執行部と会談した。ティスタ河川問題などでAL

の対印外交姿勢に国民の不満が高まりを見せつつあるなか，中国が弱体化するBNPを擁護する姿勢を見せるのか，今後の動向を注視する必要がある。

対日関係

　2016年7月のダカ襲撃テロ事件以降，日本の援助関係者の活動が一部制限されるなか，ハード・ソフトの両面で安全対策を徹底したうえで開発プロジェクトが継続された。そして，バングラデシュの会計年度の最終月である2017年6月末に，火力発電所建設や国際空港拡張工事，都市交通整備などを含む総額約1800億円の円借款契約への調印がなされた。これにより，2014年の日バ首脳会談で安倍首相が言及した6000億円の支援が，4年間で達成される見込みとなった。現地での活動が制限されるなかで，例年どおりのスケジュールで開発支援を継続できたことは，テロに屈しない強固な二国間関係をアピールする意味合いがあった。

　11月18日から20日にかけて河野太郎外相がバングラデシュを訪れ，外相会談およびロヒンギャ難民キャンプの視察を行った。外相会談においては，「包括的パートナーシップ」の下，バングラデシュの2021年までの中進国化実現に向けて全面的に協力する旨が述べられ，経済協力に関する協議がなされた。

　また，河野外相による北朝鮮への圧力を最大限まで高めるとの発言に対して，アリ外相から日本の立場を強く支持する旨の発言があった。バングラデシュには北朝鮮大使館があり，会談を通じて北朝鮮へ圧力をかけるねらいがあったと考えられる。加えて，バングラデシュが日本の安保理常任理事国入りを支持する立場であることを確認し，安保理改革の実現に向けて連携していくことで一致した。

　河野外相はまた，難民の帰還を含むロヒンギャ問題の恒久的解決に向けた支援を表明した。これによると8月26日以降に実施された400万ドルの緊急支援協力に加え，国際機関を通じた食糧などへの支援，計1860万ドルが約束された。新たに決定したのは，国連世界食糧計画（WFP）を通じた緊急無償資金協力1500万ドルとUNHCRへの360万ドルの支援増額である。

　ロヒンギャ問題に関しては，いち早く外相が難民キャンプを訪問し，支援を約束した日本に対する評価は高い。一方で，国連総会第3委員会（11月16日）や国連人権理事会（12月5日）における，ミャンマー政府に対する非難決議を日本が棄権したことに対して，バングラデシュ政府内からは不満の声も上がっている。日本政府としては，欧米諸国がミャンマー政府を強く非難するなかで，ミャンマーと中国が接近することをけん制すると同時に，バングラデシュ・ミャンマー両政府

との対話を通じて，この問題を解決するねらいがあると思われる。

 2018年の課題

　憲法第123条第3項(a)によると，任期満了による解散の場合，解散の期日に先立つこと90日前から解散の期日当日までの間に選挙を行うこととされる。現政権の初議会は2014年1月29日であるため，次回国会総選挙は2018年10月31日から2019年1月28日までの間に実施される見込みだ。

　しかし，総選挙を前に，野党関係者の拘束・襲撃事件が多発しており，野党関係者は批判を強めている。BNPは報道に対して，2013年から2017年の間に34人が逮捕，435人が失踪し，そのうち39人が遺体で発見され，252人がいまだに行方不明であると指摘している。2018年2月8日には，ダカ特別裁判所が慈善団体の基金横領の容疑でジアBNP総裁に懲役5年，ロンドンにいるタリク・ラフマンBNP上級副総裁に懲役10年の有罪判決を言い渡した。ジア総裁が刑務所に収監される事態を受け，BNPは全国で抗議運動を展開した。一連のBNP幹部の逮捕は，2年以上の有罪判決を受けた者は国会総選挙に出馬できないという憲法規定を利用したBNPへの攻勢であるとの見方も強い。

　また，2010年より実施されている，独立戦争時に西パキスタンの側について虐殺行為に加担したものを裁く国際戦争犯罪法廷においては，2017年に大きな動きはみられなかったものの，2018年1月10日に2人に死刑，3人に終身刑の判決が下された。本法廷では，これまでにJI幹部6人，BNP幹部1人に対して死刑が執行されており，裁判の政治利用であるとの批判も大きい。

　国連事務総長のスポークスマンは，2018年2月26日，国際社会にロヒンギャ難民支援を訴える一方で，バングラデシュ政府に対して公正な選挙を求める声明を出した。ロヒンギャ難民支援を大規模に実施する以上，国連としてもバングラデシュに民主的な体制を維持してもらう必要があることから，今後もALに対する公正な選挙実施に向けた国際社会からの圧力が強まると考えられる。

　深刻化するロヒンギャ難民問題は，一歩間違えると国内外からの批判を免れないことから，国会総選挙を前にハシナ政権は慎重な対応を余儀なくされている。キャンプにおいては雨季の土砂災害や感染症の拡大が予想されており，111万人の命を守るには国際社会の支援が不可欠だ。また，二国間合意に基づく帰還事業が，ミャンマーにおける安全を十分に担保したうえで，本人の同意のもとに実施されているか，進捗を注視する必要がある。

（東京外国語大学）

重要日誌　バングラデシュ　2017年

1月3日▶インドを震源とする地震で2人が死亡。

5日▶バングラデシュ民族主義党（BNP）が2014年の国会総選挙が非民主的であるとして抗議集会を実施。

6日▶治安当局が2015年の邦人殺害事件の実行犯を銃撃戦の末、殺害。

8日▶ムヒト財務相、訪日。

10日▶アワミ連盟が、ボンゴボンドゥ帰還記念日を祝う集会を開催。

▶ミャンマー副外務大臣チョー・ティンが3日間の日程で来訪。

13日▶治安当局が2016年のダカ襲撃テロ事件の首謀者の一人とされるイスラーム武装勢力のメンバーを逮捕。

16日▶武井外務大臣政務官がアラム外務担当国務大臣と面会し、ダカ襲撃テロ事件後の安全対策措置に謝意を表明。

▶ハシナ首相が、ミャンマー政府に対し、難民化しているロヒンギャの帰還を要請。

28日▶ラカイン（ヤカイン）州諮問委員会の代表団がダカを訪問。ロヒンギャキャンプを訪問したのち、アリ外相と会談。

29日▶外務省がミャンマー大使を呼んで無国籍状態にあるロヒンギャ数万人が流入していることへの「深い懸念」を表明。

2月1日▶パレスチナ首相が3日間の日程で来訪。

3日▶チタゴン丘陵地帯カグラチャリ県で行われていた仏教徒行事の会場にトラックが突入。

5日▶緊急即応部隊（RAB）がダカ市ジャトラバリ地区で掃討作戦を実施し、武装勢力のメンバーを逮捕。

6日▶任期満了にともない、新たな選挙管理委員会のメンバーが発表される。委員長にはKM・ヌルル・フッダが任命される。

▶渡邉正人駐バングラデシュ大使とアゾム財務省経済関係局次官との間で、供与額5億円の無償資金協力「第3次初等教育開発計画」に関する書簡の交換が行われる。

17日▶仏教徒であることを理由に在留邦人に対してSNS上で殺害予告が出される。

▶李亮喜・国連特別報告者、来訪。

22日▶ロイター通信が、中国の振華石油がアメリカ石油大手シェブロンから天然ガス田を買収することで暫定合意したと報じる。

23日▶インド外務次官スブラマニヤム・ジャイシャンカル、来訪。

27日▶児童婚禁止法を可決。

28日▶バングラデシュ共産党、バングラデシュ社会党主導の下、ガス料金値上げに抗議するハルタルを実施。

3月1日▶ダカ市内ガブトリ地区にて、輸送労働者と治安当局が衝突。

2日▶BNPがガス料金値上げに抗議する座り込みデモを実施。

▶イギリスのアジア太平洋担当大臣アロク・シャーマ、来訪。

3日▶ダカ襲撃テロ事件の指導者アブル・カシェムを逮捕。

6日▶ガジプール県トンギ地区にて、公判中の容疑者を護送する車両が襲撃される。

7日▶コミラ県チャンディナ地区の高速道路で、バスを検査する警察官が襲撃され負傷。

▶岸外務副大臣、ハシナ首相と会談。

10日▶ヘファジャテ・イスラームが最高裁判所前に設置していた女神像の撤去を求める全国規模の抗議活動を実施。

12日▶魏鋼・中国海軍少将、来訪。

15日▶チタゴンで治安当局による掃討作戦が行われ、過激派2人が死亡、2人が逮捕さ

れる。

20日 ▶チタゴンで治安部隊が過激派の掃討作戦を実施。

24日 ▶ダカ国際空港付近の警察の検問所が自爆攻撃を受け，2人が負傷。

▶シレットにおいて過激派の掃討作戦を実施。

25日 ▶シレットの過激派拠点で爆弾が爆発し，一般市民を含む6人が死亡，40人以上が負傷。

28日 ▶日本政府がロヒンギャ難民に対し，計200万ドルの緊急無償資金協力を決定。

▶北西部における大規模洪水の被害が深刻化。

▶アジアインフラ投資銀行(AIIB)が天然ガスインフラ・効率性改善プロジェクトに6000万ドルを拠出する意向を表明。

30日 ▶クミッラにおいて市長選挙を実施。

▶治安部隊がガジプール県トンギ地区にて過激派の掃討作戦を実施。

▶BNP系学生組織であるJCD幹部ヌル・アロムが殺害される。

4月7日 ▶ハシナ首相，訪印。

11日 ▶陳雷・中国水利部長，来訪。

▶イギリス国際開発省のマイケル・ウォルトン卿，来訪。

▶ハシナ首相がコウミマドラサへの公的学位の付与に言及。

24日 ▶中国のアジア業務特別公使・孫国祥，来訪。

25日 ▶ラジシャヒ県にて過激派掃討作戦を実施。

26日 ▶ダカで，武装勢力のメンバーとして爆弾の製造に従事していた男を逮捕。

▶デーヴィッド・キャメロン前英首相，来訪。

▶全哲洙・中国共産党中央委員会統一戦線工作部副部長，来訪。

▶ハシナ首相が，投降した過激派組織メンバーに支援の意向を表明。

5月20日 ▶ダカ市内グルシャン地区にあるBNP事務所に対して，警察当局が強制捜査を実施。

22日 ▶ノルシンディ県ガブトリ村で過激派の掃討作戦を実施。

26日 ▶最高裁判所前に設置されたギリシャ神話をモチーフとした女神像が撤去される。

29日 ▶サイクロン「モラ」がコックスバザールに上陸し，9人が死亡，136人が負傷。

6月7日 ▶アラム外務担当国務大臣が岸外務副大臣を表敬訪問。

12日 ▶チタゴン丘陵付近で土砂災害が発生し，160人が死亡，187人が負傷。

15日 ▶日本政府とバングラデシュ政府の間で，官民連携(PPP)事業の基本合意書が交わされる。

18日 ▶BNP幹部ミルザ・フォクルル・イスラム・アルムギルが，チタゴンにて襲撃される。

29日 ▶国際協力機構(JICA)が，6事業，総額1782億2300万円を限度とする円借款契約に調印。

7月3日 ▶最高裁上訴部が政府の訴えを退け，第16次憲法改正を違憲とする最高裁高裁部の判決を支持。

5日 ▶タイの外務大臣ドーン・ポラマットウィナイ，来訪。

▶フィリッポ・グランディ国連難民高等弁務官事務所コミッショナー，来訪。

13日 ▶スリランカ大統領のマイトリパーラ・シリセーナ，来訪。

20日 ▶ダカのアシュリア地区で過激派の掃討作戦を実施。

8月3日 ▶イスラーム協力機構(OIC)事務局長のユースフ・アハマド・アル＝オサイミー

ンが来訪。

4日▶ジェトロがシンガポールで日本とバングラデシュの企業関係者を集めた「B to B 会議」を開催。

10日▶タイのアピラディ・タントラポーン商業大臣，来訪。

15日▶ダカ市パンタパス地区にて過激派の掃討作戦を実施。

25日▶「アラカン・ロヒンギャ救世軍」（ARSA）がミャンマー・ラカイン州の警察・軍関連施設を襲撃。

28日▶インドの閣外大臣がロヒンギャを国外追放する方針に言及。

29日▶アメリカの南・中央アジア担当審議官アリス・ウェルズ，来訪。

▶パオラ・パンパローニ欧州対外行動局アジア太平洋地域副専務理事，来訪。

9月5日▶ダカ市ミルプール地区にて過激派の掃討作戦を実施。

▶インドネシア外相ルトノ・マルスディ，来訪。

6日▶アリ外相がトルコのチャウショール外相とロヒンギャ問題について協議。

8日▶BNPが，ロヒンギャへの迫害に抗議する全国規模の集会を開催。

▶イスラーム・アンドロン・バングラデシュがロヒンギャへの迫害を抗議するため集会を開催。

12日▶ハシナ首相がロヒンギャ難民キャンプを訪問。

15日▶ハシナ首相とスワラージ印外相が電話会談を実施。

18日▶河野外相，アリ外相と会談。ロヒンギャ受け入れ支援として400万㌦の支援を約束。

21日▶国連総会でハシナ首相がミャンマー政府を非難。

23日▶フィリッポ・グランディ国連難民高等弁務官事務所コミッショナー，来訪。

26日▶堀井巌外務大臣政務官，来訪

10月1日▶ミャンマー国家最高顧問府大臣チョウ・ティン・スエ，来訪。

2日▶バングラデシュ，ミャンマー両国閣僚が会談。ロヒンギャ難民のミャンマー帰還へ向けて作業部会の設置を決定。

▶ユニセフ事務局長アンソニー・レイク，来訪。

▶国連人道問題調整事務所事務局長マーク・ローコック，来訪。

3日▶アルン・ジャイトレー印財務大臣，来訪。

9日▶警察当局がダカ北部ウットラにてジャマアテ・イスラーミー（イスラーム協会：JI）幹部ら9人を逮捕

12日▶JIが警察当局による幹部ら9人の逮捕を不服として，全国規模のハルタルを実施。

15日▶国際移住機関ディレクターのウィリアム・レイシー・スウィング，来訪。

22日▶スワラージ印外相，来訪。

24日▶アリ外相がネーピードーでミャンマーのチョー・スエ内相と会談。ロヒンギャ難民の帰還手続きなどを協議。

25日▶BNPが上級副総裁に対する逮捕状が発出されたことへの抗議集会を実施。

▶中国のアジア業務特別公使・孫国祥，来訪。

28日▶ロヒンギャ難民キャンプ視察のためコックスバザールに移動していたジアBNP総裁を乗せた車列が襲撃を受ける。

11月3日▶アメリカ代表団，来訪。

▶カナダのボブ・レイ前オンタリオ州首相がミャンマー特使として来訪。

5日▶アメリカ国務次官トーマス・シャノ

ンがロヒンギャ問題を含む二国間協議のため来訪。

▶プラミラ・パッテン紛争下の性的暴力担当国連事務総長特別代表がロヒンギャ難民キャンプ視察のため，来訪。

9日▶クルナとインドのコルカタを結ぶ鉄道が開通。

▶日本政府がロヒンギャ難民に対する1500万ドルの支援を決定。

11日▶シュレンドロ・クマール・シンハ最高裁長官がハミド大統領に辞表を提出。

15日▶ロヒンギャ帰還に向けた二国間交渉をミャンマーにて開始。

16日▶王毅・中国外交部長，来訪。

▶国連総会第三委員会でOICが提出したミャンマー非難決議が採択。日本は棄権，インド，中国，ロシアは反対にまわる。

17日▶ペニー・モーダント英国際開発省事務次官，来訪。

18日▶アリ外相が王毅・中国外交部長と会談。中国側はロヒンギャ問題解決に向け協力を表明。

▶ハシナ首相，王毅・中国外交部長と会談。両国の経済的な協力関係を確認。

▶河野外相，来訪。

19日▶河野外相が外相会談，ハシナ首相を表敬訪問，ロヒンギャ難民キャンプ視察，ダカ襲撃テロ事件現場での献花を行う。

▶ドイツ外相ジグマール・ガブリエル，来訪。

▶スウェーデン外相マルゴット・ヴァルストローム，来訪。

▶フェデリカ・モゲリーニ欧州委員会副委員長兼欧州連合外務・安全保障政策上級代表，来訪。

21日▶中根一幸外務副大臣がアリ外相と会談。

▶カナダ国際開発大臣マリークロード・ビボー，来訪。

23日▶バングラデシュ，ミャンマー両政府がロヒンギャの帰還に関する覚書に署名。

12月1日▶フランシスコ教皇，来訪。

5日▶国連人権理事会でバングラデシュ，サウジアラビアほかが提出したミャンマー非難決議が採択。日本は棄権，インド，中国，ロシアは反対にまわる。

6日▶王亜軍・中国共産党対外連絡部部長助理，来訪。

▶ヘファジャテ・イスラームが，トランプ米大統領がエルサレムをイスラエルの首都だと認めたことに対する抗議デモを実施。

▶ハシナ首相がパリでフランスの最高経営責任者組合と会談。バングラデシュへの投資を求める。

7日▶中国共産党の外交団がダカでジアBNP総裁および党執行部と会談。

15日▶マレーシア副首相のアーマド・ザヒド・ハミディ，来訪。

16日▶アル・カーイダからバングラデシュのムスリムに対して，ロヒンギャへのミャンマー軍の残虐行為に対してジハードの呼び掛けがなされる。

17日▶ミャンマー事務次官ミン・トゥ，来訪。

19日▶トルコのユルドゥルム首相，来訪。ハシナ首相と経済連携強化とロヒンギャ支援について会談。

20日▶世界銀行が中等教育支援として5億1000万ドルの有償資金協力を表明。

21日▶ロングプル市長選挙を実施。

24日▶国連総会の本会議で，OICが提出したロヒンギャ迫害に深刻な懸念を表明する決議案が採択。日本は棄権，中国，ロシアは反対にまわる。

参考資料 バングラデシュ　2017年

① 国家機構図(2017年12月末現在)

② 行政単位(2017年12月現在)

	行政単位	数
	Division（管区）	8
	Zila（県）	64
	Upazila（郡）	489
農村部	Union（ユニオン・行政村）	4,554
都市部	City Corporation（特別市）	11
	Municipality（市）	321

（出所）　Bangladesh Bureau of Statistics, *Statistical Yearbook of Bangladesh 2016*, May. 2017.

③ 要人名簿(2018年1月中旬現在)

大統領	Md. Abdul Hamid
国会議長	Shirin Sharmin Chaudhury*

【閣内相】

首相, 国防相, 軍事長	Sheikh Hasina*
財務相	Abul Maal Abdul Muhith
工業相	Amir Hossain Amu
商務相	Tofail Ahmed
農業相	Begum Matia Chowdhury*
保健・家族福祉相	Mohammed Nasim
行政管理相	Syed Ashraful Islam
地方政府・農村開発・協同組合相	Khandker Mosharraf Hossain
在外居住者福利厚生・在外雇用相	Nurul Islam B. Sc.
民間航空・観光相	Shajahan Kamal (WP)
宗教問題相	Principal Matior Rahaman
住宅・公共事業相	Engineer Mosharraf Hossain
独立戦争問題相	A.K.M.Mozammel Huq
漁業・畜産相	Narayon Chandra Chanda
繊維・ジュート相	Md. Emaz Uddin Pramanik
運輸・橋梁相	Obaidul Quader
情報相	Hasanul Haq Inu (JSD)
水資源相	Anwar Hossain
環境・森林相	Anisul Islam Mahmud
教育相	Nurul Islam Nahid
船舶相	Shajahan Khan
法務・司法・議会問題相	Anisul Huq
災害対策・救援相	Mofazzal Hossain Chowdhury Maya, Bir Bikram
外務相	Abul Hassan Mahmood Ali
鉄道相	Mazibul Hoque
計画相	A H M Mustafa Kamal
初等・大衆教育相	Mostafizur Rahman
文化相	Asaduzzaman Noor
土地相	Shamsur Rahman Sherif
科学・技術相	Architect. Yeafesh Osman
食糧相	Md. Qamrul Islam
内務相	Asaduzzaman Khan
郵政・電気通信相	Mustafa Jabbar

【閣外相】(State Minister)

行政管理担当相	Begum Ismat Ara Sadique*
労働・雇用担当相	Md.Mujibul Haque (Chunnu) (JP)
財務担当相・計画担当相	M. A. Mannan
繊維・ジュート担当相	Mirza Azam
社会福祉担当相	Nuruzzaman Ahmed
チタゴン丘陵問題担当相	Bir Bahadur Ushwe Sing
青年・スポーツ担当相	Biren Sikder
土地担当相	Saifuzzaman Chowdhury
女性・児童問題担当相	Begum Meher Afroze*
情報担当相	Begum Tarana Halim*
水資源担当相	Muhammad Nazrul Islam
農村開発・協同組合担当相	Md. Mashiur Rahaman Ranga (JP)
外務担当相	Md. Shahriar Alam
保健・家族福祉担当相	Zahid Maleque
電力・エネルギー・鉱物資源担当相	Nasrul Hamid
情報・通信技術担当相	Zunaid Ahmed Palak
技能・マドラサ教育担当相	Kazi Keramat Ali

(注) *女性閣僚。JP(Jatiya Party), JP-M(Jatiya Party-Monju), WP(Workers Party), JSD(Jatiya Samajtantrik Dal)。

主要統計 バングラデシュ 2017年

1 基礎統計

	2010/11	2011/12	2012/13	2013/14	2014/15	2015/16	2016/17[2)]
人口(100万人)	149.7	151.6	153.7	155.8	157.9	159.9	161.8
消費者物価上昇率(%) 1995/96=100ベース[1)]	8.80	10.62	7.70	-	-	-	-
消費者物価上昇率(%) 2005/06=100ベース[1)]	-	-	6.78	7.35	6.40	5.92	5.44
為替レート(1ドル=タカ)	71.17	79.10	79.93	77.72	77.68	78.27	79.13

(注) 1)消費者物価上昇率は年平均値。新基準(2005/06=100)と、旧基準年(1995/96=100)との併記。
2)暫定値。
(出所) Bangladesh Bank, *Monthly Economic Trends*, 2017年より作成。

2 産業別国内総生産(新基準年2005/06年度価格)   (単位：10億タカ)

	2012/13	2013/14	2014/15	2015/16	2016/17[3)]
農林水産業	1,174.4	1,225.7	1,266.5	1,301.8	1,340.5
鉱業	115.8	121.3	132.9	150.0	163.3
製造業	1,329.9	1,446.5	1,595.7	1,782.2	1,977.7
電気・ガス・水道	101.3	105.9	112.4	127.4	138.2
建設業	483.1	522.1	567.0	615.5	669.5
卸売・小売業	981.7	1,047.7	1,114.3	1,186.7	1,274.2
運輸・貯蔵・通信業	805.1	853.8	904.8	959.7	1,024.6
金融	231.1	247.9	267.2	287.9	314.1
不動産	495.1	516.2	538.9	563.0	590.0
行政・国防	235.4	251.7	276.4	308.0	336.2
その他	1,046.4	1,092.5	1,139.3	1,200.6	1,268.2
国内総生産(GDP)[1)]	6,999.4	7,429.8	7,915.4	8,482.7	9,096.5
GDP成長率(%)[2)]	6.01	6.06	6.55	7.11	7.28

(注) 1)生産者価格。 2)市場価格。 3)暫定値。
(出所) 表1に同じ。

3 主要輸出品   (単位：100万ドル)

	2012/13	2013/14	2014/15	2015/16	2016/17[1)]
原料ジュート	229.9	126.4	111.6	173.2	167.8
ジュート製品	800.7	698.1	757.0	746.4	794.6
茶	2.4	3.7	2.6	1.8	4.4
皮革	399.7	505.5	397.5	277.9	232.7
冷凍エビ・魚	512.9	602.6	556.3	519.5	489.9
布帛縫製品	11,039.9	12,442.1	13,064.6	14,738.7	14,392.6
ニット製品	10,475.9	12,049.8	12,426.8	13,355.4	13,757.4
テリータオル	82.0	67.2	41.8	47.8	44.3
その他	3,484.0	3,691.2	3,850.7	4,396.5	4,951.6
輸出合計	27,027.4	30,186.6	31,208.9	34,257.2	34,835.1

(注) 1)暫定値。
(出所) Bangladesh Bank, *Bangladesh Bank Quarterly, July-September*, 2017年 p.34 Table V.2より作成。

4 国際収支

(単位:100万ドル)

	2010/11	2011/12	2012/13	2013/14	2014/15	2015/16	2016/17[1]
貿 易 収 支	-9,935	-9,320	-7,009	-6,794	-6,965	-6,460	-9,472
輸　　　　出	22,592	23,989	26,567	29,777	30,697	33,441	34,019
輸　　　　入	-32,527	-33,309	-33,576	-36,571	-37,662	-39,901	-43,491
サ ー ビ ス 収 支	-2,612	-3,001	-3,162	-4,096	-3,186	-2,708	-3,284
サ ー ビ ス 収 入	2,573	2,694	2,830	3,115	3,084	3,523	3,621
サ ー ビ ス 支 出	-5,185	-5,695	-5,992	-7,211	-6,270	-6,231	-6,905
所 得 収 支	-1,454	-1,549	-2,369	-2,635	-2,252	-1,915	-2,007
所 得 収 入	124	193	120	131	76	74	82
所 得 支 出	-1,578	-1,742	-2,489	-2,776	-2,328	-1,989	-2,089
経 常 移 転 収 支	12,315	13,423	14,928	14,934	15,895	15,345	13,283
政 府 部 門	103	106	97	79	75	67	44
民 間 部 門	12,212	13,317	14,831	14,851	15,820	15,287	13,239
(うち海外労働者送金)	11,513	12,734	14,338	14,116	15,170	14,717	12,591
経 常 収 支	-1,686	-447	2,388	1,409	3,492	4,262	-1,480
資 本 勘 定	642	482	629	598	496	464	314
金 融 勘 定	651	1,436	2,863	2,813	1,267	944	4,179
直 接 投 資	775	1,191	1,726	1,432	1,172	1,285	1,706
証 券 投 資	109	240	368	937	379	139	458
そ の 他 投 資	-233	5	769	444	-284	-480	2,015
誤 差 脱 漏	-1,376	-977	-752	663	-882	-634	156
総 合 収 支	-656	494	5,128	5,483	4,373	5,036	3,169

(注)　1) 暫定値。
(出所)　Bangladesh Bank, *Bangladesh Bank Quarterly, July-September*, 2017年 p.33 Table V.1 より作成。

5 政府財政

(単位:1,000万タカ)

	2015/16 当初予算	2015/16 修正予算	2016/17 当初予算	2016/17 修正予算	2017/18 当初予算
歳 入・外 国 贈 与	208,443	177,400	242,752	218,500	287,990
税　　　　　　収	182,244	155,400	210,402	192,261	256,812
税 外 収 入	26,199	22,000	32,350	26,239	31,179
外 国 贈 与	5,800	5,027	5,516	4,694	5,504
歳　　　　　　　出	295,100	264,565	340,605	317,174	400,266
経 常 支 出	184,559	163,751	215,744	192,932	234,013
年 次 開 発 計 画(ADP)	97,000	91,000	110,700	110,700	153,331
そ の 他 支 出	13,541	9,814	14,161	13,542	12,922
財 政 収 支(外国贈与を含む)	-80,857	-82,138	-92,337	-93,980	-106,772
(財政赤字の GDP 比%)	(4.7)	(4.7)	(4.7)	(4.8)	(4.8)
財 政 収 支(外国贈与を含まず)	-86,657	-87,165	-97,853	-98,674	-112,276
(財政赤字の GDP 比%)	(5.0)	(5.0)	(5.0)	(5.0)	(5.0)
財 政 赤 字 補 填	80,857	82,138	92,337	93,980	106,772
対 外 借 入 金	24,334	19,963	30,789	24,077	46,420
国 内 銀 行 借 入 金	56,523	62,175	61,548	69,903	60,352

(出所)　Ministry of Finance, *Budget in Brief 2017/18* より作成。

2017年の インド

インド	
面 積	328万7550km²
人 口	13億2680万人(2016年7月1日，国連人口部推定)
首 都	デリー
言 語	ヒンディー語(連邦公用語)ほか
宗 教	ヒンドゥー教，イスラーム教，キリスト教，シク教など
政 体	共和制
元 首	ラーム・ナート・コーヴィンド第14代大統領(2017年7月25日就任)
通 貨	ルピー(1米ドル＝64.49ルピー，2017年4月〜12月平均)
会計年度	4月〜3月

2017年のインド

問題を内包しつつも安定した政権運営を続けるモディ政権

近藤 則夫・小川 道大

概況

　インド人民党（BJP）のナレンドラ・モディ首相率いる国民民主連合（NDA）政権は比較的に安定した政権運営を行っている。州議会選挙では地方政党のアカーリー・ダルと連立を組むパンジャーブ州で会議派に敗れたが，ウッタル・プラデーシュ（UP）州では大勝し，グジャラート州でも勝利した。大統領選挙でもラーム・ナート・コーヴィンドを当選させた。しかし，モディ政権は州政府による農民の農業負債返済免除などを止めることができず，経済改革の政治で限界を露呈した。一方，会議派はパンジャーブ州議会選挙以外では成果を収めることができなかったが，12月の総裁選挙でラーフール・ガンディーが総裁に就任したことは新鮮なイメージを与えた。

　経済に関しては，実質GDP成長率が6.5％となり，前年よりもさらに下降した。これには2016年11月に突如行われた高額紙幣の流通停止や2017年7月の「物品・サービス税」（GST）の導入に伴う経済の混乱が成長に悪影響を及ぼしたといえる。しかし，四半期ごとのGDP成長率に注目すると6～9月にGDP成長率は上昇を始めており，インド経済が早期に混乱から脱したことがわかる。財政政策では7月の統一的なGSTの導入に加えて，1951年以来，インド経済を支えてきた「5カ年計画」が3月に終了し，政策委員会によって3年間の新たな経済政策指針が示された。この経済政策に従って，2018/19年度予算では農業振興・農村開発が重視された。金融政策では，公的・民間銀行の不良債権問題が大きな課題となり，この解決のためにインド準備銀行の権限が強化された。

　国際関係については中国とは国境紛争のため緊張が高まった。パキスタンとの関係は冷え切ったままである。対照的にアメリカ，日本とは良好な関係を維持できており，インドがどちらの側に立っているか鮮明となった。

国内政治

モディ政権の安定性

　任期の半分を越えたモディ政権は、比較的に安定した政権運営を行っている。7月1日にはGSTの導入が実現し（「経済」の項参照）、定着にはまだ多くの問題はあるが、長年の懸案であった合理的な間接税体系がスタートした。

　9月3日には3度目となる内閣改造に伴い新大臣の就任宣誓式が行われた。内閣改造ではモディ首相は実績と説明責任重視という方針で人選を行ったとされる。P・ゴーヤル、N・シタラマン、D・プラダーン、ムクタル・アッバス・ナクヴィが実績を買われて閣内大臣に昇格した。とくにN・シタラマンが女性として初めて国防大臣に就任したのが注目された。モディ首相の内閣改造が各大臣の実績と説明責任という基準で行われているとの評価は、政権がプラスイメージを維持することに貢献している。

　モディ政権と民族奉仕団（RSS）の関係も良好である。9月30日のスピーチでRSS総裁モーハン・バーグワトは、後述するように問題が多い州政府の農業ローンの返済免除政策も含めて、モディ政権の政策を強く支持した。ヒンドゥー民族主義を掲げるRSSはBJPの生みの親であり、北部、西部を中心に多くの支部をもち、社会的影響力は無視できない。モディ政権にとってRSSと良好な関係を維持することは政権の安定性につながっている。

　また後述するようにUP州やグジャラート州などの州議会選挙でのBJPの勝利はモディ政権の威信を高めた。しかし、問題は山積している。

大統領選挙

　7月20日に大統領選挙が行われ、BJPとNDAが推すビハール州知事ラーム・ナート・コーヴィンドが勝利した。大統領は連邦上・下院議員、および州議会議員（州が上院をもつ場合、上院議員は除く）が選挙人となって選出される。ただし、各議員がもつ投票数は議員の代表する人口にほぼ比例する形で決められるので、連邦議会議員は州議会議員の数倍の投票数をもつ。

　コーヴィンドはUP州のダリト（被抑圧階層：その多くは憲法上「指定カースト」とされる歴史的に差別を被ってきた人々）である。弁護士出身の同氏は1991年にBJPに入党し1994年に連邦上院に選出された人物で、RSSと親密な関係を

もつ。知名度が高くなかったコーヴィンドがBJPによって大統領候補となった背景は，知名度が低いがゆえに野党の反発が小さく，また，ダリトを候補者とすることによって，頻発するダリトへの差別，暴力事件が引き起こすダリトの反発を和らげるという期待があったとみられる。BJPは6月19日にコーヴィンドを次期大統領候補とすることを発表した。これに対して会議派を中心とする野党は同じくダリト出身である元連邦下院議長のメイラ・クマールを6月22日に大統領候補として選出した。7月20日の開票の結果，コーヴィンドが投票数の65.6%を獲得して勝利し，25日に第14代大統領に就任した。

大統領選挙後，8月5日に副大統領選挙も行われBJPのヴェンカイアー・ナイドゥが当選した。同氏は8月11日に副大統領に就任した。

会議派の動き

会議派は党勢立て直しを図っているが，大きな成果が上がっていない。

2017年1月28日には，元カルナータカ州首相や連邦外務大臣を歴任したS・M・クリシュナが党内での処遇を不満として会議派を脱退し，3月22日にBJPに入党した。同州では2018年に州議会選挙が予定されており，BJPはS・M・クリシュナの入党を歓迎した。カルナータカ州会議派にとってダメージは大きい。

会議派は10月9日に，BJP党首のアミット・シャーの息子ジャイ・シャー所有の会社が2014年にBJPが政権を握った後，売上高が大きく上昇したとのインターネット報道ポータルの「ワイヤー」の記事に基づき，腐敗の疑いからアミット・シャーの党首辞任，諮問委員会の設置を要求してBJPを揺さぶった。しかし，ジャイ・シャーは根拠がないとして逆にワイヤーを名誉毀損で訴えた。

また会議派は11月4日に，N・シタラマン国防大臣などモディ政権の4大臣が「報酬をともなう官職」に就いているとして，大臣職からの辞職を求めた。具体的には国家安全保障担当官アジット・ドーヴァルの息子が運営するシンクタンクのインド財団の理事に4人が就いていることを指摘したのである。「報酬をともなう官職」とは政府が設立する機関の職であるが，憲法が国会議員に兼職を禁止するのは立法府と執行部の間の独立を保障するためである。会議派はこの規定に違反しているとして非難したのであるが，BJPは要求には応じていない。

一方，後述するように会議派は2017年の一連の州議会選挙ではパンジャーブ州を除き党勢回復の兆候はみられなかった。北部，西部で党勢が回復しない大きな理由のひとつは党組織の弱体化にある。この問題は一朝一夕には解決策はないが，

12月11日に行われた総裁選挙でラーフール・ガンディー副総裁が総裁に選出されたのは党再生に向けて明るいニュースであった。ラーフールは1970年生まれでソニア・ガンディー元総裁の息子である。ラーフールは16日に独立以降では第16代となる総裁に就任した。就任演説でラーフールは「会議派はインドを21世紀に導いたが，現首相(モディ首相)は，人が自分と違っている，違ったものを食べているというだけで殺し合い，信じるものが違うというだけで打たれる中世の世界に我々を連れ戻している」と述べ，BJP政権を厳しく批判した。

州政治と州議会選挙
――ウッタル・プラデーシュ州，パンジャーブ州，ウッタラーカンド州，ゴア州，マニプル州の州議会選挙

2017年は重要州で州議会選挙が行われ，北部，西部の州では依然としてBJPの人気が衰えていないことが示された。

3月11日に開票された州議会選挙結果は以下のとおりである。BJPはUP州，ウッタラーカンド州で大勝し，UP州では3月19日にヨーギー・アーディティヤナートが州首相に就任した。BJPはゴア州とマニプル州では第1党を会議派に譲ったが，ゴア州ではゴア前進党やマハーラーシュトラ・ゴア党など，マニプル州では全国人民党やナガ人民戦線などの支持を得て政権を発足させることに成功した。マニプル州でBJPが政権に就くのは初めてである。パンジャーブ州では会議派が勝利し3月16日にアマリンデル・シンが州首相に就任した(表1)。

表1 州議会選挙結果(3月11日開票)

ウッタル・プラデーシュ州(定数403議席：投票率61.0%)
BJP：312(39.7)，社会主義党：47(21.8)，大衆社会党：19(22.2)，我が党(ソネイラール派)：9(1.0)，会議派：7(6.2)，スヘルデーヴ・インド社会党：4(0.7)，その他および無所属：5
パンジャーブ州(定数117議席：投票率76.8%)
会議派：77(38.5)，庶民党：20(23.7)，アカーリー・ダル：15(25.2)，BJP：3(5.4)，民衆正義党：2(1.2)
ウッタラーカンド州(定数70議席：投票率64.7%)
BJP：57(46.5)，会議派：11(33.5)，無所属：2
ゴア州(定数40議席：投票率81.2%)
会議派：17(28.4)，BJP：13(32.5)，マハーラーシュトラ・ゴア党：3(11.3)，ゴア前進党：3(3.5)，ナショナリスト会議派党：1(2.3)，無所属：3
マニプル州(定数60議席：投票率85.9%)
会議派：28(35.1)，BJP：21(36.3)，全国人民党：4(5.1)，ナガ人民戦線：4(7.2)，その他および無所属：3

(注) 政党獲得議席の後のカッコ内は得票率(%)。
(出所) インド選挙員会データ(http://eci.nic.in)より。

UP 州の選挙は，2014年連邦下院選挙の継続であった。いくつかの世論調査から BJP 大勝の要因はモディ首相の人気に加えて，ダリトに支持基盤をおく大衆社会党政権やヤーダヴやムスリムに支持基盤をおく社会主義党政権から，目立った利益を得られなかった諸カースト，そして，高カーストが BJP 支持を明確にしたことにあったとみられる。与党の社会主義党は会議派と選挙協力を行ったが，党内の分裂もあり，得票率は2012年の29.1％から大きく低下した。

新州首相のアーディティヤナートは僧侶で，ヒンドゥー民族主義者として知られる。就任以来，犯罪撲滅のための容赦ない警察権力の行使，州行政官僚に成果を求める厳しい姿勢などは好感をもってみられた。また農業ローンを，10万ルピーを上限として返済を免除する措置を4月4日に発表したことは農民から歓迎された。しかし，一方で同氏が州首相に就いたことで高カースト中心のヒンドゥー民族主義的風潮が強まっていることが問題となっている。

たとえば，同氏によって2002年に創設されたヒンドゥー青年団は私的に道徳的取り締まりを行い，ムスリムなどの反発を強めていた。5月24日に州首相が予防接種キャンペーンでクシーナガル県を訪問する際に，地方役人が石鹸をダリトの村人に渡し，体を洗っておくように指示したことはダリトに対する侮辱であるとして強い非難が起こった。また，州政府が不法営業とみなす屠殺場を強引に禁止したことは食肉業で生計を立てているムスリムだけでなくダリトにも大きな不満を引き起こした。さらには，12月6日に州政府がヒンドゥー教の聖典のひとつであるバガヴァッド・ギーターに基づく宗教テキストに関して歌会を行うように州内のすべての学校に指示を出したことには批判が集まった。

パンジャーブ州では2014年の連邦下院選挙で庶民党が急伸し，注目された。結果的にみると庶民党の得票率は2014年の選挙とほぼ同じレベルであったが，それは与党のアカーリー・ダルと BJP 連合の票を奪うこととなり，会議派の勝利につながった。会議派の得票率は前回の2012年は40.1％であったから今回は前回よりやや少ない得票でより多くの議席を獲得したことになる。

アマリンデル・シン会議派政権の大きな課題は農民の不満にどう対処するかである。パンジャーブ州はインドでもっとも農業近代化が成功した州とみられているが，近年，農業近代化の陰で借金が返済できない農民の自殺が急増するなど，さまざまなひずみが顕在化している。これに関してアマリンデル・シン州首相は農民救済策として6月19日に，土地所有が5エーカーまでの小農・零細農を対象として農業ローンを20万ルピーを上限として返済免除を認めるなど救済策を発表

した。ただし，農業用電力を補助金により無料で使用させる政策は継続するが，中・大規模農家は電力補助金を自発的にあきらめるよう呼び掛けてもいる。また州政府は10月19日に相対的に後進的な階層である「その他後進階級」(OBCs)が，行政や教育機関などで優先的に採用される留保制度を利用できる基準を緩和することを決定した。OBCs でも一定以上の裕福な世帯は留保制度の恩恵にあずかれない。その基準を年所得60万ルピーから80万ルピーに引き上げ，比較的に所得の高い世帯も留保制度の恩恵にあずかれるようにした。中央政府では留保制度を利用できる OBCs の所得基準を60万ルピーから80万ルピーへの引き上げることは，9月13日に決定されている。

——ビハール州の政変

ビハール州では与党で，ニティシュ・クマール州首相率いるジャナター・ダル（統一派）(JD[U])が BJP 連合に鞍替えする事件が起こった。2015年11月の州議会選挙では，ニティシュ・クマール率いる JD(U) とラッルー・プラサード・ヤーダヴ率いる民族ジャナター・ダル (RJD)，会議派，ナショナリスト会議派党がまとまり反 BJP の「大連合」を組み勝利した。しかし，2017年に入り JD(U) と RJD の対立が決定的となり，連合は分裂した。分裂に至る基本的要因はニティシュ州首相が，スキャンダルが頻発する RJD との関係を清算しようとしていたことにある。そこに BJP の揺さぶりが加わった。

JD(U) と RJD の対立が決定的となるまでには，いくつかの伏線があった。まず，2016年9月に重犯罪の罪で収監されていた RJD の有力者モハンマド・シャハブッディンが保釈されたことがある。ラッルーと親密な関係にある同氏はニティシュ州首相と対立する政治家である。また，ニティシュ州首相は2017年6月21日に BJP の推すコーヴィンドを大統領候補として支持することを明らかにし，連合内の対立を自らあからさまにした。決定的事件はラッルーの息子で副州首相のテージャスウィ・ヤーダヴ (RJD) が7月10日に腐敗の嫌疑で中央の捜査機関から捜査を受けたことである。この時，テージャスウィは辞任を拒否したが，この機会を捉えて BJP はニティシュ州首相が RJD との関係を解消するよう決断すれば，閣外からニティシュ政権を支持すると呼び掛けた。7月26日にニティシュ州首相はテージャスウィの腐敗を理由として RJD との関係を清算し，州首相を辞任した。これに対して BJP はすぐさまニティシュ支持を明らかにした。ニティシュは27日に州首相に就任し翌28日は BJP の支持を得て州議会の信任投票を切

り抜けた。JD(U)は8月19日にNDAに参加することを決定した。

RJDの腐敗体質は12月23日にジャールカンド州ランチーの中央捜査局(CBI)の特別法廷による，飼料詐欺に関係する判決で，ラッルー・プラサード・ヤーダヴおよび，ほかの15人に対し有罪判決が下され，ラッルーが収監されたことでも改めて明らかになった。

―― グジャラート州およびヒマーチャル・プラデーシュ州の州議会選挙

12月18日には，グジャラート州およびヒマーチャル・プラデーシュ州の州議会選挙の開票が行われた。選挙は両州とも接戦であったが，BJPが会議派に対して勝利した。ヒマーチャル・プラデーシュ州では27日に，元RSS幹部のジャイラーム・タークルが州首相に就任した(表2)。

グジャラート州では今回の選挙はBJPにとって不安材料が多かった。たとえば，2016年7月にギル・ソムナート県ウナで上位カーストの牛保護団が牛の皮鞣しを行ったダリトに暴行し，それに反発してダリト数人が農薬で服毒自殺を図った事件は，BJP州政権に対するダリトの反感を高めた。また，アーメダバード近郊で2017年2月14日にナルマダー河からより多く取水できるよう要求する農民が警察と衝突し多くの負傷者を出したことも州政府に対する不満を高めた。さらに，パーティダール・カーストの指導者ハルディック・パテールと会議派の選挙協力がなったことはBJPにとってマイナス要因であった。2015年から同氏は州政府がパーティダール・カーストをOBCsとして認定するよう運動を行ってきたが，実現しなかった。今回の選挙では，同氏の運動が会議派を支援するかわりに，選挙で会議派が勝った場合，OBCsの留保制度を同カーストに適用することが11月22日に同氏と会議派の間で取り決められた。

以上のようなマイナス要因はあったが，依然として高いモディ首相の人気からBJP州政府への支持は一定の水準を維持しているとみられた。州政府は人々の不

表2　州議会選挙結果(12月18日開票)

グジャラート州(定数182議席：投票率68.4%)
BJP：99(49.1)，会議派：77(41.4)，インド部族党：2(0.7)，その他および無所属：4
ヒマーチャル・プラデーシュ州(定数68議席：投票率75.3%)
BJP：44(48.8)，会議派：21(41.7)，その他および無所属：3

(注)　暫定値。政党獲得議席の後のカッコ内は得票率(%)。
(出所)　インド選挙員会データ(http://eci.nic.in)より。

満を和らげるため，若者の雇用促進のための行政機関への雇用促進，民間企業と若者を引き合わせ雇用につなげるジョブ・フェアーを2月以降，各地で開催して一定の成果を上げた。一方，州会議派は党内の分裂もあり，支持基盤を順調に広げられなかった。結局，選挙ではBJPが勝利し，続投が決まったヴィジャイ・ルーパーニーが12月26日に州首相に就任した。

一連の州議会選挙においてBJPが主要州で勝利を収めたことから，連邦上院も徐々にBJPとNDA所属政党の比重が高くなってきた。連邦上院(任期6年で解散はない)は2年ごとに3分の1ずつ改選されるが，州議会議員が選挙母体であるため州議会の勢力が反映されるからである。2014年8月の上院議員は，BJPが42議席，NDA全体で56議席であったが，2018年1月時点では239議席中，BJPは58議席，NDA全体で83議席となった。NDAは連邦下院では多数を確保しているが，上院で少数であることから法案通過が難しいという「ねじれ」現象がモディ政権の法案通過に大きな制約となっている。上院で勢力が拡大しつつあるとはいえ，NDAがねじれを解消することは当面難しい。

モディ政権と農民

成長を続けるインド経済のなかで政治的に大きな問題となっているのは，成長から取り残される弱者層に対してどのように対処するのか，という点である。とりわけ経済成長の成果がもっとも届きにくい農村貧困層の底上げは急務である。中央政府はすでに2016/17年度中の2017年1月2日には「マハトマ・ガンディー全国農村雇用保証事業」(MGNREGA)向け予算を240億ルピーから400億ルピーへ増額し，農業労働者など農村貧困層への政策的配慮を示した。同事業は，村レベルの小規模な公共事業などによって年間100日の雇用と賃金を農民に保証する事業である。MGNREGAなど短期的に効果が期待できる事業は旱害など天候不順による困窮時に利用される場合が多い。タミル・ナードゥ(TN)州では2016年のモンスーン不順による大旱魃のため，州首相のパンニールセルヴァムが2017年1月11日に旱魃被害州と宣言し，MGNREGAの年間雇用上限を150日に引き上げるなどの諸政策を発表した。MGNREGAは中央政府の支出割合が大きいため，結局，中央政府の援助を求めることとなった。

農業の不安定さに起因する農村の困窮はTN州にとどまらず，また，農村経済の不安定性は農業労働者だけではなく，零細農，小農，中農にも及ぶ。その極端な形は自殺である。農民の自殺は，多額の借金をして資本投下したにもかかわら

ず天候不順などで収穫が得られず返済不可能となることが大きな原因で，脆弱な基盤のうえで商業的農業を行う農民の間で多い。したがって，農民の政治に対する要求のなかで農業ローンの返済免除が重要な位置を占める。選挙政治で農民は重要な票田であるから，政府も農村の状況には政治的に敏感となりその要求に応じざるをえず，政府が返済を肩代わりする形で農業ローンの返済免除が行われてきた。

　2017年も，3月に行われたUP州議会選挙におけるBJPのマニフェストには零細農，小農に対する農業ローンの返済免除が盛り込まれ，モディ首相自身も2月15日の選挙応援でBJPが選挙で勝利した時は農業ローンの返済免除を行うと表明した。農業ローンの返済免除はBJP以外の他政党も表明しており，いわば，政党間で競って打ち出されている政策であるため，多くの州で実施された。4月4日のUP，4月11日のテーランガーナー，6月19日のパンジャーブ，6月22日のカルナータカ，6月24日のマハーラーシュトラ，9月14日のラージャスターンなど，いずれの州でも一定の条件付きながら，州政府は農業ローンの返済免除を決定している。

　しかし，農業ローンの返済免除は，一方でモラル・ハザードにつながることから，金融機関などから反対意見も根強い。たとえば，UP州政府の農業ローン返済免除発表後の4月6日に，中央銀行であるインド準備銀行（RBI）の総裁は，農業ローン返済免除に強い警戒感を表明した。RBIは6月18日にもカルナータカ州など他の州政府に農業ローンの返済免除の動きが広がることに警告を発している。中央政府も，モディ首相の先の発言とは裏腹に，6月12日にはアルン・ジャイトレー財務大臣が中央政府として農業ローンの返済免除のために資金を供給することはなく，実施するとしたらそれは州政府の資金でやるべきと述べた。また7月21日にはS・K・ガングワル財務担当大臣は連邦下院で，モディ政権下の3年間，中央政府が農業ローンの返済免除を行ったことはなく，今後も中央政府が農業ローンの返済免除を行うことはないと陳述した。

　農業ローンの返済免除などは一時的な救済策にすぎず，農民の生活におけるリスクを構造的に低下させるためには，灌漑設備の建設や制度信用の拡充など物理的，経済的インフラの拡充が必要である。しかし，灌漑設備は建設が容易な地域ではすでにかなり普及しており，半乾燥地域であるデカン高原など建設が難しい地域で普及させるためには多額の投資が必要となるため大幅な拡充は難しい。また，制度信用も経済的弱者層には実際上アクセスが限られる。よって，より広い

階層に普遍的に届く支援策は限られる。そのひとつは公的社会インフラの拡充である。とくに公的保健システムの拡充は農村貧困層にとって重要である。

　モディ政権は2年間ペンディングになっていた国家保健政策を3月15日に承認した。2002年以来となる新しい2017年国家保健政策は，保健サービスをすべての人々に安く届けることを目標とする。政府による公的保健サービスの基本組織は県（district）の下の郡相当のレベルに置かれている公共保健センター（PHC）である。これは中央政府の指導で州を問わずほぼ全国的に設置されている末端組織で，農村部の公的保健医療のサービスを中心的に担うことが期待されている。しかし，村人にとってもっとも身近であるべきPHCの実績は乏しいのが実態である。PHCは大規模な予防接種キャンペーンや出生前検査などでは一定の役割を果たしているものの，設備・人員の不足や腐敗のため，重大な疾病の場合，ほとんどの農民は都市部の民間病院，または県レベルの公的大病院を利用することが各種調査で明らかとなっている。2017年国家保健政策では人々の公的医療体制への信頼を強化するため，すべての人に無料で医療を届けること，予防医療などの強化，県レベルの病院やPHCの機能の拡充など，包括的な政策を実施するとの目標が提示された。

　また，同政策では公的医療体制と民間医療者の協調もうたわれた。この民間との協調は，7月19日に保健・家族福祉省，政策委員会が官民連携（PPP）方式によって，特定疾病に関して民間事業者に県レベルの公立病院のスペースを使用させサービスを改善し，無料の医療は貧困線以下の貧困層にのみ適用するなどの案を世銀との会議で提出したことで，具体的な政府の意図が明らかになった。しかし，これは政策として調整不足であり，公的サービスの切り捨てにつながりかねないなど，各方面から批判をあびた。カルナータカ州の会議派政府は11月30日に政策委員会が州政府に示した，公立病院の機能を大々的に民間部門に開放するという方針に強く反対した。

　モディ政権の経済政策はネオリベラルの側面が注目されるが，2017年に入り，以上のように農民や社会的弱者層に対するポピュリスティックな政策も強化されている。9月25日にもモディ首相の肝いりで，すべての家庭，とくに貧困世帯の場合は無料で電気コンセントをつける事業が開始された。これらの政策・事業には2019年に予定される連邦下院選挙をにらんでの政治的意図が見えるが，いずれも問題解決のための根本的構造改革にはなっていない。

モディ政権とヒンドゥー民族主義

　モディ政権ではヒンドゥー民族主義の浸透が徐々に進んでおり，それに伴う社会的軋轢も頻発している。近年，とくに問題となっているのが，ヒンドゥー教で神聖な動物とされる牛を保護する「牛保護団」の活動である。これは他の宗教徒，とりわけムスリムによる牛の屠殺と食肉という日常レベルの問題と関係するため社会的に先鋭化しやすい問題である。民間団体の調べによると，牛保護のため牛保護団が牛の屠殺や食肉を行ったと疑われる個人に私的に暴力的制裁を加えるなどの憎悪犯罪の件数は，2014年：3件，2015年：12件，2016年：24件，2017年：37件（12月初めまで）と，モディ政権に入って顕著に増加している。被害者のほとんどはムスリムである。このような状況に対して，中央政府の法律委員会は，3月24日にリリースされた報告書で，民主主義を強化するためにヘイトスピーチに対して刑罰を強化する必要性を政府に勧告している。

　一方で，環境・森林・気候変動省は5月23日に動物虐待禁止法に基づき，家畜が屠殺を目的として売買されるのではないとの証文を示さないかぎり，家畜を市場に持ち込むことを禁止する通達を出した。このことは，中央政府が牛など家畜の合法的な屠殺をも難しくさせ，結果として，ムスリムなど宗教的少数派の生活を困窮させているとして反発が広がった。中央政府は6月4日に，同通達は特定のコミュニティを傷つけるものではないと釈明した。しかし，最高裁は7月11日，この通達の執行停止を命令した。

　モディ首相は6月29日には，ジャールカンド州ラームガルで牛肉を運搬したと疑われた男性が群衆に撲殺されたことに関して，牛保護を口実にした殺人を非難した。また7月16日には，州政府は暴力にふける牛保護団員に対して厳密な処置を講ずるべきであると発言した。これに対してRSS関連団体の世界ヒンドゥー協会の指導者プラヴィーン・トーガディアは同日，牛保護団は何者をも恐れる必要はないと，その活動を支持した。一方，RSSは7月21日に牛保護団の暴力を支持しないし，暴力を振るった犯人は処罰されなければならないと，政府寄りの見解を示した。このように，モディ政権とRSS指導部は過激な牛保護団の活動を容認しない姿勢を示しているが，過激なRSS系団体はそのような方針を受け入れておらず，RSS関連組織は一枚岩ではない。

　牛保護団の問題以外でも，ヒンドゥー民族主義と国家主義を浸透させる，あるいはそれを阻むものを排除する動きがみられる。既述のUP州のアーディティヤナートBJP政権の政治はその典型である。

検閲で露骨な情報統制を行う例もみられる。たとえば，ケーララ州の国際映画祭で，カシミールの情勢不安を取材したドキュメンタリー，AP州ハイデラバード大学の学生ロヒト・ヴェミュラがBJP系の学生組織との対立による寮追放で2016年1月に自殺に追い込まれた事件のドキュメンタリー，そして，デリーのネルー大学で学生が反国家的扇動を行ったとして正当な証拠もなく逮捕された2016年2月の事件に対する抗議活動を描写したドキュメンタリー3本の上映が申請されたが，6月10日に中央の情報・放送省は上映許可を与えず，上映を認めない理由も開示されなかった。

しかし，一方では，ヒンドゥー民族主義と国家主義の浸透に反発する，あるいは阻む動きもみられ，その過程は跛行的である。たとえば，2016年11月30日に最高裁は映画上映前の国歌演奏と観客の起立を求める命令を出した。しかし，2017年10月23日に最高裁自身がこの判断を問題視し，結局，2018年1月9日に映画館で国歌演奏を義務とする2016年11月の命令を改め，国歌演奏の判断は個々の映画館に任せるとした。

10月28日にRSS総裁バーガトは，インドはヒンドゥーのものであるが他を排除することはないと講演した。BJP政権の基本的な考えはこれに沿ったものであると考えられよう。

(近藤)

経　済

マクロ経済の概況

2018年1月5日付のインド統計・事業実施省中央統計局(CSO)の報告書によると2017/18年度(2017年4月～2018年3月)のインドの実質GDP成長率(第1速報値)は6.5%であった。前年度の成長率(7.1%)よりも強く落ち込んだ原因として，2016年11月に突如発表された高額紙幣の流通停止，および2017年7月の統一的な「物品・サービス税」(GST)導入に伴う経済の混乱が考えられる。2016年の高額紙幣の流通停止後に，農村部では現金が不足して商品取引が中止になったり，物々交換によって商取引が成立したりと，農村経済は大いに混乱した。農村部での混乱を示すかのように，産業部門別の実質成長率では農林漁業が前年度よりも大きくその値を下げている。しかし，実質GDP成長率を四半期ごとにみてみると，2017年のインド経済を単純な成長の鈍化のみでは説明できなくなる。すなわち2016年最終四半期(9～12月)のGDP成長率(7.1%)は2017年第1四半期(1～

表3　産業部門別の実質成長率(％)

	2015/16	2016/17	2017/18
全産業(国内総生産[GDP])	7.6	7.1	6.5
農林漁業	1.2	4.1	2.1
鉱業	7.4	-1.8	2.9
製造業	9.3	7.4	4.6
電気・ガス・水道	6.6	6.5	7.5
建設業	3.9	2.9	3.6
商業・ホテル・運輸・通信	9.0	6.0	8.7
金融・保険・不動産・ビジネスサービス	10.3	9.0	7.3
地域・社会・個人向けサービス	6.6	12.8	9.4

(注)　2011/12年度を基準値とする要素価格に基づき算出。いずれも予測値または暫定値に基づく。
(出所)　インド統計・事業実施省中央統計局(CSO)のプレス・ノート(2018年1月5日付)に基づき筆者作成。

3月)に6.1％，第2四半期(4～6月)に5.7％まで低下するものの，第3四半期(7～9月)には6.3％まで回復しており，その後の上昇を見込んで2017/18年度の成長率が6.5％と定められたと考えられる。とくに建設業は早期に回復し，前年度よりも成長率が伸びている(表3)。

高額紙幣の流通停止は株式市場に深刻な打撃を与えなかった。インドの代表的な株式指数 SENSEX は2016年11月に2万6000ポイントを下回ったが，12月には回復して2017年を通じて上昇傾向にあった。7月には消費者物価指数(CPI)の上昇率が過去最低の1.54％に下がり(後述)，RBIによる利上げを期待して株価が上昇して3万2000ポイントを突破した。10月初旬に大手のアクシス銀行(Axis Bank)の不良債権の増加が発表され，その影響で株価が下落して一時的に3万2000ポイントを割り込んだが，その後に回復して3万4000ポイント前後で2017年の取引を終え，2017年後半の値は未曾有の高値となった。

CPI は2017年1月から3月にかけて大きく上昇したが，これは高額紙幣の流通停止による消費への衝撃が徐々に回復してきたことを示しており，3月は燃料などを中心に全般的な消費者物価の上昇をみた。卸売物価指数(WPI)も同様の理由で上昇し，2月には燃料物価の高騰から前年度比5.1％上昇と3年3カ月ぶりの高水準を示した。モンスーンの到来も好調で安定した農業生産が見込まれたため，4～6月は農産物価格を中心に CPI は低下した。卸売価格も燃料と食料品を中心に同時期に急落した。農産物価格の下落による不利益を被った農民は中央・州政府の物価抑制政策の行き過ぎを非難し，6月1日にはインド中央部のマディ

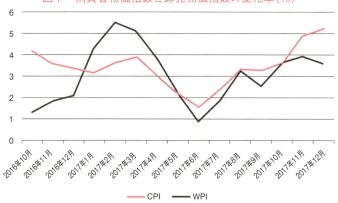

図1 消費者物価指数と卸売物価指数の変化率（％）

（注）　前年同月比。
（出所）　WPIはインド商工業省経済諮問室のデータ、CPIは統計・事業実施省コンピュータ・センターのデータに基づき筆者作成。

ヤ・プラデーシュ州で農民のストライキが起こり、6日に暴動にまで発展した。暴動以降、各地で出荷調整が行われた影響で、7月以降は玉ねぎを中心に食料品価格が上昇し、CPIとWPIはともに上昇した。野菜を除く食料品などの卸売価格が抑えられたことにより、2017年末にWPIは下降に転じた。他方でCPIは野菜価格の高騰がより大きく影響しているのに加えて、都市部の住宅部門での物価が8.25％まで上昇した。これに関しては政府による公務員の住宅手当を原因とする見方もある。いずれにせよCPIはWPIと異なり、年末まで上昇を続けた（図1）。

マクロ経済の概況を示す主要指数は、高額紙幣の流通停止による混乱から、遅くとも2017年下半期に抜け出し、インド経済が回復基調にあることを示している。このような状況をふまえて、この混乱を中長期的なインド経済成長政策に伴う「痛み」であると流通停止を好意的に捉える見方も強くなっている。

2017/18年度の連邦予算

2月1日にジャイトリー財務大臣が2017/18年度の連邦予算案を下院に提出した。予算案は2月末に提出されるのが通例であったが、予算遂行を年度初めから迅速に行うために前倒しで提出された。2017/18年度の予算案は、鉄道予算が一般予算に組み込まれ、各省庁への予算配分を統合的にみられるように計画・非計画支出の区分が撤廃されており、従来の予算とは形式が異なる点がみられた。予

算規模は税収として前年度比16％増の12兆3000億ルピーを見込んでいる（Ministry of Finance, Union Budget 2017-18 参照）。財政赤字の対 GDP 比は3.2％で，前年度の3.5％よりも圧縮されているものの，2017/18年度の目標として掲げていた3.0％には及ばず，2018/19年度の同比率が改めて3.0％に設定された。予算案では2017/18年度の経済成長率を6.75〜7.50％と見込み（前年度7.1％），引き続き高い経済成長を目指していくことを示している。

税収面では新たに「年収25万1〜50万ルピー」の個人の所得税率を10％から5％に削減しており，中間層を支える措置がとられている。なお，年収25万ルピー以下の個人は従来に引き続いて所得税を免除されている。関税・サービス税に関する変更は最小限にとどまっており，7月に控えた GST 導入を考慮した措置であると考えられる。

総支出は前年度比8.5％増の21兆5000億ルピーを見込んでいる。総支出額で最大のシェアを誇るのがインフラ部門の支出で，前年度比13.5％増の約4兆ルピーが配分されている。2017/18年度から鉄道予算が一般予算に組み込まれたことを受けて，鉄道開発を重点政策として多くの予算を配分している。具体的には線路の3500キロメートル延長や25駅の再開発が掲げられ，これに加えて沿岸部での高速道路（2000キロメートル）の建設や官民連携による地方空港建設の方針が示された。他方で，農業の振興・農村の開発は複数の部門にわたって目指された課題となった。農業関連では「5年間で農民所得を倍増する」という政策委員会の3年間の政策指針（後述）に対応して，農業関連予算は5866億ルピーが配当され，前年度比で20.1％と大きく増加した。農民の雇用保障制度である MGNREGA の予算増額，農村の道路整備，灌漑整備，2018年5月までの100％電化，公衆衛生の改善など農村開発のためにさまざまな予算が組まれた。農村の電化とともに e-NAM（全国電子農村市場）の形成が進められ，インターネットで全国の農村市場の情報を共有する計画が進められている。予算案提出時に250の市場がリンクされており，2017/18年度中に585市場まで拡大することが目標として設定され，このリンクに参加する市場の初期インフラ整備のために，参加マーケットに対して750万ルピーを支払う予算が組まれた。

GST 導入とその影響

2016年に導入法案が成立して制度的な準備が整った GST が2017年7月1日に実施された。GST は，中央政府，州政府が管轄する消費税や売上税を整合的に

統合し，税制の矛盾や州間の違いを除いて制度を統一することを目標としている。実際の導入に先立って，関連4法案(①中央 GST 法，②州間 GST 法，③州 GST 法，④連邦直轄地 GST 法)が成立し，中央政府が課す GST，州間取引で課される GST，州政府が課す GST，連邦直轄地で課される GST に関する実施細則が定められた。さらに2017年5月18日に開催された GST 評議会で GST の税率が免除，5％，12％，18％，28％の5段階に設定され，約500のサービスと約1200の商品の税率が同評議会で決まり，税率対象の95％の段階分けが完了した。GST 評議会の発表によると，たとえば，石炭や航空運賃(エコノミー)が5％，トラクターやエアコンなしのレストラン，航空運賃(ビジネス)が12％，砂糖，石鹸，エアコン付きレストランが18％，エアコンなどの家電，炭酸飲料，シャンプーなどが28％と定められ，さまざまな商品やサービスに関して，航空運賃などのように，場合によってはかなり詳細に税率が定められた。他方で，野菜・果物・小麦，ローカル列車・バスなど生活必需品・サービスは免税となっており，免税品・サービスが生活必需品・サービスを中心にあまりに多岐にわたっているため，税収が減額するのではないかという指摘が，税率発表後に複数のメディアでなされた。GST 導入による新税率は，多くの商品やサービスで従来の税率を超えないように配慮されており，GST 導入による価格高騰を抑える政策意図があったと考えられる。

　GST は7月1日に導入され，7月の CPI と WPI は上昇に転じたが(前述)，これは GST を免除された食料品物価の上昇によるものであり，一部のメディアで懸念されていたインフレを引き起こすことはなかった。ただし GST が導入された現場では，大きな混乱が起こった。たとえば，GST は7月1日以降に出荷・提供された商品・サービスが対象となり，小売店では，在庫品の販売で旧来の間接税を取るなど，7月中は2つの税体系が混在することとなり，小売商や購入者に混乱が生じた。移行期は月に3度の税申告をすることが経営者に義務付けられており，申告という新たな作業に経営者は多くの時間を割かれ，現場の混乱を増長した。9月には移行期の混乱は過ぎたと判断され，申告回数が年2度に減らされている。また仕入れの際に，仕入れ先が GST を支払っていた場合は，仕入れの際に支払った税額を差し引いた額を納税すればよいという仕入れ額控除の制度が定められ，脱税を防ぐために GST 遵守の仕入れ先を選ぶことが求められた。これにより，仕入れ先を変えなければならない中小企業が多く出たことが報じられていた。現場での混乱は，ほかにも報じられており，税体制の変化による「痛

み」がGST導入前後のインド経済に悪影響を与えたと考えられる。マクロ指標との関係では，GST導入以前に行われた在庫調整が2017年4～6月の実質GDP成長率を下げたという見方があるが，7～9月のGDP成長率は上昇に転じており，マクロ指標ではGST導入の混乱はごく短期であったことになる。ただし2017年11月10日のGST評議会でシャンプーが贅沢品カテゴリー（28％）から日用品カテゴリー（18％）へ移されるなど，GST導入後の税率変更が相次ぎ，そのたびに現場に混乱を招いた。商品・サービスの分類方法が確立しているわけではなく，この制度的な問題は短期で解決する見通しが立っていないのが現状である。

5カ年計画の終了と新経済計画

「5カ年計画」が終了して新たな経済計画が始まった点で，2017年はインド経済政策の節目の年となった。「5カ年計画」は初代首相でインド国民会議派のジャワハルラール・ネルーが1951年に打ち出した経済政策で，社会主義者を自称するネルーの政治思想の影響を受けていたことはよく知られているが，歴史的にみると植民地時代に始まるインド経済の大きな変化に，この政策を位置づけることができる。イギリスの植民地として，インドは帝国主義時代の世界貿易に組み込まれていたが，1929年の恐慌後の世界経済の大きな変化のなかで，以前から胎動があった輸入代替工業化が1930年代に大きく進展して国内経済が成長した。20世紀前半のインド経済の方向転換のひとつの帰着として，独立後に始まった「5カ年計画」を捉えることができる。「5カ年計画」は2012年開始の第12次（2017年3月）をもって終了したが，1991年の経済自由化以降にインド経済が世界経済を巻き込みながら大きく発展するなかで，インド経済は再び方向を転換しており，そのなかで「5カ年計画」も終了したと歴史的に俯瞰することができる。

「5カ年計画」に替わる新経済政策を進める主体は，モディ首相が「5カ年計画」を推進した「計画委員会」を廃止して，2015年1月1日に発足した政策委員会（正式名称：国立インド変革研究委員会）である。同委員会は連邦首相を議長として，経済学者や財務大臣などの閣僚メンバー，各州首相などから成っている。同委員会は2017年4月23日の会合に基づいて，2017/18年度から2019/20年度までの3カ年の政策指針を8月23日に公表した。同指針には，財政，主要産業部門の経済変革，地方の開発，教育・衛生，資源・環境など多方面における3年間の目標値や課題が記されている。財政の税収部門では，連邦税の対GDP比の増加を2016/17年度の11.3％から2019/20年度に12.2％にとどめる方針を示しており，税

負担を軽減して経済成長を促す政策をとることが示されている。支出部門では全体として支出を圧縮する方針が記されているが，税収増を抑制気味としているため，厳しい財政運営を連邦政府が強いられることが予想される。主要産業部門に関しては，前述のように「5年間で農民所得を倍増する」指針が打ち出され，市場の改革や高付加価値農産物の生産奨励など種々の具体的な計画が示された。その他の産業分野では共通して雇用創出が課題となっていた。地方開発では，2017/18年度予算案で課題として記された農村開発プランに加えて，インド北東部やヒマラヤ地域が開発の重点地域に指定された。教育では初等教育における教師不足問題に取り組み，教師と生徒の割合を1：24とする目標を示した。他方で，高等教育関しては3年間で20校の世界トップクラスの大学を設立することを目標に掲げている。資源・環境では水資源の持続的な活用と大気汚染対策を重要な政策として掲げている。多くの指針が2017/18年度予算の内容と対応しており，具体的な政策はすでに進められている。政策委員会は，3年計画と同時に7年計画と15年計画を並走させるビジョンを示しているが，後2者に関する具体的な指針は2017年に公表されることはなかった。

銀行の不良債権

2017年は銀行の不良債権問題が深刻化した年でもあった。RBI副総裁のヴィラール・アチャリャは7月22日の講演会のなかで，「政策金利よりも銀行の不良債権問題の方が重要であるか」という質問に対して肯定の見解を示している。銀行の不良債権問題は2016年から顕在化しており，概観すると2016年3〜9月は公的・民間銀行の双方で不良債権が大きく増加していたが，同年9〜12月には不良債権が減少している銀行もみられた。公的銀行では3〜9月の不良債権額が総合で前年比12.2％増加していたが，9〜12月には2.2％増にとどまり，不良債権の増加が鈍化していたことがわかる。このような状況をふまえてRBIは2017年3月末を公的銀行のバランスシートのクリーンアップ期限と設定した。

状況が改善されなかったため，4月1日にRBIは早期是正措置(Prompt Correction Action)をとることを公表した。これにより，RBIは民間や外国銀行を含めたすべての銀行に対してレバレッジ項目などが含めた従来よりも基準が多いモニタリングを行い，3つのリスクカテゴリーに従って是正措置を講じていく。是正措置には選択的措置以外に強制的措置も存在し，リスクカテゴリーの最低基準を満たさない場合は，合併，再構築，清算などの破綻処理を行いうることが規定され

ており、RBIに強い権限が与えられている。さらに5月4日に連邦政府は大統領令をもって1949年銀行規制法を改正し、RBIの銀行への指導権限をさらに強化した。これによって、RBIは問題資産に関して銀行の再建手続きを指導できるようになり、さらに銀行再建を確認する監査委員会を設置することが可能になった。RBIは6月13日に、銀行全体の不稼働資産の25%を占める12の大口債務者をリスト化し、倒産再建手続きに入るように命じた。しかし、3番目の大口債務者であったエッサール社がRBIの措置が強引であるとして、倒産手続きを遅らせるようグジャラート高裁に7月4日、訴えを起こした。この訴えは7月18日に棄却されたものの、この一件はRBIが倒産再建を進める難しさを示している。不良債権処理は本格化したものの、まだ解決にはほど遠いのが現状である。　　（小川）

対外関係

　インドの2017年の対外関係は、パキスタンとの関係改善は進展せず、また、中国との領土問題で緊張が高まったことが特徴である。アメリカのトランプ政権とは経済面では利害が食い違う面もあるが、総じて良好な関係が構築されている。インド政府が4月26日に国連の制裁決議に沿って食料品と医薬品を除く全品目について北朝鮮との貿易を全面的に停止したことは、モディ政権のアメリカや日本との関係重視という方向性を象徴している。また、ロシアとも良好な関係が維持され、3月17日にはスホーイ戦闘機の供給・維持などについて、長期契約が締結された。6月1日にはロシア訪問中のモディ首相とプーチン大統領の間でTN州で建設予定の2つの原子力発電所に関して署名が取り交わされ、また、11月28日には両国間で安全保障に関する包括的合意を成立させた。

パキスタン
　パキスタンとの関係改善は2017年も大きな進展はなかったが、最低限の信頼醸成チャンネルは維持されてはいる。核施設への攻撃禁止合意に基づき、毎年1月1日に行われる核関連施設リストの交換は今年も行われた。また、2016年9月18日にジャンムー・カシミール（JK）州カシミール地域のインド陸軍基地をパキスタンから侵入した武装勢力が襲撃した事件以降、インドはインダス川条約に関するパキスタンとの話し合いを棚上げした。しかし、世銀の仲介によって両国間でインダス川河川水利用について調整する常設インダス委員会が3月20日（〜21日）

にパキスタンのラホールで開催され，インドも代表を派遣した。このように，最低限の話し合いのチャンネルは維持されてはいるが，両国間に横たわるカシミール問題のため，関係改善の道筋はみえてこない。

　カシミールでインドとパキスタンを分ける実効支配線（LoC）の周辺では，2016年には上述のパキスタンからの武装勢力の襲撃，および，インドによるパキスタン側カシミールの武装勢力基地への報復攻撃があり，軍事的緊張が高まった（『アジア動向年報2017』参照）。2017年も緊張は続いており，4月27日にはJK州カプワーラーの軍キャンプがパキスタンから越境してきたとみられるゲリラ戦闘員に襲撃され，兵員3人が死亡する事件が起きている。カシミールでは2017年には200人以上のゲリラ戦闘員が殺害され，インド軍にもかなりの犠牲者が出たとみられ，事態は深刻である。さらに，LoCを挟んでの印パ両軍の銃撃戦，砲撃戦も起こっている。5月13日から砲撃の応酬が起こった。5月17日にはカシミールのラジョウリ県のLoC周辺で，パキスタンの砲撃により住民400人以上が避難した。両国は緊張がエスカレートすることを恐れて7月17日には両国の軍事作戦司令官が，ホットライン上で電話会談を行っている。

　両国関係を悪化させた他の事件として，4月10日にパキスタンの軍事法廷が元インド海軍将校クルブーシャン・ジャーダヴに対してスパイ罪で死刑判決を下した事件がある。パキスタンの主張によると，2016年3月3日にバローチスタンで当局に逮捕されたとされる同氏は，インドの情報機関である調査分析部（RAW）に属しスパイ活動を行っていたとされる。インド政府は国際司法裁判所に訴え，5月18日に同裁判所は判決が下るまで死刑執行停止を要請した。11月18日にパキスタンは人道的見地からジャーダヴと妻の面会を認める決定を行い，インドも決定を受け入れ，12月25日にジャーダヴと家族は面会が実現した。

　　中国

　中国との関係は，東部の領土係争地での道路建設をめぐって緊張が高まり，一時的に関係が悪化した。発端は6月中旬に中国の人民解放軍道路建設隊が，中国とブータンの係争地域であるドークラーム高地から，中国の主張するシッキム，ブータン，中国の境界地ドーコ・ラへ至る道路を建設しようとしたことにある。インドは道路建設を阻止するためインド軍を投入し，ドーコ・ラで中国軍とのにらみ合いが長期にわたり続くことになった。インドが軍事的に対抗したのはインドの主張する国境を越えて中国が強引に侵入したからである。また国連安全保障

理事会常任理事国である中国と外交関係をもたないブータンの利益を保護するためでもある。インドとブータンは歴史的に密接な関係にあり，両国は2007年の友好条約に基づいて安全保障に関して特別な関係を結んでいる。

中国は係争地であるドークラーム高地の問題は中国とブータンの問題であり，ドーコ・ラは中国の領域であるとの立場から妥協しなかった。この地域での「にらみ合い」は従来からあり，今回，中国が強硬な姿勢を示した背景には，2017年に入ってからのインドの一連の動きが背景にあるとみられる。まず，インド在住の亡命チベット人宗教指導者ダライ・ラマが，中国がインド領とは認めていないアルナーチャル・プラデーシュ州へ4月4日から訪問したことが中国を刺激した。これに対し中国の外務省は4月5日に抗議した。また，5月14日から始まる中国の「一帯一路」国際フォーラムにインドが参加しないことを決定し，ブータンもそれに同調したことも中国を刺激したとみられる。

一方，インドにとって大前提としてアルナーチャル・プラデーシュ州の領有権やブータンも含む東部係争地の問題に中国が関与を強めることは看過できない。また，ネパールが4月17日（〜26日）に中国との初の合同軍事演習を行ったことは，従来ネパールを安全保障上，自国の影響圏と認識するインドの懸念を高めたことは間違いない。さらに，中国の「一帯一路」構想のひとつの柱である中国・パキスタン経済回廊構想（CPEC）では，インドが領有権を主張しているがパキスタンが実効支配するパキスタン側カシミールを通過する道路が，中国のカシュガルからパキスタンのグワーダル港を結んで建設される。これもインドにとっては黙認できないことである。

2012年に両国は係争地における紛争を話し合いで回避するためインド・中国国境問題協議調整作業メカニズムを設けたが，以上のような背景もあって有効に作動せず，両軍の対峙は長期にわたった。ただし，両国とも非難の応酬にもかかわらず対立がエスカレートしないよう自制も働かせたといえる。たとえば，7月10日から17日にベンガル湾で行われたインド，アメリカ，日本の海軍共同演習マラバールが始まる前の7月7日に，中国は同演習について，「正常な協力に対する反対はしない」と慎重に対応した。

結局，8月28日に両国とも6月16日以前の状況に復帰することで合意がなり，軍事的緊張は回避された。9月3日から5日にかけて中国の厦門（アモイ）で開催されたBRICS首脳会議を控えて中国側の配慮があったといえる。中国とパキスタンの密接な関係にもかかわらず，共同コミュニケでパキスタン・ターリバーン

運動(TTP)に加えてパキスタンを根拠地としてインドを攻撃するジャイシェ・ムハンマド(ムハンマドの軍隊：JeM)，ラシュカル・エ・トイバ(純粋な者の軍隊：LeT)をテロ組織として指摘したことは，中国の姿勢の変化と受けとめられた。モディ首相と習近平主席の個別会談も同月5日に行われた。

アメリカ

アメリカ第一主義を唱えるトランプ新大統領がインドとの関係をどのように構築するか注目されたが，いくつかの懸念材料を抱えながらも，比較的に順調な関係を維持している。ひとつの懸念材料は，移民の制限を掲げるトランプ政権が，技術者や専門家がアメリカで雇用を得る時に必要となる非移民就労ビザのH−1Bビザを得る基準を，どう厳格化するかであった。多くのインド人技術者がH−1Bビザによりアメリカで雇用されているためインド政府も大きな関心を寄せていたが，ビザの厳格化の方向性は2017年中には明確化しなかった。

モディ首相は6月25日に訪米し，翌26日トランプ新大統領と初の首脳会談を行った。会談後の共同声明では，テロとの戦いの重視，自由公正な貿易関係を含むインド太平洋地域の安定，対アフガニスタン政策での協力，北朝鮮の核・ミサ

モディ首相とトランプ新大統領の初の首脳会談(6月26日ワシントン，ロイター＝共同)

イル開発に対する非難などで合意し，両政権の関係が順調な滑り出しをみせていることを内外に示した。上述のインドと中国のドークラーム高地での軍事対立時には，アメリカ国務省は緊張を解消するために 7 月19日に両国に対話を求める声明を発表し，バランス感覚を示したが，インド重視の方向性はその後も基本的に変化はない。

トランプ大統領が 8 月21日の演説で示したアフガニスタンおよび南アジア政策「南アジア新戦略」では，大統領はアフガニスタンからの米軍の早急な撤収はテロリスト勢力の拡大につながるため，当面は撤収しないことを示した。また同演説において，パキスタンをテロの温床となっていると非難したのに対し，インドは戦略的パートナーとして重要であると述べたことで，インドはトランプ大統領の演説を評価した。

このような，トランプ政権の南アジアでのインド重視政策は，一方で，インドにアフガニスタン問題への関与拡大を求めるものであった。これに関して 9 月11日に，インドはアフガニスタン政府との間で，インドでのアフガニスタン兵士の訓練，治安部隊への援助を強化することに同意したものの，9 月26日に来訪したマティス米国防長官との会談では，国防大臣 N・シタラマンはアフガニスタンに部隊を投入する意図はないことを表明している。10月24日に来訪したティラーソン米国務長官は翌日のスシマ・スワラージ外務大臣との会談で，両国が自然な同盟国であることを強調したうえでインドのアフガニスタンへの関与拡大を再度求めた。同長官はモディ首相との会談でもテロとの戦いの重要性を強調した。このように，アメリカの積極姿勢に応じつつも，戦略レベルでは慎重な姿勢をみせている。

中国での BRICS 首脳会議で 9 月 4 日に採択された厦門宣言では，アメリカの保護主義に対する反対が表明された。それは，経済関係では BRICS およびインドの利益を，トランプ政権に対して明確に主張したことを意味する。

日本

日本との関係は順調に推移した。5 月24日にグジャラート州ガンディナガルで開かれたアフリカ開発銀行総会では，前年11月に両国首脳によって提案されたアジア・アフリカ成長回廊構想のビジョンが改めて提案された。また，上述の 7 月にベンガル湾で行われた海軍共同演習マラバールへの海上自衛隊の参加，7 月20日の日印民生用原子力協定の発効，9 月 6 日に東京で行われた年次国防大臣会議

開催などを通じて戦略的協力関係が深化しつつあることが示された。年次国防会議では，対潜作戦，反テロリズム，人道的支援，災害救済などで協力を強化することが国防大臣アルン・ジャイトレー（帰国後，国防大臣はN・シタラマンに交替）および日本の小野寺五典防衛大臣の間で同意された。9月13日には安倍首相が来訪し，14日，日印年次首脳会合が行われた。両国の共同声明では，自由で開かれ繁栄したインド太平洋地域を目指すことが強調され，また，北朝鮮による核・ミサイル開発に対する非難が盛り込まれた。

(近藤)

2018年の課題

2018年のインド政治の課題は，ネオリベラル指向の構造改革の政治・政策と，大衆，とくに貧困大衆が求める再分配重視あるいは福祉的な政治・政策との間で，どうバランスをとるかが大きな問題であろう。また強引なヒンドゥー民族主義，国家主義の押しつけは寛容で多元的なインド民主主義と相容れず，社会的紛争・暴力を誘発することは明らかで，モディ政権はヒンドゥー民族主義とどのような距離をおくのか慎重な対応が求められる。国際関係に関しては冷え切った対パキスタン関係修復の糸口を探ることが求められよう。

2017年は「5カ年計画」が終了し，新たな経済政策へ移行する重大な変化がみられた年であった。新経済政策は，2017年8月に出された3年計画に加えて，7年計画と15年計画が示されることがすでに公表されている。新経済政策はすでに2017年にスタートしており，中長期的な経済政策ビジョンを示すことが2018年の政策委員会および連邦政府の課題となる。2017年に未解決に終わった最大の問題は，銀行の不良債権問題である。2017年はRBIの権限が強化され，不良債権処理が本格的に始まったが，最新の報告によると2017年9月のグロス不良債権比率は10.2%であり，同年3月の同比率(9.6%)から増加している状況が改善に向かっていないことがわかる。この問題が引き続き，2018年の課題となる。

(近藤：地域研究センター)
(小川：金沢大学国際基幹教育院)

重要日誌 インド 2017年

1月4日▶アッサム州とテーランガーナー州が配電会社救済（UDAY）スキームへの参加を電力省と合意。

9日▶タミル・ナードゥ（TN）州が UDAY スキームへの参加を電力省と合意。

12日▶グジャラート州で第8回バイブラント・グジャラート・サミット開催。

20日▶インド準備銀行（RBI）副総裁にヴィラル・アーチャーリャ就任。

22日▶アーンドラ・プラデーシュ（AP）州ヴィジヤナグラム県で特急列車脱線事故。39人死亡。

25日▶アラブ首長国連邦と包括的戦略パートナーシップを結ぶ。

26日▶アッサム州でインド共和国記念日に分離主義組織により連続爆弾テロ。

31日▶ハリヤーナー州ヒサール県で，高カーストの暴力から逃れるためダリト（被抑圧民）が村から避難。

▶所得税局，高額紙幣の流通停止によって回収した現金を精査する「クリーン・マネー作戦」を開始。

2月1日▶2017/18年度連邦予算案が発表。

6日▶カシミールの分離主義指導者，パキスタンでのカシミール連帯日を賞賛。

8日▶ RBI の金融政策委員会の会合で，現行6.25％の政策金利（レポ・レート）の据え置きを決定。

14日▶グジャラート州でナルマダー河からの取水量を増やすことを要求する農民と警察の衝突で負傷者多数。

18日▶ TN 州で全インド・アンナ・ドラヴィダ進歩連盟の新州首相 E・K・パラニスワミ，州議会で信任を得る。

19日▶ナガランド州首相 T・R・ゼリアン，地方自治体議席の33％を女性に留保する案に対する反対運動激化で辞任。22日に S・リエジェツが新首相に就任。

23日▶シッキム州が UDAY スキームへの参加を電力省と合意。

3月2日▶北インドのジャート・カースト，入学や公務員採用などでの留保を求め，デリーで示威大会。

5日▶ AP 州政府，新州都アラマヴァティで最初の予算州議会開催。

7日▶ジャンムー・カシミール（JK）州南カシミールでの治安部隊による対ゲリラオペレーションが民衆の抵抗，反発で中止。

11日▶州議会選挙開票，ウッタル・プラデーシュ（UP）州とウッタラーカンド州ではインド人民党（BJP）大勝，パンジャーブ州では会議派勝利，ゴア州とマニプル州は会議派が第1党となるも，過半数に届かず。

▶チャッティースガル州と AP 州境のスクマ県で毛沢東主義ゲリラによる待ち伏せ攻撃。中央予備警察隊12人が死亡。

14日▶アッサム州コクラジャールでボードーランド運動諸団体，州設立を求めてハンガーストライキ。

15日▶商工省，「デリー・ムンバイ産業回廊プロジェクト」の組織改編を発表。

19日▶統一ナガ評議会（UNC）によって行われていたマニプル州の4カ月にわたる経済封鎖，UNC，州政府，中央政府間の会談によって解除。

22日▶ UP 州で反食肉業者運動。警察も違法屠殺業者を摘発。これに対して UP 州西部の食肉業者，州政府に抗議してストライキ。

31日▶所得税局，パナマでのインド人による未申告海外資産保有に関連して1900人の調査を開始。

▶第12次5カ年計画終了。これにより1951

年来続いた「5カ年計画」政策終了。

4月1日▶政策委員会による3カ年の新経済政策が開始。

▶RBIが不良債権問題解決のため，「早期是正措置」の実施を決定。

2日▶カルナータカ州では天候不順による不作により，3カ月で50人の農民が自殺。

3日▶南アジアサブリージョナル経済協力イニシアティブ財務大臣会議，デリーで開催。

5日▶チベットの亡命宗教指導者ダライ・ラマのアルナーチャル・プラデーシュ州訪問に対して中国外務省が抗議。

7日▶バングラデシュ首相シェイク・ハシナ来訪。両国，22の合意を締結。ティースタ河の取水配分については進展無し（8日）。

10日▶パキスタン軍事法廷，元インド海軍将校に対してスパイ罪で死刑判決。

23日▶政策委員会，3カ年の新経済政策の方針に関する会合を開催。

26日▶インド政府，国連の制裁決議に沿って，食料品と医薬品を除く全品目について北朝鮮との貿易を停止することを発表。

5月4日▶UP州サハーランプルでタークル・カーストとダリトが衝突し数人の死者発生。

▶連邦政府，大統領令によって1949年銀行規制法を改正。

5日▶中央政府，アッサム全域（一部除く）を3カ月間，騒乱地域に指定。

12日▶インド政府，中国の「一帯一路」国際フォーラム（14日～）への不参加を表明。ブータンも同調。

17日▶JK州ラジョウリ県の実効支配線（LoC）地域でパキスタンの砲撃により住民435人が避難。

▶チャッティースガル州バスタル県での掃討作戦で毛沢東主義ゲリラ十数人殺害。

18日▶アフリカ開発銀行年次総会をガンディナガルで開催。

▶第14回「物品・サービス税」（GST）評議会で，GST税率を決定。

23日▶環境・森林・気候変動省，家畜が屠殺を目的として売買されるのではないことが証明されないかぎり，家畜を市場に持ち込むことを禁止する通達を発令。

24日▶UP州首相Y・アーディティヤナートのクシーナガル県訪問で，地方行政官がダリトのムサハル・カースト村人に対して石鹸で体を洗っておくように指示。これに対して厳しい非難。

▶外国投資促進委員会の廃止を連邦内閣が閣議決定。

26日▶株式指数SENSEXが31028.21をつけて，最高値を更新。

27日▶ケーララ州首相，中央政府の牛の取引資格を厳格化する通達は農民やダリトに不利益として反発。

6月1日▶モディ首相，ロシア訪問（～3日）。TN州に建設予定の2つの原発に関して署名。

6日▶マディヤ・プラデーシュ州マンドサウル県で，農業ローン返済免除，農産物買い上げ価格の値上げを求める農民の抗議行動が暴動化。警察の発砲で農民5人が死亡。

12日▶RBIが，銀行不良債権処理のための第1回内部諮問委員会の会合を開催。

13日▶RBI，銀行の不稼働資産に関し，大口債務者12社をリスト化し，倒産再建手続きを命令。

15日▶ダリトの権利拡大を訴えるビーム軍，指導者の逮捕に抗議してデリーで集会。

16日▶JK州アナントナーグ県で武装ゲリラ，ラシュカル・エ・トイバ（純粋な者の軍隊：LeT）の襲撃により警察官8人，民間人3人，ゲリラ2人死亡。

▶中国人民解放軍道路建設隊が中国の主張

するシッキム，ブータン，インドの境界点ドーコ・ラへの道路を建設しようとしたことから，インド軍と中国軍のにらみ合いが始まる。

17日▶西ベンガル州，ダージリン丘陵で，州設立を求めるゴルカ人民解放戦線と治安部隊との衝突で数人が死亡。

▶ケーララ州コチ市で，メトロ鉄道開業式を開催。

18日▶第17回GST評議会で，7月1日のGST実施を再確認。

19日▶パンジャーブ州首相アマリンデル・シン，農民の農業ローン返済免除発表。

25日▶モディ首相訪米。トランプ大統領と会談（26日）。

29日▶モディ首相，ジャールカンド州ラームガルで牛肉を運搬したと疑われた男性が群衆に撲殺されたことに関し，牛保護を口実とした殺人を非難。

7月1日▶GSTが施行。

▶所得税法を改正し，基本税務番号（PAN）カードの申請，所得税申請に固有識別番号（Aadhaar）の提示を義務付ける。

2日▶GSTのインパクトに関する中央モニタリング委員会が第1回会合を開催。

4日▶デリーでのASEAN・インド対話で，ベトナムはインドに南シナ海における「航行の自由」支援を期待。

▶エッサール社，グジャラート高裁に倒産再建手続き猶予の申し立て（18日に棄却）。

5日▶インド首相として初めてモディ首相，イスラエル訪問。パレスチナは訪問せず。

7日▶インド外務省，北朝鮮による7月4日の大陸間弾道弾の発射を非難。

10日▶インド，アメリカ，日本の合同海軍演習マラバール，ベンガル湾で開始（～17日）。

13日▶北東諸州で洪水被害拡大。

20日▶大統領選挙，国民民主連合（NDA）が推すラーム・ナート・コーヴィンドが勝利。25日，第14代大統領に就任。

▶日印民生用原子力協定発効。

21日▶財務担当大臣，連邦下院で中央政府は農業ローンの返済免除を行わないと陳述。

26日▶ケーララ州の造船所労働者，公企業の株式放出に反対して抗議行動。

▶ビハール州首相ニティシュ・クマール，副州首相で民族ジャナター・ダル（RJD）のテージャスウィ・ヤーダヴの腐敗を理由としてRJDとの関係を清算し，州首相辞任。翌27日にBJPの支持を得て州政権を発足させ，28日に州議会の信任投票で信任確保。

8月1日▶RBIの金融政策委員会の会合で，レポ・レートを25ポ下げて6％に決定（～2日）。

5日▶副大統領選挙でヴェンカイアー・ナイドゥが当選。11日に就任。

7日▶最高裁，国家食糧安全保障法が成立し4年たっても，多くの州で関連組織が適切に機能していないと非難。

11日▶UP州ゴーラクプルの政府病院で業者への支払い遅延から液体酸素供給不足で2日間に児童30人が死亡。

18日▶ビハール州，アッサム州，UP州などで洪水被害が深刻化。

22日▶最高裁，夫が「タラーク」を3回唱えれば離婚できるイスラームの慣習を憲法に反するとして停止。6カ月以内に禁止を立法化するように政府に指示。

23日▶政策委員会，3カ年の新経済政策に関する政策方針を公表。

25日▶宗教セクト，デーラ・サチャ・ソウダ（真実の場所）の指導者グルミート・ラーム・ラヒーム・シン，インド中央捜査局（CBI）特別法廷でレイプの罪で有罪判決。反発した信者がハリヤーナー州パンチクラ県で暴徒化し，36人が死亡。軍の出動によって沈静化。

26日▶JK州プルワマ県でジャイシェ・ムハンマド(ムハンマドの軍隊：JeM)ゲリラの攻撃により治安部隊8人，ゲリラ3人が死亡。

28日▶シッキム，ブータン，中国の境界点ドーコ・ラでの中国軍とインド軍のにらみ合いに関し，両国は6月16日以前の状況に復帰することで合意。

9月3日▶モディ政権，内閣改造。

▶モディ首相，中国・厦門(アモイ)で開催のBRICS首脳会議に出席(〜5日)。5日に習近平中国国家主席と会談。

13日▶日印年次首脳会合で安倍首相来訪(〜14日)。安倍・モディ両首脳，北朝鮮に対して核兵器・ミサイル開発の中止を求める。パキスタンが過去に北朝鮮と密接なつながりをもっていたことにも言及(14日)。

25日▶政策委員会，モディ首相への助言のため経済顧問評議会を設置。

▶モディ首相，全世帯への電力供給を目指す新スキームを公表。

10月2日▶RBIの金融政策委員会の会合で，レポ・レートを6％の据え置きで決定(〜3日)。

3日▶JK州でJeMゲリラがシュリナガル空港近くの国境保安隊(BSF)に対し自殺攻撃。ゲリラ3人，BSF隊員1人死亡。

9日▶会議派は，BJP党首アミット・シャーの息子所有の会社をめぐる疑惑に関して，シャーの党首辞任，諮問委員会設置を要求。

13日▶最高裁，政府がロヒンギャ問題は人道面，安全保障など考慮して対処するよう政府に要求。

19日▶ディーパヴァリー祭での花火の禁止も，デリーの大気汚染は改善せず。

24日▶財務省，「持続的成長のための，力強いマクロ経済基礎と改革」というステートメントで景気刺激策を展開。

27日▶フランス防衛大臣来訪。両国はインド太平洋地域での全面的な防衛協力で合意。

29日▶インドとロシア，19日にウラジオストクで開始した3軍の対テロ合同演習を完了。

31日▶世界銀行のDoing Businessランキングで，インドが100位に(前年より30ランクアップ)。

11月10日▶第23回GST評議会で，シャンプー等，一部の物品の税率カテゴリーを変更。

18日▶カシミールのバンディポラ県で治安部隊，LeTゲリラと交戦。ゲリラ6人を殺害，兵士1人死亡。

23日▶連邦政府，大統領令によって2016年破産倒産法を改正。

27日▶内務大臣ラージナート・シン，ロシア訪問(〜29日)。両国間で安全保障に関する包括的合意が締結(28日)。

29日▶アッサム州で部族民諸団体による12時間ゼネスト。

12月5日▶RBIの金融政策委員会の会合(〜6日)で，レポ・レートを6％の据え置きで決定。

11日▶ラーフール・ガンディー，会議派の党首に選出。16日，第16代総裁に正式就任。

16日▶ジャールカンド州の石炭鉱区割り当てに絡むスキャンダルで政府高官など収監。

18日▶グジャラート州，ヒマーチャル・プラデーシュ州議会選挙開票。両州でBJP勝利。

23日▶ジャールカンド州ランチーのCBI特別法廷での飼料詐欺に関係する判決で，元ビハール州首相でRJDのラッルー・プラサード・ヤーダヴおよび，ほかの15人に対し有罪判決。ラッルーは収監。

27日▶英民間調査機関の経済ビジネス・リサーチ・センター，2018年にインドの経済規模が世界5位になる見通しを報告。

29日▶西ベンガル州ジャダヴプル大学で開催のインド歴史学会大会にて，州首相ママター・バネルジー，歴史修正主義を批判。

参考資料　インド　2017年

① 国家機構図（2017年12月末現在）

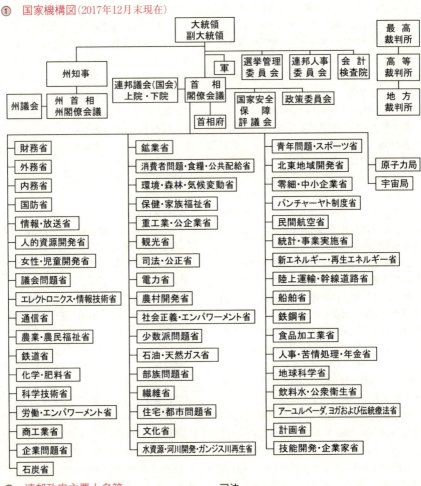

② 連邦政府主要人名簿
　　　　　　　　　（2017年12月末現在）

大統領	Ram Nath Kovind
副大統領	Venkaiah Naidu
法務総裁	K. K. Venugopal
議会	
上院議長	Venkaiah Naidu
下院議長	Sumitra Mahajan

司法	
最高裁長官	Dipak Misra
国軍	
陸軍参謀長	Bipin Rawat
海軍参謀長	Sunil Lanba
空軍参謀長	Birender Singh Dhanoa
統合国防長	Satish Dua
その他主要政府機関	

中央捜査局長	Alok Kumar Verma	陸上運輸・幹線道路,船舶,水資源・河川開発・ガンジス川再生	
中央情報委員会委員長	Radha Krishna Mathur		Nitin Jairam Gadkari(BJP)
中央汚職取締委員会委員長	K.V. Chowdary	統計・事業実施	D.V. Sadananda Gowda(BJP)
会計検査院院長	Rajiv Mehrishi	飲料水・公衆衛生	Uma Bharati(BJP)
選挙管理委員会委員長	Achal Kumar Joti	科学技術,地球科学,環境・森林,気候変動	
国家後進諸階級委員会委員長(憲法上の機関とするため憲法改正案審議中) (空席)			Harsh Vardhan(BJP)
		消費者問題・食糧・公共配給	
国家少数派委員会委員長			Ramvilas Paswan(LJP)
	Syed Ghayorul Hasan Rizvi	女性・児童開発	Maneka Sanjay Gandhi(BJP)
国家指定カースト委員会委員長		化学・肥料,議会問題	Ananthkumar(BJP)
	Ram Shankar Katheria	エレクトロニクス・情報技術,司法・公正	
国家指定部族委員会委員長	Nand Kumar Sai		Ravi Shankar Prasad(BJP)
国家女性委員会委員長	Rekha Sharma	保健・家族福祉	Jagat Prakash Nadda(BJP)
国家人権委員会委員長	H. L. Dattu	鉄鋼	Chaudhary Birender Singh(BJP)
主席科学顧問官	R. Chidambaram	民間航空	
政策委員会委員長	Narendra Modi(首相)		Ashok Gajapathi Raju Pusapati(TDP)
通信規制委員会委員長	R. S. Sharma	重工業・公企業	Anant Geete(SS)
第15次財政委員会委員長	Nand Kishore Singh	食品加工業	Harsimrat Kaur Badal(SAD)
連邦人事委員会委員長	David R. Syiemlieh	農村開発,パンチャーヤト制度,鉱業	
インド固有番号制度機関委員長			Narendra Singh Tomar(BJP)
	J. Satyanarayana	部族問題	Jual Oram(BJP)
保険規制開発機関委員長	T.S.Vijayan	農業・農民福祉	Radha Mohan Singh(BJP)
国家災害管理機関委員長		繊維,情報・放送	Smriti Zubin Irani(BJP)
	Narendra Modi(首相)	社会正義・エンパワーメント	
科学産業研究評議会議長			Thaawar Chand Gehlot(BJP)
	Narendra Modi(首相)	人的資源開発	Prakash Javadekar(BJP)
医療審議会委員長	Jayshree Mehta	石油・天然ガス,技能開発・企業家	
大学補助金委員会委員長	Dhirendra Pal Singh		Dharmendra Pradhan(BJP)

③ **国民民主連合閣僚名簿**
（2017年12月末現在）

首相,人事・苦情処理・年金,原子力,宇宙,その他	Narendra Modi(BJP)
閣内(内閣)大臣	
内務	Raj Nath Singh(BJP)
外務	Sushma Swaraj(BJP)
財務,企業問題	Arun Jaitley(BJP)
国防	Nirmala Sitharaman(BJP)
商工業	Suresh Prabhu(BJP)
石炭,鉄道	Piyush Goyal(BJP)
少数派問題	Mukhtar Abbas Naqvi(BJP)
国務大臣(単独で主管)	
計画	Inderjit Singh Rao(BJP)
労働・エンパワーメント	Santosh Kumar Gangwar(BJP)
アーユルベーダ,ヨガおよび伝統療法	Shripad Yesso Naik(BJP)
北東地域開発	Jitendra Singh(BJP)
文化	Mahesh Sharma(BJP)

零細・中小企業	Giriraj Singh (BJP)	飲料水・公衆衛生	Ramesh Chandappa Jigajinagi (BJP)
通信	Manoj Sinha (BJP)	鉄道	Rajen Gohain (BJP)
青年問題・スポーツ	Rajyavardhan Singh Rathore (BJP)	農業・農民福祉，パンチャーヤト制度	Parshottam Rupala (BJP)
電力，新エネルギー・再生エネルギー	Raj Kumar Singh (BJP)	外務	M.J. Akbar (BJP)
住宅・都市問題	Hardeep Singh Puri (BJP)	部族問題	Jaswantsinh Sumanbhai Bhabhor (BJP)
観光	Alphons Kannanthanam (BJP)	国防	Subhash Ramrao Bhamre (BJP)

国務大臣

外務	V.K. Singh (BJP)	議会問題，水資源・河川開発・ガンジス川再生	Arjun Ram Meghwal (BJP)
化学・肥料	Inderjit Singh Rao (BJP)	陸上運輸・幹線道路，船舶，化学・肥料	Mansukh L. Mandaviya (BJP)
原子力，宇宙，人事・苦情処理・年金，首相府	Jitendra Singh (BJP)	保健・家族福祉	Anupriya Patel (AD)
環境・森林・気候変動	Mahesh Sharma (BJP)	消費者問題・食糧・公共配給，商工業	C.R. Chaudhary (BJP)
農村開発	Ram Kripal Yadav (BJP)	繊維	Ajay Tamta (BJP)
鉱業，石炭	Haribhai Parthibhai Chaudhary (BJP)	エレクトロニクス・情報技術	Alphons Kannanthanam (BJP)
飲料水・公衆衛生	S.S. Ahluwalia (BJP)	農業・農民福祉	Krishna Raj (BJP)
内務	Hansraj Gangaram Ahir (BJP)	財務	Shiv Pratap Shukla (BJP)
鉄道	Manoj Sinha (BJP)	保健・家族福祉	Ashwini Kumar Choubey (BJP)
司法・公正，企業問題	P.P. Chaudhary (BJP)	女性・児童開発	Virendra Kumar (BJP)
人的資源開発	Upendra Kushwaha (RLSP)	技能開発・企業家	Anantkumar Hegde (BJP)
船舶，財務	Radhakrishnan P (BJP)	農業・農民福祉	Gajendra Singh Shekhawat (BJP)
内務	Kiren Rijiju (BJP)	人的資源開発，水資源・河川開発・ガンジス川再生	Satya Pal Singh (BJP)
社会正義・エンパワーメント	Krishan Pal (BJP)		
社会正義・エンパワーメント	Vijay Sampla (BJP)		
鉄鋼	Vishnu Deo Sai (BJP)		
部族問題	Sudarshan Bhagat (BJP)		
議会問題，統計・事業実施	Vijay Goel (BJP)		
科学技術，地球科学	Y.S. Chowdary (TDP)		
民間航空	Jayant Sinha (BJP)		
情報・放送	Rajyavardhan Singh Rathore (BJP)		
重工業・公企業	Babul Supria (Babul Supriyo) Baral (BJP)		
食品加工業	Sadhvi Niranjan Jyoti (BJP)		
社会正義・エンパワーメント	Ramdas Athawale (RPI(A))		

(注) カッコ内政党名略号。BJP：インド人民党，SS：シヴ・セーナー，TDP：テルグ・デーサム党，SAD：アカリー・ダル，LJP：人民の力党，RLSP：国家大衆平等党，RPI(A)：インド共和党(アトヴァレ派)，AD：我が党
(出所) 政府発表の閣僚名簿 https://www.india.gov.in/my-government/whos-who/council-ministers) および，その他各省庁のウェブサイトなどから筆者作成。

主要統計　インド　2017年

1　基礎統計

	2012/13	2013/14	2014/15	2015/16	2016/17	2017/18
人　　　口(年度央値，100万人)	1,217[3]	1,233[3]	1,267[4]	1,283[4]	1,299[4]	1,316
組織部門就業人口(100万人)[1]	29.58	-	-	-	-	-
出　　生　　率(1000人当たり)	21.6	21.4	-	-	-	-
食糧穀物生産(100万トン)	257.1	265.0	252.0	251.6	275.1	277.5[5]
消費者物価上昇率(%)	10.2	9.5	5.9	4.9	4.9[6]	3.7[6]
為替レート(1ドル=ルピー)[2]	54.41	60.50	61.14	65.03	67.24[7]	64.49[7]

（注）　1）政府部門と雇用者数10人以上の事業所からなる民間非農業部門を含む。2012年3月31日時点での値。2）年度平均値。3）第2次改訂値　4）年度平均値。5）第2次改定値。6）第1～第3四半期の値。第3四半期は暫定値。7）4～12月の値。

（出所）　Ministry of Finance, *Economic Survey 2017-18*, Ministry of Statistics and Programme Implementation, *Press Note on First Advance Estimates of National Income 2017-18*, Ministry of Agriculture and Farmers Welfare, *Second Advance Estimate of Production of Foodgrain for 2017-18*.

2　生産・物価指数

	2012/13	2013/14	2014/15	2015/16	2016/17	2017/18
鉱工業生産指数(2004/05=100)	172.2	172.0	176.9	178.2	178.7[4]	187.6[7]
農業生産指数(2007/08=100)	124.2	129.6	123.9[3]			
卸売物価指数(2004/05=100)	167.6	177.6	181.2	178.7	182.6[5]	189.3[8]
消費者物価指数(2001=100)[1]	215	236	251	264.7[6]	277.8[6]	163.4[6]
消費者物価指数(2010=100)[2]	123.3	135.0	146.6[7]	151.8[6]	159.3[6]	93.8[6]

（注）　1）産業労働者についての総合指数。2）都市部と農村部の結合指数。3）第4次予測値。4）2016年4～11月の値。5）公表値新基準年(2012=100)採用につき算出。6）公表値新基準年(2012=100)採用につき算出。7）2017年4月～2018年1月の値。公表値新基準年(2011=100)採用につき算出。8）2017年12月の値。公表値新基準年(2012=100)採用につき算出。

（出所）　Ministry of Statistics and Programme Implementation, *Press Note on Quick Estimates of Index of Industrial Production and Usebased Index for the Month of December, 2016*, Ministry of Finance, *Economic Survey 2015-16*, インド商工業省経済諮問室のウェブサイト・データ, Reserve Bank of India, Database on Indian Economy。

3　国民所得統計[1]

	2013/14[2]	2014/15[3]	2015/16[4]	2016/17[5]	2017/18[5]
国内総生産(10億ルピー)					
名　　　　　目	112,728	124,882	135,761	136,022	148,977
実　　質(2011/12年度価格)	98,394	105,522	113,502	121,548	129,854
実質GDP成長率(%)	6.6	7.2	7.6	7.1	6.5
1人当たり純国民生産(ルピー)					
名　　　　　目	90,110	98,565	105,815	116,956	126,349
実　　質(2011/12年度価格)	78,653	83,285	88,466	93,570	98,673
総国内資本形成(名目GDP比, %)	34.7	34.2	-	-	-
総国内貯蓄率(名目GDP比, %)[5]	33.0	33.0	-	-	-

（注）　1）市場価格表示。2）第2次改定値。3）第1次改定値。4）暫定値。5）第1次予測値。

（出所）　Ministry of Statistics and Programme Implementation, *Press Note on First Advance Estimates of National Income, Consumption Expenditure, 2017-18*, 同, *Press Note on Advance Estimates of National Income 2016-17*.

4　産業別国内総生産(実質：2011/12年度価格)[1]

(単位：1,000万ルピー)

	2013/14[2]	2014/15[3]	2015/16[4]	2016/17[5]	2017/18[5]
農　林　漁　業	1,588,237	1,584,293	1,604,044	1,669,833	1,732,371
鉱　　　　　業	267,378	296,328	318,377	312,663	339,972
製　　造　　業	1,579,721	1,667,069	1,821,926	1,957,026	2,112,345
電力・ガス・水道	200,861	216,970	231,228	246,188	258,672
建　　設　　業	818,494	854,636	887,957	913,918	927,085
商業・ホテル・運輸・通信	1,669,844	1,833,997	1,998,292	2,117,867	2,329,801
金融・保険・不動産・ビジネスサービス	1,844,070	2,039,460	2,248,845	2,450,391	2,606,602
地域・社会・個人向けサービス	1,115,765	1,234,737	1,316,522	1,485,151	1,564,473

（注）　1）基本価格表示の粗付加価値(GVA)。2）第2次改定値。3）第1次改定値。4）予測値。5）第1次事前予測値。

（出所）　Ministry of Statistics and Programme Implementation, *Press Note on First Revised Estimates of National Income, Consumption Expenditure, Saving and Capital Formation 2015-16*, *Press Note on Advance Estimates of National Income 2017-18*.

2017年　主要統計

5　国際収支

(単位：10億ドル)

	2012/13	2013/14[1]	2014/15[2]	2015/16	2016/17	2017/18[3]
経　　常　　収　　支	-88.2	-32.4	-26.8	-22.2	-15.3	-22.2
貿　　易　　収　　支	-195.7	-147.6	-144.9	-130.1	-112.4	-74.8
輸　　　　　　　出	306.6	318.6	316.5	266.4	280.1	149.2
輸　　　　　　　入	502.2	466.2	461.5	396.4	392.6	224.0
サ　ー　ビ　ス　収　支	107.5	115.2	118.1	107.9	97.1	52.5
資　　本　　収　　支	92.0	47.9	88.2	41.1	36.5	42.1
総　　合　　収　　支	3.8	15.5	61.4	17.9	21.6	20.9
金　　融　　勘　　定	-3.8	-15.5	-61.4	-17.9	-21.6	-20.9
外貨準備増減(増〈-〉,減〈+〉)						

(注)　1) 部分改定値。2) 暫定値。3) 4〜12月の予測値。
(出所)　Ministry of Finance, *Economic Survey 2017-18*.

6　国・地域別貿易

(単位：100万ドル)

	2015/16		2016/17		2017/18 (4〜2月)[3]	
	輸出	輸入	輸出	輸入	輸出	輸入
ヨ　　ー　　ロ　　ッ　　パ	50,308	64,633	53,291	61,474	54,322	62,466
E　　　　　　　　U	44,461	43,898	47,319	42,385	48,400	42,679
欧州自由貿易連合加盟国[1]	1,538	19,890	1,241	17,821	1,233	18,582
そ　　　の　　　他	4,309	845	4,731	1,268	4,689	1,205
C I S・バ ル ト 諸 国	2,391	7,078	2,794	9,323	2,704	11,487
ア ジ ア・A S E A N	137,844	284,482	137,748	230,569	135,047	253,330
A　S　E　A　N	25,155	39,910	30,962	40,617	31,080	42,368
北　　東　　ア　　ジ　　ア	30,835	94,110	34,547	95,067	35,848	107,933
中　　　　　　　　国	9,010	61,707	10,172	61,282	11718	69,505
日　　　　　　　　本	4,663	9,850	3,846	12,585	4293	9,806
南　　　ア　　　ジ　　　ア	18,620	2,975	19,222	2,813	19,963	2,850
そ　　　の　　　他	49,561	75,930	53,017	92,071	48,157	100,180
ア　　　フ　　　リ　　　カ	25,027	31,669	23,129	28,845	22,418	33,748
ア　　　メ　　　リ　　　カ	52,750	45,991	54,913	46,674	56,765	50,134
北　　　　　　米	45,219	28,299	47,682	29,383	48,979	31,174
米　　　　　　　　国	40,336	21,781	42,216	22,307	43329	23,344
ラ テ ン ア メ リ カ	7,531	17,692	7,231	17,291	7,785	18,960
合　　　　　　　　計[2]	272,294	442,863	275,851	384,356	273,756	419,341

(注)　1) アイスランド，ノルウェー，スイス，リヒテンシュタイン。2) 非特定地域(unspecified region)を含む。3) 暫定値。
(出所)　Ministry of Commerce and Industry のウェブサイト・データより作成。

7　中央政府財政

(単位：1,000万ルピー)

	2014/15	2015/16	2016/17	2017/18 (概算値)	2017/18 (改定値)	2018/19 (概算値)
歳入(1)=(2)+(5)	1,663,672	1,790,783	2,014,407	2,146,735	2,217,750	2,442,213
経常歳入(2)=(3)+(4)	1,101,472	1,195,025	1,423,563	1,515,771	1,505,428	1,725,738
税収(3)	903,615	943,765	1,088,793	1,227,014	1,269,454	1,480,649
非税収(4)	197,857	251,260	334,770	288,757	235,974	245,089
資本収入(5)=(6)+(7)+(8)	562,200	595,758	590,844	630,965	712,322	716,475
貸付回収(6)	13,738	20,835	11,071	11,933	17,473	12,199
その他収入(7)	37,737	42,132	45,500	72,500	100,000	80,000
借入など(8)	510,725	532,791	534,273	546,531	594,849	624,276
歳出(9)=(10)+(11)	1,663,673	1,790,783	2,014,407	2,146,735	2,217,750	2,442,213
非計画支出(10)	1,201,029	1,449,153	1,616,711	1,723,407	-	-
計画支出(11)	462,644	341,630	397,696	423,328	-	-
財政収支(12)=(2)+(6)+(7)-(9)	-510,726	-532,791	-534,273	-546,531	-594,849	-624,276

(出所)　Ministry of Finance, *Union Budget 2016-17*, 同, *Union Budget 2017-18*。

2017年の ネパール

ネパール連邦民主共和国
面　積　14万7181km²
人　口　2870万人(2016/17年度,中央統計局推計)
首　都　カトマンドゥ
言　語　ネパール語(公用語)ほか

宗　教　ヒンドゥー教,仏教など
政　体　連邦民主共和制
元　首　ビダヤ・デヴィ・バンダリ大統領
通　貨　ルピー(1米ドル＝106.9ルピー,2016/17年度平均)
会計年度　7月16日～7月15日

第1州
1 ターブレジュン
2 パンチタル
3 イーラム
4 サンクワーサバ
5 テラトゥム
6 ダンクタ
7 ボジプル
8 コターン
9 ソルクンブ
10 オカルドゥンガ
11 ウダヤプル
12 ジャーパ
13 モラン
14 スンサリ
第2州
15 サプタリ
16 シラーハ
17 ダニシャ
18 マホタッリ
19 サルラーヒ
20 ラウタハト
21 バーラ
22 パルサ
第3州
23 ドルカ
24 ラメチャープ
25 シンドゥリ

26 カーブレ
27 シンドゥパランチョク
28 ラスワ
29 ヌワコット
30 ダーディン
31 チトワン
32 マカワーンプル
33 バクタプル
34 ラリトプル
35 カトマンドゥ
第4州
36 ゴルカ
37 ラムジュン
38 タナフ
39 カースキ
40 マナーン
41 ムスターン
42 パルバト
43 シャーンジャ
44 ミャーグディ
45 バーグルン
46 ナワルパラーシ
　（バーダガート-ススタ以東）

第5州
47 ナワルパラーシ
　（バーダガート-ススタ以西）
48 ルパンデヒ
49 カピルバストゥ
50 パールパ
51 アルガーカンチ
52 グルミ
53 ルクム(東部)
54 ロルパ
55 ピューターン
56 ダーン
57 バーンケ
58 バルディヤ
第6州
59 ルクム(西部)
60 サルヤーン
61 ドルパ
62 ジュムラ
63 ムグ
64 フムラ
65 カーリコット
66 ジャージャルコト

67 ダイレカ
68 スルケト
第7州
69 バジュラ
70 バジャーン
71 ドティ
72 アチャーム
73 ダールチュラ
74 バイタディ
75 ダデルドゥラ
76 カンチャンプル
77 カイラーリ

2017年のネパール

左派連合の代表議会選挙勝利により
政権安定化が図れるか

佐野 麻由子
（さの　まゆこ）

概　況

　2017年のネパール国内政治は目まぐるしく揺れ動いた。5月のネパール国民会議派（NC）とネパール共産党毛沢東主義センター（CPN-MC）連立政権内でのダハールからデウバへの首相交代，10月の左派連合の結成および，それに対抗するためのNCを中心とする民主連合の結成によるCPN-MCとNCの事実上の分裂，年末の連邦議会の下院にあたる代表議会選挙での左派連合の勝利と続いた。前年から引き続き重要な政治的課題となっていた第2次憲法改正案の処理については，マデシ系（インド国境沿いのタライ地域に居住するインド系ネパール人）政党が地方選挙（村・市議会選挙）実施日の発表前までに第2次憲法改正を行うよう要求をしていたが，改正されないまま地方選挙を迎えた。憲法改正案については，8月の立法議会での投票の結果，改正は認められず，年内に決着をみることはなかった。他の重要な政治的課題は新憲法下で初となる地方選挙，州議会選挙，連邦議会選挙の実施であった。政党間の対立に伴う爆弾騒動等があったもののそれぞれ複数回に分けて実施され無事終了した。親インドの民主連合と親中国の左派連合との一騎打ちといわれた代表議会選挙では左派連合が勝利した。

　経済面では，実質成長率が6.94％となり過去10年でもっとも高い水準であった。国民1人当たりの名目所得も2006/07年度のおよそ2倍になるなど好調さを印象づけた。他方，対外貿易収支については，貿易赤字が拡大した。

　対印関係は，2016年にインドがマデシ系住民の要望を受け入れるよう経済封鎖を強行したことに起因する関係悪化が続いた。また年末の代表議会選挙における親中左派連合の勝利は中国との関係のさらなる強化につながった。

国 内 政 治

政権移行，左派連合，民主連合の誕生

　2017年のネパール国内政治は，5月のダハールCPN-MC党首の首相辞任，6月のデウバNC党首への首相交代，10月の左派連合の結成，12月の連邦議会の代表議会選挙での左派連合の勝利とめまぐるしく変化した。

　前年8月に誕生したNCとCPN-MCとの連立による第2次ダハール連立政府で政権の舵取りを担っていたダハール首相は，デウバNC党首との紳士協定（『アジア動向年報 2017』参照）に基づき5月24日に辞任した。6月6日の立法議会（2013年の第2回憲法制定議会選挙で成立した一院制議会。2015年9月20日のネパール憲法成立，公布により憲法制定議会から立法議会に移行。2017年10月14日解散）での首相選出選挙に先駆けて，CPN-MCとNCは，マデシ系政党の国家国民党（RJP-N）と連邦社会主義フォーラム・ネパール（FSF-N）とそれぞれ3項目の合意を交わした。3項目の合意とは，憲法改正の実施，タライ地域における地方自治体の増設，デウバ党首への支持である。6月6日の投票でデウバ党首は，388票を獲得し首相に選出され，第4次デウバ政権が誕生した。しかし，後述するように，選挙の実施と憲法改正をめぐる駆け引きのなかで政権の舵取りは困難を極めた。政権への支持を集めるためデウバ首相就任後3カ月間に7度に及ぶ内閣拡大が実施され，ネパール史上最大の内閣が誕生した。

　しかし，10月に入るとNCとCPN-MCとの連立関係に陰りがみえはじめた。デウバ首相が，2日に開催した党幹部集会で「憲法改正を行うためにすべての選挙でNCを第1党にすることが必要だ。それはマデシの人々の福祉の実現につながる」と述べた翌日の10月3日に野党ネパール共産党統一マルクスレーニン主義（CPN-UML）は，州議会選挙と代表議会選挙においてCPN-MCとバブラム・バッタライ率いる新しい力（Naya Shakti）と左派連合を結び選挙協力を行うと発表した（10月15日に新しい力は左派の理念に反するという理由で左派連合との選挙協力を中止した）。

　左派連合結成の背景には，5月，6月，9月の地方選挙の結果があるといわれている。地方選挙の第1段階，第2段階でCPN-UMLは得票を伸ばした一方で与党CPN-MCは振るわなかったこと，CPN-UMLの場合は，9月18日に別途実施されたタライ地域（第2州）での選挙結果が振るわなかったことがある。後述の

517

とおり地方選挙では，CPN-UMLは最大政党となっており，左派という同じイデオロギー，戦術で代表議会選挙を戦えば，最大の政治的勢力になることができると考えられた。また，インドによる国境封鎖時にインドから支援を受けていたNCが明確な異論を唱えなかったことへの国民の不信があるといわれている。10月3日，マデシ系のRJP-Nの5人が，マデシへの差別，抑圧，搾取を終わらせ，マデシ系住民の繁栄，公正，平等を担保することを目的に離党し，左派連合に参加した。ダハール氏はデウバ首相と会談し，左派連合は社会主義社会の実現に向けた結束であり，NCに対抗するものではないと述べた。10月4日再び開催された会合のなかで，デウバ首相はNCとCPN-MCとの連立を続けるために首相の地位をダハール氏に譲ることを申し出たが，ダハール氏は申し出を拒絶した。

これに対し10月4日，デウバ首相は，右派の国民民主党ネパール（RPP），RJP-N，FSF-N，マデシ人権フォーラム（民主）（MJF-L）と会合を開き，NCがリーダーシップをとるかたちで民主連合を結成した。10月13日に7度目になる内閣拡大を行い，RPPより5人を新たに大臣に指名した。これでデウバ内閣の閣僚は64人に達した。なおCPN-MCの大臣は，10月17日のデウバ首相とダハールCPN-UML党首との話し合いで州議会選挙，連邦議会選挙の候補者選定後に職務を辞任することで合意したが，その後も辞任することなく続投した。後述のとおり12月の代表議会（立法議会）選挙では，左派連合が快勝したが首相についてはCPN－UMLの要請があるまでデウバ首相が留まることになり，年内の政権交代はなかった。

次年度に持ち越された第2次憲法改正の処理

与党CPN-MCとNCは，1月から8月にかけて憲法改正に反対するCPN-UMLの説得が困難な中で，選挙への参加の条件として憲法改正を求めるマデシ系政党の要望にこたえるという難局に立たされた。

第1次憲法改正は2016年1月23日に賛成多数で可決され成立した。しかし，マデシ系政党は，(1)国家的要職への就任にかかわる市民権上の要件の修正，(2)タライ地域にある第2州および第5州の区画変更，(3)選挙区割りを地理的要因ではなく人口数に基づいて行うこと，(4)国民議会（上院）の議席配分を人口数のみに比例させること，(5)州公用語規定の明文化，等のさらなる改正を求めていた。その要望に応えるために提出された第2次憲法改正案については2016年11月29日に閣議決定を経て立法議会に登録されたものの，最大野党のCPN-UMLが審議を拒否した。連立与党は憲法改正に必要な議席数を確保することができずに越年

した。2017年1月8日に統一民主マデシ戦線（UDMF）および，NCとCPN-MCの連立与党は憲法改正の審議入りに着手したが，CPN-UMLをはじめとする野党9党の抗議にあい中断した。CPN-UMLは，「憲法改正は，ネパールを丘陵地と平原に分断し調和を乱すため国益に反する」，「外国の圧力による」という理由で反対した。そして，3月4日から15日間にわたり国家の結束を強めるためのメチ・マハカリ（ネパール極西部から東部にかけての全土）・キャンペーンを実施するとした。一方マデシ系政党は，地方選挙実施日の発表前に第2次憲法改正を行うことを要求した（2月3日）。これに対して政府は2月20日に，地方選挙を5月14日に行うことを発表するとともに，マデシ系政党に憲法改正の実現と選挙参加を求め，一方CPN-UMLとは憲法改正に同意するよう交渉を継続した。4月8日にダハール首相は，マデシ系政党とCPN-UML双方が受容可能な新しい第2次憲法改正案を提案すると述べ，4月10日に前年11月29日に登録されていた憲法改正案を撤回し，翌11日に修正された第2次憲法改正案を立法議会に登録した。

しかし，マデシ系政党は，旧憲法改正案を撤回することに抗議し11日の会議をボイコットした。マデシ系政党は，旧案において州の区画変更にあたり関係する州議会の同意を得ることを義務づけた第274条の削除を求めていたにもかかわらず，新憲法改正案では，第274条は削除されたが，代わりに第296条(4)(a)によって「連邦議会は州議会が発足するまで（立法上の）権力を行使し区画に関係する州の同意なしで区画変更ができる，ただし，州議会発足後の1年後に第296条(4)に従って公式化された立法は無効になる」とされたからである。

4月12日UDMFは，5月14日の選挙のボイコットを決定した。さらに4月16日には憲法改正案が不十分であることを理由に4月18日から5月14日に抗議プログラムを実施することを宣言した。これに対して4月22日には，CPN-MC，NCと連邦同盟（Federal Alliance, FA）との協議が行われた。FAには，RJP-N（UDMFを構成していた6政党が参加して4月20日に結成）とFSF-Nのほか，その他の少数民族政党が参加している。協議では，(1)議会において新憲法改正案を可決させること，(2)マデシ系政党も参加する地方選挙を2段階，すなわち，第1段階の選挙を5月14日に山岳部，丘陵部の3州（第3州，第4州，第6州）で，第2段階の選挙を6月14日に4州（第1州，第2州，第5州，第7州）に分けて実施することが合意された。しかし，5月26日にRJP-Nが第2段階の地方選挙に参加せず抗議活動を続けることを表明したため，5月29日，政府は6月23日に延期することを発表した。さらに5月31日に6月28日に再延期した。

事態を打開するため政府はRJP-Nを選挙に参加させる意図で、6月8日に地方選挙関連法案を成立させた。この法案により、6月1日に設定されていた6月28日実施の選挙候補者の登録（6月16日）に必要な党代表者の署名の締め切りが延長され、RJP-Nの選挙参加が可能になった。RJP-Nは6月9日にデウバ首相が6月28日の選挙実施までに憲法改正の実施は不可能であると立法議会で発言したことに反発し、10日に連立政権に対し地方選挙延期を申し入れたが、拒否された。11日にRJP-Nは政府との協議の場で、第2段階の選挙前に憲法を改正すること、拘留されている幹部を解放すること、5月26日に最高裁判所より増設停止の仮命令が出されていたタライの地方自治体の増設を求めたが、合意に至らなかった。そのため11日に地方選挙第2段階の妨害活動を強化することを決定し、翌12日に地方選挙への不参加を表明した。

RJP-Nの選挙妨害運動による治安悪化の懸念から6月15日に政府は、マデシ系住民の多い第2州での選挙の実施を9月18日に延期することにした。6月18日の候補者登録においてはRJP-Nは党としてではなく個人資格で選挙に参加することを決めた。7月7日にNC、CPN-MCの連立政権とRJP-Nの間で会合が開催され、憲法改正の実現は容易ではないものの改正に向けて努力すること、タライの地方自治体の増設が約束はされたが、実際は進展がみられなかったため8月8日にRJP-Nは9月18日の地方選挙への不参加と選挙妨害活動を宣言した。これに対して、8月11日に連立政権はRJP-Nと話し合いを行い、自治体の増設（政府は12日に最高裁の仮命令を取り消し、18日に第2州に9つの地方自治体を増設、合計で753になった）、立法議会での憲法改正の投票実施、RJP-Nの地方選挙への参加についての合意を得た。これにより16日に4月以降中断されていた憲法改正の審議が開始され、賛成大多数を得ることが難しいと予想されていたものの21日に投票が行われた。

憲法改正にあたっては592人で構成される議員の3分の2である395票を獲得することが求められたが、最大野党CPN-UMLのほか、右派のRPPが反対票を投じたため、投票の結果48票足らず、年内に決着をみることはなかった。

選挙の実施

5月14日、6月28日、9月18日の3回に分けて実施された地方選挙（村・市議会選挙）では753の首長（Mayor/Chairperson）、副首長、区長を各1人、区議会議員4人を選出した。投票の結果、最大野党CPN-UMLが高い支持を集めた。753

の市長・議長ポストのうち，CPN-UML が 294（39%），NC が 266（35%），CPN-MC が 106（14%）を獲得した。その他のポストを含む全獲得数は，CPN-UML が 1 万4099（40%），NC が 1 万1456（33%），CPN-MC が 5441（16%）であった。CPN-UML は予想に反し，タルー人口の多いカイラーリ，バルディヤ，ダーンで多数を獲得したほか，マデシ人口の多いルパンデヒ，バーンケ，カピルバストゥでも多数を獲得した。CPN-UML は，反マデシ政党という烙印を押されているものの第 5 州で 39% の議席を獲得した。政治評論家は，CPN-UML が主権，領土の保全，均衡のとれた外交についての明確な方針を示したこと，RJP-N が選挙をボイコットしたこと，NC のリーダーシップの弱さが CPN-UML の集票につながったと分析している（*The Kathmandu Post*, 2017年 7 月 7 日）。他方，CPN-MC の敗因は，憲法改正に必要な 3 分の 2 の賛成を得ることが難しい中で過度に憲法改正に固執し政治の空転を招き国民の不満を買ったこと，かつての汚職スキャンダルのイメージをぬぐえなかったことがあると分析されている（*The Rising Nepal*, 2017年 7 月14日）。

なおダハール元首相の地盤であるチトワン郡バラトプル市では，2 つの選挙区の開票を残すだけとなった 5 月28日に劣勢だった CPN-MC の党員によって未開票の投票用紙90枚が破られる事件が発生し，8 月 4 日に再選挙が実施された。NC と CPN-MC との選挙同盟と CPN-UML との選挙戦が展開され，再選挙の結果，再選挙前には784票あまり得票数を上回っていた CPN-UML のギャワリ候補を破り，ダハール元首相の娘である CPN-MC のレヌ候補が市長に当選し，副市

表 1 　地方選挙，州議会選挙，代表議会選挙（下院）小選挙区の主要政党の結果

	実施日 (投票率)	CPN-UML	CPN-MC	NC	RJP-N	FSF-N	定数
地方選挙	5 月14日 6 月28日 9 月18日	294	106	266	25	34	753[1]
州議会選挙	11月26日 (65%)	168	73	41	16	24	330[2]
代表議会 （下院）選挙	12月 7 日 (69%)	80	36	23	11	10	165[2]

（注）　1 ）首長（Mayor/Chairman）の定数。　2 ）小選挙区の定数。
（出所）　©Karl-Heinz Krämer, Nepal Research, *Results of Local Elections in Nepal, 2017*, The Kathmandu Post（http://kathmandupost.ekantipur.com/news/2017-12-14/no-of-directly-electedfemale-candidates-slumps-further.html）。

長にはNCのシャハ候補が当選した。

　新憲法下では初めての州議会選挙および代表議会選挙が11月26日（北部山地・丘陵地の32郡）と12月7日（中南部丘陵地・タライの45郡）の2回に分けて実施された。インド寄りの与党NCが主導する民主連合と左派連合が争う選挙戦になった。州議会の定数は全州合計で550人（州小選挙区330人，比例代表220人），代表議会の定数は275人（小選挙区165人，比例代表110人）である。投票率は，それぞれ65％，69％であった。

　州議会選挙（小選挙区）では，CPN-UMLが330議席中168議席（全体の51％），CPN-MCが73議席（22％）を得て左派連合が高い支持を集めた。NCは41議席（12％）であった。代表議会選挙（小選挙区）でもCPN-UMLは165議席中80議席を獲得したのに対し，NCは23議席（14％）で，左派連合が合わせて116議席（70％）を獲得した。NCは，240議席中105議席（44％）を獲得した2013年の立法議会選挙（小選挙区）から議席数を大きく減らし第3党となった。当選者の特徴としては女性や少数派が少ないことがあげられる。憲法第84条（2）は，女性，ダリット，アディバシ・ジャナジャーティ，カス・アーリア，マデシ，タルー，ムスリムから代表者が選出されるよう各党の候補者を擁立すること，また同条（8）は「各政党において全議員の3分の1を女性とする」よう定めている。しかし，小選挙区における女性候補者は少なく，女性候補者が代表議会選挙の小選挙区候補者に占める割合は5.5％，州議会選挙の候補者に占める割合は4.7％であった。「憲法が規定する女性の議席確保が困難な状況のまま選挙をすべきではない」という前制憲議会議員の請願書に応じるかたちで11月22日に，最高裁判所が各政党に策を講じるよう呼び掛けたが，選挙結果には反映されなかった。代表議会選挙（小選挙区）での女性の当選者はわずか6人で，いずれも左派連合であった。

　民主連合の大敗の要因として，デウバ首相にリーダーシップやカリスマ性が欠如していたこと，党の若返りに失敗していたこと，組織体制の弱さなどが挙げられている（*The Kathmandu Post*, 2017年12月14日）。また，左派連合が公約で経済的発展を挙げていたのに対し，NCは明確な言及がなかったこと，そしてNCは，医療，教育，およびインフラストラクチャーの整備による経済的発展への国民の期待にこたえられなかったのが敗因だという見方もある（Kamal Dev Bhattarai, 2017年11月16日，Diplomat）。

　12月29日には，バンダリ大統領が国民議会（上院）選挙実施のための規則（ordinance）を承認，選挙に向けた手続きが開始され，2017年のネパールは幕を閉じた。

国民議会の定数は59人で，州議会議員および地方自治体首長等が選出する56人と大統領指名の3人で構成される。首相交代については，前述のように当面はデウバ首相が留まることになり，年内の政権交代はなかった。2018年2月には左派連合のオリ(CPN-UML)党首が首相に就任し政権交代が完了した。

経　　済

2016/17年度の経済概況

　政府が発表した経済白書(*Economic Survey Fiscal Year 2016/17*)によれば，実質成長率は，6.94％で，過去10年でもっとも高い水準に到達した。これは，順調なモンスーンによる高いコメ生産量(520万トンで最高記録を達成)，水力発電能力の回復による十分な電力供給，地震からの建築復興事業の順調な進捗，貿易，観光業が好調だったことによる。観光業界では，2017年の1～10月にネパールを訪れた者の数は25.47％増の75万7448人に達した。前年度が低成長だったことも要因に挙げられる。国民1人当たりの名目所得は862ドルで，前年度より105ドル増加した。これは，11年前の2006/07年度の414ドルのおよそ2倍に当たる。地震により2年間続いた消費者物価上昇率は，4月までの8カ月間の平均は5.1％に下がり(2014/15年度の消費者物価上昇率の平均は7.2％，2015/16年度の平均は9.9％)，最近10年間で最低水準に達した。貿易正常化や食料品の値下がりによるものと考えられる。それでも首都カトマンドゥは南アジアではダッカとコロンボに次いで3番目に生活費が高い都市であることに変わりはない(The Economist Intelligence Unit, *Worldwide Cost of Living Report 2017*)。

　2016/17年度の農業・林業・水産業・鉱業・採石を含む第一次産業のGDPに占める割合は，33.5％であった。各産業部門の前年度からの成長率は，いずれの部門においても前年度を上回る(表2)。

　対外貿易収支については，製品輸出は12.8％増大し2016/17年度の最初の8カ月で482億2000万ルピーに達したものの，製品輸入が44.2％増大し6285億6000万ルピーに達したため，結果として，本会計年度の最初の8カ月で貿易赤字は47.6％上昇し5803億4000万ルピーに達した。貿易赤字は，GDPの34.4％に達すると見積もられている。貿易輸出振興センター(TEPC)によれば，2016/17年度の対インド貿易赤字は過去10年間で最大で，主に，石油製品，鉄鋼，自動車などの輸入が増えたことが原因と考えられる。

表2　各産業部門の成長率(％)

	2013/14	2014/15 (修正)	2015/16 (修正)	2016/17 (暫定)
農業・林業・水産業	4.5	1.1	0.0	5.3
鉱業・採石	11.8	2.3	-2.8	8.2
製造業	6.3	0.4	-8.0	9.7
電気・ガス・水道	3.3	0.8	-7.4	13.0
建設業	9.1	2.9	-4.4	11.7
卸小売・ホテル・飲食業	10.4	2.5	-3.4	9.5
運輸・倉庫・通信	5.2	6.2	2.0	6.5
金融・不動産・賃貸業	3.7	1.5	5.4	5.8
公務・国防	5.0	8.8	2.5	9.6
教育	4.8	5.1	7.0	4.2
保健・社会サービス	4.7	12.2	3.6	6.1
実質GDP成長率(％)	6.0	3.3	0.4	7.5

(出所)　Government of Nepal, Ministry of Finance, *Economic Survey 2016/17*, 8-11.

　国家財政については，効果的・効率的な予算執行における課題が指摘されている。*The Kathmandu Post*（2017年7月16日）によれば，設備投資に割り当てられた予算の約70％が会計年度の最後の3カ月で執行され，予算総額の36％が会計年度の最後の21日で執行されていた。水力発電，送電線，潅漑，空港，道路のように重大なインフラストラクチャーの整備の遅れは，民間投資の誘致，雇用創出，経済成長促進の障害になると指摘されている。

貧困削減・社会保障・出稼ぎ労働者への新社会保障政策

　貧困線以下にある人の割合は，貧困削減プログラムが開始された2006/07年度の50.7％から2016/17年には33.1％に低下した。その間の1人当たりの平均消費量は124.2％に増加し，貧困線は毎年平均2.49％減少していると見積もられている。貧困世帯支援調整庁（The Poor Household Support Coordination Board）は，7月29日に貧困世帯に医療（健康保険），教育の補助金，職業訓練の支援を行うことを盛り込んだ社会保障計画を内閣に提出し承認を得た。本計画では，貧困の度合いに応じて3つのグループに世帯を分け，それぞれの経済状況に応じて，政府の補助金の支給額が決まる。調査で選定された39万1831世帯に受給のための貧困身分証明書が配布された（11月に第一段階の配布が実施された）。10月11日には，国民皆保険の実現のための健康保険法案が承認された。法案の条項21によれば，各世帯の世帯員数や収入額に応じた保険料を支払うことで，5人世帯では年間5万ルピー

までの医療サービスを受けることができる。

　出稼ぎ労働者としての労働力の海外への流出が続いている。2015/16年度の出国者数は，前年度の41万8713人から63万9167人に増加した。2015/16年度までの出稼ぎ労働者の総計は361万9981人であった。うち，96％に当たる346万4868人は男性である。出稼ぎ労働者の増加に伴い送金の流入量も増加し，ネパール中央銀行によれば，2016/17年度における海外送金受け取り額は，前年度比4.6％増加の6954億ルピーに達した。

　これまでの出国者総計に占める主な出国先の割合をみると，マレーシア(31％)，カタール(27％)，サウジアラビア(21％)，アラブ首長国連邦(UAE，13％)，クウェート(3％)である。マレーシア政府は，不法就労者の取り締まりを強化しており，約4万人いるとされるネパール人不法滞在者も対象になっている。最近では，韓国が人気の出稼ぎ先となり，6月には，7万5000人の若者が韓国語の試験を受験した。

　出稼ぎ労働者の増加に伴い，出稼ぎ先での過労による突然死や自死，事故死，出稼ぎ労働者の社会保障が課題となっている。ILOによれば，2008/09年度から2014/15年度に24の出稼ぎ国で死亡したネパール人労働者の数は，全出稼ぎ労働者の0.16％にあたる4322人であった(ILO 2016: *When the Safety of Nepali Migrant Workers Fails: A Review of Data on the Numbers and Causes of the Death of Nepali Migrant Workers*)。2017年1月24日に政府は，出稼ぎ労働者への新社会保障政策を2月12日より実施することを発表した。これにより，生命保険の保障額が150万ルピーから200万ルピーに上がるほか，15の重大疾病への保障がなされることとなった。出稼ぎ労働者の遺族は，収入の保障として20万ルピー，葬儀費用のために10万ルピー，遺体の輸送費用10万ルピーが受け取れるようになる。また，出稼ぎ労働者は，癌，腎不全，心臓発作，全盲，麻痺，脳腫瘍，事故による精神疾患などの治療費50万ルピーが受け取れるようになる。

自然災害への対応

　2017年度は，2015年に起きた大地震からの復興に加えて，8月に相次いで発生した洪水被害への対応に追われた年であった。地震の復興事業については，1月11日にネパール復興庁長官の交代劇があり，復興の遅れが懸念された。4月5日の報道では，地震で被害を受けた医療機関の4分の1しか再建されていない。遅々とした歩みではあったが，2016/17年度の最初の8カ月で，被害にあった14

県の65万3913人の被災者のうち，55万4614の家屋の所有者と補助金交付書類への署名を交わした。そして，第1回目の補助金5万ルピーが53万3691人の銀行預金口座に振り込まれた。同様に，破損した教育機関，医療機関，歴史遺産，および政府建物でも復旧工事が実施された（*Economic Survey 2016/17*, xvi）。

8月に発生した洪水被害からの復興については，730億ルピーが必要であると試算された。また，農業セクターでは，28億6000万ルピーの損失を被ると見積もられた（*The Kathmandu Post*, 2017年8月15日）。そのほかの復興については，住宅：195億ルピー，灌漑：175億ルピー，家畜：107億ルピーが損失として見積もられている（*The Kathmandu Post*, 2017年11月12日）。

世界銀行は，10月11日に発表した2018年の経済予測について，当初好調な成長を見込んでいたものの，洪水による食糧価格の高騰，地震と洪水復興のために増大した財政支出による財政赤字の悪化などが，出稼ぎの送金や輸出産業の緩やかな伸びを相殺して，成長の足かせになると予想している。

対外関係

インドとの関係修復

インドは，2016年9月にマデシの憲法改正要求に応じないCPN-UMLのオリ政権に圧力をかけるため5カ月に及ぶ経済封鎖を強行した。思惑どおり政権交代を成功させたが，ネパール国内では，ナショナリズムを高揚させ，外交面では親中路線を促進させることとなった。

2016年からの課題である関係修復の一環として，4月17~21日にバンダリ大統領が就任後初めてインドを訪問し，ムカルジー大統領，ハミド副大統領，モディ首相，シン内務大臣，スワラージ外務大臣らと会談した。訪問は，前年5月に予定されていたが，中止されていた。バンダリ大統領の訪問は両国のわだかまりを解消し，協力を深化させるものとして両国で歓迎された。

一方で，ネパールにおける反印ナショナリズムの高揚に関連した出来事が起きた。3月9日にネパールカンチャンプル郡の国境でインド国境警備隊の発砲によってネパール住民1人が死亡した事件である。当時，国境付近で建設された排水溝をめぐり，インド住民とネパール住民との衝突が起きていたことがその背景にある。これを受けて，CPN-UMLは，射殺された住民を殉教者と宣言することを政府に勧め，3月10日に政府は殉教者とした。国境付近でのインドへの抗議活

インドのモディ首相(右)とムカルジー大統領(左)に迎えられるバンダリ大統領
(4月18日, EPA=時事)

動は激しさを増し，1万人が参加した。これに対しインド国境警備隊は，催涙弾を発砲するなど対抗した。抗議活動は，カトマンドゥにも広がり，若者等がインド大使館前に集結するなどした。

中国への経済面，政治面での接近

インドとの関係修復が模索されるなかで，強化されたのが中国との関係である。ネパールの中国への接近は，インドへの対抗策として2016年より顕著になったが，それを強化する軍事面，経済面での動きが注目を集めた。軍事面では，4月16日に中国人民解放軍とネパール国軍との初めての合同軍事演習「サガルマータ・フレンドシップ2017」がマハラジガンジで実施された。10日間の訓練では，対テロ対策，災害復興の専門的知識の交換のほか，軍隊の潜在的な実行能力を強化することが目的とされた。

経済面では，2月28日にネパール・中国商工会議所の第14回年次総会がカトマンドゥで開催され，于紅中国大使のほか，マハラ副首相兼財務大臣(当時)らが参加した。3月2日のネパール投資サミットにはアジアインフラ投資銀行(AIIB)の総裁が参加した。中国企業が道路や水力発電設備への83億ドルの投資を表明し，3億1700万ドルの投資を表明したインドに対し圧倒的な差をみせつけた。また，

5月12日の「一帯一路」構想への署名により，80億ドルの投資による中国・ネパール間の道路，鉄道網の整備が約束された。8月15日には，ネパール訪問中の汪洋副総理の立ち合いのもと，経済技術協力，中国の対ネパール投資促進，ネパールでの石油・ガス資源の調査に関する合意がなされた。両国企業が結んだ33の貿易合意は，2116万ドルに相当する。しかし，11月13日に中国との関係に冷や水をかけるような出来事が生じた。総額約25億ドルを投じ，中部のブディガンダキ川に建設予定だったダムと出力1200MWの水力発電所の建設の中止が閣議後にタパ副首相より発表されたのだ。同計画は，5月23日の閣議で決定され，6月4日にエネルギー省と中国の企業，葛洲坝能源重工有限公司との間で覚書に署名されていた。海外メディアは，同時期にパキスタン，ミャンマーが相次いで中国が関与するインフラ建設案件を中止や延期したことをあげ，中止の背景には中国への不信感などがあると報じた。確かに，2月には中国企業が請け負ったルンビニのゴータマ・ブッダ空港建設の遅延が問題になるなどネパールにおいても中国に対する不信感がなかったとはいえない。しかし，ネパール国内では，「国家の威信をかけたプロジェクト」（National pride project）と表された本計画が中止された理由として，中国企業が競争入札なしで事業を受注したことに対し議会から反発が出たことに加え，11月末からの選挙にむけたパフォーマンスという見方も出ている。CPN-UMLのオリ党首は，「選挙の集票のための策略」だと非難し，CPN-MCは，「NC主導の政府の失敗が原因である」と批判した。

中印外交における均衡点の模索

中印両国とネパールとの距離を試される出来事として，中印国境のドークラーム高原（Doklam，中国名は洞朗）における両国の緊張があった。国境線は複雑で大英帝国と清朝との条約締結に遡る。対立の発端は，6月半ばから中国軍が中国とブータンの国境付近のドークラーム高原を横断する道路の建設を始めたことにあった。ブータン政府はこれに抗議し，ブータンと親密なインドがこれを支持した。インドは2017年5月末に，アルナーチャル・プラデーシュ州とアッサム地方を結ぶ，9.2キロメートルの橋を開通させるなど，当該地域に関心をもっている。他方，中国政府は8月3日にブータンと中国の国境付近のドークラーム高原にインド軍が兵舎を建設していることについて「地域の緊張を高めている」とし，即時撤退を要求した。これに対して，インド政府は「ブータン領内に中国軍が不法に侵入している」と非難し，緊張が高まった。しかし，8月28日に両軍が撤退す

ることで決着をみた。本件についてネパールは8月7日にマハラ副首相が独立外交の原則のもと中立の立場を保持することを表明している。

その他諸国との関係

国際社会におけるネパールの存在感を示すものとして，11月6～17日に開催された国連気候変動枠組条約第23回締約国会議(COP23)での発言が挙げられる。COP23は，2020年以降の世界各国の気候変動対策を進めるための指針を合意に導くための会合である。ネパールは，気候変動の影響による脆弱性がもっとも高い国のひとつとして，先進国に対し，(1)開発途上国の温室効果ガス削減(緩和)と気候変動の影響への対処(適応)を支援するための「緑の気候基金」(Green Climate Fund：GCF)へのアクセス向上，(2) 8月の洪水被害の経験に基づいて，脆弱性の高い国々で生じた災害の損失・損害の保障のための基金設立，(3) 2020年までに年間1000億ドルの資金支援目標の達成，について先進国がどのように関与するか明確な道筋の提示を要望した。

ネパールと他国との民間の往来を示すものとして，入国管理局が11月に公表した観光での来訪者の国別トップ10が挙げられる。注目すべき点は，スリランカ，ミャンマー，タイ，韓国のような仏教国からの来訪が急増している点である。なお日本からの観光客数は，2000年から2001年にかけて4万人から2万9000人に減少し，その後ほぼ横ばいの状態が続いている。

学術交流については，アメリカの高等教育機関に留学する学生に占めるネパール人の割合が急激な増加傾向にあることが話題を集めた(*The Kathmandu Post*, 2017年11月16日)。アメリカ国務省教育文化局の支援の下，国際教育協会(IIE)が発行する年次リポートによれば，アメリカ国内の大学・カレッジに在籍する2016/17年度のネパール人留学生の数は，2015/16年度の9662人から20％増の11607人に達した。ネパールは，学部生と大学院生の双方を合わせた留学生数が13番目に多い。学部学生のみに焦点を当てると，2015/16年度から2016/17年度の増加率は42.4％で，上位25カ国のなかでもっとも高い。なお，高等教育機関への留学のため出国するネパール人の数は，2012～2013年のおよそ2倍に達した。教育省が公表した2016年度(2016年4月13日～12月15日)のノー・オブジェクション・レター(留学同意書)の発行数にみる人気の留学先は，オーストラリア(1万5549人)，日本(6880人)，アメリカ(5509人)となっている。

非公式な人の移動については，人身売買先がインドや湾岸諸国から中国，韓国，

アフガニスタンに移行していることが挙げられる。とくに，結婚や「オーケストラダンサー」の斡旋先として，顕著になっているのが中国や韓国であるという。ネパール国家人権委員会が2017年6月に公表した *Trafficking in Person National Report 2015-16* によれば，2015/16年度に人身売買の被害に遭ったネパール人は6000人を超え，その6割が女性であった。また，行方不明になっている3900人の7割が女性であった。被害者の多くは教育を受けていない貧困層であるが，教育を受けた人がよりよい仕事を求めて騙されて売買される事案もあるという。また，偽装結婚，雇用の斡旋，偽造旅券の発行などの犯罪が新しい手口として増え，臓器売買のための子どもの取引も増大しているという。

2018年の課題

2017年前半はマデシ系住民の反発を抑え政治を安定させることが課題であったが，年末の選挙結果をふまえて，2018年は新しい首相の任命，民主連合との調整による政治の安定化，および，インドや中国との外交の舵取りが課題になりそうだ。

2018年の国内政治の課題としては，決着をみなかった第2次憲法改正，国民議会選挙の実施，左派連合勝利後の新首相の任命による政治の安定化，州都の決定と地方政治の安定化が課題に挙げられる。新首相については，2018年2月にCPN-UMLのオリ党首が第41代首相に任命された。連邦民主主義の理念の実現に向けた女性や少数派の意見が反映される政治の実現も求められよう。少数派に関しては10月に結成された左派連合には，マデシ系政党出身者も入っていることから，少数派の意見を反映した安定的な連邦民主主義の実現が期待される。

経済については，地震に加え8月の洪水被害の復興を行い，経済成長を軌道に乗せること，貿易赤字を抑えることが課題として挙げられる。

対外関係では，インドと中国との間での舵取りが重要である。ネパールは両国から，水力発電，道路，空港といったインフラ整備の支援を受けている。左派連合の勝利による政権交代によって，デウバ政権が11月に中止を宣言したブディガンダキ水力発電所の整備は再開されるのか，左派連合の勝利を2016年の高圧的な外交政策の失敗ととらえるインドとの外交は，今後どのように展開されるのか，注目が集まる。

（福岡県立大学）

重要日誌　ネパール　2017年

1月1日▶マデシ戦線（UDMF），ネパール国民会議派（NC）とネパール共産党毛沢東主義センター（CPN-MC）は憲法改正の審議にむけた準備に着手。

6日▶CPN-MCとNC，UDMF等7つのマデシ系政党の同盟は，憲法修正案を可決するために必要な3分の2の賛成を得るため連携することに合意。

8日▶ネパール共産党統一マルクスレーニン主義（CPN-UML）の反対により憲法改正の審議は中断。

13日▶ダハール首相がマデシ系政党の要望にそうかたちで，現在の7州から10州に増やすことは可能と発言。

17日▶2016年12月/2017年1月の消費者物価上昇率が12年ぶりに最低水準3.8％に落ち着く。

23日▶インド経由でバングラデシュに電力輸出することをインドが許可。

24日▶IMFは今会計年度におけるネパールの経済成長の見通しを5.5％に上方修正。

25日▶国際NGOトランスペアレンシー・インターナショナル2016年の報告書におけるネパールの腐敗指数は131位。

26日▶ネパール航空，中国からの6航空機購入で2機目となる56人乗りMA60航空機を受領。

2月3日▶マデシ系政党が，地方選挙実施日発表までに憲法改正が行われるよう求める。

6日▶ネパール軍が中国人民解放軍との初めての合同軍事訓練を発表。

11日▶「地震復興基金」がいまだに機能していないことが明らかに。

12日▶CPN-UMLとマデシ系政党は，政治的行き詰まり打開のための話し合いを再開。

▶バングラデシュ企業が電力不足解消のためネパールの水力発電セクターに対して約10億㌦の投資を検討。

19日▶ネパール産業連盟（CNI）がカトマンドゥで主催したネパール・インフラ・サミット2017で，インドがカトマンドゥとデリーなどを結ぶ高速鉄道建設計画について言及。

20日▶閣議で，地方選挙を5月14日に実施することを決定。

23日▶マデシ系政党の要求を受け，地方選挙実施の条件として2016年11月29日に議会に提出されていた憲法改正案が審議入り。

27日▶政府，ゴータマ・ブッダ国際空港の建設に関し，工事遅延などにより2014年10月に受注した中国企業との契約打切りを示唆。

3月6日▶サプタリ郡バスビティにて，CPN-UMLの選挙キャンペーン集会に反対するUDMFの支持者が警備にあたっていた警察の射撃によって死亡。

▶CPN-UMLは上記サプタリ郡の事件を受け，現在進行中の「メチ・マハカリ・キャンペーン」を3日間中止し3月10日に再開する旨を発表。

8日▶マデシ系政党がシラーハでバンダ（ゼネスト）を実施。6日のサプタリ暴動で死者が出たことに対する抗議。

9日▶ネパールカンチャンプル郡国境でインドの国境警備隊の発砲によってネパール住民が死亡。

14日▶政府が地震の被災者を故郷に戻すためカトマンドゥ避難キャンプを撤去。

15日▶全国復興庁が地震被災家庭への住宅補助金の3回目の支給を開始。

18日▶鳩山元首相が来訪（〜22日）。

23日▶中国の防衛大臣が3日間の滞在のため来訪。

27日▶ネパール電力公社がクシャハーカタ

イヤ間の新送電線経由で50MWの電気をインドから輸入することを計画。

▶ダハール首相，北京で習近平国家主席と会談。「一帯一路」構想に参加を表明。

4月7日▶自殺が2011/12年度の3997件から2015/16年度の4667件に増加。2012年は10万人当たり25人で世界7位。2015年の地震発生後に増加したことが明らかに。

8日▶ネパール・ルピーの対ドルレートが20カ月ぶりに最高水準に到達。

10日▶政府は2016年11月29日に立法議会に登録されていた憲法改正案を撤回。

11日▶与党が新しい憲法改正案を立法議会に登録。州区画変更に関連した第274条改正が追加されたものの，旧案の国民議会，公民権，および言語に関連した8項目は保持。

16日▶ネパール国軍，中国人民解放軍との初の合同軍事演習を開始。

17日▶中国政府が5月14日に予定されている地方選挙を支援するため，選挙管理委員会に対し，約140万ドル相当の物品を提供。

20日▶UDMFを構成する7政党のうち，6政党が合併し，新たに「国家国民党」(RJP-N)を立ち上げ，第5党に。

21日▶ネパールとアメリカの自由貿易協定締結により66品目が免税に。

22日▶CPN-MC，NCが連邦同盟(FA)と協議。憲法改正案の可決，マデシ系政党も参加して地方選挙を実施すること等に合意。

23日▶閣議で地方選挙を5月14日と6月14日に実施することに決定。

25日▶政府統計局，23年ぶりの高い経済成長率6.9%達成と発表。

27日▶政府がマデシ系政党を説得するために11郡の地方自治体の増設を検討することを決定。

30日▶与党連合は政治への干渉を理由に，立法議会にスシラ・カルキ最高裁長官に対する弾劾動議を提出。

5月1日▶インドは86の選挙車両を贈与。

9日▶ダハール首相が土地改革省・管理省，文化・観光・民間航空省，連邦制度・地域開発省の3人の大臣を任命。

▶与党および野党CPN-UMLは，憲法改正プロセスを5月の立法議会に進めることに合意。

11日▶選挙管理委員会がIDを配布開始。

12日▶ネパールと中国が，北京で「一帯一路」構想参加のための覚書に署名。

14日▶20年ぶりの地方選挙が実施。

15日▶ネパール＝中国間の鉄道，道路網の整備をネパールが中国に提案。

20日▶牛乳の価格が9〜14%上昇。

24日▶ダハール首相辞任。NCへ政権移行。

29日▶政府は，6月14日に予定されていた地方選挙第2段階を6月23日に延期すると発表。

31日▶政府は，地方選挙第2段階を6月28日に再度延期。

6月2日▶権力乱用調査委員会(CIAA)は，民間企業の税金を不正に免除した疑いで，シャルマ税務局長を逮捕。

3日▶選挙管理委員会は，開票中に投票用紙が破棄されたチトワン郡バラトプル市第19区で再選挙を実施することを決定。

6日▶立法議会での首相選出に先立ち，NC，CPN-MCは，RJP-Nと連邦社会主義フォーラム・ネパール(FSF-N)のそれぞれと3項目について合意。

▶デウバNC党首は立法議会で演説。6月28日に実施される地方選挙第2段階を自由かつ公正に実施すること，憲法の規定に従って2018年1月21日までに州議会選挙および連邦議会選挙を実施すること，憲法改正を行いマデシ系政党の懸念事項を解決することを課題

ネパール

に挙げた。

7日▶デウバが12年ぶり4度目の首相就任。

8日▶地方選挙法関連法案が立法議会で可決成立。RJP-Nを選挙に参加させるため。

9日▶アメリカ大使，中国大使がデウバ新首相を公邸へ招待。

▶ネパールとドイツが，16万㌦のエネルギー支援の協定に署名。

11日▶RJP-Nは政府との協議で合意に至らなかったため，地方選挙のボイコット，6月13〜16日にバンダ実施を決定。

14日▶RJP-Nが6月28日の地方選挙の実施に抗議してネパールバンダを決行。

15日▶政府は，RJP-Nの選挙妨害運動による治安悪化の懸念から6月28日実施予定の地方選挙のうち第2州での選挙実施を9月18日に見送ることを決定。

16日▶ブータン，中国，インドの3カ国の国境が交わる付近のドークラーム高原をめぐり，中国軍とインド軍が対峙。

▶中国大使とインド大使が相次いでデウバ首相を招待。二国間関係，地方選挙を含むさまざまな点について議論。

18日▶韓国での就労を目指す若者7万5000人，韓国語の試験を受験。

▶候補者選定の日に抗議活動で500人に上るRJP-Nの幹部が逮捕。

▶CPN-UMLとCPN-MCがタライ平野に面したバーンケ郡で衝突。

▶西部タライのカピルバストゥ選挙管理委員会事務所付近で爆発。5人が負傷。

19日▶チベット航空は，カトマンドゥ＝成都間の国際便の就航を開始。中国系航空会社による就航は週55便に。

28日▶地方選挙第2段階の投票開始。

7月2日▶ポカラ国際空港の建設開始。

5日▶インド政府，シタマルヒ(ビハール州)とジャナクプル(ネパール，ダヌシャ郡)間の鉄道再建に関する書類上の手続きを開始。

6日▶マレーシア政府が150人近いネパール人を不法就労で拘束。

7日▶CPN-UMLが地方選挙の投票の結果40％以上の議席を獲得。

8日▶RJP-Nが9月の第3段階の地方選挙にむけて政党として選挙登録。

9日▶カイラーリ郡ダンギリで低カースト出身の市長が誕生。

10日▶CPN-UMLが憲法改正案に反対。

12日▶デウバ首相が憲法改正に必要な数を確保するための内閣拡大を実施。

15日▶国民民主党ネパール(RPP)内部の確執が分裂を喚起。

16日▶ネパールの新会計年度(2017/18年度)開始。

19日▶RJP-Nが，賛成多数が得られない状況で憲法改正の採決を進めることに反発。

20日▶大雨による土砂崩れで中国とネパールの貿易に悪影響。

25日▶韓国語の試験に1万2108人が合格。

27日▶デウバ首相が19人の大臣を発表。

29日▶立法議会で貧困世帯向けの社会保障制度法案が通過。

30日▶最高裁判所が，CPN-MC党員によって投票用紙が意図的に破棄された事件で，バラトプル19区で再選挙実施を決定。

8月6日▶UPN-MCのダハール元首相の娘レヌ・ダハール氏が，バラトプル第19区での再選挙によりバラトプルの市長に当選。

8日▶RPPが内閣拡大の不支持を表明。

11日▶最高裁判所，12の地方自治体新設案を退ける。第2州においてのみ8地方自治体を増やすことは可能とした。

▶損害補填をめぐるネパール石油公社と小売業者との対立によるストでガソリン不足。

▶立法議会において新労働法が可決。
13日▶洪水・土砂災害で少なくとも30人が死亡，4人が行方不明，サプタリで1万5000棟が浸水，5万人が被災。
16日▶立法議会で憲法改正案が議案化。
21日▶立法議会で憲法改正案が否決。
▶新しい力脱退者がCPN-MCに参加。
▶ネパール中央銀行によると，2016/17年度における海外送金受取額は，前年度比4.6％増の6954億ルピ。
22日▶デウバ政権，内閣拡大。史上最大規模の内閣に。
24日▶デウバ首相がインド・モディ首相と2006年以来の公式対談。
25日▶デウバ首相，今後の憲法改正を約束。
▶インド，ネパール地震復興のため4つの覚書に署名。
9月1日▶選挙管理委員会が11月26日と12月7日に選挙の投票日を決定。
8日▶中国政府高官が，記者との懇談の場でネパールの「一帯一路」構想への参加の真意を確認。参加への不確実性を払拭できず。
11日▶デウバ首相，新しい3閣僚を発表。
▶政府，2014年にバイラワ空港建設を請負った中国企業の建設遅延について警告。
18日▶延期されていた第2州での投票開始。
▶世界銀行が2016/17年のネパールの経済成長予測を4.5％に下方修正。
27日▶RJP-NとFSF-Nとの選挙提携。
10月3日▶5人のRJP-Nの成員がCPN-UMLに合流。
▶CPN-UML，CPN-MC，新しい力が左派連合による選挙連携を宣言。
4日▶NCは5つの政党と民主連合として選挙連携。
7日▶中国の山西建築工程集団がスペインの会社によって不履行になっていたトリブバン国際空港の建設を受注。
12日▶パキスタンがネパールの洪水被害の復興のために100万ドルの支援を公表。
14日▶デウバ政権，7度目の内閣拡大。
▶憲法第296条に従い立法議会が解散。
26日▶左派連合は11月26日，12月7日の選挙を予定どおり行うよう主張。
11月16日▶政府は未決定のままになっている州都を選挙後に発表する予定。
26日▶選挙妨害にもかかわらず第1段階の州議会・代表議会選挙は無事終了。
12月4日▶NCのタパ候補含む11人が，首都で初めての，選挙妨害による爆発で怪我。
7日▶第2段階の州議会・代表議会選挙が無事終了。
14日▶選挙開票。左派連合，代表議会で勝利。
25日▶CPN-UML，連立政権に向けてマデシ系政党に接近。
28日▶オリとダハール，政党統一のために会合。
▶ネパール復興庁によれば，ゴルカ地震の被災者の11％のみが家屋を再建。
29日▶インド大使がデウバ首相を訪問。ネパールで進行中の政治的な問題を議論。
▶バンダリ大統領が国民議会(上院)選挙にかかわる規則を承認。7つの州の知事を任命し国民議会(上院)選挙の準備に入る。
31日▶CPN-UMLオリがCPN-MCと連立政権発足に向けて話し合い。
▶政府は，1月12日までに国民議会(上院)選挙の日程を決定する旨発表。

参考資料　ネパール　2017年

① 国家機構図(2017年12月末現在。一部は「ネパール憲法2015」の規定による)

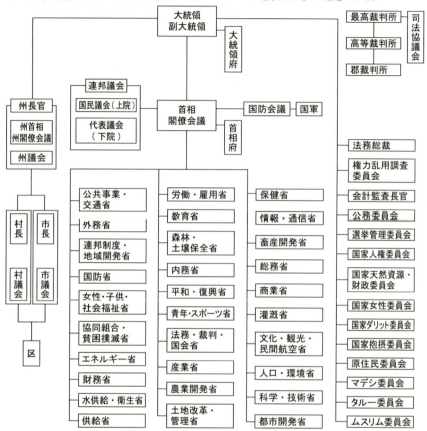

② 政府要人および第4次デウバ内閣(2017年6月8日発足)

大統領　　Bidhya Devi Bhandari＊(CPN-UML)	副首相, 連邦制度・地域開発省
副大統領　　Nanda Bahadur Pun(CPN-MC)	Bijay Kumar Gachhadar(NLF)
立法議会議長	副首相, 外務省
Onsari Gharti Magar＊(CPN-MC)	Krishna Bahadur Mahara(CPN-MC)
同副議長　　Ganga Prasad Yadav(RPP)	副首相, 教育省　Gopal Man Shrestha(NC)
閣僚会議大臣	副首相, エネルギー省　Kamal Thapa(RPP)
	保健省　　Giri Rajmani Pokharel(CPN-MC)
首相, 平和・復興省　Sher Bahdur Deuba(NC)	財務省　　Gyanendra Bahadur Karki(NC)

省庁	氏名（政党）	省庁	氏名（政党）
労働・雇用省	Farmullah Mansur (NC)	保健省	Ram Singh Yadav (CPN-MC)
内務省	Janardan Sharma (CPN-MC)	内務省	Shyam Kumar Shrestha (CPN-MC)
都市開発省	Prabhu Shah (CPN-MC)	エネルギー省	Shambhu Lal Shrestha (CPN-MC)
	Dil Nath Giri (RPP)		Bhaskar Bhadra (RPP)
文化・観光・民間航空省	Jitendra Narayan Dev (NLF)	供給省	Karna Bahadur BK (CPN-MC)
			Sushil Kumar Shrestha (RPP)
土地改革・管理省	Gopal Dahit (NLF)	都市開発省	Cham Bahadur Gurung (CPN-MC)
情報・通信省	Mohan Bahadur Basnet (NC)		Kunti Kumari Shahi* (RPP)
農業開発省	Ram Krishna Yadav (NC)	畜産開発省	Goma Kunwar* (CPN-MC)
水供給・衛生省	Mahendra Yadav (NC)	総務省	Wangdi Sherpa (CPN-MC)
協同組合・貧困撲滅省	Ambika Basnet* (NC)	公共事業・交通省	Sita Gurung* (NC)
公共事業・交通省	Bir Bahadur Balayar (NC)	農業開発省	Sarita Prasai* (NC)
商業省	Min Bahadur Bishwakarma (NC)	教育省	Shesh Nath Adhikari (NC)
法務・裁判・国会省	Yagya Bahadur Thapa (NC)	商業省	Nara Bahadur Chand (NC)
		水供給・衛生省	Abdul Rajjakgaddi (NC)
国防省	Bhimsen Das Pradhan (NC)	情報・通信省	Tapta Bahadur Bista (NC)
灌漑省	Sanjaya Kumar Gautam (NC)	灌漑省	Amarsingh Pun (NC)
青年・スポーツ省	Rajendra Kumar KC (NC)	法務・裁判・国会省	Dil Man Pakhrin (NC)
総務省	Tek Bahadur Basnet (CPN-MC)	財務省	Udaya Shamsher Rana (NC)
供給省	Shiva Kumar Mandal Kewat (CPN-MC)	労働・雇用省	Dilli Bahadur Chaudhari (NC)
	Jayanta Chand (RPP)	青年・スポーツ省	Teju Lal Chaudhari (NC)
エネルギー省	Mahendra Bahadur Shahi (CPN-MC)	協同組合・貧困撲滅省	Champa Devi Khadka* (NC)
畜産開発省	Santa Kumar Tharu Chaudhary (CPN-MC)	連邦制度・地域開発省	Janak Raj Chaudhari* (NLF)
人口・環境省	Mithila Chaudhari* (CPN-U)	文化・観光・民間航空省	Sumitra Tharuni* (NLF)
科学・技術省	Deepak Bohara (RPP)		
森林・土壌保全省	Bikram Pandey (RPP)	土地改革・管理省	Yasodha Kumari Lama* (NLF)
産業省	Sunil Bahadur Thapa (RPP)		
女性・子供・社会福祉省	Asha Khanal Koirala* (CPN-MC)	産業省	Resham Lama (RPP)
	Bikram Bahadur Thapa (RPP)		

国務大臣

女性・子供・社会福祉省　Mohammad Jakir Hussein (CPN-MC)
　　　　　　　　　　　　Kanta Bhattarai* (RPP)

(注) カッコ内は所属政党。CPN-MC：ネパール共産党毛沢東主義センター，CPN-U：統一ネパール共産党，NC：ネパール国民会議派，NLF：ネパール民主フォーラム，RPP：国民民主党ネパール。＊は女性。
(出所) Nepal Research Website on Nepal and Himalayan Studies Politics (government), http://opmcm.gov.np/en/cabinet/参照。

主要統計 ネパール 2017年

1 基礎統計

	2012/13	2013/14	2014/15	2015/16	2016/17[1]
人口（100万人）	27.2	27.6	28.0	28.3	28.7
消費者物価上昇率[2]（％）	9.9	9.1	7.2	9.9	5.9
為替レート[3]（1ドル＝ルピー）	88.0	98.3	99.5	106.4	106.9

（注）1）暫定値。2）2014/15を基準年とする。3）外貨売り渡しと買い取り価格の年平均値。
（出所）Government of Nepal, Ministry of Finance, *Economic Survey 2016/17*, Macroeconomic Indicators.

2 支出別国内総生産（名目価格）

（単位：100万ルピー）

	2012/13	2013/14	2014/15	2015/16[1]	2016/17[2]
消費支出	1,516,129	1,730,312	1,934,046	2,161,519	2,332,741
政府部門	168,407	201,915	232,532	259,704	304,738
民間部門	1,318,561	1,493,375	1,662,962	1,861,157	1,981,514
非営利部門	29,161	35,022	38,552	40,659	46,489
総資本形成	632,601	808,758	831,983	757,680	1,104,962
政府固定資本形成	75,386	94,979	110,254	160,502	189,293
民間固定資本形成	307,586	367,034	485,568	486,792	689,312
在庫変動	249,629	346,744	236,160	110,386	226,357
財・サービス輸入	634,899	800,552	883,444	885,110	1,092,108
財・サービス輸出	181,180	226,022	247,565	213,338	253,638
国内総生産（GDP）	637,771	674,227	694,269	694,344	742,539

（注）1）修正値。2）暫定値。
（出所）Government of Nepal, Ministry of Finance, *Economic Survey 2016/17*, Table 1.7 : GDP by Expenditure Category（at current prices）.

3 産業別国内総生産（2000/01年固定価格）

（単位：100万ルピー）

	2012/13	2013/14	2014/15[1]	2015/16[1]	2016/17[2]
農業・林業・水産業	227,193	237,522	240,137	240,205	252,901
鉱業・採石	2,825	3,159	3,233	3,143	3,401
製造業	45,059	47,888	48,068	44,223	48,510
電気・ガス・水道	14,731	15,213	15,331	14,196	16,037
建設業	38,119	41,580	42,766	40,904	45,672
卸小売・ホテル・飲食業	96,298	106,309	108,995	105,313	115,281
運輸・倉庫・通信	66,915	70,420	74,807	76,314	81,273
金融・不動産・賃貸業	79,786	82,707	83,939	88,448	93,561
公務・国防	11,822	12,418	13,516	13,857	15,193
教育	44,505	46,646	49,021	52,473	54,682
保健・社会サービス	37,437	39,194	43,979	45,544	48,306
国内総生産（GDP）	697,954	739,754	764,336	767,492	825,049
実質GDP成長率（％）	4.1	6.0	3.3	0.4	7.5

（注）1）修正値。2）暫定値。
（出所）Government of Nepal, Ministry of Finance, *Economic Survey 2016/17*, Table 1.2 : Gross Value Added by Industrial Division（At 2000/01 Prices）.

2017年　主要統計

4　対外貿易
(単位：100万ルピー)

区　分[2]		対インド	対中国	その他	合計
2014/15	輸　出	55,864.6	223.0	2,722.5	8,531.9
	輸　入	491,655.9	100,166.0	18,286.2	77,468.4
2015/16	輸　出	3,949.4	1,682.0	2,894.2	7,011.7
	輸　入	47,721.3	115,694.0	18,069.2	77,359.9
2016/17[1]	輸　出	2,780.4	1,151.0	1,926.3	4,821.8
	輸　入	41,060.5	82,581.0	13,537.4	62,856.1

（注）　1）2016年7月16日から2017年3月15日までの暫定値。2）輸出はFOB，輸入はCIF。
（出所）　Government of Nepal, Ministry of Finance, *Economic Survey 2016/17*, Table 6.1：Direction of Foreign Trade.

5　国際収支
(単位：100万ルピー)

	2013/14	2014/15	2015/16	2016/17[1]
貿　易　収　支	595,412.7	-663,496.7	-681,621.8	-566,185.4
輸　　　　出（FOB）	100,960.6	98,276.3	74,866.1	54,166.4
輸　　　　入（CIF）	-696,373.3	-761,773.0	-756,487.9	-620,351.7
サービス収支（純）	20,882.2	27,617.5	9,849.3	3,729.0
所　得　収　支（純）	32,751.7	34,242.5	34,004.3	13,428.6
移　転　収　支（純）	631,500.3	709,956.5	778,186.8	542,720.9
経　常　収　支（贈与除く）	41,201.7	55,464.4	70,007.0	-67,777.7
経　常　収　支（贈与含む）	89,721.5	108,319.8	140,418.6	-6,306.9
資　本　収　支	17,063.5	14,811.4	16,987.3	10,026.6
金　融　勘　定	11,148.0	17,720.7	29,476.7	1,574.6
その他資本・誤差脱漏	11,927.6	18,502.7	17,052.8	2,339.5
総　合　収　支	129,860.5	159,354.6	203,935.5	4,286.0

（注）　1）2016年7月16日から2017年3月15日までの暫定値。
（出所）　Government of Nepal, Ministry of Finance, *Economic Survey 2016/17*, Table 6.7：Balance of Payments Summary.

6　国家財政
(単位：100万ルピー)

	2015/16	2016/17	2017/18[1]
総　　収　　入	524,783.0	656,161.6	802,223.2
歳　　　　　入	485,239.0	580,988.6	730,055.6
税　　　　収	421,096.6	528,574.9	666,204.6
非　　税　　収	60,865.0	52,413.8	63,851.0
贈　　　　　与	39,544.0	75,172.9	72,167.6
総　　支　　出	493,337.2	823,654.3	1,138,707.4
経　常　支　出	370,986.8	561,619.4	803,531.5
資　本　支　出	122,350.4	262,034.9	335,176.0
（総収入 − 総支出）	31,445.7	-167,492.7	-336,484.2
資　金　調　達			
政　府　貸　付　金	25,494.9	35,621.9	19,762.9
政　府　出　資　金	12,700.8	21,859.7	55,355.5
外　国　借　款（純）	-16,660.9	-122,474.5	-183,914.3
国　内　借　入（純）	-37,439.6	-70,851.2	-124,952.1
残　　　　　高	-47,350.5	31,648.6	102,736.2

（注）　1）推定値。
（出所）　Government of Nepal Ministry of Finance, 29 May 2017, *Budget Speech of Fiscal Year 2017/18*, Budget Summary Annex − 1 Fiscal Year 2017/18.

2017年の スリランカ

スリランカ民主社会主義共和国	宗　教　仏教，ヒンドゥー教，イスラーム教
面　積　6万5600km²	キリスト教（カトリック，プロテスタント）
人　口　2144万人（2017年央推計）	政　体　共和制
首　都　スリジャヤワルダナプラコッテ	元　首　マイトリパーラ・シリセーナ大統領
（大統領府はコロンボ）	通　貨　スリランカ・ルピー（1米ドル=152.49ルピー，2017年平均）
言　語　シンハラ語，タミル語，英語	会計年度　1月～12月

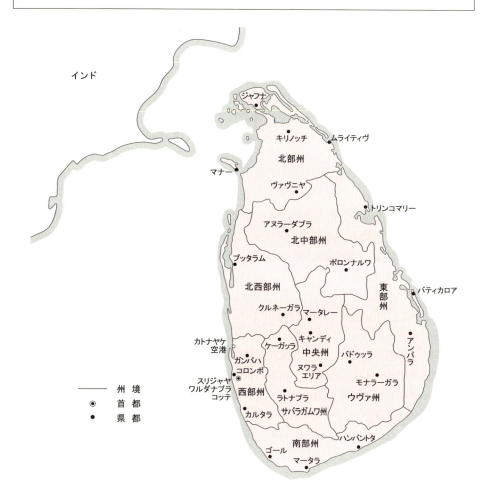

2017年のスリランカ

政治的空転に忍びよる危機

荒井　悦代
あらい　えつよ

概　況

　内政面では，反対派グループ（Joint Opposition: JO）の政府批判がいっそう激しくなった。批判はとくにラニル・ウィクレマシンハ首相や統一国民党（UNP）に向けられた。本来ならばマイトリパーラ・シリセーナ大統領およびスリランカ自由党（SLFP）を中心とする統一人民自由連合（UPFA）は，国民政府の連立パートナーとして，共同して JO に立ち向かうべきところが，中央銀行の国債スキャンダルやハンバントタ港の中国への貸与などの問題に関して逆に対立する場面もしばしばあった。

　経済面では，前年4.0％だった消費者物価上昇率が徐々に上昇し7.7％となった。干ばつや洪水などの自然災害の影響を受けた食料品価格の上昇が響いた。そのためコメ等の食料輸入が急増し，貿易赤字が拡大した。EU の一般特恵関税（GSP）プラス復活による衣類輸出の3.0％増加などの明るい材料を打ち消すほど，災害のダメージは大きかった。しかし，海外直接投資（FDI）流入の増加，負債の解消により外貨準備は安定状態にある。内国税収入法（IR）の成立により税収の増加も見込まれる。2017年の GDP 成長率は3.1％となった。

　外交面では，ハンバントタ港の中国への運営権貸与の最終合意をめぐって，著しく紆余曲折したものの，7月末に最終合意に至り12月に引き渡しが行われ，第1回目の支払いも実行された。中国の直接投資案件であるコロンボ・ポート・シティ・プロジェクトも順調に進捗している。インドとはモディ首相が来訪するなど良好な関係を継続したが，長年の懸案であるインド漁民の密漁を巡る問題は進展が見られなかった。

国内政治

　2015年に成立した国民政府はSLFPとUNPからなり，それぞれの党首シリセーナが大統領に，ラニルが首相になって政権を率いた。政権の課題はマヒンダ・ラージャパクサ前政権の汚職追及，憲法改正，和解，経済立て直し，国際社会との関係改善などへの取り組みであった。しかし，2016年に目立ちはじめた大統領と首相，およびSLFPとUNPの間の亀裂が2017年に拡大したうえ，SLFP内部の意見対立も加わり，政権は混乱した。前政権の残した課題はあまりに大きく，根深く，利害関係が複雑であり，意思決定の過程は遅延・混乱し政治的空転が続いた。そこに付け入るように，JOの政府批判はいっそう激しさを増した。

　議会の議員構成はUPFAが95人に対しUNPが106人と若干多く，閣僚の構成としてもUNPに有力な大臣ポストが与えられている。両党の暗黙の取り決めで経済関係はUNPが担当することとなっており，首相が委員長を務める経済関係閣僚委員会(CCEM)が意思決定機関となっていた。「ハンバントタ総合開発」に関する議論も主にここで行われた。そのほかさまざまな決定事項に関して，UNPがSLFPと協議せずに決めてしまうことに対し，SLFPのシリセーナを支持する議員らは不満を募らせており，国民政府を解消してラージャパクサを中心とするJOと合流すべきだという声も上がった。

　汚職追及に関しても，SLFP側は捜査の停滞にいらだちを隠していない。なぜなら，シリセーナは2015年1月の大統領選挙でラージャパクサ前政権の汚職を批判し，政権交代後はラニル・ウィクレマシンハ首相と共にグッドガバナンスを標榜していたからである。大統領は汚職調査委員会を任命したり警察の金融犯罪捜査局(FCID)などに調査をさせており，その結果ラージャパクサ一族やラージャパクサの側近らに捜査が及び，逮捕者が出ているにもかかわらず，肝心のラージャパクサが捜査対象になっていないのである。

　大統領は，7月4日に「UNP閣僚と前大統領の間で水面下の取引があり，汚職捜査を意図的に遅らせている」とUNPに対して不満を表明した。その一方，SLFP議員らに対しては7月11日に，国民政府形成合意で決めた2017年12月末までUNPとの国民政府の継続を要請した。経済問題に関してはCCEMとは別に大統領が委員長を務める国家経済委員会(NEC)を設立することでバランスをとった。

汚職調査の遅れと国債発行スキャンダルで追及される政権

　前政権の汚職を追及する一方で，現政権のスキャンダルはJOにとって格好の攻撃の的となった。JOは，2017年も引き続き2015年の国債発行におけるスキャンダル(『アジア動向年報2017』参照)を追及し続けた。JOや人民解放戦線(JVP)は当時の中央銀行総裁のアルジュナ・マヘンドランがシンガポール国籍であることを指摘し，首相の任命責任を問うた。また2015年当時に財務大臣だったラヴィ・カルナナヤケ外務大臣(UNP)に対してJOは8月3日，不信任動議を提出した。マヘンドランの義理の息子が経営する国債引き受け会社から1億6500万ルピーのマンション(賃料と購入費)を得ていた件が明らかになったからである。

　大統領と首相は協議の結果，不信任動議が国会で取り上げられる前にラヴィに自ら辞任することを要求した。8月10日，ラヴィはスキャンダルへの関与を全面的に否定しつつ辞任を表明した。もし国会で決議されるとなればSLFPだけでなくUNP議員も動議に賛成したとみられ，その場合首相の任命責任は免れない。投票前の辞任表明によって政府の面目は保たれた。また動議が成立したならば，JOの勢いが増す懸念もあった。ラヴィの辞任で危機は避けられたが，その後もJOの，首相やラヴィに対する追及は続いた。

　11月には大統領が任命した調査委員会(PCoI)の召喚に首相が応じた。書簡で応じるのではなく本人が直接出向くことはこれまでなかった光景で，歴史的と評された。首相は委員会の場で国債発行額が予定よりも大幅に増大した理由について，前政権が帳簿(予算案)にない支出を行っていることが判明し，その返済のために資金が必要となったと明らかにした。発足したばかりの政権は，2013～2014年に実施した北部高速道路開発の工事の支払いをシンガポールの会社に求められて，その存在を初めて認識したという。帳簿にない支出が行われた理由として，首相は前政権がIMFの定めた財政赤字上限を超えることを恐れたため，と指摘した。

　12月末にはPCoIおよび重大な不正・汚職・職権乱用に関する大統領調査委員会(PRECIFAC)の報告書が提出された。

地方選挙実施にむけた選挙法改正

　JOによる突き上げ，UNPとUPFAの政権内部での意見対立が露呈したことから地方議会選挙の実施が遅れた。選挙は2011年以来実施されておらず，本来ならば2015年中に行われるべきであった。JOは，選挙を実施しても政府が得票できないという理由で先延ばしにしていると批判した。政府が選挙を引き延ばしてき

たのは，選挙区割り見直し委員会が作業中であったこともある。区割り見直し委員会が2017年1月に報告書を提出した後，政府は選挙方法について見直しを行い，さらに選挙の実施が遅れた。見直しは，少数政党の要望を受けて行われ，2012年の地方選挙法を改正し，小選挙区と比例で選出される割合を70対30から60対40に変更した。さらに前回の選挙では比例で選出される議員の決定は，選好票（PV）が用いられ，選好票をめぐってUPFA内部で死亡者が出るほど混乱したが，改正によってPVは廃止された。前回の選挙では，当該選挙区を含むより広い選挙区域からPVの順位にしたがって比例候補者が選出されたが，今回の見直しで当該選挙区で活動する候補者が選出されることになり，市町村レベルにおいては適切な改正といえる。また，女性議員の割合を25％以上とすることも定められた。スリランカは，1931年という世界的にも早期に男女普通選挙を導入したものの女性の政治参加は遅れている。女性議員の占める割合は，たとえば地方レベルでは1.9％，州レベルでは4.0％，国レベルでは5.7％である。とくにタミル人の多く居住する地域では女性の政治参加は遅れていて，北部州評議会では38人の議員のうち女性は1人である。

地方選挙法が可決された後，24の市議会，41の町議会，276の村議会において2018年2月10日に選挙が実施され，総計8356人の議員を選出した。新制度下であることから，選挙管理委員会は選挙違反にこれまでになく目を光らせた。各政党も，2015年8月の国会議員選挙以来の選挙ということで，市町村議会レベルの選挙であるにもかかわらず，大統領や首相までもが各地を飛び回り大規模な選挙キャンペーンを展開した。

州議会選挙についても2017年度中に行うべきであったが，7月の閣議で延期を決定し，さらに州評議会選挙を同時に実施できるように憲法改正が模索された。前政権時は，公務員や国有企業の資源を投入し，選挙キャンペーンを有利に展開する目的で州議会選挙の時期を恣意的にずらして選挙を行っていたとされる。したがって改正は公正な選挙のためにポジティブな意味を持つし，予算の節約にもなるが，JOや野党からは選挙の実施を延期するための口実だとも批判された。

すべての州評議会選挙を同時期に開催するとした第20次憲法改正案は，8月3日に告示された。しかし，いくつかの州評議会で改正案は否決されたうえ，最高裁判所が修正案成立には国会での3分の2の賛成票および国民投票が必要との判断を下したため，国会で審議しないことになった。これにより同日選挙の可能性はなくなった。9月20日には州評議会選挙法改正が通過し，州評議会選挙も単純

小選挙区制と比例代表制の混合制度(50対50)で行うことになった。地方選挙と同様に女性議員の比率は25％以上とし，各党は，小選挙区の候補者リストには6人に1人以上，比例リストには半数以上の女性候補者を含まなければならない。

州評議会選挙の実施は，選挙区割りの見直しの必要があることから，2018年以降になる見込みである。

仏教ナショナリズムの高揚とイスラーム教徒攻撃，ロヒンギャ襲撃

2017年になり，仏教過激派がイスラーム教徒，モスク，イスラーム教徒の経営する商業施設を襲撃する事件が頻発した。ニャーナサーラ僧に代表されるボドゥ・バラ・セーナ(BBS)が2013年にはハラル食品認証制度を非難し，2014年にはカルタラ県ダルガタウンを襲撃し死者も出た。背景には，イスラーム教徒の経済力が政治に与える影響を危惧しているとも，イスラーム教徒らが中東からの支援を受けて豊かになっているとも認識されており，仏教徒らに危機感があるためともいわれる。多数派であるシンハラ仏教徒にアピールするためにラージャパクサの一派が仏教過激派を支援したとも信じられている。2015年のラージャパクサ失脚以降，運動は下火になったが，2017年には地方選挙が意識されたため，再び活発化したようだ。

4月以降，5月20日にクルネーガラのモスクに火炎瓶が投げ込まれるまで，少なくとも15件の事件が起こったとの報告がある。マノー・ガネーシャン国民対話・公用語大臣は「いくつかの団体がイスラーム教を持ち出し，国を分断しようとしている」と批判し，ムスリムの政治家は大統領に対してBBSおよび新興の急進仏教団体に対して処分を求めた。

攻撃対象は国内のイスラーム教徒にとどまらなかった。9月15日に僧侶を含むシンハラ仏教団体がロヒンギャの人々の入国を禁止する署名とデモを行った。9月26日，コロンボ近郊のマウントラビニヤで国連難民高等弁務官事務所(UNHCR)の保護下にあった30人のロヒンギャ難民が，僧侶を含むシンハラ仏教団体に襲撃される事件が発生した。襲撃されたのは，4月30日に海上で保護された16人の子供と7人の女性・妊婦を含む難民だった。9月27日に国連コンプレックス前で行われた集会では，仏教過激派はロヒンギャ難民を「仏教僧を殺害したテロリストである」と断言し，即刻スリランカからの退去を求めた。国内における反ムスリム感情の高まりが，ロヒンギャ難民に対する暴力的な襲撃を招いたといえる。

SAITMとミートタムッラのゴミ問題

　南アジア技術・医科大学（SAITM）に関する論争も，政治の空転を拡大する要素であった。SAITMは2008年にコロンボ近郊のマーラベに開校した民間の医科大学である。スリランカでは教育は基本的に無償であるが，SAITMは有料の私立大学として大学助成委員会（UGC）から学位授与機関として認定を受けている。このSAITMに対して医師会（GMOA）や学生連合（IUSF）が政府に対しSAITM廃止を求めてストやデモを繰り広げた。

　医師会は，SAITMの入学基準や教育内容に疑義を提示し，医療の質を守る必要があると主張した。学生らは無償教育制度の存続を危うくし，貧困家庭の教育機会へのアクセスを奪うと主張した。確かにSAITM入学生の中には大学入試試験にあたるAレベル試験の理科系科目で十分な点数を得ていない学生もいる。しかし，医師や学生らの主張には既得権を保持したいという意図が見えた。医師らは，民間医科大学卒業生が新規参入者となることを嫌悪した。スリランカでは国立大学に入学できるのは，Aレベル試験受験者のわずか2％程度と狭き門である。にもかかわらず大卒者の失業率は高い。入学金と授業料を払えば，成績が優秀でなくても医科大学に入学でき，国の認定する医師免許が取得できることは，苦労して実力で入学した学生，とくに農村部や貧困層出身の学生にとって「不公平」と受け止められたようである。

　医師会は数度にわたり全国ストライキを実施し，政府に圧力をかけた。折しもインフルエンザやデング熱の流行があったことなどから，ストライキやデモ行進に対して国民は批判的であったが，教育機会や医師の質に関する国民の関心は高く，注目を浴びた。

　政府は，10月末にSAITMを廃止し非政府・非営利の学位授与機関とすることを発表し，低所得学生も低利子ローンを得て入学できることとした。これにより，約9カ月間講義をボイコットしていた医学部学生らは大学に戻った。しかし，この決断は海外投資家にネガティブな印象を与えた。なぜなら，スリランカ政府は後述するように経済政策の柱として官民パートナーシップ（PPP）推進やFDIの誘致を掲げているからである。今回の決定は，既存の私立大学の経営を国の管理下に置くことにほかならず，投資家の利益を損ねる。

　現政権の政治的空転の多くは，前政権の残した課題や政権内部あるいはSLFP内部の調整不足に起因するものが多いが，現政権が取り組むべき課題を放置したために発生してしまった事件は，ミートタムッラのゴミ置き場崩壊だろう。

シンハラ・タミル新年さなかの4月14日，コロンボ郊外のミートタムッラの家庭ゴミ集積所で高さ100メートルを超えるゴミの山が崩れ，住宅100棟あまりが全半壊し，住民ら32人が死亡した。政府は，ゴミ処理を担当するコロンボ市の担当部局が20年以上にもわたり適切なゴミ処理を行わなかったことが事件発生の背景と説明した。しかし，2015年8月に都市開発・水道省によって報告書が提出され，プッタラムの最終埋め立て処分提案がなされていたこと，広域にわたる問題でコロンボ市議会だけでは解決できない問題であったこと，住民から再三の申し入れがなされていたことが発覚し，政府批判が起こった。なんらかの環境対策が急務となった政府は，9月1日より厚さ20ミクロン以下のポリエチレン袋の製造・販売・使用を禁止した。

人権と国際社会

前政権時ほどではないものの，国際社会は引き続きスリランカに人権状況を改善するように圧力をかけている。3月，国連人権高等弁務官はスリランカの「移行期正義」のプロセスは遅く，過去の戦争犯罪に対する責任追及の意思が弱いとの報告書を発表した。同月の国連人権委員会では，2015年10月にスリランカとアメリカが共同提出し，承認された移行期正義に関する決議に対するフォローアップが行われ，決議の実施期間を2年間延長する新決議が採択された。

遅れていると指摘されるのは，テロ防止法(PTA)の廃止や改正，スリランカ国内法に基づく戦争犯罪に関する司法メカニズムの整備などである。後者の問題については，JOが激しく反対しているだけでなく大統領も積極的でない。

失踪者調査局(OMP)は2016年8月に成立したものの，実際に機能し始めるまでには時間がかかった。まず2017年6月に外国資金の利用をなくすよう一部条項の削除が行われたうえで改正案が可決し，海外からの影響力を排除した。さらに政府は，OMPが扱うのは過去の事例ではなく将来の事例のみであることを確約し，軍関係者らが罪に問われる可能性を排除した。7月に大統領がOMP法に署名し，9月にゼイド国連人権高等弁務官に急かされるようにして，ようやくOMPに関する官報が発出され，12月に事務局のメンバー7人が選出された。ただ，過去の事例は扱わない，調査はしても法的措置をとらないなど，内戦で行方不明となった家族を抱え，この法律を待ち望んでいたタミル人にとっては事実上骨抜きの制度となった。

北部の状況——和解の遅れに嫌気

すでに述べたように和解や経済開発は遅れていた。さらに政府は軍が使用していた土地の解放を行っているが、まだ不十分であるというのがタミル国民連合（TNA）の見解である。しびれを切らした北部の人々は、シリセーナ／ラニル政権や政権を支持する TNA など伝統的な政党から離れ、C.V. ヴィグネスワラン北部州首相を中心に独自の運動を始めた（『アジア動向年報 2017』参照）。

2017年6月には北部州評議会で州首相が TNA 所属の州大臣らに対して、汚職への関与を理由に辞任を求めたことなどをきっかけに対立が鮮明となった。運動にはタミル・イーラム解放の虎（LTTE）回帰を連想させるイベントも加わっている。たとえば、内戦末期にムッリワーイッカールで亡くなった人々を追悼する集会は、これまでにない規模で開催された。9月には1987年に政治犯の釈放を求めるハンガーストライキで死亡したティリーパンを悼む集会が開催され、タミル政党も参加した。シンハラ人が多数居住する地域において BBS の運動の活発化などのシンハラナショナリズムが高まりつつあるなかで、危険な兆候と見て取れる。

経　　済

マクロ経済状況

2017年の実質国内総生産（GDP）成長率は、前年より1.4ポイント低下し通年で3.1％であった。支出別（市場価格）では GDP の6割を占める個人消費が対前年比（以下同じ）8.7％増、政府消費が11.4％増、固定資本形成が16.5％増で、消費は前年の伸びを上回ったが、固定資本形成は前年を5ポイント下回った。産業別では農林水産業が0.8％減、鉱工業が4.2％増（うち製造業が3.9％増）、サービス業が3.2％増で、いずれも前年を下回る伸びであった。農業では、小さな国土のなかで近年まれに見る深刻な干ばつに見舞われた地域と極端な降雨が襲った地域が混在し、コメ生産はマハ期（2016年9月～2017年3月）49.2％減、ヤラ期（5～8月）32.4％増減、ココナツも17.3％減となった。鉱工業では建設業が落ち込んだ。

財貿易は、輸出額が前年比10.2％増の113億6020万ドル、輸入額が9.4％増の209億7980万ドルであった。輸出では EU から GSP プラスを再び適用されることとなり、スリランカ最大の輸出品目である衣類が3.0％伸びた。さらに主たる輸出先であった欧米だけでなく、オーストラリア、香港、アラブ首長国連邦（UAE）にも販路を広げている。一方で、スリランカの経済レベルからすると早晩 GSP

プラスの適用除外になる可能性は高く，いつまでもこの状況に依存していることはできない。輸入では，生産減を補うため近隣諸国からコメの輸入に頼らざるをえず，前年が1280万ドルだった輸入額が，2017年には3億90万ドルへと急増した。貿易赤字額は96億1960万ドルで前年比8.4％増となった。

国際収支統計による海外からのFDIは，前年の8億200万ドルから16億3000万ドルへとほぼ倍増した。投資元では中国が最大のシェアを占める。ただ，FDIの内訳を見るとホテルや高級アパート建設などとなっており，必ずしも長期的な生産力形成に寄与するものではない。海外労働者からの送金は，中東情勢の不安定化により減少傾向にある。結果として外貨準備高は2016年が60億ドル（輸出の2.7カ月分）だったのが，80億ドル（3.3カ月分）に拡大した。

消費者物価上昇率は，食料生産の不足や洪水などによる供給網の寸断が影響し，2016年通年で4.0％であったが，2017年には徐々に上昇し7.7％となった。しかし柔軟なインフレターゲット政策がとられていること，銀行貸し出し額は前年が対前年比20％増だったのに対して15％増に抑えられたこと，他のマクロ指標が安定的であることから，中央銀行は3月に小幅な利上げを行うにとどめた。利上げが経済活動にもたらす影響を考慮したもので，インフレに対しては国内食料供給網の整備，食料の緊急輸入，食料の輸入関税引き下げなどの措置がとられた。

雇用面では失業率（通年）は男性が2.9％，女性が6.5％，全体では4.2％と前年よりも若干低くなった。これらの低い失業率は，労働者の海外への移動によって実現している面もある。

財政収支は2016年の付加価値税引き上げにより税収が増加して，プライマリーバランスが黒字となった。財政収支のGDP比は5.2％と見込まれ（2016年は5.4％）国際収支の赤字減とともに経済政策の成果が表れている。さらに2017年9月には制度の簡素化を目指して内国税収入法が改正され，2018年4月1日から導入されることも好材料になった。

ビジョン2025と経済政策ステートメント

現政権が3年目を迎えた9月4日，シリセーナ大統領とウィクラマシンハ首相は経済開発プログラム「ビジョン2025」を発表した。このプログラムは大統領と首相の連名で出されたことに意味がある。なぜなら過去2年間，経済政策は主にUNPによって担われており，大統領およびSLFPとの間には意見の対立があったからである。報告書自体にもそれぞれの政党のカラーである青と緑がふん

だんに用いられて,視覚的にも両党の連携が強調された。ビジョン2025では,スリランカをインド洋のハブにすることによって豊かな国を作るとした。これ自体はラージャパクサも同様の政策を提示しており,新しくはない。ただ,ラージャパクサが結局国内産業保護に向かってしまったのとは対照的に,ハブであることの利点を生かした民間投資や輸出産業の促進による成長を目指している。

予算案発表前の10月,首相は恒例の経済政策ステートメントを国会で発表した。政策の具体的な内容は,これまでに出されたステートメントと基本的に同じである。しかし,冒頭で首相は,スリランカの財政状況がいかに危機的であるかを説明し,債務管理の方法を変革する必要性を説いた。財政の現状は次のとおりである。2015年は政府歳入の90.6％を債務支払いに充てていたものが,2016年には80％に落ち着いた。内国税収入法成立により税収は増加するであろうが,2018,2019年には再び困難な局面に入ることが予想される。なぜなら国債の償還があるからで,2018年には1兆9740億ルピー,2019年には1兆5150億ルピーの支払いが予定されている。

首相やマリク・サマラヴィックラマ開発戦略・国際貿易大臣はインフラ建設ではなく,FDI誘致,とくに輸出指向型の産業育成,輸出の多様化・高付加価値化,民間主導の成長を,ことあるごとにアピールした。2017年のFDIは対前年比で倍増となったが,このままのペースでは政府が目標とする年間50億ドルを達成するのは難しそうだ。内政混乱や政策の稚拙さ,さらに既得権益団体や労働組合の反発が顕著で,海外投資家が二の足を踏む要因となっている。

FTA交渉

中国,シンガポールとのFTA交渉は年間を通じて行われ,2018年1月にはシンガポールとの締結にこぎ着けた。インドとの経済・技術協力協定（ETCA）に関しては,今年も実現しなかった。政府としてはインドのバリューチェーンに入ることを利点とみなしているが,国内における反対派を説得することはできなかった。失職を恐れる医師などの専門職がとくに反対している。

7月に大統領がバングラデシュを訪問し,経済,農業,海運,高等教育,IT,メディアなどの分野で覚書（MoU）に調印した。事前に二国間ではFTAの交渉が進められていたが,訪問後は具体化に向けて加速した。両国はすでに南アジア自由貿易地域（SAFTA）やアジア太平洋貿易協定（APTA）に加入しているし,スリランカの対バングラデシュ輸出は1億1200万ドル（全体の1.1％）,輸入は300万ドル

(0.3％以下)に満たない(輸出入とも2016年)ものの，二国間協定に可能性を見い出している。たとえば，バングラデシュがシンガポールやマレーシアではなくコロンボ港を利用するようになれば，ヨーロッパまでの輸送日数が3日減り，輸送コストも安くなる。また，農業とくにコメ生産，自然災害対策，製薬産業，造船・海運などの事業においては，バングラデシュからスリランカが吸収できる点が多いと期待される。一方で，労働者の移動についてスリランカは慎重である。

このほか，インドネシア，マレーシア，タイなどともFTA協定を交渉中である。

対外関係

ハンバントタ港運営権を中国に99年間貸与することで最終合意
2016年12月に，スリランカと中国はハンバントタ港の運営権を99年間中国とスリランカの合弁企業(株式所有比率は中国側80％，スリランカ側20％)に貸与することで枠組み合意に達した。しかし，スリランカ政府は，主に港湾の評価額，中国とスリランカ間の株式比率，港の貸与年限，工業団地用の土地の扱いに関して，ラージャパクサの息子や港湾労働者，周辺住民，さらには野党からの強い反対に直面した。

ハンバントタ事業に関しては，立案から関わったラージャパクサらの強力な反対勢力だけでなく，政権内部からの批判も受けた。首相およびUNP所属の主要閣僚は，膨大な対外債務を返済する必要性から合意の早期実現を求めた一方，大統領およびUPFA(SLFP)所属の議員らは国有財産の売却であるという視点から慎重な姿勢を見せた。そのため，2017年1月と4月には合意直前と報道がなされ，3月には中国国防大臣の常万全が来訪し，さらに4月には中国共産党中央政治局常務委員の兪正声も来訪したが，実現に至らなかった。この間に野党議員のバスデヴァ・ナーナヤッカラが最高裁判所に基本権訴訟を起こし，2016年12月8日の枠組み合意は無効で，国会の承認を得る必要があると主張した。

スリランカで議論が行われるさなか，首相の訪日(4月10日)，訪印(4月末)，モディ首相の来訪(5月11～12日)などで，スリランカがインド洋開発において日本やインドの役割に期待を表明する機会が多くあった。それを見計らうかのように，中国はモディ来訪時に中国潜水艦の寄港許可を要求した。中国は，2014年9月の安倍首相のスリランカ訪問時にコロンボ港に潜水艦を寄港させたが，これがインドの逆鱗に触れたとされている。その後，潜水艦の寄港に関しては，スリラ

ンカ政府に事前に許可を得れば可能としていたが,インド首相来訪時の寄港要請は,インドと中国の間でうまくバランスをとっていたつもりのスリランカに圧力を与えるものとなった。また,この直後に首相は一帯一路国際フォーラム出席を控えており,遅れているハンバントタ交渉に対する中国の圧力とみるのが妥当であろう。

5月31日に内閣改造が行われ,反対の立場をとっていた港湾・船舶大臣やスリランカ港湾局のチェアマンは交代させられた。さらに最高裁がナーナヤッカラの基本権訴訟を棄却したことで,合意に向けて法的な関門も通過した。債務負担の縮減に火急を要することを理由に首相が残る反対派を押し切り,株式比率に若干の変更を加えて中国側70%,スリランカ側30%として,さらに港湾の治安維持に関する業務はスリランカ側が管轄することで2017年7月末にようやく最終調印に至った。後者の確約は,ハンバントタ港が中国に軍事利用されるのではないか,という内外の強い懸念に対応したものである。その後,法務大臣が合意に反対意見を示したことに対して解任されたものの,まず工業団地の一部で11月初めに事務所がオープンした。ハンバントタ港の運営も12月初めに正式に中国との合弁企業(ハンバントタ国際港湾グループ[HIPG]と,ハンバントタ国際港湾サービス[HIPS])に引き渡され,支払いの一部である2億9210万ドルの支払いも行われた。

中国に対抗するインド

4月に首相が訪印,5月11~12日にモディ首相が来訪するなど,二国間の関係は強化された。4月26日には経済プロジェクト協力覚書が締結され,LNG発電所(ケラワルピティヤ),太陽光発電所(サンプール),港湾開発(トリンコマリー),高速道路建設(ダンブッラ=トリンコマリー間)などのほか,スリランカの北東部に位置するトリンコマリーにある石油タンク利用についても合意に至った。スリランカとインドはすでに2003年にランカ・インド石油公社(LIOC)と合弁で石油タンクの復旧作業と利用契約が結ばれ,施設の35年間貸与が決まっていたが,その変更となった。

今回の合意では,山側の84基はLIOCとセイロン石油公社(CPC)が合弁で開発し,このうち10基はスリランカ政府の専用使用分として優先的に開発することとなった。海側の17基はLIOCが管理する。貸与期間は50年だが99年まで延長可能である。2003年の契約では,スリランカは持ち分がなかったが,今回の合意では10基の使用権を得た。一方,インドはより長い期間貸与されることになったこと

から双方両得の合意であると，スリランカ政府は成果を強調した。

　しかし，国内ではハンバントタ港の貸与について議論が行われているさなかであること，すでにコロンボ・ポート・シティの一部も中国に99年貸与されることが決まっていることなどから，国内施設の外国への長期貸与契約について反対する声も上がった。とくにCPC労働者らのストライキは国民生活に影響を与えた。それに対して政府は，合弁事業でありインドによる開発ではないという点を強調して反対を押し切った。

　5月のモディ首相来訪の主要な目的は，国連が釈迦の誕生と悟り・入滅の祭り（ウエサック）を公式に休日としたことを記念してコロンボで開催される，国連主催のイベントに参加することであった。ここで，インドはスリランカと文化的価値観を共有している点を強調したが，これは，近年スリランカで存在感を高める中国を意識したとみるべきである。モディ首相は，北部やTNA政治家を訪問することなく，インド出身者を起源とする茶園労働者の多く住むヌワラエリア県を訪問し，病院のオープン記念などに出席した。これも二国間の歴史的な関係の強さを強調したものである。

　インド中央政府との関係は良好であるが，スリランカとタミル・ナードゥ州との漁業問題は前年に引き続き改善されなかった。スリランカ沿岸警備隊によるインド漁民の拿捕は頻発した。また，スリランカ国会が違法な漁業に高額の罰金を科す決定をしたことにインド漁民は反発した。

　中国との関係でいえば，7月末にハンバントタ港の中国への貸与が最終合意に至ったが，その直後，ハンバントタ港から約30キロメートル離れたマッタラ空港をインドが経営するという報道がなされた。マッタラ空港は，2013年に開港したものの利用頻度がきわめて低かったが，中国の融資を受けてラージャパクサ政権時に作られた施設であり，ハンバントタ港と同様に中国が引き受けるものと見込まれていた。そのため，インドが経営を引き継ぐという報道は驚きをもって迎えられた。

　南アジアにおける中国の影響力増大に対応することを主たる目的として2012年に始まったインドとスリランカの合同軍事演習（第5回ミトラ・シャクティ）が，2017年は10月にインドのプネーで行われた。このほかにもインドがスリランカ海軍に新型外洋巡視船2隻，スリランカ沿岸警備隊に巡視船を引き渡すなど，インドとの軍事的な関係は強化された。

スリランカの対中・対印関係を注視するアメリカと日本

インドだけでなく，アメリカとの軍事的なつながりの強化もみられるようになった。3月には，ハンバントタ港でスリランカで初となるパシフィック・パートナーシップが開催された。パシフィック・パートナーシップは軍事的活動というよりも参加国の連携強化や災害活動の円滑化を図る活動であるが，主体はアメリカ海軍である。10月にはトリンコマリー港でアメリカ海軍との共同訓練であるCARATに初参加した。インドやアメリカとの関係強化については，インド洋でのテロ対策という側面もあろうが，増大する中国の影響を考慮したものと考えることができる。

日本には，首相が4月に訪問し，日本の「自由で開かれたインド太平洋戦略」について確認し，スリランカの海上保安能力を向上させるべく，日本は巡視艇を2隻供与した。また，スリランカの安定した発展のために港湾開発を行うにあたり，港湾施設がスリランカ政府の完全な管理の下に置かれ，開放され，透明性を持って，商業目的で利用されることの重要性を再確認した。

2018年の課題

2年も延期された地方選挙は，2018年2月10日に投票が行われた。結果はラージャパクサを支持するスリランカ民衆戦線（SLPP）が圧勝する結果となった。地方議会の選挙とはいえ，国政への影響は大きい。大統領はJOと接近するか，距離を保つかの決断を迫られる。SLFPのメンバーの多くはJOと組むことを望んでおり，そうすればUNPよりも優位に立てる。しかし，その場合はラージャパクサに主導権を握られることになるだろう。JOと距離を保つことを選べば，SLFPの分裂は続き，結果としてUNPが漁夫の利を得る。

2018年には，年末に提出された国債スキャンダルに関連する2つの報告書に基づき，国会で審議がなされ責任者への処遇が決まる。シンハラナショナリスト的な動きやLTTE懐古的な動きも，新しい政治環境の中で展開を見せるだろう。

2018年1月にシンガポールとのFTAが締結されたのに引き続き，中国などの国々との交渉が進むだろう。インドとのETCAは国内の反対は根強いものの政府は輸出増を実現するためにもFDI誘致のためにも，実現したいところである。

中国の経済面における存在感は，ますます大きくなってゆくものと思われる。それに対して政治的・文化的にスリランカと関係の強いインドがどのような対応を見せるのか，注目される。

(地域研究センター研究グループ長)

重要日誌　スリランカ　2017年

1月2日▶コロンボでインドと漁業問題で大臣級会合。

4日▶インドと第3回経済・技術協力合意(ETCA)協議。

6日▶カトナヤケ国際空港で改修工事開始。1日8時間閉鎖。

7日▶ハンバントタ工業地区起工式にて反対派グループ(JO)が抗議活動。警察が催涙ガスと水砲を使用。

17日▶首相，ダボス会議出席。

27日▶中央銀行の国債発行問題について大統領特別諮問委員会(PCoI)設置。

2月1日▶首相，中央高速道路の第2フェーズ着工式に出席。

3日▶情報公開法(RTI)施行。

6日▶南アジア技術・医科大学(SAITM)のCEO，襲撃される。

13日▶首相，オーストラリア訪問(～17日)。国交70周年。

16日▶JOメンバー，憲法制定小委員会を辞任。

17日▶首相，シンガポール首相リー・シェンロンと会談。

18日▶犯罪捜査局(CID)，Nation紙記者ケイス・ノヤール氏誘拐の件(2008年5月)で軍兵士3人を逮捕。19日にさらに2人逮捕。3月20日にも1人逮捕。

21日▶アメリカ議会の超党派グループ，大統領を表敬。

27日▶カルタラで囚人護送車に発砲。7人死亡。

3月1日▶大統領，1817～1818年のウヴァ・ウェッラッサ反乱に参加した82人を国家的英雄と宣言。

2日▶大統領，重大な不正・汚職・職権乱用に関する大統領調査委員会(PRECIFAC)の任期を6カ月延長。

3日▶首相，外国人判事の導入には国民投票が必要で，政治的に現実味がないと発言。

6日▶インド漁民，スリランカ海軍に発砲され，1人死亡，1人負傷と主張。スリランカ海軍は発砲を否定。

▶コロンボ近郊のミートタムッラのゴミ廃棄場で近隣住民が反対運動。

▶大統領，インドネシア訪問。環インド洋連合(IORA)に出席。インドネシア・ジョコ大統領と自由貿易協定締結に向けて協議(8日)。

7日▶アメリカ太平洋艦隊のフォール・リバー，ハンバントタ入港。パシフィック・パートナーシップ開催。

▶スリランカ海軍，インド人漁民の死亡について調査すると発表。

8日▶緊張緩和のため，インド側19人とスリランカ側85人の漁民を解放すると決定。

13日▶ジブチ沖でソマリア海賊がタンカーAris13を襲撃。スリランカ人船員8人が乗船。17日に解放。

14日▶法務長官，ギータ・クマラシンハはスイスとスリランカの二重国籍保持者と判断。第19次憲法改正に則り国会議員の資格を剥奪。

19日▶中国国防大臣の常万全，来訪。大統領を表敬(20日)。

21日▶ミートタムッラゴミ廃棄場で火災。

▶閣議，ハンバントタ港について招商局国際有限公司と政府の合弁で進めることで合意。

22日▶大統領，ロシア訪問。プーチン大統領と会談(23日)。プーチンよりキャンディ王朝の剣を贈呈される。

23日▶第34回連人権委員会，スリランカに関する審議。2015年の30/1決議の実施に2年間の猶予を付与。

▶首相，国会でデング熱の流行について，政府は最大限の努力をしていると語る。
24日▶中央銀行，政策金利を0.25ポイント引き上げ。
29日▶大統領，「戦争の英雄を戦争犯罪者としないが，殺人などで有罪と認められたものは保護されない」と発言。
4月4日▶海軍，インド人漁民18人を解放。
6日▶中国共産党中央政治局常務委員の兪正声，来訪（～8日）。
▶カトナヤケ国際空港，改修工事終了。
10日▶首相，訪日。安倍首相と会談（12日）。
14日▶ミートタムッラのゴミ廃棄場が崩壊。32人死亡。66軒が全壊。
17日▶医師会（GMOA），インフルエンザ流行を警告。
24日▶デリーで第4回 ETCA 協議。
26日▶首相，デリーで経済プロジェクト協力覚書に署名。
27日▶北・東部でハルタル（ゼネスト）。政府に失踪者に関する回答を求める。
5月11日▶モディ印首相，来訪（～12日）。
▶中国から潜水艦の寄港を要求されるも拒否，と報道。
15日▶首相，北京で開催の一帯一路国際フォーラムで「一帯一路構想はスリランカがインド洋のハブとなることを助ける」と演説。
18日▶欧州連合（EU），スリランカへの一般特恵関税（GSP）プラス復活を発表。
22日▶内閣改造。外相と財相のポスト交換などを含む9人宣誓。
23日▶大統領，オーストラリア訪問。
25日▶西部・南部で記録的大雨。300人以上死亡（～26日）。
31日▶内閣改造。4国務大臣，4副大臣が宣誓。
▶マヒンダ・ラージャパクサ前大統領，訪日。

6月5日▶首相，国連海洋協議に出席。
11日▶警察副長官，4月以降に16件の過激な人種差別が発生，4人逮捕と報告。
12日▶第35回国連人権理事会でピント国連特別報告者の報告書提出。スリランカの司法制度を批判。
14日▶北部州評議会で，州首相の C.V. ヴィグネスワランに対して不信任動議が提出されるも19日に取り消し。
15日▶コロンボフォート・マジストレート裁判所，ボドゥ・バラ・セーナ（BBS）のニャーナサーラ僧への逮捕状発出。
19日▶国営病院，デング熱患者多数により新規患者受け入れ中止を発表。
20日▶在カタール・スリランカ大使館，15万人の在住スリランカ人に緊急避難の計画はないと発表。
21日▶ニャーナサーラ僧，出頭。逮捕されるも保釈。
▶失踪者調査局（OMP）改正法案，全会一致で国会承認。
27日▶電力大臣，インド・日本の支援によるサンプールにおける液化天然ガス発電所計画を中止すると発表。
7月6日▶底引き網漁を禁止する漁業改正法案，国会で可決。
11日▶大統領，SLFP メンバーに対し連立を去るかどうか決めるのは12月31日以降にするよう要請。
13日▶大統領，バングラデシュ訪問。
▶首相，コロンボで開催の南アジア地域協力連合（SAARC）の内務大臣会合に出席。
14日▶国連特別報告者ベン・エマーソン，テロ防止法の廃止などを要求。
▶災害管理センター（DMC），北部を中心に継続する深刻な干ばつにより90万人が被害

と報告。

17日▶IMF, 拡大信用供与（EFF）の2回目のレビューを終了し, 1億6720万ドルの拠出を承認。

19日▶国連政務局庁ジェフリー・フェルトマン, 来訪。

20日▶大統領, OMP法に署名。

22日▶ジャフナのナルラーで銃撃。警察官死亡。

23日▶PCoIでの証言, ラヴィ・カルナナヤケ外相のマンションの家賃をアルジューン・アローシウスが8カ月支払い。

25日▶燃料供給が必須サービスと官報に掲載される。

▶外国為替法（改正）, 国会通過。

▶閣議, 州評議会選挙は9州が同日に行えるまで延期すると決定。

28日▶第20次憲法改正案, 官報に掲載。

29日▶ハンバントタ港の99年貸与契約について中国招商局港口控股有限公司（CMPort）と署名。

8月1日▶警察長官, タミル・イーラム解放の虎（LTTE）はいまだに完全に撲滅されていないと認識を表明。

3日▶海軍, インド人漁民77人を解放。

▶JO, ラヴィ外相の不信任動議提出。

8日▶テロ捜査局（TID）, 北部のギャング・グループのメンバーを逮捕したと発表。

9日▶閣議, マッタラ空港を40年間インド企業に貸与する件について承認。

10日▶ラヴィ外相, 辞任。

13日▶DMC, 2016年12月以来の干ばつで120万人に被害。

15日▶マヒンダ夫人, CIDに出頭。三男ローヒタは経済犯罪捜査局（FCID）に出頭。

▶外相にティラク・マーラパナ就任。

▶インドの独立記念日, インド大使「スリランカはモディの近隣国ファーストのなかでもっとも価値のあるパートナー」と語る。

16日▶マヒンダ次男ヨーシタ, CIDに出頭。

23日▶ウジェダーサ・ラージャパクサ法務大臣, 辞任。

▶政府, 第20次憲法改正案を国会に提出。

25日▶地方選挙法改正案, 国会を通過。

29日▶ブラジル大使で元陸軍幹部のジャガット・ジャヤスーリヤ, 人権団体から戦争犯罪で訴えられる。

30日▶アメリカ国務次官補代行（南・中央アジア担当）アリス・ウェルズ, 大統領と会談。

▶大統領, 2020年まで連立政権を維持すると語る。

31日▶首相, セイシェル首相と会談。

9月1日▶コロンボでインド財団主催のインド洋会議開催。

▶厚さ20ミクロン以下のポリエチレン袋の販売・使用禁止が官報に掲載される。

▶フォンセーカ地域開発相, ジャガット・ジャヤスーリヤが戦争犯罪を犯した件について証言する準備があると語る。

4日▶首相と大統領, 経済開発プログラム「ビジョン2025」発表。

7日▶前大統領秘書のラリット・ウィーラトゥンガと通信規制委員会の委員長に資金の不正流用で懲役3年の判決。

▶内国税収入法（IR）法案, 国会を通過。

12日▶大統領主催の国家経済委員会（NEC）第1回会合。

15日▶シンハラ仏教団体, ロヒンギャ難民の入国に反対の署名運動。

19日▶大統領, 国連で演説。

▶国会議長, 第20次憲法改正について国民投票が必要との最高裁判断を公表。これにより憲法改正案は国会で審議しないことに決定。

スリランカ

20日▶州評議会選挙法改正,国会を通過。
21日▶首相,憲法制定運営委員会の中間報告書を国会に提出。
26日▶仏教僧の率いる集団,マウントラビニヤにあるロヒンギャ難民保護施設を襲撃。
27日▶中銀,中期成長見通し発表。
28日▶国連の北朝鮮制裁に合わせてビザ発給手続き強化を決定。

10月2日▶ロヒンギャ難民保護施設襲撃でダヤラトナ僧逮捕。
4日▶首相,ヨーロッパ訪問(〜12日)。
▶デリーで第5回ETCA協議。
6日▶ハンバントタのインド領事館前でインドへの空港貸与に反対するJOの抗議デモ。
9日▶第8回ゴール・ダイアログ(2日間)。
10日▶ハンバントタ・デモ参加でナーマル・ラージャパクサ逮捕。
▶国連特別報告者パブロ,来訪。
13日▶インド漁民の密漁問題に関してインド・スリランカ合同作業部会開催。14日に大臣会合開催。
20日▶首相,経済政策ステートメント発表。
24日▶大統領,カタール訪問。
28日▶アメリカ空母ミニッツ,来港。
29日▶政府,SAITMの医学部を廃止し,非政府・非営利の学位授与機関とすると発表。
30日▶マーラパナ外相,王毅中国外相と会談。

11月2日▶オーストラリア首相マルコム・ターンブル,来訪。
3日▶輸入石油の品質に問題が発覚した影響で全国的に燃料不足。
4日▶首相,ハンバントタに1万5000エーカーの工業ゾーンの開設を宣言。
6日▶アメリカ国務次官トマス・シャノン,来訪。
13日▶国営企業監視委員会(COPE)報告書国会に提出される。
16日▶大統領,行方不明者家族と対談。秘密の拘留施設はないと断言。
17日▶ゴール県ギントタほかに外出禁止令発令。
20日▶首相,PCoIで証言。
21日▶首相,訪印。モディ首相と会談(23日)。

12月4日▶恣意的な拘束に関する国連作業部会,調査のため来訪(〜15日)。
5日▶閣議,価格上昇の抑制のためココナツ輸入を決定。
▶スリランカ,拷問等禁止条約の選択議定書に加盟。
6日▶IMF,スリランカにEFFの2億5140万^{ドル}(7億5660万^{ドル}の一部)。
9日▶マンガラ蔵相,ハンバントタ港を中国合弁企業に正式引き渡し。第1回目の支払分の,2億9200万^{ドル}(総額11億2000万^{ドル})を受領。
13日▶地雷禁止条約の加入書を国連に寄託。163カ国目の締約国に。
15日▶ロシア,紅茶に異物混入で一時的にスリランカの農産物輸入停止。
17日▶マレーシアのナジブ首相,来訪。
18日▶選挙管理委員長,地方選挙は2018年2月10日に実施すると発表。
21日▶スリランカ,国連でエルサレムをイスラエルの首都とするアメリカの主張を認めない決議に賛成。
29日▶アメリカ,スリランカなどに対し,2017年12月31日で一般特恵関税(GSP)を終了すると発表。
30日▶PCoI報告,大統領に手交される。

参考資料 スリランカ 2017年

① 国家機構図（2017年12月末現在）

② 政府要人名簿（2017年12月末現在）

大統領	Maithripala Sirisena
首相	Ranil Wickremesinghe

大臣

農業	Duminda Dissanayake
仏教	Gamini Jayawickrema
国防	Maithripala Sirisena
災害管理	Anura Priyadharshana Yapa
教育	Akila Viraj Kariyawasam
財務・マスメディア	Mangala Samaraweera
漁業・水産資源	Mahinda Amaraweera
外務	Tilak Marapana
海外雇用	Thalatha Atukorala
保健・栄養・伝統医療	Rajitha Senaratne
内務	Vajira Abeywardena
住宅・建設	Sajith Premadasa
産業・商業	Rishad Bathiudeen
法務	Thalatha Athukorale
労働・労働組合	W.D.J. Seneviratne
土地・国会改革	Gayantha Karunathilaka
法と秩序・南部開発	Sagala Ratnayake
マハヴェリ開発・環境	Maithripala Sirisena
国家政策・経済	Ranil Wickremesinghe
石油・ガス	Arjuna Ranatunga
プランテーション産業	Navin Dissanayake
港湾	Mahinda Samarasinghe
郵政・イスラーム問題	Mohamad Hasheem Abdul Haleem
電力・再生可能エネルギー	Ranjith Siyambalapitiya
行政	Ranjith Madduma Bandara
復旧・再定住・ヒンドゥー問題・刑務所改革	D.M. Swaminathan
農村経済	P. Harison
技能開発・職業訓練	Chandima Weerakkody
スポーツ	Dayasiri Jayasekara
技術・技術教育・雇用	Susil Premajayantha
通信・デジタルインフラ	Harin Fernando
運輸	Nimal Siripala De Silva
高等教育・幹線道路	Lakshman Kiriella
高地インフラ・コミュニティ開発	Palani Thigambaram
都市開発・水道	Rauff Hakeem
女性・子供	Chandrani Bandara
観光・キリスト教関連	John Amarathunga
ワヤンバ開発・文化	S.B. Navinne
開発戦略・国際貿易	Malik Samarawickrema
灌漑	Vijith Vijayamuni Zoysa
メガポリス・西部開発	Patali Champika Ranawaka
国民統合・和解	Maithripala Sirisena
国民対話・公用語	Mano Ganesan
一次産品輸出促進	Daya Gamage
州評議会・地方政府	Fariszer Musthapha
公企業開発	Kabir Hashim
社会福祉・キャンディ遺産	S.B. Dissanayake
持続的開発・野生動物	Gamini JayawickremaPerera
特別任務	Sarath Amunugama（Dr.）
地域開発	Sarath Fonseka

国務大臣

農業	Wasantha Aluvihare
国防	Ruwawn Wijewardene
教育	V.S. Radhakrishnan
財務・マスメディア	Eran Wickramaratne
漁業・水産資源	Dilip Weddearahchi
外務	Vasantha Senanayake
産業・商業	Champika Premadasa
労働・労働組合	Ravindra Samaraweera
土地・国会改革	T.B. Ekanayake
法と秩序・南部開発	Piyasena Gamage

2017年　参考資料

マハヴェリ開発・環境	Maithripala Sirisena
国家政策・経済	Niroshan Perera
復旧・再定住・ヒンドゥー問題・刑務所改革	
	M.L.A.M. Hizbulla
技術・技術教育・雇用	Lakshman Seneviratne
高等教育・幹線道路	
	Mohan Lal Grero（高等教育）
	Dillan Perera（幹線道路）
都市開発・水道	Sudarshini Fernandopulle
女性・子供	Vijayakala Maheswaran
開発戦略・国際貿易	
	Arjuna Sujeewa Senasinghe
灌漑	Palitha Range Bandara
国民統合・和解	A.H.M. Fouzie
州評議会・地方政府	Sriyani Wijewickrema
公企業開発	Lakshman Yapa Abeywardane
ワヤンバ開発・文化	Palitha Thewarapperuma
公企業開発	Lakshman Yapa Abeywardane
社会福祉・キャンディ遺産	
	Ranjan Ramanayake
持続的開発・野生動物	Sumedha G. Jayasena

（出所）スリランカ政府ウェブサイト（http://www.president.gov.lk/the-cabinet/）より筆者作成。

副大臣

仏教	Sarathie Dushmantha
災害管理	Dunesh Kankanda
財務・マスメディア	Lasantha Alagiyawanna
海外雇用	Manusha Nanayakkara
保健・栄養・伝統医療	Faizal Cassim
住宅・建設	Indika Bandaranayake
法務	Sarathie Dushmantha
マハヴェリ開発・環境	Mahinda Amaraweera
国家政策・経済	Dr. Harsha De Silva
石油・ガス	Anoma Gamage
プランテーション産業	
	Lakshaman Wasantha Perera
港湾	Nishantha Muthuhettigama
電力・再生可能エネルギー	Ajith P. Perera
行政	Susantha Punchinilame
農村経済	Ameer Ali Sabdeen
スポーツ	H.M.M. Harees
通信・デジタルインフラ	Tharanath Basnayake
運輸	Ashoka Abeysinghe

主要統計 スリランカ 2017年

1 基礎統計

	2011	2012	2013	2014	2015	2016	2017[1]
人口(100万人)	20.89	20.42	20.58	20.77	20.96	21.20	21.44
労働力人口(100万人)[2]	7.9	7.8	8.0	8.0	8.2	8.3	8.5
消費者物価上昇率(%)[3]	–	–	–	–	3.8	4.0	7.7
失業率(%)	4.2	4.0	4.4	4.3	4.7	4.4	4.2
為替レート(1ドル=ルピー、年平均)	110.57	127.60	129.11	130.56	135.94	145.60	152.49

(注) 1)暫定値。2)労働力人口は15才以上。3)2015年11月より基準年が2013年に変更された。年末の対前年比。
(出所) Central Bank of Sri Lanka, *Annual Report 2017*, KEY ECONOMIC INDICATORS.

2 支出別国民総生産(名目価格)

(単位:100万ルピー)

	2013	2014	2015[1]	2016[1]	2017[2]
民間消費支出	6,483,669	6,981,947	7,376,176	7,601,405	8,262,817
政府消費支出	745,684	868,059	984,755	1,014,746	1,130,674
総資本形成	3,189,326	3,347,638	3,414,556	4,164,890	4,854,187
財/サービス輸出	1,949,158	2,185,039	2,301,065	2,540,049	2,914,309
財/サービス輸入	2,775,711	3,021,531	3,125,931	3,414,338	3,872,521
国内総生産(GDP)	9,592,125	10,361,151	10,950,321	11,906,752	13,289,466

(注) 1)改定値。2)暫定値。
(出所) 表1に同じ。TABLE 9.

3 産業別国内総生産(実質:2010年価格)

(単位:100万ルピー)

	2013	2014[1]	2015[1]	2016[1]	2017[2]
農業・漁業・林業	611,676	639,696	669,725	644,262	639,273
鉱工業	1,565,642	1,606,869	1,671,028	1,753,352	1,826,539
うち製造業	1,263,921	1,296,100	1,360,977	1,403,905	1,459,071
建設業	553,438	611,842	596,697	645,933	665,747
卸売・小売、運輸・倉庫、ホテル・飲食業	1,840,272	1,905,136	2,002,814	2,083,262	2,135,987
情報・通信	39,510	44,078	48,917	52,827	58,203
金融・保険	456,863	495,201	575,798	643,520	700,535
不動産	417,024	444,049	489,352	520,080	544,726
専門・技術・事務	161,963	166,489	154,266	152,228	158,720
行政・国防・教育	686,499	723,918	750,036	786,812	777,516
その他(自営を除く)	803,514	839,633	873,534	885,286	913,540
租税	744,923	791,696	857,040	894,210	922,441
補助金	35,121	33,174	41,373	27,483	27,739
国内総生産(GDP)	7,846,202	8,235,429	8,647,833	9,034,290	9,315,488
実質GDP成長率(%)	3.4	5.0	5.0	4.5	3.1

(注) 1)改定値。2)暫定値。
(出所) Department of Census and Statistics, *National Accounts Estimates of Sri Lanka 2018*.

4 輸出・輸入分類

(単位:100万ドル)

	2013	2014	2015	2016[1]	2017[2]
輸出	10,394	11,130	10,547	10,310	11,360
農業	2,581	2,794	2,482	2,326	2,767
工業	7,749	8,262	7,976	7,940	8,541
鉱業	64	74	48	44	51
輸入	18,000	19,417	18,935	19,182	20,979
消費財	3,183	3,853	4,714	4,319	4,502
中間財	10,554	11,398	9,638	9,870	11,435
投資財	4,253	4,152	4,567	4,980	4,894
貿易収支	-7,609	-8,299	-8,389	-8,872	-9,619

(注) 1)改定値　2)暫定値。
(出所) Central Bank of Sri Lanka, "*Press Release*"(2018年2月22日)。

5 国際収支

(単位:100万ドル)

	2013	2014	2015	2016[1]	2017[2]
経常収支	-2,607	-2,018	-1,883	-1,742	-2,309
貿易収支	-7,609	-8,287	-8,388	-8,873	-9,620
輸出	10,394	11,130	10,546	10,310	11,360
輸入	18,003	19,417	18,935	19,183	20,980
サービス収支	1,180	1,880	2,325	2,879	3,338
第一次所得収支	-1,817	-1,839	-2,013	-2,202	-2,355
第二次所得収支	5,639	6,227	6,193	6,453	6,327
金融収支	3,064	1,536	2312	2,182	2,184
直接投資	868	827	627	660	1,303
証券投資	2,068	2,065	686	993	1,772
金融派生商品	…	…	…	…	…
その他投資	1,239	192	1354	57	1,879
外貨準備	1,112	1,548	354	472	2,771
誤差脱漏	-590	393	-476	465	-114

(注) 1)改定値。2)暫定値。
(出所) Central Bank of Sri Lanka, *Annual Report 2017*, TABLE 88.

2017年の パキスタン

パキスタン・イスラーム共和国

面 積	80万3900km²（面積に，北方地域，アーザード・ジャンムー・カシミール，ジャンムー・カシミールは含まない）	宗 教	イスラーム教(97%)
		政 体	共和制
		元 首	マムヌーン・フサイン大統領
人 口	2億778万人（2017年8月25日）	通 貨	ルピー（1米ドル＝104.70ルピー，2016/17年度平均）
首 都	イスラマバード		
言 語	ウルドゥー語，英語，ほかに4主要言語	会計年度	7月〜6月

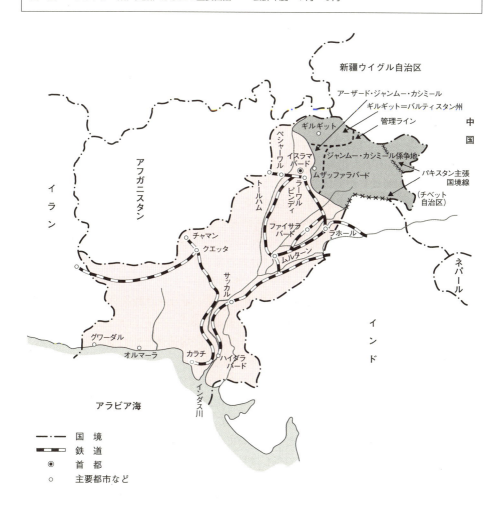

2017年のパキスタン

司法判断による首相の交代ふたたび

井上 あえか・牧野 百恵

概　況

　7月下旬にナワーズ・シャリーフ首相が議員資格なしとの最高裁判決を受けて辞任した。発端は2016年に報じられたパナマ文書の流出による政治家の資産隠し，課税逃れの問題であったが，シャリーフ首相追及の急先鋒であったパキスタン正義運動党（PTI）のイムラン・ハーン党首自身にも，同様の海外資産問題が出ている。2018年に選挙を控え，シャリーフの復活は難しいとの見方もあるなか，与党パキスタン・ムスリム連盟ナワーズ派（PML-N）も，野党第一党のパキスタン人民党（PPP）も，有力な指導者を見い出しかねている。またパキスタン全土で19年ぶりとなる国勢調査が実施され，人口が2億人を超えたことが明らかになった。

　2016/17年度の実質国内総生産（GDP）成長率は5.3％で，ここ10年で最高の伸びを記録した。中パ経済回廊（CPEC）傘下で電力や道路などのインフラ建設が着々と進み，好況ムードを押し上げた。これらのインフラ建設に関連して機械類や燃料の輸入が激増した一方で，これまで外貨の稼ぎ手であった海外労働者送金が13年ぶりにマイナス成長に転じ，経常収支赤字が膨らんだ。また，IMFの縛りがなくなった2016/17年度は財政赤字も悪化した。シャリーフ政権の公約であった電力不足解消は依然として実現されないままである。

　中パ関係はCPEC，上海協力機構（SCO）など，一層連携を強めつつある。対米関係ではトランプ政権がインドとの連携を強化する一方，対テロをめぐってパキスタンへの批判を強めたことにパキスタン政府が反発している。アフガニスタンとは，信頼関係構築の努力が続けられているが，アフガニスタンで勢力を維持するダーイシュ（IS［『イスラーム国』］）について，パキスタン軍は警戒を強めている。印パ両国の相互不信は依然として続いており，両国それぞれのアメリカ，中国との関係も絡みながら，好転の兆しは見えない。

国内政治

首相の失職

年初には，シャリーフ政権は経済，治安を改善させ司法の独立も確立したという評価があった。また5月以降にはCPECによるサヒワール発電所が稼働を始めたことや，さらに道路，港湾，空港整備などが合意されたことなど，経済の好調が喧伝されていた。

2016年4月にパナマの法律事務所から流失した文書が，国際調査報道ジャーナリスト連合(ICIJ)によって公開され，租税回避地に設けた会社に資産を移すことで自国の課税を逃れている実態が明らかになった事件が，2017年パキスタンで大きな進展を見た。このなかに名前があった300人から400人に上るパキスタン人のなかに，ナワーズ・シャリーフ首相の長男，次男，長女がいた。首相自身の名はなかったとはいえ，首相とその一族の海外会社，資産についての調査が必要として，PTIのイムラン・ハーンをはじめ，大衆ムスリム連盟，イスラーム党(JI)などが最高裁にシャリーフ首相の議員失格を求める訴えを起こしていた。

その審理が2017年1月4日から始まり，4月20日に下された判決では，最高裁が特別法廷を設置し，その特別法廷が証拠調べの合同調査チーム(JIT)を設置することが命じられた。この時点で，シャリーフ首相が潔白かどうかや議員資格があるかどうかについての判断は示されなかったが，JIT設置とともに，手順を追って調査を貫徹させようとする最高裁の意思を読み取ることができる。JITは連邦調査局(FIA)，汚職取締局(NAB)，証券取引委員会，パキスタン中央銀行，軍統合情報局(ISI)，軍情報局(MI)からの6人で構成され，5月5日に発足した。

JITは7月10日に最高裁へ報告書を提出した。これをふまえ，7月17日から21日まで行われた審理の結果，7月28日に，最高裁は全会一致でシャリーフ首相が憲法第62条1項(f)に反しているとの判断に至り，議員資格なしとの判決を出した。第62条1項(f)とは，議員は「聡明で，高潔で，規律を守り，誠実でなければならず，そうでないことが法廷によって宣言されてはならない」とする条文である(1985年にジアーウル・ハク大統領が，対立議員排除のため付加した条文で，恣意的な運用が可能)。この判決を受けてナワーズ・シャリーフは議員を辞職した。

シャリーフ首相辞任を受けて，シャーヒド・ハーカーン・アバーシーが，8月

司法判断による首相の交代ふたたび

シャリーフ首相の失職に抗議する支持者（7月29日，EPA＝時事）

1日，新首相に就任した。アバーシーはカラチ生まれで，パンジャーブ州北部マリーのセントローレンスカレッジを経てアメリカのUCLAで法律の学位を取得し，ジョージ・ワシントン大学でMAを取得した。1988年にラーワルピンディ選挙区から下院初当選し，2008年ギーラーニ内閣で商業相，2013年ナワーズ・シャリーフ内閣で商業相を歴任している。首相の交代に伴い，新内閣も発足した。ダール財務相は留任とし，イクバール前計画・開発相は内相，アーシフ前水利・電力相兼国防相は外相に就任させるなど，新政権は多くの閣僚を再任させることで，政策の継続性を重視する姿勢を示している。

選挙に向けた展望

2018年に選挙を控え，ナワーズ・シャリーフの復活があるか否かは不透明である。議員資格なしとは現任期中なのか終生なのか，憲法に規定はない。9月の補欠選挙では夫人のクルスーム・シャリーフが当選したが，ナワーズの政党という性格の強いPML-Nを彼に代わって率いるのが誰かは未知数である。はっきりしているのはアバーシーが任期中は首相を務め，党首の座を守るということだけである。一時，兄シャハバーズ（現パンジャーブ州首相）が下院議員となって首相職を引き継ぐという方針が出たが，批判が集中しシャハバーズは補選への出馬を見

送った。シャハバーズが党の基盤であるパンジャーブ州政治の中心を離れることは今のところ考えにくい。長女マリアムの名も出ているが，彼女は議員経験もなく，また不正蓄財の疑いで事情聴取を受けたばかりである。将来はともかく，すぐに PML-N を率いる指導力を発揮することは難しいように思われる。

10月26日にペシャーワルの選挙区で行われた補欠選挙で，PTI の候補アルバブ・アミール・アユーブが当選した。得票数は，PTI：4万4799，PML-N：2万4493，アワーミー民族党（ANP）：2万4108，PPP：1万3018であった。宗教政党パキスタン・ラバイク運動と JI は5位，6位に終わった。2013年に1200票余り獲得したイスラーム・ウラマー党（JUI-F）は候補者を出せず，PML-N 支持に回った。投票率は男性41.3%，女性13.8%，平均約30%にとどまった。PTI は，歴史ある地域政党である ANP を大きく引き離しており，ハイバル・パフトゥーンハー（KP）州での地盤を固めていることをうかがわせる。

とはいえ，PTI に国政レベルの指導力と支持基盤があるかといえば疑問である。イムラン・ハーン党首は路上での反政府運動では一定の動員力を示すものの，議会での政治活動には取り組みかねている。彼らが PML-N と PPP を凌ぐ力をもつためには，この二大政党が繰り返す批判合戦に参入するのではなく，政策を掲げて与野党との建設的な議論を展開し共闘する指導力と政治姿勢が求められよう。

2008年以来，司法の動向が大統領の辞任，首相の失職などにつながる政変が起きてきた。これを一時的，例外的現象とする見方もあろう。また逆に今後も起こりうると考えるにしても，それが即パキスタン軍が体現する権威主義政治が変化したとまでいうことはできない。司法の動きの背景には軍の承認があると強く推定される。しかしこれを，司法を使った一種のクーデタとまで考えることもまた妥当ではないだろう。これがあくまでも憲法に則った司法判断であることは重要だからである。

首相の失職にまで発展した事態の発端はパナマ文書の流出による政治家の資産隠し，課税逃れの問題であったが，シャリーフ首相追及の急先鋒であったイムラン・ハーン自身にも，同様の海外資産問題が出ている。2013年の選挙立候補に際して，ロンドンとイスラマバードに所有する不動産について選挙管理委員会に，資金の出所など必要な申告をしなかったとして，議員資格を問う訴訟が起こされている。今後，イムラン・ハーンに対してもシャリーフ同様に議員資格なしとの判決が下る可能性もある。政治家や軍人は誰もが海外に巨額の蓄財をし，いつでも簡単に国外へ逃げ出すことができるという事実は，この国の政治が内包する問

題を象徴している。その根の深さと広がりは一朝一夕にはどうにもできない範囲に及んでおり，今後，パキスタンの政治や市民社会がこうした問題とどう向き合っていくのか，中長期的な注目点となろう。

国勢調査の実施

3月15日から，19年ぶり第6回となる国勢調査(人口と世帯数)が開始された(前回は1998年)。第1段階は4月25日まで，4州と首都圏合わせて11地域で実施され，第2段階は4月25日から5月25日まで，4州の残りの地域とアーザード・ジャンムー・カシミール(AJK)とギルギット・バルティスタン，連邦直轄部族地域(FATA)で実施された。9言語で，約10万人の調査員が動員され，20万人の陸軍部隊が治安出動した。また，初めて第3の性としてトランスジェンダーがカウントされたことが特筆される。これは前年11月にトランスジェンダーの一市民が訴えを起こしたことを受けて，1月8日にラホール高裁が，連邦政府と国立データベース登録局と内務省に対して，トランスジェンダー・コミュニティをセンサスに加えるよう指示したことによっている。結果は8月25日に，人口約2億780万人(男性1億645万人，女性1億131万人，トランスジェンダー1万418人)と発表された。

バロチスタンの反政府運動

バロチスタン共和党の指導者ブラハムダグ・ブグティがヨーロッパで亡命を求めている問題で，3月1日にパキスタン内務省はFIAにブグティへの逮捕状発行を指示した。またシェール・ムハンマド・アリアス・シェラに対しても，テロに加担した疑いで逮捕状を出すよう指示した。またFIAは2人の逮捕のため12月にインターポール本部に対して協力要請を行うと報じられた。ブグティについては前年インドが市民権を与え支援することを公言しているが，2017年11月にはスイス政府が暴力的な行為に加担したことを理由に亡命を拒否する決定をした。また，バロチスタンでは，12月9日に70人を超える反政府活動家が投降し，州首相と陸軍司令官が出席して式典が行われるなど，反政府運動が弱体化していることが強調されている。しかし，一方でバロチスタンの状況に大きな変化があるわけではなく，また中国の経済進出の舞台であるにもかかわらず地元への裨益効果が十分ではないことへの住民レベルの反発もある。5月にはクエッタで中国人留学生男女2人が誘拐され殺害される事件が起こり，ISが2人を殺害したという

ビデオがネット上に公開されるなどしたが，6月13日のニサール内相の発表によれば，2人は留学と称して，キリスト教の布教活動を行なっていたという。いずれにしても誘拐犯が誰なのか，真相は不明のままである。今後ブグティの問題がどのような決着を見るのか，またバロチスタンの反政府勢力の動向は場合によっては国内の混乱要因となる可能性があり，注視する必要があろう。

治安

独立系のNPOであるパキスタン平和研究所（PIPS）の報告書（*Pakistan Security Report 2017*）によれば，パキスタン国内のテロ件数は2015年以降減少してきている。2017年のテロの件数は前年より16％減の370件，死者数は815人，負傷者は1736人であった。テロ事件の58％はいわゆるイスラーム武装組織によるもので，そのなかに含まれる勢力としては，パキスタン・ターリバーン運動（TTP）およびその分派ジャマーアトゥル・アフラールを中心に，FATAやKP州の親ターリバーン派，ISに影響を受けた者らがいる。その一方で，特定の大集団に属さず，少人数もしくは単独で過激思想に傾斜する人々（self-radicalized individuals）が現れはじめていると報告されている。とくにISについては，パキスタン国内に彼らの拠点はないと政府は述べているが，国内のテロ事件で犯行声明が出た例も散見され，アフガニスタンのパキスタン国境近くにISの勢力が集結しているという報道もあり，軍にとってもっとも高度に警戒すべき対象となっている。

憲法第21次修正（2015年1月）によって2年の期限付きで設置された軍事法廷が，1月7日に期限を迎え，期限延長はされず終了した。政府は1月9日になってこの軍事法廷の復活を検討するための会合を呼び掛け，関係閣僚，ISI局長，政府アドバイザーらが会合をもった。野党は基本的に軍事法廷の存続には反対の立場をとっていた。軍事法廷はテロリストを迅速に裁き処罰することを目的として設置され，いわばテロ対策の主導権を軍に委託したものである。この間，軍は効果的なテロ掃討作戦を展開し，テロ件数を大幅に減少させる実績を上げてきたことから，軍事法廷の期限延長があるのではないかとの憶測もあったが，結局，軍事法廷の復活には至らなかった。

ところがその後全国の都市でテロが相次いだ。1月21日FATA最大の都市パラチナールでの爆弾爆発（死者27人，負傷者87人，TTPが犯行声明），2月16日シンド州セヘワン・シャリーフの聖者廟ラール・シャハバーズ・カランダールで爆弾爆発（死者88人，負傷者250人以上，ISが犯行声明），2月21日KP州チャー

ルサッダの裁判所襲撃（7人死亡，ジャマーアトゥル・アフラールが犯行声明），2月23日ラホールの市場で爆弾爆発（8人死亡，35人負傷。犯行声明なし）など，テロ事件の死者数は2月だけで100人を超えた。このうちラール・シャハバーズ・カランダールは国内でも有数の参拝者を集めるシーア派聖者廟として知られている。この事件の翌17日，軍は全国でテロリストの一斉検挙を行い，24時間で100人を超えるテロリストを殺害し，さらに2月22日には，全土で新たに対テロ作戦を実施すると発表した。軍広報部（ISPR）によると，これは都市の反テロリズム作戦と位置づけられ，「ラッダル・ファサード」と呼ばれる。都市部を標的にしたテロが相次いだことを受け，軍が主導して警察，司法，情報機関を含めあらゆる治安関連機関とともに実施された。

その後も，4月下旬にパラチナールなどでシーア派マスジッドなどをねらった爆弾テロが2件相次ぎ，合わせて30人余りが犠牲となった。うち1件はTTP系のジャマーアトゥル・アフラールが犯行声明を出した。またラマダン最後の金曜日の6月23日にはパラチナールとペシャーワルで相次いで爆弾が爆発し，計77人が死亡したほか，カラチでは警官4人がバイクの男に銃撃されて死亡した。7月16日，パキスタン軍はハイバル渓谷で，アフガニスタン側からのIS戦闘員の侵入を阻止するため，新たな作戦を開始した。作戦の対象は，ラシュカレ・イスラーム，ジャマーアトゥル・アフラール，TTPなどとされる。

一方，10月21日，ジャマーアトゥル・アフラールを率いるオマル・ハーリド・ホラーサーニーが10月19日までにアフガニスタンで米軍の無人機攻撃を受け死亡したとの報道があった。

その他，イスラーム軍事同盟（Islamic Military Alliance）の司令官にパキスタンのラーヒール・シャリーフ前陸軍参謀長が就任した。同同盟はサウジアラビア主導で39カ国が参加，イスラーム過激主義やテロリズムとの戦いを標榜している。

（井上）

経　　済

2016/17年度の経済概況

パキスタンの2016/17年度（2016年7月〜2017年6月）のGDP成長率は5.3％で，ここ10年で最高の伸びであった（*Economic Survey*［経済白書］，2017年5月25日）。農業部門の復調，CPECと関連した建設業の活況によるところが大きい。セク

ター別では，農業部門が3.5％増，工業部門が5％増，サービス業部門が6％増（いずれも対前年度比）であり，工業部門以外はほぼ目標を達成できた。農業がGDPの約20％を，労働人口の約40％を占める農業国であるパキスタンにとって，また食料価格の安定を維持するためにも，農業部門の復調は喜ばしいことである。しかし，その要因は天候に恵まれたことが大きく，裏返してみるならば，いまだに天候条件に大幅に左右されるパキスタン農業の脆弱さを浮き彫りにした。安定した経済成長を維持していくためにも，天候条件に左右されない灌漑設備などのインフラ整備が課題である。

工業部門の伸び悩み（目標値は対前年度比7.7％増）は，鉱業・採石業（対前年度比1.3％増）および発電・送配電・ガス供給部門（同3.4％増）の伸び悩みによるところが大きい。前者は鉱業の3分の2を占める国内天然ガスの減少が背景にある。後者は，CPEC関連のプロジェクトのうち，後述するとおり迅速に進んだものもあれば，予定どおりに進んでいないものもあり，目標値がすべて予定どおりに達成できることを楽観視して設定されていたことが大きい。製造業部門（同5.2％増）は復調の兆しにあるものの，主要農産物である綿花とサトウキビに依存した繊維と食品が製造業の4割を占めるなど，多様性に欠くパキスタン製造業の構造的な問題がある。これは，後述する輸出の伸び悩みの根本的な要因でもあり，製造業の多様化を促すような政策，とりわけ輸入関税自由化への努力が必要だろう。

経常収支赤字は124億ドル（対GDP比4％）と，前年度（同1.7％）よりさらに悪化した。輸出が対前年度比0％増であるところ，輸入が同16.4％増と急激に増加し，309億ドルという記録的な貿易収支赤字となったためである。輸入の激増はCPECに関連した機械類および燃料の輸入が増したことが大きい。一方でパキスタンの輸出は，約60％が繊維製品で占められているが，この輸出が伸び悩んでいる。1月10日，シャリーフ首相はこれらの輸出製造業者向けに輸入関税免除や払い戻しを含む1800億ルピー規模の救済パッケージを発表したが，こうした優遇措置はその場しのぎの対策にすぎず，実際の輸出パフォーマンスをみても短期的な効果すら疑問である。今後の趨勢として，繊維製品の国際価格が上昇することは考えにくいため，輸出産業の多様化をにらんだ構造改革が喫緊の課題である。10年以上にわたりパキスタンの外貨獲得に最大に貢献してきた海外労働者送金は，主要出稼ぎ先である湾岸諸国の景気停滞により，対前年度比3.1％減と2003/04年度以来初のマイナス成長を記録した。輸入の激増と海外労働者送金の減少を受けて，外貨準備残高は214億ドルとピークの前年度から7.3％減少した。

消費者物価指数(CPI)はここ3年ほど目標値を達成しており，2016/17年度も前年度より上昇傾向にあったものの4.2％にとどまった。為替相場の安定と全般的なエネルギー関連価格の下落によるところが大きい。

財政赤字は対GDP比5.8％と，目標値(同3.8％)を大幅に上回ったばかりでなく，ここ4年でもっとも膨らんだ。2013年から始まったIMFによる拡大信用供与措置(EFF)は条件付き融資プログラムであり，財政赤字の削減が最重要の条件であった。EFFは2016年9月に終了しており，その途端にIMFの縛りから解放されて財政赤字が悪化したようである。とりわけ南アジア地域でももっとも低いとされる対GDP比税収(12.5％)が下がっていることは懸念すべきである。

中パ経済回廊(CPEC)

4月12日中パ共催の会議において，ムハンマド・ズベイル・シンド州知事が，中国政府がCPECの一環として新しく道路建設プロジェクトに合意し，総規模は620億ドルとなったことを発表した。もともと2015年4月に融資プロジェクトとして発表されたCPECの規模は460億ドルで，これが2016年12月に550億ドルに増額されていた。CPECは，エネルギー部門と道路や港湾などのインフラ建設部門が中心であり，これらの設備が脆弱なパキスタンにとってバラ色のプロジェクトのように喧伝されている。とりわけエネルギー部門のプロジェクトによって恒常的な電力不足が解消され，経済成長につながることが期待されている。また，プロジェクト遂行の迅速さを強調するように，2018年末までに完成される予定の17プロジェクトは「早期収穫」プロジェクトと呼ばれている。

CPEC事業のうち，最初の大型案件であるパンジャーブ州サヒワール石炭火力発電所が完成し，1号機は5月25日，2号機は7月3日と大々的な竣工式を行い，即日発電を開始した。同発電所は，中国電建集団核電工程が建設を受注し2015年7月に着工していた。シャリーフ首相は竣工式で，「22カ月(の建設)は歴史的な偉業である」(『トリビューン』，2017年5月25日)と予定より1カ月ほど早い完成を褒め称えた。両機合わせて1320MWの発電容量をもち，約1000万人の電力需要に応じるという。また11月29日，カラチのカースィム港石炭火力発電所の1号機竣工式が行われた。2号機は2018年2月に完成予定で，こちらも合わせて1320MWの発電容量をもつ。同発電所には，中国電力建設集団が51％，カタールの王室系ファンドが49％を出資した。インフラ建設部門では，カラコルムハイウェイやペシャーワル＝カラチ間高速道路の建設が順調に進められている。

CPECについては，資金繰りが曖昧であるにもかかわらず，今後も予定どおりプロジェクトが進められていくのかという点は不明である。現在のところ，150億ドル規模のインフラ建設プロジェクトが中国政府からの低金利融資によって着手されており，この返済スケジュールは実現可能と目されている。しかし，残りのより大規模なエネルギー部門のプロジェクトについては資金繰りの見通しが甘い。インフラ建設部門と違い，エネルギー部門は国家開発銀行をはじめとする中国の銀行から融資を受けた中国の独立系発電会社（IPPs）が担っているため，表向きはパキスタン政府の債務はない。しかし，これらのIPPsへの融資の一部はパキスタンの銀行による低金利融資であり，低金利分は政府の補助金によって賄わなければならない。さらに，割高な電力料金を保証することで，これらのIPPsのROE（自己資本利益率）を27～35％と通常の2倍近くに保証しているが，電力料金の引き上げは政治的に難しい問題であり続けてきたため，政府がこれらの保証を実行できるかは定かでない。仮に電力料金の引き上げを消費者に負担させることができなければ，差額を政府の補助金によって埋め合わせることになろう。

　資金繰りに関連して，国際収支上も大きな懸念事項がある。前述したように2016/17年度は貿易収支赤字および経常収支赤字が大幅に拡大した。これは，輸出産業が伸び悩んでいることが一因ではあるが，最大の要因は，CPECのもとエネルギー部門およびインフラ建設部門において，機械輸入——それもほぼ中国からの——が激増したからである。政府は，経常収支赤字は外国直接投資（FDI）で埋め合わせることを期待していたようだが，中国からの純FDIの規模は輸入に比べて小さいほか（図1），エネルギー部門への純FDIは減っている（対前年度比31.4％減）。前述のIPPsの自己資本比率は25％にとどまっており，FDIではなく，中国の銀行からこれらのIPPsへの融資というかたちで間接的に資金は流入しているはずだが，これらは中国国内のやりとりでパキスタンの統計に上がらないため不明なままである。

　CPECが国益に果たす役割が不透明ななか，国内主要英字新聞『ドーン』紙が5月15日，「CPECに関する長期的な計画」と題して，エネルギーやインフラ建設プロジェクトの陰で中国は農業部門も重視している旨を報じた。記事によると，中国政府は，中国人がパキスタンの農地をリース契約し，農産物加工などサプライチェーンの一部に投資することを促進していく計画だという。また記事の内容については，中国の国家発展改革委員会や国家開発銀行の裏付けをとったという。この報道内容に対し，CPECを管轄するアフサン・イクバール計画・開発相が即

図1　パキスタン経済における中国の位置づけ

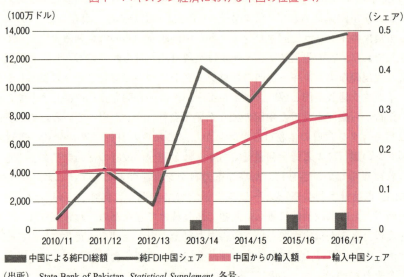

（出所）　State Bank of Pakistan, *Statistical Supplement*, 各号。

座に否定した。連邦議会政治家の多くが地元では大地主を兼ねており，選挙では農民からの支持が重要な意味をもち，かつ2018年に総選挙を控えるパキスタンにおいて，農業とりわけ農地取引は政治的に非常にセンシティブな事柄であり，即座の否定は驚きには値しない。確かにリースのみならず外国人による農地取得ということになれば，大きな問題となるだろうが，製造業とりわけ輸出産業の多様化やFDIの誘致が必要とされるパキスタンにとっては，CPECがエネルギーやインフラ建設以外のプロジェクトに投資することは，むしろ歓迎すべきだろう。

電力不足問題

電力不足の解消を公約に大々的に掲げ，それに対する有権者の期待を受けて2013年の総選挙に大勝利し，3度目の返り咲きを果たしたシャリーフ首相だったが，2017年になっても電力不足の解消には至っていない。2013年以前と比べれば，人々の間に電力事情は改善しているとの生活実感があるようだが，電力不足の解消とは程遠く，経済成長の足かせになっていることは否めない。ADBの試算によると，電力不足がパキスタンのGDP成長率を2ポイント下げているという。

気温が上昇する4月の中旬から電力事情は悪化しはじめ，電力は35％の超過需

要になった。都市部では1日に8～10時間，農村部では1日に16時間の停電が常態化した。5月27日と29日，カラチで大規模な停電が起こり，抗議デモに発展した。カラチは，パキスタンの他地域に比べ，これまで電力供給は比較的安定していた。これは，発電と送・配電が民営のKエレクトリック社（前身はカラチ電力供給公社）へ移管され，経営が効率化されたからだといわれてきた。しかし，5月の熱波による気温の上昇とエアコン需要に供給が追い付かなかったのだろう。31日，パキスタン電力規制庁（NEPRA）はKエレクトリック社に対して調査を開始した。

電力不足解消に期待されているのがCPEC傘下のエネルギー部門のプロジェクトである。合わせて300億ドル以上の融資規模をもつ20以上のプロジェクトにより，2018年の総選挙までには，8000～1万MWの追加電力を供給できると試算され喧伝されている。しかし，電気供給量を増やすだけでは，根本的な解決にはならないだろう。とりわけ非効率な国営の送・配電会社の財政とガバナンス面における改革を実行しないかぎり，電力不足は続くと思われる。

2013年から始まったIMFによるEFFの融資条件を満たすため，エネルギー部門でもさまざまな改革がなされてきた。送・配電ロスの削減，補助金の削減，適正な電力料金の維持などである。しかし2016年9月にEFFが終了したと同時に，電力料金は低く設定され，サーキュラーデット（循環債務）は膨らみはじめた。8月3日，パキスタン随一の経済紙である『ビジネスリコーダー』紙は，サーキュラーデットが8500億ルピーに上ったことを報道した。サーキュラーデットの原因は，IMFによれば，電力料金が適正価格でないことにある。電力料金が低く設定され，発電コストと電力料金との間の差額は政府が補助することになっているが，その補助金の支払いが遅延している。サーキュラーデットが積み重なると，送・配電会社が発電会社から電力を購入することができず，電力供給不足となる，というロジックである。しかし，パキスタンの電力料金が南アジア地域で一番高いことを考慮すると，発電が効率的でないことが根本的な原因とも考えられる。

他方で環境の悪化も懸念される。石炭火力発電がCPEC傘下のエネルギー部門プロジェクトの75％を占めるからである。前述したサヒワール石炭火力発電所やカースィム港石炭火力発電所が発電を開始したほか，3月21日に着工式が行われたバロチスタン州のハブ石炭火力発電所も，完成すれば前2者と同程度の発電容量をもつ予定である。パキスタンにとって石炭のメリットは，単独では世界最大規模の石炭埋蔵量を誇るタール砂漠に頼ることで，現在のところ輸入の20％を

占め経常収支赤字の元凶である石油輸入に頼らなくてよいことである。環境へ配慮して，水力や風力発電プロジェクトへの期待も高まっている。　　　　　　　（牧野）

対 外 関 係

対中国関係

　5月14日，シャリーフ首相は，北京で開催された一帯一路国際フォーラムに出席し，CPECイニシアティブはどんな国にも開かれており，政治化されるべきではない，相互の違いは避け，平和的で，相互に結びつき関心をもち合う隣国関係を構築したい，などと演説し，13日には習近平国家首席とも会談した。

　また，6月8～9日，アスタナで開催されたSCO首脳会議で，パキスタンはインドとともに，正式な加盟国として承認された。これに際してシャリーフ首相は，パキスタンが平和的な近隣国関係を構築すべく政策を進める，そしてSCOは拡大することで真の大陸横断的な組織になったと述べた。パキスタンと中国，あるいはロシアとの関係は安定的に強化されている。

　その一方で，国内政治の項で述べたようなバロチスタンの状況ばかりでなく，都市部において中国人が飲酒などパキスタンの社会習慣に反する行為を公然と行う姿への市民の反発もある。今後，中国の存在感が市民レベルでも増していくに従って，中国人との間に摩擦が起こる可能性は否定できない。政府の親中国政策が国民感情と齟齬をきたさないように実行されていくのか，注目する必要がある。

対インド関係

　インドとの関係は改善の兆しがなく不安定な状態が続いている。1月に，パキスタンは核弾頭搭載可能な地対地弾道ミサイル実験に成功したが，いつものように抑止力としての開発であることを強調している。2月10日，ナーフィス・ザカリヤ外務省報道官は，2016年7月以来のインド側カシミールにおけるインド治安当局の残虐行為を批判するとともに，インドのいわゆる「コールド・スタート・ドクトリン」について懸念を表明し，国際社会に対して，インドの通常兵器，核兵器の増強を監視することを求めた。コールド・スタートとは，仮にパキスタンが支援していると思われるテロ組織がインドでテロを行った場合，直ちに限定的にパキスタンへの攻撃を開始するのに十分な戦力を国境に配置する，という戦略である。この戦略はパキスタンに核使用を決意させる可能性が低く，テロ組織支

援のリスクを認識させる効果があるとインドは考えている。

南アジア地域協力連合（SAARC）にも，印パの関係悪化の影響が出ている。2月に次期 SAARC 事務総長候補者のパキスタン人アムジャド・フセイン・シアルについて，インドが難色を示した。結局シアルは3月1日に同事務総長に就任したものの，事務総長任命について加盟国間で意見が対立するのは設立以来初であるという。さらに5月5日，インドが主導してSAARCとして人工衛星を打ち上げる計画から，パキスタンは離脱を表明した。ザカリヤ外務省報道官によると，2014年の第18回 SAARC 首脳会議において，インドは加盟国に衛星を贈呈すると提案したが，実はSAARCの名で登録しながら建設も打ち上げも運営もインドだけで行おうとしており，そのような計画にパキスタンは関与できないとしている。

9月5日に BRICS 首脳会議で習近平国家主席とモディ印首相が会談し，その後出された共同宣言には，パキスタンを拠点とするテロ組織がインドでテロを行なっている，との批判が盛り込まれた。中国との共同宣言で，間接的にパキスタンを批判する内容を入れたことは，インドにとってはパキスタンを強くけん制する意味があったと考えられる。しかし，王毅外相は8月22日にパキスタンの外務次官にたいし「テロとの戦いでのパキスタンの努力を国際社会は認めるべきだ」と述べている。中国から見れば，単にテロ組織を批判しているのであって，パキスタン政府を批判する意図はないということで，中印の認識の食い違いが見える。

一方，6月にインド，パキスタンが揃ってSCOの正式メンバーとして認められた。12月にはロシア，インド，中国の外相が会談し，ロシアはインドに一帯一路へ入るよう勧めたという。こうした南アジアを越えた多国間関係が活発化，緊密化するなかで，印パの緊張緩和の契機が見い出されるか注目される。

対アフガニスタン関係

アフガニスタンにおける IS 勢力拡大は，パキスタン国内にも脅威となった。年明けから相次いだ国内のテロに加え，アフガニスタン国内のテロリストたちがパキスタンへの攻撃のための勢力再編に動いているとの判断に基づいて，パキスタン軍は2月17日，アフガニスタンとの国境を封鎖すると発表した。これはセへワンの聖者廟でのテロの翌日にあたる。この国境封鎖は軍の判断で急遽実行されたが，その結果パキスタンからアフガニスタンへの物資の輸送が途絶え，アフガニスタンでは物資が不足し価格が高騰するとともに強い反パキスタン世論が高まったという。これを受けて，パキスタンのサルタージ・アジーズ外交問題首相

顧問と，アフガニスタンのハニーフ・アトマル国家安全保障顧問がロンドンで会談し，国境封鎖は経済にも市民生活にも不利益が大きいとの判断で合意し，3月20日に封鎖は解除された。パキスタン政府は，国境再開に際してアフガニスタン政府に，国境付近を聖域化しつつあるテロリストに対して，強く対処することを求めた由である。

6月10日，カザフスタンのアスタナで開催されたSCOの首脳会談の機会に，シャリーフ首相とアフガニスタンのアシュラフ・ガニー大統領が会談し，テロ防止活動検証メカニズム構築で合意した。これは，一方からある過激派グループについての何らかの指摘があれば，他方はこれを検証しなければならないというもので，長年アフガニスタンがパキスタンのテロ防止活動に疑念をもち，要求してきたメカニズムである。実効性のある合意になれば，信頼醸成の一助となろう。

2016年1月から始まった和平・和解プロセスにかかわる4者調整協議（アフガニスタン，パキスタン，米，中）は，同5月21日にターリバーンのマンスール師がアメリカの無人機攻撃によりバロチスタンで死亡したことをきっかけに停滞している。2017年10月，1年半ぶりにマスカットで開催されたものの共同宣言発表には至らず，アフガニスタンとの信頼関係構築は困難を含みつつ模索が続いている。

対アメリカ関係

パキスタンのテロ対策は，アメリカからのプレッシャーが高まることへの反発から変化を遂げつつある。アメリカはたびたびパキスタンのテロ対策を不十分と指弾しているが，8月にトランプ大統領がアフガニスタンへの新戦略を発表する演説のなかで，「テロリストを国内に隠している」などと改めてパキスタンを非難したことに対して，「パキスタンは何年もアメリカやアフガニスタンと平和実現に向けて協力してきた」と強く反発した。アーシフ外相は8月28日に，アメリカに抗議の意思を示すため，要人のアメリカ訪問を一時停止すると表明し，下旬に予定されていたアメリカ国務省高官のパキスタン訪問も延期された。

10月23〜26日，アメリカのティラーソン国務長官がアフガニスタン，パキスタン，インドを歴訪した。ティラーソンがアフガニスタンで，「パキスタンは，自国内で安全に隠れている多数のテログループの存在を直視し，実情に向き合うべきだ」などと発言したが，パキスタン上院のラーザ・ラッバーニー議長は，これに強く反発した。また25日には上院でハージャー・アーシフ外相が，75人の指名

手配者のリストをティラーソンから手交されたことを明らかにし，リストに挙げられた多くはすでに死亡しており，生きている人物もアフガニスタン諸州に残るターリバーン政権の亡霊である，その筆頭はハッカーニーであり，パキスタン人はリストに含まれていないなどと述べた。パキスタンはアメリカに屈服することはないし，主権にかかわる妥協はしない，アメリカがアフガンで(テロ撲滅に)失敗していることをパキスタンのせいにされるいわれはない，とも主張した。

　アメリカとの批判合戦が続く一方で，中国やロシアとの地域的な結びつきの強化やCPECの進展に伴って，パキスタンの治安政策に，アメリカを度外視した新しい原則や優先順位という考えが生まれてくる可能性も否定できない。(井上)

2018年の課題

　内政では，下院選挙に向けた与野党の動きが注目される。海外蓄財をめぐる疑惑のある政治家は多く，選挙でどの程度この問題が影響するかは不透明である。ナワーズ・シャリーフが立候補するのか，後継者を立てるのか。PPPのビラーワル・ブットーは総裁として自立できるのか。イムラン・ハーンは野党全体を引っ張るリーダーシップを発揮できるのか。有力な政治家の姿は見えにくいが，いずれにしても軍との摩擦を避ける必要があるということが，与野党の政治家に自己規制を促し，逆説的ながら，民主化へのステップを担保しているようにも見える。

　2018年もCPEC事業がパキスタン経済の注目を集め続け，その楽観的ムードのなかで経済は全体的に活況だろう。相変わらず輸入増が見込まれるなか，経常収支赤字の改善に向けた具体策(「アーサーン送金口座」など)に効果が見られるだろうか。エネルギー部門のプロジェクトが予定どおり進み，2018年総選挙までとされる電力不足解消が達成されるのだろうか。一方で，2017/18年度予算案で発表された財政赤字目標の対GDP比4.1％は，総選挙に絡んで達成が難しいと思われる。

　対外関係では，対中国関係の一層の深化とともに国内世論の動向も注視したい。一方，対米関係がこのまま冷え込んで，パキスタンの安全保障政策の考え方が変化するまでに至るのか，重要な論点となろう。またインドやアフガニスタンとの関係は，2国間では困難に直面しているが，SCOなどの多国間の結びつきのなかで改善の機運が出てくるか注目される。

(井上：就実大学教授)
(牧野：地域研究センター)

重要日誌　パキスタン　2017年

1月2日▶統計局はアーザード・ジャンムー・カシミール（AJK），ギルギット・バルティスタン，連邦直轄部族地域（FATA）を含む全国で，国勢調査の実施を発表。

4日▶イムラン・ハーンらによりナワーズ・シャリーフ首相に対して起こされていた裁判の審理開始。

7日▶2015年の憲法第21次修正に基づいて設置されていた軍事法廷が期限を迎えたが，延長せず。

8日▶ラホール高裁，国勢調査でトランスジェンダーを選択肢に加える判決。

9日▶軍，潜水艦発射巡航ミサイル「バーブル3」発射実験に初成功と発表。

10日▶シャリーフ首相，1800億ルピーの輸出業者救済パッケージを発表。主に繊維製造業者向けの輸入関税免除や払い戻しなど。

21日▶FATA パラチナールの野菜市場で爆弾が爆発。27人死亡，87人負傷。パキスタン・ターリバーン運動（TTP）が犯行声明。

24日▶軍，核弾頭搭載可能な地対地弾道ミサイル「アバビール」発射実験に初成功と発表。

30日▶不正取締裁判所（National Accountability Court），イスハク・ダール財務相に逮捕状発行。汚職と不正蓄財が理由。

2月2日▶南アジア地域協力連合（SAARC）の新事務局長候補，パキスタン人アムジャド・フセイン・シアルについて，インドが手続き上の問題を理由に難色を示す。

3日▶バジュワ陸軍参謀長，インドがカシミール人に対して残虐な行為を行っていると批判。

8日▶中国からの鉄製品（亜鉛メッキ鉄板とコイル）の輸入に関し，アンチダンピング税6～41％を課税。

10日▶ザカリヤ外務報道官，インドの「コールド・スタート・ドクトリン」を批判。

16日▶シンド州セヘワン・シャリーフの聖者廟ラール・シャハバーズ・カランダールで爆弾が爆発。死者88人，負傷者250人以上。IS（「イスラーム国」）が犯行声明。

17日▶軍，全国でテロリストの一斉検挙を行い，24時間で100人を超えるテロリストを殺害したと発表。

▶軍，アフガニスタン国境の封鎖を実施。

21日▶ハイバル・パフトゥーンハー（KP）州チャールサッダで裁判所が武装集団に襲撃され7人死亡。

22日▶軍，全土で新たに対テロ作戦「ラッダル・ファサード」を実施すると発表。

23日▶ラホールの市場で爆弾爆発，少なくとも8人死亡，35人負傷。犯行声明なし。

3月1日▶内務省，連邦捜査局にバロチスタン共和党のブラハムダグ・ブグティへの逮捕状発行を指示。

▶第13回経済協力機構（ECO）首脳会議開催（イスラマバード）。パキスタンが議長国に。

2日▶シャハバーズ・シャリーフ・パンジャーブ州首相，「キッサーン・プログラム」によって，小農60万人が総額1000億ルピーの無利子貸し付けの受益者となることを発表。

3日▶トルクメニスタン＝アフガニスタン＝パキスタン＝インド（TAPI）ガスパイプライン敷設工事着工式。

9日▶アメリカ，同盟支援資金（CSF）としてパキスタンに5.5億ドルを供与。

15日▶第6回国勢調査が始まる。19年ぶりの実施。5月25日，完了。

16日▶バジュワ陸軍参謀長，中国訪問（～18日）。

20日▶シャリーフ首相，アフガニスタン国

境の封鎖を解除。

21日▶中パ経済回廊（CPEC）事業バロチスタン州ハブ石炭火力発電所の着工式。中国電力国際が出資。

31日▶FATAパラチナールの市場で自動車に仕掛けられた爆弾が爆発，死者23人，負傷者100人以上。

4月12日▶ムハンマド・ズベイル・シンド州知事，中国政府がCPECの一環で新しく道路建設プロジェクトに合意し，総規模は620億㌦になったと発表。

14日▶モスクワでアフガニスタンの安定化を話し合うロシア主催の政府高官会議開催。アフガニスタン，中国，インド，パキスタン，イラン，中央アジア5カ国の計11カ国の外務次官や政府代表が参加。

17日▶マクマスター米大統領補佐官，来訪。トランプ政権下初の高官来訪。

20日▶最高裁，「パナマ文書」に関し，シャリーフ首相とその親族の課税逃れの疑惑に対し，特別法廷および合同調査チームを設置して徹底的な捜査を行うよう命じる。

22日▶ラーヒル・シャリーフ元陸軍参謀長，イスラーム軍事同盟司令官に就任するためリヤドへ出発。

25日▶FATAクッラムで仕掛け爆弾が爆発，ミニバスの乗客10人が死亡。TTP系ジャマーアトゥル・アフラールがシーア派をねらったと犯行声明。

27日▶アフサン・イクバール開発・計画相，カラチ＝ペシャーワル間鉄道敷設（80億㌦規模）向けのADBからの融資35億㌦を断ることを発表。中国が単独での融資を要望したため。

30日▶FATAパラチナールのシーア派モスク付近で自動車爆弾とみられる爆発があり死者22人以上。

5月5日▶バロチスタンのアフガン国境で両国の治安部隊が銃撃戦になり，市民（パキスタン側9人，アフガニスタン側6人）が犠牲。

7日▶電力の不足が5000〜7000MWに上った。

12日▶シャリーフ首相，訪中。一帯一路国際フォーラム（14〜15日，北京）出席のため。13日，習近平国家主席と会談し，CPECの一環でグワーダル港関連の新たな覚書に調印。

14日▶中央銀行（SBP），中国銀行に営業許可。CPEC事業に関し，中国企業の資金需要に対応するもの。

15日▶『ドーン』紙「CPECに関する長期的な計画」記事を掲載。イクバール計画・開発相，即座に否定。

16日▶モルガン・スタンレー・キャピタル・インターナショナル社（MSCI），パキスタン指数の新興国指数への格上げを確定（6月1日発効）。

24日▶クエッタで中国人留学生2人が誘拐され殺害される。

25日▶ダール財務相，経済白書発表。2016/17年度のGDP成長率は5.3％。

▶CPEC事業のうち最初の大型案件である，パンジャーブ州サヒワール石炭火力発電所1号機の竣工式。7月3日，2号機の竣工式。

26日▶ダール財務相，2017/18年度予算案発表。財政赤字目標は対GDP比4.1％。

27日▶カラチで大規模な停電。29日にも同様の停電が起こり，抗議デモへ発展。31日，パキスタン電力規制庁（NEPRA），Kエレクトリック社に対する調査を開始。

6月8日▶シャリーフ首相，カザフスタン訪問。上海協力機構（SCO）首脳会議（〜9日，アスタナ）出席のため。9日，パキスタンはインドとともにSCOの正式加盟国として承認される。

10日▶シャリーフ首相とアフガニスタンのガニー大統領がアスタナで会談し，テロ防止活動検証のためのメカニズム構築で合意。

15日▶シャリーフ首相，合同調査チームの聴取に出頭。

22日▶中国からの鉄製品（連続鋳造鋼片）の輸入に関し，アンチダンピング税24％を課税。

▶ADB，国営企業改革のため3億ドルの融資を承認。

23日▶パラチナールで64人，ペシャーワルで13人が，爆弾の爆発で死亡。カラチでは警官4人がバイクの男に銃撃されて死亡。

25日▶パンジャーブ州バハワルプルでタンクローリーが横転，炎上。少なくとも218人が巻き添え死亡。7月7日，英蘭系石油大手ロイヤルダッチ・シェルの現地子会社に240万ドルの賠償命令。

30日▶ADB，ペシャーワルのバス交通網整備に対し3.35億ドル融資を承認。

7月2日▶アメリカの議員団（代表マケイン上院議員）がパキスタン訪問。対話を通じてカシミール問題を解決するよう印パに要請。

5日▶軍，核弾頭搭載可能なナスルミサイル改良型の発射実験成功と発表。

6日▶パキスタン有価証券印刷会社が，SBPに1000億ルピで売却されていたことを，『ドーン』紙などが報じる。

10日▶特別法廷，シャリーフ首相の議員資格をめぐって，合同調査チームが調査報告書を最高裁に提出。

12日▶最高裁，イムラン・ハーンにロンドンのアパート購入資金の出所について証明を求める。

16日▶軍，アフガニスタンから国境を越えてパキスタンに入ろうとするISを阻止すべく，ハイバル渓谷で作戦を開始。

21日▶アメリカ，CSF5000億ドルの支払停止を決定。

27日▶ムシャッラフ元大統領が毎日新聞とのインタビューで，2002年に核兵器使用を検討したなどと述べる。

28日▶最高裁，シャリーフ首相に対して議員失格との判決。与党報道官が「首相は失職した」と発表。

8月1日▶下院，シャーヒド・ハーカーン・アバーシー前石油・天然資源相を新首相に選出。

3日▶『ビジネスリコーダー』紙，サーキュラーデットが8500億ルピに上ったと報道。

4日▶アバーシー首相の内閣が発足。

11日▶アバーシー首相，ダール財務相をすべての経済委員会の委員長から外す。首相府の権限強化がねらい。

25日▶国勢調査の結果発表。人口約2億780万人。

26日▶アバーシー首相，アメリカのブルームバーグ通信のインタビューで「アフガン戦争をパキスタンで戦うことは許さない」，トランプ大統領のアフガンに関する新戦略は「うまくいかないだろう」と述べる。

28日▶アーシフ外相，アメリカのパキスタン批判への抗議のため，パキスタン要人のアメリカ訪問を一時停止すると発表。

9月8日▶チャシュマに原子力発電所が開所。国内5基目。

18日▶シャリーフ首相辞任による補欠選挙で，夫人クルスーム・シャリーフが当選。

19日▶ADB，パンジャーブ州中核都市支援のため，2億ドル融資を承認。

22日▶アバーシー首相，国連総会に出席。トランプ米大統領との間で両国の協力継続の必要を確認。

24日▶ラホールで自爆テロ。少なくとも26人死亡。TTPが犯行声明。

28日▶ADB，交通網整備のため1.8億ドル融

資を承認。

29日▶ ADB，送電システム改善のため2.6億㌦融資を承認。

10月1日▶政府，ブラハムダグ・ブグティの逮捕状請求。インターポールへの協力要請を決定。

2日▶ドイツのシーメンス社，国内最大級の発電容量をもつガス電力島（パンジャーブ州ジャング発電所）の建設を受注。同電力島では，中国機械工程がEPC（設計・調達・建設）を請け負う。

5日▶アワイス・レガーリー，水利・電力相に就任。

▶バロチスタン州ファテープルでスーフィー寺院をねらった自爆テロ。少なくとも20人死亡。ISが犯行声明。

8日▶シャーバーズ・シャリーフ・パンジャーブ州首相，オレンジライン・メトロレイン・プロジェクトの1号電車完成を発表。

16日▶マスカットで，アフガニスタンについての4者調整協議再開。共同声明出せず。

21日▶ジャマーアトゥル・アフラールの指導者オマル・ハーリド・ホラーサーニーが10月19日までにアフガニスタンで米軍の無人機攻撃により死亡したと報じられる。

23日▶中国からの鉄製品（棒鋼）の輸入に関し，アンチダンピング税19%を課税。

24日▶ティラーソン米国務長官，来訪。テロとの戦い強化を求める。

26日▶不正取締裁判所，ナワーズ・シャリーフに対し，息子たちがイギリスとサウジアラビアに所有する会社に関する調査に応じないことについて逮捕状を出した。

11月6日▶バジュワ陸軍参謀長，イランを訪問し，ロウハニ大統領と会談，軍事，経済など関係強化への期待を表明。

16日▶アメリカ下院，アフガニスタンにおける対テロ作戦支援の2018年度補償（CSF）として，パキスタンに上限7億㌦まで支出することを決める。

22日▶スイス，ブラハムダグ・ブグティの亡命申請を却下。

▶ラホール高裁，活動禁止組織ラシュカレ・トイバ創始者で派生したジャマーアトゥッ・ダーワ（JuD）最高指導者であり，2008年ムンバイテロの黒幕とされるハーフィズ・ムハンマド・サイードの自宅軟禁解除を決定。

29日▶ CPEC事業であるカラチのカースィム港石炭火力発電所1号機の竣工式。

12月1日▶ペシャーワルで農業訓練校が襲撃される。少なくとも9人死亡。

4日▶マティス米国防長官，初来訪。「アフガンの平和と安定」に関連し利害一致を確認。

6日▶ SBP，パキスタン労働者送金（PRI）と共同で海外労働者送金の簡易化のため，「アーサーン送金口座」を開設。

8日▶ FATAをKP州に併合する改革法案が下院に提出される旨発表される。

9日▶バロチスタンで反政府活動家70人が政府に投降した。

15日▶世銀，パンジャーブ州農業支援のため，3億㌦融資を承認。

18日▶アメリカのトランプ政権，外交政策を発表。パキスタンに核兵器の「信頼できる管理」を証明せよと求める。

19日▶バジュワ陸軍参謀長，上院の委員会で，軍が文民政府を不安定化させることは絶対ないとした。

▶世銀，送電システム改善と財政管理改革のため，合わせて8.25億㌦融資を承認。

26日▶中国，パキスタン，アフガニスタン初の3国外相会議（北京）。CPECをアフガニスタンに拡大することを示唆。

参考資料 パキスタン　2017年

① 国家機構図（2017年12月末現在）

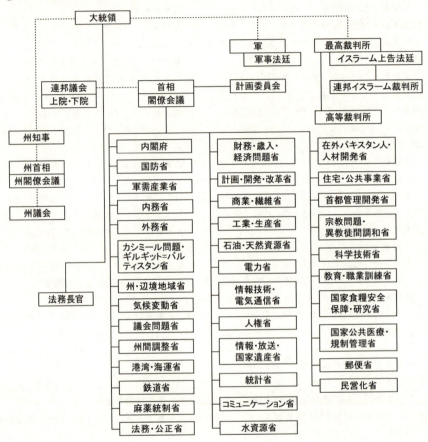

② 政府等主要人物（2017年12月末現在）

1．大統領　　Mamnoon Hussain（PML-N）[1]

2．連邦政府閣内大臣

首相　　　　Shahid Khaqan Abbasi（PML-N）
財務・歳入・経済問題
　　　　　　Muhammad Ishaq Dar（PML-N）
国防　　　　Khurram Dastgir Khan（PML-N）
外務　　　　Khawaja Muhammad Asif（PML-N）
内務兼計画・開発・改革
　　　　　　Ahsan Iqbal（PML-N）
商業・繊維
　　　　　　Muhammad Pervaiz Malik（PML-N）
鉄道　　　　Khawaja Saad Rafiq（PML-N）
宗教問題・異教徒間調和
　　　　　　Sardar Muhammad Yousaf（PML-N）
議会問題　　Sheikh Aftab Ahmed（PML-N）
州・辺境地域
　　Lt. General（Retd.）Abdul Qadir Baloch（PML-N）
コミュニケーション
　　　　　　Hafiz Abdul Kareem（PML-N）
住宅・公共事業
　　　　　　Akram Khan Durrani（JUI-F）[2]
郵便　　　　Maulana Ameer Zaman（JUI-F）
電力　　　　Awais Leghari（PML-N）
工業・生産
　　　　　　Ghulam Murtaza Khan Jatoi（NPP）[3]
港湾・海運
　　　　　　Mir Hasil Khan Bizenjo（PML-N）
水資源　　　Syed Javed Ali Shah（PML-N）
統計　　　　Kamran Michael（PML-N）
教育・職業訓練
　　　　　　Muhammad Baligh Ur Rehman（PML-N）
カシミール問題・ギルギット＝バルティスタン
　　　　　　Muhammad Barjees Tahir（PML-N）
気候変動　　Mushahid Ullah Khan（PML-N）

州間調整　　Riaz Hussain Pirzada（PML-N）
在外パキスタン人・人材開発
　　　　Pir Syed Sadaruddin Shah Rashidi（PML-F）[4]
国家公共医療・規制管理
　　　　　　Saira Afzal Tarar（PML-N）
麻薬統制　　Salahuddin Tirmizi（PML-N）
国家食糧安全保障・研究
　　　　　　Sikandar Hayat Khan Bosan（PML-N）
軍需産業兼科学技術
　　　　　　Rana Tanveer Hussain（PML-N）
法務・公正　Zahid Hamid（PML-N）
民営化　　　Daniyal Aziz（PML-N）
人権　　　　Mumtaz Ahmed Tarar（PML-N）

3．首相顧問（連邦大臣扱い）

政治問題　　　　　　　　Jam Mashooq Ali
国史・文学遺産　　　　　Irfan Siddiqui
航空問題　　Sardar Mehtab Ahmed Khan
IRSA問題　　　　　　　　Jam Mashooq Ali

4．国務大臣

在外パキスタン人・人材開発
　　　　　　Abdul Rehman Khan Kanju（PML-N）
電力　　　　Abid Sher Ali（PML-N）
情報技術・電気通信
　　　　　　Anusha Rahman Ahmad Khan（PML-N）
州間調整　　Darshan Punshi（PML-N）
州・辺境地域　Ghalib Khan（PML-N）
港湾・海運　Chaudhry Jaffar Iqbal（PML-N）
石油　　　　Jam Kamal Khan（PML-N）
情報・放送・国史・国家遺産
　　　　　　Maryam Aurangzeb（PML-N）
議会問題
　　　　　　Mohsin Shahnawaz Ranjha（PML-N）
商業・繊維　Akram Ansari（PML-N）
宗教問題・異教徒間調和
　　　　Pir Muhammad Amin Ul Hasnat Shah（PML-N）

産業・生産　　Arshad Khan Leghari（PML-N）
コミュニケーション
　　　　Muhammad Junaid Anwar Chaudhry（PML-N）
内務　　Muhammad Tallal Chaudry（PML-N）
首都管理開発
　　　　　　　Tariq Fazal Chaudhry（PML-N）
人権　　　　　Usman Ibrahim（PML-N）
食料安全・調査
　　　　　Syed Ayaz Ali Shah Sheerazi（PML-N）
科学技術
　　　　　　Mir Dostain Khan Domki（PML-N）
財務・経済問題
　　　　　　Rana Muhammad Afzal Khan（PML-N）

5．首相特別補佐（国務大臣扱い）
経済問題　　　　　　Mr. Miftah Ismail
制度改革　　　　　　Kh. Zaheer Ahmed
法務　　　　　　　　Zafarullah Khan
メディア問題　　　　Dr. Musadik Malik
政治問題　　　Dr. Syed Asif Saeed Kirman

6．計画委員会
議長　　　　Shahid Khaqan Abbasi 首相
副議長　　　　　　　　　　Sartaj Aziz

7．州知事・州首相
パンジャーブ州知事
　　　　　Muhammad Rafique Rajwana（PML-N）
同州首相
　　　　　Muhammad Shahbaz Sharif（PML-N）
シンド州知事
　　　　　Mohammad Zubair Umar（PML-N）
同州首相　　Syed Murad Ali Shah（PPP）[5]
ハイバル・パフトゥーンハー州知事
　　　　　　Iqbal Zafal Jhagra（PML-N）
同州首相　　　Pervez Khattak（PTI）[6]
バロチスタン州知事
　　　　　Muhammad Khan Achakzai（PkMAP）[7]
同州首相　　Abdul Quddus Bizenjo（PML-N）
ギルギット＝バルティスタン州知事
　　　　　　Mir Ghazanfar Ali Khan（PML-N）
同州首相　　Hafiz Hafiz-ur-Rehman（PML-N）

8．国軍要人
統合参謀本部議長　　Zubair Hayat（陸軍大将）
陸軍参謀長　　Qamar Javed Bajwa（陸軍中将）
海軍参謀長　Zafar Mahmood Abbasi（海軍大将）
空軍参謀長　　　　Sohail Aman（空軍大将）
三軍統合情報局(ISI)長官
　　　　　　　　Naveed Mukhtar（陸軍中将）

9．最高裁判所
長官　　　　　　　　　　　Mian Saqib Nisar

10．法務・検察
法務長官　　　　　　　　　Ashtar Ausaf Ali

11．中央銀行
総裁　　　　　　　　　　　Tariq Bajwa

（注）1）PML-N（Pakistan Muslim League Nawaz）：パキスタン・ムスリム連盟ナワーズ派
2）JUI-F（Jamiat Ulama-e-Islam Fazl）：イスラーム聖職者党ファズル派
3）NPP（National People's Party）：国家人民党
4）PML-F（Pakistan Muslim League Functional）：パキスタン・ムスリム連盟機能派
5）PPP（Pakistan People's Party）：パキスタン人民党
6）PTI（Pakistan Tehreek-e-Insaf）：パキスタン正義運動党
7）PkMAP（Pakhtunkhwa Milli Awami Party）：パフトゥーンハー国家人民党

主要統計 パキスタン 2017年

1 基礎統計[1)]

	2012/13	2013/14	2014/15	2015/16	2016/17
人 口(100万人)	184.35	188.02	191.71	195.40	207.78[2)]
労 働 力 人 口(100万人)	60.35	60.09	61.04	-	-
消費者物価上昇率(%)	7.36	8.62	4.53	2.86	4.15
失 業 率(%)	6.2	6.0	5.9	-	-
為替レート(1ドル=ルピー)	96.73	102.86	101.29	104.24	104.70

(注) 1)会計年度は7月1日〜翌年6月30日。以下，同。人口，労働力人口は毎年6月30日現在の数値，その他は各年度平均値。 2)2017年国勢調査(Population and Housing Census)による暫定値。
(出所) Government of Pakistan, Finance Division, *Economic Survey 2016-17*; Pakistan Bureau of Statistics, *Population and Housing Census 2017*; State Bank of Pakistan, *Statistical Bulletin*, 各号; ILO estimate。

2 支出別国民総生産(名目価格) (単位：100万ルピー)

	2012/13	2013/14	2014/15	2015/16[1)]	2016/17[2)]
消 費 支 出	20,554,949	23,100,132	24,901,474	26,573,679	29,862,040
政 府	2,463,120	2,708,918	3,011,195	3,287,930	3,786,760
民 間	18,091,829	20,391,214	21,890,279	23,285,749	26,075,280
総 固 定 資 本 形 成	2,990,126	3,280,822	3,871,396	4,061,104	4,517,037
在 庫 増 減	358,171	402,701	439,088	465,642	509,795
財・サービス輸出	2,972,178	3,081,312	2,910,171	2,659,178	2,641,622
財・サービス輸入	4,489,767	4,696,162	4,679,107	4,656,916	5,668,326
国 内 総 生 産(GDP)	22,385,657	25,168,805	27,443,022	29,102,629	31,862,168
海 外 純 要 素 所 得	1,161,607	1,428,227	1,674,811	1,784,118	1,772,244
国 民 総 生 産(GNP)	23,547,264	26,597,032	29,117,833	30,886,747	33,634,412

(注) 1)修正値。 2)暫定値。
(出所) Government of Pakistan, Finance Division, *Economic Survey 2016-17*.

3 産業別国内総生産(要素費用表示 2005/06年度価格) (単位：100万ルピー)

	2012/13	2013/14	2014/15	2015/16[1)]	2016/17[2)]
農業・漁業・林業	2,103,600	2,156,117	2,202,043	2,208,087	2,284,561
鉱 業 ・ 採 石	294,727	298,856	313,707	335,241	339,747
製 造 業	1,313,365	1,387,556	1,441,461	1,494,169	1,572,948
建 設 業	225,840	239,310	256,685	294,154	320,769
電 気 ・ ガ ス	165,275	164,054	186,174	201,873	208,732
運 輸 ・ 通 信	1,304,697	1,355,570	1,424,255	1,492,876	1,551,714
卸 売 ・ 小 売	1,808,124	1,894,410	1,943,612	2,026,307	2,164,404
金融・保険・不動産	966,934	1,006,521	1,054,122	1,103,316	1,171,479
行 政 ・ 国 防	703,717	723,823	758,746	832,505	890,047
社会・地域サービス	932,776	990,839	1,050,844	1,122,135	1,192,560
国 内 総 生 産(GDP)	9,819,055	10,217,056	10,631,649	11,110,663	11,696,961
G D P 成 長 率(%)	3.68	4.05	4.06	4.51	5.28

(注) 1)修正値。 2)暫定値。
(出所) 表2に同じ。

2017年　主要統計

4　国・地域別貿易[1]

(単位：100万ドル)

	2013/14		2014/15		2015/16		2016/17	
	輸出	輸入	輸出	輸入	輸出	輸入	輸出	輸入
北　ア　メ　リ　カ	3,946	1,945	3,925	2,213	3,718	2,416	3,680	3,293
ア　　メ　　リ　　カ	3,712	1,747	3,697	1,783	3,501	1,777	3,449	2,558
ヨ　ー　ロ　ッ　パ	7,211	5,625	7,144	5,809	6,949	5,988	7,188	6,555
イ　　ギ　　リ　　ス	1,572	592	1,582	604	1,580	622	1,558	680
ア　　ジ　　ア	11,286	35,568	10,138	35,147	7,968	32,895	7,555	39,582
中　　　　国	2,418	7,726	2,169	10,395	1,670	12,099	1,469	15,132
日　　　　本	199	1,784	182	1,685	176	1,825	173	2,077
サ ウ ジ ア ラ ビ ア	496	4,466	450	3,596	417	2,107	341	2,175
U　　A　　E	1,740	7,370	1,016	6,729	821	5,497	793	7,397
そ　の　他　の　地　域	2,667	1,935	2,460	2,657	2,152	3,386	1,999	3,480
合　　　　　計[1]	25,110	45,073	23,667	45,826	20,787	44,685	20,422	52,910

(注)　1) 再輸出／輸入を除く。
(出所)　State Bank of Pakistan, *Statistical Bulletin*, 各号。関税統計ベース。

5　国際収支

(単位：100万ドル)

	2012/13	2013/14	2014/15	2015/16	2016/17[1]
経　　常　　収　　支	-2,496	-3,130	-2,795	-4,867	-12,439
貿　　易　　収　　支	-16,919	-19,240	-20,237	-22,689	-30,859
財・サービス輸出	31,526	30,423	29,968	27,431	27,458
財・サービス輸入	48,445	49,663	50,205	50,120	58,317
所　　得　　収　　支	-3,669	-3,955	-4,599	-5,347	-5,039
移　　転　　収　　支	18,092	20,065	22,041	23,169	23,459
資　本　金　融　収　支	2,805	3,552	2,803	4,411	12,261
直　　接　　投　　資	1,258	1,572	915	2,286	2,630
証　　券　　投　　資	26	2,762	1,886	-429	-235
そ　　の　　他	-3,009	2,503	4,597	7,215	8,022
外　貨　準　備　増　減（−増）	4,530	-3,285	-4,595	-4,661	1,844
誤　　差　　脱　　漏	-309	-422	-8	456	178

(注)　1) 暫定値。
(出所)　State Bank of Pakistan, *Statistical Bulletin*, 各号。銀行統計ベース。

6　国家財政

(単位：10億ルピー)

	2012/13	2013/14	2014/15	2015/16	2016/17[1]
連 邦 政 府・全 4 州 総 財 源	2,982.4	3,637.3	3,931.0	4,447.0	4,936.7
連 邦 政 府・全 4 州 総 支 出	4,816.3	5,026.0	5,387.8	5,796.3	6,800.5
連邦政府・全4州財政赤字総計	1,833.9	1,388.7	1,456.8	1,349.3	1,863.8
赤　字　補　填　手　段					
海　　外　　借　　入	-1.7	511.7	181.0	370.5	541.4
国　内　非　銀　行　借　入	378.0	553.3	366.1	191.8	276.6
国　内　銀　行　借　入	1,457.5	323.7	892.1	787.0	1,045.8
民　　営　　　　　化	0.0	0.0	17.5	0.0	0.0

(注)　1) 暫定値。
(出所)　State Bank of Pakistan, *Statistical Bulletin*, 各号。

2017年の アフガニスタン

アフガニスタン・イスラーム共和国		政体	イスラーム共和国体制，挙国一致政府
面積	65万2230km²	元首	アシュラフ・ガニー大統領
人口	3412万人(2017年7月推計，アメリカCIA)		アブドゥッラー・アブドゥッラー行政長官
首都	カーブル	通貨	アフガニー(1米ドル=69.49アフガニー，
言語	ダリー語，パシュトー語，その他		2018年2月20日現在)
宗教	イスラーム教	会計年度	3月21日～3月20日(アフガン暦)

2017年のアフガニスタン

ターリバーンによる攻勢拡大と
「南アジア新戦略」の発表

登利谷　正人
(とりや　まさと)

概　況

　2017年は前年から続くターリバーンやIS(「イスラーム国」)による攻勢が激化し，安全管理がきわめて厳しい施設などへの攻撃が相次いだ。1月10日のカンダハール州知事公邸爆弾テロを皮切りに，3月8日のカーブルの軍病院襲撃テロ，そしてカーブル市内でもっとも警備厳重な大使館が集まる地区において5月31日に発生した大規模自動車爆弾テロ事件は政府の治安維持能力の欠如を内外に示す事案となり，挙国一致政府の求心力は急激に低下することとなった。また，ターリバーンやISによる軍・警察・政府関連施設を標的にした組織的攻撃が相次ぐようになり，国軍や警察関係者の間での犠牲者は増加の一途をたどっている。
　アフガニスタンの不安定化がさらに進行するなかで，ロシアや上海協力機構(SCO)，イスラーム協力機構(OIC)などが主導する多様な和平協議の場が設けられた。一方，挙国一致政府の内部対立はさらに軋轢を増し，事実上トルコに亡命したドスタム第一副大統領，ヌール・バルフ州知事，モハッケク第二行政副長官の三者が合同で「アフガニスタン救済連合」の結成を宣言し，ガニー大統領との対決姿勢を鮮明にした。6月22日には長期間延期されてきた国会・地方議会の選挙が2018年7月7日に実施されることが独立選挙委員会(IEC)によって発表されたが，予定どおりに選挙を実施することはきわめて困難な情勢である。
　8月21日にはアメリカのトランプ政権が「南アジア新戦略」を発表した。その内容は，駐留米軍増派，およびパキスタンに対して自国領内に存在するテロリストへの断固とした姿勢を強く促すものであった。また，パキスタンやイランからの難民の大量帰還が続くとともに，2017年は社会と経済の不安定化により全土でケシ栽培が急増した。対外関係においては，治安・国境・テロなどあらゆる側面からパキスタンとの相互の敵対感情はピークに達しつつあるが，両国間，および周辺国の仲介による緊張緩和の動きもみられた。

国内政治

強まるターリバーンの攻勢とテロ被害の拡大

2014年末の国際治安支援部隊 (ISAF) 撤退以後, とくに顕著となっているターリバーンやISの攻勢とその脅威は2017年に入りより強まった。すでに1月10日にはターリバーンはカーブルで議会事務局を標的とした自爆テロ攻撃を敢行し37人の犠牲者を出した。同日カンダハール州知事公邸内部での爆弾テロ事件も発生し11人以上が死亡する事態となった。このテロではアラブ首長国連邦 (UAE) 大使を含む外交官と州知事なども負傷し, 翌月16日に大使はこの時の負傷により死亡した。1月18日にターリバーンはUAE政府に対して関与を否定する声明を発しているため, 犯人は不明である。ISによるテロも多発し, 2月7日には最高裁近くで20人以上が死亡するテロ事件を引き起こした。3月8日のカーブル中心部に位置するサルダール・ダーウード・ハーン軍病院に対する襲撃事件はとくに安全対策に万全を期していた軍病院施設に対して, 武装勢力が病院関係者による内部手引きを得るなど周到に計画された可能性が高く, 49人以上が死亡し63人が負傷する甚大な被害をもたらした。さらに4月11日には国防省付近でも自爆テロを実行するなど, セキュリティの厳しい政府や軍, 外国関連施設などに対するテロを容易に実行するほど攻撃手段の高度化が顕著となっている。さらに衝撃的な事件が, 5月31日のカーブル市内の大使館が集中するもっともセキュリティの厳しい地区における車両を用いた大規模爆弾テロの発生である。このテロは150人以上死亡, 430人以上負傷の大惨事をもたらし, 日本大使館やドイツ大使館など付近の大使館にも被害が出た。IS, ターリバーンともに犯行声明は出しておらず, 犯人は不明であるが, 政府の治安維持能力に対して不満が爆発する結果を招き, 6月2日には1000人規模の反政府デモが発生し, 警察との衝突で市民8人が犠牲となった。この8人には政府高官の息子が含まれていたが, 翌日アブドゥッラー行政長官やラッバーニー外相代理も参列する葬列に対して連続爆弾テロが発生し, 参列者10人以上が死亡するという事件まで発生した。このように, テロが連鎖的に発生するほどに治安悪化は深刻化している。

ISに対しては, 政府や米軍・NATO軍を中核とする「確固たる支援任務」(Resolute Support Mission) に従事する駐留外国部隊が連携しつつ対処にあたり, 東部ナンガルハール州のIS拠点に対する空爆を含めた攻勢が強化された。4月

ターリバーンによる攻勢拡大と「南アジア新戦略」の発表

12日には米軍機が通常兵器では最大級の破壊力を有する大規模爆風爆弾兵器(MOAB)を投下し、IS戦闘員94人以上を殺害したが、大量破壊兵器を自国領内で使用したアメリカに対してはカルザイ前大統領などからも強い反発が見られた。アフガニスタン・パキスタン地域を含むIS「ホラーサーン州」最初の指導者であったハーフェズ・サイィド・ハーンは2016年7月に殺害され、2017年には4月と7月に次々と後継となった指導者らも殺害されており、ISが軍事的圧力を多大に受けていることは疑いない。ただ、シリア・イラク方面から流入したとみられるIS戦闘員も確認されており、東部や北部を中心にISは一定の勢力を保ち続けている。12月には国家安全保障局(NDS)に対する2件のテロ攻撃を実行し、同月28日にはカーブルのシーア派文化センターの入るビルに爆弾テロ攻撃を実行し、41人以上死亡、80人以上が負傷するという事態を引き起こしていることからも、ISの脅威は無視できないといえる。

和平に向けた国際的協議枠組みの多様化とアメリカの「南アジア新戦略」

　ターリバーンへの対応をめぐってさまざまな変化がみられた。2016年5月のターリバーンの前指導者アフタル・マンスール殺害以降、和平協議のための枠組みであったアメリカ・アフガニスタン・パキスタン・中国による4者調整協議は中断を余儀なくされたが、約1年半ぶりとなる10月16日にオマーンで再度開催された。その一方で、他の枠組みによる和平プロセスの模索も始まっている。すでに2016年12月27日にはロシア主導によるアフガニスタン和平協議がモスクワで開催された(以下、「モスクワ和平協議」)。年が明けて2017年2月15日には第2回モスクワ和平協議が開催され、前回の参加国であったロシア、中国、パキスタンの3カ国に加え当事者であるアフガニスタン、インド、イランを加えた計6カ国が参加した。さらに、4月14日には第3回モスクワ和平協議が開催され、前回出席の6カ国に加えて中央アジア諸国の外交担当者も出席した。しかし、一連のロシアによるターリバーンとの和平交渉仲介の積極的な姿勢はロシアの影響力拡大を懸念するアメリカ側の疑念を招くこととなり、4月24日にトランプ政権閣僚として初めてマティス米国防長官がアフガニスタンを訪問した際にはニコルソン駐留米軍司令官がロシアによるターリバーンへの武器供与疑惑について公言する事態も生じている。このため、アメリカは前述の第3回モスクワ和平協議を欠席した。

　2017年に入ってからの新たな枠組みとして、OIC主催によって2月27日にサウジアラビアのジェッダで開催された会合とSCOによる協議枠組み再開が挙げら

れる。6月8日と9日にカザフスタンのアスタナで開催された第17回SCO首脳会合では7年ぶりにアフガニスタン問題の協議枠組み再開で合意し，10月11日にロシア外務省主催によりモスクワでSCOアフガニスタン和平に関する国際会合が開催された。参加国はSCO加盟国に加えて，オブザーバーの地位にあるアフガニスタンからも代表団が参加した。すでに次回会合が2018年に中国主催で開催される予定で，今後のSCOによる関与のあり方についても注目される。12月1日にはアゼルバイジャンのバクーで第7回「イスタンブール・プロセス・アジア中核国会議」首脳級会合も開催され，アフガニスタン問題について議論が交わされた。このような新たな国際的協議枠組みの多角化は，アフガニスタン情勢の悪化に歯止めをかけようとする各国の危機感の表れともいえる。

　国内に目を転じると，前年政府との和平協定に合意したイスラーム党のヘクマティヤールが5月4日，約20年ぶりにカーブルに帰還したが，彼は一貫してターリバーンと政府との仲介役を担う考えを公言している。12月10日にホースト州で開催した数千人を集めての政治集会においては，テロ組織と認識されているハッカーニー・ネットワークも含めた和平協議実施と，ターリバーンへの投票権付与についても言及している。さらに年の瀬の迫る12月27日には高等和平協議会（HPC）主催により，全34州から700人以上の宗教関係者を招集した会議が開催され，ターリバーンへ和平協議に参画するように強く求める決議が発表された。

　2017年にはターリバーンはもともとの地盤である南部のみならず北部，中部，東部など全土の政府関連施設や軍基地，警察施設などへ組織的攻撃を繰り返し，戦闘は恒常的なものとなっていった。このようななか，8月21日アメリカによる「南アジア新戦略」がトランプ大統領により発表された。その骨子はアメリカによるアフガニスタンへの関与継続と駐留部隊の増派，さらにはパキスタンに対し厳しい対応を迫るものであったが，この直後ターリバーン報道官がアメリカとの対決姿勢を鮮明にした。従来からターリバーンは和平交渉の前提条件として駐留外国部隊の完全撤退を要求する一方，アメリカはターリバーンの武装解除を求めているため，両者の主張は平行線をたどり状況は変化していない。9月18日にマティス米国防長官が3000人の兵員増派を明言し11月17日にこの増派兵員の配備が完了したことで，駐留米軍兵員数は合計で約1万4000人となった。NATOも11月8・9日に国防相会合を実施し，3000人の増派を決定し合計1万6000人のNATO軍駐留が決定された。

ターリバーンによる攻勢拡大と「南アジア新戦略」の発表

挙国一致政府内の対立激化と危ぶまれる選挙実施

アメリカの仲介の下，ガニー大統領とアブドゥッラー行政長官との政治的合意に基づいて成立した現在の挙国一致政府であるが，2016年9月末に合意期限切れとなり，すでに2015年6月の段階で国会議員，および地方議会議員の任期切れとなっており，統治の正統性に重大な疑義が生じるなかで2017年を迎えることとなった。大統領と行政長官，さらには議会や他の政治勢力などの間での権力闘争が表面化する状況が継続している。2017年1月第1週目にはマザーリ・シャリーフを州都とするバルフ州を地盤とし，同州の知事職にあったアター・モハンマド・ヌールとガニー大統領が会談した。ヌールはタジク人主体のイスラーム協会指導部の一員であることから，ガニー大統領はアブドゥッラー行政長官も所属する同協会の影響力削減を意図しヌールに代わる新バルフ州知事の任命を企図したが，ヌールは知事職に留まり続けたため両者の間で対立関係が生じていた。しかし，年頭の会談以降ヌールはこれまでの態度を一変させガニー大統領に急速に接近していった。州知事は大統領により任命されるが，ヌールは長期間知事職を務めたため，その政治的権力が中央にとって無視できないものであった。そのため，州知事としての公認を取り消されたが，その後も事実上州知事職に留まり続けていた。しかし，大統領との関係改善により，2月20日の大統領令によりヌールがバルフ州知事に正式任命されたと地方行政独立局が発表した。

一方，ガニー大統領当選に貢献し第一副大統領に起用されたウズベク人が主体であるイスラーム国民運動党の指導者ドスタムは，2016年11月のアフマド・イシュチー元ジョウズジャーン州知事に対する暴行容疑がかけられて以降執務を放棄していた。本事件の取り調べのためとして1月24日に検事総長が護衛官数人の逮捕を指令し，2月21日には治安部隊がカーブルのドスタム邸とその周辺を包囲・封鎖するとともに，容疑者とされたドスタムの護衛官数人を連行した。最終的に5月19日，ドスタムは病気治療を理由にトルコへと出国するに至った。

各地でターリバーンなどによる攻勢激化と政府の内部対立が深刻化するなか，6月22日に独立選挙委員会（IEC）は2018年7月7日に国会・地方議会選挙を実施すると発表した。ただ，そのわずか1週間後の29日にトルコのアンカラにヌール，ドスタム，さらにはハザーラ人主体の政党であるイスラーム統一党党首にして第二行政副長官を務めるモハッケクの3人が集まり，3勢力の連携と「アフガニスタン救済連合」の結成を発表した。もともと，ヌールとドスタムは地盤とする地域が隣接し，タジク・ウズベクと民族的に異なる軍閥を率いていたために激しく

対立していた過去をもつ。しかし，5月末のカーブルでの大規模テロ事件発生により，ガニー政権が治安維持すらも満足に実施できないことが明らかになると，双方が反大統領という点で一致し協力関係締結に至った。これより，多数派民族であるパシュトゥーンを支持基盤とするガニー大統領と，タジク，ウズベク，ハザーラの主要な少数民族を

アフガニスタン救済連合の初会合が行われた日，マザーリ・シャリーフでは反政府デモが行われていた（AA/時事通信フォト）

支持基盤とする「救済連合」は政敵となり，民族間対立感情の縮図ともいえる状況が生まれることとなった。一連の政治的混乱は，挙国一致政府内の分裂と求心力低下を如実に示すこととなった。

　このような状況下，7月12日に検事総長事務局はドスタムの護衛官の起訴状を裁判所に送付したが，14日にドスタム自らは出廷しない意思を明確にした。結局11月1日の第一審判決において，護衛官7人に対し暴行容疑により禁錮5年の判決が下された。8月1日に「救済連合」の初会合がマザーリ・シャリーフで行われ，ガニー大統領による権力独占への批判とドスタムの無条件での帰国を求める議決草案が発せられた。そして10月29日にヌールは政府を批判すると同時に，次回大統領選挙に立候補する意思を明確にした。活動を活発化させたヌールは11月29日にドスタムの子息を伴いマザーリ・シャリーフの空港からカンダハールでの会合に参加するために航空機に搭乗したが，離陸許可を得られず出発を断念するという事態が生じた。これに関連して12月1日にヌールはSNS上にビデオメッセージを投稿し，政府の不当な介入により離陸が不許可になったとして大統領府を厳しく非難した。

　対立関係が激化するなかの12月18日，ついにガニー大統領がヌールのバルフ州知事職「辞任」を承認したと発表した。これは当然事実上の更迭であるが，20日にはイスラーム協会首脳評議会がヌールの州知事「解任」を撤回するように政府に要請する声明を発した。12月30日，ヌールは州知事として州政府高官を集めた

会合を実施し，自らが知事の地位にあることを誇示した。これは州知事が中央政府の統制から離れ，自律的に行動することを意味し，内戦時の軍閥統治時代に逆戻りする危険をはらんでいるといえよう。このような情勢下，11月15日にはガニー大統領がIECのアフマドザイ委員長を解任する判断を行い，2018年に予定されている選挙実施に早くも暗雲が漂いはじめている。

経　　済

全土で急増するケシ栽培

アフガニスタンは世界有数のケシ生産地として知られ全世界の生産量の約8割を占めている。薬物対策省と国連薬物・犯罪事務所が共同作成した「アフガニスタン・ケシ栽培報告2017」が11月15日に公表されたが，それによると，作付面積は32万8000ヘクタールで前年比63％増（図1），推定生産量は9000トンと前年比87％の大幅増となった。もっとも生産量の多いヘルマンド州では全耕作地の3分の1でケシ栽培が行われ，国全体の作付面積のおよそ半分を占めている。ナンガルハール州やウルズガーン州でも全耕作地の4分の1でケシ栽培が行われているという結果も公表された。また，これまで栽培が行われていなかった北部諸州に

図1　ケシ耕作地面積の変遷 1994～2017年
（出所）Afghanistan Opium Survey 2017から筆者作成。

おいては飛躍的な栽培拡大が確認できる。たとえばバルフ州では作付面積が前年比約5倍となっている。このように，全土でケシ栽培の急速な拡大が確認できる。このうち，ターリバーンがとくに攻勢を強める南部ヘルマンド州のケシ収入は彼らの資金源と考えらえていることから，ニコルソン駐留米軍司令官は11月20日に米軍によるケシ畑を標的にした初めての空爆を実行したと発表した。しかし，経済の低迷と高い失業率，治安悪化に汚職の蔓延など，政治と社会の不安定が原因となっているケシ栽培拡大という問題の決定的解決策とはなりえないと考えられる。

チャーバハール港の運用開始とインフラ事業の進展，鉱物資源をめぐる問題
　前年アフガニスタン・イラン・インドの3カ国によりイラン・チャーバハール港開発協定が調印されたが，2017年10月29日にインドからの輸入小麦1万5000トンがグジャラート州カンドラ港を発し，11月1日にチャーバハール港を経由し，11月11日にニームローズ州の州都ザランジへと到着した。インド製品の自国領内通過を認めていないパキスタンを迂回した初めての物資到達事例となった。この新輸送路開拓を受け，11月15日にはアブドゥッラー行政長官がもはやパキスタンに依存する必要がなくなった点を強調する発言をするなど，大きな期待が寄せられた。
　治安悪化が深刻化するなかでも，主に首都カーブルを中心としたインフラ整備事業には一定の進展がみられた。恒常的渋滞緩和のため，1月8日に中国道路・橋会社副社長と公共事業相がカーブル中心部の道路建設工事契約で合意し，大統領宮殿で記念式典が挙行された。また，7月30日にはUSAID・ドイツ開発銀行・フランス開発機構の三者が共同出資者となり，全体で7200万ドルの資金が投じられ，1万人以上がその恩恵に浴することになるカーブルでの水道整備事業についての契約もガニー大統領臨席の下で交わされている。電力供給分野についても，4月以降エネルギー部門連携協定に基づきタジキスタンからの電力輸入が急増し，11月26日にはアジア開発銀行（ADB）出資による太陽光発電施設建設を経済省が発表するなど進展がみられる。世界銀行は6月13日にこれらのインフラ整備に加え，経済支援，さらにはパキスタンからの大量の帰還難民対策資金として5億2000万ドルの拠出を決定した。その一方で，大きな国庫収入源となることが期待されている鉱山資源開発についてはほとんど進展が見られない。アフガニスタンにはラピス・ラズリをはじめリチウム，石炭，銅，レアアースなどの有望な鉱床が存在しているが，それらの多くはターリバーンの地盤となっている地域に位置しているため，現在の不安定な治安状況は鉱物資源採掘にとって大きな壁として立ちはだかっている。逆に，多くの鉱山が位置するバダフシャーン州当局からはラピス・ラズリや金鉱床がターリバーンの資金源になっているという指摘もある。

対 外 関 係

対パキスタン関係
　すでに2016年より関係悪化が顕著にみられた対パキスタン関係は2017年に入っ

ても悪化の一途をたどり，相互非難の応酬が繰り返された。対立の主な原因として，ターリバーンやハッカーニー・ネットワークをパキスタンが支援しているという疑惑，国境線をめぐる対立関係，そして難民の大量帰還問題の3つが挙げられる。2017年年明け早々の1月10日に起きたカンダハール州知事公邸爆弾テロに関して，アフガニスタン当局は事件直後からパキスタン三軍統合情報局（ISI）の関与について言及したため，2016年末にパキスタン軍トップに就任したカマル・ジャーヴェード・バジュワ陸軍参謀長は1月15日にガニー大統領と電話で会談し，両国間の情報部門での協力を打診している。ただこの事件の実行犯については，2月25日にパキスタン南部のクエッタのイスラーム神学校（マドラサ）で教育を受けていた点を内務省報道官が明らかにし，アフガニスタン側の不信感を印象づけた。

　一方，2月に入るとパキスタン領内でテロ事件が立て続けに発生した。とくに16日にパキスタン・ターリバーン運動（TTP）の分派がシンド州の聖者廟に対して実行したテロ事件は90人以上が死亡，300人以上が負傷するという大惨事となった。この事件を受けてパキスタンはアフガニスタンからのテロリスト侵入を防ぐとの理由で両国間の国境を閉鎖した。この後，パキスタン軍は国境沿いで武装勢力との交戦を繰り返し，2月23日にはアフガニスタン領内における自国軍による作戦実施を要請している。国境閉鎖は3月3日からの2日間の一時的な解放期間をはさんで同月7日に解除されたが，翌日8日にカーブルで発生した軍病院襲撃テロ事件を受けて9日に再度国境は閉鎖された。国境閉鎖が長期化しつつあった3月16日，イギリスの仲介によりロンドンにおいてアフガニスタンのアトマル国家安全保障評議会議長とパキスタンのアジーズ外交問題首相顧問が国境閉鎖の解除について会談を行った。その結果，20日にパキスタンのシャリーフ首相がアフガニスタンに対して万全のテロ対策を要求しつつ，国境閉鎖の解除を発表した。このように，武装勢力の越境をめぐる問題への対処としてパキスタンはより厳格な国境管理徹底を行うことを決定し，3月25日にバジュワ陸軍参謀長が両国国境線沿いにフェンス構築を開始したと発表を行った。この国境線はイギリス領インドとアフガニスタンとの間で交わされた「デュアランド・ライン」合意と呼称される合意によって取り決められたが，アフガニスン側はこの国境線を承認していない。したがって，アフガニスタンにとってパキスタン側の主張する国境線に沿う形でのフェンス設置は両国間の「領土問題」に関わる重要案件に関する一方的主張に基づく行動にほかならず，両国間の緊張をさらに高めることとなった。しかし，パキスタン軍は4月26日にアフガニスタン国軍とNDSがインドの情報機

関・調査分析局(RAW)と協力し越境攻撃を実行していると証言するTTP関係者の映像を公開し，自らの国境管理方針の正当化に努めた。

関係改善の糸口が見えないなか，4月30日にはパキスタン国会議員代表団が，5月2日にはモフタールISI長官がそれぞれカーブルを訪問し，緊張緩和のための働き掛けを開始した。ところが，その直後の5月5日にはチャマン国境において両国警備部隊間で戦闘が生じ，15人死亡，80人以上負傷という事態が生じた。この事件を受けて，チャマン国境は同月27日まで再度閉鎖された。加えて，対立感情を決定的に高めた事件が5月31日のカーブル大使館地区における大規模テロである。背後関係が不明ななかの事件直後，NDSはこのテロ事件はハッカーニー・ネットワークがISIの協力を得て実行したとして，パキスタンを強く非難する声明を発した。パキスタン首相官邸は6月7日にこのテロ事件を強く非難すると同時に，自国に対する根拠のない責任転嫁を批判する声明を発している。

7月28日にパキスタン最高裁はパナマ文書に関連する税金逃れの問題関与により，シャリーフ首相の議員資格を剥奪する裁定を下しシャリーフ首相は即日首相を辞任した。このような情勢下，8月21日に発表されたアメリカの「南アジア新戦略」により，パキスタンはアフガニスタンで活動する武装勢力の拠点と処断され，テロ対策に取り組むようアメリカからの圧力が高まった。実は，「新戦略」発表以前からアメリカはパキスタン領内における武装勢力拠点の存在に懸念を示し，その対策を要求していた。年頭1月12日の段階でマティス米国防長官がこの点に懸念を表明しており，4月17日にはアメリカのマクマスター国家安全保障担当大統領補佐官が初めてパキスタンを訪問し，シャリーフ首相やバジュワ陸軍参謀長に対しテロ対策の拡充を強く要請している。いずれにしても「新戦略」発表を受けて，8月24日にはアバーシー首相がアメリカによる疑惑を強く否定する声明を発し，30日にはパキスタン国会がアメリカの「新戦略」を非難するとともに，トランプ大統領とニコルソン駐留米軍司令官によるパキスタンに対する発言を「敵意と脅し」とみなす決議を採択した。パキスタン側からの反発を受けてもアメリカの強圧的姿勢は変化することなく，翌31日にアメリカ国務省はパキスタンがテロ根絶になんらかの成果を上げるまで，援助金2億5500万ドルの拠出を留保する発表を行った。このように対米関係が悪化するなかの9月21日にアバーシー首相は国連総会の場で演説し，改めてアメリカの「新戦略」を批判しつつ，地域における中国の経済的役割拡大を賞賛する発言を行った。

対米関係が冷え込むなか，10月1日にバジュワ陸軍参謀長とモフタールISI長

官が5カ月ぶりにカーブルを訪問し、ガニー大統領と関係改善のための協議を行った。この時の協議に基づき、11月25日にパキスタンは両国関係改善に向けて「建設的かつ意義ある」関与のための「アフガニスタン・パキスタン団結のための行動計画」を提案した。さらに、12月14日にパキスタン外務省は両国間でおのおのの軍司令部に連絡将校を配置することで合意に至ったことを発表した。また中国の仲介により12月26日に北京でラッバーニー外相代理、アーセフ外相、王毅外相の3カ国外相会談が行われ、「アフガニスタン・パキスタン団結のための行動計画」に基づき政治・経済・軍事・情報共有・パキスタン国内のアフガン難民関連の5つの問題に対処するグループ形成と、ターリバーンの和平プロセス参加を求める点で合意し、2018年前半に再び3カ国会談を実施することも決定された。アフガニスタン・パキスタン関係は改善には程遠い状況であるが、緊張緩和に向けた方策に一定の進展がみられた。他方、アメリカは11月28日にニコルソン駐留米軍司令官がISIとハッカーニー・ネットワークとの関係や、パキスタン領内におけるテロ組織拠点存在に関する疑惑を国防総省へのビデオ会議で報告し、12月4日にマティス米国防長官がパキスタンを訪問しアバーシー首相・バジュワ陸軍参謀長と会談した際にも徹底したテロ対策を取るよう促すなど、パキスタン・アメリカ関係は険悪な状況が続いている。

　ところで、パキスタンが受け入れていたアフガニスタン難民の大量帰還も両国関係に大きな影を落としている。2月13日にヒューマン・ライツ・ウォッチは2016年の後半だけで登録・無登録の難民合わせて56万人以上のアフガニスタン人を強制帰還させたとしてパキスタン政府を非難する声明を発表した。4月以降は1日平均1000人以上が帰還しているとの観測もあり、国際社会による支援の動きもみられるが、難民大量帰還による影響は今後も継続するものとみられる。

　対イラン関係
　パキスタンとの関係が悪化するなか、イランは政治的・経済的に重要な位置を占めるに至っている。政治的には1月29日に国連アフガニスタン支援ミッション（UNAMA）の山本忠通代表とザリーフ外相がテヘランで会談し、挙国一致政府と国連の関与への支持を明言した。さらに、国際的な和平協議枠組みにおいても、ロシア主導のモスクワ和平協議、アフガニスタン主導のカーブル・プロセスのメンバーとなっている。イランは対ソ連戦争から内戦時にイスラーム教シーア派が多数を占めるハザーラ人組織を支援したが、現在もイスラーム統一党党首である

モハッケク第二行政副長官との間で密接な関係を維持している。しかし，11月26日にテヘランで開催された国際会議に招待されたモハッケクはこの際の演説で，イランがアフガニスタンを含めた各国から集めたシーア派の人々をシリアでの対IS戦争に動員したことに感謝する発言を行った。この演説の動画や音声がメディアやSNS上で拡散し，国内で批判が集中するという事態も生じた。

他方経済的には，アフガニスタン商工会議所が4月9日に発表した2016年の輸入貿易取引額において，イランは約18億ドルと前年に引き続き第1位となった。また，前述のようにチャーバハール港を経由した貿易も開始され，アフガニスタンにとっての他国・他地域との窓口としてより重要性を増すことになると考えられ，アフガニスタン側の期待も非常に高い。しかし，イランからも大量のアフガニスタン難民の帰還の動きがみられる。1月11日に国連移民局は年始からの1週間のみで数千人の不法難民が帰還したと発表したが，5月21日には年始からの帰還難民数が13万人を超えたと報道された。そのほか，両国間の懸案としてヘルマンド川の水管理問題が挙げられる。アフガニスタンでは各地で国際社会によるインフラ整備支援の一環としてダム建設事業が進められており，2016年にも西部ヘラート州でインドの支援を得てサルマー・ダムが落成した。さらに，2017年には西部ニームローズ州にてカマール・ハーン・ダムの建設が進められているが，このダムはヘルマンド川から取水することになるため，下流に位置するイラン領内の水利に多大な影響を及ぼすことが想定されている。このことを懸念するイランは，7月3日にロウハーニー大統領がダム建設事業に懸念を表明した。これを受けて，7月7日にヘルマンド州の州都ラシュカルガーフで数百人規模の反イランデモが発生した。ヘルマンド川の水利をめぐって，アフガニスタンとイランは対立した過去をもつため，今後の推移が注目される。

対インド関係

インドは政治的にも経済的にもアフガニスタンにとって最大の友好国といえる。さらに，国際的な枠組みにおいてもロシア主導によるモスクワ和平協議では2017年2月の第2回和平協議から参加国となり，2017年6月9日にインドはアスタナでのSCO首脳会合においてパキスタンとともにSCOの正式加盟国となったため，SCOによるアフガニスタン問題に関する協議でも影響力を発揮している。アメリカとの関係においても，トランプ政権発足に伴い新たなアフガニスタン政策が模索されるなかの4月17日にマクマスター国家安全保障担当大統領補佐官がイン

ドを訪問し、アフガニスタン情勢についてモディ首相と会談を行っている。さらに、アメリカの「新戦略」発表後となる9月8日にアメリカのアリス・ウェルズ南アジア・中央アジア問題担当国務副長官代理が、インドはアフガニスタン安定に向けた適切な関心と経済的投資を行っていると評価する談話を発表し、アメリカはパキスタンとは対照的にインドによるアフガニスタンに対する積極的関与への期待感を示した。

アフガニスタンとの二国間関係では、10月24日にガニー大統領がインドを公式訪問し、モディ首相・コーヴィンド大統領と会談するなど、友好的関係は変わっていない。そして、前述のように、10月29日には初めてインドの小麦がチャーバハール港を経由してアフガニスタンへ輸入された。2016年にアフガニスタン・イラン・インド3カ国で調印されたチャーバハール港開発協定に基づきインドは港での建設事業を進めており、3月10日にインド当局は2018年中に建設の第1段階が完了する見込みである発表を行った。今後の海路を通じた貿易拡大には期待が集まっている。人的交流においては、アフガニスタン人女性将校数十人がインド・チェンナイの士官学校で軍事訓練を受けるということも実施されている。また、2016年末の第6回「イスタンブール・プロセス・アジア中核国会議」に合わせて行われた首脳会談において航空輸送便拡充について合意したが、2017年12月27日にはカーブルとムンバイとの間で航空路の運用が開始され、農産物を中心としたアフガニスタンからの輸出拡大が期待されている。

対中国関係

中国は政治・経済ともに密接な関係を有し、国際的枠組みにおいてもアフガニスタンに対して積極的関与を続けた。ロシア主導によるモスクワ和平協議、4者調整協議、カーブル・プロセス、SCOによる枠組みのすべてに参画しているため、アフガニスタン和平に向けた国際協力体制において多大な影響力を有するといえる。両国関係においては、6月8日にアスタナでのSCO首脳会合に合わせて、ガニー大統領と習近平国家主席が会談を行い、一帯一路構想に基づく形で相互協力関係を強化していくことで合意した。また、国境閉鎖やテロリストをめぐり対立が先鋭化したパキスタンとの緊張緩和に努めており、6月24日には王毅外相がアフガニスタンを訪問しガニー大統領と会談を行い、両国間の仲介役を担う意思があることを明確にしている。そのため、前述のとおり12月26日にはアフガニスタン・パキスタン関係改善のための仲介役を務め、アフガニスタン・中国・

パキスタンの3カ国外相会談を実現した。

2018年の課題

　ターリバーンの勢力は全土に広がり，逆に政府の支配領域は縮小の一途をたどっている。ISに対しても数百回に及ぶ空爆を含めた激しい攻撃が続けられているが，その勢力は各地に広がりつつあり，現状国土全体が戦乱状態寸前にあるといえる。その一方でターリバーンと政府間との和平交渉はまったく進展していない。治安回復と社会的・経済的安定のためには，現在の戦乱状況をいち早く収束させることが不可欠であるが，アメリカ・トランプ政権による「南アジア新戦略」は，武力により反体制派を封じ込めたうえで和平交渉に臨むということが前提となっている。これに対し，ターリバーンは外国駐留部隊の完全撤退を和平交渉開始の前提条件であることを終始主張している。さらに，ターリバーンに強い影響力を有するパキスタンとアフガニスタン間での関係悪化と「新戦略」においてアメリカがパキスタンの姿勢を厳しく糾弾したことで，このまま事態が推移しても，ターリバーンとの直接和平交渉が実現する可能性はきわめて低いといわざるをえない。UNAMAが2018年2月15日に公表した2017年の年次報告書によると2017年の民間人死傷者数は合計1万452人（死者3438人，負傷者7015人）で前年比9％減となった。しかし，2016年は死傷者数が過去最大を記録した年であった点を考慮すると民間人死傷者数の微減はターリバーンなどによる脅威が減退したことを意味するものではない。政治的安定と治安改善，さらには安定した経済成長を促すためにも，一刻も早いターリバーンとの和平交渉開始が望まれる。そのための糸口としてターリバーンに対して一定の影響力を有するパキスタンとの関係改善は急務である。

　また，2018年10月20日に国会・地方双方での議会選挙が予定されているが（2018年4月1日に選挙管理委員会が選挙日程の7月7日からの変更を正式発表），現在の治安と挙国一致政府内部対立の双方に鑑みて日程どおり公正な形で選挙が実施される可能性はきわめて低いといわざるをえない。選挙実施やその結果に重大な疑義が呈されることになれば現行の政治体制維持すらも危惧されるため，2018年はアフガニスタンにとって正念場といえよう。

（上智大学グローバル・スタディーズ研究科特別研究員）

重要日誌 アフガニスタン　2017年

1月3日▶ヘラートでシーア派への攻撃に反対する約3000人による反IS（「イスラーム国」）大規模デモ発生。

8日▶中国道路・橋会社副社長と公共事業相がカーブル中心部の道路建設工事契約で合意し、大統領宮殿で記念式典を挙行。

9日▶内務省高官に対し汚職対策犯罪公正センターの第一審で懲役14年の判決。

10日▶カンダハール州知事公邸に爆弾テロ攻撃。UAE大使や政府高官なども死傷。

▶カーブルで議会事務局を標的とした自爆テロ発生。37人死亡、98人以上負傷。

12日▶前年11月にクンドゥズ州での空爆において民間人33人が死亡、27人以上が負傷したとの調査結果を米軍が公表。

▶マティス米国防長官はターリバーンがパキスタンの領域をアフガニスタン攻撃のために利用していると発言。

15日▶ガニー大統領とパキスタンのバジュワ陸軍参謀長が電話会談。

18日▶ターリバーンがUEA政府に対し、カンダハール州知事公邸でのテロ事件に関与を強く否定する声明発信。

20日▶ダボス会議（世界経済フォーラム）閉会式典にて国立音楽院女学生たちが演奏。

21日▶高等和平協議会議長ピール・サイド・アフマド・ギーラーニーが84歳で死去。

24日▶検事総長がドスタム第一副大統領の護衛官9人の逮捕を指令。

▶ターリバーンがウェブサイト上でトランプ大統領宛の公開書簡発し、撤退を要求。

2月3日▶国連安全保障理事会制裁委員会がヘクマティヤールを指定テロリストから除外。

7日▶最高裁付近での自爆テロ攻撃により20人以上死亡。ISが犯行声明。

9日▶赤十字国際委員会がISによるメンバー殺害事件を受け、活動一時中止を発表。

11日▶ナンガルハール州で米軍と共同での対IS大規模軍事作戦開始と発表。

13日▶ヒューマン・ライツ・ウォッチは2016年後半だけでパキスタンが約56万人以上の難民を強制帰還させたとして懸念を表明。

15日▶モスクワでロシア主導による第2回アフガニスタン和平協議が開催。

16日▶パキスタン・シンド州の聖者廟にテロ攻撃。90人以上死亡、負傷者300人以上。

▶UAE大使が1月のカンダハールでの爆弾テロ事件での負傷により死亡。

20日▶大統領令により、アター・モハンマド・ヌールがバルフ州知事に正式任命。

21日▶治安部隊がドスタム第一副大統領邸宅を包囲・接収し、護衛官7人を連行。

27日▶イスラーム協力機構がアフガニスタン和平に関する会合をジェッダで開催。

3月3日▶パキスタンがトルハムとチャマンの国境を2日間のみ一時的に開放。

8日▶カーブルの軍病院にテロリストが侵入しテロ攻撃。49人以上死亡、63人負傷。

9日▶パキスタンが国境を再閉鎖。

16日▶ロンドンでアトマル国家安全保障評議会議長とパキスタンのアジーズ外交問題首相顧問が国境閉鎖解除について議論。

20日▶パキスタンがすべての国境を開放。

25日▶パキスタンのバジュワ陸軍参謀長が国境沿いにフェンス建設開始を発表。

26日▶宅地整備に関する公共事業省内大規模汚職事件の第二審公判で有罪判決。

31日▶マティス米国防長官がロシアによるアフガニスタンへの関与とターリバーンへの支援に懸念を表明。

4月3日▶ガニー大統領のオーストラリア訪問に合わせ、キャンベラでアフガニスタン人

によるハザーラ差別に反対する大規模デモ。

5日▶ガニー大統領が2日間の予定でインドネシアを訪問し，ジョコ大統領と会談。

6日▶ガニー大統領がアフガニスタン元首としてシンガポールを初めて訪問し，リー・シェンロン首相と会談。

12日▶米軍がナンガルハール州のIS拠点に大規模爆風爆弾兵器（MOAB）爆弾を投下し，94人が死亡。

14日▶モスクワでロシア主導による第3回アフガニスタン和平協議が開催。

17日▶マクマスター米国家安全保障担当大統領補佐官がパキスタンを初めて訪問し，シャリーフ首相やバジュワ陸軍参謀長と会談。

21日▶ターリバーンがマザーリ・シャリーフの国軍基地を襲撃し，140人以上が死亡，160人以上負傷。

24日▶マティス米国防長官がトランプ政権閣僚として初めてアフガニスタンを訪問。

▶21日の国軍基地襲撃を受けて国防相，国軍司令官が辞任。

28日▶アメリカ国防総省はISホラーサーン州指導者のアブドゥル・ハスィーブを殺害と発表。

30日▶パキスタンの国会議員15人がカーブルを訪問し，ガニー大統領らと会談。

5月2日▶パキスタンのナビード・モフタール・パキスタン三軍統合情報局（ISI）長官がカーブル訪問。スターネクザイNDS長官と会談。

4日▶ヘクマティヤールがカーブルに帰還し，大統領宮殿での歓迎式典の演説でターリバーンとの和平協議を仲介する意思を明言。

5日▶カーブルで市民数百人が反ヘクマティヤールのデモを実施。

▶南部のチャマン国境でアフガニスタン・パキスタンの国境警備部隊間で交戦。

19日▶ドスタム第一副大統領が病気治療を理由にトルコへ出国。

21日▶初の女性向けテレビチャンネル・ザンTVが放送開始。

31日▶カーブルの大使館地区において車両を用いた大規模爆弾テロ事件が発生し，150人以上死亡，430人以上負傷。

6月2日▶テロ事件を受けた大規模反政府デモが発生。警察との衝突で市民8人が死亡。

3日▶前日のデモ犠牲者の葬列に対する爆弾テロにより10人以上が死亡。

5日▶ラッバーニー外相代理が記者会見において治安部門関係者の辞任を要求。

6日▶カーブルでアフガニスタン和平のためのカーブル・プロセス国際会議が開催。

▶イスラーム協会党がアトマル安全保障評議会議長ら治安部門担当者辞任を強く要求。

7日▶パキスタン首相官邸がカーブルでのテロ事件と自国への責任転嫁を非難する声明。

8日▶第17回上海協力機構首脳会合が2日間の日程でカザフスタンのアスタナで開催され，ガニー大統領が習近平・中国国家主席と会談。

9日▶ガニー大統領がパキスタンのシャリーフ首相とアスタナで会談。

11日▶ハッカーニー・ネットワーク指導者が5月末のカーブルでのテロ事件など3件のテロ攻撃への関与を否定する声明を発信。

▶大統領府がカーブル警察長官とカーブル防衛隊司令官の2人更迭を発表。

22日▶独立選挙委員会が国会議員選挙と地方議会選挙を2018年7月7日実施と発表。

23日▶ターリバーン指導者アーホンドザーダがアメリカの増派計画を批判する声明。

24日▶中国の王毅外相がアフガニスタンを訪問し，ガニー大統領と会談。

29日▶トルコ・アンカラに主要3政党指導者のドスタム，ヌール，モハッケクが集まり，

「アフガニスタン救済連合」の結成を発表。
7月6日▶タジキスタンのドシャンベでガニー大統領，シャリーフ首相，ラフモン大統領が会談。
7日▶クンドゥズ州で民間自警団同士による戦闘が発生。
▶ヘルマンド州州都ラシュカルガーフで市民数百人による反イランデモ。
10日▶米軍の空爆でIS指導者のアブー・サイドが死亡。
12日▶検事総長事務局がドスタム第一副大統領の起訴状を裁判所に送付と発表。
14日▶ドスタム第一副大統領の側近が副大統領は裁判所に出廷しないことを明言。
16日▶ヌール・バルフ州知事がガニー大統領による権力独占を批判。
22日▶国境なき医師団が米軍誤爆事件以来約2年ぶりにクリニック再開を発表。
▶ターリバーン報道官が最高指導者の息子が自爆テロ攻撃実行で死亡と発表。
25日▶ガニー大統領が一部の閣僚と重要ポストを任命。
28日▶パキスタン最高裁がパナマ文書に関連する疑惑に基づきシャリーフ首相の議員資格剥奪する判決を下し首相が即時辞任発表。
31日▶ISがカーブルのイラク大使館襲撃。
8月1日▶アフガニスタン救済連合がマザーリ・シャリーフで初会合を実施。
▶ヘラートのシーア派モスク前でテロ事件発生。33人以上死亡，60人以上負傷
5日▶ヘクマティヤールが記者会見で次回の議会選挙への参加などについて発表。
6日▶サレポル州のハザーラ人が大多数を占める集落をIS・ターリバーン混成の武装組織が襲撃し，60人以上を虐殺。
21日▶トランプ大統領がアメリカによる「南アジア新戦略」を発表。

25日▶カーブルのシーア派モスクに対するテロ攻撃で28人以上死亡，50人以上負傷。
30日▶アメリカ国防総省が現在の駐留米軍数について1万1000人程度と修正する発表。
▶パキスタン国会がアメリカの新戦略を自国への「敵意と脅し」とする非難決議を採択。
31日▶アメリカ国務省がパキスタンへの支援金2億5500万㌦の拠出留保を発表。
9月3日▶駐留米軍・NATO軍はアフガン空軍拡充のため70億㌦拠出を発表。
7日▶カーブルでロヒンギャに対する迫害を非難する数百人規模のデモ。
10日▶アメリカの研究者ナンシー・ハッチ・デュプリが90歳でカーブルにて死去。
▶アブドゥッラー行政長官がバルフ州を訪問し，ヌール州知事と会談。
12日▶パキスタンのアバーシー首相がアフガニスタン・パキスタン両国共同による国境警備と国境検問所設置を提案。
18日▶マティス米国防長官が3000人増派を正式発表。
▶空軍がアメリカ製攻撃ヘリを初めて配備。
19日▶ガニー大統領が国連総会で演説。
27日▶マティス米国防長官とストールテンベルグNATO事務総長がカーブルを電撃訪問。
▶カーブル空港をターリバーンが襲撃。
10月1日▶ガニー大統領が大統領宮殿においてパキスタンのバジュワ陸軍参謀長・モフタールISI長官と両国間関係について協議。
6日▶カーブルで米軍侵攻16年を前に市民が外国部隊撤退を求めるデモ行進。
10日▶国際赤十字委員会がアフガニスタンでの活動を大幅縮小と発表。
11日▶モスクワで上海協力機構によるアフガニスタン和平国際会合が開催。
15日▶アジアインフラ投資銀行（AIIB）の恒久メンバーの地位を獲得と経済省が発表。

16日▶オマーンでターリバーンとの和平協議再開に向けた4者調整協議開催。

23日▶ティラーソン米国務長官がアフガニスタンを電撃訪問し、ガニー大統領と会談。

24日▶ガニー大統領がインドを公式訪問し、モディ首相らと会談。

▶ティラーソン米国務長官がイスラマバードでアバーシー首相らと会談。

29日▶インドがイラン・チャーバハール港を経由してのアフガニスタンとの貿易を開始。

▶ヌール・バルフ州知事が挙国一致政府を非難し、次回大統領選挙への出馬意思を明言。

11月1日▶アフガニスタンのNGO団体がターリバーンと社会的影響力を有する民間人との会合を開催予定と発表。

▶ドスタム第一副大統領の護衛官7人に対し第一審で禁錮5年の判決。

4日▶政府が治安維持を理由にWhatsApp（ワッツアップ）とTelegram（テレグラム）のアプリ使用禁止を決定。市民は反発。

6日▶カーブルで米軍侵攻16年を前に市民が外国部隊撤退を求めるデモ行進。

9日▶ブリュッセルのNATO国防相会合において約3000人の増派を決定。

11日▶チャーバハール港経由で輸入のインドの小麦がニームローズ州ザランジに到着。

15日▶薬物対策省と国連薬物・犯罪事務所がケシ栽培が前年比87%急増と発表。

▶ガニー大統領が独立選挙委員会のナジーブッラー・アフマドザイ委員長を解任。

17日▶アメリカ国防総省が増派兵員3000配備と発表。駐留米軍総数は約1万4000人。

20日▶ニコルソン駐留米軍司令官が初めてケシ畑を標的とした空爆実施と発表。

▶ハーグの国際刑事裁判所がアフガニスタンにおける戦争犯罪の包括的調査を要求。

25日▶新たな閣僚候補者12人の名簿を議会に提出。

29日▶カム・エアーがウズベキスタンのタシュケントとの間で定期便運行を開始。

▶カンダハールへ向かうヌール・バルフ州知事ら搭乗する航空機の離陸が差し止め。

12月1日▶ヌール・バルフ州知事が航空機離陸の阻止に関与したとして大統領府を非難。

▶アゼルバイジャンのバクーで第7回「イスタンブール・プロセス・アジア中核国会議」閣僚級会合が開催。

4日▶マティス米国防長官がパキスタンを訪問し、アバーシー首相・バジュワ陸軍参謀長と会談。

8日▶アフガニスタン各地でエルサレムへの大使館移転に抗議する反米デモ発生。

10日▶ヘクマティヤールがホースト州で数千人規模の大規模政治集会を開催。

14日▶アフガニスタン・パキスタン両国各々の軍司令部に連絡将校配置で合意。

18日▶大統領府はヌール・バルフ州知事による知事職「辞任」を承認と発表。

20日▶イスラーム協会首脳評議会が政府に対してヌールの州知事「解任」撤回を要請。

25日▶NDS本部入り口付近でISがテロ攻撃。市民6人が死亡。

26日▶北京でアフガニスタン・中国・パキスタンの3カ国外相が会談。

27日▶カーブル=ムンバイ間での航空路が運用開始。

▶高等和平評議会主催で全州から700人以上の宗教指導者出席による会議開催。

28日▶カーブルのシーア派文化センターの入るビルにISが爆弾テロ攻撃。41人以上死亡、80人以上が負傷。

30日▶州知事を事実上更迭されたヌールがバルフ州知事として州政府高官たちとの会合を主催。

参考資料　アフガニスタン　2017年

① **国家機構図**(2018年2月末現在)

```
┌─────────────────────────────────────────────────────────────┐
│             国民大会議(ロヤジルガ,最高意思決定機関)              │
│ 構成要員:上下両院議員        主要権限:大統領罷免(3分の2以上の賛成が必要)│
│       各州議会議長                 憲法改正(3分の2以上の賛成が必要)│
│       各県議会議長                                              │
│       過半数の出席により成立                                     │
└─────────────────────────────────────────────────────────────┘
┌─────────────────────────────────────────────────────────────┐
│           大統領(国家元首,国軍最高司令官を兼任)                   │
│                   行政長官(首相格)                              │
│ 大統領の立候補要件:              大統領の主要権限:                │
│ ○就任時40歳以上のアフガニスタン国籍保有者で,  ロヤジルガと国会の招集,中央政府閣僚,│
│   両親ともにアフガニスタン国籍保有者であること  検事総長,最高裁長官,中銀総裁の任命,│
│ ○イスラーム教徒であること                    州知事の任命         │
│ ○犯罪歴がないこと                                                │
│ ○立候補時に副大統領候補2人を指名            行政長官は行政副長官2人を指名│
│ ○国民による直接選挙で選出,3選は禁止                             │
└─────────────────────────────────────────────────────────────┘
```

司法
- 最高裁判所: 長官1人および判事8人で構成(任期10年,再任不可)
- 高等裁判所
- 控訴裁判所

国会(最高議決機関)
- 国会の主要権限: 予算承認,法律の制定・改正・廃止,国際条約の批准など
- 上院議会(定数102)
  - ○就任時35歳以上のアフガニスタン国籍保有者
  - ○州議会議員から34人(各州1人,任期4年)
  - ○県議会議員から34人(任期3年)
  - ○大統領による直接任命34人(任期5年)
- 下院議会(定数249)
  - ○就任時25歳以上のアフガニスタン国籍保有者
  - ○国民による直接選挙(任期5年)
  - ○34州を各1選挙区とし,定数は州の人口に比例

行政
- 中央政府閣僚
  - ○就任時35歳以上のアフガニスタン国籍保有者
  - ○大統領が任命するが,就任には国会の承認が必要
  - ○国会議員との兼任不可
- 各省庁: 外務,内務,司法,経済,商業・産業,財務,国防,農業,通信,教育,高等教育,運輸・交通,都市開発,農村開発,公共事業,労働・社会問題・殉教者・障害者,エネルギー・水問題,鉱物,保健,薬物対策,国境・部族問題,難民問題,巡礼・イスラーム,文化情報,女性問題

(注)2004年1月4日採択のアフガニスタン憲法に基づき作成,その後の推移により修正。

② **内閣閣僚**(2018年2月10日現在)

大統領	Ashraf Ghani	内務相	Wais Barmak
行政長官	Abdullah Abdullah	国防相	Tariq Shah Bahrami
第一副大統領	Abdul Rashid Dostum	財務相	Eklil Ahmad Hakimi
第二副大統領	Mohammad Sarwar Danish	教育相	Mohammad Ibrahim Shinwari
第一行政副長官	Khyal Mohammad Mohammad Khan	エネルギー・水問題相	Ali Ahmad Osmani
第二行政副長官	Mohammad Mohaqqeq	司法相	Abdul Basir Anwar
外務相(代理)	Salahuddin Rabbani	巡礼・イスラーム担当相	Faiz Mohammad Osmani

アフガニスタン

経済相	Mustafa Mastoor	ザーブル州	Khiyal Mohammad Hoseini*
農村復興・開発相	Mujiburrahman Karimi	サマンガン州	Abdul Karim Khodam*
労働・社会問題・殉教者・障害者相	Faizullah Zaki	サレポル州	Mohammad Zahir Wahdat
		ジョウズジャーン州	Lutfullah Azizi
薬物対策相	Salamat Azimi	ダーイクンディ州	Mohammad Baligh*
文化情報相	Abdul Bari Jahani	タハール州	Fazulullah Mujaddidi*
鉱物・石油相（代理）	Nargis Nehan	ナンガルハール州	Mohammad Gholab Mangal*
農業・灌漑・畜産相	Naseer Ahmad Durrani		
商業・産業相	Homayoun Rasa	ニームルーズ州	Mohammad Samiullah
公共事業相	Yama Yari	ヌーリスターン州	Abdul Qayyum Hafiz
国境・部族問題担当相	Mohammad Shafiq Gul Agha Sherzai	バードギース州	Jamaluddin Ishaq
		バーミヤーン州	Mohammad Tahir Zahir
難民・帰還問題担当相	Sayed Hussain Alemi Balkhi	パクティアー州	Shamim Khan Katwazai*
		パクティカー州	Ilyas Wahdat
高等教育相	Najibullah Khwajah Omari	バグラン州	Abdul Hai Niamati*
公衆衛生相	Ferozuddin Feroz	バダフシャーン州	Ahmad Faisal Begzad
住宅・都市開発相	Sayed Mansur Naderi	バルフ州	Atta Mohammad Noor[1]
女性問題担当相	Delbar Nazari	パルワン州	Fazuluddin Aiyal*
運輸・民間航空相	Mohammad Hamid Tahmasi	パンジュシール州	Kamaluddin Nizami*
通信・情報技術相	Shahzad Gul Ayoubi	ファーリヤーブ州	Mohammad Homayun Fouzi*
国家安全保障局長官	Mohammed Masoom Stanekzai	ファラーフ州	Basir Salangi*
国家安全保障評議会議長	Mohammad Hanif Atmar	ヘラート州	Mohammad Asif Rahimi
		ヘルマンド州	Hayatullah Hayat
検事総長	Mohammad Farid Hamidi	ホースト州	Hukam Khan Habibi
		ラグマン州	Mohammad Asif Nang*
		ローガル州	Anwar Khan Ishaqzai*
		ワルダク州	Zendah Gul Khan Zamani*

（出所）　各省庁のウェブサイトを参考に筆者作成。

③ 州知事（2018年2月10日現在）

ウルズガーン州	Mohammad Nazir Kharoti
カーピサー州	Abdul Latif Morad*
カーブル州	Mohammad Yaqub Haidari*
ガズニー州	Abdul Karim Mateen
カンダハール州	Zalmai Waisa*
クナール州	Wahidullah Kalimzai
クンドゥズ州	Abdul Jabbar Naimi*
ゴール州	Ghulam Naser Khaze

（注）　*はこの1年間に新たに着任した州知事である。この1年間にも18州で知事が交代した。
　1）　2017年12月18日にガニー大統領により州知事職を事実上罷免されたが、2018年2月の時点でもその職責に留まっている。
（出所）　各種報道やウェブサイトを参考に筆者作成。

主要統計　アフガニスタン　2017年

1　基礎統計

	2013/14	2014/15	2015/16	2016/17
国内定住者推計人口(100万人)	26.023	26.556	27.101	27.657
男性推計人口(同上)	13.312	13.585	13.236	14.150
女性推計人口(同上)	12.711	12.970	13.865	13.507
消費者物価上昇率(％)	5.6	-0.7	3.8	7.2
為替レート(1ドル＝アフガニー)[1]	56.42	57.37	63.80	67.41

（注）1）為替レートはカーブル自由市場の年平均値。
（出所）Central Statistics Organization, *Afghanistan Statistical Yearbook 2016-17*; CSO ウェブサイト。

2　産業別国内総生産（実質価格）[1]

(単位：100万アフガニー)

	2013/14	2014/15	2015/16	2016/17[2]
農業	118,257	122,681	102,003	114,632
工業	114,540	117,298	122,619	120,306
鉱業・採石	3,724	3,644	3,356	3,703
製造業	51,728	50,439	50,964	51,469
食料・飲料・タバコ	47,883	48,230	48,941	49,482
建設業	58,869	62,990	68,077	64,903
サービス業	246,017	255,977	259,605	265,736
国内総生産（GDP）	478,814	495,957	484,227	500,674

（注）1）2002/03年度を基準とした実質価格。2）2016/17年度は一部推計値。
（出所）表1に同じ。

3　国家財政

(単位：100万アフガニー)

	2012/13	2013/14	2014/15	2015/16	2016/17
支出総額	265,320.7	348,244.0	456,312.3	434,278.0	455,549.1
経常支出	157,970.6	206,585.0	288,739.6	271,011.3	293,288.9
開発支出	107,350.1	141,659.0	167,572.7	163,266.7	162,260.2
国内収入	87,911.0	123,000.0	133,837.0	125,513.0	143,673.2
税収	72,101.0	92,001.0	105,144.0	93,990.3	101,734.5
その他	15,810.0	30,999.0	28,693.0	31,522.7	41,938.7
国際支援	150,426.9	215,005.1	300,169.2	300,209.7	302,025.1
贈与	146,754.8	212,168.1	297,408.9	296,560.6	294,266.1
借入	3,672.1	2,837.0	2,760.3	3,649.1	7,759.0

（出所）表1に同じ。

使用した主要紙誌および通信・放送

日　　　本	朝日新聞，毎日新聞，読売新聞，日本経済新聞，産経新聞，日経産業新聞，日刊工業新聞，しんぶん赤旗，東京新聞，日刊中国通信，朝鮮通信，統一日報，朝鮮商工新聞，朝鮮新報，北朝鮮政策動向(RP)，東洋経済日報，世界，東亜，軍事研究，通商弘報，共同通信，ニューズウィーク日本版，フォーリン・アフェアーズ・リポート
韓　　　国	朝鮮日報，毎日経済新聞，中央日報，東亜日報，聯合ニュース(http://japanese.yonhapnews.co.kr/)
朝鮮民主主義 人民共和国	労働新聞，民主朝鮮，経済研究，季刊朝鮮経済資料
モ ン ゴ ル	*Onoodor*, *Odriin Sonin*, *Mongolin Sonin Khevleliin Toim*(http://www.sonin.mn/), *Niigmiin Toli*(http://niigmiintoli.mn/), *Zuunii Medee*, Montsame, news.mn (http://www.news.mn/), TIME.mn (http://www.time.mn/), UB Post, polit.mn (http://www.polit.mn/), GoGo medee (http://news.gogo.mn/)
中　　　国	人民日報，人民日報海外版，求是，世界知識，国際問題研究，環球時報，財経，南方周末，中国経済時報，21世紀経済報道，経済観察報，日刊中国通信，新華網(http://www.xinhuanet.com/)，中華人民共和国中央人民政府(http://www.gov.cn/)，搜狐網(http://www.sohu.com/)，人民網(http://www.people.com.cn/)，新浪網(http://www.sina.com.cn/)，中国網(http://www.china.com.cn/)，鳳凰網(http://www.ifeng.com/)，網易(http://www.163.com/)，騰訊網(http://www.qq.com/)，和訊網(http://www.hexun.com/)，华尔街見聞(http://wallstreetcn.com/)，中金網(http://www.cngold.com.cn/)，中国汽車工業協会(http://www.caam.org.cn/)
香港特別行政区	明報，争鳴，鏡報，亜洲週刊，動向，*South China Morning Post*，GovHK 香港政府(http://www.gov.hk/tc/residents/government/political/)
台　　　湾	中国時報，自由時報，財訊月刊，経済日報，聯合報，中央社フォーカス台湾(http://japan.cna.com.tw/)
Ａ Ｓ Ｅ Ａ Ｎ	*Jakarta Post*, *The Nation*, *Bangkok Post*, *The Straits Times*, ASEAN Secretariat (http://www.aseansec.org/), *Philippine Daily Inquirer*, *New Straits Times*, Channel NewsAsia (http://www.channelnewsasia.com/)
ベ ト ナ ム	*Nhan Dan*, *tuoi tre*, *Thoi bao Kinh te Viet Nam*, *Viet Nam News*, *Vietnam Economic Times*, *Saigon Times Weekly*, VnExpress (http://vnexpress.net/), VietNamNet (http://vietnamnet.vn/)
カ ン ボ ジ ア	*The Phnom Penh Post*, *The Cambodia Daily*, *Khmer Times*, Agence Kampuchea Presse (http://www.akp.gov.kh/)
ラ　オ　ス	*Vientiane Times*, *KPL News*, *Pasason*, *Pasason Setthakit-Sangkhom*, *Pathet Lao*, *Lao Economic Daily*, *Vientiane Mai*
タ　　　イ	*Bangkok Post*, *The Nation*, *Matichon*, *Prachachat Thurakit*, *Krungthep Thurakit*, 週刊タイ経済
フ ィ リ ピ ン	*Business World*, *Philippine Daily Inquirer*, *The Philippine Star* (http://www.philstar.com/), *Philippine Statistical Yearbook*

使用した主要紙誌および通信・放送

マレーシア	*New Straits Times, Sinar Harian, The Star,* Bernama (http://www.bernama.com/), Daily Express (http://www.dailyexpress.com.my/), Malay Mail (http://www.themalaymailonline.com/), Malaysiakini (http://www.malaysiakini.com/), The Borneo Post (http://www.theborneopost.com/), The Edge Markets (http://www.theedgemarkets.com/)
シンガポール	*The Straits Times,* SINGOV (http://www.gov.sg/)
インドネシア	*Kompas, Jakarta Post, Koran Tempo, Tempo,* Antara News (http://www.antara.co.id/), Detikcom (http://www.detik.com/), The Jakarta Globe (http://thejakartaglobe.beritasatu.com/)
ティモール・レステ	Suara Timor Lorosae (http://suara-timor-lorosae.com/), Tempo Semanal (http://www.temposemanal.com/), Timor Post (http://www.diariutimorpost.tl/), The Australian (http://www.theaustralian.com.au/), Judicial System Monitoring Programme (http://jsmp.tl/), La'o Hamutuk (http://www.laohamutuk.org/)
ミャンマー	*Global New Light of Myanmar, Myanmar Alin, The Myanmar Times,* BurmaNet News (http://www.burmanet.org/news/), The Irrawaddy (http://www.irrawaddy.org/)
バングラデシュ	*The Daily Star, Dhaka Tribune, The Independent, Prothom Alo*
インド	*Economic Times, The Hindu, People's Democracy, India Today, Frontline, Business Standard, Business Line, Economic and Political Weekly, The Indian Express, Outlook, The Times of India*
ネパール	*Rising Nepal, Spotlight, Nepali Times, The Kathmandu Post*
スリランカ	*The Island, Daily News, Sunday Times, Daily Mirror*
パキスタン	*Dawn, The News, The Express Tribune, The Nation, Business Recorder*
アフガニスタン	Afghanistan News.Net (http://www.afghanistannews.net/), Afghanistan Online (http://www.afghan-web.com/), The Kabul Times (http://www.thekabultimes.gov.af/), Tolo News (http://www.tolonews.com/)
その他	*TIME, Bloomberg Business Week, The Economist, Business Today, Survival* (IISS), *International Security* (MIT), *The New York Times, The Wall Street Jounal,* EurasiaNet.org (http://www.eurasianet.org/)

| アジア動向年報 |
| 2018 |

編者
アジア経済研究所

発行
アジア経済研究所
独立行政法人日本貿易振興機構

研究支援部
千葉県千葉市美浜区若葉3-2-2
〒261-8545
TEL 043-299-9735（販売）　FAX 043-299-9736（販売）
Website：http://www.ide.go.jp
E-mail：syuppan@ide.go.jp

印　刷
株式会社丸井工文社
〒107-0062　東京都港区南青山7-1-5

Ⓒ独立行政法人日本貿易振興機構アジア経済研究所 2018
無断転載を禁ず
2018年5月31日発行

定価（本体6,300円＋税）
ISBN978-4-258-01018-9 C0002￥6300E
ISSN0915-1109